责任编辑：张　铁
责任校对：潘　洁
责任印制：程　颖

图书在版编目（CIP）数据

中国企业集团财务公司年鉴．2022/中国财务公司协会编．—北京：中国金融出版社，2022.12
ISBN 978－7－5220－1841－6

Ⅰ.①中…　Ⅱ.①中…　Ⅲ.①企业集团—金融公司—中国—2022—年鉴　Ⅳ.①F279.244－54

中国版本图书馆 CIP 数据核字（2022）第 228302 号

中国企业集团财务公司年鉴．2022
ZHONGGUO QIYE JITUAN CAIWU GONGSI NIANJIAN. 2022
出版
发行　中国金融出版社
社址　北京市丰台区益泽路 2 号
市场开发部　(010)66024766，63805472，63439533（传真）
网 上 书 店　www.cfph.cn
(010)66024766，63372837（传真）
读者服务部　(010)66070833，62568380
邮编　100071
经销　新华书店
印刷　河北松源印刷有限公司
尺寸　210 毫米×279 毫米
印张　28
插页　22
字数　723 千
版次　2022 年 12 月第 1 版
印次　2022 年 12 月第 1 次印刷
定价　398.00 元
ISBN 978－7－5220－1841－6

《中国企业集团财务公司年鉴》编辑委员会

侯云辉	侯文捷	施云峰	施建锋	姜建平	姜善强	胥勋畅	姚　炜
秦　伟	秦　琰	聂俊刚	夏　宇	顾曰滇	柴乔林	钱文海	倪云山
徐亚莉	徐光超	徐　春	徐振声	殷召峰	高军玲	高　欣	郭　华
郭如东	郭　奇	郭学军	郭　涌	唐　莹	唐　捷	陶　毅	黄旭丹
黄美智	曹　军	曹　巍	盛胜利	崔炳雷	崔　程	梁开卷	梁庆云
梁　荣	彭　科	葛小雷	葛志文	董立满	董绪章	蒋玉好	蒋奕斌
蒋　斌	蒋　燕	韩文杰	韩　巍	程　刚	程志明	程　忠	曾中全
曾坚军	曾健飞	温国彬	虞　斌	蔡才河	裴建光	管见礼	谭　华
樊明海	魏　然						

《中国企业集团财务公司年鉴》编辑部

张宇昕　张芷凡　张宏宇　张明超　张　岳　张　岱　张　波　张　诚
张　荭　张晓文　张海洁　张　婷　张锦成　陆溢斐　陆毅飞　陈文军
陈光龙　陈　阳　陈凯婷　陈学武　陈艳芳　陈　浩　陈　雯　陈　锐
陈　焱　陈曜华　陈　曦　武传德　武羽豪　武丽霞　武聪灵　范思爽
林如冰　果　然　罗忠勇　罗晓枫　罗　慧　季　钰　季　麟　金昊阳
金峰逸　周民宗　周　茜　周　洁　周　莉　郑　东　郑李华　宗承超
孟庆娟　孟岗超　赵凡蘅　赵延飞　赵启辉　赵　妍　赵　威　赵　龚
赵　哲　赵党党　赵　晨　赵智锋　郝梦元　胡　昊　胡艳华　钟　敏
俞国华　施海瑛　施　暄　姜　勇　秦晓坦　袁　媛　袁　豪　夏朱丹
徐　冰　徐　寰　高佳文　高　珊　高　静　郭文惠　郭亚文　郭振华
郭　潇　席　樱　唐罗斌　唐要斌　唐　璐　涂　华　陶　亮　黄中恺
黄振太　黄精裕　曹　雪　康　漪　梁翠玲　彭晓晨　董玉倩　董佩文
董学嘉　董　洁　董鸿翔　韩美琴　程　玲　舒　晨　曾文忠　温家东
谢　安　谢　放　缑华雨　楼　翀　潘　丽　潘建荣　潘闻文　薛文静
戴晓洋　魏　宁

编辑说明

一、本卷主要收录2021年度财务公司行业发展情况、各财务公司的经营管理状况、行业和机构统计数据、文件与规章名录等内容。

二、本卷“行业发展情况”部分的内容由中国财务公司协会提供；“机构概览”“统计资料”及“附录”部分的内容由各财务公司提供；“文件与规章名录”“大事记”部分的内容由中国财务公司协会收集整理。

三、本卷各财务公司是按照财务公司名称汉语拼音字母顺序进行排列；“文件与规章名录”部分是按照各发文机关公布的日期进行排列，机构名录是按照财务公司获得监管部门开业批准时间顺序进行排列。

四、本卷“机构概览”部分收录中国境内的依《企业集团财务公司管理办法》设立的正常经营的企业集团财务公司情况。海航集团财务有限公司、亿利集团财务有限公司、宝塔石化集团财务有限公司、忠旺集团财务有限公司、渤海钢铁集团财务有限公司、中船重工财务有限责任公司、本钢集团财务有限公司、重庆力帆财务有限公司、新华联控股集团财务有限责任公司未提供相关资料。

五、本卷各部分的行业整体数据因统计机构和统计口径不同，会出现不一致，请使用时注意甄别；“统计资料”部分由于四舍五入，总计数据与分项、不同表格的数据也可能存在误差。统计表格中，“空格”表示该项统计指标数据不详；“—”表示无该项数据。

六、本卷照片部分除“共谋发展”外，其他是以事件发生时间进行排序。

七、本卷“附录”部分的行业受表彰情况收录了财务公司的“集体荣誉”“部门荣誉”及“个人荣誉”，部分公司提供的资料未能采用，敬请谅解。

八、本卷在编纂过程中得到有关领导的关心和指导，得到全国各财务公司的大力支持，参加组稿的财务公司247家。各位组稿编辑、编写人员为本卷年鉴的出版付出了辛勤的劳动，各财务公司的其他工作人员也给予了大力协助，在此一并表示衷心的感谢！

九、本卷在编纂过程中难免存在错漏之处，敬请广大读者批评指正。

《中国企业集团财务公司年鉴》编辑部

二〇二二年六月

目　录

行业发展情况

2021 年企业集团财务公司行业情况 …… 2

机构概览

TCL 科技集团财务有限公司 …… 8
安徽省能源集团财务有限公司 …… 9
安徽省皖北煤电集团财务有限公司 …… 10
鞍钢集团财务有限责任公司 …… 12
百联集团财务有限责任公司 …… 13
包钢集团财务有限责任公司 …… 15
宝武集团财务有限责任公司 …… 16
保利财务有限公司 …… 18
北大方正集团财务有限公司 …… 19
北京金融街集团财务有限公司 …… 21
北京金隅财务有限公司 …… 22
北京控股集团财务有限公司 …… 24
北京汽车集团财务有限公司 …… 25
北京首都旅游集团财务有限公司 …… 27
北京首农食品集团财务有限公司 …… 28
兵工财务有限责任公司 …… 29
兵器装备集团财务有限责任公司 …… 31
诚通财务有限责任公司 …… 32
重庆化医控股集团财务有限公司 …… 34
重庆机电控股集团财务有限公司 …… 36
重庆市能源投资集团财务有限公司 …… 37

传化集团财务有限公司…… 39
创维集团财务有限公司…… 40
大唐电信集团财务有限公司…… 42
大同煤矿集团财务有限责任公司…… 43
东方电气集团财务有限公司…… 45
东方国际集团财务有限公司…… 46
东方集团财务有限责任公司…… 47
东风汽车财务有限公司…… 48
东航集团财务有限责任公司…… 50
东旭集团财务有限公司…… 51
鄂尔多斯财务有限公司…… 53
福建七匹狼集团财务有限公司…… 54
福建省交运集团财务有限公司…… 55
福建省能源集团财务有限公司…… 56
甘肃电投集团财务有限公司…… 58
供销集团财务有限公司…… 60
光明食品集团财务有限公司…… 61
广东能源集团财务有限责任公司…… 63
广东省广晟财务有限公司…… 64
广东省交通集团财务有限公司…… 65
广东省农垦集团财务有限公司…… 67
广东温氏集团财务有限公司…… 68
广西交通投资集团财务有限责任公司…… 69
广州发展集团财务有限公司…… 71
广州港集团财务有限公司…… 72
广州汽车集团财务有限公司…… 73
贵州茅台集团财务有限公司…… 75
贵州盘江集团财务有限公司…… 76
国机财务有限责任公司…… 77
国家电投集团财务有限公司…… 79
国家能源集团财务有限公司…… 80
国联财务有限责任公司…… 82
国投财务有限公司…… 83
国新集团财务有限责任公司…… 85
国药集团财务有限公司…… 86
哈尔滨电气集团财务有限责任公司…… 87

海尔集团财务有限责任公司 …… 89
海亮集团财务有限责任公司 …… 90
海马财务有限公司 …… 91
海南农垦集团财务有限公司 …… 92
海信集团财务有限公司 …… 94
杭州锦江集团财务有限责任公司 …… 95
航天科工财务有限责任公司 …… 97
航天科技财务有限责任公司 …… 99
河北港口集团财务有限公司 …… 100
河北建投集团财务有限公司 …… 102
河钢集团财务有限公司 …… 103
河南能源化工集团财务有限公司 …… 104
河南双汇集团财务有限公司 …… 106
亨通财务有限公司 …… 108
红豆集团财务有限公司 …… 109
红星美凯龙家居集团财务有限责任公司 …… 110
湖北交投集团财务有限公司 …… 111
湖北宜化集团财务有限责任公司 …… 113
湖南出版投资控股集团财务有限公司 …… 114
湖南高速集团财务有限公司 …… 115
湖南华菱钢铁集团有限责任公司 …… 117
华联财务有限责任公司 …… 118
华泰集团财务有限公司 …… 119
淮北矿业集团财务有限公司 …… 120
淮南矿业集团财务有限公司 …… 122
吉林森林工业集团财务有限责任公司 …… 123
冀中能源集团财务有限责任公司 …… 125
江铃汽车集团财务有限公司 …… 127
江苏凤凰出版传媒集团财务有限公司 …… 128
江苏国泰财务有限公司 …… 129
江苏华西集团财务有限公司 …… 131
江苏交通控股集团财务有限公司 …… 132
江苏省国信集团财务有限公司 …… 133
江苏悦达集团财务有限公司 …… 135
江西省交通投资集团财务有限公司 …… 136
江西铜业集团财务有限公司 …… 138

金川集团财务有限公司 …… 139
锦江国际集团财务有限责任公司 …… 141
晋煤集团财务有限公司 …… 142
京能集团财务有限公司 …… 143
酒钢集团财务有限公司 …… 145
巨化集团财务有限责任公司 …… 147
开滦集团财务有限责任公司 …… 148
浪潮集团财务有限公司 …… 149
连云港港口集团财务有限公司 …… 151
联通集团财务有限公司 …… 152
潞安集团财务有限公司 …… 154
马钢集团财务有限公司 …… 156
美的集团财务有限公司 …… 157
南方电网财务有限公司 …… 158
南山集团财务有限公司 …… 160
内蒙古电力集团财务有限责任公司 …… 162
内蒙古伊泰财务有限公司 …… 163
青岛港财务有限责任公司 …… 164
青岛啤酒财务有限责任公司 …… 166
青建集团财务有限责任公司 …… 167
清华控股集团财务有限公司 …… 169
日立（中国）财务有限公司 …… 170
日照港集团财务有限公司 …… 171
三房巷财务有限公司 …… 173
三环集团财务有限公司 …… 174
三峡财务有限责任公司 …… 175
沙钢财务有限公司 …… 177
山东晨鸣集团财务有限公司 …… 178
山东东明石化集团财务有限公司 …… 179
山东钢铁集团财务有限公司 …… 181
山东黄金集团财务有限公司 …… 182
山东能源集团财务有限公司 …… 183
山东省商业集团财务有限公司 …… 185
山东招金集团财务有限公司 …… 186
山东重工集团财务有限公司 …… 188
山西焦煤集团财务有限责任公司 …… 189

陕西煤业化工集团财务有限公司 …… 191
陕西投资集团财务有限责任公司 …… 193
陕西延长石油财务有限公司 …… 194
商飞集团财务有限责任公司 …… 196
上海城投集团财务有限公司 …… 197
上海电气集团财务有限责任公司 …… 199
上海复星高科技集团财务有限公司 …… 200
上海华谊集团财务有限责任公司 …… 202
上海浦东发展集团财务有限责任公司 …… 203
上海汽车集团财务有限责任公司 …… 205
上海上实集团财务有限公司 …… 206
上海外高桥集团财务有限公司 …… 208
上海文化广播影视集团财务有限公司 …… 209
申能集团财务有限公司 …… 211
深圳华强集团财务有限公司 …… 212
深圳能源财务有限公司 …… 214
首都机场集团财务有限公司 …… 215
首钢集团财务有限公司 …… 217
顺丰控股集团财务有限公司 …… 218
四川长虹集团财务有限公司 …… 219
四川省宜宾五粮液集团财务有限公司 …… 220
松下电器（中国）财务有限公司 …… 222
苏州创元集团财务有限公司 …… 222
太钢集团财务有限公司 …… 224
特变电工集团财务有限公司 …… 226
天津渤海集团财务有限责任公司 …… 227
天津港财务有限公司 …… 228
天津能源集团财务有限公司 …… 230
天津天保财务有限公司 …… 231
天津物产集团财务有限公司 …… 233
天津医药集团财务有限公司 …… 233
天瑞集团财务有限责任公司 …… 234
通用技术集团财务有限责任公司 …… 235
铜陵有色金属集团财务有限公司 …… 237
万向财务有限公司 …… 238
五矿集团财务有限责任公司 …… 239

物产中大集团财务有限公司 …… 241
物美商业财务有限责任公司 …… 242
西部矿业集团财务有限公司 …… 244
西电集团财务有限责任公司 …… 245
西门子财务服务有限责任公司 …… 247
西王集团财务有限公司 …… 248
厦门海翼集团财务有限公司 …… 249
厦门翔业集团财务有限公司 …… 251
新奥财务有限责任公司 …… 252
新凤祥财务有限公司 …… 254
新疆金风科技集团财务有限公司 …… 255
新希望财务有限公司 …… 256
新兴际华集团财务有限公司 …… 258
徐工集团财务有限公司 …… 259
兖矿集团财务有限公司 …… 261
阳泉煤业集团财务有限责任公司 …… 262
一汽财务有限公司 …… 264
一重集团财务有限公司 …… 265
伊利财务有限公司 …… 267
有色矿业集团财务有限公司 …… 268
粤海集团财务有限公司 …… 270
云南建投集团财务有限公司 …… 271
云南昆钢集团财务有限公司 …… 273
云南云天化集团财务有限公司 …… 275
招商局集团财务有限公司 …… 276
浙江海港集团财务有限公司 …… 277
浙江省交通投资集团财务有限责任公司 …… 278
浙江省能源集团财务有限责任公司 …… 280
振华集团财务有限责任公司 …… 282
正泰集团财务有限公司 …… 283
郑州宇通集团财务有限公司 …… 284
中车财务有限公司 …… 286
中储粮集团财务有限公司 …… 287
中船财务有限责任公司 …… 289
中广核财务有限责任公司 …… 290
中国大唐集团财务有限公司 …… 292

中国电建集团财务有限责任公司 …… 293
中国电力财务有限公司 …… 295
中国电信集团财务有限公司 …… 297
中国电子财务有限责任公司 …… 298
中国电子科技财务有限公司 …… 300
中国航发集团财务有限公司 …… 301
中国航空集团财务有限责任公司 …… 303
中国航油集团财务有限公司 …… 304
中国华电集团财务有限公司 …… 306
中国华能财务有限责任公司 …… 307
中国化工财务有限公司 …… 309
中国黄金集团财务有限公司 …… 310
中国建材集团财务有限公司 …… 312
中国南航集团财务有限公司 …… 313
中国能源建设集团财务有限公司 …… 315
中国平煤神马集团财务有限责任公司 …… 316
中国石化财务有限责任公司 …… 318
中国铁建财务有限公司 …… 320
中国铁路财务有限责任公司 …… 321
中国一拖集团财务有限责任公司 …… 323
中国移动通信集团财务有限公司 …… 324
中国重汽财务有限公司 …… 326
中海石油财务有限责任公司 …… 327
中航工业集团财务有限责任公司 …… 329
中核财务有限责任公司 …… 331
中化工程集团财务有限公司 …… 333
中化集团财务有限责任公司 …… 334
中集集团财务有限公司 …… 336
中建财务有限公司 …… 337
中交财务有限公司 …… 339
中节能财务有限公司 …… 340
中开财务有限公司 …… 342
中联重科集团财务有限公司 …… 343
中粮财务有限责任公司 …… 345
中旅集团财务有限公司 …… 346
中铝财务有限责任公司 …… 348

中煤财务有限责任公司 …… 349
中铁财务有限责任公司 …… 351
中信财务有限公司 …… 352
中兴通讯集团财务有限公司 …… 354
中冶集团财务有限公司 …… 356
中油财务有限责任公司 …… 357
中远海运集团财务有限责任公司 …… 359
珠海格力集团财务有限责任公司 …… 360
珠海华发集团财务有限公司 …… 362
紫金矿业集团财务有限公司 …… 363

统计资料

经营状况综合统计 …… 366
财务公司资产、负债、权益统计表 …… 367
财务公司收入、利润状况统计表 …… 374
财务公司地域分布状况统计表 …… 381
财务公司行业分布状况统计表 …… 382
财务公司行业分类表 …… 382
财务公司所有制分布状况统计表 …… 386
财务公司行业资产质量状况统计表 …… 386
财务公司行业存款、贷款结构统计表 …… 386
从业人员统计 …… 387
财务公司从业人员年龄、文化、职称结构统计表 …… 388

大事记

中国企业集团财务公司 2021 年行业大事记 …… 398

附　录

文件与规章名录 …… 404
2021 年度财务公司行业受表彰情况 …… 405
2021 年度财务公司机构名录 …… 416

行业发展情况

2021 年企业集团财务公司行业情况

2021 年，财务公司行业继续稳步发展，机构规模和分布情况保持稳定，整个行业持续完善公司治理，不断加强风险防控，积极发挥功能定位，在企业集团实施资金集约管理、合理配置金融资源、统筹推进疫情防控和有效支持实体经济方面发挥了积极作用。

一、机构情况

（一）机构数量

2021 年，财务公司行业机构数量保持稳定。截至 2021 年末，全行业法人机构数量 256 家，较 2020 年末减少 1 家，当年新设财务公司 2 家，分别为新兴际华集团财务有限公司和山东东明石化集团财务有限公司。

（二）机构分布

截至 2021 年末，全国 256 家财务公司分布在 30 个省、自治区、直辖市，除西藏外，其他省份均设有财务公司法人机构。其中，北京、广东（含深圳）、上海三个省市的财务公司数量最多，分别为 74 家、24 家、22 家，在全行业占比分别为 28.91%、9.38%、8.59%，共计占比达 46.88%，整体分布依然较为集中。

二、财务情况

（一）资产状况

2021 年末全行业 256 家财务公司表内资产总额达到 8.58 万亿元，较 2020 年末增加 7655 亿元，增幅为 9.80%，增幅连续 4 年稳定在 10% 左右，保持平稳增长。

近五年来，财务公司坚持金融服务实体经济，在资产配置方面更多地倾向于服务集团主业，各项贷款占比逐步增加，同业资产占比稳步下降，投资资产占比长期保持在 5% 左右的水平。截至 2021 年末，各项贷款占比为 46.28%，同业资产占比为 38.88%，投资占比为 5.73%。

（二）负债状况

2021 年末全行业 256 家财务公司负债规模达到 7.47 万亿元，较 2020 年末增加 7546 亿元，增幅为 11.24%，与资产规模增速走势相似，增幅连续 4 年稳定在 10% 左右。

财务公司行业负债结构保持稳定，吸收存款在负债总额中的占比不断上升，2021 年末达到 95.63%，再创历史新高；相应地，同业负债占比一路走低，2021 年末仅为 2.50%。为推动中央企业进一步加强资金管理，有效提高资金运营效率，严格防控资金风险，国务院国资委要求中央企业要以财务公司、资金中心等作为资金集中管理平台，及时做好子企业资金的定期归集，力争做到按日归集，有条件的企业做到逐笔归集。吸收存款占比的上升不仅体现出财务公司在提高集团资金使用效率、保障集团资金链安全方面作出的积极努力，而且体现出所属集团加快司库体系建设、进一步加强资金管理的落实情况。

（三）权益状况

2021 年末行业所有者权益规模达到 1.10 万亿元，与 2020 年基本持平，所有者权益规模进入平稳阶段。所有者权益增速在 2015 年后呈现波动下降趋势，2019 年、2020 年增速维持在略高于 10% 的水平上，但是，2021 年增速大幅下跌至 0.99%。所有者权益增速创出近十年的新低。

在注册资本规模分布方面，2021 年，67.21% 的财务公司注册资本金集中在 10 亿（含）至 50 亿元，17.21% 的财务公司注册资本金不超过 10 亿元；11.89% 的财务公司注册资本金集中在 50 亿（含）至 100 亿元；仅

3.69%的财务公司注册资本金超过100亿元。

（四）盈利情况

行业营业收入创历史新高。面对新冠肺炎疫情冲击和经济下行压力，财务公司积极发挥资金归集、资金结算、资金监控和金融服务四个平台作用，有效服务成员单位和企业集团，为企业集团降杠杆减负债和提质增效发挥了积极作用。同时，财务公司经营发展和业务收入获得较好提升，2021 年财务公司行业营业净收入为1430.06 亿元，较 2020 年增加 56.25 亿元，增幅为 4.09%，营业净收入规模稳中有升，并创出财务公司行业净收入的历史新高。

从业务结构上看，存款、贷款业务仍是财务公司最主要的业务，利息净收入在财务公司营业净收入中始终占据最重要的地位。2021 年，财务公司行业利息净收入为1221.88 亿元，较2020 年增加 60.77 亿元，增幅为 5.23%，占财务公司行业营业净收入的 86.96%；投资收益为151.93 亿元，较2020 年减少 10.87 亿元，同比降低6.67%，占财务公司行业营业净收入的 10.81%。

2021 年，全行业实现净利润 831.11 亿元，同比减少 13.02 亿元，与上年基本持平，行业整体经营保持稳健。在疫情冲击和经济下行中，受集团产业风险传导等因素影响，个别财务公司风险暴露并出现一定亏损，全行业利润持续上升的态势也有所放缓。

三、业务情况

（一）资产业务

2021 年，财务公司行业总资产持续保持平稳增长，表内总资产规模达到 8.58 万亿元，比 2020 年末增加 7655 亿元，同比增长 9.80%，高于银行业金融机构总资产增速 1.79 个百分点；财务公司行业总资产占银行业金融机构总资产的比例达到 2.54%，较 2020 年提升 0.10 个百分点。2012—2021 年，财务公司行业总资产规模逐年攀升，已由 2.10 万亿元增加至 8.58 万亿元，年均增长率高达 16.82%，财务公司行业总资产占银行业金融机构总资产的比重保持相对平稳。

从 2021 年资产业务构成来看，各项贷款规模 3.97 万亿元，同比增长 7.82%，占总资产的 46.28%；存放同业规模 3.08 万亿元，同比增长 10.62%，占总资产的 35.91%；投资业务规模 0.49 万亿元，同比增长 16.95%，占总资产的 5.73%；现金及存放央行款项 0.36 万亿元，同比下降 7.69%，占总资产的 4.22%；除上述分类外的其他类资产 0.68 万亿元，同比增长 25.93%，占总资产的 7.88%。在财务公司资产结构中，各项贷款及存放同业是主要构成部分，二者合计占比为 82.19%，即财务公司的资产结构主要体现为两个重点：一是服务成员单位和企业集团，二是有效链接金融市场获取经济效益。

（二）负债业务

2021 年以来，面对百年变局与新冠肺炎疫情交织叠加的复杂形势，财务公司行业持续加强资金集中管理，提高资金使用效率，负债规模也稳步提升。2021 年末，财务公司行业负债余额 7.47 万亿元，同比增加 7546 亿元，增幅为 11.24%。财务公司行业负债余额占银行业金融机构负债总额的比例为 2.37%，同比提升 0.08 个百分点。

2012—2021 年，财务公司行业总负债由 1.81 万亿元增加至 7.47 万亿元，年均增长率为 17.08%，财务公司行业负债总额占银行业金融机构负债总额的比重提升了 0.92 个百分点。

从负债结构看，各项存款是财务公司最重要的负债来源。2021 年末，财务公司各项存款余额 7.15 万亿元，占负债总额的 95.63%，同比增加 0.49 个百分点；同业负债 1870.81 亿元，占负债总额的 2.50%，同比减少 0.40 个百分点；应付款项 1067.06 亿元，占负债总额的 1.43%，同比增加 0.10 个百分点；财务公司债券 198.74 亿元，占负债总额的 0.27%，同比减少 0.19 个百分点；其他负债 127.13 亿元，占负债总额的 0.17%，同比保持稳定。

由于经营范围受限，外部融资手段相对匮乏，财务公司各项存款占负债的比重显著高于商业银行。财务公司各项存款对负债增长的贡献度由2017 年的98%提升至2021 年的100%。

从财务公司近五年负债变化情况看，各项存款占比保持上升态势，较 2017 年提升了1.25 个百分点；同业负债受相关监管政策及市场环境影响，占比有所下滑，较2017 年下降了0.92 个百分点；财务公司债券占比较低，2021年全行业无新发债券，存量余额占比逐年降低。应付款项、其他负债整体占比较低，且波动幅度相对较小。由于各项存款对财务公司负债增长起决定性作用，加强资金集中管理和提升资金归集能力已成为财务公司持续发展的关键性因素。

（三）中间业务

1. 服务主业成效凸显

2021 年，财务公司行业各类中间业务量（发生额/余额）总体以增长为主，中间业务总收入达到 36.16 亿元，同比增长 5.9%，扭转了连年下降趋势。同时，中间业务收入占行业整体营业收入的比例（1.48%）同比略有下降，一定程度上反映了行业在不断加大中间业务服务深度的同时，普遍仍坚守中间业务低费用的服务策略，有效让利于成员单位，着力服务企业集团，展示了财务公司作为内部金融机构的责任和担当。

观察中间业务内部收入结构，2021 年，“其他中间业务”（含委托投资、承诺、信用证等）收入规模达到 19.78 亿元，成为收入规模第一、收入同比增幅第二（22.54%）、收入占比第一（54.71%）的中间业务业态，继续保持领先位置。委托贷款业务成为收入规模同比（-28.96%）和收入占比（16.1%）双下滑、且下滑比例均创最大幅度的中间业务业态，委托贷款可能成为中间业务中减费让利力度最大的领域。

2. 业务发展分化显著

一方面，个别信用类业务内外市场形势分化。2021 年以来，各类金融机构为加大实体经济服务力度，纷纷加大对中间业务创新的投入，以市场化程度较高的担保业务为例，票据承兑业务市场发生总额同比上升 9.32%；同时 ISDGP（《见索即付保函国际标准实务》）正式发布实施，国内独立保函应用热度也在持续升温。但与火热的行业外部环境形成反差，财务公司行业内担保类业务呈现出一定程度的萎缩态势，其中承兑业务发生额同比下降 4.49%，保函业务发生额同比下降 7.91%。究其原因，一是受个别财务公司信用风险事件影响，市场对财务公司行业信心略有下降；二是财务公司行业的服务质量、产品丰富度、响应速度等方面与商业银行相比仍有不足，在市场竞争中处于相对不利地位。

另一方面，个别中间业务开辟新路径积极谋发展。2021 年，越来越多的财务公司在细分“小领域”寻求“新突破”，比如，通过在融资服务中承担关键角色，财务公司日渐成为在资本市场讲好主业故事、在成员单位项目融资中发挥关键作用、协助企业集团选择最为适合金融产品的生力军，年度行业财务顾问业务收入增幅达 29.55%，发挥了最了解企业集团和主要业务的内部优势。

（四）国际业务

财务公司国际业务整体保持稳健发展态势。2021 年，财务公司行业外币资产总额 3939.80 亿元、外币负债 3627.43 亿元，在财务公司行业本外币资产总额和负债总额的占比分别为4.59%、4.85%，较上年基本持平，整体外币资产和负债比例保持稳定。2021 年，开展外汇交易业务的财务公司共 86 家，比上年增加了12 家，外汇交易规模折合人民币 17294.22 亿元、同比增长 49.92%。在国际业务资质方面，即期业务资质申请较为积极，共有 9 家财务公司获批。在外汇资金管理方面，2021 年持有外汇局跨境资金池业务与人民银行跨境双向人民币资金池业务资质的财务公司分别新增 5 家和 3 家，本外币跨境结算规模均增长较大。财务公司跨境资金调剂活跃，通过外汇局跨境资金池办理外债与境外放款业务规模分别是上年的

1. 19 倍和 3. 50 倍，资金净流出 179 亿元；人民银行跨境人民币资金池为资金净流入，流入与流出规模均小幅下降。2021 年，人民银行与国家外汇管理局联合推出跨国公司本外币一体化资金池业务试点，进一步便利跨国公司企业集团跨境资金统筹使用。在外汇信贷业务方面，财务公司 2021 年末外汇贷款余额及在本外币业务中的占比进一步下降，表明企业持有外汇贷款意愿不断减弱。

2021 年，财务公司国际财资服务功能不断深化，采取多种方式搭建集团全球资金管理体系，并通过提供境外投融资顾问服务增加企业黏性。同时，承担集团外汇风险管理职能的财务公司数量同比增长 79%，不断显现出财务公司的专业服务能力和在集团外汇风险管理中的重要地位。

机构概览

TCL 科技集团财务有限公司

【集团概况】 TCL 科技集团股份有限公司（以下简称“集团”）创立于 1981 年，集团聚焦半导体显示及材料产业、半导体及半导体光伏领域，以产业金融与投资创投支持主业发展，加速向技术、资本密集型的高科技产业集团转型。

集团重点围绕 Mini LED、Micro LED、印刷 OLED、QLED 等新型显示技术开发、G12 大硅片与叠瓦 3.0 结合的领先光伏技术平台完善、8 英寸和 12 英寸半导体材料的工艺提升。截至 2021 年第三季度末，集团 PCT 专利申请量 13517 项，在量子点电致发光领域的技术和材料专利申请数量 1778 件，位居世界第二。

【经营概况】 截至 2021 年末，TCL 科技集团财务有限公司（以下简称“公司”）资产总额 177.10 亿元，负债总额 157.67 亿元，实现净利润 0.85 亿元，资金归集度、年末资本充足率和年末流动性比例均符合监管要求且优于监控指标。信贷资产总体安全、资产质量良好。

【服务实体】 作为集团内部金融机构，公司积极支持各产业健康、稳定发展。落实“六稳”“六保”，大力支持企业复工复产。公司 2021 年全年累计投放 152.19 亿元各项贷款，持续为集团成员企业及上下游企业提供流动资金支持。2021 年全年为集团及成员企业手续费减免约 1012.79 万元。积极支持受河南水灾及疫情影响严重的企业，为受河南水灾影响及兰州、西安疫情影响的中小微经销商客户办理展期及利息减免业务，大幅缓解了经销商的资金压力。

【信贷业务】 公司 2021 年积极参与成员企业宁夏中环六期工厂项目银团贷款，批复金额 10 亿元，并成功成为参团行，这也是公司近年来支持成员企业发展的又一重大尝试。

【产业链金融】 2021 年，公司共办理“一头在外”票据贴现业务规模 4.75 亿元，中小微企业占比 80% 以上，贴现人的行业类型主要为制造业。切实助力票据服务实体经济，促进供应链金融规范发展。通过利用核心企业的商业信用，优化上下游的付款形式，提高产业链中小微企业融资的可得性，提高产业链资金使用率。

【资金业务】 公司已配套建立核心系统——资金管理平台，该平台集客户管理、资金管理、信息管理于一身，融业务处理、流程控制、风险管理功能为一体。2021 年，建立海外结算银行开立规则及名单，保障流程信息集成。

【投资业务】 公司投资业务风险偏好较为稳健，未开展过特定目的的载体投资，投资产品以货币基金和同业定存等低风险产品为主。截至 2021 年末，公司开展的投资业务为国债，余额 2000 万元。

【票据业务】 公司作为上海票交所 ECDS 系统直接参与者，建立集团票据全生命周期管理体系和风险防控体系，为成员企业提供统一票据结算服务。2021 年成员企业电子票据覆盖率达 100%，票据结算量 564 亿元，无票据资金风险发生，票据结算零损失。

【外汇业务】 公司充分利用可以代客进行衍生品交易的资格，指导、帮助企业合理运用衍生品进行汇率风险管理，帮助企业完成业务落地。2021 年累计办理衍生品交易业务金额合计 7.98 亿美元，产品包括 DF、NDF，币种涵盖美元、日元、欧元。累计办理即期结售汇业务 4.75 亿美元，币种涵盖美元、日元、人民币。

【资金集中】 公司承担集团资金集中管理职能，包括吸收存款、结算等。2021 年，公司积极发挥集团资金管理平台职能，强化资金管理和归集力度，2021 年末的资金集中度为41.44%。

【业务创新】在金融创新方面，公司始终坚持“创新推动发展”的理念，2021年主要开展了以下重点金融业务创新：一是创新开展绿色金融业务，落地首笔绿色票据再贴现业务和全国首笔“绿色碳链通”业务。2021年4月30日，公司成功落地首笔绿色票据再贴现业务，支持企业开展与光伏新能源等绿色产业相关的经营活动。2021年11月11日，绿色金融和供应链金融相结合的全国首笔“绿色碳链通”业务顺利落地。二是落地广东首笔CIPS标准收发器业务办理，提升支付结算安全与效率。2021年7月19日，在人民银行广州分行的指导下，交通银行广东省分行成功为公司接入CIPS标准收发器（企业版）。

【风险管理和内部控制】公司不断建立健全风险管理体系。2021年公司统筹部署，以落实风险防控体系为重点，不断将风险管理工作融入企业日常经营管理，控制风险。每季度撰写全面风险管理报告，每年度向董事会报告全面风险管理情况，公司风险防范措施落实到位、应对有效，未发生重大风险事件，未对公司的正常经营发展造成重大损失。

【人力资源管理】截至2021年末，公司共有员工59人，其中从事金融或财务工作5年以上人员50人，从事金融或财务工作3年以上人员57人。人员结构相对稳定，均具备与岗位匹配的专业素质和经验。

【信息化建设】公司建立了核心业务系统、票据管理系统、信贷管理系统和监管报送系统，能够对存款、信贷、资金结算、财务管理、会计等相关业务进行有效处理，系统设置符合法律法规和制度的各项要求，并根据相关制度变化及时迭代。

【企业文化建设】公司2021年成立党支部，进一步加强党建工作。公司始终围绕“金融秩序维护者”“金融资源整合者”“产融价值创造者”的定位，积极履行社会责任，充分发挥支持集团和成员企业实体经济发展的作用，全力为实体经济提供资金支持。同时公司倡导优良的合规文化，持续强化内控合规管理，培育稳健审慎的经营文化，打造自觉守法、审慎经营的经营环境，形成“合规创造更高价值”的理念和文化。

安徽省能源集团财务有限公司

【集团概况】安徽省能源集团有限公司（以下简称“集团”）总部设在合肥，注册资本100亿元。集团拥有全资和控股二级子公司13家，包括皖能电力和皖天然气两家上市公司，三级控股公司65家，已发展成为涵盖火电、环保发电、新能源、天然气、煤炭物流、电力服务业、金融投资等产业的大型企业集团。面向“十四五”，集团致力于打造成为能源战略投资平台、资源整合平台和开放合作平台，建设成为国内一流的国有能源投资集团和综合能源服务商，打造成为国内一流、区域领先、行业知名、具有重要影响力的国有资本投资公司。

【经营概况】2021年，安徽省能源集团财务有限公司（以下简称“公司”）累计实现营业收入1.71亿元，同比增加3037.09万元，同比增长21.60%；利润总额8517.69万元，同比增加139万元，同比增长1.66%；净利润6403.16万元，同比增加122.21万元，同比增长1.95%。

【信贷业务】2021年，公司两次全面下浮各类信贷产品利率，最高下浮115个基点，示范引导外部银行降低成员单位资金成本，2021年全部贷款平均利率为3.69%，较上年同期下降11个基点，为成员单位节约利息费用约

6196.82万元。截至2021年末，公司绿色贷款余额为16.80亿元，同比增加5.3亿元，增幅为46.35%，环比增加2.82%；同期本外币贷款余额30.90亿元，绿色贷款余额占比达54.38%；绿色贷款不良贷款余额为零，绿色贷款不良率为零。公司“十四五”规划中制定了绿色金融发展规划章节，突出体现绿色发展内容，另外公司制定了《绿色金融管理办法（试行）》，其中包含绿色金融业务治理、考核机制、奖惩机制、培训机制等内容，大力支持绿色金融发展。

【投资业务】聚焦提质增效目标任务，研究制定“开源节流、降本增效”工作方案，紧抓外部创效，针对2021年吸存波动频率和幅度大的特点，强化头寸管理，合理调配资金，稳健开展投资及同业业务。2021年累计实现同业及投资业务收入7836.93万元，累计开展投资业务139笔，累计交易金额163.23亿元。

【资金集中】2021年，公司平均综合资金归集率达98.33%，创造历史新水平，超目标值1.33个百分点，平均全口径资金集中度为85.37%，在全国前10%行列继续争先进位。日均吸收存款41.18亿元，同比增加4.57亿元，完成全年预算的114.79%。借助集团“远光”财务管控系统，实现对集团及成员单位334个银行账户监控全覆盖。累计办理结算业务8.9万笔、金额2309.78亿元，同比分别增长25.5%和118.55%，资金结算平台功能有效发挥。

【风险管理和内部控制】2021年，公司继续保持零案件、零不良资产的好成绩。积极配合安徽银保监局对公司开展监管评级与综合现场检查工作，针对监管检查反馈意见，研究制定整改与问责工作方案，督促认真抓好整改落实。深入开展大额资金调拨等10余项风险检查，进一步推进风险管理工作，提高员工合规意识。认真开展反洗钱工作，反洗钱评级进一步提升。扎实开展“内控合规管理建设年”活动，召开专题会议动员部署，及时制定活动方案，系统开展自查自纠，进一步完善了内控制度体系，提升了内控管理效能。

【企业文化建设】公司推进企业文化建设制度化，将“贴心、匠心、戒心”的“三心”文化写入《财务公司员工守则》，号召全体员工积极践行公司“三心”文化。积极开展统一战线和信访维稳工作。深入推进“党建铸魂·三心强企”党建品牌建设，总结提炼出品牌理念内涵，征求意见建议，开展交流研讨，初步制定了党建品牌示意图和手册，进一步推进了党的建设与生产经营深度融合。

【公司治理】公司持续推进党的领导与公司治理有机融合，严格执行党组织研究讨论前置程序要求。深入学习新修订的《银行保险机构公司治理准则》，修订完善董事会议事规则及专业委员会工作办法；定期召开风险控制委员会和审计委员会会议，提出专业意见供董事会决策参考。强化规划引领，积极对接集团制定的“54321”发展思路，开展“我为‘十四五’规划建言献策”活动，高质量完成“十四五”发展规划编制工作。

安徽省皖北煤电集团财务有限公司

【集团概况】皖北煤电集团公司（以下简称“集团”）是安徽省属重点企业之一，经过三十多年的建设发展，企业规模不断壮大，实力逐步提升，主营业务为煤电、化工和物流贸易，形成了产物贸一体化、跨区域经营的综合性企业集团。2021年，集团聚焦打赢突破制胜转折战，积极抢抓市场机遇，企业发展态势稳中向好，经济运营稳健上行，在“十四五”开局之年，谱写了新时代的华彩篇章。2021 年，集团实现营业收入 393.26 亿元，利润总额 12.06 亿元。

【经营概况】2021 年，安徽省皖北煤电集团财务有限公司（以下简称“公司”）遵循“依托集团、服务集团、规范运营、稳健发展”的经营理念，夯实基础工作，强抓重点工作，经营质效稳步提升。2021 年实现营业收入 1.29 亿元，利润总额 1.03 亿元；截至 2021 年末，公司总资产 67.43 亿元，创历史新高；吸收存款 54.49 亿元，所有者权益 12.81 亿元。

【服务实体】公司始终坚持“金融服务实体经济”的初心，在稳步提高贷款投放规模的同时，助力成员企业降低融资成本。2021 年，疫情形势依然复杂严峻，公司坚持不断贷、不压贷，贷款资金全部投向实体经济企业，全年累计投放 31.52 亿元，客户涵盖集团主要业务板块。公司始终坚持服务实体经济的工作重心，切实落实各项减费让利政策，通过降低贷款利率、免收手续费、提高信用类业务比例等优惠措施，全年累计帮助成员企业节约财务费用 0.79 亿元。

【信贷业务】2021 年，公司紧紧围绕集团发展战略目标，积极发挥金融服务功能，为成员企业提供高效、优质的信贷金融服务，助推集团战略发展。公司全年累计办理表内外各类信贷业务 36.71 亿元，其中，自营贷款 31.34 亿元，商业汇票贴现 0.18 亿元，商业汇票承兑 5.16 亿元，保函 0.03 亿元。2021 年 7 月，公司办理了首笔绿色贷款，贷款金额 0.05 亿元，实现了绿色金融零的突破；公司紧跟国家金融政策，加大对制造业板块的贷款力度。公司坚持强化贷款三查监管机制，持续跟踪贷款企业状况，确保贷款资金安全，全年各项贷款回收率达 100%，贷款不良率为零。

【投资业务】2021 年，公司密切关注市场最新动态，做好充分准备和应对，在满足流动性需求、严格风险管控的前提下，着重考虑安全可靠的现金类产品和相对收益较高的银行理财产品，适时开展国债逆回购业务。全年日均投资业务规模 8.16 亿元，实现投资收益 2729.41 万元。

【票据业务】为进一步提升金融服务质效，公司于 2021 年 6 月上线票据池系统，助力集团加强票据集中管理，实现票据规模效应，提高票据整体使用效率。公司的票据业务实行贴现利率优惠、低保证金等让利政策。2021 年，公司累计为集团及成员企业办理票据承兑 5.16 亿元，票据贴现 0.18 亿元。公司票据业务一方面为成员企业提供了丰富的融资渠道，另一方面也通过免收保证金、降低贴现利率等优惠措施，有效帮助成员企业降低资金使用成本，缓解资金压力。

【资金集中】2021 年，公司按照集团资金归集要求，以合资公司、参股公司为重点，积极推动成员单位加入资金池和票据池，加强对集团控制能力相对较弱的参股单位以及其他成员单位的存款营销工作，做好资金集中管理和调度工作。2021 年，公司共办理结算 5.80 万笔，资金结算量约 1882.70 亿元；截至 2021 年 12 月末，共有 93 家成员单位在公司开立账户 157 个；可归集口径资金归集度达 98.15%；票据集中度达 97.55%。

【内部稽核】公司以落实金融相关法律法规和监管规则、促进公司持续完善有效的风险管理及内控合规和科学规范的公司治理为目的，开展业务稽核和专项稽核。2021 年共开展稽核项目 10 项，发现问题 13 项，提出建议 18 条，跟踪整改，落实到位，筑牢第三道防线。根据最新的金融法律法规，及时梳理制度与流程，公司现有制度 147 项、流程 58 个，公司制度能够保障业务开展科学规范。加强与监管部门沟通，开展了“内控合规管理建设年”及“案件集中清理专项行动”，促进公司稳定与稳健运行。

【风险管理和内部控制】公司继续加强内控体系建设，全方位筑牢风险“防火墙”，对信用风险、流动性风险、操作风险等管理情况进行系统梳理和检查，进一步完善风控体系；在内控方面，组织开展内控手册编制工作，完成内控手册各项业务活动风险点及防控措施要点的编制。各项业务保持稳健发展，资产质量管控较好，信用风险、操作风险、流动性风险均控制在合理范围；公司未发生重大风险事项，各项监管指标满足管理要求。

A

【人力资源管理】2021 年末，公司在岗员工 27 人，人员素养优秀，专业技术水平扎实，其中在岗职工本科及以上学历 24 人，高级职称 8 人，中级职称 9 人。公司持续推动人才队伍建设，通过轮岗交流等方式，推动实习生成长成才；积极开展内部各类专业知识培训，结合多种激励措施，鼓励员工参加职称、学历和各类资格考试，努力提升员工综合素质，着力培养一支特别能战斗、特别有担当的金融专业队伍。

【信息化建设】2021 年，公司持续推进信息化系统建设，完成票据池系统一期开发，完成检查分析报表系统（EAST）及利率报备检测系统（IMAS）的开发并正式上线运行；票据池二期实现与上海票交所新一代票据业务系统融合，预计 2022 年实现首批上线运行。

【企业文化建设】2021 年，公司把学习贯彻习近平新时代中国特色社会主义思想、习近平总书记系列重要讲话精神作为首要任务，以党史学习教育活动为主线，围绕“三个以案”、“四个专项整治”警示教育活动、巡视整改“大起底、改到位、建机制”、党建“找差距、抓落实、提质量”专项行动等工作重点，强化政治建设和组织建设；积极开展清廉金融文化建设，开展主题教育及宣传引导，完善制度建设，着力培育良好的清廉金融文化，领悟新时代赋予的“廉洁”新内涵，实现行业风气的不断优化。

鞍钢集团财务有限责任公司

【集团概况】鞍钢集团有限公司（以下简称“集团”）是中央直接管理的国有大型企业，是新中国第一个恢复建设的大型钢铁联合企业和最早建成的钢铁生产基地，为国家经济建设和钢铁事业的发展作出了巨大贡献，被誉为“共和国钢铁工业的长子”“新中国钢铁工业的摇篮”。集团是世界 500 强企业之一，在中国东北、西南、东南、华南等地有九大生产基地，具备 5330 万吨铁、6300 万吨钢、4 万吨钒制品和 50 万吨钛产品的生产能力，是世界最大的产钒企业，是中国最大的钛原料生产基地。2021 年是集团发展史上具有里程碑意义的一年，实现了“三个历史性突破”：一是集团党委在国务院国资委 2020 年度中央企业党建工作责任制考核评价中首次获得 A 级；二是鞍钢重组本钢顺利完成，并完成债转股和混改；三是经营效益创历史最好水平，“十四五”取得开门红。

【经营概况】2021 年，鞍钢集团财务有限责任公司（以下简称“公司”）以集团整体价值最大化为导向，系统编制了“十四五”发展规划，建立了“上下贯通、统筹协调、横向到边、纵向到底”的“十四五”规划重点任务推进落实体系。2021 年末，公司资产总额 375 亿元，信贷资产余额 188 亿元，存放同业平均规模 92 亿元，吸收存款平均规模 248 亿元，资本充足率为 26.9%，流动性比例为 62.9%，不良资产率为零，不良贷款率为零，各项指标符合监管要求。实现信贷收入 6.45 亿元，实现经营利润 5.42 亿元。

【企业改革】公司围绕发展方向、结合存在问题，构建“三项制度”改革基本框架，建立了“两制一契”“双合同管理”“专业职能岗位序列管理”等劳动、人事、分配改革配套制度 12 项。优化机构编制设置与职能调整，提高管理运营效率，总公司精简部门 2 个，分公司精简部门 1 个。推行“揭指标竞聘、带契约上岗”，竞争上岗比例达83.6%，8人落聘到下一层级岗位，7名“80后”走上二级总监岗位，能上能下成为常态。坚持业绩导向，打破“高水平大锅饭”，同层级岗位收入差距平均达到1.26倍，激励效应不断凸显。

【金融服务】公司坚守本源定位，聚焦做精做细做实金融服务，通过服务理念、方式、手段转变，促进服务质量成效提升。开展“亏损企业金融帮扶专项行动”，为成员单位直接让利6645万元。通过与银行贷前贷后信息共享、担保增信、联合贷款等形式，撬动外部金融资源，为成员单位降低财务费用上亿元。打通集团产业链上下游通道，充分发挥集团内金融板块协同效应，累计办理“一头在外”产业链贴现22.39亿元。

【金融科技】公司围绕集团新时期发展战略及上下游产业发展融通目标，编制了“十四五”信息化发展规划，着力打造金融科技新业态。大力推进数字化转型，提升业务系统智能化水平，建设智能风控系统，全面提升公司风险合规管控能力。完成跨境人民币支付清算系统（CIPS）直连项目建设，成为国内首家与CIPS系统直连的非银机构。

【风险管理】公司以防范资金风险、信用风险为重点，构建面向全员、囊括全部业务品种、覆盖业务全过程的内控合规体系。一是强化制度顶层设计。结合部门整合和业务整合实际，对制度体系和业务流程进行系统梳理，制定各类制度32项，修订制度71项，不断夯实以基本管理制度为基础，以专业管理制度为主体，以工作规范为补充的三级规章制度体系。二是扎实开展“内控合规管理建设年”活动，夯实金融内控合规建设，有力促进了内控制度建设，合规管理体系取得新进步。三是着力强化“三道防线”建设，推进风险管理与内部控制“2+N”工作机制，在内控专项领域实行风险内控与审计监督的常态化协作。

【人力资源管理】公司健全完善干部选育管用机制，印发了《鞍钢财务公司自管领导人员管理办法》等5个制度。实施年轻干部三年培养计划，为15名重点培养对象建立“一人一卡”。加强干部岗位轮换，着力培养复合型干部人才队伍。推进总分公司交流和内部轮岗，岗位交流比例达66%；安排干部异地交流2名，实现鞍攀两地干部交流历史性突破；在集团范围内引进优秀年轻干部5名，为干部队伍注入新鲜血液。

【企业文化建设】强化思想政治工作，做好政策宣传引导，印发改革简报7期。强化宣传阵地建设，注册公司微信公众号、抖音号。强化新闻宣传推介，积极展现公司良好形象，2021年在省级及以上媒体刊发报道6篇次，在《鞍钢日报》等内部媒体刊发报道25篇次。评选表彰先进典型22人次。在中国财务公司协会首届“智慧共享”微课大赛中有4个项目获奖。

制定实施《党委意识形态工作责任制任务分工表》，常态化推进落实27项重点任务。党史学习教育深入开展，两级党组织开展专题学习研讨39次、主题宣讲15次、专题党课9次，形成学习成果143篇、课题项目成果2项。开展“党旗在基层一线高高飘扬——以实际行动庆祝中国共产党成立100周年”系列活动。

百联集团财务有限责任公司

【集团概况】百联集团有限公司（以下简称“集团”）是上海市属大型国有商贸流通产业集团，成立于2003年，主要业务涵盖主题百货、购物中心、奥特莱斯、超商等零售业态，经营涉及汽车贸易、电子商务、仓储物流、消费服务等领域。2021年以来，集团围绕“十四五”战略规划打造“一核三柱”商业产业集团的转型发展目标，攻坚克难、积极举措，实现集团核心经营业绩双增长，并在线上销售、产融利润及经营规模上取得佳绩。

【公司概况】 百联集团财务有限责任公司（以下简称“公司”）围绕集团和公司战略规划，积极向高质量发展转型，不断深化五大中心建设，加快提升金融综合服务能力，取得了较好的经营成果。2021 年末，公司资产总额 184.66 亿元，营业收入 4.78 亿元，利润总额 1.25 亿元，连年实现增长。

【服务实体】 公司积极服务集团“十四五”规划发展，发挥金融保障作用，助力集团产业高质量发展。公司一方面通过轻资产项目融资、银团贷款等，为成员企业门店转型、新零售计划推进、新业态发展等重点项目提供个性化、差异化的金融支持；另一方面依托供应链金融服务，助力产业链上下游中小微企业稳健经营，促进产融协同发展。

【信贷业务】 公司紧跟集团战略发展，打造特色化信贷产品体系，为集团重点创新发展与结构性改革重点项目提供了贴合企业诉求的融资方案支持，并有效降低成员企业融资成本；同时密切关注集团企业经营情况，多举措支持集团企业防疫抗疫，全力保障企业平稳运转和项目正常开展。2021 年累计放款 42.98 亿元。

【供应链金融】 2021 年，公司持续突破业务发展瓶颈，融合成员企业平台优势打造了为全国供应商提供金融服务的供应链金融服务平台，并积极深化产融协同发展，与成员企业构建了互利共赢的业务合作模式，为广泛延伸供应链金融服务创造了条件。此外，公司通过加强数字化应用，进一步提升风险防控能力，为产业链中小微企业提供更精准、便捷、高效的全流程线上服务。

【投资业务】 公司审慎研判市场环境，稳健开展投资理财业务，一方面敏锐捕捉市场机会，严格遴选优质产品，获得了较好的投资收益；另一方面加强投资团队、投资渠道及投研能力建设，提供专业化理财咨询及服务，更好地满足了成员企业多元化的资金管理需求。

【票据业务】 2021 年，公司紧跟疫情常态化下的票据市场行情，及时转变思路，基于成员企业金融需求强化代理业务，通过运用各银行差异化的产品，合作打造新型的代理业务，有力支持了成员企业汽车销售业务，有效降低了集团成员企业的融资成本。

【资金集中】 2021 年，公司继续加大模式创新、技术创新，以三大资金集约工程的全面实施促进集团资金集中管理再提升：一是突破账户归集受限难题，帮助医药企业总部大幅提升资金管控效率；二是突破市外零售业态跨区域、跨银行资金的归集壁垒，帮助零售企业总部实现对下辖公司跨区域跨银行账户的全面管控和运用；三是为全国新型便超连锁门店提供了特色化的资金集约方案。

【风险管理和内部控制】 2021 年，公司严格贯彻落实监管精神，进一步完善公司治理运行机制，提升各治理主体履职效力，强化股权管理和资本管理，加强“董监高”履职监督；以“内控合规管理建设年”为契机提升内控管理水平，补齐内控合规短板，加强重点领域基本制度建设，加强案防排查与员工行为管理，培育良好的合规文化；在完善数据仓库及业务系统进程中提高风险管控的实时化、自动化水平，并结合反洗钱系统的升级优化，推进反洗钱流程得到有效落实。

【人力资源管理】 公司积极实施人力资源改革，落地了职业经理人、契约化管理、人才双通道等激励机制改革举措，健全了绩效薪酬延期支付、追索、扣回等约束机制。此外，公司借助多渠道开展分层培训，鼓励支持青年人才参与集团人才梯队培养计划，邀请外部专家为公司全员开展专题讲座，加快提升员工队伍的金融素养。

【信息化建设】 公司持续提升信息化管理水平，再升级核心系统功能，延伸扩展了多个新业务功能助力业务发展；此外，借助数据仓库功能拓展上线多项监管报送系统，有力提升监管数据报送工作质效；不断加强信息安全体系建设，完成核心系统三级等保认证。

【企业文化建设】2021 年，公司党支部以庆祝建党 100 周年为契机，开展党史学习教育活动，推进“三讲三强”党建主题活动，创建“百年党旗映初心，砥砺前行共奋进”党建宣传栏；凝心聚力为职工办好事、办实事，大力推进落实四个重点民生项目及四个重点发展项目；开展“百联文化我弘扬”系列活动，参与了集团职工文化节、云上歌咏会、花博会、劳动竞赛、摄影展等活动。

包钢集团财务有限责任公司

【集团概况】2021 年，包头钢铁（集团）有限责任公司（以下简称“集团”）全力转方式、调结构、加快构筑多元发展的现代产业体系，继续推动产业绿色低碳转型发展。实现营业收入 1280 亿元，同比增加 413 亿元，利润总额 102.66 亿元，同比增加 86.75 亿元。

【公司概况】包钢集团财务有限责任公司（以下简称“公司”）统筹推进疫情防控与生产经营，顺应监管政策导向，紧跟集团发展战略，全面提升金融服务水平。公司资产总额 121.07 亿元，吸收存款 95.60 亿元，实现外部收入 7201.74 万元，外部利润 4794.38 万元。

【服务实体】2021 年，公司完成结算量 54 万笔，结算金额 7869 亿元，实现结算业务零差错。在原有工商银行、中国银行、建设银行为代发银行的基础上，新增农业银行、交通银行及兴业银行为代发银行。此外，资金管理平台与资金结算平台标准化票据接口的建立，将票据全生命周期操作嵌入资金管理平台，标志着结算一体化布局的基本形成，为实现现款、票据全归集提供科技支持。

【信贷业务】公司紧跟集团战略转型，利用金融资源优势引导、扶持新兴产业的发展。授信总额同比增长 13.35%，信贷规模同比增长 20.59%，为成员单位发放贷款 78.575 亿元，支持物流板块的贷款 1.7 亿元，支持绿色节能板块的贷款 2200 万元。公司为成员单位降费减负，降低融资成本 2486 万元。

【资金集中】公司发挥好资金归集功能，集约化运营，从强账户管理、重资金管控入手，免收结算手续费，主动为新增资金归集成员单位送服务送培训，提供技术支持。2021 年，公司开立账户 97 户，吸收存款 95.60 亿元，全口径资金集中度为 40.71%。

【票据业务】公司深入贴合成员单位资金需求开展票据贴现业务，充分发挥财务公司的金融职能，盘活成员单位票据资产，解决成员单位资金需求，开展票据贴现业务 20.66 亿元。深挖再贴现工具的引导作用，最大限度地降低票据贴现费用，着力破解“四高两低”问题。

【外汇跨境资金池业务】积极克服疫情影响，利用中国银行和兴业银行两家跨境资金池，合理高效运营外汇资金。2021 年上收成员单位资金 1.88 亿美元，下拨资金 1.54 亿美元。经过外汇局备案，新增交通银行包头市分行及工商银行包头市分行为跨国公司跨境资金集中运营管理合作银行。

【资金业务】公司密切关注市场动态，加深业务合作层次，扩大业务合作规模，持续增强同业创利能力。细化定价管理，提升时点货币管理效率，同业存放 39.41 亿元，相应利息收入 4781.25 万元。

【业务创新】公司获得国家外汇管理局批准的即期结售汇业务经营资质，并成功为成员单位办理了第一笔 100 万美元的结汇业务，获得具有 100 点以上汇差竞争力的汇率报价。此笔结售汇业务的办理为成员单位创造 132 个基点的汇差，增加结汇收入 1.32 万元。ECDS 票据直连系统成功上线后，推出财司票据业务，为成员单位签发 96 笔，规模达 3.82 亿元。面向成员单位签发具有手续费低、保证金比率低的特点，使成员单位减少资金占用，节约财务成本。

【风险管理和内部控制】公司致力于全面风险管理体系建设，强化“三道防线”作用发挥。一是完善公司治理架构，构建高管层与董（监）事会及其专业委员会的沟通机制。二是完善风险治理架构，梳理完善制度，健全风险监测机制和防范化解重大风险机制。三是扩大审计覆盖面，对公司的资本充足率、反洗钱、绩效、印章、全面风险等业务进行专项审计。

【人力资源管理】加强人力资源建设和人才梯队培养，提升员工队伍素质。推行任期制、契约化管理，实行全员市场化选聘，职工工资与经济效益同向联动，建立起公司各岗位之间收入差距合理的有效激励机制，以及能够充分发挥员工主观能动性和积极性的绩效考核机制。长效化开展学习讲堂，进一步加大党的建设、金融监管新规、风险控制、合规管理等专题培训内容的比重，信贷业务、同业业务、资金管理、财务结算等重点业务模块是培训的重点，全员培训率达到 100%。

【信息化建设】2021 年，公司完成 EAST（检查分析系统）数据报送，实现经营业务的数字化全流程报送。完成了九恒星 N9 资金管理系统电票系统与上海票交所 ECDS 系统直连的测试并正式上线。I8 风险管控与决策支持系统经过充分的准备、测试和更新完善，于 2021 年 9 月正式上线。

【企业文化建设】落实意识形态工作责任制，制定意识形态网格化管理办法，加强网络舆情管控，清理互联网工作群组。开展“四必清、五必谈、六必访”，加强廉政检查，立项“日常监督三聚力，构建日常监督大监督格局”党建创新项目，获得集团党委优秀党建创新品牌。组织“崇尚清廉文化，筑牢思想防线”主题廉洁活动，并为包钢好工人录制短视频，发挥榜样的力量。

宝武集团财务有限责任公司

【集团概况】中国宝武钢铁集团有限公司（以下简称“集团”）由原宝钢集团有限公司和武汉钢铁（集团）公司联合重组而成，于 2016 年 12 月 1 日揭牌成立。2019 年以来，集团成功联合重组马钢集团、太钢集团，实际控制重庆钢铁，受托管理中钢集团、重钢集团、昆钢公司。集团注册资本 527.9 亿元，资产规模 10141 亿元。

【公司概况】2021 年，宝武集团财务有限责任公司（以下简称“公司”）实现营业收入 11.2 亿元，利润总额 4.32 亿元，年末资产规模 402 亿元，净资产 43.9 亿元，在岗员工 103 人。公司继续保持优良监管评级（1B 级）。

【落实国企改革任务】公司明确国企改革三年行动的工作目标、总体思路、主要任务，建立工作机制，制定工作方案和任务清单。行动清单共计六大类 64 项任务，2021 年完成 59 项，完成进度为 92%。

【资金结算服务】公司常态化推进账户“应开尽开、应连尽连、应上尽上”工作，成员企业开立账户 1189 个，账户服务覆盖率达 100%。为超过 200 家成员企业提供 7×24 小时不间断结算服务，支持电商平台和资金平台日常运营。2021 年，公司累计办理结算金额 9.5 万亿元，业务量 273 万笔，同比分别上升 37% 和 18%。

【资金归集服务】公司按照“管办分离”的原则，提供专业化、数字化、个性化的现金平台服务。集团、宝钢股份等现金平台共覆盖成员企业 310 家，平台账户 1268 个，平台存款余额529亿元，平台贷款余额253亿元。为核心企业提供票据集中管理和增值服务，宝钢股份票据平台覆盖成员单位21家，发生业务量24.4万笔，金额3660亿元。

【资金监控服务】公司依托银财直连和SWIFT通道，实现境内外账户可视化管理，监控人民币账户4655个，监控境内外外币账户616个。积极落实集团资金风险内控要求，现款支付监控模型扩容至16个，票据在线监控实现收票风险的100%拦截。2021年，累计监控资金及票据支付指令236万笔、金额5.17万亿元，拦截异常指令10122笔、金额325亿元。

【供应链融资服务】2021年，公司供应链融资规模476亿元，产业链客户1608家，其中小微客户占比达81%；通宝融资市占率维持在60%以上，商票贴现市占率维持在70%以上。

【绿色金融服务】公司将绿色金融作为业务拓展的重点方向，配置绿色金融专项授信额度，划拨绿色金融专项扶持资金。2021年累计投放绿色信贷资金174亿元。"绿色金融守护城市钢厂"被评为中国宝武社会责任优秀案例。

【国际业务】公司上线国际结算系统，实现T/T（电汇）、L/C（信用证）结算从线下到线上。依托中银香港财企直连支付、SWIFT直连支付、SWIFTGPI全球支付创新平台等工具，提高境外国际结算效率。2021年，为境内外成员单位累计办理外汇结算1819笔、金额67.1亿美元，累计代开信用证4.5亿美元；累计办理结售汇10.4亿美元，创历史新高；提供择期交易，开展远期择期交割3572万美元。

在集团经营财务部牵头下，公司承建的外汇衍生业务系统一期功能于2021年9月底顺利上线，已覆盖境内开展外汇衍生品业务的成员企业。

【自营投资业务】公司秉持稳健投资策略，引入组合管理和大类资产配置，投资组合平均规模23亿元，其中A基金（稳定投资组合）年化收益率为5.91%，C基金（流动性增强组合）年化收益率为3.24%。发挥集中交易室功能，根据备付资金状况灵活开展资金运作，2021年累计完成1017笔交易、金额5404亿元；累计开展票据转贴金额74亿元，打通了通宝转让渠道，提高资产盘活能力。

【整合融合】2021年2月，武汉分公司开业，积极探索适合公司特点的"一总部多分支"管理模式。2021年9月，集团根据专业化整合统一部署，将太钢财务公司党支部纳入公司党委管理。2021年11月，集团审议通过了马钢财务公司整合方案。

【风险管理和内部控制】公司常态化推进制度建设，累计新增制度13项，修订制度69项，废止制度1项，更新发布"财务公司制度树"。组织开展各类合规培训26场，提升全员合规意识和风险防范能力。推进法治建设，成立法治领导工作小组，设立总法律顾问，建立法务工作报告机制，规章制度、经济合同法律审核率达到100%。

【信息化建设】公司重点聚焦"四个智慧+2个监控平台"项目（智慧经营、智慧营销、智慧中台、智慧风控+资金监控、外汇衍生品监控）；积极推广RPA技术应用，覆盖结算、财务、信贷等53个场景；强化基础设施建设，完成同城双中心整体架构改造；完成网络、主机可视化监控100%覆盖。

【人力资源管理】公司以"控总量、调结构、提能力"为目标，统筹推进"三项制度"改革、人力资源配置优化、组织体系能力建设等工作。完善职级薪酬管理模式，细化调整岗位序列和职等职级。强化"以岗位付薪、以能力付薪、以业绩付薪"的按劳分配原则和按效激励理念，突出业绩导向，提高薪酬激励的及时性和有效性。将薪酬延付比例提高至30%，并扩大延付人员范围，强化业绩风险约束机制。根据战略规划和业务拓展计划，针对性地提供专项培训，加强人才梯队建设。

【企业文化建设】公司推进降本增效劳动竞赛、财资服务大咖赛等活动；开展"我为群众办实事"活动，用心用情用力关爱员工的工作和生活；利用微信公众号、宣传海报、专栏投稿等多种渠道，讲述故事、传播声音，树立公司形象。

公司落实对“三重一大”事项前置把关；加强“三基建设”，不断健全党建工作体制机制；坚持党管干部党管人才与市场化选人用人机制相统一；深入开展党史学习教育活动；加强“两个责任”落实，持续开展党风廉政建设和反腐败工作。

保利财务有限公司

【集团概况】中国保利集团有限公司（以下简称“集团”）于1993年2月组建，为国务院国资委管理的央企之一，注册资本20亿元，主营业务涉及贸易、地产、轻工、工艺、文化、民爆、金融、丝绸和信息通信等领域。2021年，集团坚持稳中求进，坚定信心，主动作为，在确保完成全年目标任务的前提下，谋划长远，主动减速降档，做好跨周期调节。截至2021年末，集团总资产1.74万亿元，全年实现营业收入4440亿元，利润总额569亿元。

【经营概况】2021年，保利财务有限公司（以下简称“公司”）面对新冠肺炎疫情的反复和市场利率下行、利差收窄的不利因素，坚持服务集团的战略主线，坚持精益管理的经营理念，积极作为，努力化解疫情影响，保持了业绩稳定增长。2021年末，公司总资产997.32亿元，净资产46.21亿元，资本充足率为12.36%。全年实现营业收入19.43亿元，利润总额8.83亿元，净利润6.67亿元，超额完成年度经营考核目标。

【服务实体】2021年，面对新冠肺炎疫情的持续影响和市场利率下行、利差收窄的不利因素，公司牢牢把握“有效发挥金融业务支撑保障作用，助力集团主业发展”的“5+1”战略定位，把提升“四个平台”功能摆在发展全局的核心位置，通过主动作为、专业服务、挖潜增效、降本让利等方式，持续提升金融服务质效。

【信贷业务】截至2021年末，公司自营贷款余额179.04亿元，委托贷款余额6.47亿元，服务范围覆盖集团各个主业，涉及全国28个省、自治区、直辖市。

【资金业务】2021年，针对房地产行业“两集中”供地模式对资金归集的冲击，制定应对方案，稳定存款规模。公司多层级对接成员单位，加强资金变动分析，制定精细化资金计划，存款规模逐月上升。坚持执行存款升息、贷款降息、减免手续费等金融让利政策，使成员单位获得实实在在的好处，利用价格和服务吸引成员单位在公司办理业务，增加资金沉淀。截至2021年末，存款948.43亿元，同比增长42.5%，再创历史新高。

【投资业务】2021年，公司有价证券投资策略以防范金融风险为首要目标，秉持“适度收益、严控风险、与主业相契合”的投资原则，发挥金融服务职能，聚焦集团主业相关的金融产品，加大对内部成员单位的金融支持力度。同时，夯实有价证券投资基础职能，持续跟踪金融市场动向，加强与基金公司在低风险、高流动性的标准化产品领域的合作力度，按照“低风险、高稳定性、高流动性”的思路，配置优质货币类基金产品，加强公司流动性管理手段，深入推进精益化管理，丰富投资产品业态，切实提高资产收益率。全年公司日均投资规模20.97亿元，在投产品收益表现稳健，未发生亏损或风险事件，有价证券投资业务平稳开展。

【票据业务】公司通过商业汇票承兑及贴现等方式，继续扩大票据业务规模，协助成员单位拓宽支付结算渠道。截至2021年末，票据承兑余额26.97亿元，贴现余额26.47亿元。

【外汇业务】2021 年，公司继续提供灵活便捷的外汇业务模式，成员单位全年累计办理结售汇业务 3.4 亿美元，节省汇兑成本约 400 万元；办理跨境双向人民币资金池业务 23.18 亿元，为成员单位跨境资金融通提供了便利。

【风险管理和内部控制】2021 年，公司内控体系运行情况良好，风控措施到位，各项监管指标合规，未发生任何案件。公司不断提升内部控制水平，新增和修订制度 31 项；开展各类审计、自查工作共计 46 次，完成办公区域装修、新一代信息系统招标采购专项审计和日常稽核工作，实时监控各类监管指标，确保业务合规开展。

【人力资源管理】2021 年，公司通过社会招聘引进多名专业人才，有序组织开展新员工培训，为公司业务发展提供有力的人才保障；落实经理层任期制和契约化管理，深化市场经营机制改革；加强绩效考核全过程管理，通过全员 360 度考核，强化考核结果运用，发挥考核“指挥部”和“风向标”作用；落实人事档案专审工作，有效提升干部人事档案管理的规范性；实施全面补充医疗保障计划，提高员工福利保障。

【信息化建设】2021 年，公司“新一代核心业务系统”正式上线，系统上线后优化了系统架构、提高了处理效率、提升了用户体验、提升了网络安全等级。新核心系统将全面启动高质量发展的崭新动力引擎，为保障集团资金安全、为成员单位提供更加便捷的金融服务以及协助集团财务管理“数智化”转型提供了利器。

【企业文化建设】公司党支部积极探索党建与业务融合的方式方法。把党的领导融入公司治理各环节，修订各管理层级议事规则；推动党史学习教育走深走实，2021 年共组织 48 次相关会议；开展“我为群众办实事”实践活动，组织全体党员走进河北省白洋淀和雄安新区开展“党史学习教育红色践学活动”；组织“青年英才”首期培训班，培养一批优秀的青年业务人才和骨干。

针对年轻员工多的特点，公司积极营造学习创新氛围，举办读书分享会活动，针对行业热点提出研究课题，鼓励员工写论文、出成果。聚焦精益管理、司库建设、客户服务等领域进行深入研究，形成 16 篇理论研究成果；开展新员工培训，涉及信息系统、资金结算、信贷、投资业务等方面；组织参加保利大讲堂、篮球赛、运动会等文体活动，丰富职工文化生活。

北大方正集团财务有限公司

【集团概况】方正集团（以下简称“集团”）坚持“科技顶天、市场立地”的发展理念，矢志不移地践行“产学研深度融合”发展模式，服务国家发展战略，服务北大教学科研，促进科技成果转化。集团以 IT 产业的不断深耕和发展为基础，逐步形成了 IT、医疗、产业金融、产城融合等业务协同发展的产业格局，旗下拥有方正科技、方正控股、北大医药、方正证券、中国高科 5 家上市公司。

【经营概况】2021 年，北大方正集团财务有限公司（以下简称“公司”）继续发扬集团“持续创新”理念，秉承公司“融通内外资源，助推集团战略”的宗旨，为成员单位提供经营范围内的各项金融服务。

截至 2021 年末，公司资产总额 52.95 亿元，负债总额 31.15 亿元，所有者权益总额 21.80 亿元。贷款类资产已全额纳入关注类或可疑类，其余各类表内资产质量良好。公司全年实现主营业务收入 -0.20 亿元，净利润 -34.92 亿元，亏损主要原因为大额计提资产减值准备。成员单位已开户 165 家，2021 年资金结算总额超过 63.08 亿元。

B

【信贷业务】截至2021年末，公司自营贷款余额50.66亿元，票据承兑余额13.43亿元，对外担保余额18.76亿元，委托贷款余额3.92亿元。公司助力集团管理人研究确定共益债务使用方案，形成相关细则，并在2021年年内以委托贷款形式协助发放共益债务约3.61亿元，对维持重整主体下属成员单位职工稳定及基本运营起到一定的帮助作用。

【资金集中】2021年，公司继续加强与成员单位的沟通，精准掌握每家成员单位的资金存放情况，同时不断建设完善的存贷款利率定价机制，为进一步提高资金归集度夯实基础。伴随着利率市场化的趋势，公司在支付结算费用以及利率政策上最大限度让利于成员单位。同时，在守法合规的前提下，切实加强资金集中管理，加强精细化管理，提升服务水平和质量，为成员单位的稳定发展和资金安全提供强有力的后援保障。

【风险管理和内部控制】2021年，公司风险管理以防范、化解信用风险、流动性风险为主要任务。公司风险资产分类的频度为月度，及时跟踪重点成员单位的重大事件、舆情影响，审慎开展资产风险分类，计提贷款减值准备，并将符合核销标准的贷款依法依规进行了核销。在流动性风险管理方面，通过信息系统实现流动性指标的每日监控、预警，并根据成员单位的资金计划合理地预测流动性指标变动；制定流动性应急预案，监测对公司流动性影响较大的重要成员单位的资金及舆情情况。提升流动性压力测试的范围及频率，压力情景中加入集团流动性及舆情影响、表外负债违约影响等因素，测试频度为每两个月一次。

2021年，公司高度重视合规工作，将之视作公司生存和发展的基础性工作。合规部对公司制度进行梳理，修订制度7项，新增制度5项，废止制度2项。公司现行有效制度117项，进一步完善了公司制度架构。合规部不断提高合同审理的质量和效率，以合同管理为切入口，加强对各部门业务的合规管理。合规部按照银保监会、中国财务公司协会要求，及时准确地完成了各项监管报告，做到不漏报、不丢项。合规部积极支持各部门日常业务开展，及时跟踪、监控各项目的法律事务状况并及时纠偏，提供重大项目的合规性支持和法律咨询。2021年，合规部组织了多次法律及合规知识培训。

【人力资源管理】2021年，人力资源管理以稳定核心岗位干部员工队伍为基础，严格落实集团重整条件下的各项人力资源管理制度。按计划组织实施全员综合素质考评工作；积极组织员工开展线上培训学习活动，包括参加中国财务公司协会组织的基础业务系列专题线上培训。成功开拓“北京海外学人中心”新的留学落户渠道，解决了部分留学回国员工留京难题。疫情期间，公司根据防控实际情况，实施多项员工关怀政策，如新增员工子女看护假、孕期/哺乳期在家办公等，切实保障了员工健康、安全。

【信息化建设】2021年，公司信息化工作以确保系统安全运行为主要目标。在系统运维方面，确保核心业务、监管报送、反洗钱、域控、邮件等系统的稳定运行，信息机房基础硬件及服务器实现全年无故障运行。在新业务需求方面，完成监管报送系统更新。在应急演练方面，通过核心业务系统数据库文件丢失及公司主路由器宕机的模拟演练，提升公司突发事件的处理能力。

【企业文化建设】2021年是中国共产党成立100周年，为深入学习贯彻党的十九届六中全会精神和习近平总书记在党史学习教育动员大会上的重要讲话精神等，根据北京大学产业党工委和集团党委的统一部署，结合公司实际，开展“庆建党百年，读红色书籍”活动、组织观看红色电影《建党伟业》和庆祝中国共产党成立100周年大会直播，带领全体党员重温入党誓词，同时持续制作发布四期微党课系列知识。为积极响应上级党委以“传承百年红色基因　助力慈善为民办实事”的号召，公司党支部组织全体党员开展“共产党员献爱心”捐献活动，以实际行动彰显共产党员的先锋模范作用。

北京金融街集团财务有限公司

【集团概况】北京金融街投资（集团）有限公司（以下简称“集团”），成立于1992年，以开发建设北京金融街为契机，牢牢把握改革开放的历史机遇，立足首都、布局全国、多元发展，业务范围覆盖近20个省、自治区、直辖市，成功打造了集房地产开发、物业经营与管理、金融、教育、医疗健康、文化旅游、新兴产业于一体的“6+1”产业新格局，并进入中国企业500强。集团总资产超2600亿元，年利税超百亿元，员工1万余人，规模效益位居北京市区国企前列。

【经营概况】2021年，北京金融街集团财务有限公司（以下简称“公司”）克服市场环境带来的不利影响，稳健审慎经营，积极采取市场化手段开拓业务，深入挖掘成员单位业务需求，同时积极进行同业资金运用，提高资金集中管理效率，提高资金收益。截至2021年末，公司吸收存款余额48.53亿元，存放同业款项余额36.65亿元，贷款余额18.94亿元，资产总额58.45亿元，2021年实现营业收入0.87亿元，净利润0.47亿元。资产负债结构整体合理，资产质量优良，无不良资产。

【信贷业务】2021年，公司面对新冠肺炎疫情常态化的不利影响，积极应对，信贷业务保持稳健发展。保持“依托集团、服务集团”的经营宗旨不动摇，公司通过积极沟通，紧密联系成员单位，及时获取成员单位的融资需求，做到积极响应、快速推动，较好地满足了成员单位信贷业务需求，有效助力了成员单位业务发展，为集团新兴业务板块发展提供了有力支持。全部贷款五级分类为正常。

【资金业务】2021年，货币政策稳中趋宽，资金市场利率中枢较疫情前有所下降。公司努力克服利差收窄的不利影响，发挥资金规模优势，不断精细化资金头寸管理，提高资金运营效率，严格按照监管要求开展资金业务。公司确保成员单位业务发展和流动性符合监管要求，通过深入了解、分析各银行经营特点、市场策略和风险状况，制定灵活、差异化的合作策略，及时抓住市场机会，实现资金的高效运营。

【投资业务】2021年，公司积极筹备并获批固定收益类有价证券投资资质。通过不断的调研学习及同业交流，建立起符合监管要求的投资业务投研体系，在业务开展中严格遵照制度流程，注重投资风险管控，实现投资业务顺利落地并稳健开展。

【资金集中】2021年，公司继续深化服务，为成员单位提供市场化金融产品和价格，向成员单位提供专业的业务指导及需求解决方案并实施落地，多措并举，赢得了成员单位的认可。同时，公司与成员单位建立良好的沟通机制，实时掌握成员单位的资金使用情况，加大与成员单位的业务合作黏度，积极协助推进集团资金集中管理工作的开展。在集团和成员单位的大力支持下，2021年公司日均吸收存款维持在较高水平，2021年结算业务笔数较2020年大幅增长。

【风险管理和内部控制】在内控体系建设方面，为了规范公司业务流程、明确岗位职责，建立科学、有效的授权体系，逐步完善公司内控体系，结合公司实际情况及集团相关要求，对现行的公司管理制度进行了修订和完善，修订制度共计25项，形成《北京金融街集团财务有限公司制度汇编（2021年版）》。

2021年，公司独立完成常规审计项目2项，专项审计项目7项，内控评价1项，做到了公司各职能部门全覆盖，定期对审计问题的整改情况进行追踪，督促整改，提示相关领域风险，为公司业务健康有序开展起到了保障作用。

【人力资源管理】2021年，公司持续推进人力资源管理工作有序开展，通过在员工绩效考核中引入合规性评价指标，在制度中明确重要岗位、关键岗位名录，制定《员工履职回避管理办法》等措施，进一步完善公司人力资源制度体系，规范员工行为；通过线上线下相结合的方式，多渠道开展员工培训，提升从业人员知识储备和专业素养。

【信息化建设】2021年，公司信息科技工作的重点是以业务部门信息科技需求为核心，以对接金数、监管数据标准化EAST系统和利率报备等数据报送系统为抓手，对现有信息系统进行了数项优化和改进；以保持系统安全稳定运营为主要目标，切实提高系统安全性和业务连续性；以查漏补缺的方式补充系统冗余性，降低系统安全风险，较好地支持了公司业务顺利开展。2021年，公司核心业务系统未出现影响正常业务办理的重大故障，应用系统可用率接近100%，无重大信息系统事故。

【企业文化建设】2021年，公司努力营造富有审慎经营、创新发展、规范行为、人为关怀、风险管理意识的企业文化氛围，积极履行国企社会责任，共计23名员工先后参加支援社区新冠疫苗接种、支援社区核酸检测、下沉社区维护治安等任务，展现了优秀的员工精神风貌。

2021年，公司员工牢固树立“四个意识”，坚定“四个自信”，坚决做到“两个维护”，确保党中央大政方针和决策部署在各项工作中得到坚决贯彻落实，重点宣传贯彻了党的十九届六中全会精神，开展了一系列庆祝建党百年活动，通过党史学习教育，用党的光荣传统和优良作风坚定信念、凝聚力量，用党的实践创造和历史经验启迪智慧、砥砺品格。

北京金隅财务有限公司

【集团概况】北京金隅集团股份有限公司（以下简称“集团”）成立于2005年12月22日，是“A＋H”股上市的北京市属大型国有控股产业集团，是全国最大的建筑材料生产企业之一。集团主营业务包括水泥及预拌混凝土生产及销售、新型建材制造及商贸物流、房地产开发、物业投资及管理四大板块。2021年，集团坚持以首都发展为统领，积极贯彻落实北京市委、市政府决策部署，在服务“四个中心”建设中担当作为，践行首都国企责任；坚持“四个发展”战略理念，强党建、稳经营、谋规划、抓创新、促发展、防风险，超额完成2021年主要经济指标，实现“十四五”良好开局。

截至2021年末，集团资产总额超2800亿元，全年完成营业收入超1200亿元，实现利润超80亿元。列2021年中国企业500强第174位。

【经营概况】2021年是“十四五”发展规划的开局之年，北京金隅财务有限公司（以下简称“公司”）认真贯彻集团“四个发展”战略理念和工作会议部署，做好疫情防控，立足集团主业，审慎合规经营，全面超额完成各项工作任务，为助力集团持续增长、做好改革发展稳定各项工作提供了有力支持。

截至2021年12月31日，公司资产总额257.87亿元，吸收存款余额217.65亿元，贷款余额140.91亿元，实现利润（拨备前）5.13亿元，综合资金归集率为66.20%。在集团年度综合评价中获评“优秀”。

【服务实体】2021年，公司继续积极发挥金融支持保障作用，坚持以服务集团主业为核心，将金融服务融入实体经济，结合成员单位实际需求，为其提供自营贷款、委托贷款、承兑、贴现、保函等各项优质金融服务；同时持续发挥减费让利作用，通过上浮存款利率、下调贷款利率、减免手续费、零保证金等方式，全年累计帮助成员单位节约财务费用 1.60 亿元，有力协助成员单位降本增效。

【信贷业务】 2021 年，公司充分发挥金融服务平台功能，深挖成员单位潜在需求，持续加大贷款投放力度，全年累计发放贷款金额 155.16 亿元，较上年同期增加 63.21 亿元，同比增长 68.74%，期末贷款余额 140.91 亿元。贷款业务量的大幅增长，最大限度地缓解了各企业融资难、融资贵问题，精准有效支持集团主业发展。

【资金业务】 加强流动性管理水平，提升资金利用率，提高同业收益。日常流动性管理以集团月度资金计划为基础，及时与各成员单位沟通，跟进大额资金的收付，在满足经营性用款的同时，较大幅度降低了备付金规模。通过定期存款、适当配置跨季末资金、与各银行积极沟通尽可能提高同业利率等途径，在市场利率不断下行的情况下，争取同业收益最大化。2021 年，公司同业存款加权利率为 2.39%，高于同期 Shibor 值。

【投资业务】 公司在保持货币基金等流动性较强、风险较低投资品种的前提下，探索低风险、相对高收益的债券型基金、可转债等品种，建立并坚持投资晨会机制，加强对市场的分析研究，把握市场利率的波动规律，选择较好的时点进行投资操作，取得了较高的投资收益。2021 年日均总投资金额 20.96 亿元，实现总投资收益 9156 万元，年化投资收益率为 4.37%。考虑减免基金分红所得税影响，折税前年化投资收益率为 5.06%，超额完成 2021 年度计划目标。

【票据业务】 2021 年，公司全面推进集团票据池建设，累计入池票据金额 342 亿元，基本实现集团商业汇票全部入池；通过贴现与转贴现相结合的方式盘活集团存量票据资源，充分发挥公司金融“连接器”与资源“优化器”的作用，增加集团低成本融资渠道，以高效便捷的金融服务助力集团发展；配合集团制定并下发商业汇票管理制度，明确业务规则，强化制度规范，积极推广票据业务，降低成员单位融资成本，累计办理承兑业务 18.48 亿元，同比增长 24.70%；累计办理贴现业务 14.83 亿元，同比增长 188.52%。

【资金集中】 公司建立了资金归集数据系统，时时掌握各成员单位的资金情况，对于直连账户，可直接获取直连行数据，对于非直连行账户，从其财务系统中抓取账户信息及数据，达到成员单位所有账户纳入公司监控范围。针对在外部银行有大额资金的成员单位，定期核实情况并及时归集资金。公司通过每月分析成员单位账户资金情况、审核成员单位受限资金等手段，摸清成员单位外部资金实际用途，提高资金管控水平，切实做到资金应归尽归。2021 年末全口径资金归集率为 65.70%，保持较高水平。

【业务创新】 为了更加灵活高效地解决成员单位资金周转难题，公司积极探索科技产业园区融资新方向，成功为集团所属科技产业园区授信 28 亿元，期限 20 年，借款利率较同类型产品下浮 30 个基点，有效降低成员单位融资成本，提升金融服务水平。

【风险管理和内部控制】 公司高度重视内控合规管理建设，以国家法律法规和监管政策为基础，结合公司自身情况和业务发展需求制定各项制度及业务规范和工作标准。公司遵循“业务开展，制度优先”原则，2021 年公司共新增制度 2 项、修订制度 21 项，同时对公司《内部控制手册》和《业务规范及工作标准》进行了修订，形成了以公司制度为基础、以内控手册为指南、以业务规范及工作标准为抓手的三级内控制度体系，使业务活动的执行有章可循、有据可依、规范运作。

【人力资源管理】 公司深入贯彻落实国企改革三年行动有关要求，完善公司经理层成员管理，建立更加完善的以市场规律、现代企业制度为基础的经理层成员经营责任制，调动企业经理层成员干事创业的积极性和主动性，2021年公司根据集团党委有关规定，结合实际，拟定经理层成员岗位聘任协议、岗位说明书及履职承诺书，与管理层人员签订岗位聘任协议，并制定任期制和契约化绩效考核细则。同时，为落实人才强企战略，发挥人才培养和人才选拔使用机制的长效激励作用，配合集团工作部署完成专业人才推荐入库。

【信息化建设】根据公司总体信息建设战略规划，进行基础信息的全面梳理与问题整改，通过不断完善信息安全管理手段、优化信息安全配置，努力保证信息系统安全稳定运行和公司业务顺利开展。公司于2021年6月成功上线财企直连（一期）建设项目，提高系统使用和执行效率，降低资金操作风险，减少人为差错，降低重复操作带来的风险，收到良好的效果。

【企业文化建设】公司党支部联合北京银行广安支行党支部组织党员前往北京香山革命纪念馆进行参观学习，共同开展“建党百年”系列主题党日活动。该活动是新时期“党建引领发展”的工作思路的积极探索，为双方携手共进、协力共赢奠定了坚实的基础。工会举办了公司成立八周年司庆团建活动，通过团队拓展活动加强公司团结干事的文化精神，加强对“四个发展”核心价值的领悟，为进一步做好公司的品牌建设，呼应集团的重大发展，在企业文化建设方面作出了有益尝试。

北京控股集团财务有限公司

【集团概况】北京控股集团有限公司（以下简称“集团”）以让城市生活更美好为社会责任使命，紧抓现代城市建设的重要引擎，契合国家战略需要，致力于提供国内领先、国际一流的现代城市一体化综合服务，覆盖全国400余个城市，海外业务发展延伸至欧洲、美洲、大洋洲和东南亚。集团已成为地跨境内外市场、兼具实业经营和资本运营的国有控股集团，拥有各级控股、参股企业700余家，旗下有11家上市公司，其中9家香港上市公司。集团2021年实现营业收入1080.12亿元，实现利润总额112.09亿元，资产总额4245.35亿元，各项主要指标继续位居北京市国资委监管企业前列，实现了“十四五”良好开局。

【经营概况】2021年，北京控股集团财务有限公司（以下简称“公司”）以夯实基础、落实目标、坐实成效、稳步经营、稳健创新、稳定发展为总揽，以落实公司“十四五”发展规划为主线，有序推进各项年度重点工作任务，切实发挥财务公司“四个平台”功能，在融入新发展格局中紧抓实效、扎实工作，各项工作实现平稳有序提升。截至2021年末，公司资产总额185.18亿元，负债总额157.16亿元，所有者权益28.02亿元。全年实现营业总收入5.31亿元，利润总额2.52亿元。

【服务实体】公司通过下浮贷款利率，上浮存款利率，减免结算、保函及委托贷款手续费等，为集团及成员单位创造表外贡献6700余万元。运用贷款、委托贷款、投资债券等方式加强集团资金内部融通，为集团降“双高”、降负债114亿元，为集团控制杠杆降低资产负债率约0.87个百分点。

【信贷业务】公司积极贯彻央行货币政策，根据董事会审议通过的信贷政策指引，合理安排信贷投放，在确保流动性的前提下，最大限度地提高资金使用效率。截至2021年末，贷款余额102.11亿元，实现信贷收入约3.98亿元。信贷资产质量保持稳定，资产五级分类均为正常类，未发生不良贷款。

【投资业务】公司在外部货币政策宽松、

内部流动性偏紧的背景下，采取提升同业议价能力、增加同业存放调拨频率、调整投资产品额度和结构等，确保资金收益率。充分发挥牌照优势和专业能力，做好存放同业、基金和债券申购、国债逆回购等产品配置，创造表内贡献。

【业务创新】公司将提高上市公司存款上限纳入年度工作重点，建立了“领导牵头、专人负责”“上下纵横、沟通顺畅”的多方沟通机制，建立向集团的周报制度，明确阶段工作任务及目标。与上市公司北京控股、北控水务组建工作联系群，沟通服务协议内容，推动上市公司提高关联交易限额。

【风险管理和内部控制】公司加强对高风险业务的合规性审查，做好贷后检查，深入项目实地考察。坚持做好资产五级分类工作，持续开展审计情况回头看，积极开展年度监管意见整改工作。持续推进法治建设工作，坚决筑牢案件风险防控屏障，制定并印发实施《北京控股集团财务有限公司“三线”合一案防工作机制》，建立“横向到边、纵向到底”的案防全面监督体系。

【信息化建设】公司顺利完成核心业务系统升级改造，升级改造财务核算系统，完成电子档案系统一期建设，完成监管数据集市系统建设，实现了EAST数据、金融基础数据和利率监管数据的集中管理和监管机构报表的自动生成和报送。

【企业文化建设】公司努力营造“家”文化氛围。组织开展读书分享、党史知识竞赛暨党员政治生日会、观看爱国主义影片、银企共建等活动，打造“数字化党史学习体验室”，拍摄庆祝建党百年短视频，建设党建之家、员工减压工作室。积极向集团企业微信、企业报《北控纵横》等平台载体报送宣传稿件，全方位报道公司重要经营活动、党建工作、职工文化活动等信息，多角度展示公司成就与职工风采，提高凝聚力和向心力。

北京汽车集团财务有限公司

【集团概况】北京汽车集团有限公司（以下简称“集团”）是中国汽车行业骨干企业，成立于1958年，目前已发展成为涵盖整车及零部件研发制造、汽车服务贸易、综合出行服务、金融与投资等业务的国有大型汽车企业集团，集团列2021年世界500强企业第124位。集团走规模化、高端化、服务化、国际化、低碳化可持续发展之路，为全社会提供高科技、高品质、安全环保的全方位出行解决方案，成为具有国际竞争力的汽车制造商、服务提供商，高品质美好出行生活的引领者。

【公司概况】北京汽车集团财务有限公司（以下简称“公司”）聚焦主责主业，深化改革创新，优化业务结构，细化经营管理，提升服务品质，为集团整车企业，尤其是自主品牌发展提供了全方位、强有力的金融支持。2021年，公司实现营业收入15.50亿元，利润6.60亿元，资产规模不断提升，经营实力逐步增强。

【服务实体】 公司积极配合集团发展布局，围绕助推京津冀协同发展、精准扶贫和乡村振兴等国企社会责任，积极落实服务实体经济工作。2021年累计提供11亿元流动资金贷款，为成员企业在京津冀的产业布局提供有力金融支持；持之以恒履行社会责任，定向优先采购支援合作地区的、与脱贫农户有较好利益联结机制的农副产品，全年扶贫金额超10万元。

【信贷业务】公司立足为集团产业布局服务，走产融共赢之路，2021年日均信贷规模264亿元，日均吸收存款近326亿元，为集团整体资金调配和成员单位、经销商提供有力的资金支持。对于受疫情影响出现经营困难的客户，公司通过增加信贷支持额度等措施，减轻成员企业流动性压力，金融助力集团企业共渡疫情难关。

【汽车金融】公司汽车金融业务信贷投放规模累计突破1200亿元，正式迈入“千亿级”汽车金融公司行列，为产业链上下游客户提供有力的金融支持。2021年，针对零售客户开展了消费信贷业务和融资租赁业务，2021年累计为8.62万台汽车提供融资支持96.27亿元；针对经销商客户，通过单车融资、票据承兑、配件融资、建店融资和经销商并购贷款等业务，累计提供融资支持308.66亿元，充分满足产业链客户各个业务环节的资金需求。

【投资业务】以保障流动性储备为目标，通过分类管理同业对手、灵活安排存款产品规模、加强交易对手联系等手段，维护融资渠道畅通、提升资产流动性水平。除此之外，以市场信息监测和投资交易为抓手，助力集团资本市场融资和市值管理。

【票据业务】公司通过票据池功能升级、上海票交所全流程线上清算、票据承兑信用信息披露等手段，持续提升公司票据清算效率及市场竞争力。2021年，累计开展票据业务近2万笔，为集团票据集中管理打下坚实的基础。

【外汇业务】外汇业务服务集团国际化战略能力显著提高。运用外汇政策组合拳，有效发挥“即期结售汇+跨境资金池+集中收付汇”业务资质优势，简化业务办理流程，提高外汇结算效率，为成员单位国际业务提供有力的服务支撑。

【资金集中】公司通过深挖资金来源、完善资金归集制度流程、落实“一企一策”资金集中精细化管理工作、推动司库系统的建设和应用、加强司库数据分析，充分发挥集团内部银行管理职能，不断提升资金集中度，进一步带动公司存款规模提升。

【风险管理和内部控制】2021年，公司紧跟金融行业科技赋能发展趋势，通过完善风险决策引擎、推进三方数据平台开发等业务中台系统建设，全面提升全流程信用风险管理自动化水平，着力实现业务效率及风险管理质效双提升；此外，公司通过加强制度管理规范化建设，创新内部审计手段，推进纪检监察体制改革，多措并举，保障公司安全稳健发展。

【人力资源管理】2021年，公司坚持市场化选人用人机制，深入推进人岗匹配的人力资源改革调整，通过岗位价值评估，科学有效衡量岗位价值，明确职业发展通道；通过人才盘点，客观有效识别人员能力及潜力，实现差异化以能付薪，不断激发人才潜力和企业活力，助推公司人才兴企战略落实落地。

【信息化建设】2021年，公司大力推进业务线上化，2021年3月1日，新一代核心业务系统正式上线，带动公司信贷、票据、结算等业务线上化程度大幅提高，结算整体效率提升70%；票据承兑、付款业务流程得到进一步优化，较原模式节省时效达80%；开展行业对标，深入谋划数字化转型工作部署，实现数字驱动业务创新发展。

【业务创新】2021年，公司不断加强外汇金融产品创新，在有效发挥“跨境资金池+即期结售汇+集中收付汇”业务资质优势的基础上，积极探索与银行开展代开信用证业务，完成人民币跨境支付系统（CIPS）接入工作，打好外汇组合拳，充分发挥财务公司金融牌照优势，降低集团外汇业务成本，为集团海外业务发展提供强有力的金融支撑，助力集团国际化战略实施。

【品牌建设】公司发布新的专题形象宣传片，通过全新品牌视觉识别（VI）手册专题培训，规范品牌视觉识别实际应用。

【企业文化建设】公司全面落实党委会前置研究要求，强化前置分析研判，把握公司发展方向；开展人才培养项目，持续优化干部梯队建设；发挥党建共建共创平台优势，开展“党员攻关项目”，激发党员攻关活力，推动“鑫堡垒”建设质量提升。

北京首都旅游集团财务有限公司

【集团概况】北京首都旅游集团有限责任公司（以下简称“集团”）是由北京市政府出资并按照《公司法》设立的国有独资公司，经北京市政府授权北京市国资委持股90%，根据《北京市财政局　北京市人民政府国有资产监督管理委员会　北京市人力资源和社会保障局关于划转部分国有股权的通知》，授权北京市财政局持股10%，由上述机构对集团依法履行出资人职责。集团是以旅游商贸服务业及相关产业为核心的战略性投资集团，围绕北京“四个中心”的城市战略定位与建设国际一流和谐宜居之都的发展目标，承担着做好北京市“四个服务”的重大保障任务、推进首都旅游商贸服务业产业集聚和转型升级、优化国有资本结构布局等多重使命，是北京市首家国有资本投资公司试点企业。旗下拥有王府井、首旅酒店、全聚德、首商股份4家上市公司，以及众多国内知名企业，如首汽集团、康辉集团、东来顺集团、古玩城集团、北京饭店、北京凯宾斯基饭店、北京展览馆等，更是刚刚开业的环球影城的最大股东。

【公司概况】2021年，北京首都旅游集团财务有限公司（以下简称“公司”）全面完成集团和公司董事会下达的各项经营管理目标任务，2021年末公司资产总额148.22亿元，较上年末增加18.54亿元，增长14.30%；负债总额123.08亿元，较上年末增加18.15亿元，增长17.30%；所有者权益总额25.14亿元，较上年同期增加0.63亿元，增长2.57%。

集团联合成员企业王府井集团、首商集团、全聚德集团和首旅酒店集团4家上市公司共同对财务公司投资，现公司注册资本为20亿元。其中，首旅集团出资比例为56.64%；王府井集团出资比例为12.5%；首商集团出资比例为12.5%；全聚德集团出资比例为12.5%；首旅酒店集团出资比例为5.87%。

【服务实体】2021年，公司依托集团资源优势，与集团所属支付企业合作，推广“收单归集一体化”项目运行。应用于33家上线企业，全年归集总金额突破6.35亿元，收款规模与上线企业呈逐月递增趋势。同时，公司坚持“依托集团、服务集团”的经营宗旨，加大对成员企业的服务力度，通过增加信贷投放、执行优惠利率的方式支持企业恢复经营，服务企业覆盖酒店、餐饮、汽车服务、商品销售等多行业，有效支持了企业复工复产，落实了金融支持实体经济的政策要求。

【信贷业务】2021年，集团各企业处于经营恢复的关键时期，为持续支持成员企业抗击疫情，公司进一步加大信贷投放，2021年日均贷款规模67.65亿元，同比增加近23个百分点，业务包括流动资金贷款、固定资产贷款、经营性物业贷款、并购贷款、银团贷款等，截至2021年末，公司自营贷款余额71.15亿元。

【资金业务】2021年，公司维持流动性、安全性与效益性相结合的资金管理原则，投资策略基本依靠持有至到期获取无风险收益，因此2021年收益率跟随利率市场呈下降趋势；业务涵盖存放同业、质押式债券逆回购、货币市场基金等，2021年累计交易金额超过800亿元。

【外汇业务】2021年，公司推进跨境资金集中运营管理。取得外汇局扩容批复，获批对集中外债和境外放款额度、境内外入池成员企业名单、合作银行范围的扩容；以多家合作银行渠道助力跨境联动，全年引入境外资金4笔，共计11.62亿元人民币；服务范围由集团总部扩展至集团内上市企业，进一步满足了集团多样化的金融需求，助力集团高效发展。

【风险管理和内部控制】2021 年，公司持续加强内部控制，全年共组织开展培训活动 8 次；完善内部控制建设，共新增制度 4 项，修订制度 73 项。公司开展了 2021 年度内部控制评价，积极以风险导向落实董事会年度审计计划，全年完成自主立项审计项目 5 个，提出审计建议 12 条，提示注意事项 1 条。

【人力资源管理】2021 年，公司以三年国企改革为依据，完成了经理层成员任期制和契约化管理的相关工作；规范中层管理人员绩效薪酬管理，建立健全激励约束机制，出台《中层管理人员绩效薪酬实施细则（试行）》，调动中层管理人员的积极性和创造性。

【信息化建设】2021 年，公司制定了“十四五”数字化规划，以技术赋能、数据赋能、协同赋能、循序推进、重点项目推进为建设原则，构建数字技术体系。与此同时公司完成 EAST、利率报备、金融基础数据系统的建设工作，并顺利完成了监管数据报送工作，使公司步入了数据治理初级阶段；公司按照《网络安全法》的相关规定，认真贯彻网络安全等级保护制度 2.0 标准要求，完成了核心业务系统等级保护测评复测工作。

【企业文化建设】2021 年，公司党支部坚持党的领导，认真学习习近平新时代中国特色社会主义思想，贯彻落实党中央重大决策部署和集团各项工作安排，通过发挥制度建设与党的建设、合规文化与廉洁文化、风险防控与从严治党“三个融合”的效力，不断推进党建与经营深度融合，以高质量党建引领高质量发展。

北京首农食品集团财务有限公司

【集团概况】北京首农食品集团有限公司（以下简称“集团”）是经北京市委、市政府批准，于 2017 年 12 月由北京首都农业集团、北京粮食集团、北京二商集团三家企业联合重组成立。集团集食品生产商、供应商、服务商于一体，资产、营收双超千亿元，所属企业 500 余家，其中，中外合资合作企业 30 余家，境外公司 10 余家，上市公司 2 家，农业产业化国家重点龙头企业 7 家，位列中国企业 500 强，在首都食品供应保障服务中发挥着主渠道、主载体、主力军作用，肩负着“首都食品供应服务保障重要载体、首都食品产业发展核心主体”的重要责任。

【经营概况】北京首农食品集团财务有限公司（以下简称“公司”）以“依托集团、服务产业”为定位，以集团整体利益最大化为目标，始终坚持“稳健发展、审慎经营”的方针，致力于建设集团资金归集、资金结算、财务监控、融资营运、金融服务平台。2021 年末，公司资产总额 209 亿元，负债总额 186 亿元，所有者权益 23 亿元，全年实现营业收入 4.28 亿元，利润总额 2.05 亿元。

【服务实体】公司遵循普惠让利原则，积极宣传推广存款利率上浮政策及小长假期间通知存款业务。2021 年新开立定期存款、通知存款账户 42 个，全年累计让利企业 8824.85 万元。同时，贷款均以 LPR 为利率定价参考，全年累计发放贷款 238 亿元，加权平均利率为 3.35%，为企业节省财务费用 4700 万元。公司为工资发放不便或批量发放补贴的企业办理免费的代理对私付款，办理批量对私付款接口代理支付，2021 年度累计为企业节约中间业务费用 696.14 万元。

【信贷业务】公司探索建立子集团授信模式，满足企业多样化的用款需求。同时，拓展信贷业务品种，免费为企业开具保函 5 份，解决企业在外部保函开立慢、收费高等问题。截至 2021 年末，公司授信规模 265 亿元，贷款余额 120 亿元，同比增长 10.1%，日均贷款余额 94 亿元，同比增长 36.23%。

【资金业务】公司积极拓宽同业资源，提升与交易对手的议价能力，根据资金运作规律，在拥有外部相对充足同业拆借额度的前提下，维持运营所需的较低活期头寸，加大日内调拨频次，灵活开展逆回购、约期存款等业务，实现平均资金收益率2.33%的运作目标。

【投资业务】公司投研体系初步搭建完成，投研能力也在业务实践中不断提升。公司加大对货币基金的投资规模，并根据“买旧不买新”“买高不买低”“买大不买小”“买强不买弱”的筛选标准，优选市场排名优异的投资标的，在风险可控的前提下获得了稳定的收益。

【票据业务】公司积极推广票据业务，2021年度累计办理票据贴现业务4笔，贴现票据19张，金额合计1.44亿元；办理承兑业务1笔，金额45万元。

【外汇业务】公司在取得跨国公司跨境资金集中运营资质的前提下，顺利完成在合作银行开立多币种国内资金主账户，为两家境内成员企业开立美元存款账户，并完成美元资金归集与下拨，实现成员企业外汇资金零的突破。

【资金集中】公司2021年末全口径资金集中度达75.33%，较上年同期增加1.5个百分点；吸收存款总额185.25亿元，较上年末增加22.54亿元，增幅达13.85%。

【业务创新】公司充分发挥资金监控平台功能，打造唯一账户管理体系，账户监管平台于2021年上线运行。截至2021年末，纳入账户监管的成员企业653家，涵盖境内银行账户2316个，境外银行账户45个。上线二级资金池业务功能，有效提高二级公司内部资金融通效率，实现企业服务与资金归集双赢。

【风险管理和内部控制】2021年，公司重新梳理、编制《内部控制手册》，覆盖23项一级流程，涵盖风险点116个、内控流程160个，明确权责事项245个。积极落实年度审计工作计划，年度内完成日常审计稽核7项、专项审计5项、内控评价1项，覆盖公司各部门业务和主要管理活动。同时，不断完善审计发现问题沟通、跟踪机制，督促问题整改，充分发挥“第三道防线”的作用。

【人力资源管理】公司建立“责权明晰、奖惩分明、业绩突出、流动有序”的岗位管理模式，并自2021年起，对全部经理层成员实行任期制契约化管理，落实“干部能上能下、人员能进能出、薪酬能高能低”的动态管理机制。同时，围绕集团《人才战略规划》总体要求，公司依托人力资源信息化系统，完善数据库搭建，加快人力资源管理数智化转型。

【信息化建设】公司加快推进信息化项目建设，不断丰富业务系统功能。打通财企数据传输通道，扩充直连银行接口，顺利完成“税务云”“电子会计档案”功能落地，搭建数据集市，将庞大的数据资源灵活高效利用起来。顺利通过等保三级复测，完成异地数据备份中心建设。公司数字化经营治理水平不断提升，实现了“数字化”向“数智化”升级。

【企业文化建设】公司扎实开展党史学习教育活动，突出“精神育人”“研学育人”“实践育人”的“三育”精神属性，通过“定责赋值”考核、主题征文、参与集团文艺汇演、录制冬奥音乐视频等活动，让党史学习真正“热”起来、“活”起来、“实”起来，开创财务公司思政体系新格局。

兵工财务有限责任公司

【集团概况】中国兵器工业集团有限公司（以下简称“集团”）是我军机械化、信息化、智能化装备发展的骨干，是全军毁伤打击的核心支撑，是现代化新型陆军体系作战能力科研制造的主体，是国家“一带一路”建设和军民融合发展的主力。集团现有50余家子集团和直管单位，主要分布在北京、陕西、内蒙古等29个省、自治区、直辖市，在全球70余个国家和地区设立了100余家境外分子公司和代表处。2021年，集团实现主营业务收入5269亿元，利润总额226.30亿元。

【经营概况】2021年，兵工财务有限责任公司（以下简称“公司”）发挥金融平台功能，强化金融服务保障，增强金融运作效率，开创“十四五”高质量发展良好开局。公司年末资产规模1548.92亿元，提供月均金融业务总量突破2000亿元，实现利润总额12.01亿元，为集团贡献金融服务价值12.04亿元。

【服务实体】公司聚焦集团经营、产业升级与实体经济发展，加强对集团主业、重大专项和集团总部运营的支持，为集团民爆产业重组、集团石化项目及军贸与国际化经营战略提供专业化金融服务。公司金融服务的保障能力持续增强，集团全口径资源保障率超过60%。

【信贷业务】公司优化信贷资源配置，大力协助集团降杠杆减负债，2021年提供授信规模和开展各类信贷业务均超过950亿元，推动降低集团整体融资成本。

【产业链金融】公司深化产业链金融服务平台建设，获批全国和行业首批上海票交所供应链票据平台接入许可，上线供应链票据系统，供应链票据业务规模位居全国第六。落地招商银行商票增信业务，完成成员单位商票信息披露。强化与集团物资集采平台合作，打造内外互联互通的多元化产业链服务模式。

【资金业务】公司精细化运营同业资金，拓展货币经纪公司报价渠道，丰富同业交易对手，积极获取外部市场低成本资金，合理配置同业金融产品，促进收益稳步增长。

【投资业务】公司加强投资业务市场化运作，优化资产配置策略，强化资产池动态管理，积极创新投资产品，提高投研效率，稳固自营投资收益。

【票据业务】公司深化票据基础服务，稳步提升票据签发规模，向系统外企业签发票据规模同比增长15%；大力拓展产业链金融服务，“一头在外”票据贴现业务规模同比增长36%。

【外汇业务】公司拓展集团跨境资金管理平台，成为全国首批、北京地区首家试点人民银行跨境支付清算业务的单位，上线人民币跨境支付系统（CIPS），打通人民币资金流转与国际结算通道；拓展本外币跨境资金集中运营服务，跨境业务覆盖五个国家和地区；提供专业优惠外汇服务，代客结售汇业务规模同比增长74%。

【资金集中】公司多措并举提升资金集中规模，自主研发上线集团统一支付平台，提升支付效率，降低资金风险，2021年末集团全口径资金集中度为73.62%，日均存款规模745.57亿元，期末存款余额近1100亿元，结算业务总量首次突破4万亿元。

【业务创新】公司持续推进金融业务创新，编制财务公司业务问答手册，建立标准化服务机制；配合集团加强资金内控管理，实现大额支出、重复支付以及余额变动等信息的预警和通知；上线电子函证系统，实现询证与回函业务全面数字化办理。

【风险管理和内部控制】公司建立科学完善的风险管控体系，做好事前风险防范，坚持事前风险提示，签订风险管理承诺书，强化事中风险管控，严格开展业务风险审核，持续加强制度体系建设，贯通融合落实事后监督，推进审计全覆盖工作，实现审计监督与内控合规建设的有机结合；开展安全生产风险排查与金融风险防控专项行动，制定并落实措施44项，加强信贷、投资、同业等重点领域风险管控；深入推进依法治企，被评为“集团法律事务先进单位”。

【人力资源管理】公司加强新时期干部人才队伍建设，建立以契约化为核心的权责体系，优选中层干部，强化前中后台的轮岗力度，完善后备干部选拔体系，建立日常考核与专项考核相结合的全方位考核体系，采取调训、研讨、体验式培训等多种方式开展专业技能培训16次，提高教育培训效果。

【信息化建设】公司强化金融信息科技支

撑，自主研发信贷前置系统、财务核算系统等，研发财企直连电子回单功能，搭建监管EAST系统和征信报送系统，为公司经营管理、业务运行与数据治理提供信息科技支撑。

【企业文化建设】公司进一步擦亮“全国文明单位”和“北京市东城区百强企业”名片，坚持党的建设与文化建设互融共进，高标准严要求开展党史学习教育，开辟“党史百年天天读”学习专栏，创新开展“两优一先”评选表彰、“党员示范岗”“党员创新工程示范项目”授牌活动，圆满完成13项党员创新工程项目和17项“我为群众办实事”重点项目，党建政研课题获得集团一等奖，公司党建工作获得集团2020年度党建考核A级。

兵器装备集团财务有限责任公司

【集团概况】中国兵器装备集团有限公司（以下简称“集团”）2021年度核心指标全部达成，营业收入同比增长20.7%，利润总额同比增长12.8%，全员劳动生产率同比增长32%，“两利四率”指标全面完成，为实现“十四五”目标奠定了坚实的基础。

【经营概况】2021年，兵器装备集团财务有限责任公司（以下简称“公司”）全年实现营业收入18.60亿元，同比增长41.91%；全年实现利润总额9.78亿元，同比增长31.05%，日均存款537亿元，资产规模780亿元以上，再创历史新高，实现“十四五”开门红。

【产融结合】2021年，公司全产业链日均信贷和票据支持达到747亿元，同比增长52%，较2017年增长178%。日均存款达到537亿元，同比增长51%，较2017年增长118%。在供应链金融方面，2021年投放突破40亿元，其中，中兵保兑单签发47亿元，增幅为170%。履行强军首责，紧紧围绕集团军品建设体系规划，主动加大军品金融资源倾斜力度；服务汽车主业，公司紧紧把握汽车行业“新四化”潮流大势，聚焦新能源汽车、河北基地整合和长安福特复兴的金融支持，助力打造集团汽车产业生态圈；精准支持战略新兴产业，打造专精特新行业小巨人，在光电信息、高端装备制造、医药健康、绿色低碳、新材料等新领域精准滴灌，确保“产业布局到位，金融支持到位”；通过价值共享、精耕细作助力集团供应链管理体系优化，促进产业链交易场景降本增效。下属保险经纪公司2021年财产险与机损险共承保资产1322亿元。

【让利实体】公司丰富完善产品谱系，不断提升金融服务。逐步打造形成了全产业链金融服务体系，金融服务质量和水平持续提升。公司大幅让利集团核心产业和产业链。以4亿元专项低息贷款支持企业技术升级和研发投入；为抗疫物资、进口件、大宗原材料采购提供年利率为1.6%的专项贷款。

【存货融资业务】公司大力拓展存货融资业务，夯实长安汽车批售融资业务的“压舱石”定位，2021年，汽车金融合作客户445家，其中，自管模式经销商229家，同比增加41家，增幅22%。

【资金业务】公司逐步优化头寸匡算模型，提升头寸预测准确性，促进了资金收益率整体提升。活期收益率为2.27%，超出隔夜平均Shibor31个基点。定期平均收益率为2.97%。

【资金集中】公司采取“一企一策”提升金融服务保障，以市场化原则推进上市公司、合资公司资金归集取得实质性突破，2021年末资金集中度为74%，同比增长2个百分点。

【风险管理和内部控制】公司紧紧围绕全员风控项目落地实施规划，不断夯实内控体系，资本充足率等21项重点风险管控指标全面达标。持续以建立健全监管评级一级长效机制为抓手，银保监评级连续三年保持一级。实现内部审计全覆盖，高度重视问题整改，不断提高管理水平。

【司库建设】2021 年底“兵装特色”新一代司库系统在主体建设完成并顺利上线。实现“分布式多维连接、微服务柔性架构、功能性简洁友好、兼顾智能与安全”四大特色化设计。在优化组织架构职能、完善管理机制的基础上助力集团建成资金信息统一、资金配置有序、资金风险可控、融资渠道多样、高度服务主业、价值创造一流的新一代司库管理体系。

【财务预算管理】公司统筹资产负债管理和产品定价，全面预算管理和监控分析体系逐步完善，聚焦提升绩效评价辅助能力和水平。完成新会计准则切换。

【人力资源管理】公司全面推行经理层任期制、契约化管理，2021 年全级次 8 名经理层人员全面实行任期制和契约化管理。大力培养年轻干部，打造活力管理团队。推进轮岗激发潜力，提升复合管理能力。畅通职业发展通道，健全市场化选人用人机制，增强动力、激发活力。

【信息化建设】公司围绕集团、成员企业及其上下游企业用户的资金管控及金融服务需求，以实现“线上化、自动化、智能化”为抓手，持续优化金融共享服务平台。完成大数据平台和数据治理咨询工作，确定围绕“强基、治水、精益、创新”四个方面转型思路，实施“组织保障、IT 架构、数据治理、数据平台和数据应用”五大工程。

【企业文化建设】公司以践行社会主义核心价值观为引领，深化公司“价值创新”文化体系落地实施。2021 年，公司围绕建党 100 周年“一条主线”，突出政治、文化“两个引领”。强化教育培训，推动战略实施，彰显组织力“三个举措”。抓好献礼建党百年、深化企业文化、推进深度融合、提升党建质量“四个重点”。

【公司治理】公司坚持两个“一以贯之”，落实改革三年行动方案，全面落实党的领导融入公司治理的各项要求，各治理主体依法依规履职，深入落实股东承诺管理监管要求及董事会职权工作方案的改革工作。

【安全保卫】公司高质量开展安全保卫工作大整顿专项排查治理相关工作，确保思想认识、责任落实、问题排查、问题整改、措施效果“五到位”，全面提升公司安全保卫工作水平。

诚通财务有限责任公司

【集团概况】中国诚通控股集团有限公司（以下简称“集团”）由国务院国资委代表国务院履行出资人职责，是国务院国资委首批建设规范董事会试点企业和首家国有资产经营公司试点企业。2016 年，集团被确定为中央企业国有资本运营公司试点。成为试点后，集团主营业务为基金投资、股权运作、资产管理、金融服务，以及综合物流服务、林浆纸生产开发及利用、新能源电池等。2016 年以来，受国务院国资委委托，集团作为主发起人，先后设立中国国有企业结构调整基金和中国国有企业混合所有制改革基金，着力推动国有资本布局和结构优化调整。

【经营概况】2021 年，诚通财务有限责任公司（以下简称“公司”）积极应对市场环境及金融监管调整，持续强化资金集中和市场开拓，努力提升管理效率效能，不断优化业务结构和产品。2021 年末，资产总额 268.38 亿元，同比增长 7.35%，2021 年全年实现营业收入 6.85 亿元，利润总额 4.01 亿元，上缴税收 1.06

亿元，“十四五”开局良好。但同时疫情反复、大宗商品及原材料价格波动、市场利率下行等事项对公司的发展仍然产生较大影响，在运营效率和服务能力提升上仍有空间。

【服务实体】2021 年，公司新增鲁能新能源等授信单位 3 家，授信金额 15.20 亿元；新增中电科财务公司等同业授信 4 家，授信金额 40 亿元；服务客户数量 30 家，同比增长 114.30%；为 13 家客户在财务公司第一次办理信贷业务，为 18 家客户办理了其在财务公司以前没有办理过的业务品种，服务成员单位的深度和广度不断提高。2021 年，公司根据人民银行政策导向，积极重启再贴现业务，以此业务为桥梁，大力支持集团成员企业中的小微企业、涉农企业、高新技术企业产业链金融，共办理再贴现 1000 万元。

【信贷业务】2021 年，公司共办理信贷业务 181 笔，同比增长 118.07%。为成员单位办理授信 16 笔、金额 297.90 亿元，同比增长 9%；办理财务公司同业授信 13 户、金额 127 亿元，同比增长 55%。办理流动资金贷款业务 56 笔，累计投放 207.12 亿元，同比增长 64.57%；办理项目贷款提款 11 笔、金额 2.60 亿元，同比增长 271.40%；办理票据贴现业务 33 笔，同比提高 312.50%，金额 2.85 亿元，同比提高 345%。开立承兑汇票 42 笔、158 张、金额 6.87 亿元，同比提高 492.24%。办理海关保函 1 笔、金额 0.45 亿元，办理委托贷款 9 笔、金额 8.29 亿元。

【产业链金融】截至 2021 年末，供应链金融业务开展 21 笔，金额合计 1.59 亿元；买方付息贴现业务 18 笔，金额合计 1.99 亿元。公司的服务范围已由集团内部扩展到集团外部供应商，为降低成员单位整体产业链成本作出了贡献，成员单位在产业链中的竞争力和话语权得到有力提升。

【资金业务】2021 年，公司不断丰富流动性管理工具，每日制定资金计划平衡表，按需召开资金小组会议，提升资金管理能力，着力提高资金收益。在资金配置上既有银行间市场同业拆借、质押式回购，又开通了交易所回购通道；既有本币资金融通，又新办了外币资金融通；传统存放同业利率从 2020 年的 2.23% 提高至 2.46%，资金配置能力不断提升。

【投资业务】2021 年，公司不断加强优质债券投资标的筛选及研究，成功投资认购金额 10.60 亿元，通过质押正回购杠杆操作，提高资金流动性及持仓债券利用率，有效平滑了市场利率大幅下滑对公司利润波动的影响。同时，公司促成中储发展股份有限公司 2021 年度第一期超短期融资券成功发行，降低整体融资成本；支持中铁物总控股公司在银行间市场发行定向债务融资工具，以基石投资人身份助力债券成功发行，协助中国铁物总控股公司重返银行间市场；协助鲁能新能源完成债券市场首秀。

【票据业务】2021 年，公司累计开立承兑汇票 6.87 亿元。公司积极营销公司票据，公司票据认可度实现质的提高。在打通中交二航局、鄂钢等收票单位的基础上，本年度马钢集团将公司票据发文列为集团可收票名单；宝钢股份销售中心口头将公司票据作为其认可票据之一；山东电建公司明确接受公司票据；宝钢财务公司与公司签订《战略合作协议》，为 13 家央企财务公司办理了授信业务等，以上都积极推动了公司票据的行业认可。

【外汇业务】2021 年，公司成功办理多笔出资企业间结售汇轧差业务，该业务将集团所出资企业购汇业务及结汇业务实现内部轧差，轧差后净额再进入银行间市场进行场内交易，该业务有力改善了对出资企业的报价，实现集团整体汇兑成本进一步降低。完成即期代客购汇 1.29 亿美元，为集团整体降低汇兑成本 190 万元。公司依托外汇资金池，引入外部低成本资金，为出资企业提供美元贸易融资，年内累计投放美元贷款 2300 余万美元。

【资金集中】2021 年，公司已实现 3 家企业共计 10 个境外账户授权。2021 年，通过梳理成员单位所处行业特性和股权管理状况，在集团内部、通联企业的金融需求和金融服务供给之间架设桥梁，同时，协同资金公司、托管银行合作研究基金企业资金管理方案，以国调基金资金集中方式为基础，形成基金类企业标准化资金集中方式，既有助于集团整体资金集中管理工作的开展，又有利于国务院国资委大额资金的动态监测工作。

【业务创新】2021 年，公司一是成功办理了 7 天期质押式报价回购产品，实现到期滚动续作，金额 5000 万元。二是根据监管评级导向、投资经营策略及资金市场情况，公司将投资业务向流动性管理工具拓展，完成首批货币基金投资业务，金额 1 亿元，拓展了公司高流动性管理工具的范畴。三是公司跟踪人民银行在浙江地区和印度尼西亚就印尼卢比与人民币直接交易进行试点，为海外经营企业小币种外汇管理提供了新思路。

【风险管理和内部控制】2021 年，公司密切跟踪涉及重组成员单位的生产经营情况，推动形成集团高层沟通协调机制，建立动态风险监测指标体系，协同建立跨企业集团的风险隔离和信息数据保护措施，有效防范重组过程中的各类风险。持续更新完善内部制度体系，确保覆盖所有业务领域和关键环节，坚决防范违法违规行为，持续强化内控建设。

【人力资源管理】2021 年，公司深入推进人事“三项制度”改革，建立了经理层成员岗位说明书及董事会与经理层、总经理与其他经理层成员权责清单，由董事会按照有关规定严格任期管理、考核，签订任期责任书等，全面推行经理层任期制契约化管理。同时，进一步完善市场化招聘机制和职工工资分配管理，引入中介咨询机构，开展人力资源系统评估，对公司员工岗位、职级、薪酬及考核制度进行优化、完善，不断健全市场化经营体制机制，促进公司健康发展。

【信息化建设】2021 年，公司深化资金管理新系统建设，新系统累计完成上线的业务模块共计 13 类，已实现对公司既有业务的全面覆盖和支撑，数据处理准确，达到“工作流程化、流程制度化、制度信息化、信息可视化”的建设目标。随着监管对数据报送管理趋严，以业务元数据为基础协同各业务部门深入开展数据治理工作，结合线上化业务开展情况，共计五大类主数据、28 类标准化数据，“数据管理平台（EDP）”通过对接“统一监管报送平台”已为人民银行金融基础数据报送、人民银行利率报备数据报送、银保监会监管标准化（EAST）、北京银保监局监管标准化（EAST）数据报送提供全量数据支撑，为公司数字化转型筑牢底座。

【企业文化建设】2021 年，公司党委以习近平新时代中国特色社会主义思想为指导，持续加强企业党的领导和党的建设，助力企业高质量发展。公司党委组织召开党建与企业改革发展战略研讨会，全力推动公司“十四五”战略规划和国企改革三年行动任务落实落地。以党史学习教育为契机，结合“三融一化”党建工程积极开展金融服务型党组织建设，在基层全面创建“紧贴党心、服务中心、办事公心、凝聚人心”的“四心”党支部，培养能当“舵手”“旗手”“能手”的“三手”党支部书记。积极开展庆祝建党百年系列活动，并结合自身实际在基层党支部开展“四个一”活动。着力打造为职工群众办实事、办好事的“职工小家”，2021 年公司获得中华全国总工会授予的“全国模范职工小家”称号。

重庆化医控股集团财务有限公司

【集团概况】重庆化医控股（集团）公司（以下简称“集团”）成立于2000 年 8 月，是重庆市政府出资组建的集研发、生产、营销于一体的国有独资大型控股集团公司。集团业务涉及医药、化工、盐业三大产业板块，18个生产和销售领域，拥有重药控股、渝三峡两家上市公司，现有从业人员约2.9万人。2021年，集团实现营业收入802亿元，利润总额17亿元，年末总资产948亿元，列2021年中国企业500强第338位。

【公司概况】截至2021年末，重庆化医控股集团财务有限公司（以下简称“公司”）资产总额29.30亿元，负债总额16.60亿元，所有者权益12.70亿元，全年实现营业收入1.04亿元，利润总额0.50亿元，资产质量较好。

【服务实体】公司一是在坚持推行减费让利、公开透明定价策略的同时全面减免承兑及结算业务手续费，让利成员单位3333万元。二是不断优化业务流程，提高服务效率，对符合授信条件的客户，主动提前对接，确保业务及时办理。三是积极参与成员单位债委会工作，以“内部人”的身份与各参与行保持联系，确保信息透明，给予外部金融机构信心，支持企业渡过经营困难时期。

【信贷业务】公司累计向14户成员单位授信15.98亿元，同比增长3%，向17户成员单位发放自营贷款86笔、金额19.97亿元，笔数及金额较2020年分别增长32%和8%，年末自营贷款余额17.46亿元，较年初增加0.22亿元，自营贷款累计结息8599万元，金额同比减少10.16%，自营贷款结息率达100%，信贷资产质量整体保持稳定。

【产业链金融】公司大力推广财司承兑票据，积极拓展“一头在外”产业链票据贴现业务，累计办理产业链贴现1.47亿元，同比增长44.74%，加权平均贴现率达到3.58%，高出贴现业务整体加权平均利率约60个基点，“承兑+贴现”业务组合模式的盈利能力初步显现。

【票据业务】公司持续优化票据业务流程，完善风险防控体系建设，协助成员单位扼守贴现业务输入性风险。累计办理票据承兑1.75亿元，代理承兑4.19亿元，办理票据贴现13.22亿元，同时，面向成员单位全面减免承兑业务手续费用，贴现利率始终保持市场较低水平。

【资金集中】公司一是将资金集中度指标纳入各成员单位领导班子“年度目标责任书”进行考核。二是切实履行减费让利服务承诺，建立差异化定价机制。三是大力推广承兑业务，吸纳保证金存款回流。四是开展人工代理结算试点工作，增加存款资金沉淀。公司月均可归集资金集中度达到86%，提升成效明显。

【风险管理和内部控制】公司一是全年新增和修订制度18项，逐步建立横向到边、纵向到底的内部控制体系，完成各类专项检查10次，出具审计报告4份、检查报告2份，内控稽核实现对业务、流程、部门和环节的全覆盖。二是密切关注流动性指标变动情况，定时开展流动性压力测试，合理匡算资金头寸。三是开展信贷业务审查，全年召开审贷会33次，审查信贷业务65笔，涉及放款金额19.96亿元，审查贴现及承兑业务202笔。四是通过开展金融领域反腐败案件警示教育、全员签订合规承诺与“灰名单”应用等方式增强员工行为管理的有效性。

【人力资源管理】公司着力提升人才队伍建设，一是制定《员工奖励管理办法》，鼓励员工提升专业技术职称，截至2021年末，公司97%以上员工已经取得从业资格或专业技术职称；二是制定人才队伍建设规划，明确提出培养选拔年轻干部的原则、目标、思路、措施，大力培养选拔年轻干部；三是业务部门实施KPI考核试点；四是制定待岗管理制度，推进科学合理的岗位晋升通道建设，规范优化离岗管理。

【信息化建设】公司紧盯行业发展趋势，不断提升信息化建设水平。一是搭建IT基础环境监控系统；二是完成核心业务系统项目可行性研究报告（含初步设计）；三是建成数据集市；四是完成EAST监管报数平台、利率报备监测分析系统上线工作；五是完成网络架构调整和安全设备策略优化。

【企业文化建设】公司营造积极进取、敢于担当的学习型企业文化氛围。一是积极拓展线上线下培训渠道，鼓励员工积极参加业务理论知识学习，对获取专业资格证书的员工给予通报表扬。二是倡导员工培养良好阅读习惯，公司领导带头阅读好书，推荐好书，建设员工书屋。三是充分发挥工会职能，组织开展各类文体活动。公司深入学习贯彻习近平新时代中国特色社会主义思想，以高质量党建引领高质量发展。一是坚决贯彻“两个一以贯之”，完善“三重一大”决策程序，把党的领导融入公司治理各环节，努力构建现代国有企业治理体系，提升企业治理效能。二是认真落实中心组学习、三会一课、主题党日等制度，推动党史学习教育走深走实。三是坚持党建工作与业务工作目标同向、部署同步、工作同力，充分发挥支部的战斗堡垒作用和共产党员的先锋模范作用。四是严格落实“一岗双责”，班子成员既抓业务工作，又抓党建，以钉钉子精神，推进作风建设常态化、长效化，坚决防止“四风”问题反弹。

重庆机电控股集团财务有限公司

【集团概况】重庆机电控股（集团）公司（以下简称“集团”）是重庆市政府批准的唯一一家国有资本投资公司改革试点单位，是中国西部最大的综合装备制造企业。注册资本 20.40 亿元，拥有全级次企业 106 户，控股 1 户 H 股上市公司，参股 2 户 A 股上市公司，连续 17 年进入中国企业 500 强，2021 年列中国企业 500 强第 420 位，列中国制造业企业 500 强第 204 位。

【经营概况】2021 年，重庆机电控股集团财务有限公司（以下简称“公司”）实现经营规模有增长、助力集团“三降”有成效，综合实力得到集团内外认可。公司监管评级稳定保持在全国财务公司行业前列。全年实现营业收入 10819 万元，利润总额 5609 万元；为集团节约财务成本 9537 万元，同比增长 5.25%。

【服务实体】2021 年，公司充分发挥财务顾问作用。针对重点客户开展专题分析，按专业尽调标准进行深度分析，提示风险、提出应对措施建议，为集团风险防控提供参考依据；深入企业，在充分了解行业及产品的前提下，挖掘服务价值，帮助成员单位设计融资安排，有效预防企业因资金周转与贷款集中到期带来的违约风险。

【信贷业务】2021 年，公司贷款、贴现、票据在业务量、业务金额上均实现两位数增长。年末信贷规模 25.04 亿元，同比增长 4.86%，达历史最高。贴现量增幅显著，公司以低至 1.83% 的贴现执行利率让利成员单位，全年办理贴现业务 13.59 亿元，同比增长 36.63%。紧跟集团国有资本投资公司改革、企业混改等发展要求，拓展信贷业务。新增 1 笔合资企业流动资金贷款业务落地，新增授信客户 1 家。

【票据业务】2021 年，公司针对机械制造行业小批小件、资金紧张的特点，通过同业合作为集团产业链提供服务，为企业解决 7.65 亿元财司票据贴现需求；通过财司电票创造信用 7.52 亿元，其中电票承兑面额小于 10 万元的票据占 60.82%，最低金额低至 5000 元，在开票金额小、张数多，贸易背景审查工作量大的情况下，公司提效率、强服务、增投入，以差异化经营体现服务温度与速度；与合作银行建立票据池，集中票据资源，为成员单位提供低成本开票渠道。

【资金集中】2021 年，公司以服务提升促资金归集。一是上线手机 APP“机电财企通”，便捷成员单位实时业务查询；二是上线小额支付指令自动受理功能，实现内部转账“秒到账”，小额对外付款“分钟到账”；三是完善协定存款定价机制，吸引成员单位资金流入；四是加强账户清理，紧跟成员单位大额回款进度。2021 年公司日均吸收存款 21.28 亿元，同比持平；全年资金集中度为 52.49%，同比增长 5.84%，为近五年最高。

【业务创新】2021 年，公司积极开发设计绿色信贷产品，新增 8000 万元绿色贷款。一是制定绿色信贷制度，对绿色信贷的识别、管理、统计等作出了明确规定。二是绿色贷款业务线上化。通过信贷管理信息系统全流程标识和记录绿色贷款业务，实现数据及记录过程可核查、可追溯。三是纳入人民银行绿色贷款专项统计报数。

【风险管理和内部控制】2021 年，公司按照“业务部门自查—风险部检查—审计部评估”的方案开展“内控合规管理建设年”专项活动，组织全员培训和 11 个专业条线的合规考试及征文活动；动态完善内控体系。2021 年，新增及修订制度 31 个，全年《内控手册》更新率达 42%，涵盖内控活动 277 项。同时，内部审计对公司内控活动进行全面评估，打造全闭环治理机制。

【人力资源管理】2021 年，公司围绕“公司发展、员工成长”的人力资本发展目标，致力于加快复合型金融人才培养。首次开展员工中级职级评定工作，3 名业务骨干取得职级晋升，为员工成长开辟了新通道。2021 年考取中级职称 8 人，全员中级及以上职称占 77%，取得注册会计师、法律资格证、高级会计师等证书 12 个，复合型人才 14 人，占比为 47%。

【信息化建设】2021 年，围绕公司《2021—2023 年信息科技建设规划》，大力推进项目建设。一是按监管新要求推进 EAST 系统、利率报备监测系统等四个重大监管系统的新建及改造工作，启动数据集市建设，其中公司为 EAST 系统重庆市首家报送单位，该系统一次校验通过。二是助力集团金融资源管控。推动资金管控系统建设，为成员单位量身定制金融创新产品“机电财企通”手机 APP。三是提升服务精准性。优化系统功能及支付流程，实现发票验真及发票台账自动更新，强化资金安全风险防控，大幅提高付款和发票管理效率。四是提升安全管理能力。完成态势感知系统、异地灾备系统、脱敏系统建设，开展渗透性测试工作。

【企业文化建设】2021 年，公司深入打造正能量企业文化。以党建等为主题的两个作品从全国财务公司 237 个作品中脱颖而出，荣获中国财务公司协会首届微课大赛“三等奖”“优秀奖”和“人气奖”；党建文章《强“根”铸“魂”促发展》在中国财务公司协会杂志上刊发，实现突破；庆祝建党 100 周年文艺节目获集团一等奖；自制宣传视频《用心创造价值》，多角度展示公司团队台前幕后的辛勤努力，开辟了与成员单位良好沟通的新路径。

重庆市能源投资集团财务有限公司

【集团概况】重庆市能源投资集团有限公司（以下简称“集团”）由原重庆煤炭（集团）有限公司、重庆市建设投资公司、重庆燃气集团有限责任公司于 2006 年整合组建而成，是重庆市集能源投资、开发、建设、运营、服务于一体的大型能源企业，重庆市国资委拥有 100% 股权。2021 年末职工 20978 人，较年初减少 13989 人。2021 年末集团（合并）资产总额 499 亿元，同比减少 322 亿元，主要原因是处置历史遗留问题及淘汰煤炭落后产能。2021 年实现营业收入 232 亿元。

【经营概况】2021 年，重庆市能源投资集团财务有限公司（以下简称“公司”）主动融入集团发展战略，充分发挥“四个平台”功能，坚守本源、保持稳健，发挥优势、化解风险，切实推动金融服务与经营管理。2021 年末，公司资产总额44.02亿元，负债总额30.71亿元，所有者权益13.31亿元。2021年全年实现营业收入2.01亿元，实现利润总额127万元（主要是加大了计提拨备的力度）。

【服务实体】2021年，公司在支持集团实体经济发展、优化集团资源配置、协助开展风险管控以及节约财务费用等方面发挥了有效作用。一是支持集团实体企业转型发展。公司根据集团战略及时调整业务方向，千方百计保证集团存续有发展潜力企业的资金需求，保证现有信贷服务的连续性和稳定性。二是助力集团提升资金使用效率。通过强有力的预算、支付等措施，配合实现资金在集团内部合理流动、高效配置。三是保障集团资金正常周转。加强账户体系建设，力保资金通道畅通、账户体系运转顺畅，为集团财务体系安全提供了保障。四是做好减费让利。持续为集团部分优质企业优惠贷款利率，积极让渡利润，降低成员单位财务费用。

【信贷业务】2021年，公司在防范信用风险的前提下，尽力维持信贷规模的基本稳定，支持成员单位持续稳定经营。公司对11家成员单位授信82.62亿元，全年累计向6家成员单位发放贷款13.51亿元，年末保持信贷规模39.29亿元。

【资金业务】2021年，公司将流动性安全放在重要位置，采取多项措施确保流动性安全。一是统筹资金计划。做好资金分析，按月、按旬做好资金报表及分析。二是统筹业务安排。合理安排票据承兑，均衡承兑票据到期时间和金额，做好票据兑付资金计划和安排，保障了到期兑付。全年累计资金结算笔数118947笔，同比增长19.73%。

【票据业务】2021年，公司主动筹谋，积极筹措资金，确保公司承兑票据无一逾期，坚定维护了公司票据的市场信誉。尽力为成员单位提供系统、业务技术、法律法规等方面的支持，协助成员单位通过合法渠道进行票据权属登记、追索票款，维护成员单位合法权利。合理运用票据支付手段，尽力满足成员单位的支付结算需求。

【资金集中】2021年，公司牢牢把握资金集中管理主线，力保资金集中稳定。一是加强账户管理。加强对集团成员单位银行账户的监管，对成员单位新开立的资金账户，及时了解其开户目的和用途，做到“应连尽连”。二是加强资金监控。公司积极参与全集团的资金预算、资金管理以及资金监控等，加强对成员单位非直连账户资金的监控，及时有效地与成员单位沟通，增加公司吸收存款额，提升公司资金集中度，全年基本实现了成员单位资金“应归尽归”，可归集资金集中度达到96.12%。

【风险管理和内部控制】2021年，公司切实加强与集团及监管部门的沟通，积极寻求帮助支持，全面加强风险管理，力保稳健运行。一是重点抓好流动性风险管控。公司进一步细化资金预算和头寸管理，积极争取补充头寸和流动性支持，基本保障了成员单位的经营资金支付需求。二是有效防范化解信用风险。加强涉煤贷款管理，适时压降贷款规模，加强表外业务管理，有力地缓解了信用风险。三是切实抓好风险隔离。全面跟进集团经营与财务风险情况，不断完善风险管控措施，制定风险应急预案，压缩业务规模，审慎开展业务，切实防止风险外溢。四是全面加强内部控制。加强制度的修订和完善，新增制度5项，废止制度2项，对原有20项制度进行了合理的修订和完善。

【信息化建设】2021年，公司着力加强信息化建设，为公司业务开展和经营管理提供支撑。先后完成了综合管理系统、费用报销系统上线工作；完成了监管报送平台的上线试运行，并成功实现了利率报备数据和EAST数据首次报送；开展了二代征信数据报送系统建设并通过二代征信报送系统第三方验收测试；开展了核心业务系统财企接口建设项目，进一步扩大了信息系统对经营管理的覆盖。

【人力资源管理】2021年，公司不断完善绩效考核体系，提升指标设置的有效性和与公司发展战略的契合度，考核指标按照前、中、后台划分不同的考核侧重点，合理拉开收入差距，提升绩效薪酬的正向激励，并增加关键岗位和经营层薪酬延期支付和追索回扣要求，实现监管要求、激励与约束相一致。致力于打造学习型团队，加强全员、全面学习，通过讲学结合，突出“教学相长”，全年由员工主讲的内部学习17次，为提升培训质效，公司推行线上+线下相结合的方式，积极收集协会、监管部门等组织的各类培训，发布培训信息，公司员工全年参加培训724人次，进一步提升了员工队伍的整体素质。

【党建工作】2021年，公司党支部不断加强党的建设，夯实党建工作基础，为公司持续健康发展提供了坚强保证。一是以政治建设为统领，以实际行动做到“两个维护”。充分发挥党组织的“融入”“内嵌”“前置”作用，确保各项工作和上级部署安排贯彻落实到位。二是以党史学习教育为抓手，持续深化创新理论武装。三是以落实巡察整改任务为着力点，不断加强党的建设。四是以庆祝建党100周年系列活动为引领，“正能量”“好声音”蔚然成风。大力开展“我为群众办实事”实践活动，认真解决员工群众急难愁盼的问题。五是以清廉金融文化建设为重点，风清气正的政治生态进一步稳固。六是以统战群团工作为纽带，企业整体合力不断提升。

传化集团财务有限公司

【集团概况】传化集团有限公司（以下简称“集团”）创立于1986年，以制造业起家，始终坚持以责任和实业为主线布局产业，着力发展智能制造、智能物流、产业新城、产融服务，成长为先进制造与制造服务协同发展的实业集团。集团拥有传化智联、新安股份两家上市公司，10余家国家高新技术企业，业务覆盖全球80多个国家和地区，现有员工1.3万余名。集团列2021中国企业500强第199位、列中国民营企业500强第64位。2021年末，集团资产总额785.13亿元，净资产294.35亿元。2021年，集团实现营业总收入729.24亿元，利税总额96.19亿元。

【公司概况】2021年，传化集团财务有限公司（以下简称“公司”）承接集团战略赋能产业发展，推进资金一体化运营。2021年实现营业收入1.09亿元，净利润0.48亿元。2021年末公司资产总额47.26亿元，负债总额41.69亿元，存款余额41.50亿元，贷款余额25亿元。

【服务实体】2021年，公司积极为成员单位提供金融服务，调整融资渠道结构、利率结构、期限结构。调动集团资金资源，助力实现江南大地32.48亿元股权收购；搭建集团内部资金池，大幅提高资金使用效率，累计为13家成员单位提供优惠利率信贷支持38.7亿元，为各成员单位降低财务费用1330.49万元。

【信贷业务】2021年，公司积极发挥内部银行作用，为集团提供有力的信贷支持。全年为集团及成员单位累计发放贷款56笔，总额39.75亿元，日均贷款余额21.33亿元，较2020年末同比增长175.87%。

【票据业务】2021年，公司成功获批票据与外汇两项新业务资质，加入上海票交所并上线ECDS票据交易系统，设立集团型票据池，累计入池票据11.08亿元，累计新开票金额7.81亿元。

【资金集中】2021年，公司实现资金归集率28.44%，同比提升7.26个百分点；账户集中度为54.55%，同比提升4.55个百分点；为185家成员单位提供结算服务，累计实现收付款结算约20万笔，完成结算金额约4100亿元，完成率达137%。

【风险管理和内部控制】2021年，公司严格执行风险管理流程，按日监测重要风险指标，定期开展流动性压力测试，确保公司稳健经营；严格按照信贷管理要求规范开展各类信贷业务；全面梳理银行账户、完善系统功能，有效管控集团资金风险；扎实开展“内控合规管理建设年”系列活动，以“监管月报”为载体，通过邮件、会议等形式传达监管政策、开展合规培训，厚植合规文化；年度新增及修订各项内控制度22项；定期开展各项审计监督活动，促进公司风险管理与内控水平持续提升。

【人力资源管理】2021年，公司通过成立专项小组、制定员工IDP发展计划等多种形式促进团队能力建设，实现员工专业能力提升。加强后备梯队建设、开展青年关怀活动，扎实推进青年员工培养工作。动态调整部门职能，健全薪酬考核制度，不断优化组织配置，调动干部员工的工作积极性，推动组织高效运行。

【信息化建设】公司坚持信息科技引领，搭建基于金融科技的数字化运营平台，实现资金管理数字化转型突破。开启监管数据标准化建设，自主开发EAST和IMAS报送系统，节约信息化投入近百万元。

【企业文化建设】公司实现党工团组织全覆盖，紧紧围绕集团党委提出的“目标一致、组织一体、工作协同”的深度融合工作方针，党群组织联动开展庆祝中国共产党成立100周年、与金融机构党建共建等主题活动。2021年，公司董事长和总经理被评为集团模范党员。

创维集团财务有限公司

【集团简介】创维集团有限公司（以下简称“集团”）成立于1988年，主要从事多媒体（智能电视、内容运营业务）、智能电器（冰箱、洗衣机、空调、厨电等业务）、智能系统技术、新能源、现代服务业五大类业务，集团旗下有若干家高新技术企业，设有国家级企业技术中心、国家级工业设计中心，是“中国制造2025”首批示范单位，连续多年位列中国电子百强企业前列。

【经营概况】2021年，创维集团财务有限公司（以下简称“公司”）始终坚持“立足集团、服务成员、产融结合、共赢发展”的宗旨，为成员单位提供金融专业服务，促进集团产业与公司金融服务业优势互补，寻求共同发展。截至2021年末，公司资产总额85.74亿元，负债总额69.12亿元，全年实现营业收入1.75亿元，净利润1.44亿元。

【信贷业务】公司为集团成员单位量身打造，提供综合授信服务，根据成员单位经营特点、资金需求及未来发展方向，制定年度综合授信计划。2021年公司共向42家成员单位提供综合授信额度211.95亿元，为成员单位累计发放贷款43.2亿元，吸收成员单位存款累计2779.56亿元，开立非融资性保函累计金额7.14亿元。

【产业链金融】公司助力集团成员单位并提供延伸产业链金融业务，为集团上下游企业提供资金支持，解决了中小微企业贷款难、融资贵的问题，深入践行财务公司“服务成员、产融结合”的理念。2021年供应链金融服务业务累计发生金额4.57亿元。

【资金业务】公司建立了本币池、票据池和外币池三大资金管理平台，实现了本外币跨境融资，双向调拨、流通。2021年公司经常项下集中收汇18.05亿美元，集中付汇10.43亿美元；资本项下通过外币资金池实现的成员企业集中对外放款0.8亿美元，引入外债0.9亿美元。

【票据业务】2021 年，公司累计承兑 30.95 亿元，承兑金额较上年下降 30%；通过财务公司电票系统办理的成员单位电子商业承兑汇票 45.89 亿元，开票金额较上年增长 57%，2021 年累计办理成员单位贴现业务约 60.13 亿元，转贴现卖出业务约 26.64 亿元，办理再贴现业务 36.11 亿元，较好地利用票据介质支持集团企业的资金需要和融资安排。

【外汇业务】公司实行外汇集中管理，为各成员单位提供点对点国际收付款服务，提高成员单位国际结算效率，同时指导各成员单位进行外汇敞口分层，按需利用外汇衍生品。2021 年通过公司结售汇系统按优于银行的最优报价开展即期结售汇业务，全年开展业务涉及金额合计 18.11 亿元人民币，结汇金额 13.2 亿元人民币，购汇金额 4.93 亿元人民币，增加星展银行作为即期结售汇交易对手，以及“T+1”“T+2”的报价种类，为成员单位节约财务成本，加强外汇风险管理，引导成员企业进行汇率风险中性管理。

【资金集中】2021 年，共计 98 家法人单位在公司开户，境内公司已全部纳入资金集中管理范围。2021 年末全口径资金归集度为 45.10%、可归集口径资金集中度为 51.22%。

【业务创新】2021 年，公司获国家外汇管理局深圳市分局批准，成为全国首批 10 家之一、深圳市第二家开展跨国本外币一体化资金池试点企业，通过本外币一体化资金池经常项下累计收款 11.8 亿美元，累计付款 6.4 亿美元；资本项下收款 1.1 亿美元，付款 0.84 亿美元。资金池的资本项下境外放款、外债集中功能承载了集团 100% 的对外放款与外债业务，除上市公司、拟上市公司外，资金池的经常项下集中收付汇功能承载了集团超过 95% 的跨境结算业务。

【风险管理和内部控制】2021 年，公司遵循依法合规监管要求，开展“内控合规管理建设年”工作，进一步完善全面风险管理体系制度建设，新增 3 项制度、修订制度 12 项。全员强化风险意识，开展合规检查 2 项：结构性存款合规性检查、成员单位账户管理及授信准入合规性检查；合规培训 2 次：“内控合规管理建设年”专题培训Ⅰ、Ⅱ；完成金融政策法规宣贯 12 次，各项合规机制有效运行，总体合规风险管理状况正常。2021 年共开展 5 项合规性风险专项稽核审计工作，充分发挥内审监督促进服务的作用。

【人力资源管理】2021 年，公司进一步加强人力资源体系建设，一是严格把控新员工源头关卡，树立正确的用人导向，重视新员工基本素质、专业能力和综合素质，开展多样的入职业务和技能培训活动；二是定期或不定期实行人员轮岗，在保证工作廉洁性的同时拓宽业务范围，既能满足员工发展需要，又能储备人才，将人员变动带来的业务影响降至最低；三是严格执行月度及年度考核机制，并重视考核结果的运用，保证团队的先进性和积极性，形成能者上、庸者下的用人机制。

【信息化建设】2021 年，公司持续加大信息化建设的投入与步伐：一是完成九恒星核心业务系统数据仓库建设，提高系统稳定性，降低系统风险；二是完成金数工程、EAST 监管报送、利率报备等系统建设，实现系统自动抽数、校验、核对等功能，进一步提高监管报送数据的质量；三是建设财务公司数据交换平台，提供成员单位 ERP 系统对接交互，统一接口标准，提升成员单位 EPR 系统对接能力；四是完成部署公司入侵防御体系、态势感知平台、漏洞扫描系统，通过事前、事中、事后多层次防御，进一步保障公司内外网络安全，提高安全预警能力，全力保障公司系统稳定运行。

【企业文化建设】公司从细微处入手，通过举办包粽子、游园会文化活动，“华侨城远足”团建，员工生日关怀及每季生日会等方式，营造并展现公司团结友爱、积极进取的文化氛围，同时，积极利用公众号、官网、集团报刊等形式进行信息、政策等宣传，官网及公众号累计浏览量达万余次。为庆祝中国共产党建党 100 周年，激发全体员工爱党爱国的热情，开展了庆祝中国共产党建党 100 周年主题系列活动暨

C

推进清廉金融文化建设年相关工作，包括共过一次党的生日、重温一次入党誓词、共唱一首国际歌等，起到了提高团队活力、凝聚力的作用。

大唐电信集团财务有限公司

【集团概况】中国信息通信科技集团有限公司（以下简称“集团”）由武汉邮电科学研究院与电信科学技术研究院于2018年在湖北武汉联合重组成立，集团作为国务院国资委直属的中央企业，在通信设备制造行业中具备很强的技术研发实力和规模优势。目前，集团围绕5G技术和产业发展，积极推进移动通信技术、光纤通信技术、数据通信技术、集成电路技术等方面深入融合，逐步实现“有线”“无线”的优势互补，充分发挥重组协同效应。

D

【公司概况】2021年，大唐电信集团财务有限公司（以下简称“公司”）以“做大做强集团资金内循环，打造内部资金循环与金融市场外部资金双循环相互促进的资金管理新格局”为主要任务，以融促产，累计节约融资成本约7500万元。2021年末吸收存款31.01亿元，超额完成全年预算。

【信贷和票据业务】2021年，公司加强产业支持，让利成员单位，下调贷款利率，贷款额27.54亿元。持续对集团所处产业的发展趋势进行研判，依据对成员单位综合评价，完成25家成员单位信用评级和授信审查工作。

【资金业务】2021年，公司不断优化资金配置结构，支持产业单位资金需求，流动性比例继续维持较低水平，资金使用效率不断提升。在资金十分紧张的情况下，公司随时紧盯头寸，多种方式相结合，保证流动性不低于监管要求。

【代理业务】2021年，在保障资金安全和流动性备付的前提下，公司紧密跟踪利率走势，通过优化资金配置结构、精细管理流动资金，面对收益率持续下降、收益高的投资产品配置受限的情况，2021年仍取得外部资金收益2224万元。为拓宽集团资金获取渠道，开展市值管理研究分析，加强存量资产价值提升。在保障资金安全和流动性备付的前提下，通过优化资金配置结构、精细临时资金闲置期间，紧密跟踪利率走势，面对收益率持续下降的情况，继续开展货币基金和国债逆回购，保障短期流动性，平均规模约3亿元。

【外汇业务】2021年，公司稳步推进国际业务开展，丰富金融服务内涵。公司完成了跨境资金集中运营业务资质的变更申请，新增境内成员企业入池，保障外汇资金池业务资质的有效性；充分发挥集团跨境资金融通渠道的功能，为成员单位调剂境内外资金余缺提供了操作便利，并有效节省了财务费用；布局人民币跨境支付系统（CIPS系统）建设，在银行的初步推广期与广发银行建立合作关系，利用政策红利，免费获得项目设备和技术运维支持，目前已进入系统环境测试阶段。

【资金集中】2021年，公司自营和资金中心代理结算业务一体化平稳运行，支付结算无差错。通过定期将资金集中度排名和半年考核完成情况单独发送等方式，强化各单位资金集中的意识，深入贯彻资金集中度要求，有效促进了试点各单位提升资金集中的自觉性，实现了公司资金集中日均规模较2020年提高25个百分点。

【风险管理和内部控制】2021年，公司加强综合授信的审核、履行报批程序及日常授信额度管理。合理配置信贷资金，适时进行优化调整，既支持核心企业发展，也兼顾助力集团改制院所发展，推动多层次、多元化的业务格局，避免过度授信情况的出现。公司以客观性和独立性为原则，积极推进审计工作计划贯彻落实，共开展内部审计4次，涉及资金结算安全、自营投资业务、票据业务保证金、同业授信及同业拆借方面。

【人力资源管理】2021年，公司通过整合优化培训教育资源，多措并举开展各级各类教育培训、线上线下培训相结合，共组织实施内部培训、安排员工外出参加各级各类培训累计200余人次，培训总学时约750学时。

公司加强不同层级员工的培养，以计划性、人性化、合理化为基本原则，建立跨部门联动协同机制，落地部门轮岗方案，根据公司业务发展需要，并结合员工轮岗意愿，让员工在不同的岗位上得到实质锻炼，使普通员工转变为公司需要的复合型人才。

【信息化建设】2021年，公司采用分两步走的策略，分批进行系统建设，保障业务部门按照监管要求进行数据报送；对核心业务系统的多项功能进行优化并全力配合集团总部的财企直连系统建设，协助总部财务管理部优化报销业务处理流程，大幅提升了报销付款的办理效率。

不断探索和加深虚拟化技术应用，完成核心业务系统从小型机向虚拟机环境的系统迁移工作，实现了小型机设备向x86服务器的平稳转换。在应用虚拟化技术的过程中，配合使用USB Server实现了银行前置机的虚拟化，解决了虚拟机使用物理Ukey介质困难和不稳定的难题。

D

大同煤矿集团财务有限责任公司

【集团概况】晋能控股集团有限公司（以下简称“集团”）于2020年10月30日正式挂牌成立，是经山西省委、省政府批准的省管重要骨干企业，是以山西省国资运营公司持有的同煤集团、晋煤集团、晋能集团三户煤炭企业股权作价出资，采取联合重组方式成立的综合能源大集团，同步整合潞安集团、华阳新材料科技集团煤炭、电力、煤机装备制造产业相关资产，同时中国（太原）煤炭交易中心转制改企后，与中国太原煤炭交易中心有限公司一起注入集团。集团组建后，同煤集团更名为晋能控股煤业集团，晋能集团更名为晋能控股电力集团，晋煤集团更名为晋能控股装备制造集团，三户企业成为晋能控股集团的二级子公司。集团坚持以习近平新时代中国特色社会主义思想为指导，坚决贯彻落实山西省委、省政府的决策部署，践行“创新、绿色、卓越、高效”的企业精神，努力建设“高科技、高效率、智能化、环境友好型”的世界一流现代化能源集团。

【经营概况】2021年，大同煤矿集团财务有限责任公司（以下简称“公司”）资产总额332亿元、负债总额268亿元、所有者权益64亿元。完成利润49798.16万元，实现营业收入101940.93万元，节约财务费用163760万元，超额完成了集团下达的指标，确保公司平稳运行。

【服务实体】2021年，公司继续秉承“对内让利、对外创收”的经营理念，强化金融支撑实体经济的能力，立足公司功能定位，全面精准服务集团及成员单位，提高金融服务精细化水平，推行“三位一体”资金管理体系，打造完善的“资金归集、资金结算、资金监控和金融服务”四大平台。

【信贷业务】公司紧紧围绕集团战略，根据成员单位多样化的业务需求，开展自营贷款、委托贷款、承兑汇票等多项业务。2021年，公司自营贷款余额251.06亿元（包含贴现4018万元），委托贷款余额9.73亿元，票据余额

47.58 亿元，信用证余额 16 亿元。

【资金业务】2021 年，公司分别在 22 家商业银行开立 32 个账户，分别与工商银行、农业银行、中国银行、建设银行、交通银行、邮储银行、中信银行、兴业银行、浦发银行、渤海银行、民生银行、大同农商行 12 家银行建立直连，为 379 家成员单位开立了 638 个内部账户。日常资金结算业务主要包括开户、销户、资金上收、资金下拨、内部转账、代理支付、计息业务等。截至 2021 年 12 月末，共办理结算业务 115205 笔，结算金额 16130.74 亿元。

【投资业务】2021 年，公司秉承安全稳健的投资理念，根据自身投资需求，结合金融市场行情，通过在银行间市场开展现券买卖业务，实现了资金创效能力的进一步提升，丰富了公司资金管理工具，拓展了资金运作渠道，提升了流动性管理能力。

【票据业务】2021 年，公司积极开展电票承兑、电票贴现等票据业务，不断提升票据管理效率，明确服务方向。通过为成员单位办理票据贴现，减少了成员单位票据变现压力和利息支出，同时拓宽了成员单位融资渠道。

【外汇业务】2021 年，公司对结售汇业务制度进行了梳理，并积极与外汇局和各家银行联系，积极寻求新的业务模式。同时，全力对发生外汇业务的成员单位进行业务推广，在汇率方面让利于成员单位，吸引成员单位使用集团内部结售汇业务平台，进一步推动结售汇业务稳定有效开展，以促进外汇业务的提升和拓展，实现公司业务新跨越。

【资金集中】2021 年，公司继续以严控账户开立使用为基础，实行银行开户审批备案制度，建立了集团银行账户信息数据库，对各单位银行账户的开立、变更、撤销进行了精细化管理。加大账户清查力度，成立专项检查组，对成员单位的所有账户情况进行摸底检查，对每一单位、每一银行、每一账户是否归集进行清查落实，并做好定期监督通报工作，加大对各成员单位的资金归集考核力度。

【风险管理和内部控制】2021 年，公司以制度建设“回头看”为契机，进一步加强制度建设，完善内部管理体制和运行机制，促进各项管理工作的规范化、标准化，全面开展各项规章制度的梳理、修订和完善工作，印发了《财务公司管理制度汇编》（2021 版）。同时，启动了合规文化工作，每月现场讲解法律法规和监管规定，增强员工的合规意识，培育合规文化，提升各项业务的规范化水平，为业务办理和公司发展提供政策依据和支持。

【人力资源管理】人力资源管理始终是公司提升核心竞争力的关键因素，随着集团金融改革发展的不断深入，公司逐渐从传统行政管理模式中解脱出来，发展为从整体企业战略的角度来定位人力资源管理模式，并完善相应的人力资源管理体系，留住优秀人才，获取人才优势，逐渐建立适合公司发展的员工多样化人才管理体系。

【信息化建设】2021 年，公司全直连电票系统成功上线，解决了公司票据系统“系统割裂”“票账分离”的问题，为公司下一步接入等分化票据系统夯实了底层基础。为全面满足监管报送要求，提升监管报送质量，公司启动了监管数仓平台建设工作，实现了反洗钱、EAST 数据、人民银行利率报备和二代征信（在建）系统同平台管理和集中化取数，极大地提高了公司监管报送的合规水平和准确率。

【企业文化建设】2021 年，公司担责奋进，主动投身新冠肺炎疫情常态化防控工作，一以贯之抓细抓实常态化防控要求，坚决打赢疫情防控攻坚战；公司提高政治站位，夯实党建工作基础，落实党支部党建工作责任，把党的领导、党的建设融入公司经营管理工作，贯穿公司改革创新全过程，形成了“制度管企、文化管人”的良好局面，以企业文化建设助力打造企业核心竞争力。

东方电气集团财务有限公司

【集团概况】中国东方电气集团有限公司（以下简称“集团”）是党中央确定的涉及国家安全和国民经济命脉的国有重要骨干企业之一，属国务院国资委监管企业，是全球最大的发电设备制造和电站工程总承包企业集团之一。

【经营概况】2021 年，是“十四五”开局之年，是全面建设社会主义现代化国家新征程开启之年，面对市场环境不确定性和较为重大的经营压力，东方电气集团财务有限公司（以下简称“公司”）以习近平新时代中国特色社会主义思想为指引，深入学习贯彻党的十九大、十九届历次全会和中央经济工作会议精神，贯彻落实集团党的建设暨党风廉政建设和反腐败工作会议精神、集团年度工作会议精神，按照公司“十四五”规划工作部署，在做好疫情常态化管控的前提下，坚持稳中求进工作总基调，努力应对风险挑战，充分挖掘金融服务潜能，切实提升发展质效，为集团高质量发展、产业拓展提供了重要支撑。

【服务实体】2021 年，公司坚守金融本质属性，立足服务实体经济站位，响应集团“两金”压降，协调集团企业和电站业主，推进重点买方信贷项目放款，助力企业顺利回收货款、提高市场占有率。

【信贷业务】2021 年，公司全方位服务中小企业，支持做强做优；为集团重点培育企业提供信贷支持，及时响应和提供个性化金融解决方案；创新银团模式，成功引入外部银行，服务于企业发展壮大。

【产业链金融】2021 年，公司适应集团管理和自身经营发展需要，搭建票据、保理和下游产业链专班，推进财企协同，强化主动服务，实现重点项目公司上下一心促发展的营销氛围。

积极落实人民银行和银保监部门要求，持续推进电票贴现业务、应收账款保理业务，助力企业稳链、固链、补链和链长地位打造，着力帮助上游中小微企业解决融资难、融资贵问题。

【资金业务】2021 年，公司加大同业竞价力度，在确保备付的前提下，通过长短期限搭配，降低闲置资金占用，审慎开展同业拆出。

【投资业务】2021 年，公司加强市场分析研判，紧抓市场机遇，合理配置公司资产。

【票据业务】2021 年，公司探索服务新模式，开通线上办理流程。在服务模式上，变“被动等”为“主动找”；在办理流程上，变“上门办”为“线上做”。通过上门服务、专人对接、线上服务等模式，贴现业务持续增长。

【外汇业务】2021 年，公司深化集团外汇资金集中管理效果，全国首创“集团外汇资金池便利化模式”；开展行业首笔银行间外币存单业务，进一步提升集团市场形象。

【资金集中】2021 年，公司持续巩固境内资金集中管理成果，深入推进跨境外汇资金集中运营管理，做好资金及时归集和限额管理，确保全集团资金集中度保持在 90% 以上。

【风险管理和内部控制】2021 年，公司以审慎经营为原则，在严控风险的前提下增效益、讲服务、求创新。严守风险底线，前移风险控制关口；开展管理提升和梳理合规义务清单行动，落实合规管理全覆盖，获得上级机关的肯定。

【人力资源管理】2021 年，公司深入开展“三项制度”改革工作，推进干部能上能下和人员能进能退，为公司发展提供优质人力资源保障。

【信息化建设】2021 年，公司有效开展数据报送系统建设。银保监局 EAST、人民银行金融基础数据及利率报备三项监管统计同时上线，实现通过信息系统一次性成功完成首报，后续报送顺利无误。

【企业文化建设】 2021 年，公司贯彻落实集团“同·创”文化，开展“同·创”文化理念、“东方电气人行为六则”进部门活动，强化工作着装和行为规范，展现金融机构良好的精神风貌。

东方国际集团财务有限公司

【集团概况】 东方国际（集团）有限公司（以下简称“集团”）由具有 150 年历史的上海纺织集团和具有近 70 年外贸历史的原东方国际集团联合重组而成，是一家拥有先进制造业与现代服务业，以时尚产业、健康产业和供应链服务为核心主业，以科技实业、产业地产、金融投资为支撑的大型综合性企业集团。2021 年，集团统筹疫情防控和经济发展工作，深化改革取得新突破，高质量发展迈出新步伐，主要经济指标质的增长超过量的增长，实现了“十四五”良好开局。

【经营概况】 东方国际集团财务有限公司（以下简称“公司”）原为上海纺织集团财务有限公司，于 2017 年 12 月 12 日经银监会批准成立，注册资本等值人民币 10 亿元，其中东方国际（集团）有限公司持股 51%、上海纺织（集团）有限公司持股 49%。2021 年，公司以“依托集团、融入集团、服务集团”的总体要求，全力支持集团产业发展，资产总额 105.50 亿元，实现净利润 0.78 亿元。

【服务实体】 公司贯彻集团战略方针，支持集团重点投资项目，2021 年实际投放 5 个项目，金额 3.53 亿元。同时着力降低集团外部融资成本，制定年度替换外部银行贷款计划，完成约 3.3 亿元（含美元折合数）。

【信贷业务】 2021 年，公司累计发放贷款人民币 32.81 亿元、美元 0.49 亿元。贷款余额人民币 21.48 亿元、美元 0.14 亿元。本外币日均贷款 25.42 亿元。累计发放委托贷款人民币 2.01 亿元、美元 0.27 亿元。委托贷款余额为人民币 3.47 亿元、美元 0.31 亿元。履约保函业务 4 笔，金额 0.11 亿元人民币。同时，确保依规完成贷后检查和信贷资产分类，所有信贷资产分类均为正常类，全年无不良贷款发生。

【票据业务】 2021 年，公司实现电子票据贴现业务 1.5 亿元。公司为成员单位办理电子商票贴现，实现了以商票为媒介的集团内部供应链融资，进一步降低对外部金融机构的依赖。

【外汇业务】 2021 年，公司外汇业务实现重大突破，即期结售汇业务落地扩大了业务范围。累计实现即期结售汇业务规模 8.62 亿美元。跨境资金池境内外成员单位扩充至 92 家，累计通过跨境池为境外成员单位提供流动性支持 0.27 亿美元，通过跨境池的集中外债额度实现归集境外成员单位资金 0.28 亿美元。

【资金集中】 公司不断提升资金集中管理，进一步加强对集团内企业银行账户的管理工作，全力配合集团完成账户全面清查工作，确保应归尽归。截至 2021 年末，本外币归集资金达 93.81 亿元，实现年度最高值。

【风险管理和内部控制】 公司坚持稳中求进的工作总基调，支持集团实体经济持续健康发展。夯实现有风险管理体系，调整优化风险政策和管理手段，共修订制度 40 项、新增制度 12 项。

【人力资源管理】 2021 年获得证券从业人员资格证 3 人、中级经济师 1 人、薪税师（二级）1 人、提升本科学历 1 人。同时，根据监管部门要求，启动公司薪酬改革工作，已初步形成薪酬延期支付方案。

【信息化建设】即期结售汇业务及报送项目顺利投产，确保业务系统功能运行稳定顺畅。数据管理项目及相关项目顺利验收，推动与银保监 EAST、人民银行金融基础、人民银行利率报备、人民银行征信二代等数据项目进行对接，实现监管报送数据自动化出数率达98%。针对公司系统安全操作审计进行专项补足，开展运维安全审计、数据库审计和日志审计等。

【企业文化建设】2021 年，公司党支部深入学习习近平新时代中国特色社会主义思想和中国共产党百年党史，着力聚焦思想教育工作、支部基础建设、重点任务推进、文化队伍建设，努力打造具有金融特色亮点的集团基层党支部组织，深入推进公司党支部建设“党建 +”管理模式，为公司高质量、可持续创新发展增添新动能。以“党史学习巴士课堂”为契机，开展以“感悟百年光荣党史，瞻仰百个红色地标，传承百年红色基因”为主题的各类活动，累计打卡红色地标 71 处。

东方集团财务有限责任公司

【集团概况】东方集团有限公司（以下简称“集团”）创建于中国改革开放元年 1978 年，是一家大型投资控股型企业集团。集团成员企业东方集团股份有限公司是黑龙江省第一家股票公开发行并上市的民营企业，也是中国最早实行股份制改造并获准上市的民营企业之一。集团投资控股、参股 4 家知名上市公司，分别是东方集团股份有限公司、联合能源集团有限公司、中国民生银行股份有限公司、锦州港股份有限公司；主要投资经营金融、现代农业及健康食品、新型城镇化开发、港口交通、信息安全、石油天然气及新能源、资源物产七大产业。2021 年，集团列中国民营企业 500 强第 90 位、中国民营企业服务业 100 强第 33 位。

【经营概况】截至 2021 年 12 月末，东方集团财务有限责任公司（以下简称“公司”）资产总额 967318.44 万元，货币资金 33740.04 万元，贷款 946266.63 万元；公司负债总额 643529.56 万元，其中吸收成员企业存款 404659.08 万元，卖出回购款项余额为 200000.00 万元。截至 2021 年 12 月末，所有者权益总额 323788.88 万元，比年初增加 12280.37 万元，增幅为 3.94%。截至 2021 年 12 月末，公司实现营业收入 31021.96 万元，营业支出 21477.15 万元，业务及管理费支出 870.45 万元，税金及附加 286.23 万元，资产减值损失 1720.02 万元，利润总额 6667.49 万元，所得税费用 1910.76 万元，净利润 4756.73 万元。

【信贷业务】2021 年，公司为 15 户成员单位办理借款业务，截至 2021 年 12 月末，公司各类贷款余额（各货币汇总折人民币）219.10 亿元，比年初增加 19.92 亿元，增幅为 10%。人民币自营贷款余额 94.62 亿元（含贴现余额 22.35 亿元），比年初（含贴现余额 14.75 亿元）增加 14.49 亿元，增幅为 18.08%；共办理自营贷款业务 157 笔，累计发生额为 257.25 亿元，收回自营贷款业务 153 笔，累计收回 250.65 亿元。委托贷款余额 124.48 亿元，比年初增加 5.42 亿元，增幅为 4.55%；共办理委托贷款业务 53 笔，累计发生额 70.50 亿元，收回委托贷款业务 79 笔，累计收回 65.07 亿元。外汇贷款余额 750 万美元（折合人民币 0.49 亿元），与上年持平。此外，公司信贷资产五级分类全部为正常类，全年未发生不良贷款，信贷资产质量良好。

【票据业务】公司与 6 家商业银行建立银企直连，系统运行状况良好，更好地满足了集团及成员企业的结算服务需求。截至 2021 年 12 月末，公司累计开户 86 户，结算笔数 11666 笔、金额 2554 亿元，实现了“收得进、理得清、付得快”，结算服务水平向更高层次迈进。

【业务创新】在研究创新业务领域方面，公司继续加大研究力度，通过外部学习、同业交流等方式，制定了消费信贷、买方信贷、保理等业务的相关制度及规程，并积极在集团内部开展调研工作，了解成员企业的实际需求，为公司新业务的开展打好基础。此外，公司紧跟国家宏观货币政策步伐，开展票据池业务，票据承兑、贴现及再贴现等业务额度均为历年最高。

【风险防控】在对集团成员单位合作客户授信方面，公司全年共参加风控委员会会议 31 次，了解成员单位与拟合作客户开展农产品收购销售、产品原材料采购、产品销售等业务模式，对拟合作客户所涉及工商登记、法律案件（含被执行人、失信被执行人）等情况，通过“国家企业信用信息公示系统”“企查查”第三方征信机构等网站查询，并根据查询结果对合作客户是否纳入白名单及授信（含赊销额度）进行表决。全年拟授信额度（含赊销额度）共计 16.77 亿元，通过 200 家，授信额度 16.17 亿元，有效防范了集团成员单位经营风险。在对集团成员单位资金管控方面，公司派遣专职人员对资金付款量大的成员单位进行现场严格深入的资金监控，同时，针对付款业务量相对较小、但单笔额度较高的成员企业的资金划拨实行远程监控，做好企业付款过程中的付款手续等要件的事前、事中监督审核工作。全年共监控付款 2237 笔、金额 642.11 亿元，持续保持付款零差错。

【内控管理】公司成立薪酬管理委员会，对公司监事会、审计委员会、风险管理委员会、信息科技委员会成员进行调整，使之更加符合监管要求。公司全年完成财务报表、费用等常规审计 5 项，信贷业务、结算业务、内部控制、风险管理等专项审计 14 项，共出具审计报告 26 份，有效发挥内部审计监督职能，为防范公司经营风险奠定了坚实的基础。公司根据监管政策变化及业务发展需要，新建《股权管理办法》《洗钱和恐怖融资风险自评估管理办法》等制度 10 项，修订制度 3 项，废止 1 项。

【信息化建设】2021 年，公司在原有信息科技制度的基础上，修订制度 41 项、新增制度 1 项，制度总数达 42 项，基本满足现有业务管理需求。全年完成资金运营系统升级 8 次、电子商业汇票系统升级 1 次、风险监测系统升级 2 次、统一监管平台系统升级 5 次、本币交易系统升级 2 次、大集中报表系统升级 5 次、征信系统升级 2 次、1104 报表系统升级 2 次，切实保障系统安全稳定运行。为了进一步达到监管要求，同时提高公司信息管理水平，公司企业征信二代报送系统通过人民银行征信中心验收，按期完成了数据级异地灾备系统、金融基础数据报送系统、监管数据标准化报送系统、利率报备系统建设工作。

东风汽车财务有限公司

【集团概况】东风汽车集团有限公司（以下简称“集团”）是中央直管的特大型汽车企业，始建于 1969 年，现有资产总额 5377 亿元。主营业务涵盖全系列商用车、乘用车、新能源汽车、关键汽车总成和零部件、汽车装备以及汽车相关业务等，是国内产业链最完整的汽车集团之一。2021 年销售汽车 327.53 万辆。列 2021 年世界 500 强企业第 85 位、中国企业 500 强第 27 位、中国制造业企业 500 强第 9 位。

【公司概况】东风汽车财务有限公司（以下

简称“公司”）成立于1987年5月7日，是全国第一家企业集团财务公司，由东风汽车集团股份有限公司全资控股，注册资本90亿元。截至2021年末，公司资产总额1365.94亿元，同比增长13.32%，各项贷款余额947.58亿元，同比增长0.53%；负债总额1182.74亿元，同比增长12.72%，各项存款余额1099.17亿元，同比增长18.75%，创历史最好水平；全年累计实现营业收入82.73亿元，同比增长19.55%，利润总额34.42亿元，同比增长33.99%。

【服务实体】2021年8月30日，公司成功上线东风供应链金融平台，构建可拆分电子债权凭证业务融资模式，高效满足核心企业支付及其供应商的融资需求。全年累计提供供应链金融业务融资50.62亿元，同比增长8.6%，其中，保理业务44.2亿元，同比增长206.3%。

【产业链金融】2021年，公司产业链金融累计投放1298.98亿元，同比增长0.71%，其中，汽车金融业务（含汽车批发金融）累计投放1031.09亿元，公司金融业务（针对成员单位）累计投放217.27亿元，供应链金融业务（针对供应商）累计投放50.62亿元。

【资金业务】公司灵活运用从主营业务到资金计划的资金管理模型，实现头寸的精细化管理；深化推进同业协作，积极拓展银行授信，强化流动性风险管理能力；熟练运用货币基金投资等资金营运管理工具，在满足资金安全性、流动性的前提下，提高富余资金收益，全面提升资金营运管理水平。2021年月均流动性比例为65.65%，在保持较好资金流动性的同时，资金运营收益率同比提高6个基点。

【票据业务】充分发挥票据服务示范区积极作用，争取再贴现业务应贴尽贴。及时配合监管机构完成再贴现交易系统改造、上报符合绿色企业条件的企业名录；积极拓展银行授信，增加合作银行及授信额度，动态管理授信余额，覆盖票据业务需求，有针对性地增加授信专项额度，提升公司票据的市场流通性及认可度，为集团内部成员单位开展票据业务提供便利。2021年成员单位开具公司票据170.12亿元，同比增长0.41%；票据贴现金额36.65亿元，同比增长7.66%。

【外汇业务】公司已获得跨境资金集中运营、跨境双向人民币资金池、即期结售汇业务资质，成为中国外汇交易中心银行间外汇市场会员，可提供更加多元化的外汇结算服务。截至2021年末，外汇业务结算量折约44.09亿元人民币。2021年8月，公司成功完成湖北省首家CIPS标准收发器部署工作，进一步扩展跨境人民币业务，提高跨境人民币业务服务质量。2021年12月，跨境双向人民币资金池业务通过CIPS收款1亿元。

【资金集中】2021年12月，集团司库系统一期上线运行，实现资金重要可视目标；2021年新增成员单位开户67家，单位本外币结算量达5732.03亿元，结算笔数42.66万笔，同比分别增长66.67%和68.25%。

【业务创新】2021年，公司获批中国外汇交易中心会员资格、跨境双向人民币资金池业务主办企业资格，2021年累计为成员单位办理结算183.2万笔，同比增长44.25%；结算金额1.88万亿元，同比增长23.68%。公司将服务成员单位与汽车金融业务相结合，创新联合贴息存款专案，吸收专项存款净增加55亿元，在助力主机厂新车销售的同时，降低主机厂融资成本近1亿元。

【风险管理和内部控制】2021年，公司增设消费者权益保护委员会，充分落实保护消费者权益的主体责任；夯实内控管理基础，修订制度70余项，梳理优化分级授权审批事项清单191项；发挥审计监督职能，开展专项审计51项，揭示问题的落实整改率为100%；强化风险监测和预警，加强日常风险监测，建设统一贷后管理平台，提升风险监测和预警信息化水平；加快不良资产处置，合理配置催收资源，加大司法清收力度，全年诉讼立案增幅达180%，资产质量整体稳中向好。

【人力资源管理】公司持续深化“三项制度”改革，推进岗位编制管理，推进业务共享、流程优化；落实干部契约化管理，严格执行干部交流退出，优化干部人才队伍结构；组织开展员工职级评审，推进岗位能上能下；推进中、后台岗位市场化考核，扩大差异化薪酬激励范围；创新系统化培训体系，加速推进“东风金融ETA”平台建设。2021年人事费用率优化0.6%，人均销售收入增长12.26%，劳动生产率提高18%。

【信息化建设】公司利用金融科技赋能风险防控，全方位提升管理质效。汽车金融系统实现C端直营模式，开发上线联合贷功能，打通与银行合作新通道；自主研发大数据征信平台，自动审批决策占比大幅提升；运用机器学习构建贷后模型，客户行为预测效果显著；引入AI新技术实现7×24小时在线服务，充分响应客户需求；推广9项RPA机器人运用，提升日常办公效率；实施数据治理，实现监管数据指标自动化、质量可视化；逐步自主掌握核心技术，年度取得5项自主知识产权，大幅降低开发成本；基于DevOps体系构建公司内部系统研发运维一体化平台。

【企业文化建设】2021年，公司党委不断推进党建与经营深度融合，履职尽责服务集团主业。扎实开展党史学习教育，发布“融·活力up”党建品牌，统筹谋划富有东风金融特色的系列文化活动，激发党员干部职工“干在新时代、启航新征程”的时代豪情和责任担当，构建企业与员工“命运共同体”。

东航集团财务有限责任公司

【集团概况】中国东方航空集团有限公司（以下简称“集团”）总部位于上海，是我国三大国有骨干航空运输集团之一。经营业务涵盖航空客运、航空物流、航空金融、航空地产、航空食品、融资租赁、进出口贸易、航空传媒、实业发展、产业投资等航空高相关产业。在建立起现代航空综合服务集成体系的基础上，全力打造全服务、低成本、物流三大主业，着力打造MRO、航食、科技创新、金融贸易、产业投资平台五大产业板块。

【经营概况】2021年，东航集团财务有限责任公司（以下简称“公司”）紧紧围绕集团整体工作部署，立足“十四五”开局起步之年的形势任务与国企改革三年行动总要求，遵循新发展思路，贯彻新发展理念，持续坚守本源，聚焦服务集团和实体经济，砥砺前行。面对疫情下航空业复苏的挑战和百年变局交织的形势，谋深谋细谋实，对标一流企业经营治理水平，推进机制改革，落实各项战略举措，较好地完成了年初的经营目标。截至2021年12月31日，公司资产总额377亿元，实现利润总额1.88亿元。

【服务实体】截至2021年12月31日，公司人民币结算量达到2.56万亿元，较2020年同期增长63.84%；结算笔数达到53.6万笔，较2020年同期增长12.94%。公司致力于提升客户服务、不断优化结算业务系统、提高各项业务的信息化、自动化程度。为成员单位提供了高效、便捷的结算服务，在结算量上升的同时保证了业务效率与准确性，实现了“质”“效”同步提升，进一步优化了客户体验。

在外币结算方面，2021年公司累计完成收付汇业务8008笔，金额合计折99.48亿美元，较2020年分别提升8.88%和45.74%。通过跨国公司跨境资金集中运营管理项下完成集中付汇5636笔，总计约16.61亿美元；收汇785笔，总计约8.22亿美元。收付汇合计6421笔，金额合计约24.83亿美元，较2020年分别提升7.57%和9.14%。

为提升集团资金运营效率，集团通过公司实施资金集中管理，解决内部“存贷款两高”的问题，盘活资金存量，降低财务费用，提高整体资源配置的效率和效益。

【信贷业务】2021 年受疫情影响，航空主业及各航空辅业经营压力巨大，为保障集团成员单位资金链安全，充分发挥公司“集团金融服务平台”功能，公司加大对受困企业信贷投放的力度，2021 年累计向集团成员单位发放贷款 407.56 亿元，日均贷款规模 89.16 亿元，同比增长 65.94%，平均贷款利率下降 25 个基点，有力地支持了东航防疫工作和现金流稳定，保障集团安全生产经营；同时，为受疫情影响的困难成员单位降低中间业务手续费率，节约中间业务手续费金额 534.27 万元。

【产业链金融】公司以融促产，深度融合主业战略规划，开拓完善航空金融产业布局，深化产业链下游 B 端和 C 端金融服务，不断加强业财融合。公司实现与“东航 APP”对接，于 2021 年 11 月 4 日正式上线消费信贷业务产品“东航分期付”，满足常旅客客户的消费习惯和结算需求，截至 2021 年 12 月 31 日，累计注册客户 3384 人，累计放款 299.10 万元。公司正式开展买方信贷，累计放贷 1 亿元专项用于下游企业东航机票的销售资金周转。

【外汇业务】2021 年，公司代集团成员单位完成结售汇 26.8 亿美元。通过跨境人民币双向资金池实现资金流动合计约 18.91 亿元人民币，通过全功能双向资金池实现资金流动 0.72 亿元人民币。通过跨国公司跨境资金集中运营管理协助企业借入外债 7.86 亿美元，归还外债 4.52 亿美元。

【风险管理和内部控制】公司不断强化风控水平，推进风险管理工作顶层设计，动态优化完善内控设计。制定完成《全面风险管理办法》；修订《全面风险管理与内部控制手册》；持续推进制度建设，2021 年完成修订和新设制度发文 31 项；建立政策法规库并持续滚动更新，收纳重要监管制度和文件 518 项。进一步完善风险管理体系，厘清风险管理职责。根据监管机构的重点导向、监管和审计意见，公司落实自查整改和“回头看”，形成长效机制。全面开展专项整治，补齐内控合规管理短板，提升防范化解重大风险能力。加大内部审计力度，对数据治理、新业务等重点工作进行专项审计，聘请外部专业机构开展信息科技风险全面审计，全方位保障稳健运营。

【人力资源管理】2021 年，公司深入推进“三项制度”改革，优化薪酬激励体系和干部人才培养，完成组织架构改革，拓宽人才晋升通道；组织开展专项业务培训、风险防控培训等，加大年轻骨干和后备干部培养力度，持续为公司发展储备力量；新建关键岗位人员绩效薪酬递延制度，促进公司稳健经营；提升创新能力，开展科创管理活动，开展科创项目评比，以业务和管理模式创新为切入点，鼓励员工开展变革思考。2021 年共上报 11 项科创项目，其中 2 个项目荣获上级单位科创项目进步奖。

【信息化建设】公司制定信息科技年度战略规划，大力推动业务数字化转型，完成从物理机向全虚拟化的转型，有效提升系统安全稳定运行水平。

【企业文化建设】公司坚决落实两个“一以贯之”的要求，加强党的领导和完善公司治理相统一，把党建工作总体要求写入章程，明确和落实党支部在公司法人治理结构中的法定地位，坚持和完善“一岗双责”，对公司重大事项进行集体研究。

东旭集团财务有限公司

【集团概况】东旭集团有限公司（以下简称“集团”）成立于 1997 年，总部位于北京，集团由装备制造起家，依托自身的技术创新，产、学、研相结合的创新模式，积淀了雄厚的技术实力，成为中国唯一一家具有全套液晶玻璃基板生产工艺及装备制造能力的企业，集团拥有东旭光电、东旭蓝天、嘉麟杰三家上市公司。

【公司概况】2021 年，东旭集团财务有限公司（以下简称“公司”）坚持“审慎经营、规范管理、提升服务、开拓创新”经营方针，牢记“立足集团、依托集团、服务集团”宗旨，坚持“夯实基础、稳步发展、开拓创新”的三大经营步骤策略，在严控风险的前提下，加快推进债务风险化解，目前核心业务平稳开展，整体运营良好，系统建设逐步完善，功能不断优化。截至 2021 年末，公司资产总计 299.04 亿元，负债合计 251.71 亿元，所有者权益合计 47.33 亿元。

【服务实体】公司充分发挥资金集中管理平台的优势，通过加强集团整体资金归集力度，调配各成员单位的资金余缺。2021 年，公司累计为包括集团在内的多家成员单位发放 98 笔流动资金贷款，金额合计 303.98 亿元，定价在当期 LPR 基础上下降 120 个基点，进一步降低了集团实体经济的融资成本。

【信贷业务】公司一方面加强对成员单位资金归集的力度，另一方面提升对成员单位的信贷服务能力，不断优化资源配置，以提升服务质量为目标，在信贷投放规模、信贷产品使用、信贷业务流程、信贷资金价格等方面持续优化。2021 年，审批 5 家成员单位授信金额 347.2 亿元。截至 2021 年末，各项贷款余额 302.7 亿元。

【资金业务】2021 年，公司积极推进内部债务压降工作，为降低付息成本，避免因存款结息导致存款余额过快增长，公司自 2021 年 11 月 1 日起下调成员单位各档次存款利率；公司积极协调成员单位，大力压降一般存款规模，经不懈努力，成员单位 2021 年累计提取存款 4.25 亿元。

【资金集中】公司积极调整吸收存款结构，在流动性监管指标允许的前提下，经与成员单位协商，增加活期存款和协定存款余额，减少定期存款到期续存规模，降低吸收存款成本。截至 2021 年末，公司开户成员单位 85 家，吸收存款及同业存放余额 176.20 亿元，全口径资金归集率达到 87.20%。

【风险管理和内部控制】公司风险审计部按照年初制定的年度审计计划，结合公司重点业务开展审计稽核工作。2021 年共实施了 12 个审计项目，审计范围覆盖信贷、结算、财务、风险、信息技术和公司治理等。公司风险审计部向被审计稽核部门出具了审计意见书，并建立审计发现问题台账，对整改情况进行追踪，发挥了审计监督与评价的职能，并及时向公司管理层报告审计结果，为公司管理层进行后续决策和管理提供依据。

2021 年，公司继续深化风险管理和内控管理改革，提升内控管理水平，促进业务合规发展。公司实施全面风险管理，严格执行各项授信政策，防范信用风险；不断完善内控制度，防范各类操作风险；加强引入资金，加强流动性管理，通过各种方式化解流动性风险；严格落实监管要求，确保不出现合规风险；落实反洗钱和案件防控的各项要求，确保不出现洗钱和案件风险。

【人力资源管理】公司设置公司信贷部、财务管理部、风险审计部、结算管理部、金融同业部、综合管理部六个部门。公司建立健全干部选拔、培养、管理等体系，树立良好的用人导向，强化人才队伍建设。同时，结合自身行业特点，安排组织相关部门员工进行各种形式线上、线下有针对性的培训，提升员工的职业技能和综合素质，促进个人职业发展，提高公司的经营效率。

【信息化建设】2021 年，针对集团和公司的业务变化，公司调整优化了核心业务系统相关功能，使核心业务系统更好地适应集团业务模式和公司业务运营方式的变化，更好地支持了业务的开展。公司对相关安全设备进行了系统更新、修补漏洞，提升了系统的安全性，保证了公司相关业务系统平台的数据安全。启动了二代反洗钱系统及客户等级评级系统的改造优化工作，确保反洗钱系统和客户等级评级系统顺利运行。

【企业文化建设】公司秉承“感恩做人、敬业做事”的价值观，跟随集团二次创业的征途，围绕集团发展和公司年度重点工作，坚持将业务文化建设同经营管理工作有机结合。积极参与集团各类活动，增强了员工队伍稳定性，提升了公司团队的向心力和凝聚力。

鄂尔多斯财务有限公司

【集团概况】内蒙古鄂尔多斯集团有限责任公司（以下简称“集团”）是一家多元化控股企业，集团主要从事羊绒服装、铁合金冶炼、煤炭开采、发电、氯碱化工和PVC等业务。2021年，集团积极统筹疫情防控和高质量发展，实现了历史最好经营业绩，列中国民营企业500强第154位、中国民营企业制造业500强第80位，列内蒙古自治区民营企业第2位。

【经营概况】2021年，鄂尔多斯财务有限公司（以下简称“公司”）坚持业务发展和风险管控并重的工作主基调，各项业务平稳推进。截至2021年末，公司资产总额94.92亿元，较上年同期减少9.36%；负债总额70.96亿元，较上年同期减少8.41%；所有者权益23.96亿元，较上年同期减少12.06%；实现利润总额1.85亿元，较上年同期增长2.05%。2021年，公司继续保持不良资产和不良贷款零发生额和零余额，各项监管指标符合监管要求。

【服务实体】2021年，公司继续实行大幅度的减费让利政策，贷款利率和票据贴现利率普遍在最新LPR的基础上下浮约50个基点，经粗略测算，全年为集团成员单位让利4000万元以上。同时，依据成员单位的经营特点，有针对性地开办新业务，降低企业财务成本。成功为成员单位办理了多关通用的关税保函业务，为企业减少了资金占压，提高了企业的资金周转效率和通关效率，降低了通关成本。

【信贷业务】2021年，公司积极开展贷款、票据贴现、票据承兑、关税保函等各类信贷业务，充分满足成员单位的信贷业务需求。优化信贷业务流程和业务系统功能，不断提高信贷业务办理效率。

【票据业务】2021年，公司各类票据业务平稳开展，票据贴现、票据承兑业务和票据再贴现业务有序推进。持续优化票据业务审查办理流程，确保业务合规并高效服务成员单位，圆满完成了下半年新增的票据承兑信息披露工作，做到“零差错”“零延误”。

【外汇业务】2021年，公司继续优化外汇业务管理流程和制度，外汇业务逐步常态化开展。积极面向成员单位开展即期结售汇业务，实现了为集团节约外汇业务费用和为财务公司增创外汇业务收益的预期目标。

【资金集中】2021年，公司继续保持资金结算清算业务的平稳高效运转，持续推进成员单位账户优化工作，在保证履行反洗钱工作要求和预算执行监审职能的同时，实现了资金结算清算业务的零风险、零差错，保障了全集团结算的及时、准确。

【风险管理和内部控制】2021年，公司强化信贷业务审查流程，加强信贷业务档案审查，强化信贷业务后督检查，信贷业务档案的完整性、合规性实现了较大幅度提升。结合“内控合规管理建设年”专项活动要求，公司的公司治理、股权管理、高管履职、印章管理、制度管理和信息科技等各项合规内控工作高效推进，工作质效显著提升。

【信息化建设】2021年，公司推进银保监局EAST、人民银行利率报备、人民银行金数等多项信息化项目，圆满完成了电票直连接口、EAST 监管报送、票据系统升级改造、与集团 ERP 凭证接口、同业授信管理、同业拆借线上审批、“云印章”管理系统、信息安全和人民银行 ACS 系统等项目的建设实施，信息科技服务保障能力得到了提升。

福建七匹狼集团财务有限公司

【集团概况】福建七匹狼集团有限公司（以下简称“集团”）是一家经营规范、财务稳健、主业突出的知名民族服装品牌民营企业。经过 30 年的发展，成为以服装产业为主业，集股权投资、文旅于一体的多元化现代企业集团。其中，“七匹狼”品牌男装夹克市场份额连续 18 年保持第一。

【经营概况】2021 年，福建七匹狼集团财务有限公司（以下简称“公司”）全年投放信贷资金约 20 亿元，积极利用货币政策工具再贴现资金约 6 亿元，代理成员单位结算资金约 1400 亿元，为成员单位经营发展提供有效的金融支持。

【信贷业务】公司为集团成员单位提供多种金融产品，以满足集团业务发展，并取得较好效果。截至 2021 年末，公司成员单位共 94 户，在信贷业务方面取得一定的成果。信贷产品包括流动资金贷款、经营性物业贷款、并购贷款和票据贴现等。公司为支持集团地产业务转型文旅，配套提供了并购贷款以支持成员单位业务发展。

【资金业务】2021 年，公司加强与同业互动，与各家同业交易对手开展同业拆借、现券买卖、债券借贷业务、质押式回购业务和票据转贴现等业务。2021 年在银行间资金市场和债券市场办理各类交易共计 23.90 亿元。

【投资业务】公司积极主动开展货币基金业务，提高资金综合收益率。2021 年开展货币基金申购 79 笔，累计交易金额 9.1 亿元，产生了良好的经济效益。

【票据业务】2021 年，公司累计开立银行承兑汇票 2000 笔，全部为成员单位向上游支付的货款。接收电子银行承兑汇票的上游供应商超过 100 户，分别分布在 27 个城市。通过办理再贴现业务，将再贴现资金完全用于支持实体企业，实现了降本增效。充分利用政策工具开展再贴现业务，为成员单位提供低成本信贷资金支持，全年累计开展再贴现业务约 6 亿元。

【资金集中】2021 年，公司通过定期更新集团成员单位名单，将符合条件的分子公司纳入财务公司成员单位；持续梳理集团成员单位银行账户情况，将成员单位银行账户在直连范围内做好归集工作；严格控制银行账户留存金额。截至 2021 年末，资金集中度为 69.94%，继续保持较高水平。

【风险管理和内部控制】公司不断加强风险管控措施。进一步完善了公司治理相关制度，完善内控制度体系，持续开展内控制度“立、改、废”工作。通过完善“贷款三查”内控机制、定期开展回溯、合规检查与授信业务专项审计等方式，规范授信业务操作。修订流动性压力测试模型，开展流动性压力测试、应急演练。组织信息风险应急演练，开展信息科技风险评估，防范信息科技风险。开展洗钱和恐怖融资风险自评估，深化洗钱风险管理。

【人力资源管理】2021 年，公司持续对高管团队进行优化，进一步提升公司的日常经营管理水平；通过修订《员工考勤及休假管理办法》及开展年度员工行为排查工作，加强员工行为管理。制定年度培训计划，打造学习型员工团队，结合业务发展需要组织内部专项培训，并通过组织同业交流、参加集团及行业协会举办的外部培训等多种方式对员工进行前瞻性的专业化培训。

【信息化建设】公司2021年信息系统总体保持安全平稳运行，未出现影响业务运行的故障及结算差错。每季度对核心业务系统应用服务进行巡检，各项巡检参数显示正常。持续强化应急能力，组织开展应急演练工作，并根据演练结果验证应急预案的可执行性。

【企业文化建设】2021年，公司积极组织开展了系列党建活动，通过联学共建、专题学习、特色实践活动等方式，加强党员的教育与管理，并积极发展党员，扩充党员队伍；深入开展党史学习教育活动，扎实推动“三个再”活动，让党员从中汲取奋发力量，提振党员精气神。同时，公司积极组织开展各类丰富多彩、健康有益的活动，以增强员工的向心力。建立企业文化墙，定期进行更新完善。公司围绕自身及集团每月经营发展的重点规划和工作，形成月度工作简报，并报送集团及监管部门。

福建省交运集团财务有限公司

【集团概况】福建省交通运输集团有限责任公司（以下简称“集团”）成立于2001年11月6日，是福建省政府批准成立的国有独资公司，主要从事港口码头、水上运输、道路客运三大核心业务及物流仓储、医药康养等业务，是福建省属规模最大、实力最强的综合性交通运输企业，控股及参股企业超过200家。集团注册资本32.20亿元，2021年末资产总额361.94亿元，负债总额231.14亿元，实现营业收入134.72亿元。

【经营概况】福建省交运集团财务有限公司（以下简称“公司”）由集团和福州港务集团有限公司共同出资设立。2021年，公司实现营业收入7027.22万元，实现利润总额4292.85万元。

【服务实体】公司在持续提升资金结算效率、做好信贷基础业务的同时，先后推出售后回租、保函、委托贷款、银团贷款、票据等满足成员单位需求的业务产品，主动对接提供如协助成员单位协调银行贷款加快落地、以较低利率置换存量贷款等延伸服务，不断提升公司服务效能，助力集团降本增效。

【信贷业务】公司按照“增量、扩面、降价、提质”信贷工作要求，积极拓展金融服务。一是做大信贷投放规模。截至2021年12月末，发放贷款余额19.22亿元，创开业以来新高。二是提高信贷服务覆盖面。主动为30家成员单位授信，实际用信28家，较2020年增加7家，用信比例达93.33%。三是持续让利成员单位。2021年平均贷款利率同比下降7个基点，共减少集团对外利息支出7000万元，助力集团降低融资成本。四是扩大银财合作成果。发挥银财合作优势，拓展银团贷款新业务，公司主动对接外部银行，积极引入外部优惠信贷资金组建银团贷款，切实解决成员单位大额融资需求，降低成员单位融资成本。

【资金业务】公司顺利完成本币交易员培训、相关制度建立、信息系统升级、入市申请材料等一系列工作，于2021年11月5日收到“全国银行间同业拆借中心拆借市场开户通知书”，实现全国银行间同业拆借中心入市联网。公司2021年加强与各银行相关管理条线的沟通对接，提升与银行活期利率报价的谈判能力，提高活期存款收益；并通过提前研判，在保证公司流动性的同时在市场利率高位办理若干笔定期存款，提前锁定收益，优化存款结构，提高资金收益。

【票据业务】公司有序推动建章立制、风险

评估、系统升级改造等基础工作，建立票据业务框架体系，确保票据业务平稳落地。首笔票据贴现业务于2021年3月成功落地，首笔票据承兑业务于2021年9月成功落地。公司2021年加强票据业务的宣传推介和走访调研力度，提高成员单位对票据类结算工具的了解，倾听成员单位意见，并在业务推广中不断总结经验，结合业务实际开展情况进行了多次内部研讨，优化梳理业务流程、升级业务系统，为票据业务进一步稳妥有序开展奠定了基础。

【资金集中】公司2021年实现资金归集率、资金归集额双突破，资金归集率常态化保持在90%以上，最高达到97.62%，吸收存款余额突破30亿元，均创开业以来新高。截至2021年末，集团并表单位中正常经营的单位均已纳入归集。通过建立QQ群、电话等多渠道联络，上门调研面对面沟通，优化系统功能、提升结算效率等措施，快捷高效地为成员单位排忧解难，提升成员单位结算主动性。2021年代理成员单位支付11.02万笔，代理支付金额236.92亿元，节约结算费用551万元，均比2020年有明显增长。

【业务创新】一是为满足成员单位项目工程建设的大额资金需求，开发银团贷款业务。二是开发买方付息贴现模式，加快成员单位之间应收应付款的清算。

【风险管理和内部控制】公司常态化举办“合规课堂”活动，2021年“合规课堂”授课13节。强化风险限额管理，设定10项风险限额，加强日常监测。提升流动性风险管理能力，首次开展流动性压力测试。做实做细新业务风险评估，评估涉及的主要风险，研究应对措施，完善业务制度流程，加强业务全流程控制。

【人力资源管理】公司2021年通过内外部招聘的方式引进4名具有银行从业经验、监管经验人员，进一步优化了员工队伍结构。通过“竞聘演讲”等方式考察4名提拔使用的中层干部的综合素质，进一步完善了员工队伍建设。持续加强员工培训，鼓励员工积极参加各类职业资格考试、职称评定，进一步提高员工综合素质。

【信息化建设】公司以标准化的数据为基础，全面集成监管报表，实现监管报表生成的自动化、规范化。成功构建与成员单位的数据共享和数据融合，打通了财务公司与成员单位之间的资金通道，实现真正意义上的资金流、业务流、信息流相统一。建立并持续优化与资金归集、资金结算和金融服务等业务运营相适应的核心业务系统，持续强化信息科技对信贷、售后回租、保函、委托贷款等业务的支撑，加大信息科技对票据、银团贷款、同业拆借、批量对私等新品种的支持力度，不断拓展金融服务新的信息科技系统，支持公司的持续发展。

【企业文化建设】2021年，公司党支部创建了“港财融通　服务至上”党建品牌，进一步促进党建工作和业务工作的融合。

福建省能源集团财务有限公司

【集团概况】福建省能源集团有限责任公司（以下简称“集团”）于2009年12月由原福建省煤炭工业（集团）有限责任公司和福建省建材（控股）有限责任公司整合重组成立，2017年1月控股福建石油化工集团有限责任公司。集团注册资本金100亿元，资信等级为AAA级，集团连年列入中国企业500强。“十四五”期间，集团将聚焦清洁高效发展能源产业、聚焦产融结合发展金融产业，突出优势稳步发展建材建工产业，突出特色发展医疗健康产业，着力在实体经济、金融产业、高质量贸易、并购重组上做文章，实现跨越发展，做强做优做

F

大国有企业。

【经营概况】2021 年，福建省能源集团财务有限公司（以下简称“公司”）开足“金融引擎”，积极响应国家绿色、低碳号召，在“绿色金融”和“助农助微”双轮驱动下实现经济与环境的双赢局面。截至 2021 年 12 月末，公司资产总额 153.73 亿元，较年初增长 32.75%。实现营业收入 3.89 亿元，实现利润 2.76 亿元。全年实现“零差错、零纠纷、零事故、零违规、零案件”。

【服务实体】公司立足金融主动服务实体经济，持续优化结算系统，在核心系统上线付款指令自动支付功能，开展班后“延时服务”，与商业银行开展了银企直连合作，无缝对接集团 NC 系统，为分布在各个区域的成员单位提供即时高效便捷的各项结算服务。2021 年，共办理各类结算业务 19.48 万笔，同比增长 1.55%，以专业、高效、优质的金融服务助力实体经济发展。

【信贷业务】2021 年，公司为 20 多家成员单位提供综合授信总额 115 亿元，累计投放信贷资金 46.07 亿元，2021 年末信贷余额 65.01 亿元，同比增加 10.26 亿元，增幅为 18.74%。继续执行减费让利等政策，累计为成员单位节约各种财务费用 2000 多万元，释放保证金 3200 多万元。

【资金业务】公司紧紧围绕“依托集团、服务集团”的职能定位，主要是承担集团内部资金优化配置、提升资金管理效率、降低整体财务费用的重任，积极争取信贷规模，做好信贷保供工作，满足成员企业的资金需求。公司依托“线上 + 线下”“软件 + 硬件”优势，主动服务成员单位，经常深入成员单位开展调研，了解掌握实际情况，主动协助解决实际问题，做好金融服务保障工作，合理配置优势资源，最大化地提高资金使用效率，全年累计资金结算量达 3820.40 亿元。

【投资业务】2021 年，公司积极与合格优质的金融机构合作，投资主要以债券、银行理财产品、货币基金、企业中期票据等品种为主。2021 年实现投资收益 5188.52 万元，平均收益率为 3.79%。

【票据业务】公司按照“六稳”“六保”工作要求，全力落实人民银行再贴现有效助力支农支小的政策，着力解决小微、涉农企业融资难、融资贵问题，引导资金流向重点领域和薄弱环节，通过再贴现降低客户融资成本，支持企业复工复产，实现了再贴现资金的精准投向。2021 年，公司共为成员单位开具银行承兑汇票 22 笔、金额 1.6 亿元；累计办理贴现业务 22 笔、金额 1.6 亿元，贴现企业均为涉农、小微企业；向人民银行申请办理再贴现业务，金额合计 1 亿元，提高了票据的运作效率，扩大了低成本融资规模。

【资金集中】公司强化资金集中管控“一盘棋”的高站位工作思路，在账户管控、资金监控、资金归集上做到上下联动，立体发力，2021 年公司日均吸收存款 113.94 亿元，集团考核口径资金归集率均值为 99.28%，充分发挥了“资金归集”服务集团的压舱石作用。

【业务创新】公司认真贯彻中央关于发展绿色金融的决策部署，积极践行“碳达峰、碳中和”任务要求，大力支持集团风电、光伏发电、热电联产等绿色新能源产业发展，探索绿色金融发展之路，2021 年为长乐外海 C 区、三川海上风电 F 区、石狮热电综合节能减排改造工程等项目陆续发放各类绿色贷款 30.92 亿元，占全部自营贷款的比重达 47.57%。上述贷款形成的年节能减排量为标准煤 16.06 万吨、二氧化碳当量 33.61 万吨、二氧化硫 849.26 吨、氮氧化物 306.46 吨。

【风险管理和内部控制】公司扎实开展“内控合规管理建设年”活动，开展生产系统风险排查、股权与关联交易风险排查、案防自评估、防范非法金融等 21 项专项治理活动；充分发挥审计“第三道防线”的作用，进行了资金结算开展情况、投资业务开展情况等四项专项审计；应用法务与风控信息化系统，实行“三确认”风险防控，全年审核合同 154 份，未发生合同、案件纠纷。制定《同业授信管理办法》《流动性压力测试管理办法》《对外发布信息管理制度》

F

等五项制度，修订《存放同业业务管理办法》《同业往来账户管理办法》等三项制度，构筑了牢固的安全屏障。

【人力资源管理】公司建立健全人力资源管理体系，加强人才的职业规划体系和考核激励机制建设，根据集团薪酬制度和公司业务发展需要，修订完善了相关薪酬管理和绩效考核办法。加强人才的培养与管理，采取“送出去、引进来”的方式，进一步提升员工的业务能力，2021 年新招聘 3 名员工。鼓励员工积极参加监管部门专题学习培训，参加各类金融资质考试，同时坚持每年开展全员业务知识竞赛，持续提升员工专业能力和素质水平，建设了一支懂产业运营、熟金融业务的复合型专业人才队伍。

【信息化建设】公司全面推进新一代核心业务系统的升级改造，开展数据治理、数据标准化建设，建立了涵盖了反洗钱系统、1104 报表、人民银行大集中、金融基础数据统计、EAST、利率报备报送等系统的统一监管报送平台，涉及报表 200 张，数据项 1200 余项，全面实现了报表取数自动化，为公司的风险监测、科学决策提供有力的数据支撑。

【企业文化建设】组织拍摄《传承井冈山精神，汲取国企改革力量》“微党课”视频，荣获福建省委组织部全省党员教育电视片观摩交流评比三等奖；组织党员管理人员前往福建革命历史博物馆、福能矿山博物馆开展现场教学，开展春游、健步走、普法宣传和测试活动，编撰了普法宣传册、反洗钱宣传手册，持续推进企业文化建设，凝聚发展力量。开展了公司成立十周年庆系列活动，拍摄了《金融赋能 共铸辉煌》十周年宣传片，宣传了公司十年来的改革发展历程，展示了企业顽强拼搏、勇于实践、开拓进取、奋发向上的精气神。

甘肃电投集团财务有限公司

【集团概况】甘肃电投集团（以下简称“集团”）是甘肃省政府出资设立的国有大型投资公司，是国有资本市场化运作的专业平台，其前身是成立于 1988 年的甘肃省电力建设投资开发公司。2013 年改制为甘肃省电力投资集团有限责任公司（甘肃省投资集团有限责任公司）。2021 年 2 月确定为全省新能源和数据信息产业链链主企业。近年来，集团按照“以电为基、多业并举、延链建链、转型升级”的发展思路，聚焦能源和现代服务业两大产业，重组形成电力热力、数据信息、能源化工、产业置业、会展文创、产业金融六个业务板块，有效推动国有资本向重点行业和关键领域集中，成为拉动投资和促进全省经济高质量发展的重要引擎。截至 2021 年末，控股建成和在建电力项目 54 个，装机容量 1036 万千瓦；煤气项目 2 个，煤炭储量 36 亿吨，天然气应急保障储量 3600 万立方米；大数据项目 1 个，规划建设机柜 5 万个；会展、剧院、酒店、地产等基础设施项目 10 个。用工规模 6600 余人，下辖子公司 65 家（上市公司 1 家），资产总额 801 亿元。

【经营概况】2021 年，甘肃电投集团财务有限公司（以下简称“公司”）有效发挥集团资金归集、资金结算、资金监控和金融服务平台功能，不断完善风险管理体系，持续提升公司金融服务质效。截至 2021 年末，公司资产总额 20.59 亿元，负债总额 14.38 亿元，所有者权益合计 6.21 亿元。2021 年实现营业总收入 1.14 亿元，累计实现利润总额 6497 万元，为成员单位节约财务费用 2461.51 万元，实现整体财务效益贡献 8921.93 万元。无不良贷款，资产负债情况、流动性、资产质量等风险指标均优于监管目标值。

【服务实体】2021 年，公司以产融协同为主线，赋能公司发展新局面。公司积极开展服务实体换挡升级，守好金融服务“主阵地”。通过“直贴+转贴”“直贴+再贴”相结合，开辟了集团票据变现新通道。为保障火电企业资金需求，建立“快审快贷”通道，开展流贷、委贷和承兑融资19.52亿元；为缓解小微企业融资难、融资贵问题，提供低成本融资8.34亿元。“零保证金+零手续费”履约保函及时保障紫金云公司新项目落地。上线“通知存款预约自动支取”“对私批量退票款”新功能，大幅减轻成员单位财务人员工作量。进企业、进社区开展打击治理电信诈骗集中宣传，践行反诈拒赌“金融责任”。

【资金集中】2021年，公司积极加强资金账户管理，织密资金管理“安全网”。密切关注资金池规模和波动，开展流动性日监测，动态地掌握成员单位资金的运行、方向和特点。年末纳入归集体系账户282个，可归集口径集中度为94.72%。做好账户辅助管理，对3户成员单位4个账户实施账户三级预警提示，有效防范集团资金风险。

【资金结算】2021年，公司进一步规范流程、防范风险，确保资金结算及时准确。切实履行资金监控职责，严格开展可疑交易筛查及大额结算资金核查，大额资金核查覆盖率为100%，有效防范结算风险。

【同业业务】2021年公司积极创新同业合作模式，扩大金融业务“同心圆”。与多家金融机构开展同业拆入业务，共拆借资金48.7亿元，及时解决集团大额资金支出后流动性不足的问题；与酒钢财务公司、兰银金租开展不同期限同业拆出以及信托产品投资，拓宽资金配置渠道；与哈电集团财务公司签署金融合作协议，以融促产，助力常乐电厂和相关产业链客户共同发展。

【风险管理和内部控制】2021年，公司以合规管理为抓手，助力公司发展新动能。持续推进制度“立、改、废”，2021年新建、修订制度42项。积极开展数据治理，建立数据质量层级审核机制，2021年未发生错报、漏报、迟报现象和违法违规报送行为。强化审计监督职能，开展专项审计和内部控制有效性评估。以正向激励、负向问责、行为约束、审计监督四位一体的管理模式，提升公司内控合规管理的效果。开展“案件警示教育活动、专项治理行动”“重点领域专项整治”“内控合规管理建设年”等专项活动，以问题整改促管理提升。

【人力资源管理】2021年，公司坚持正确的用人导向，完善考核激励机制。强化党建引领导向、责任担当导向、业绩成果导向，积极开展人才“六能”机制建设，全员实行岗位合同制，落实经理层任期管理和年度目标考核。编制和修订《综合考核评价办法》《薪酬管理办法》《考勤管理办法》《岗位合同管理办法》《招聘管理办法》《补充医疗管理办法》等八项制度；采取“线上+线下”“名师+自研”“辅导+测评”多种形式进行员工培训，尚学之风推动业务发展；分重点、分层次、常态化开展合规培训、廉洁教育120人次，举办合规知识竞赛5轮次。员工行为“时时合规”，业务发展“环环合规”，形成“人人重风险，事事讲合规”的氛围，培育了良好的清廉金融文化。

【信息化建设】2021年，公司上线EAST数据报送系统和保函、再贴现等新业务功能；开展信息系统桌面和实战应急演练2次，资金系统等保测评首次达到80分以上；软件正版化工作在甘肃省委宣传部和甘肃省国资委的检查中获得省属企业二级单位第一名的成绩。

【企业文化建设】2021年公司高质量推进党史学习教育和“四史”宣传教育，以及习近平总书记“七一”重要讲话精神和党的十九届六中全会精神的学习贯彻。创新学习教育载体，举办“四红四学”党史宣讲、过集体政治生日、组织庆祝中国共产党成立100周年“七个一”系列活动等活动效果良好。选送的“陇原星火”党史宣讲节目获得集团党史宣讲大赛一等奖。注重学习成果转化，务实开展“我为群众办实事”，完成率达100%。同时，立足金融行业廉洁风险特点，开展主要负责人讲党课、警示教育、合规案防培训、网络答题、合规谈话五位一体的“案件专项治理行动”；编制《廉洁风险预警防控工作手册》，梳理业务流程和关键节点240项，建立合规“问题库”，签订合规《承诺书》，构建起以“岗位为点、程序为线、制度为面”的廉洁风险防控“防火墙”；签订《党风廉政建设目标责任书》，常态化开展廉洁提醒。

供销集团财务有限公司

【集团概况】 中国供销集团（以下简称“集团”）是国务院批准成立的我国大型涉农流通产业集团，是中华全国供销合作总社全资企业。集团共有十大核心业务板块，分别为现代农业社会化服务业务板块、棉花业务板块、粮油业务板块、农产品加工业务板块、日用消费品业务板块、农产品批发市场业务板块、冷链物流业务板块、再生资源业务板块、电商业务板块和农村金融业务板块。

【经营概况】 供销集团财务有限公司（以下简称“公司”）2021年全面聚焦内部银行主责主业，抓账户、促归集、拓融资、求创新。公司全年发放自营贷款54笔、金额47.54亿元，委托贷款248笔、金额124.47亿元，票据承兑业务5笔、金额2.70亿元，不良贷款保持为零。

【服务实体】 公司牢记为农服务使命，持续聚焦内部银行主业。2021年，公司免费提供的收付结算金额继续突破千亿元，公司通过提高存款利率、降低贷款利率、中间业务零收费或仅覆盖税收成本等多种方式，全年合计为集团整体降低财务费用5000万元以上。

【信贷业务】 公司信贷业务以集团一级出资企业为主要对象，信贷产品以短期流动资金贷款为主，2021年公司聚焦主业，充分发挥内部银行作用，服务出资企业。截至2021年末，公司累计办理信贷业务286笔，日均贷款余额18.97亿元，同比增长28.44%，流动资金贷款余额17.09亿元，无不良贷款。此外，公司牢记为农服务宗旨，2021年共开具支付和履约保函5597.82万元，其中农民工工资保函1900余万元，保障了农民工的合法权益，彰显公司的社会责任。

【资金业务】 2021年，公司一直保持同业活期存款利率处于同业较高水平。同时，全年择机办理15笔定期存款业务，累计金额46亿元，最高利率为3.10%；开展2笔同业拆借业务，合计金额6亿元。公司获得同业金融机构授信，2021年累计获得工商银行、农业银行等13家银行同业授信总额37.7亿元，新获得4家财务公司同业授信额度12亿元。

【结算业务】 公司不断夯实基础业务、提升服务水平，为集团和出资企业提供金融服务，并健全了利率市场化定价机制，下沉客户服务营销、制定个性化金融服务方案，从出资企业客户层面吸引资金归集。2021年全年结算业务笔数达到47681笔，结算金额达到1208.68亿元。免费办理收付结算金额1100亿元以上。

【票据业务】 公司票据业务包括票据承兑、贴现和转贴现及再贴现业务。2021年公司电票业务100%与上海票交所联动，电票服务基础更加稳固，全年成功开具电子银行承兑汇票19张、金额2.70亿元。

【资金集中】 公司2021年资金归集工作取得质的突破。公司配合集团建成了资金管理系统、完成了银企直连和账户授权，集团和出资企业可以对授权账户信息一览无余、管理收放自如。2021年，集团全口径月日均平均存款为40.79亿元，同比增长13.2%。自主日均资金归集率和归集额已连续三年保持快速增长，创历史新高。

【风险管理和内部控制】公司2021年健全以风险管理为导向和以合规监督为重点的内控体系。一是重视发挥制度审议小组作用，对制度起草、修订全流程把关，同时以风险排查、专项审计为抓手，狠抓制度体系和管理流程建设，全年完成33项制度的新增、修订，制定11类123项制度。二是注重发挥风险管理委员会风险政策制定和监督执行作用、信贷审批委员会的授信业务审批决策作用，强调优化信贷结构、提高质押担保贷款的比重要求。三是发挥风险合规部门的风险把关和合规指导作用，印发《内控手册》《标准合同文本手册》《招标投标法规与制度汇编》《风险合规案例汇编（第三辑）》《制度汇编》系列手册，实现内控流程可视化、制度建设体系化、合同文本标准化。四是发挥审计部门的监督职能，开展信贷、同业、风险管理等11项内部专项审计，严格落实审计整改。

【信息化建设】一是在建成“两地三中心”即北京生产机房中心、北京同城容灾中心和大连异地容灾中心的基础上，完成生产机房搬迁、升级实现应用级容灾，即使在发生重大自然灾害等情况下，业务系统依然可以24小时不间断稳定运行。二是高度重视网络安全，在保持公司信息等级保护三级的基础上，持续全覆盖排查网络安全隐患，采购新一代安全网关、预警监测服务。三是启动核心业务系统的新一代银企互连接口升级，参与首批人民币跨境支付系统（CIPS）标准收发器试点。四是建设开发对接EAST报送系统、利率报备报送系统，完善金融基础数据报送系统。

【企业文化建设】一是持之以恒加强党的建设，公司严格遵照党中央、总社和集团的部署，扎实开展党史学习教育活动；二是加强法律文化建设，2021年公司邀请常年法务顾问进行了专题法律培训，并组织“反洗钱宣传月”“宪法宣传周”“民法典宣传月”活动；三是开展各项工会活动，组织开展员工团建活动，常态化进行健步走活动等；四是开展扶贫工作，累计向定点帮扶的江西省安远县拨付帮扶资金60万元，并向贫困儿童捐款7700元。

光明食品集团财务有限公司

【集团概况】光明食品（集团）有限公司（以下简称“集团”）是集现代农业、食品加工制造、食品分销于一体、具有完整食品产业链的综合食品产业集团。

集团持续聚焦“食品产业与供应链、城市食品保障服务与资产经营管理”两大核心主业，提升高蛋白产品的比重和市场份额，进一步夯实底板功能。在中高端消费、健康产业、休闲体验、现代供应链等方面，建立资产资源增值体系，打造“两大引擎+六大支柱+两大基础”的产业发展新优势，在服务全国和保障上海城市主副食品安全供给与价格稳定上持续发挥主力军作用。

【经营概况】光明食品集团财务有限公司（以下简称“公司”）立足集团，为成员企业提供了优质高效的金融服务。截至2021年12月31日，公司资产总额278.57亿元，全年实现利润总额3.07亿元，不良贷款率为零，各项监管指标符合监管要求。

【服务实体】公司始终将服务实体经济、支持集团主业作为公司经营发展的核心目标，在严守风险合规底线的前提下，配合成员企业业务经营，高质量满足成员企业筹融资需求，实现金融资源的精准投入。截至2021年12月31日，公司发放贷款规模143.29亿元，贷款均投向实体企业。继续维持优惠贷款利率，全力支持成员企业业务发展，与平均 LPR 相比，累计为成员企业节约贷款利息支出近亿元。此外，公司还发挥金融专业和资金数据优势，为成员企业提供覆盖金融市场周报、资金管理月报、利率市场季报的全方位信息咨询服务框架，并组织开展各类金融主题沙龙活动。

【资金业务】公司通过灵活配置资金，统筹安排及调度每日资金头寸，提高闲置资金的效率。在保持流动性及满足贷款需求的前提下，积极开展定期存款及国债逆回购业务，提升整体同业收益。

【投资业务】2021 年，公司进一步加强对基金组合的日常管理，通过优化流程、跟踪监测和定期复盘的方法提升了基金换仓效率。货币基金主要投放于风控良好及规模较大的公募货币基金，截至 2021 年 12 月 31 日，公司投资余额超 20 亿元，实现了较高的投资收益。

【外汇业务】公司为满足成员企业多样化的外汇需求，积极开展美元存款、美元结算、即期结售汇等外汇业务，结售汇牌价始终低于中国银行实时牌价，为企业节约了大量汇兑费用。截至 2021 年 12 月 31 日，公司结售汇规模同比增长 35%，有效拓展了公司金融服务品类。

【资金集中】公司通过提供优质服务、考核和激励等手段实现全年日均归集资金 242.33 亿元，同比增长 15.40%，全口径归集率接近 60%，可归集口径资金归集率突破 80%。

【风险管理和内部控制】不断完善公司治理、核心业务、风险管理、合规管理、审计监督互为支撑的内部控制体系，在制度、流程、人员等多方面全面落实风险与合规管控要求，搭建起以前台部门、风险管理部门和审计部门组成的三道防线。将风险管理工作融入日常管理制度中，有效完善了涵盖信用风险、操作风险、市场风险、合规风险、信息系统风险和声誉风险在内的风险管理体系。

【人力资源管理】公司人力资源具有年纪轻、学历高、专业强、政治素质好等特点。2021 年公司围绕深度激发团队潜能和提升部门协同效能两项重点工作进行部署：完成岗位价值评估，重塑了绩效薪酬机制；完成管理序列建设，打通了员工职业发展通道；选优培优建立人才库，提拔了一批年轻干部。同时公司持续强化部门协同，通过优化流程和协调沟通机制，进一步提升了公司效率和工作质量。

【信息化建设】2021 年，公司信息化建设聚焦“平台 + 移动”的发展方向，持续推进资金管理平台建设工作，不断挖掘大数据管理应用价值，逐步上线资金结算、账户管理、资金预警、运行分析等功能模块，将平台功能做实、做深、做精。此外，公司还启动了灾备机房更新工作，在软件优化的同时夯实硬件基础，保障公司机房硬件设施稳定性和业务支持功能正常运转。年内公司顺利通过信息安全等级保护三级复检。

【企业文化建设】2021 年，公司党支部以习近平新时代中国特色社会主义思想为指导，高质量开展各项党建工作。公司党支部进一步发挥党组织领导核心和政治核心作用，围绕重点党建主题，高质量开展“比学赶超”、“四强五优”、党史学习等各项活动，不断推进党风廉政建设与廉洁金融文化建设。积极迎接建党一百周年，在公司内形成爱党敬党护党的文化氛围，及时学习十九届六中全会等重要会议精神。与花博会指挥部、光明进修学院等单位共同开展党建联建活动，并与上海市静安区南西街道组成党建联盟。

【社会责任】公司积极履行社会责任，2021 年向静安区南西街道、宝山路街道多次捐赠防疫物资，踊跃向区文明实践基金捐款，积极参加街道组织的疫苗接种服务工作。通过提供业务服务和志愿者服务等方式，为第十届花博会提供支持，向社会展现出负责任的国企精神。

广东能源集团财务有限责任公司

【集团概况】广东省能源集团有限公司（以下简称“集团”）是由广东省政府和中国华能集团分别持有76%和24%股权的能源企业。集团拥有火电、水电、风电、新能源、综合能源服务、天然气、燃料、航运、金融、贵州区域、境外投资11个业务板块，产业遍布广东全境，并延伸至省外和海外。集团注册资本230亿元。

【经营概况】广东能源集团财务有限公司（以下简称“公司”）坚持“依托集团、服务集团、扎根基层、服务基层”，创新引领、稳健经营，现已成为拥有超300亿元资产、经营业绩显著、内部管理优良的金融企业。截至2021年末，公司总资产余额247.92亿元，吸收存款203.52亿元，贷款（含贴现）172.04亿元，全年累计实现利润总额4.60亿元，净利润3.64亿元，同比增加476.69万元，增幅为1.33%。

【服务实体】公司以“服务集团、创造价值”为核心理念，坚持“红色引领、绿色金融”总方向，勇于担当、善于作为，为集团发展提供全方位金融服务支持。一是扎实做强做优内部融资基本盘，融资引领“贷”动作用凸显。二是紧抓“双碳”战略导向，服务集团新能源跨越式大发展战略，调整信贷资源向新能源板块倾斜。三是充分运用再贴现、转贴现等工具，加大资金周转支持。四是成功开发开销户移动端审批、批量代理等多项系统功能节点，更好地为成员单位提供高效、优质的资金结算服务。

【信贷业务】公司积极发挥金融桥梁作用，撬动和吸引多渠道、多层次、多品种资金参与集团成员单位项目发展建设，统筹纵深推进融资工作。2021年公司累计为银团、联合贷款等发放贷款46.92亿元，撬动外部机构发放贷款215.17亿元；引入外部中国清洁发展机制基金委托贷款4.26亿元；落地业内首笔可再生能源补贴确权贷款3000万元。在价格方面，公司贷款加权平均利率低于广州地区加权平均贷款利率约50个基点，2021年为成员单位节约财务成本超7300万元。

【资金业务】公司已形成基于“三必保”管理目标的全面资产负债管理模式，动态把握资金池运行的脉络，提升流动性比例至合意水平；严格加强资金计划管理，上线资金计划双周滚动报送；滚动开展七天同业拆入业务，2021年与6家交易对手实现同业拆入19笔、金额142亿元；紧抓市场利率短暂推高契机，全年开展同业拆出业务4笔、金额17亿元，提高资金收益。

【投资业务】公司坚持“逐日盯市”制度，2021年有价证券投资收益4878.37万元，区间七日年化收益率为2.5845%，较行业平均收益2.1408%加点44.37个基点，考虑税收优惠的可比收益率为3.446%。

【资金集中】围绕“抓点、连线、扩面”精心谋划，公司在承担集团资金统一管理，履行集团司库职责方面取得多项提升。一是结算集中度、资金归集率等资金管控核心指标跃上新台阶；二是资金监控范围扩大至境外外币账户及系统内单位工会账户；三是破解部分单位资金归集的政策和技术壁垒，实现直融资金的归集。2021年末公司已开户成员单位262家（其中60家为工会单位），其中187家为集团并表企业，占并表企业中应开户单位总数的67.75%。2021年平均全口径资金归集率达86.32%。2021年业务发生额6825.29亿元，笔数13.28万笔，年均结算业务集中度为96.33%。

【业务创新】公司坚持立足于成员单位个性化需求，不断丰富金融产品。2021年9月28

日，公司成功发放可再生能源补贴确权贷款3500万元，这是国内首笔海上风电项目补贴确权贷款，也是行业首笔正式落地的补贴确权贷款。2021年12月27日，公司“粤汇通”资金集中管理系统上线“境外业务管理”模块，实现集团境外多币种账户172户全数可视化。

【风险管理和内部控制】2021年，公司完成新增和修订制度流程102项，现已建成11类204项制度。在合规管理上，公司全面梳理整合合规管理各子项模块，形成与公司业务特点相匹配的合规风险库，助力公司合规管理“当下改”与“长久立”的有机结合，探索建立“风险监控平台”，搭建集监测、测算、预警管理等功能于一体的管理系统。

【人力资源管理】2021年，公司一是结合实际开展部门职责及岗位职责的全面梳理，明确各员工岗位职责；二是以业务重点为导向打造自上而下的考核机制，形成权责明确、层层落地的绩效考核体系，经营管理层开展契约化管理、全员开展绩效考核。

【信息化建设】公司以满足监管要求为导向，高度重视数据治理薄弱环节，顺利上线金融基础数据统计、标准化监管数据报送、新一代利率报备分析三大监管数据报送系统，并完成同城灾备中心建设，实现数据同步复制不丢失及核心重要系统的同城应用级切换接管。

【企业文化建设】2021年，公司首次发布企业文化大纲“行稳财·能致远”及企业宣传片，持续加强能源金融品牌建设。公司积极打造集团金融智库，鼓励并引导员工开展课题研究，2021年近20篇论文发表于《中国金融》《中国银行业》等核心期刊。

广东省广晟财务有限公司

【集团概况】2021年是“十四五”开局之年，也是广东省广晟控股集团有限公司（以下简称“集团”）向世界500强企业发起冲锋的起步之年。截至2021年末，集团资产总额达1531.4亿元，营业收入1049.2亿元，双双创历史新高，营业收入位居省属企业第一。

【公司概况】截至2021年末，广东省广晟财务有限公司（以下简称“公司”）坚持“资金管控、金融服务”，坚持“双轮驱动、均衡发展”，资产总额78.14亿元，发放贷款余额51.56亿元；负债总额64.15亿元，吸收存款63.93亿元，所有者权益13.99亿元，资金归集率为45.1%，结算量1629亿元。全年累计营业收入18626.91万元，实现净利润5598.52万元。2021年公司的主要工作成效：党史学习教育亮点纷呈；党业融合持续深化；混改任务如期落地，成功引进中金岭南、国星光电成为公司新出资人；董事会治理规范完善；资金统管水平大幅提升；降本增效卓有成效；金融服务质效显著提升；市场化管理机制有效健全；2020年度监管评级从3B级提升至2B级；整合工作圆满完成。

【服务实体】2021年，公司用好资金，提升金融服务质效，助力集团主业实业发展。一是大力支持科创型企业和重点项目，二是积极搭建票据业务综合服务体系，三是创新搭建产业链数字化金融服务体系。为贯彻落实党中央关于发展供应链金融的指导意见，协助集团加强产业链管控及产业链系统信息化建设，公司成功上线与建设银行及其子公司金科合作开发的产融数字化资金网链平台，实现线上放款、资金自动划转及信贷资金用途穿透管理。同时，推出该平台的专项融资产品“农民工工资专项贷款——惠民贷”，全国首家将农民工工资专项贷款、银行代收代付、银行代发工资组合成线上融资产品。

【信贷业务】2021 年，公司积极开拓服务集团成员企业的深度和广度，重点支持了东江环保、中南建设风华高科祥和工业园施工建设项目、国星光电、风华新能、雄风环保、广晟地产花都区中央商务区组团综合开发地块项目等。成功给予国星光电吉利工业园项目及风华新能等科技型企业授信，为科技型企业日常经营周转及重点项目建设提供金融支持，协助集团培育新的利润增长点。

【资金业务】截至 2021 年 12 月，公司已为 17 家成员企业核定综合授信额度 114.2 亿元，包括集团总部、5 家一级企业、10 家二级企业及 1 家参股企业，较 2020 年末 12 家授信客户分别多了 1 家一级企业和 4 家二级企业，信贷服务覆盖面不断扩大并下沉至更多二级企业。2021 年日均存贷比更趋合理，体现在提高资金使用效率和集团资金资源的优化配置上，成员企业日均存款 43.44 亿元，同比增长 10.85 亿元，增幅为 33.29%，其中，上市公司日均存款 12.78 亿元，同比增加 6.88 亿元，增幅为 117%。

【票据业务】2021 年以来，为满足集团成员单位多样化的融资需求，丰富成员单位结算工具，公司深入推进票据业务。一是顺利完成上海票交所接入工作，成功开立首张公司电子银行承兑汇票。二是充分运用同业授信，借力银行实现票据业务多品种突破。落地首笔国有股份制银行代开银行承兑汇票业务；完成了首笔收票人为集团外上游企业的公司开票业务，并成功在银行贴现，首次实现财司票的外部流通；完成交通银行首笔公司自开票据的空中贴现业务，创新了成员企业上游供应商直接收取现金的贴现业务模式。至此，涵盖承兑汇票开票/贴现业务和银行承兑汇票代开的票据业务综合服务体系初步搭建，标志着公司在丰富结算工具、拓宽融资渠道和降低财务成本方面取得重大进展，并将在促进集团产业链内外循环上发挥积极作用。

【资金集中】2021 年，公司资金集中管理工作打开新局面。一是健全管理新机制，二是开拓归集新领域，三是达到日均吸收存款新高度。全年日均吸收存款同比增长 30%，其中，上市公司日均存款同比增长 117%。

【业务创新】2021 年，在集团下属上市公司佛山照明收购国星光电股权、集团向下属上市公司中金岭南出让韶关土地等大型项目中，均成功使用公司代理结算账户完成交易款项收付，实现了大额交易资金的直接归集；在中南建设承建风华高科总投 75 亿元的祥和工业园建设项目中，交易双方以合同形式约定使用公司账户开展内转结算，使大型项目的工程款项顺利完成结算“内循环”。

【信息化建设】2021 年，公司深入推进信息化建设，加快数字化转型，以科技手段赋能业务发展。一是健全信息科技管理组织架构和议事规则，二是组织开展信息化中长期战略规划和信息化项目管理制度编制，三是开展监管数据统计报送系统建设，四是加大资金管理系统建设力度，五是加大信息安全建设力度。

【企业文化建设】2021 年，公司认真贯彻落实“1136”党建工作体系要求，与同业机构党组织开展党建共建，不断提升公司服务主业实体水平。《组建广东省广晟财务有限公司》和《以“五强化”提升“五能力”奋力打造集团金融服务“压舱石”》被评为“广晟百项成果”。

广东省交通集团财务有限公司

【集团概况】广东省交通集团有限公司（以下简称“集团”）立足“交通强省”发展大局，围绕“1+1+9”工作部署，积极投身粤港澳大湾区、深圳中国特色社会主义先行示范区

"双区"和"一核一带一区"交通建设，统筹新冠肺炎疫情防控和国企改革发展，保持战略定力，积极主动作为，全面完成年度各项目标任务，实现"十四五"良好开局。截至2021年末，集团管理的资产总额约7199亿元，投资运营高速公路里程7962公里，占广东省高速公路通车里程的72%。

【经营概况】广东省交通集团财务有限公司（以下简称"公司"）坚守"依托集团、服务集团"的功能定位，统筹疫情防控和企业经营发展，坚持稳中求进工作总基调，完整、准确、全面贯彻新发展理念，加快构建新发展格局，积极推进国企改革，不断强化集团资金集中管理，聚焦成员单位筹融资金融服务，努力提高集团资金使用效益，全面深化内控合规建设，扎实开展党史学习教育，各项工作取得明显成效。公司2021年实现营业总收入7.47亿元，利润总额2.78亿元，净利润2.16亿元。公司资本充足、流动性良好、无不良资产，各项监管指标符合监管要求。

【信贷业务】公司立足金融本源，发挥贴近实业优势，坚持服务集团产业需求和发展战略。一是积极向黄茅海跨海通道、狮子洋通道等重点工程提供贷款支持，助力粤港澳大湾区项目建设。2021年共向大湾区成员单位发放贷款50.60亿元，占同期新发放贷款的78.45%。二是发放置换贷款协助成员单位降低存量贷款利率。三是加大对高速公路改扩建和服务区等民生项目的信贷支持，签订贷款合同或提供贷款意向书金额超60亿元。2021年，公司日均自营贷款余额73.38亿元。

【资产管理】公司积极把握金融市场机会获取资金收益。一是在面临金融市场从年初开始收益率逐步下行的复杂局面时，通过紧盯市场勤作为，抓住相对较好的时间窗口积极开展资产配置。2021年，公司在金融市场配置资产规模同比增长近2倍，在确保资产安全性和流动性的前提下，有效提升资产收益。二是加强与同业合作沟通，努力提高同业收益率。三是进一步打通各类金融产品交易渠道，逐步丰富交易品种，提高交易效率。

【资金集中】公司进一步拓展资金归集范围，推动成员单位入池，提高对上市公司的存款、贷款协议上限，持续丰富现金池资金归集功能和模式，更好地服务成员单位的实际需求。公司2021年月均全口径资金归集率为60.26%；日均吸收存款246.42亿元，创历史新高；办理结算业务金额5025.66亿元，累计结算笔数115.37万笔。

【业务创新】一是完成首笔跨境人民币支付业务，尝试为集团境外成员企业提供跨境人民币金融服务，为探索跨境本外币资金池打下坚实的基础。二是新设经营性物业贷款品种，并成功发放经营性物业贷款1.60亿元，满足成员单位多元化融资需求。三是首次开展银行间二级市场存单卖出业务，打通同业存单二级市场交易通道，有效提高公司资产的流动性。四是首次开展国债投资业务，进一步丰富投资业务品种，拓宽公司资产管理配置范围。

【风险管理和内部控制】公司根据银保监会的部署要求，深入开展"内控合规管理建设年"活动，形成的公司典型案例入选广东银行同业公会专刊，在广东省银行业金融机构进行推广学习；总结的合规管理工作经验和成果刊发于集团《党史学习教育情况简报》。持续开展专项稽查审计、内部控制评价和监督，加强对重点岗位、重点人员的监督管理，不断强化合规管理，防范经营风险，为生产经营和企业发展保驾护航。

【人力资源管理】实行关键岗位强制休假、轮岗制度，强化监督和约束。坚持正确的选人用人导向，严格按照规定程序选拔任用中层干部，及时充实反洗钱人才队伍。开展存款利率定价研讨、新会计准则实施及其影响、担保业务风险管理及防范等8期员工内部培训，持续增强团队素质。优化员工补充医疗保障体系，提升员工获得感。

【信息化建设】公司全面对接监管要求，开展一体化金融统计信息系统建设，通过打造数据集市整合各类金融统计报送应用，推动公司数字化转型。精细化开展信息科技日常运维、外包、网络安全和应急管理工作，顺利完成机房搬迁，确保信息系统全年可靠提供服务。完善信息系统远程办公机制，制定《重大特殊事件影响下的业务办理应急预案》并组织分级演练，确保特殊情况下公司业务可持续开展。

【企业文化建设】公司扎实开展党史学习教育，组织开展14项“我为群众办实事”实践活动，不断提升学习教育效果和质量。及时总结提炼形成多篇学习简报或稿件，被“学习强国”平台、集团《党史学习教育情况简报》、中国财务公司协会等采用并获奖。公司3个党支部结合实际开展了3项“开路先锋”工程，形成齐头并进、互促创新的良好局面，不断推动党建与生产经营深度融合。设立党员示范岗、党员岗，践行“一名党员就是一面旗帜”。深植合规文化，通过专题讲座、QQ群、微信群等形式面向集团成员单位及员工开展金融知识普及、反洗钱、防范电信网络诈骗和非法集资等宣传活动，加强案件警示教育和风险提示。积极开展清廉金融文化建设，培育厚德养廉的浓厚氛围。

广东省农垦集团财务有限公司

【集团概况】广东省农垦集团公司（以下简称“集团”）成立于1951年，是中央直属垦区，实行“部省共管、以省为主”的管理体制。集团现有土地面积335.3万亩，有湛江、茂名、阳江、揭阳、汕尾5个农垦集团有限公司（农垦局）、45家国有农场公司，19家直属产业集团（公司），集团成员企业319家。集团聚焦“战略资源、绿色食品、城乡服务”三大主业，拥有全球最大的天然橡胶全产业链经营企业、亚洲最大的剑麻种植基地、全国面积最大的甘蔗全程机械化种植基地，努力打造成为具有国际竞争力的现代农业企业集团、中国特色新型农业现代化的示范区、农业对外合作的排头兵。

【经营概况】广东省农垦集团财务有限公司（以下简称“公司”）充分发挥金融专业优势，坚持以“集团利益最大化”为聚焦点和着力点，以服务集团大局、服务实体经济为主责主业，全面超额完成主要经营指标。截至2021年末，公司资产总额26.52亿元，同比增长34.50%；全年实现营业收入0.57亿元，同比增长167.15%；实现利润总额0.10亿元，同比增长219.57%。

【服务实体】2021年，公司牢记“金融服务实体经济”使命，持续推进金融服务能力，助力乡村振兴。一是服务“三农”。向广垦糖业、广垦畜牧等产业龙头企业发放贷款，稳定产业链，对于促进农民就业和农民增收发挥了积极作用。二是支持抗疫。公司及时向承担入境人员隔离防疫职能的成员企业发放3笔贷款，为成员企业履行社会责任提供支持。三是推进资金集中结算服务。2021年累计完成内外部结算21.12万笔、金额571.96亿元，有力保障上线企业资金安全，提高集团整体资金使用效率和效益。

【信贷业务】公司聚焦战略资源、绿色食品、城乡服务等集团主业加强信贷服务，深入了解垦区成员企业金融需求，提高金融服务响应速度，加大金融活水服务成员企业力度。公司全年累计发放贷款18笔、金额15.18亿元，同比增长40.43%；2021年末贷款余额15.29亿元，同比增长77.63%。

【资金业务】公司发挥功能优势，一方面辅助集团做好资金降本增效工作，结合资金市场价格走势、企业融资规模需求、时间需求等情况，协助集团提高融资议价能力，拓宽融资渠道，为集团降低融资成本6100万元；另一方面积极开拓新业务，精心筹划同业布局，做好开展票据及同业拆借业务的前期准备工作。

【资金集中】 2021 年，公司辅助集团加强资金管控，以账户集中促进资金集中纵深发展，通过组织资金集中培训、加强与银行沟通、对可上线账户按照“一户一案”设计管理方案，公司 2021 年 7 月初提前全面完成年度资金集中目标。截至 2021 年末，开户上线单位 338 家，上线账户 415 个，监管口径资金集中度为 52.01%。

【风险管理和内部控制】 2021 年，公司牢牢守住不发生系统性风险的底线，一是遵循“严监管”导向，严格防控业务风险，建立健全风险防控制度与机制，公司制度从 119 项增加到 125 项。同时，强化稽核监督工作的独立性，筑牢公司稳健发展的根基。二是加强对集团资金风险的管控。公司通过系统预警监测、完善运行机制、明确管理要求、加强特殊监控等手段，加强集团资金过程管控和综合分析，健全资金风险防控体系，助力保障集团资金安全。

【人力资源管理】 2021 年，公司坚持党管干部、党管人才原则，加强以业绩为导向的人力资源管理。一是完善激励约束机制，修订了《公司员工绩效考核管理办法（试行）》《公司监察稽核人员绩效考核管理办法（试行）》《公司从业人员职业操守和行为准则》，健全市场化经营机制，提高核心竞争力。二是完善干部管理制度，制定《公司经理级及以下工作人员职级晋升办法》，对拟晋升人员做到凡提必审，凡提必核。三是优化人员配置。公司现有职工 29 人，平均年龄 36 岁，全部具有本科及以上学历，其中研究生学历占比为 52%。

【信息化建设】 2021 年，公司逐步完善信息系统建设。一是提升集团资金集中管理信息系统体系，规范网银系统使用流程，有效提高资金管理安全系数。二是建设监管数据报送项目，实现利率报备监测分析系统、监管数据标准化和金融基础数据统计制度报送数据的自动化生成、核验，充分保证数据报送的及时性和准确性。三是对整体 IT 基础设施提出了优化升级方案，增加 IT 基础设施可扩展性，改进网络拓扑结构，提升信息系统安全性。

【企业文化建设】 公司坚持强根铸魂，全力打造“党建 + 金融 + 产业”党建品牌，发挥党支部“把方向、管大局、促落实”作用，邀请广东省委党校教授作专题辅导，党支部书记带头讲党课，全覆盖学习十九届六中全会精神；深入开展党史学习教育活动，开展“学党史、缅先烈、守初心、担使命”主题党日活动，开展庆祝建党 100 周年、建垦 70 周年、党建共建、“我为群众办实事”等活动，努力把党支部建设成为坚强的战斗堡垒。公司坚持党管宣传、党管意识形态，筑牢意识形态阵地建设，加强声誉风险管理。公司赓续农垦红色基因，通过职工演讲比赛、知识竞赛、参观学习，积极讲好财务公司故事、传递农垦好声音，实现党建与经营深度融合。

G

广东温氏集团财务有限公司

【集团概况】 温氏食品集团股份有限公司（以下简称“集团”）成立于 1983 年 7 月，现已发展成为一家以畜禽养殖为主业、配套相关业务的跨地区现代农牧企业集团，是中国企业 500 强之一、农业产业化国家重点龙头企业、国家级创新企业。集团主营肉鸡、肉猪的养殖及销售，兼营肉鸭、奶牛、蛋鸡、鸽子的养殖及其产品的销售，2021 年实现营业收入 649.55 亿元，总资产达 965.66 亿元（内部审计数据）。

【经营概况】 2021 年，广东温氏集团财务有限公司（以下简称“公司”）总资产 41.78 亿元，负债总额 31.21 亿元，贷款余额 14.04 亿元，不良贷款率为零；全年累计实现营业收入 0.61 亿元、净利润 0.28 亿元。

【信贷业务】2021 年，公司累计投放贷款 174 笔、金额 8.20 亿元，其中，投向养猪业 5.12 亿元，投向养禽业 3.08 亿元；成功为集团成员单位广东温氏佳润食品有限公司发放首笔“碳中和”贷款 35 万元，支持养殖业环保治理升级。

【资金集中】2021 年，公司试点上线了 2 个资金独立子集团和 4 个现金管理平台，有效加强对集团资金的统一管理，为开展全面结算融合专项工作打开了良好的局面。共有 91 家成员单位纳入公司管理，累计归集成员单位资金 199.54 亿元，累计付款 251.90 亿元。

【业务创新】2021 年，公司狠抓业务资质取得了良好成效。一是成功落地了首笔固定收益类有价证券投资业务，进一步提升了资金使用效率；二是成功办理了首笔人民币同业拆借业务，全年累计同业拆入 12 亿元；三是成功开出首张电子银行承兑汇票，全年累计签发银行承兑汇票 322.29 万元；四是获得银保监会批准开办承销成员单位的企业债券业务，为服务集团发债夯实基础。

【风险与内部控制】公司践行合规经营理念，充分落实“三会一层”的公司法人治理机制，持续深化党的领导与公司治理的有机结合。2021 年，公司全面加强风险与内部控制管理，一是梳理了制度管理体系，新增制度 16 项、修订制度 9 项、废止制度 5 项；二是落实从严治企，组织对 6 个专项审计项目和 1 个自查评估项目进行内部稽核检查；三是强化合规风险警示教育，开展合规专题、反洗钱等各类培训 13 场次，进一步提升了风险管控能力。公司各项业务风险管控良好，主要监管指标均优于法定监管标准。

【人力资源管理】2021 年，公司响应集团勇于担当谋改革的管理要求，探索建立符合“多创多享”导向（收入分配以创造价值为导向，创造价值越高，在分配中获得的回报越高）的人力资源体系，先后出台公司绩效管理办法及人才库管理办法，完善按价值创造获取价值回报的激励机制。同时，面向同业等重点业务设立了金融市场部，从管理制度、岗位职责、人员配备、流程控制、考核评价、业务授权机制等方面加强建设，助力其在金融市场发挥重要作用。

【信息化建设】2021 年，公司贯彻科技赋能，落实降本增效，以创新项目为抓手推进信息系统建设，成功上线电子商业汇票系统、同业拆借交易系统、投资管理系统等重要业务系统，以及金融基础数据统计系统、EAST 报表系统及利率报备系统，有效保障和支持公司各项业务稳健高效发展。

广西交通投资集团财务有限责任公司

【集团概况】广西交通投资集团有限公司（以下简称“集团”）成立于2008 年7 月，是广西壮族自治区政府批准成立的国有独资大型企业集团，主要承担广西高速公路、铁路建设发展任务，是自治区重要投融资平台和国有资产经营主体。截至 2021 年 12 月 31 日，集团注册资本 301 亿元，总资产 5350 亿元。2021 年完成营业收入 593.51 亿元，利润总额 21.98 亿元，新增高速公路通车里程 320.50 公里，全区高速公路通车里程突破 7000 公里。

【经营概况】2021 年，广西交通投资集团财务有限责任公司（以下简称“公司”）实现营业收入 7.04 亿元，利润总额 5.66 亿元，资产总额 207.19 亿元，国有资产保值增值率为

111.17%，不良贷款率为零，实现经营业绩和风险防控双丰收。

【信贷业务】公司持续优化信贷资源配置，加大对集团主业的信贷支持力度，累计为12家成员单位新增授信176.6亿元，2021年授信总量突破340亿元，较年初增长50.71%。累计发放贷款74.42亿元，2021年末贷款余额为105.27亿元，不良贷款率持续为零。公司全面深化交通建设板块产融结合，高效推进集团建设项目的银团牵头组建工作。公司作为联合牵头行完成9个高速公路项目合计562.74亿元的银团组建工作，实现公司首个百亿元银团项目的牵头组建。

【资金业务】公司通过采用日间机动清扫和日终全面清扫相结合的手段，有效解决集团内部闲置资金和短缺资金的矛盾。依托集团资金调度会，严格落实月计划、周计划以及财务公司日头寸，按照“双向控制、动态执行、自主安排”的原则，严控资金流向，进一步加强资金集约化管理。公司不断提高资金统筹调配能力，多措并举提高资金运作效益，采取多产品“捆绑”谈判，尽力争取最优的资金存放价格，充分利用金融牌照优势，积极参与银行间市场合作，通过质押回购、同业拆借等业务低成本融入资金，在满足资金需求的同时有效提升了资金的运作效率。

【投资业务】2021年，公司稳步推进有价证券投资业务向流动性管理工具转型。一是积极应用债券借贷工具盘活信用债资源，将流动性欠佳的企业债质押换入流通性高的利率债，增强交易机会，全年债券借贷交易额突破36亿元。二是大力为公司质押回购提供高等级质押券，为公司持续注入流动性，保持投资规模，保障投资收益。三是大力拓展银行现金理财、货币市场基金等投资品类，进一步充实流动性管理工具箱。积极拓展银行活期理财、货币基金投资等业务，在增强资金头寸调度灵活性的同时维持资金收益的比较优势。2021年公司实现投资综合收益6790.70万元，不良投资率持续为零。

【票据业务】公司在集团高速公路项目全面推广票据业务，实现7个新建高速公路项目的票据业务落地，有力保障项目建设顺利推进。构建覆盖全集团成员单位、所有票据业务品种、票据完整生命周期的票据集中管理体系，进一步统筹集团货币资金与票据资金管理。

【外汇业务】2021年，公司充分利用人民币持续升值，海外融资成本相对较低这一契机，促成境内成员单位通过跨境资金池便利通道，以低于境内的优惠贷款利率向境外银行借款归还到期信用证，有效促进境内外资金联动，降低融资成本，扩大跨境资金池效能。

【风险管理和内部控制】开展“内控合规管理建设年”活动，大力推动制度再梳理和后评价工作，建立健全202个规章制度，覆盖全业务流程。以排查、防控、内审实施精细化风险管理，针对流动性风险和市场风险开展压力测试，聚焦公司业务发展和内控管理中的重点领域开展32项风险排查、11项审计稽核项目，建立内外部审计问题库，实行清单式销号管理模式，审计问题得到全面整改。

【企业文化建设】公司党支部持续打造金融特色“品质党建　品质金服”文化品牌，结合党史学习教育开展特色“铭记党史迎百年，淬炼金融新使命”七个一系列活动，科学运用“党建三联模式”，党支部与基层党建第十协作区开展结对共建，党小组组建“交投先锋+”服务团队深入成员单位提供个性化金融服务，党员发挥先锋模范作用，开展“学习党史办实事金融服务暖民心”实践活动，解决成员单位融资、保险、系统等方面的需求。党建品牌和企业文化建设被中国文化管理协会评为“新时代企业党建实践创新优秀成果”。

【人力资源管理】公司各项人才培养工作顺利开展，一是进一步健全统一部署、分层实施的培训管理体系，持续推进高层次人才、“瞪羚人才”、“交投生力军”、金融讲堂等各类人才培训工程。二是根据公司“十四五”规划战略制定年度人才工作要点，出台年度培训计划，坚持人才培养上承公司战略、下接人员绩效的工作方向。三是坚持激活人才存量。

【信息化建设】公司持续推动数据治理科学化、规范化工作。成功上线银保监 EAST 系统，把银保监非现场监管、利率报备、金融基础等多类数据纳入统一监管报送平台，实现数据的集中统一采集、检核、上报，大幅提升效率和数据利用价值。实现公司业务系统与集团财务核算系统、资金管理平台互联互通，进一步提升银企直连平台承载能力和运行效率，有效促进公司业务系统与第三方系统平台之间的数据融合和共享。

广州发展集团财务有限公司

【集团概况】广州发展集团股份有限公司（以下简称“集团”）是广州市大型国有控股上市公司，连续 9 年上榜中国企业 500 强，荣获“广东上市公司综合实力 10 强”等称号。集团围绕建设国内领先的绿色低碳综合智慧能源企业集团战略定位，着力打造电力、能源物流、燃气、新能源及能源金融等业务协同发展的产业体系，能源供应辐射华南及粤港澳大湾区，外延至华北、华东、华中、西南地区；主要股东包括广州产业投资控股集团有限公司、中国长江电力股份有限公司、西藏亿纬控股有限公司等。

【经营概况】广州发展集团财务有限公司（以下简称“公司”）在严格依法依规经营、有效防控金融风险的基础上，加大资金归集力度，为成员单位提供优质的金融服务，实现了集团资金管理集约化，资金使用和资金运作高效化，显著降低了集团财务成本。2021 年末，公司资产总额 74.02 亿元，负债总额 61.94 亿元，所有者权益 12.08 亿元，全年实现净利润 7275.18 万元，整体经营呈稳健发展态势。

【服务实体】2021 年，公司坚持从集团利益最大化出发，秉承“服务集团、服务主业”的经营宗旨，通过存贷两条线的利率下浮优惠及手续费减免政策，努力降低集团及成员单位的财务成本，进一步提升服务质效，为集团高质量转型发展提供了源源不断的内生动力。

【信贷业务】公司全力保证成员单位资金需求，注重绿色信贷业务，将环保理念、绿色信贷融入业务经营之中，重点加强光伏发电、风力发电和天然气发电的融资力度，2021 年共向成员单位发放自营贷款 68 笔、金额 48.04 亿元。2021 年日均存贷比为 65.18%。全年共支持绿色信贷项目 12 个，金额合计 8.73 亿元。

【资金业务】为优化业务结构，提升资产业务收益，拓宽资金来源渠道，公司在保证资金流动性和安全性的前提下，积极拓展有价证券投资业务新品种。截至 2021 年末，有价证券投资余额 7.95 亿元，收益率高于同期同业存放年利率，提升了公司的资产收益能力。

【资金集中】公司始终把安全、高效地为集团和成员单位提供资金结算服务放在第一位，与多家商业银行结算系统正常对接，实现电子支付，为集团成员单位提供安全、快捷的结算服务。2021 年全口径资金集中度约为 50%，全年吸收存款日均余额 52.5 亿元。

【风险管理和内部控制】2021 年，公司以监管部门风险管理规范为依据，结合实际风险情况，将信用风险、操作风险、流动性风险等风险的控制和管理贯穿于各项日常工作中，不断强化风险的事前、事中、事后管理及对关键风险的日常监控和风险应对措施的落实。公司成立至今未发生重大风险事件，确保了公司整体经营风险处于可控状态。

【信息化建设】公司为成员单位提供便捷的信息化服务。2021 年进一步完善信息系统功能，完成人民银行的金融基础数据报送、利率报备数据报送及银保监局的监管数据标准化数据报送三个监管数据采集报送项目，达到业务及监管要求。建成数据库审计系统，提升存储系统配置。完成信息系统漏洞堵塞、升级安防设备、虚拟机双机主备、巡检应急机制等多项工作，并顺利通过等保二级测评，提高公司资金信息系统运行的安全性能，保障金融业务稳定开展。

【企业文化建设】 2021 年是中国共产党成立 100 周年，也是“十四五”开局之年。公司继续以习近平新时代中国特色社会主义思想为指导，全面落实从严治党主体责任和党风廉政建设主体责任，以党建品牌建设为抓手，以产融结合为核心，以“依托集团，服务集团”为宗旨，团结一心、共克时艰，全力做好“六稳”工作，落实“六保”任务，为集团能源保供、实现绿色低碳高质量发展构筑起坚强的金融服务支点。

广州港集团财务有限公司

【集团概况】 广州港是千年海上丝绸之路始发港之一、华南最大综合性主枢纽港和集装箱干线港，是广州打造国际综合交通枢纽、建设国际化大都市的重要战略支撑，是华南地区连通世界的重要门户。广州港集团（以下简称“集团”）是广州港的核心龙头企业，成立于 2004 年 2 月 26 日。2021 年，集团完成货物吞吐量 5.51 亿吨、集装箱吞吐量 2303 万 TEU，同比分别增长 3.60% 和 6%，拥有集装箱航线总数超 200 条，班轮航线覆盖国内及世界主要港口。2021 年，广州港货物吞吐量位居全国第四、全球第四，集装箱吞吐量位居全国第四、全球第五。截至 2021 年末，广州港集团总资产超 500 亿元，控参股公司近 200 家，现有工人近 2 万人。

【经营概况】 广州港集团财务有限公司（以下简称“公司”）于 2020 年 10 月 20 日正式挂牌营业。公司建立以股东会、董事会、监事会及管理层为主体的“三会一层”的治理架构，实行董事会领导下的总经理负责制。公司以加强集团资金集中管理和提高集团资金使用效率为目的，为集团成员单位提供优质的金融服务。截至 2021 年末，公司实收资本 5 亿元，总资产超过 44 亿元。

【服务实体】 公司致力于支持集团核心主业建设，累计为集团核心港口及重点建设项目核定超过 30 亿元授信额度，其中包含 10 亿元长期项目贷款，支持粤港澳大湾区首个全自动化码头建设。未来，公司将继续紧跟集团发展战略，服务实体主业。预计广州港南沙港区每年的集装箱吞吐量将超过 2400 万标准箱，港区整体能力提升将促进规模运输的优势凸显，将成为泛珠三角经济腹地全面深度参与“一带一路”建设的出海大通道。

【信贷业务】 加大信贷投放力度，公司信贷投放于集团核心港口业务板块的占比超过 90%。公司通过全力支持南沙港区建设、冷链物流项目和珠三角泛珠港口发展，助力集团“一核两翼多支撑”港口群联动协同发展新格局。在加大信贷投放力度的同时，公司积极让利成员单位，贷款利率普遍低于其市场融资水平，为集团有效降低了财务成本。

【资金业务】 2021 年，公司资金业务主要为存放同业业务，整体运行较为稳健，发展质量较高。公司核心业务系统开发上线了预算管理模块，通过预算管理提前掌握成员单位大额支付信息，有利于公司优化资金运用结构，合理安排资金计划，提升资金效益。

【资金集中】 公司始终把对集团成员单位的服务放在第一位，竭诚为成员单位提供高效安全的服务。截至 2021 年 12 月 31 日，公司为集团 78.26% 的成员单位开立账户，与 3 家银行建立银企直连，实现归集成员单位主要商业银行账户。2021 年全口径资金集中度超过 55%。

【业务创新】公司于 2021 年 6 月 30 日上线了基于新一代金融科技手段建成的“代发工资功能”并成功运行，为成员单位提供了 3 家银行同行或跨行批量代发工资、补贴、报销等业务，提供了代发通道更多、结算更便捷、发放效率更高的结算选择。在财务系统和核心业务系统成功上线电子银行回单、智能开具增值税发票、线上费用报销及增值税自动申报等新功能。上述功能的实施运用，打破了“数据孤岛”的局面，实现业务系统、财务系统和税务系统三个系统数据的互联互通，有助于公司在防范风险的同时提质增效，助力财务转型升级。

【风险管理和内部控制】公司坚持内控先行，以合规管理为核心，大力开展合规教育培训，扎实开展“内控合规管理建设年”活动；组织开展“内控制度建设回头看”，全面梳理内控制度，2021 年根据管理需要持续制定、修订和完善制度，进一步完善风险管理和内部控制体系；不断夯实内控管理基础，积极开展风险排查，构建风险监管指标监控体系，实施按周监测，执行定期风险分析会制度，规范业务操作流程，加强风险的自我评估，夯实合规文化建设基础，持续提升全员合规意识，深化全面风险管理，为公司稳健发展提供重要支撑和坚实保障。

【人力资源管理】结合公司特点构建“三化”绩效考核模式。根据部门绩效目标每年年初分别分解下达考核指标，实行指标设置和权重部门差异化；实施季度考核，加大考核频度激发员工动能更大化；考核部门与考核个人相结合，促进团队和个人协调进步一体化。积极探索创新人力资源管理，推动员工薪酬与公司整体业绩、部门绩效和个人考核挂钩，员工职业发展与个人考核挂钩，公司追责与绩效考核挂钩。进一步落实董事会下达给公司的各项经营指标，提升薪酬管理控制力。该模式实施以来起到了较好的激励作用，为公司发展和生产经营提供了有力支持。

【信息化建设】2021 年，公司持续加强信息化建设，重点对信息化制度建设、业务系统建设、基础设备建设和数据安全建设等方面进行优化。在不断完善内控管理制度、有效防范信息操作风险的同时，持续进行业务系统流程改造和功能优化，年度内共完成 96 个需求开发，创建多个特色功能，大大提升了业务系统的易用性和适用性，提高了工作效率。公司注重做好日常基础设施管理和维护，加强网络安全建设，利用各种先进的技术手段做好数据保护工作，确保业务系统连续和安全运作。

【企业文化建设】公司始终把党的政治建设摆在首位，把学习习近平新时代中国特色社会主义思想和党史学习教育作为年度重大政治任务。建立了每周政治学习制度，坚持以“线上 + 线下”的方式持续开展学习。充分利用新媒体工具搭建线上学习平台，通过 APP 和各种平台开展知识学习和测试，加强党史文化传播。组织党员通过观看党建教育视频、主题活动、参观专题文化展和红色教育基地等系列活动，充分利用各种资源现场教学，回顾党的光辉历程和伟大成就，鼓舞员工斗志，厚植爱党爱国情怀。

广州汽车集团财务有限公司

【集团概况】广州汽车集团股份有限公司（以下简称“集团”）列 2021 年世界 500 强企业第 176 位。集团秉承“人为本、信为道、创为先”的企业理念，截至 2021 年，集团已累计向社会提供超过 2044 万辆汽车、1830 万辆摩托车，汽车产销连续三年突破 200 万辆。

【公司概况】2021年，全球经济形势复杂严峻，面对这一系列外部严峻环境，广州汽车集团财务有限公司（以下简称“公司”）积极担当、主动作为，抢抓先机，提前筑牢业务基盘。2021年，公司资产总额265.85亿元，不良资产率为零。

【服务实体】一是不断提高库存融资业务覆盖率，扩大服务范围。截至2021年12月末，累计完成888家经销商库存融资业务批复，较2020年增长186.45%，为经销商提供资金支持，助力主机厂销售。二是上线公司官方微信小程序，实现免Key登录，节约制Key成本，三年累计可节约150万元，是公司首次利用手机开展结算业务。三是进一步推进询证函数字化建设，客户可通过网银一键查询14项询证项目数据。四是公司电子回单全面升级，回单模板统一化，回单生成速度提高85%；新增回单防伪验证码，创建防伪查询通道。

【信贷业务】2021年为企业累计发放贷款同比增长113%，企业累计贷款日均同比增长27%。同时，充分发挥财务公司的信用，为成员企业向广州海关、武汉海关、杭州海关开具关税保函，为成员企业减免保函费用。

【产业链金融】公司持续大力推动库存融资业务，为集团30.2万台车辆提供库存融资支持。为了不断提升产业金融服务能力，公司开展融资租赁业务试点，为成员企业200台车辆提供融资支持。2021年累计为500家经销商降低库存保证金；2021年第四季度满足主机厂紧急增额需求，累计为150家经销商增额6亿元，缓解经销商资金压力；2021年3—5月，公司考虑到北京市新能源指标发放延迟及年初疫情影响，延长经销商2021年3—5月到期的分期款还款期限，延期后经销商在2021年3—5月期间内无分期还款，用金融支持绿色低碳循环发展；2021年7月，河南地区遭遇特大暴雨灾害，为支持受影响中小微企业经销商抗灾纾困，公司针对在河南洪灾中受灾的经销商授信额度项下存量借据最长期限延期至360天，并对7月份库存融资利息费用进行全额豁免。

【投资业务】2021年，公司开展了货币基金、债券基金、银行理财产品、资产管理计划的投资，综合收益良好。

【资金集中】2021年，公司进一步深化与主机厂的合作，专项制定了年度金融服务方案，存款规模实现稳步增长，全资控股企业日均归集率达69%。

【业务创新】2021年，公司在取得成员单位产品融资租赁业务资质后开展非成员企业业务试点，并于2021年12月末实现首笔非成员企业融资租赁投放。紧贴产业链特点的“产销贷”由于高效便捷的线上化体验，使用对象已从主机厂扩大到零部件供应商。

【风险管理和内部控制】内部控制方面：一是推动开展2021年部门质量控制自检，对四大流程共14个一级流程、35个二级流程进行自查；二是开展银行对账、库存融资、有价证券投资等六项重要业务内控检查；三是开展3个专项审计、1个年度常规审计项目。风险管理方面：控制不良资产率为零，内外部各项检查未发现明显缺陷，各项业务符合监管部门及集团合规管理要求，2021年未发生风险事件。信用风险管理方面：新建及修订11个授信相关制度、新建2项风险政策；落实贷前、贷中、贷后全流程管理各项措施；对新发放的融资租赁业务及新投资的资管计划两项新业务重点把控；完成新的信用评级模型投产及使用、开通人民银行征信系统查询功能，成为广东省内第一家拥有自主评级模型的财务公司及新增开通二代征信查询的持牌金融机构。流动性风险管理方面：建立流动性定期沟通机制，按月总结流动性情况，并进行流动性压力测试，提出流动性风险应对措施，向管理层及时报告流动性风险，流动性风险整体可控。合规风险管理方面：对融资租赁等新业务进行合规风险评估，把握新业务合规风险；根据人民银行反洗钱新规及明示贷款年化利率要求，对反洗钱相关制度及贷款格式合同进行修订，落实外规内化要求；开展11次合规培训，培训对象覆盖“董监高”、中层干部及普通员工，包括反洗钱、融资租赁业务、印章管理及监管新规等多方面内容，进一步增强全员合规意识。操作风险管理方面：持续开展内控流程梳理、内控检查及落实整改；持续优化信贷及结算业务系统，实现贷审会运作线上化，降低人工操作差错率；开展业务连续性演练及信息系统应急演练，防范业务中断风险。2021 年未发生重大操作风险事件。

【信息化建设】2021 年，公司开展征信系统、监管数据报送系统、利率报备报送（IMAS）系统、BI 系统优化项目、态势感知系统、反洗钱黑名单等项目建设。同时，对核心业务系统、产业链金融系统、OA 办公系统进行持续优化和新增业务功能。有效支持了业务开展，有效支持并完成监管要求的各项数据报送，支持公司拿到企业征信查询资质。积极开展自主研发，自主研发团队 2021 年完成了智能化运维监控系统的优化、按时完成利率报备报送（IMAS）系统的开发和上线及 BI 入仓优化。

贵州茅台集团财务有限公司

【集团概况】中国贵州茅台酒厂（集团）有限责任公司（以下简称“集团”）是以贵州茅台酒股份有限公司为核心企业，涉足产业包括白酒、保健酒、葡萄酒、金融、文化旅游及白酒上下游等。主导产品贵州茅台酒历史悠久、源远流长，具有深厚的文化内涵，1915 年荣获巴拿马万国博览会金奖，与法国科涅克白兰地、英国苏格兰威士忌并称“世界三大（蒸馏）名酒”，其酿制技艺入选国家首批非物质文化遗产代表作名录，是一张香飘世界的“国家名片”。

【经营概况】贵州茅台集团财务有限公司（以下简称“公司”）坚持优化制度和流程的瓶颈环节，补足核心业务系统的短板弱项；落实前、中、后台各司其职、各负其责、相互制约的风险防控机制；拓宽资金运用渠道，提供多元化的产业链金融服务；克服新冠肺炎疫情影响以及宏观经济下行、利率大幅下降等不利因素影响，公司转型发展成效初显。

【服务实体】公司立足功能定位，有力地促进实体经济发展。2021 年合计为成员单位发放贷款 35.1 亿元，向经销商发放买方信贷 300 万元。截至 2021 年末，公司各项贷款余额 35.13 亿元。

【信贷业务】公司积极了解成员单位的生产经营状况，共计对 19 家成员单位开展了实地走访。在风险可控的前提下，公司加强集团成员单位的信贷支持，对成员单位贷款利率执行 LPR 不增加基点，有效降低成员单位的融资成本。

【产业链金融】公司积极联系成员单位，对接经销商客户，通过走访调研了解经销商的产品销售及经营情况，持续完善买方信贷业务相关制度及业务流程，2021 年发放买方信贷 300 万元。

【资金业务】公司坚持市场定价原则，参照 Shibor 定价，形成报价对比机制，在授信总额控制下按照“价格优先、效率优先”的原则选择交易对手；建立集体决策机制，资金业务经资金交易与定价决策委员会全票通过方可进行，明确交易对手、交易价格，最终完成交易流程。

【投资业务】公司积极参与银行债券的申购，拓宽资金运用渠道，2021 年完成银行债券投资 1.5 亿元。

【票据业务】公司 2021 年完成了上海票据交易所的票据系统上线工作，2021 年为成员单位开立电子银行承兑汇票 130 万元。

【资金集中】公司坚持以“制度化、标准化、系统化”为核心，与各商业银行建立系统直连，根据各成员单位的情况对直连银行账户进行归集。同时，非直连银行配合各成员单位手工进行资金归集。

【风险管理和内部控制】2021 年，公司前、中、后台各部门协力筑牢风险防控“三道防线”，健全各司其职、各负其责、相互制约的风险防控机制，加强业务管控和稽核审计，防范业务风险，保障资金安全，确保公司合规稳健经营。

【人力资源管理】强化员工培训，积极参加人民银行、银保监局、中国财务公司协会和集团等机构组织的各类业务培训，全面提高不同岗位、层次员工的职业素养；紧跟形势动态，立足工作需要，组织员工学习最新政策法规；围绕警示教育，开展典型案例学习，以案促改。

【信息化建设】为满足监管要求和业务需要，持续推进公司相关系统建设。2021 年共优化公司核心系统功能 80 余项。同时，完成金融基础数据、标准化监管数据（EAST）、利率报备系统的开发并进行数据报送，完成超融合一体化软硬平台建设，完成反洗钱系统上线。

【企业文化建设】公司工会积极关怀员工及其子女成长，组织文体活动丰富职工生活，鼓励职工爱岗敬业，提升职工的凝聚力、感染力；大力推进“文化茅台”建设，提升职工对公司的认同感、归属感；组织庆祝中国共产党建党百年朗诵比赛，引导广大党员群众深入了解中国共产党一路走来的波澜壮阔历程，进一步坚定永远跟党走的理想信念。

贵州盘江集团财务有限公司

【集团概况】贵州盘江煤电集团有限责任公司（以下简称“集团”）是经贵州省政府批准的省管大型国有企业，是我国长江以南最大的煤炭企业。2021 年集团全力聚焦煤电主业，煤炭产能、产量实现快速增长，综合实力显著提升。全年生产原煤 2788 万吨、焦炭 751 万吨，供应电煤 1693 万吨，发电 88.3 亿千瓦时。集团列 2021 年中国煤炭企业 50 强第 14 位，比 2020 年提升 7 位；列中国能源集团 500 强第 81 位，同比上升 26 位；连续两年进入中国企业 500 强。集团是国家能源局高质量发展工作机制 24 户重点煤炭企业之一。

【经营概况】贵州盘江集团财务有限公司（以下简称“公司”）持续推进全面风险管理，公司的票据直连、线上清算、票据再贴现、“三项制度”改革等重点工作取得突破，各项监管指标持续向好，继续保持无不良贷款、无不良资产，各类案件和重大差错事故为零的良好形势。2021 年实现营业收入 6319.07 万元，较上年减少 76.19 万元，减幅为 1.19%；净利润 3953.15 万元，较上年增加 131.4 万元，增幅为 3.44%，全面完成集团考核目标，实现“十四五”良好开局。

【服务实体】充分发挥“内部金融服务，辅助集团管理”的功能作用。提升票据结算的时效性和便利性，全力以赴完成公司业务系统与上海票交所系统直连，并开通线上清算功能，实现成员企业票据“全流通、一日办”目标。拓宽融资渠道、降低融资成本，与人民银行对接办理再贴现业务，引入低成本资金 4.29 亿元，争取同业授信规模 3.3 亿元。持续减费让利，2021 年累计为成员企业增收节支 940 余万元。

【业务创新】强化功能发挥，成功办理公司成立以来的首笔保函业务，通过 ECDS 系统成功办理首笔商票贴现业务、首笔商业汇票到期托收业务和首笔自收自办的票据贴现业务，公司业务实现新突破。

【风险管理和内部控制】制定实施《资本管理办法》《信用风险管理办法》《洗钱和恐怖融

资风险自评估办法》《洗钱和恐怖融资风险管理实施办法（试行）》，完善各治理主体议事规则和权责清单，将“内控合规管理建设年”活动与合规警示教育培训和“八五”普法一体推进，深化内部审计监督，对公司的资产项目、薪酬执行、资产五级分类进行审计稽核，并持续督导发现问题整改，公司治理更加规范，风险合规文化更加浓厚。

【人力资源管理】落实集团改革三年行动实施方案，建立公司高管任期制和契约化管理机制，实施员工年度经营绩效考核及岗位履职考核评价工作，公司考核激励机制进一步完善。

【信息化建设】持续优化公司综合业务管理系统功能，同时根据监管报送和工作需要，上线运行利率报备系统、监管数据标准化采集系统，完善 ECDS 线上清算和 CA 身份认证功能，牵头建设集团资金管理系统，打通并实现公司综合业务管理系统与集团资金管理系统、商业银行网银系统的安全互联和数据交互。

【企业文化建设】编制公司发展战略规划，明确“十四五”目标及远景发展目标。总结提炼企业文化，编制《公司企业文化手册》，规范公司标识使用。深入开展党史学习教育，把“发展为了职工、发展依靠职工、发展成果由职工共享”理念贯穿于学习教育始终，职工“获得感”得到提升。

国机财务有限责任公司

【集团概况】中国机械工业集团有限公司（以下简称“集团”）成立于 1997 年 1 月，是中央直接管理的国有重要骨干企业，拥有 28 家直接管理的二级企业、13 家上市公司、591 家海外服务机构，列世界 500 强企业第 284 位、中国机械工业百强首位。2021 年末，集团资产总额 3649 亿元，营业收入 3693 亿元，利润总额 96.80 亿元，全面完成经营预算目标。

【经营概况】面对复杂的经营环境和艰巨的改革发展任务的新挑战，国机财务有限责任公司（以下简称“公司”）扎实推进“十四五”规划，呈现高质量发展新态势。2021 年末，公司资产总额 455.27 亿元，负债总额 422.44 亿元，所有者权益总额 32.83 亿元，利润总额、净利润首次分别迈上 4 亿元、3 亿元新台阶，圆满完成“十四五”开局之年的经营目标。

【服务实体】公司聚焦集团核心主业，按照集团“四型”（强化型、关注型、优化型、调整型）业务布局，着力于提质增效，将信贷、结算、同业、投资、外汇等金融资源向战略导向的重点领域、重点企业、重点业务倾斜，助推集团主业发展。

【信贷业务】公司紧跟集团战略，深入调研企业需求，多渠道拓展信贷业务。一是战略导向拓展，为重点装备制造企业提供信贷支持，制造业贷款余额同比增长 34.90%。二是市场导向拓展，为供应链企业提供专项信贷，满足阶段性需求。三是项目导向拓展，积极对接和深入挖潜企业项目融资需求，全年发放 30 多个专项贷款，金额 20.11 亿元。四是新理念导向拓展，贯彻落实“双碳”理念，积极开展绿色能源信贷；护航小微企业发展，全年各类小微贷款同比增长 77.82%。

【产业链金融】公司不断完善产业链金融业务模式，积极推广延伸产业链票据、代开银行函证、融资租赁、买方信贷等产业链金融产品，年末业务规模 25.08 亿元，服务成员企业 27 家，惠及上下游客户 116 家，产业链金融业务的服务广度与深度得到延展。

【资金业务】2021 年 9 月，公司存款规模经历峰谷大波动。谷底阶段，公司以部门协同管控机制共享信息，做实做细头寸管理，拓宽外源性融资渠道，细化融资节奏安排，确保流动性安全和信贷资金需求；高峰阶段，公司积极研究市场行情，合理控制备付资金，多元化配置同业产品，提升资金创效能力。经过峰谷大波动，公司资产配置渠道更加多元、方式更加灵活，资产负债管理能力得以增强。

【投资业务】公司按照审慎投资策略，跟踪市场动态，优化投资结构，压降权益类投资，增加国债、货币基金等免税固收类产品，增厚税后收益70个基点，主动增加低风险、流动性强的短期投资产品配置，满足流动性需求。同时，充分发挥财务顾问职能，协助集团完成银行间市场100亿元发债额度注册和发行交易所20亿元债券，协助成员企业完成11亿元债券发行工作，认购14.55%的发行量，利用同业资源，发挥杠杆功能，有效降低集团融资成本。

【票据业务】针对集团科研院所融资需求不足的特点，公司以财票作为日常结算工具挖潜创新，市场空间得到进一步拓展，全年成员单位通过财务公司电票系统开出的电票和财承同比分别提高6.70%和38.50%；同时简化银票贴现手续，提升了业务办理效率，银票贴现业务规模由此增加1.36亿元，惠及产业链上下游客户。

【外汇业务】公司紧跟集团国际化经营步伐和海外区域中心网络布局，搭建SWIFT－AMH查询平台，成功上线人民币跨境支付系统（CIPS），推动集团海外资金集中管控；外汇业务持续向深广度拓展，开展首笔净额轧差业务，即期结售汇和经常项目收付汇业务同比分别增长27%、32.70%，提升了公司外汇业务能力和服务质量。

【资金集中】公司着力提升客户服务和拓展结算渠道。在客户服务方面，公司聚焦重点客户和高潜客户，紧盯关键时期和关联交易，制定"一户一策"专项方案。在结算渠道方面，公司增强客户黏性，使开户覆盖率达到85%，同比提高13%；搭建SWIFT、CIPS新系统，使结算渠道走在行业前列。2021年末，全口径资金集中度为53.60%，同比提高8.50%；可归集口径资金集中度为81.80%，同比提高14.40%；存款余额421亿元，同比增长19.80%，资金集中度和存款规模双双迈上新台阶。

【业务创新】公司按照"十四五"科技赋能的战略部署，启动日常金融业务赋予机器人流程自动化。2021年公司自主研发银企回单交易对账、各币种科目日均取数和汇率取数、外汇局日报、投资业务监管报表、信息系统巡检、信贷业务到期报表等七项机器人流程自动化软件，获得国家版权局颁发的软件著作权。同时完成开发信贷业务线上办理系统，大幅提高办理效率，优化服务体验，释放人力资源。

【风险管理和内部控制】公司对标行业一流，找准痛点短板，完成"三会一层""三重一大"决策清单，明确职责权限；全面梳理专业委员会职责定位，提高内控决策效率；优化制度整体设计，开展分层梳理，完善内控体系；改善客户信用评级体系，精准开展客户评级；开展重大风险压力测试，形成常态化机制；研究重点风险企业，逐户制定化解方案；强化法规研究，提前制定法律风险管控措施；推动内审改革，强化整改落实机制，完善公司内控机制，丰富风险管理工具。

【人力资源管理】公司完成经理层契约化和任期制改革，强化董事会对经理层的考核与激励。设置管理与专业技术双通道，打开员工职业发展通道；强化绩效考核，考核结果与薪酬、工资调档、晋级关联，激发员工活力，形成干部能上能下、员工能进能出、薪酬能高能低的机制。制定年度计划开展分层次分类别业务培训，不断提高员工专业能力；调整部门及人员，提升与战略的匹配度；经社会招聘引入新型人才，优化专业人才配置。

【信息化建设】公司制定"十四五"信息化规划，完成信息化建设顶层设计。信息化建设进一步提速，项目和资金投入同比分别增长83%、57%，有序推进22个项目的实施，其中19个项目建成投产，包括：财企直连电子回单功能，为客户实现会计档案电子化提供技术支撑；实现与集团系统互联互通，提升服务集团的水平；开展数据治理，为智能监管、数据驱动经营奠定基础。配置安全设备，全面增强系统和网络安全防护，系统中断率、故障率处于行业较低水平。

【企业文化建设】公司制定发布以“合、专”为核心内涵的企业文化规划，“合”即“合作共赢”，融合集团战略、整合内外部资源、合规经营；“专”即“专业致臻”，产业链综合金融服务专家、专业素养、专注于服务集团。公司坚持以“廉洁从业、诚信守法、行为规范、道德高尚”为核心理念的清廉文化，融入公司企业文化建设与党风廉政建设全过程，与中华民族优秀传统文化相融合，与优良家风建设相融合，形成清廉金融文化建设的长效机制。

国家电投集团财务有限公司

【集团概况】国家电力投资集团有限公司（以下简称“集团”）是中央直接管理的特大型国有重要骨干企业，成立于2015年7月，是我国五大发电集团之一，是全球最大的光伏发电企业，列2021年世界500强企业第293位，业务范围覆盖46个国家和地区，员工总数13万人，拥有62家二级单位，其中5家A股上市公司、1家香港红筹股公司和2家新三板挂牌交易公司。集团肩负保障国家能源安全的重要使命，负责牵头实施大型先进压水堆核电站、重型燃气轮机2个国家科技重大专项，是“能源工业互联网”平台建设任务的主责单位，也是国务院国资委确定的国有资本投资公司试点企业。

【经营概况】国家电投集团财务有限公司（以下简称“公司”）坚持创新引领、稳中求进，实现公司高质量发展，经营业绩创历史新高。截至2021年末，注册资本金75亿元人民币，资产总额598.77亿元，不良资产率和不良贷款率为零，各项指标符合监管要求。

【服务实体】2021年，公司深化产融结合，创新金融服务模式，设立150亿元信贷资金池，重点支持集团综合智慧能源项目；落实能源保供要求，设立50亿元保供专项资金池，支持火电产业保电保供，多措并举确保实体企业良性发展。

【信贷业务】公司加大对清洁能源项目的投放力度，2021年累计发放清洁能源贷款436.1亿元，清洁能源贷款投放占比超60%；为集团县域开发提供金融服务超212亿元；积极拓展产业链金融服务，累计办理集团上游产业链金融业务25.1亿元；推广电子票据业务，全年累计办理承兑汇票42.5亿元；拓展同业票据资产合作渠道，提高信贷资产流动性。

【资金业务】公司主动应对市场变化，调整运作策略，保障资金安全、高效运作。扩充交易渠道，交易对手由76家增至85家，外部同业授信总额度620亿元。加强同业备付资金管理，增加高流动性投资产品及贴现资产作为三级备付手段，不断提高公司流动性管理水平。

【投资业务】投资品种、投资规模和风险限额符合监管要求，投资指标合规达标。投资品种以金融债、货币市场基金、银行理财等中低风险产品为主，中低风险产品日均规模占比超60%。投资的集团2021年度第一期“碳中和”绿色中期票据为全国债券市场上首批“碳中和”债券之一。

【外汇业务】根据集团成员企业需求，向外汇局申请跨国公司跨境资金集中运营管理业务资格的变更备案及登记工作。2021年，该业务累计备案企业221家，完成上海电力香港首笔0.5亿元跨境人民币资金归集，累计办理跨境资金归集折合人民币7.34亿元。

【资金集中】公司强化资金集中日常管理，

建立重大资金归集协调机制，定期开展检查监督，形成一套契合公司特点的、较为完善的资金集中管理体系；严控账户“资金总闸门”，2021年末全口径资金集中度为72.81%，全年可归集资金集中度达99%以上。

【业务创新】针对集团综合智慧能源新业态的特点，发挥与银行差异化互补的服务优势，创新推出“投标保函＋搭桥贷款＋中长期项目贷款＋1加1银团＋产业链金融”的项目全寿命周期融资新模式，实现从前期投资建设到后期运营维护的全流程金融服务保障，助力综合智慧能源发展。

【风险管理和内部控制】公司完善法律、合规、风险、内控四位一体机制建设，坚持“强内控、防风险、促合规”管理理念，开展业务流程风险联合专项排查，提升重点领域风险防控能力；发挥“大监督”机制作用，构建监督评价长效机制，严格缺陷台账管理；优化内控体系，健全内控合规治理架构。

【人力资源管理】公司加大优秀干部培养选拔力度，完善职业发展双通道，打通行政管理与专业技术两个序列转换通道；加强考核激励机制创新，推动薪酬分配向考核结果优秀的员工倾斜。坚持金融特色，健全全方位多层次的培训培养体系。

【金融科技创新】公司承建的集团全球司库信息系统于2021年1月上线运行，实现全集团金融资源管理一个工作平台、一个监控平台、一个运营平台、一个资金池、一个支付钱包的“五个一”目标，取得计算机软件著作权56项，获得中电联国际先进水平成果鉴定。司库系统成为央企资金管理标杆，接待近40家央企到访交流，品牌和产权影响凸显。

【企业文化建设】推动党史学习教育走深走实，通过召开庆祝中国共产党成立100周年大会、专题读书班、主题党日、专题党课等活动巩固学习成效；大力推进“红色百年、绿色能源”专项活动；结合集团党组“学习、研究、创新、落实”工作方法，创新“要点领学、解读分享、中心发言、集体研讨、落地举措”五步法开展中心组学习；积极宣贯践行集团价值公约，促进“新”文化落地。

国家能源集团财务有限公司

【集团概况】国家能源投资集团有限责任公司（以下简称“集团”）于2017年11月28日正式挂牌成立，是经党中央、国务院批准，由中国国电集团公司和神华集团有限责任公司联合重组而成的中央骨干能源企业，是国有资本投资公司改革、创建世界一流示范企业的试点企业，拥有煤炭、电力、运输、化工等全产业链业务，产业分布在全国31个省、自治区、直辖市以及美国、加拿大等10多个国家和地区，是全球规模最大的煤炭生产公司、火力发电公司、风力发电公司和煤制油煤化工公司。集团列2021年世界500强企业第101位。

【经营概况】国家能源集团财务有限公司（以下简称“公司”）由原神华财务公司、国电财务公司重组而成，于2020年10月26日揭牌成立。公司始终贯彻集团“一个目标、三型五化、七个一流”发展战略，立足公司“聚焦一个目标，建设三个平台，实现五个集中”功能定位，2021年资产规模达到1437亿元，实现利润总额（拨备前）28.27亿元。

【服务实体】高质量保障能源保供。2021年公司为95家火电企业投放贷款超582亿元，为17家火电企业提供贴现资金近53亿元；签署200亿元能源保供专项金融服务协议；创新燃料款结算模式，提供低成本资金超41亿元；协调外部金融机构组建58亿元天明项目银团，保障四川首座两台超超临界百万千瓦机组建成投产。高质量保障重点产业。为重点企业、重点项目提供贷款616.53亿元，为榆林煤化工提供15亿元长期项目贷款，开辟绿色通道解决青海玛尔挡项目前期资金需求7亿元，为河南水灾区域企业提供17亿元特别授信。高质量保障绿色转型。业务板块延伸至风电、光伏、水电、风机制造等行业，新签绿色贷款269.96亿元，绿色票据项目超7.80亿元；跟进集团绿色债券，探索碳交易路径，印发绿色金融手册。高质量保障集团降本增效。围绕集团整体利益最大化提供低成本资金，全年加权平均贷款利率降低44个基点以上，为集团减少外部支出29.17亿元。通过存款利率上调、贷款利率下调、减免手续费和服务费、提供各项金融服务等为集团贡献内部价值8.12亿元。每百亿元内部资金融通可降低集团资产负债率0.22%，有效支撑集团优化债务结构。

【信贷业务】2021年，公司自营贷款余额1077.85亿元，增幅为41.33%；委托贷款余额1095.93亿元，增幅为64.47%。践行需求“一窗口”对接、金融服务“一站式”提供、产品费率“一次性”优惠到位、审查办理“一条龙”落地的“四个一”金融服务承诺，全力做好金融保供。落实低碳转型战略，绿色贷款余额和增速双创历史新高。

【资金业务】公司开展资金调拨线上审批建设，加强同业利率执行情况的统计分析工作，推动同业利率询价议价，努力与股份制商业银行谈判争取优惠价格，提升存放同业的收益水平。2021年同业存放资金收益率（含存放央行）为2.01%，利息收入3.64亿元。

【投资业务】坚守“稳健型投资者”风险偏好，公司首次实现以债券投资为主、以同业存单投资为辅的发展新格局，投资收益3.55亿元。拓展交易对象，培育核心伙伴圈，获得外部授信911亿元，累计融入459亿元，保障资金收益和安全性。

【票据业务】从零起步开启票据业务，票据规模达180亿元。开启电票集中试点，与试点行开展票据池“总对总”合作，实现全流程集中管理。加强同业合作，携手外部商业银行打通票据转贴现通道。

【资金集中】实现集团上市公司金融服务协议全覆盖，关联交易限额提升超200亿元。提升资金归集质量，归集资金由重组之初的828亿元提升至年内1290亿元新高。清理低效闲置账户542个，优化压减合作金融机构12家，直连银行达到11家，账户覆盖近85%。开展金融协同业务试点，内部资金不落地初见成效。

【业务创新】公司率先引入挂牌创新工作室模式，挂牌个人创新工作室3个，持续开展创新活动超400工时。开展“国家能源杯”金融知识大赛和“服务实体产业，创新创效助发展”劳动竞赛，创新创效能力显著提升。全年产生创新成果20项，其中业务类成果14项，管理类成果6项。推进“一站式”综合金融服务平台建设，超短贷、项目前期贷、营运期项目贷迅速到位，保理、保函、并购贷款及时跟进，直租模式首笔融资租赁合同落地；构建同业票据生态圈，与农业银行推出“国能票E融”产品，与6家主流银行建立票据直转联动合作，承兑、贴现、转贴现等业务品种纷纷落地。

【风险管理和内部控制】公司建设风险、法治、内控、合规“四合一”体系，培育特色法治合规文化，开展“内控合规管理建设年”活动，重视法律审核把关，优化估算模型，提升关键风险指标管理能力。聚焦问题易发、多发领域，提升审计稽核质量，实现业务稽核全覆盖。

【人力资源管理】公司“三项制度”改革取得突破性进展，公开招聘人员比率达100%，打通干部选拔竞争机制和退出机制，中层管理人员退出比例达3.57%；形成覆盖全员的月度评选、季度评价、年度考核相结合的“1+3+1”绩效考核全链条评价模式，考核结果与薪酬、选拔、评优挂钩；构建新型薪酬管理体系，薪酬激励与经营业绩硬挂钩，浮动薪酬占比由66%提高至76%，同级收入差别超1.3倍；探索市场化激励机制，拓宽多元激励，激发干事

G

创业的热情。

【信息化建设】公司构建“1568”数字化转型总体框架。核心系统与上海票交所建立直连，建成全功能、现代化票据处理平台；上线在线清算功能，与银行机构具备同等票据清算权限；推出“委贷业务线上化1.0”，具备与银行产品同台竞争的实力。“国能金服APP”是行业首家金融数据服务移动应用平台，实现了自集团财务部至941家子分公司2400名用户全覆盖。

【企业文化建设】坚持以习近平新时代中国特色社会主义思想为指导，着力提升党委领导力、干部执行力和支部战斗力，以高质量党建引领高质量发展。大力宣贯集团企业文化体系，增强凝聚力；健全创新工作体制机制，激发组织活力，形成“全员创新”氛围。

【国际业务】公司先后取得外汇局跨境资金集中运营、人民银行跨境双向人民币资金池两项业务资格，多币种国内资金主账户及跨境人民币资金池账户全面开通，成功完成多笔多场景国际业务，上线跨境资金监控系统，跨境金融服务迈上新台阶。

国联财务有限责任公司

【集团概况】无锡市国联发展（集团）有限公司（以下简称“集团”），成立于1999年5月8日，是无锡市政府出资设立并授予国有资产投资主体资格的国有独资企业集团，注册资本83.91亿元。2021年，集团实现营业收入244亿元、利润总额31.84亿元，较2020年分别增长23%和30%。截至2021年末，集团总资产1620亿元、净资产500亿元，分别较2020年增长30.6%和27.6%。2021年，集团列中国服务业500强企业第251位，被评为江苏省国资系统先进集体，获得无锡市“真抓实干奖”。

【经营概况】2021年，国联财务有限责任公司（以下简称“公司”）坚持党建引领，树立“服务为本、合规为基、创新为源”的工作思路，紧贴成员单位金融需求，深入践行产融结合使命，优化提升资金管理平台功能，积极融入数字国联建设，切实为成员单位提供优质金融服务，全面完成年度各项经营指标和重点工作任务。全年实现营业收入1.96亿元，利润总额1.02亿元；截至2021年12月末，资产总额56.18亿元，负债总额48.46亿元，所有者权益7.72亿元。

【服务实体】2021年，公司一是通过利率下浮优惠及手续费减免等，全年累计向集团及成员单位让利约1000万元。二是利用与银行同业机构良好的合作关系，协调发放优惠贷款，贷款利率低于LPR 10个基点，极大节省成员单位融资成本。三是加大绿色信贷支持力度，首次创新开展合同能源管理项目贷款，契合其投资回收期限，支持集团绿色产业发展。

【信贷业务】2021年，公司扎实为集团高质量发展提供金融保障和金融助力。一是积极争取信贷规模，充分利用政策直达工具，累计放款约100亿元，办理再贴现约1902万元。二是积极开展非融资性保函业务，品种包括质量保函、履约保函、尾款保函、诉讼保函等；签发了自公司成立以来首张解除保全担保诉讼保函，释放成员单位受限资金约7055万元，各类表外业务规模再创历史新高。三是大力支持制造业企业，增加配置中长期贷款，帮助成员单位应对大宗商品和原材料价格波动风险，制造业中长期贷款比重较上年同期提升11.66个百分点。截至2021年12月末，公司各项贷款余额38.01亿元，同比增长16.85%。

【资金业务】2021年，公司严格执行资金计划，积极应对市场震荡变化。一是根据公司资产负债配置情况，除传统定（约）期外，增加了流动性较高的同业存单配置，全年累计发生额14.75亿元。二是积极维护同业活期存款利率，在维持良好流动性的同时，进一步提高公司各期限存款收益率。

【投资业务】2021年，面对疫情挑战和内外部环境的复杂变化，公司坚持稳健投资理念，积极开展业务创新，年内首次认购国债，并利用国债信用度高、流动性好的特点，顺利开展首笔国债质押正回购业务，有效补充流动性和备付资金。

【票据业务】2021年，公司在既有信贷业务的基础上，积极拓展自开财票业务。全年线下承兑兑付财票400余张，累计开立承兑汇票1.99亿元。截至2021年12月末，公司承兑余额1.02亿元。

【资金集中】2021年，公司持续推进资金集中管理，一是监控大额资金进出，及时做好流动性备付管理。截至2021年12月末，归集成员单位141家，归集账户数量229个。二是继续加大资金归集力度，扩大吸存资金来源。截至2021年12月末，吸收各项存款余额47.78亿元，同比增长18%；全年日均存款规模49.13亿元，同比增长13.94%。

【风险管理和内部控制】2021年，公司坚持“主动风险管理创造价值”的理念，完善内部控制体系，强化风险管理。一是持续开展制度建设，全年新增制度3个，修订制度15个。二是开发了流动性监测系统，实现重要指标的系统监测、预测功能，助力业务合规发展。三是适时开展压力测试和风险评估，提前做好风险防范和化解工作。四是扎实开展“内控合规管理建设年”等活动，做好“三大”行动、股权和关联交易专项整治等常态化监管工作要求的落实。

【人力资源管理】2021年，公司持续推进落实人才引进及培养规划。一是积极选派公司年轻员工借调到集团工作，培养复合型人才；二是对标行业先进企业，组织开展现场考察，开阔眼界、学习取经；三是借助综合金融、国联学院等集团培训课程在线学习，提升全员执业能力素质；四是继续推动职业生涯“双通道”发展计划等系列举措，激励、引导员工努力提升素质及业务技能水平。

【信息化建设】2021年，公司坚持业务导向、科技赋能，扎实推进智慧财司建设。一是全力配合集团资金管理系统建设。截至2021年12月末，已经完成11家银行约450个银行账户的接入。二是自主开发“小、灵、快”的内部风险预警、电子合同管理、存贷款分析等系统，积极响应集团数字国联战略。三是依托第三方风险管理机构，帮助成员单位梳理业务流程和操作规范，进一步提升其内控合规建设和数字化在线管控能力。

【企业文化建设】2021年，公司以高质量党建引领公司高质量发展。一是修订印发《党支部议事规则》，增加“第一议题”学习相关内容，严格执行“三重一大”事项集体决策程序。二是坚持和加强党对意识形态工作的全面领导，印发支部《关于落实意识形态工作责任制的实施方案》。三是持续推进党史学习教育活动，让党员从党的奋斗历程中感悟思想伟力，汲取奋进力量。四是组织开展微视频技能培训及竞赛等系列活动，丰富职工生活，凝聚奋进力量。

国投财务有限公司

【集团概况】国家开发投资集团有限公司（以下简称“集团”）是中央直接管理的国有重要骨干企业，是央企中唯一的投资控股公司，是首批国有资本投资公司改革试点单位。2021

年，集团实现营业总收入1947亿元，利润总额461亿元，连续五个任期被评为业绩优秀企业。

【经营概况】2021年，国投财务有限公司（以下简称“公司”）统筹疫情防控与经营发展，主营业务规模创历史新高，资金集中“三率”指标大幅提升，保险经纪雄安业务取得新突破，“两化三型”党支部建设持续深化，党史学习教育被中央党史学习教育官网报道，实现“十四五”良好开局。截至2021年12月31日，公司资产总额400.09亿元，所有者权益75.08亿元，当年实现利润总额5.40亿元，为集团节约成本费用9.05亿元。

【服务实体】公司投放贷款347亿元，办理票据贴现18亿元，合计365亿元，其中90.68%投向实体经济。一是加大信贷投放，积极为能源保供提供资金保障。在煤电企业最困难时期保持每日热线沟通，及时提供保供专项贷款7.58亿元。二是加强对外贸、制造企业的支持，加大小微企业信贷支持力度，共为31家小微企业发放62.51亿元贷款。

【产业链金融】公司围绕项目建设、国内贸易等产业链内的核心企业，服务“一头在外”票据贴现业务客户62个，其中中小企业数量26个，业务金额12.99亿元。探索丰富金融服务产品，开展1.22亿元“一头在外”应收账款保理业务。从服务集团产业链条出发，积极践行“金融服务实体”，2021年公司承兑“一头在外”产业链贴现业务平均年化利率为2.82%，并在票据承兑环节减免相关业务收费，有力支持中小企业。

【资金业务】公司开展同业拆入、债券质押式正回购和票据质押式正回购1000余亿元，有效补充资金流动性。通过深耕细作备付金管理，在保证流动性的基础上，全面提升投资业绩，公司持仓货基加权平均收益率为2.6%，达到全市场前4%水平。

【投资业务】公司积极认购集团及成员企业债券，有效降低发债企业财务成本，参与认购13亿元。截至2021年12月31日，持有债券总额15.80亿元。2021年，公司日均中长期投资规模20.10亿元，实现中长期税前收入1.25亿元。

【票据业务】公司贴现258笔，发放金额18亿元，年末余额10.15亿元。票据承兑1113笔，承兑金额25.94亿元，年末余额19.40亿元。

【外汇业务】公司代开信用证业务8209万美元，办理代客即期结售汇1.61亿美元，为企业节省汇兑成本约228万元，办理2笔贸易项下跨境人民币结算，协助境内外成员企业完成2.20亿元人民币外债的还款和续借。积极向外汇局申请新增4家银行为跨境资金集中运营业务合作银行。积极申请上线CIPS标准收发器，融入人民币全球清算服务体系，更好地为集团成员企业提供便利的跨境人民币结算服务。

【资金集中】公司日均存款231.49亿元，同比增加34.79亿元；月均非金融企业资金归集率为70.12%，全口径资金归集率为31.06%。一是每周、每月跟踪重点客户资金归集情况，及时向集团汇报工作进展。二是成立“三率”推进小组，全力推进成员企业开户、银行授权工作和资金归集相关工作。三是针对归集难度高的成员企业，“一企一策”制定个性化金融服务方案，提供满足其业务需求的金融产品，带动资金归集。

【业务创新】一是创新表外业务，与银行合作开展分离式保函、代开信用证业务。2021年累计办理分离式保函1.70亿元，较上年增长160.42%。二是充分发挥金融支持和内部协同作用，协助集团总部、国投电力、国投交通、中投保、信裕资产等成员单位发行债券16只，总规模达194.80亿元。通过公司的推介及认购，累计为集团及成员单位节约财务成本共计1729万元。三是国投保险经纪投身雄安新区建设，为雄安轨道快线等557亿元投资项目提供服务，新获得390亿元投资规模的新区东西轴线开发项目委托，开启了市场化业务新征程。

【风险管理和内部控制】公司结合“内控合规管理建设年”有关要求，同谋划、同部署、同推进，先后开展内控合规考试、操作风险数据库建设等活动，建立了完整的操作风险识别、

G

评估、反应机制，强化了操作风险事中防控。在风险防范化解上，公司充分运用战略思维、辩证思维、创新思维、法治思维、底线思维，筑牢了防范系统性金融风险安全底线，防范化解金融风险攻坚战取得决定性成果。

【人力资源管理】公司坚持党管干部，在选人用人工作中，严把政治关、德才关、作风关、廉洁关，严格遵守干部选拔任用工作程序。坚持以干代训，注重在基层一线和困难艰苦地区培养锻炼干部，增强青年干部解决实际问题的能力。强化正向激励，选树党员先锋岗、服务标兵和青年岗位能手，营造创先争优的良好氛围。

【信息化建设】一是推进监管数据报送系统建设，搭建统一监管报送平台，支持公司EAST、金融基础数据、利率报备数据报送，优化1104报表系统，推动二代征信数据采集报送。二是优化核心业务系统，完成同业拆借移动审批、贷款利率自动调整等多项功能优化，实现与集团财务一体化信息管理平台、国投生物板块财企接口直连。三是夯实信息安全基础管理，积极参与网络安全攻防演练，部署态势感知等安全防护设备。

【企业文化建设】公司深入推进“我为群众办实事”实践活动，扎实开展“五必谈、五必访”，开展“创先争优”“榜样的力量”等先进典型宣传，精心打造“家”文化，提升员工归属感和幸福感。组织开展集体生日、长者公寓志愿服务、青春畅享荟、“夏季送清凉”、“冬季送温暖”等活动，不断激发员工队伍活力。

国新集团财务有限责任公司

【集团概况】中国国新控股有限责任公司（以下简称“集团”）成立于2010年12月22日，是国务院国资委直接监管的中央企业，2016年初被国务院国有企业改革领导小组确定为国有资本运营公司试点单位。截至2021年末，公司资产总额突破6700亿元，实现净利润突破200亿元大关，列央企前20位。

【经营概况】2021年，国新集团财务有限责任公司（以下简称“公司”）以习近平新时代中国特色社会主义思想为指导，认真贯彻集团党委决策部署，积极探索国有资本运营公司特色的财务公司发展路径，咬定全年经营业绩考核目标不放松，统筹推进党的建设、业务发展、风险防控和基础管理等各项工作，取得了较好进展。截至2021年末，公司设9个部门，员工总数34名，考核净利润同比增长25%。

【信贷业务】公司持续推进信贷投放、丰富信贷产品、提升服务能力。2021年日均贷款同比翻一番，有效发挥了金融牌照功能和资金成本优势，促进集团资金配置优化。同时，公司持续通过压降贷款利率，置换成员单位外部融资、银团贷款等方式积极让利，协助集团深化降本节支。2021年，公司牵头组建20亿元流动资金贷款银团，助力集团总部拓展融资渠道。2021年，公司为多家成员单位提供融资及财务顾问服务，丰富了平台服务内涵，价值创造能力不断提高。在业务风控方面，公司持续提升贷款“三查”工作质量，严格落实贷后管理要求，持续跟踪客户经营动态，真实准确开展信贷资产五级分类并做好押品管理，确保信贷资产质量良好。

【资金集中】公司扎实推进“四个平台”建设，持续加强资金集中，拓宽支付渠道，升级结算产品，进一步提高资金监控能力。截至2021年末，资金集中度较上年提高3.56个百分点，结算业务笔数同比增长88.56%，新增直连银行10家，账户监控比例显著提高。充分发挥辅助管理属性，全面协助集团推进资金管理各项工作，开展多项课题研究，提升价值创造能力，加强重点客户服务，打造差异化营销模式。

【风险管理和内部控制】 2021 年，公司继续开展全面风险评估，确定风险偏好，指导风险管理政策和各项监测指标阈值调整，使之契合国有资本运营集团财务公司的定位，持续强化风险指标监测，严格落实风险事件报告机制。建立重点业务合规审查要点，继续严格开展案防排查和合规审查，切实筑牢合规堤坝。搭建“制度、授权和流程”三位一体的内控机制，不断加强法治国新建设，规范合同、制度、重大决策法审流程，确保三项审核落实到位，提升公司内控管理质效。

【信息化建设】 公司紧紧围绕“四个平台”功能定位，按照“五个一”发展规划，整合现有信息化资源，稳步迈进数字化转型开局之年。在“数字国新”建设行动方案引领下，2021 年公司重点搭建私有云，加固网络安全体系，夯实信息安全基础；协同打造银企通、回单通、财企通等业务中台，聚力公司价值能力创造；重点强化公司业务系统“智慧化”水平，初步打造形成了公司信息基础架构体系。

【企业文化建设】 公司坚持以为集团和成员单位提供优质综合金融服务为核心，坚持以集团“国之脉，传承责任之脉；新致远，坚持创新发展”企业文化为指引，积极参加集团相关活动，在活动中传承集团文化，展现公司风采。2021 年，公司积极落实集团对湖北省利川市的定点帮扶工作计划，选派一名青年党员赴任利川市汪营镇团合村驻村第一书记，认真推动团合村脱贫攻坚与实现乡村振兴有效衔接。

国药集团财务有限公司

【集团概况】 中国医药集团有限公司（以下简称“集团”）是由国务院国资委直接管理的唯一一家以生命健康为主业的中央企业，是国家创新型企业，是中央医药储备单位，是中国和亚洲综合实力及规模领先的综合性医药健康产业集团，拥有集科技研发、工业制造、物流分销、零售连锁、医疗健康、工程技术、专业会展、国际经营、金融投资等于一体的大健康全产业链。旗下有 1600 余家子公司和国药控股等 7 家上市公司，员工总人数 20 万人。2021 年营业收入超 7000 亿元，列世界 500 强企业第 109 位，列世界 500 强医药企业第 2 位。集团在抗击新冠肺炎疫情中持续作出突出贡献，获评第二届中国品牌强国盛典最高奖项——“年度特别贡献”品牌，国药集团中国生物研制的治疗新冠肺炎特效药——静注 COVID-19 人免疫球蛋白（pH4）成功入选中央企业“十大国之重器”英雄榜。“十四五”期间，集团将大力实施“四梁八柱、百强万亿”创新驱动型全生命周期、全产业链、全生态圈总体发展战略规划，打造卓越的具有全球竞争力的世界一流综合性医药健康产业集团。

【公司概况】 2021 年，国药集团财务有限公司（以下简称“公司”）加强资金集中、优化产品供给、推进信息化进程、强化风险防控，发挥金融服务支撑集团战略发展作用，累计信贷投放、日均信贷余额等服务规模指标实现大幅跃升，实现“十四五”良好开局。截至 2021 年末，公司资产规模 439.07 亿元，完成营业收入 8.77 亿元，实现利润总额 1.87 亿元，资产质量保持优良，各项监管指标符合监管要求。

【信贷业务】 2021 年，公司继续发挥内源企业优势，围绕服务品种、服务效率和服务个性等方面提升信贷产品供给能力。优化客户评价体系，授信评级子体系扩展到批发、零售、工程设计、化药、医疗等七个类别，服务入池标准更趋精准；稳存量、扩新量，加快形成稳定客群，2021 年累计表内外信贷服务量超 200 亿元，日均信贷资产超 100 亿元，贷款业务笔数同比增长 56.42%；力求精准，在关键时点为企业提供资金支持与服务保障，针对成员企业疫情专项贷款一季度到期高峰，集中快速放贷，提高外部融资替代率；协助解决应急需求，提供“灵”“急”“小”融资服务，单笔最小放款金额小于 10 万元；兼顾存贷客户利益需求，合理定价让利实体，净利差明显低于行业平均水平。

【资金集中】2021 年，公司在集团资金集中管理政策的支持下，持续加强资金集中管理，资金归集量稳步提升。关注大额资金动向，跟进提供配套服务方案；开展账户梳理工作，加强主动营销，挖掘潜在客户；通过客户互动交流、网银功能推介、综合服务系统功能升级等多种形式，丰富结算业务内容，促进结算留存资金稳定增加；精准测算，合理安排资产结构，实现在资本充足率合规范围内最大限度吸存；响应国务院国资委央企司库建设要求，启动行业调研、信息系统建设等相关工作。累计归集资金总量同比增长 34.63%，客户结算量、客户结算笔数同比增幅分别为 35.25%、61.29%，全口径资金集中度同比提高 1.75 个百分点。

【业务创新】2021 年，公司在做好传统业务的基础上，加强业务创新，为长期发展储备新品。在信贷服务方面，落地“一头在外”票据“回贴保贴”、股权质押融资项目，产品宽度有所延展，综合性金融服务能力不断提升。在资金和投资业务方面，国债投资、同业存单等新业务的研究落地丰富了资金配置渠道和流动性管理工具，提高了金融市场的参与度、灵敏度和研究水平。

【风险管理和内部控制】2021 年，公司认真贯彻落实金融政策要求，以监管部门“内控合规管理建设年”、集团“内部控制体系建设年”等专项活动为契机，持续加强全面风险管理体系建设，系统梳理风险管理策略，形成风险容忍度指标体系。配合规范股东承诺管理，评估年度重大风险类型及排序，完善风险管理技术和手段，提高风险管控系统化、智能化水平，各项业务风险管控良好，实现合规、稳健运营。金融风险指标全面达标，无金融案件、行政处罚和声誉风险发生，国务院国资委、金融监管检查及评价良好，在金融数据统计、人民银行征信管理等方面被评为优秀单位。

【信息化建设】2021 年，公司从适应数字化监管和数字化客户服务趋势两个角度出发，加快推进信息化进程。以数字化转型为目标，借鉴行业经验，编制完成“十四五”信息化规划，明确了信息系统建设路径和数字化转型分阶段任务。开展了统一监管报送平台建设、网络安全加固、VPN 登录优化等工作，持续加强系统运行维护，进行信息安全应急演练，实现了信息安全事故为零、监管信息报送系统无故障、各个信息系统运行平稳。

哈尔滨电气集团财务有限责任公司

【集团概况】哈尔滨电气集团有限公司（以下简称“集团”）是中央管理的关系国家安全和国民经济命脉的国有重要骨干企业之一，是新中国历史最悠久、技术水平最高、影响力最大的发电设备研制基地。集团形成了涵盖发电设备、通用设备、工程总承包、制造服务、军民融合、金融服务、投资业务、新产业方面的“7+1”产业板块。

2021 年，面对百年未有之大变局和能源转型的严峻挑战，集团深入学习贯彻习近平总书记重要讲话、重要指示批示精神，坚决贯彻党中央、国务院决策部署，落实国务院国资委各项部署要求，企业改革发展和党的建设各项工作取得新成效。

【经营概况】2021 年，哈尔滨电气集团财务有限责任公司（以下简称“公司”）以党的建设为统领，不断增强金融服务实体经济的能力，支持集团主业发展，较好地完成了集团各项考核指标。截至 2021 年末，公司资产总额 162.76 亿元，所有者权益 22.67 亿元，全年实现营业收入 4.16 亿元，利润总额 1.83 亿元。

【信贷业务】2021 年，公司持续贯彻落实集团“应贷尽贷”要求。采取延长贷款期限、增加授信品种、提供融资方案及丰富担保措施等方式，积极支持集团转型升级战略发展，缓解成员企业生产经营中资金短缺压力。

【产业链金融】公司积极拓展产业链交易对手范围，将贴现业务延伸向产业链二、三手企业，扩大了商票保贴交易对手范围，推出“哈电闪易贴”票据贴现产品，进一步拓展商票保贴业务规模。2021 年，公司累计为中小微产业链企业融资 7.65 亿元，同比增幅为 49%。同时，公司面向成员企业及产业链企业开展产业链业务交流培训活动，进一步提高哈电电票认可度和知名度。

【资金业务】2021 年，市场利率水平整体低位徘徊，公司密切关注市场行情变化，持续加强与银行、非银等金融机构的交流合作，在把控风险前提下切实加强对资金业务品种的研究，通过开展同业存款、同业拆借、质押式报价回购等业务，努力提高资金收益水平。全年累计办理上述资金业务 70 笔、金额 155 亿元。

【投资业务】鉴于 2021 年市场利率水平不高，公司密切关注市场行情变化，以持有到期为目的，固定收益投资不宜拉长久期，公司仅开展申购货币基金产品 1 笔、金额 1 亿元。

【票据业务】公司不断加强“财财”合作，打造票据池融资。办理了首笔华电财务公司票据保贴业务落地，标志着财务公司在加强同业金融合作、助推集团主业发展、进一步深化产业链金融服务方面迈出了重要一步。办理了首笔票据池票据质押业务，为成员企业融资拓展了新的渠道，为实现集团对票据的集中统一管理打下坚实的基础。

【外汇业务】2021 年，公司取得银行间外汇市场会员资格，完成了系统专线建设、外汇账户开立等工作。2021 年 12 月 16 日，公司成功办理首笔 100 万美元结售汇业务，取得了一定的资金收益，并为集团所属企业节约了 100 个基点的汇兑成本，实现了集团内部的多方共赢。

【资金集中】截至 2021 年末，成员企业年均可归集资金集中度为 91.62%，连续三年资金集中度达到 90% 以上。成员企业资金归集比例较高，呈较高集中水平。在增强公司资金调剂能力的同时，进一步优化集团内部资金配置，克服集团内部资金分散运作的弊端，最大限度地降低财务成本。

【业务创新】公司于 2021 年 1 月 28 日取得监管机构对有价证券投资（股票投资）新业务资质的监管批复，有助于进一步提升公司的核心竞争力，切实完善公司金融业务品种，增强价值创造能力。

【风险管理和内部控制】公司开展重点业务事中风险监控，结合实际，分类汇总分析了 32 家证券公司、百余种质押式报价回购业务的价格，研析市场风险。强化制度合规，修订公司制度管理办法，增加了制度合规审查要求，并对公司 2021 年制定的制度进行了合规性审查，提出合规建议 20 多条。

【信息化建设】按照公司年度信息化开发计划，持续做好核心业务系统功能的完善与流程的固化，使信息化技术与企业管理深度融合，从而提升公司核心竞争力。顺利完成 EAST、利率报备、金融数据统计系统的建设工作，实现了系统对报送数据的全面支持。开展征信系统二代建设，公司征信管理的安全合规性及精细化程度均得到较大提升。

【企业文化建设】公司党支部以习近平新时代中国特色社会主义思想为指导，深入学习贯彻党的十九大、十九届历次全会精神，以党的政治建设为统领，扎实开展党史学习教育，补短板强弱项，不断增强金融服务实体经济的能力，尽全力满足成员企业金融服务需求，助力集团主业发展。通过微信公众号发布新闻报道400余篇，及时传递公司改革发展成果和最近工作动态。党建带团建、带工建作用显著。公司党支部在集团“两优一先”评选中获“先进基层党组织”称号。

海尔集团财务有限责任公司

【集团概况】海尔集团公司（以下简称“集团”）始终以用户体验为中心，连续4年作为全球唯一物联网生态品牌蝉联BrandZ全球百强，连续13年被评为欧睿国际世界家电第一品牌。集团拥有3家上市公司，构建了全球引领的工业互联网平台卡奥斯COSMOPlat，成功孵化5家独角兽企业和37家瞪羚企业，在全球布局了“10+N”创新生态体系、28个工业园、122个制造中心和24万个销售网络，深入全球160个国家和地区，服务全球超过10亿用户家庭。

【经营概况】2021年，海尔集团财务有限责任公司（以下简称“公司”）秉承“立足集团、服务集团”的理念，以支持集团实体经济发展为己任，承接集团生态品牌战略，以“聚焦物联网金融战略，建立数字金融新生态”为战略目标，立足首要职能，有效控制风险，不断创新金融产品，实现稳健经营目标，全年累计实现营业收入20.40亿元，利润总额19.83亿元，截至2021年末，公司资产规模706.99亿元。

【信贷业务】2021年，公司以支持实体产业发展为重点，以加强信贷管理为导向，以各项信贷业务制度的落实为基础，满足集团成员单位资金需求，全年共为74家集团成员单位提供金融服务。截至2021年末，人民币贷款余额256.42亿元，比2020年末减少2.62亿元、外币流动资金贷款余额2.64亿美元，比2020年末减少2.31亿美元。根据集团战略及产业发展实际需求，2021年本外币流动资金贷款业务全年投放折合人民币169.75亿元（其中，人民币157.76亿元，外币1.88亿美元），无不良贷款。

【产业链金融】2021年，公司不断提高金融服务水平，为集团上下游产业链客户提供优质的供应链金融服务，在防范金融风险的同时，创新业务模式，累计为637家客户提供了367.78亿元的信贷服务，有效助推了集团产业发展。作为海尔上下游产业链的“金融服务商”，为顺应市场要求，公司提高金融产品数字化竞争力，基于构建的智能风控中台，推出了全线上信用类产品“融e贷”，实现秒批秒放。同时，为更好地服务用户，提升用户体验，公司打造了供应商数字化客户平台，客户可在平台实现在线认证签约、保理、票据拆分等功能。

【资金业务】2021年，公司深入了解集团企业资金需求，合理安排资金头寸，实现了集团企业资金需求的有效满足和资金运营效率最大化的双赢。一方面，在资金短缺的情况下，通过银行间市场债券正回购、拆借及票据融资等方式，及时低成本融入资金，全年累计融资9207亿元，充分保证了集团和公司各项业务顺利进行；另一方面，在资金盈余的情况下，通过银行间市场逆回购、债券投资、同业存款、理财等业务，累计投放841亿元，在确保集团流动性充足的同时，有效提高了资金运营效率。

【票据业务】2021年，公司持续推进集团票据全流程精细化集中管理。其中，集团托管票据526亿元，100%到账，零风险；赋能集团49家单位出票，100%出票合规；内部票据清算率达100%；票付通支付203亿元；集团票据账户登记管理209个客户；票据信息披露及时无误；推进逾期票据清理达100%，赋能覆盖全国17个省74个市的190家中小微企业，共盘活221笔714万元票据资产。

【外汇业务】2021 年，公司管理外汇风险资金规模 24.15 亿美元，约占集团外汇敞口总量的 80%，通过衍生品业务降低换汇成本，赋能产业。通过效率赋能黏住用户，外汇交易内部各节点流程由串联到并联，打通大额资金付款到账、购汇、付汇出境全路径，通过优化流程提升资金清算效率，实现资金占用从“T+3”到“T+0”的提升，帮助用户提高资金使用效率，赋能集团产业。

【资金集中】2021 年，公司实现归集资金人民币 2151.81 亿元，同比增幅为 11.9%；结算量 3.37 万亿元，同比增幅为 42%，结算笔数 359.12 万笔，同比增幅为 13.39%；期末结算账户 3173 户，存款余额 421.84 亿元。在加强资金集中管理方面，主要采取了以下措施：一是渠道建设方面，实现了本外币共 13 个归集渠道的搭建，其中，人民币方面完成 12 家银行 10 个归集渠道的搭建，外币方面完成境内 3 家银行归集渠道和境外 2 家银行 2 个归集渠道的打通。二是集团制度和资金管理系统方面，提出集团账户管理内控规范的优化建议，优化集团新资金管理系统，实现现汇按预算时时直连财务公司在线支付的流程，并设置落地审核规则，闸口不合理支付。三是在强化账户监控及资金清理方面，继续推进结算全员并联每月清理外部银行账户资金的机制，监督账户及时签约归集。四是在账户信息共享方面，通过搭建银财直连平台和财企直连平台，直连 12 家银行并与集团系统直连，银财渠道的共享为集团节约了搭建银企直连渠道的成本，实现账户及交易数据的实时共享，提高了集团对账户及资金的运用管理效率，降低了资金管理风险。

【业务创新】2021 年，为加强人民币跨境业务管理，提高成员单位人民币跨境支付的效率，降低跨境支付清算的成本，保障人民币跨境业务真实合规运行，公司积极响应国家金融基础设施搭建要求，积极推进接入人民币跨境支付清算系统（CIPS）标准收发器。接入 CIPS 标准收发器对集团产业用户来说，提升了跨境支付的效率，降低了手续费，实现了降本增效。对公司来说，提升了与集团产业客户的黏度，增强了服务美誉度，真正发挥了 CIPS 服务实体经济的作用，并开启了跨境人民币清算数字化转型之路。

【风险管理和内部控制】2021 年，公司紧跟监管政策，强化全面风险管理体系建设，审议了公司各类风险政策、同业主动授信准入标准、外汇交易业务限额管理等 19 项议案，提高了公司全面抵御风险的能力。同时，细化资产分类，提升资产质量，建立准确审慎的资产风险分类体系，确保资产风险分类准确审慎，在覆盖全部资产的基础上，通过“五级十档”的分类方式，对风险资产分类规则进行细化，进一步保障了资产分类的精准性。在确保公司现行信贷资产业务风险分类标准符合监管规定的前提下，实现了强化信用风险管理、严控新增不良贷款的目标。

海亮集团财务有限责任公司

【集团概况】海亮集团有限公司（以下简称“集团”）1989 年创办于浙江诸暨市，管理总部位于杭州市滨江区。现有 3 家境内外上市公司，员工 2.1 万人，产业布局 12 个国家和地区，是以有色材料智造、教育事业、健康产业为主体的大型国际化现代企业集团。2021 年集团营业收入 2019.94 亿元，净利润 17.51 亿元，资产总额 672.42 亿元，净资产 325.21 亿元，资产负债率为 51.63%。集团列世界 500 强企业第 428 位。

【公司概况】海亮集团财务有限责任公司（以下简称“公司”）始终坚持“立足企业集

团、服务企业集团、服务实体经济”，紧扣集团需求，围绕回归本源，抓基础强管理，为集团及旗下成员单位提供高效便捷的金融服务。截至2021年末，公司资产规模130亿元，全年实现利息净收入3.10亿元，较上年增长3.65%，净利润2.18亿元，资产质量良好，各项指标符合监管要求。

【服务实体】公司充分发挥“内部银行”功能，确保成员单位资金需求，全面支持集团发展。一是确保成员单位存量授信稳定，同时满足合理新增资金需求。二是公司积极与银行沟通，扩大银行对集团及成员单位的授信额度，并进一步优化授信方案。三是公司通过调整信贷政策、优化金融服务和完善评价机制等多种措施，助力集团产业调整、推动降低融资成本、惠企减负，切实提高服务实体经济质效。

【信贷业务】2021年，公司加大调研力度，深入掌握成员单位资金情况，确保信贷资金投放稳定。截至2021年末，公司贷款余额113.21亿元（含贴现），较上年增加0.54亿元，增幅达0.48%。公司积极响应减息助企号召，通过合理定价降低企业融资成本4950万元。

【票据业务】2021年，公司严格按照监管规定开展票据业务，累计发生祟据业务8.37亿元，其中，全年累计贴现金额1.96亿元，均通过电票系统办理。全年办理再贴现2.41亿元。票据业务的有效开展缓解了成员单位经营资金周转压力，提高了资金周转效率。

【资金集中】公司继续加强成员单位账户管理，提高成员单位开户和资金归集主动性，强化成员单位银行账户监控。2021年末，公司成员单位343家，全年累计归集人民币3382.5亿元，年末公司资金集中度为83.21%，全年月末平均资金集中度为80.64%。

【风险管理和内部控制】2021年，公司完善风险管理组织架构和制度流程，灵活安排内审机制。一是建设第二代应急管理体系、制度与机制，完善风险管理体系和机制。二是修订、增补了11项业务管理制度。三是遵循“风险导向和体现监管意图”原则，通过结合监管关注内容灵活安排审计项目，加强与监管工作联动。

【人力资源管理】公司继续加强培训教育工作。2021年公司组织内部培训与宣传教育活动10次，如反洗钱培训、防范非法集资宣教活动等；向员工和成员单位印发“合规园地”和“金融市场简报”；同时，积极参与外部机构组织的培训讲座，促进员工综合素质和业务水平的提高。

【信息化建设】公司继续加强信息设施建设和提高信息服务水平。2021年，公司建设数据仓库和监管数据报送平台，接入ACS综合前置子系统，上线核心系统移动APP和搭建CA证书服务器等工作，进一步提高了业务部门工作效率并降低运营费用。公司为成员单位科技赋能：为农业板块改造资金管理系统和新增工资代发功能、为教育板块开发缴费系统、为集团三大业务板块建设资金系统统一接口平台，进一步提高成员单位财务管理效率。

【企业文化建设】2021年，公司进一步加强党建工作，创新党组织活动形式，如开展党史教育主题讲座、庆祝中国共产党成立100周年晚会、“重温入党誓词”主题党日活动等，以高质量党建引领高质量发展。

海马财务有限公司

【集团概况】海马汽车股份有限公司（以下简称“集团”）创始于1988年，注册资本16.50亿元，直属员工1万余人，关联企业员工3万多人，累计纳税200多亿元。集团在深交所挂牌上市，是集研发、生产、销售、服务、物流、金融等于一体的现代化汽车集团，实现在埃及、智利、菲律宾、越南等20多个国家和地区的整车出口，展示了“中国制造”新形象。

【公司概况】海马财务有限公司（以下简称“公司”）坚定践行品类战略，继续秉持“先风控、后盈利；先智能、后人工；先品类、后额度；先流动、后奖惩”的二十四字经营理念。专注集团产业链金融，坚守不发生金融风险的底线，要求公司“为集团成员单位服务，不为集团成员单位牺牲”，聚焦个人汽车消费贷款，面对外部状况及时采取、调整应对措施，保证公司经营稳定和风险有效控制。对内提高管理精细度，把控准入、提高风控水平，催收流程精细化，加强贷后和催收管理，2021年末不良贷款率为0.22%。

【信贷业务】公司配合海马汽车销售下沉到乡镇农村市场和电商销售，持续向乡镇及农村地区延伸服务，切实服务“三农”领域，2021年公司涉农贷款放款占个人消费贷款放款金额的18.13%。全年发放个人汽车消费贷款587笔、金额4504万元，渗透率达到8%。公司积极贯彻普惠金融理念，2021年为经销商放款264万元，全部为中小微企业贷款，2021年支持经销商提车约26台，支持产业链发展。

【票据业务】公司严格审查贸易背景，开具承兑票据762张、金额2.37亿元，累计为成员单位节约开票手续费11.84万元；2021年办理结算14万笔、金额907亿元，为成员单位节约各项结算手续费及享受各项优惠存款利息共304万元，无差错无事故，及时和安全地完成所有资金结算工作。公司连续合法合规开展延伸产业链上游供应商贴现业务，2021年贴现总计27张、金额1478万元。

【资金集中】集团明确公司为各成员单位资金统一管理平台，要求成员单位资金集中到公司进行有效管理，公司对成员单位资金可以实时进行归集、监控。

【风险管理和内部控制】公司以董事会为全面风险管理决策机构，在“两会一层”领导下，三道防线各司其职，内控管理体系运行有效，修订《内部控制管理手册》，并对内部控制有效性进行评价，未发现重大缺陷和重要缺陷。

【信息化建设】一是做好硬件、机房管理，并聘请第三方机构对机房防雷进行专项检测，确保业务连续性。二是配合监管部门要求，做好征信二代报送系统相关工作，成为海南省首家完成征信二代报送系统开发测试的法人机构。

【企业文化建设】公司弘扬马拉松文化，培育团队意志力。2021年，公司每周开展十公里跑活动，全公司员工参与度超过50%。

海南农垦集团财务有限公司

【集团概况】海南省农垦投资控股集团有限公司（以下简称“集团”）系海南省政府直属国有独资企业，孕育于1952年1月创建的海南农垦，前身是海南省农垦总局和海南省农垦集团有限公司，属中国第三大垦区。2015年12月29日根据党中央、国务院和海南省委、省政府的重大决策部署，在原海南省农垦总局、原海南省农垦集团有限公司的基础上组建成立，并承接上述两家单位的经营性国有资产权益，集团具有良好的天然橡胶、热带农业、畜牧养殖、旅游地产、商贸物流、金融服务等产业基础。2021年实现营业收入264.93亿元，利润总额9.33亿元，资产总额861.72亿元，集团整体信用评级获国内AAA最高评级，并获得国际权威评价机构惠誉BBB+级及穆迪Baa2级主体国际评级。

【经营概况】2021 年，海南农垦集团财务有限公司（以下简称“公司”）紧紧围绕海南自贸区（港）建设、集团发展战略和企业年度经营目标，发挥功能优势，优化金融服务，防范金融风险，积极助力集团战略发展，不断提升服务实体经济质效。全年累计实现营业收入 2.83 亿元，同比增长 18.27%。实现利润总额 1.37 亿元，较上年增幅为 5.19%。

【信贷业务】截至 2021 年末，公司累计发放自营贷款同比增长 18.84%；自营贷款余额同比增长 25.41%。新增贷款加权平均利率为 3.84%，年末存量贷款加权平均利率为 4.40%，与同期限 LPR 相比，全年累计为成员单位降低贷款利息费用支出 842.31 万元。

【资金业务】2021 年，公司加强同业合作，取得了招商银行、海南银行、光大银行累计 10 亿元同业授信额度。同时在满足监管要求，保证安全性、流动性前提下，科学开展同业业务，全年实现利息收入 11472.51 万元。

【投资业务】2021 年，公司投资业务审慎发展，以低风险银行现金类理财、省内债券直投及金融债为组合，在风险可控的情况下，保证公司流动性指标在合理区间，同时适度提高投资收益。截至 2021 年 12 月末，全年实现投资收益 622.43 万元。

【票据业务】2021 年，公司办理票据贴现 293 笔、金额 7915.36 万元。

【结算业务】2021 年，公司累计办理业务笔数同比增长 15.1%，结算规模达 1082.88 亿元。同时，通过减免结算类业务手续费、为成员单位承担农业银行现金管理服务费等方式，累计为成员单位减少结算性费用 195.25 万元。

【资金集中】截至 2021 年 12 月末，实现新增归集成员单位 38 家，年末吸收存款余额同比增长 25.3%，创历史新高；全年吸收存款日均余额同比增长 25.8%。同时，通过最大限度上浮存款利率、降低协议存款起存点、协助设计存款组合等方式，累计为成员企业增加利息收入 5723.87 万元。

【业务创新】2021 年，公司创新拓展保函业务。为成员企业成功开具首笔履约保函金额 6026 万元并免收保证金，突破了此前成员企业只能凭银行保函或缴存保证金方式办理担保的局限，有效缓解成员企业资金占用压力。截至 2021 年 12 月末，非融资性保函业务余额 6324.86 万元。此外，开立首笔电子商业承兑汇票。为成员企业提供 5000 万元电子商业汇票承兑额度，并成功办理 1379.5 万元电子商业汇票承兑。

【风险管理和内部控制】2021 年，公司内部风控管理不断改进。根据 2020 年度海南银保监局监管意见整改要求，在公司治理、内部控制、风控管理等方面不断改进，完成了一系列整改措施，取得较好效果。不断强化风险防控，实时监测风险监管指标，及时、有效规避、降低各类风险，全年未发生导致资金实际损失的风险事件。同时，加强内部审计稽核，累计开展日常稽核 29 项、专项审计 5 项，提出审计意见 30 项，整改率达 95%。

【信息化建设】2021 年，公司信息化建设深入推进。建设监管报送系统项目，并通过数据接口与核心业务系统、财务系统 NC 数据交互，实现数据整体化，最终生成标准化报送文件，进一步提升信息化管理水平。加入人民币跨境支付系统，成为海南省首家部署该系统标准收发器的财务公司，实现为成员企业提供跨境人民币资金结算服务。搭建集团境外可视化平台并完成系统上线。协助海垦集团建设多业态场景收款平台系统，建设方案已获集团批准。配合集团财务部开展资金系统二期需求调研。

【企业文化建设】公司积极倡导“快乐工作、健康生活”的理念，通过组织开展防灾减灾演练、羽毛球赛、员工生日会等一系列形式多样的文体活动，有效增强了团队凝聚力和向心力。

海信集团财务有限公司

【集团概况】海信集团控股股份有限公司（以下简称“集团”）拥有海信视像、海信家电和三电控股三家在上海、深圳、香港、东京四地上市的公司。集团始终坚持“诚实正直、务实创新、用户至上、永续经营”的核心价值观和“技术立企、稳健经营”的发展战略，业务涵盖多媒体、家电、IT 智能信息系统和现代服务业等多个领域。

【经营概况】2021 年，海信集团财务有限公司（以下简称“公司”）统筹疫情防控和经营发展，在强化风险管理和完善合规建设的前提下，做精做久各类业务，经营质效持续提升。截至 2021 年末，公司资产总额 284.19 亿元，负债总额 243.09 亿元；全年累计实现营业收入 6.16 亿元，利润总额 4.86 亿元，净利润 3.65 亿元。2021 年末，公司资本充足率为 19.49%，流动性比例为 109.72%，各项监管指标符合监管要求。

【服务实体】2021 年，公司继续秉承“立足于集团，服务于集团”的基本宗旨，根据成员单位生产经营过程中的难点和痛点，精准施策，组合运用信贷、资金、外汇、结算等多种金融服务方式，全方位满足成员单位金融需求，让利成员单位，协助集团降本增效，推动集团产业特别是制造业持续稳健高质量发展。此外，公司持续深化延伸产业链金融服务业务，助推产业链中小微企业稳定发展。

【信贷业务】公司紧紧围绕集团战略，积极推动集团产业转型升级。根据成员单位多样化需求，提供自营贷款、票据贴现、贸易融资、保函、商票保贴等综合融资服务。截至 2021 年末，公司各项贷款余额 178.39 亿元，比年初增加 35.96 亿元，增幅为 25.25%，充分发挥了金融服务平台作用，助力成员单位持续健康发展。

【产业链金融】2021 年，公司基于产业链企业实际需求，不断丰富业务品种，拓展产业链金融服务范围，为其提供全方位的金融支持。全年新增供应商备案 470 户，为 765 户供应商发放票据贴现及应收账款保理贷款 156.45 亿元，业务余额 74.89 亿元，其中，中小微企业业务余额 57.81 亿元，占比为 77.19%，有效推动了集团产业链中小微企业的稳定发展。

【投资业务】2021 年，公司进一步完善投研体系建设，提升投资分析能力。通过产品净值及底层资产跟踪、交易对手舆情跟踪等措施加强投后管理，切实防控投资风险。全年投资业务均按期收回本金和投资收益，未发生风险事件，存量投资业务运行正常，均为标准化产品，符合监管要求。

【票据业务】2021 年，公司联合集团成员单位持续推广电票付款方式，积极推动成员单位加入商业承兑汇票推广自律机制。全年累计签发电票 646.65 亿元，累计为成员单位办理票据贴现 46.91 亿元，有效缓解了成员单位经营资金周转压力，降低了短期融资成本，提高了资金周转效率。

【外汇业务】2021 年，公司持续加强美元流动性管理，利用跨境资金池实现集团境内外美元资金合理调配；积极拓展同业交易对手，拓宽低成本美元同业拆借渠道。在汇率管理方面，公司积极引导集团坚持汇率风险中性原则，督导成员单位科学管理外汇敞口，协助集团取得了良好的汇率管理成果。在代客结售汇业务方面，公司全年累计办理成员单位即期结售汇业务 2.74 亿美元，有效满足了成员单位的外币资金需求。

【资金集中】2021 年，公司致力于保障集团资金安全，一是严格把控成员单位银行开户关卡；二是梳理并持续跟进成员单位银行账户销户情况，精减账户，提高账户管理效率；三是及时协助成员单位办理银行账户下挂，实现对成员单位银行账户的查询及归集，提升账户监控范围和资金集中度。截至2021年末，公司实现全口径资金集中度79.90%。

【风险管理和内部控制】2021年，公司严格落实监管要求，扎实推进各项风险管理工作。一是定期进行制度和流程梳理，确保各项业务有据可依、规范开展；二是以“内控合规管理建设年”活动为契机，持续健全风险管理体系；三是强化内审工作力度，对各部门开展专项审计，及时跟踪审计整改情况，确保整改到位；四是通过内控合规培训持续增强全员风险防控意识。

【人力资源管理】2021年，公司高度重视人才培养，加强人才梯队建设，通过规划、培训、历练、成长，不断充盈人才“蓄水池”；积极组织员工参加各项培训，注重员工综合素质和业务水平的提升，全面落实集团人才培养战略，为公司健康可持续发展提供有力保障。

【信息化建设】2021年，公司持续升级监管报送系统，先后投产上线了EAST系统与新一代利率报备系统，支撑了公司自数据采集至报送的全流程系统管理，有效提升了公司的数据报送质量与效率，进一步强化了数据治理与内控合规建设。

【企业文化建设】2021年，公司以党员干部为先锋，扎实做好疫情防控工作；以党章党纪为准则，深入推进清廉金融文化建设；以党组织建设为统领，将党的领导融入日常经营全过程；把创建“基层过硬党支部”作为党支部中心工作，注重员工思想提升、加强组织和作风建设；重视人员能力和梯队培养，实现向学习型组织转型；以夯实基础管理为目标，多元化组织企业文化宣传活动，进一步提升全体员工的凝聚力和执行力。

杭州锦江集团财务有限责任公司

【集团概况】杭州锦江集团有限公司（以下简称“集团”）是一家以有色金属、化工与新材料及环保能源为主产业，同时集贸易、物流、投资和金融于一体的现代化大型民营企业集团。2021年，集团全面贯彻“顺势而为，变中求进，精益求精”的总体指导思想，坚定不移地落实“坚持底线思维，持续极限降本”的经营方针，以效益为核心、以结果为导向深入实施降本增效的各项举措，以抓铁有痕、踏石留印的作风着力提升管理效能，在风云际会中把握住了市场机遇，经营业绩实现了跨越式增长，利润总额再创历史新高。2021年，集团位列中国企业500强第270位，列中国民营企业500强第111位，列中国制造业企业500强第121位。

【公司概况】2021年，杭州锦江集团财务有限公司（以下简称“公司”）紧紧围绕金融服务集团实体经济这一主线，依托集团及其成员单位的战略规划，充分发挥财务公司的职能和作用。公司主动以减息、补息的方式降低集团成员单位的财务费用，支持集团、助力集团发展。2021年末，公司资产总额23.20亿元，公司负债总额9.68亿元，所有者权益13.52亿元；全年实现营业收入8311.30万元，利润总额5825.99万元，实现净利润4307.85万元，超额完成收入、利润等经营目标，公司保持了稳定发展态势。不良贷款率为零，各项指标符合监管要求。

【服务实体】2021年，公司继续积极落实“三服务”工作，结合集团经营现状及未来发展方向，梳理成员单位的融资需求，为成员单位制定个性化授信支持。在银保监政策指导下以及通过了解成员企业实际经营情况，实施了诸如降低贷款利率、降低保证金比例、提高审批效率、稳定信贷投放规模、合规开展创新信贷业务等措施，切实减费让利成员单位，服务实体企业。同时，不断提升金融服务质效，坚持实行免收结算手续费、询证函费用、存款利率上浮等优惠措施为成员单位降本增效。

【信贷业务】2021 年，公司贯彻全年信贷计划，保持稳健的信贷投放。2021 年公司为成员单位累计审批综合授信 25.80 亿元，累计审批贷款放款 19.10 亿元。截至 2021 年末，公司贷款余额 15.50 亿元，顺利完成了所有贷款的执行贷款利率 LPR 转换工作。通过 LPR 定价工作的实施，公司贷款平均执行利率与同期相比有所下降，积极落实了各级监管机构减费减负的指导意见。公司立足“依托集团、服务集团”的功能定位，大力支持实体经济发展。除传统信贷业务外，2021 年公司累计开具承兑票据 2.89 亿元，办理融资性担保 4.7 亿元，非融资性担保 1.0 亿元。

【资金业务】公司通过发展与同业单位的良好合作关系，保持与集团及成员单位的有效沟通，严格执行按月报预算、按周报申请、按日管理的资金管理机制，强化资金头寸管理，灵活调剂资金余缺，在确保资金安全的同时，切实有效提高资金收益。

【票据业务】2021 年，公司继续与中国银行、北部湾银行等商业银行开展同业票据业务合作，全年承兑票据 2.89 亿元。依托公司金融牌照创造信用的功能，公司积极与集团成员单位沟通，为成员单位提供强有力的资金保障。此外，票据承兑基本为零保证金、零手续费，极大地降低了成员单位的财务费用，实现了对实体企业的成本减负，助其提升竞争力。

【业务创新】2021 年，公司积极与成员单位沟通，在了解成员单位广西锦江集团锦盛电力有限公司参与电力市场交易的情况下，信贷业务部与风险部门探讨，并参考银行同业给客户开立保函业务的要求、规范、流程，结合公司实际情况，在保证合规经营且风险可控的前提下，首次开展履约保函业务。2021 年公司为广西锦江集团锦盛电力有限公司参与电力市场交易先后开立两次履约保函，共计 400 万元，并为满足广西锦盛化工有限公司采用后付电费的方式进行电费结算时需要出具 9600 万元履约保函。此项业务增强了企业信用，有效缓解了企业资金压力，并为成员单位降低了资金成本。

【风险管理和内部控制】2021 年，公司始终坚持审慎的风险管理理念、稳健的业务发展策略和合规的经营管理措施，认真落实全面风险管理体系建设工作部署，保障各项业务稳健较快发展，未出现经营风险、合规风险及金融案件情况，总体风险状况良好。具体表现为风险管理治理架构各层级能较好履行职责；信用风险、市场风险、流动性风险、操作风险、洗钱风险水平较低，资本充足率水平、流动性比例等各项监管指标优于监管标准；业务经营规范有序，员工合规意识较强，公司风险防控能力与管理水平稳步提升。

【人力资源管理】2021 年，公司调整高管人员并不断优化公司人才队伍。从集团引入具有 26 年金融从业经验的人员任职财务公司总经理，同时，提拔有能力年轻员工担任公司高管，不断培养年轻化、专业化的人才队伍，更好地对接集团及公司的高质量发展。

【信息化建设】2021 年，公司信息安全管理工作有序开展，全年信息系统安全稳定运行。全年自主开发了 EAST、利率报备、金融基础数据系统和公司运营管理数据平台，公司数据综合治理工作有序落地实施，公司信息化建设成效显著。

H

航天科工财务有限责任公司

【集团概况】中国航天科工集团有限公司（以下简称“集团”）是战略性、高科技、国家级创新型企业，前身为1956年10月成立的国防部第五研究院，先后经历第七机械工业部（1981年9月第八机械工业部并入）、航天工业部、航空航天工业部、中国航天工业总公司、中国航天机电集团公司、中国航天科工集团公司的历史沿革，并于2017年11月更名为中国航天科工集团有限公司。集团总部位于北京，所属21家二级单位，控股8家上市公司，企事业单位500余户，分布于中国内地31个省、自治区、直辖市及香港、澳门特别行政区，亚洲、非洲、欧洲、拉丁美洲等有关国家和地区；在职职工近15万人；拥有包括11名两院院士、200余名国家级科技英才在内的一大批知名专家和学者。2021年，集团全面履行强军首责、战略地位持续提升，科技创新体系进一步完善、科技自立自强取得突破，积极调整产业结构、民用产业稳健发展，国际化经营迎难而上、多措并举再创佳绩，全面深化改革向纵深推进、企业治理卓有成效，高质量开展党史学习教育、党的领导和党的建设全面加强，企业经营效益持续增长，净利润、利润总额、营业收入利润率实现预期目标，获评2020年度央企负责人经营业绩考核、党建工作责任制考核双“A级”，列世界企业500强第320位、世界军工企业百强第11位，实现了“十四五”良好开局。

【经营概况】2021年，航天科工财务有限责任公司（以下简称“公司”）全年实现营业收入30.82亿元，同比增长44.35%；净利润10.65亿元，同比增长25.29%；经济增加值6.53亿元，同比增长44.19%，超额完成计划目标，为集团稳增长作出了贡献。资产总额达到1688.04亿元，日均存款规模1168.44亿元，均创历史新高。流动性比例为140%，贷款拨备率为5.42%，均优于监管规定指标，全年资本充足率等各项指标符合监管要求。财务贡献度为78.18%，净资产收益率为15.49%，成本费用利润率为76.99%，全员劳动生产率为1860.91万元/人年，2021年度和2019—2021年任期经营业绩考核评定结果均为优秀。

【信贷业务】公司以“公司风控+集团管控”为导向，进一步优化调整评级授信模型和贷款定价政策，有效降低成员单位融资成本。全年累计为229户成员单位开展授信，综合授信额度达到1374亿元。公司认真组织落实中央服务实体经济、稳住经济基本盘等决策部署，充分发挥债务融资主渠道功能，以集团利益最大化为出发点，做到能贷尽贷、愿贷尽贷、随借随还，全年累计发放贷款113.2亿元，办理票据承兑10.63亿元，日均信贷规模108.2亿元，贷款集中度达到58.66%。

【资金业务】面对整体宽松的货币市场环境，公司充分利用同业资金规模大幅增长的有利因素，积极拓展业务渠道和业务种类，不断提高资金精细化管理水平及议价能力，根据市场整体波动及走势动态调整配资策略，积极调整存款结构，灵活开展同业资金业务，资金运营效益明显增加，全年实现同业收入26.99亿元。同时，进一步强化资金流动性管理，大力压低结算备付，全年备付率仅为2.69%。

【投资业务】公司积极完善投资制度，建设线上审批系统，建立“4+4+专业委员会+主要领导”投资业务审批模式，投资业务顺利恢复。结合实际确定稳健收益品种，严格授信管控，确保投资业务合规有序开展。持续加大风险化解工作力度，积极推进逾期产品处置进度，维护自身权益，多渠道寻找资产处置途径，主动出击化解风险。

【统保业务】公司积极发挥统保服务平台职能，统保资产规模持续扩大。全年车险投保成员单位466家，非车险投保单位68家，保障规模286.04亿元；满足成员单位个性化保险服务需求，推出董事及高管职员责任险并积极开展业务推广。针对成员单位保险事故，积极协助成员单位办理索赔，出险单位权益得到有效保障。

【资金集中】公司调整优化存款利率政策，资金集中功能充分发挥，年度资金集中度达到88.26%，再创历史新高。成功获得跨境资金集中运营管理资质，正式成为集团跨境资金集中运营管理主办企业，将有效助力集团进一步提升国际化经营水平。持续提升结算服务能力，全力保障“统一结算”的开展，全年内部账户结算246万笔，结算集中度达到79.71%，新开立各类内部账户135个，账户集中度达到48.08%。深入推进集团资金管理系统建设及应用，高质量完成资金管理三期建设工作，上线内部户批量对私、票据集中管理、资金内控等功能，资金管控范围不断完善，资金结算效率显著提升，资金风险防控能力明显增强，集团智慧财务体系得到进一步强化。

【风险管理和内部控制】公司一是强化核心业务领域合规管理“三道防线”建设。落实“业务谁主管、合规谁负责”，强化“一道防线”合规实质审查职责，“二道防线”合规形式审查职责，“三道防线”合规监督职责，三道防线合力效果显著。围绕核心业务，聚焦关键环节，高效发挥内部审计监督作用，促进了各项内控措施落地。贯彻落实集团审计工作“3+1”机制，强化整改跟踪审计和“回头看”检查，年内审计发现问题整改完成率达100%。二是全面推行关键核心业务从严管控模式，全面推行投资与信贷业务“4+4+专业委员会+主要领导”审批模式，充分发挥各主体机构在业务开展过程中的风险防控作用。深入推进制度体系建设，上线规章制度管理系统，组织完成历史制度库建设及近500个历史制度初始化入库工作，实现了规章制度的全生命周期管理。推动全员集中学习规章制度，强化员工对公司现行规章制度的了解和掌握，制度执行刚性得到强化，业务操作合规管理水平进一步提升。

【人力资源管理】公司顺利推进经理层任期制与契约化管理工作，经理层成员实现100%签约；完成专业技术职务评聘，干部和人才队伍建设进一步加强；修订《薪酬福利管理办法》，调控薪酬分配关系，合理拉开收入分配差距；增设岗位职级系数浮动机制，打破唯资历论，做到薪酬分配精准滴灌。

【信息化建设】公司一是编制完成数字航天战略“十四五”实施总体方案、企业大脑项目建设方案和智慧企业建设“十四五”实施方案，突出顶层设计和统筹规划，以数字化转型促进公司高质量发展。二是深入推进应用系统建设，完成核心业务系统优化、统一监管报送二期、二代征信、利率报备等项目建设，实现信息科技与业务的深度融合，保障公司业务高效合规运转。三是电子档案管理信息系统建设完成并顺利通过集团电子发票电子化归档试点验收，财务智能化水平大幅提升。四是圆满完成同城灾备中心一期建设工程，实现关键业务数据零丢失、系统应用不间断，为集团资金安全、高效运行提供了坚实保障。

【企业文化建设】公司始终坚持正确的政治方向，及时开展正面舆论宣传，以达到统一思想，齐抓共管的目的。开展公司成立20周年系列主题活动，积极宣传发展成就，外树公司良好企业形象。利用各类宣传平台大力对公司新闻、活动进行宣传报道，全方位做好内、外宣传，切实展示好公司发展过程中的优秀做法和先进事迹，加大对一线优秀职工的宣传力度，开展“聚一线树先锋”“风采录”等主题宣传，引导广大干部群众不断锻造思想、顽强拼搏，进一步提升公司全员的凝聚力和战斗力。

航天科技财务有限责任公司

【集团概况】中国航天科技集团有限公司（以下简称“集团”）是我国航天科技工业的主导力量，国家首批创新型企业。主要从事运载火箭、各类卫星、载人飞船、货运飞船、深空探测器、空间站等宇航产品和战略、战术导弹武器系统的研究、设计、生产、试验和发射服务。2021 年，集团实现利润总额同比增长 7.5%，营业收入同比增长 5.2%，连续 17 年保持中央企业考核 A 级，连续 8 年位列前十。

【经营概况】2021 年，航天科技财务有限责任公司（以下简称“公司”）圆满完成各项经营任务，服务集团主业效果更加显现、价值创造能力持续提升、支撑集团财金管控作用明显发挥。公司实现营业收入 40.5 亿元、利润总额 23.28 亿元、净利润 18.05 亿元、EVA 11.41 亿元，吸收存款日均规模 1178 亿元，全口径资金集中度达到 92.67%，金融服务满意度达到 96.75 分；公司存量风险得到妥善处置，资产、利润总额持续位居行业前列，在集团年度经营业绩考核中保持 A 级，行业监管评级恢复为 1B 级。

【服务实体】公司落实 100 亿元专项优惠低息贷款政策，全年实际发放优惠贷款 97.25 亿元，涵盖主业军品、优质民品、上市公司和在鄂企业四个维度，实现精准扶优扶强，支持集团产业高质量发展。

【信贷业务】公司推进低息置换成员单位存量市场短期融资和外部商业银行优质贷款，集团内部信贷市场占有率从 81% 提升到 89%。坚持为成员单位提供利率和各项费用优惠政策，为成员单位创造间接贡献 5.25 亿元。持续推行“微服务平台”及“一院多群”等微服务模式。推动票据业务“无纸化”办理。持续推行“一院一册”“一企一策”金融服务方案，提高服务针对性。开展信贷业务创新模式论证以及差异化审贷模式研究。

【资金业务】公司加大同业业务二级市场交易力度，全年同业存单二级市场交易金额达到 650 亿元，实现差价收入 1640 万元。

【投资业务】公司建立大类资产配置和投资策略协同匹配的投资规划，增加“固定收益 +”产品的配置额度，获得良好投资收益。全年实现证券投资收益 4.65 亿元，收益率达到 5.62%。

【票据业务】公司建立“航票通”转贴现合作模式，实现电子商业承兑汇票贴现及转贴现功能，全年办理产业链贴现 645 笔，单笔最小金额 2 万元，有力支持产业链上游中小企业的融资需求。

【外汇业务】公司依托集团外汇业务合作银行，实现境外账户实时余额查询试点。首次完成跨境人民币放款和汇入业务，成功打通经常项下和资本项下各类跨境人民币业务通道，拓展了跨境收付汇业务种类。制定外汇即期与远期业务建设方案。

【资金集中】全口径资金集中度达到 92.67%。公司利用结算数据分析支撑集团实现推进集中结算。完成“5 家直连银行集中支付 + 财务公司集中支付及代理支付”共计 7 条司库集中支付结算路径建设，设计与办理 2076 个成员单位账户授权，实现成员单位财务公司账户和银行账户通过司库系统集中支付。继续开展冗余账户清理和信息确认，梳理集团境内外本外币资金账户 5198 个。

【业务创新】公司首次引入组合回撤、基金止盈止损、风险平价模型等风险管理工具，建立证券资产市场风险压力测试模型，提高市场风险管理和识别监测能力。推动建立业金联动机制，清收各类逾期贷款共计 7.72 亿元；减持

H

部分列入重点范围的债券共计1972万元。

【风险管理和内部控制】 加强制度建设顶层设计，明确规章制度分层分类原则和“立、改、废、释”全周期管理，截至2021年末，公司现行规章制度246项，年度制修订88项，废止17项。编制完善全面风险管理体系研究报告，首次制定公司同业指引，实现公司三大资产板块全覆盖。开展“内控合规管理建设年”活动，启动更新《内控手册》。深入落实法治建设第一责任人制度，严格落实公司规章制度、重大经营决策以及经济合同100%审核要求，为239项公司业务事项提供合法合规审查和咨询意见。优化同业交易对手准入和授信机制，建立同业交易对手风险状况跟踪报告机制，动态调整交易对手库。协助成员单位防范产业链业务风险。

【人力资源管理】 公司深化“三项制度”改革，开展经理层成员任期制和契约化管理，推进干部轮岗交流和竞争上岗，组织岗位体系优化调整，加大薪酬分配向骨干人才倾斜力度。推进实施年度领导干部培养计划和青年人才“薪火计划”，持续提升领导干部管理能力，助力年轻员工成长。开展多项专题培训，加强金融团队能力建设，扎实做好群众工作，工会和团支部开展多种形式的岗位建功主题活动，持续深化航天精神教育，传承航天精神。

【信息化建设】 公司新核心系统上线功能模块26个，涵盖支付、收款、存款、票据、信贷、保险代理等公司主营业务，用户反馈问题明显下降。开展财企直连系统硬件集成，为财企直连系统提供安全可靠的硬件支持环境。优化完善大数据分析系统，持续优化底层数据模型。开展征信系统接口升级改造。建立信息科技风险定期评估机制。建立风险合规指标自动生成和监控系统。对接集团商密环境建设，研究制定商密局域网及终端环境建设方案。开展公司网络安全架构体系规划设计，启动网络安全架构体系升级项目一期建设工作，有效提高公司网络安全防控能力。

【企业文化建设】 公司高标准开展党史学习教育活动，党委召开以“学史力行、凝心聚力、攻坚克难”为主题的形势任务教育大会。党委认真落实“第一时间”“第一议题”机制，切实用党的创新理论武装头脑、指导实践、推动工作。全年召开党委中心组学习20次，集体前置研究议案24项，保证了党和国家方针政策、集团党组的重大决策部署在公司的贯彻执行，党建制度应建尽建，牢牢把握意识形态工作主导权，党委民主生活会和党支部组织生活会的质量逐步提高，积极发挥基层党支部的战斗堡垒作用和党员先锋模范作用。

河北港口集团财务有限公司

【集团概况】 河北港口集团有限公司（以下简称“集团”）成立于2009年7月，是河北省国资委监管的省属重点国有独资企业，省内首家布局“A＋H股”双资本平台的国有企业，是集港口建设、开发，国有资产运营、管理以及投融资功能于一身的综合性企业集团。“十四五”期间，集团着力推进港口运营、港口物流、投资运营、园区经济四大板块协同发展，重点实施以党建统领企业改革创新、秦皇岛国际旅游港与综合贸易港建设、深度融入曹妃甸自贸区、黄骅综合贸易大港建设、冀中南内陆物流枢纽建设、环渤海港口战略合作及港口整合六大系统工程，加快转型升级和高质量发展，努力建设世界一流港口企业集团。

【经营概况】 2021年是“十四五”规划开局之年，河北港口集团财务有限公司（以下简称“公司”）紧密围绕“服务实体经济、服务集团发展”的宗旨，不断完善公司治理，稳步拓展经营业务，持续强化风险防控，着力提升资金管理水平和金融服务能力，年度经营目标圆满完成。公司积极融入集团发展战略，加大信贷支持力度，发挥内源融资的作用，逐步完善存、贷款利率市场化定价机制，最大幅度让利成员单位，较同业金融机构贷款利率最低、存款利率最高，实现集团整体效益最大化，有效降低了集团整体融资成本。截至2021年末，资产规模达到65.84亿元，同比增长10.44%；实现营业收入1.73亿元，发生营业总成本0.95亿元，实现利润总额0.87亿元，同比增长9.31%，净资产收益率为3.89%，贷款余额33.21亿元，为集团累计减少外付融资成本约1.11亿元。

【资金业务】优化日常资金结算服务，精细化资金收支管理，在做强做优基础服务的同时，密切关注资金来源，做好资金变动预测，合理匹配结算性资金头寸，强化资金归集。截至2021年末，公司开户单位67户，全口径资金集中度为79.10%，吸收存款年日均余额46.27亿元。充分发挥金融牌照功能，把握审慎稳健的主基调，多方位开展金融市场业务，综合运用同业拆借、同业存单、国债逆回购、质押式回购、货币基金等品种搭建流动性管理和资金效益动态平衡体系。

【风险管理和内部控制】2021年，公司强化全面风险管控理念，压实控制举措。结合市场动向和监管导向，定期召开风险与关联交易控制委员会会议、投后贷后分析会和案防分析会，拓宽风险分析触角和研判深度。优化内部审计监督机制，对日常业务进行全流程、全覆盖的月度稽核检查，即查即改发现问题；开展员工绩效考核及薪酬机制、风险管理、信息科技等专项稽核，提出管理建议10项，有效提升公司精细化管理水平；开展年度经济效益审计和内部控制评价工作，确保各项内控措施切实落地。公司稳健、审慎、合规经营，主要风险监管指标继续呈现良好态势，截至2021年末，公司资本充足率为39.50%，超过监管要求；平均流动性比例为138.84%，明显高于监管要求；不良贷款为零。

【信息化建设】2021年，公司对原有核心系统、投资业务系统功能持续优化升级，有效发挥信息系统业务保障和先行准备的作用，助力业务精细化管控，夯实数据治理基础。按照监管要求推进金融基础数据报送系统、利率报备系统、ACS综合前置系统接入、EAST检查分析系统全流程线上处理，实现业务系统与监管系统有效对接，以技术促进合规管理和风控效能提升。积极探索系统运维方式由人工向自动化、智能化转变，自主编写了多款系统状态预警及监管报表自动填报小程序，有效提升工作效率，规避操作风险。通过信息系统及机房巡检、网络自查、软件正版化自查，筑牢网络和信息安全；通过按季开展灾备演练，全面提升公司抵御重大灾害事故的水平，增强快速反应、应急救援以及协同作战能力。

【人力资源管理】2021年，公司推行任期制和契约化管理工作，层层签订了《岗位聘任协议》和《经营业绩责任书》，对重点工作任务进行细化分解，充分调动各个层级的工作潜能，为公司高质量发展提供保障。将员工绩效考核和部门综合管理考核周期由季度调整为月度，加大绩效考核力度，优化激励机制。鼓励从业人员考取各类金融执业资格、参加专业能力培训，为集团金融产业发展储备高素质专业人才。目前公司已有多人具备证券、本币交易员以及债券托管结算和AMAC基金从业资格，多人取得国际、国内金融理财师证书，并有1人取得注册会计师执业资格。

【企业文化建设】公司深入开展“内控合规管理建设年”活动，重点完善制度体系建设，对现有内部管理制度进行逐一梳理，新增和修订管理制度45项，废除10项，制定“立、改、废”计划并严格落实，对《内部控制手册》和《合规文化手册》进行修订，进一步健全内控体系，明确内控要点，细化控制措施，提升内控效能。持续开展员工素质提升活动，通过开展金融专题培训和金融课题评选，进一步提升员工宏观金融意识、风险防范意识和金融专业素质。加强内部网站建设，展示公司发展规划、管理制度、行业政策等，并自主创办金融月刊专栏，丰富员工学习渠道，拓展金融视野。

河北建投集团财务有限公司

【集团概况】河北建设投资集团有限责任公司（以下简称“集团”）是河北省政府聚合、融通、引导社会资本和金融资本，支持河北省经济发展的投融资平台、基础设施建设平台和金融服务业平台，是由河北省国资委履行监管职责的国有资本运营机构和投资主体。

【经营概况】截至2021年末，河北建投集团财务有限公司（以下简称“公司”）资产总额128.33亿元，负债总额104.07亿元，所有者权益24.26亿元，实现营业收入3.57亿元，拨备后利润总额2.17亿元。

【服务实体】2021年，公司一是落实能源保供要求，主动了解各成员单位存在的困难，科学调度资金头寸，大幅增加“快循贷”产品的应用，有力保障了发电、供暖民生行业的资金需求；二是继续跟进重点新能源项目，为省内外成员单位办理搭桥贷款，加快项目建设进度。

【信贷业务】2021年，公司累计信贷投放331笔、金额154.21亿元；实现日均信贷余额50.41亿元，同比增长7.6%。截至2021年12月31日，信贷余额60.15亿元，同比增长4.6%。

【投资业务】2021年，公司通过对市场宏观趋势、产品信息以及相关市场现状等信息的收集与分析，不断优化调整更新投资方案，强化投资业务流动性分层管理，并根据情况对投资业务进行实时调整，充分发挥了投资业务的“蓄水”“放水”功能，在保证资金链稳定的情况下有效提高整体资金收益。

【票据业务】2021年，公司主动邀请外部经验丰富的专家，对票据业务档案进行全面检查，加强业务能力建设，促进合规化管理再上新台阶；此外，充分利用公司授信额度，深化同业贴现合作，畅通票据变现渠道，进一步提高外部供应商的信任度和可接受度。

【资金集中】2021年，公司持续强化资金归集工作，各月末资金归集度稳定保持在较高水平，为保证公司流动性安全、加大信贷投放和开展同业资金业务打下较好的基础。高效完成结算业务，2021年共完成各类结算业务22.85万笔，较上年增长28.34%，交易金额4132.91亿元，较上年增长1563.72亿元，增幅为60.86%。

【业务创新】2021年，公司一是积极拓展再贴现、转贴现业务。已完成包括制度建设、资质申请、流程设置等前期工作，目前已具备再贴现和转贴现相关业务能力。二是拓展同业存单业务。顺利完成公司首笔同业存单的申购工作，有效提高了银行间市场参与度，为下一步拓展更多银行间市场业务打下了基础。

【风险管理和内部控制】2021年，公司一是开展“内控合规管理建设年”活动，并作为唯一一家非银机构在全省“内控合规管理建设年活动”工作会议上做经验交流；二是规范制度管理体系，对公司20余项规章制度进行修订；三是优化公司《内部控制手册》，优化管理控制环节，规范业务操作程序，提升公司经营管理水平、风险管控能力；四是完成反洗钱风险自评估机制的构建，建立反洗钱自评估体系和评估模型，进一步推动反洗钱工作有序开展。

【人力资源管理】2021年，公司推进公司经理层任期制和契约化管理工作，通过任期制度化、管理契约化、薪酬差异化等举措，充分调动高级管理人员的积极性；贯彻落实国企改革三年行动，持续深化劳动、人事、分配“三项制度”改革，干部人事工作制度化、程序化、规范化方面取得明显进步；营造积极学习氛围，开展各类培训，努力打造学习型团队。

【信息化建设】 2021 年，公司一是积极推进公司信息系统建设，促进公司各项业务快速发展；二是梳理信科制度体系，新增制度 7 项，修订完善 11 项；三是加强信息系统应急管理体系建设，并定期开展应急演练；四是做好信息系统运维管理工作，不断提升信息科技治理水平和风险防范能力。

【企业文化建设】 2021 年，公司坚持党建引领，做好文化宣传工作。为庆祝中国共产党成立 100 周年活动，组织青年积极参加集团“礼赞百年唱响初心”庆祝中国共产党成立 100 周年红歌云传唱活动；积极参加集团工会组织的“巾帼心向党，奋斗新征程”集团女职工风采展演活动及“永远跟党走，奋进新征程”职工诵读宣讲活动，参赛作品获得集团一等奖。

2021 年，公司一是完成公司支委会换届选举工作。持续完善“双向进入、交叉任职”领导体制；二是制定公司第一议题制度及党支部前置研究讨论重大经营管理事项清单；三是紧抓庆祝中国共产党建立 100 周年契机，组织庆祝建党 100 周年等系列活动；四是扎实开展“我为群众办实事”实践活动，制定八项工作举措，不断提升服务水平；五是疫情期间组建“党员突击队”，全力保障集团保供成员单位的资金支付渠道畅通和资金链安全；六是逐级签订党风廉政建设责任书，制定《党风廉政建设和反腐倡廉工作任务分解表》，确保全面从严治党责任制落细落实。

河钢集团财务有限公司

【集团概况】 河钢集团有限公司（以下简称“集团”）作为世界最大的钢铁材料制造和综合服务商之一，已经成为中国第一大家电用钢、第二大汽车用钢供应商，海洋工程、建筑桥梁用钢领军企业，在 MPI 中国钢铁企业竞争力排名中获“竞争力极强”最高评级，是世界钢铁协会会长、中国钢铁工业协会轮值会长单位。集团树立全球、全产业链理念，加速形成钢铁材料、新兴产业、海外事业与产业金融深度融合、高效协同的格局。2021 年末，集团资产总额 4962.67 亿元，实现营业收入 4354.38 亿元。

【公司概况】 2021 年，河钢集团财务有限公司（以下简称“公司”）根植合规意识，坚守风险底线，以融入资金、降本创效、服务集团为工作要点，大力推动产融结合，努力实现创效目标，助力集团转型升级。截至 2021 年末，公司资产总额 312.55 亿元，负债 241.36 亿元，所有者权益 71.19 亿元，分别较年初降低 20.98%、27.12% 和上升 10.66%；累计实现营业收入 15.98 亿元，利润总额 8.41 亿元，同比分别增长 16.05%、96.50%。无不良贷款、无不良资产，各项监管指标符合监管要求。

【信贷业务】 公司坚持“坚守本源，防控风险，服务实体”原则，优先为集团主业和新型小微企业提供授信服务，为集团退城搬迁、环保升级、转型发展提供金融支持。2021 年，办理自营贷款 505.66 亿元、委贷业务 4.81 亿元、保函业务 7.37 亿元。截至 2021 年末，公司自营贷款余额 256.80 亿元，委贷业务余额 0.80 亿元，保函业务余额 4.09 亿元。

【票据业务】 2021 年，公司持续拓展票据业务，利用同业授信拓展财务公司承兑和转贴现规模，为集团和成员单位提供支付结算和资金支持，累计开具财承 52.55 亿元，办理贴现

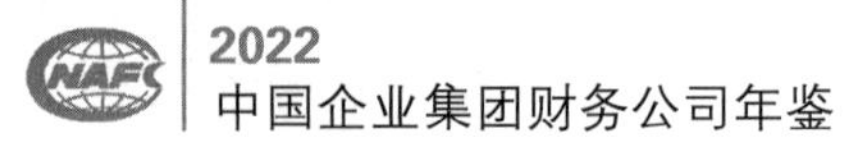

33.35亿元、转贴现1.75亿元，办理再贴现25.4亿元。

【投资业务】2021年，公司在合法合规和保障资金资产安全的基础上，一方面持续对金融市场行情进行跟踪研究，结合多家金融机构的投资分析，锚定投资收益率，把握投资机会；另一方面加大投资品种拓展力度，在进行充分可行性研究的基础上开展债券买断式正回购等新业务，并加大债券现券买卖力度，通过优化投资结构进一步提升投资收益。2021年日均理财业务规模20.43亿元，实现收益6454.66万元。

【资金集中】公司以集团资金一体化集中管控为契机，强化资金管控和集中结算，促进资金归集。截至2021年末，全口径资金集中度为43.62%，可归集口径资金集中度为82.25%；平均全口径资金集中度为46.64%，平均可归集口径资金集中度为83.24%。

【业务创新】2021年12月，公司与浦发银行石家庄分行合作为成员单位办理首笔代开信用证业务，金额1.25亿元，期限1年。2021年4月，开展首笔即期结售汇业务，优化外汇资金配置，节约结售汇成本，有效规避汇率风险。公司创新代理收支结算模式，以适应集团集约化资金管理。此模式主要针对国有大行之外的各家银行，集聚此类银行的资源，形成账户结算的有效补充。

【风险管理和内部控制】健全公司法人治理结构，优化董事、监事职能，完善董事监事履职评价机制，精准有效履职。搭建BI、动态监测分析风险指标体系，研究资产负债管理对风险指标的影响，为资金运营和合规管理提供前瞻性指导。开展账户管理和资金支付全流程风险检查，进行业务连续性和流动性压力测试，强化资金安全内部控制。对全地域、全客户、全产品业务和渠道风险进行细化评估，完善洗钱风险防控措施，深化洗钱风险管理体系建设。

【信息化建设】公司紧密结合业务发展需要，持续升级与完善信息系统，促进信息技术平台创新与金融服务创新深度融合。持续完善财企平台，扩展直连银行，对接财务共享、供应链等业务平台，为集团的资金收支和票据业务提供全面的线上自动化处理；升级完善BI系统平台，搭建集团资金监控平台，从账户、资金、票据等多维度进行全集团数据分析，满足全集团整体资金监控需求。同时，持续完善监管报送平台，健全完善信息科技风险防范体系，开展业务系统三级等保测评等，为业务开展提供安全稳定高效的系统技术支持。

【企业文化建设】公司以政治建设为统领，深入推进党史学习教育、“四史”宣传教育，持续深化“党建引领发展，金融生态赋能，协同创造价值”党建品牌内涵，打造独具金融特色的党建品牌活动；以“创最佳的业绩，做最好的自己”主题先锋赛活动为抓手，引领党员立足岗位建新功；以深化廉洁从业教育为保障，组织参观廉洁文化园地，参加“砺剑讲堂”警示党课学习等活动，强化合规意识，筑牢拒腐防变的防线；完善人才培养机制，打通员工成长通道；开展“夏送清凉、冬送温暖”员工慰问活动、“我为群众办实事”实践活动、“缘来是你”青年员工联谊活动等，进一步增强团队执行力、凝聚力、创新力。2021年，公司党支部获得河钢集团党委颁发的“十佳基层党组织”“先锋党组织”等称号。

河南能源化工集团财务有限公司

【集团概况】河南能源化工集团有限公司（以下简称“集团”）是经河南省委、省政府批准，分别于2008年12月、2013年9月经过两次战略重组成立的一家国有独资特大型能源化工集团，目前产业主要涉及能源、化工、金融、有色金属、装备制造、物流贸易、建筑矿建、现代服务业等产业，主要分布在河南、贵州、新疆、内蒙古、青海、陕西等省、自治区。

2021 年，集团实现扭亏增利 70 亿元，经济效益创近年来最好水平，在企业改革发展中取得了良好效果，带动全省金融环境明显好转，为国企改革发展树立了新的典范。

【经营概况】河南能源化工集团财务有限公司（以下简称“公司”）积极贯彻集团决策部署，紧扣“优质金融服务”特色主题，深化金融服务改革，强化内控和风险管理、加强员工队伍建设，齐心协力抓好资金集中管理、资金预算管理，助力集团化解债务风险等重点工作，为确保集团和成员单位的资金链安全发挥了强大作用。2021 年，公司实现营业净收入 3. 35 亿元，实现利润总额 2. 99 亿元。

2021 年，公司充分发挥金融机构优势，节约成员单位财务成本。一是始终坚持“效率高于银行，价格优于银行”的服务理念，在政策允许的条件下，最大限度让利集团企业，进而最大限度节约集团和成员单位财务成本。2021 年累计资金结算量 77916 笔，累计资金结算金额 49793100 万元。累计为成员单位减少结算业务手续费 62. 57 万元。二是严格账户管理，加强资金管控。公司密切监控支出账户限额执行情况。指定专人不定期地检查各成员单位外部支出账户资金存款情况，确保对成员单位外部支出户的资金管控。三是加强预算管理，强化执行意识。充分发挥“集团资金归集平台、集团资金结算平台、集团资金监控平台、集团金融服务平台”四个平台功能。四是向成员企业办理贷款 40 笔，投放信贷资金 92. 66 亿元，为成员企业维持正常生产经营和按期归还到期债务提供资金支持。

【产业链金融】公司根据集团债权人委员会决议，按要求“不抽贷、不压贷、不断贷、不下调分类”，结合公司实际，与多家集团成员企业签订了贷款补充协议，进一步让利成员单位，节约了成员单位的资金成本，缓解集团成员单位资金紧张状况。

【结算业务】一是加强预算管理，强化执行意识。严格执行集团资金预算管理制度，各成员单位根据货币资金预算，对各单位的支出进行总额控制，合理调配资金；二是优化资金结算流程，完善资金信息系统，为成员单位提供优质安全有效的对外资金结算和对内清算服务；三是在确保还债和倒贷的刚性兑付前提下，根据集团资金预算合理安排各成员单位经营支出，进一步推进集团改革脱困和债务风险化解工作，保证了公司流动性。

【业务拓展】2021 年，公司充分发挥金融服务平台职能，梳理查询和统计集团票据情况，推进贴现再贴现业务顺利开展，助力企业化解债务风险，更好地服务于成员单位和小微、涉农企业。截至 2021 年 12 月 31 日，累计办理成员企业贴现 3003. 94 万元，人民银行再贴现 2753. 94 万元。

【资金集中】公司立足集团，服务成员企业，强化资金集中管理，认真梳理各成员单位外部银行账户性质，摸清各家银企直连行各账户授权情况，进一步加强资金集中管理系统支持。加强成员单位资金集中管理，保证公司同业存款和吸收存款逐步增加，统筹做好资金的调度协调，流动性逐步恢复。

【风险管理和内部控制】2021 年，公司坚决贯彻落实集团决策，充分发挥“集团资金归集平台、集团资金结算平台、集团资金监控平台、集团金融服务平台”四个平台功能，采取多种措施化解各类风险：一是加大风险管理组织架构建设，强化董事会、高级管理层风险管理责任，将各项经营风险管理纳入全面风险管理体系，及时修订完善风险管理制度。二是通过由近到远倒排票据到期时限，逐笔制定资金兑付方案等多种方式，妥善处理电票后续事宜，充分化解风险。三是在确保刚性兑付的前提下，严格执行资金预算，助力集团改革脱困和债务风险化解工作，保证公司流动性。四是争取成员单位支持，通过改善存贷款期限结构，压降贷款规模，流动性比率得到有效改善。五是强化风险管理培训，确保风险管理渗透到公司的每个环节，确保管理层成员及关键岗位都能够正确识别信用、市场、操作、流动性风险因素。

【人力资源管理】根据集团深化改革总体部署，公司统一思想，积极采取市场化招聘等形式确保工作推进。2021 年，公司充实了经理层高管队伍，切实提升了企业经营管理水平。通过选聘主任师和业务主管等方式，充分调动干部员工工作激情、激发内部活力和内生动力，通过任期制、契约化管理，真正建立完善能者上、优者奖、庸者下、劣者汰的激励约束机制，为完成各项目标奠定基础。

【信息化建设】公司采取多种措施保障资金管理系统的安全、稳定运行：一是全面梳理银保监、人民银行及公安等相关部门的监管要求以及公司自身的业务实际，对标同行先进信息科技管理实践，对公司信息科技制度进行修订完善。二是采取切实措施补足涉及数据安全及提高资金业务系统的高可用性的环节。三是结合公司新上线的 N9 资金结算系统，开展多轮业务流程梳理，加快平台建设，根据公司业务开展情况，提出系统优化需求，不断完善上线新功能。

【企业文化建设】坚持做好舆论导向的宣传和引领，宣传好公司各部门工作的推进情况，通过多种形式的形势教育，给干部员工讲清形势，提振信心，突出抓好针对性强的宣传教育活动，形成全员工作合力。

【党建工作】2021 年，在集团党委的正确领导下，公司党总支始终坚持党要管党、从严治党的方针，在习近平新时代中国特色社会主义思想的指导下，全面贯彻落实党的十九大精神，始终严格执行第一议题制度和“围绕业务抓党建，抓好党建促发展”的工作思路，以加强党的执政能力建设为重点，以开展公司效能建设为契机，推进了党的思想、组织、作风和制度建设，在提高党员素质、加强组织建设、服务群众办实事、促进各项工作等方面取得了明显成效。

河南双汇集团财务有限公司

【集团概况】河南双汇投资发展股份有限公司（以下简称“集团”）总部位于河南省漯河市。2021 年，集团有效应对新冠肺炎疫情的影响，实现了稳步增长，作为国家农业产业化重点龙头企业，在全国 17 个省（市）建有 30 个现代化肉类加工基地和配套产业，形成了饲料、养殖、屠宰、肉制品加工、调味品生产、新材料包装、冷链物流、商业外贸等完善的产业链，拥有 100 多万个销售终端，每天有 1 万多吨产品销往全国各地，在全国绝大部分省份均可实现朝发夕至。“双汇”品牌价值 738.46 亿元，连续多年领跑中国肉类行业。

【经营概况】河南双汇集团财务有限公司（以下简称“公司”）认真贯彻落实监管政策法规，坚持功能定位，立足集团、服务集团，依法合规经营。截至 2021 年末，资产总额 73.05 亿元，其中各项贷款余额 36.5 亿元；负债总额 62.4 亿元，其中各项存款余额 52.94 亿元；所有者权益 10.65 亿元；注册资本 8 亿元；实现利润 1.43 亿元；各项监管指标符合监管要求，没有出现风险事件。

【服务实体】公司坚持“立足集团，服务集团”的经营宗旨，累计向 45 家成员单位授信 143.8 亿元，累计投放信贷 318 笔、金额 92.8 亿元。在疫情形势下，加大对集团“大外贸”布局的支持力度，对集团进出口公司发放贷款 30.77 亿元，支持进口肉类产品 60 多万吨。

【产业链金融】公司积极响应国家支持小微

企业、支持实体经济发展的政策，发挥集团品牌优势，依靠集团肉制品 20 个大区和 23 个生鲜品大区在全国的办事处，通过集团数字化行销系统，考察、发现优质经销商客户，引进重庆瀚华普惠线上化信贷平台，利用大数据对买方信贷客户进行风险评估，引入“契约锁”线上合同签订新模式，增强公司与客户合作黏性，巩固买方信贷客户长期稳定合作关系，全年为 165 户经销商发放买方信贷 316 笔，余额 1.77 亿元，较上年总量翻了一番，买方信贷无逾期、无损失。

【资金业务】严格执行国家结算规定和集团内控制度，合理调配资金，全年结算量 21.29 万笔、金额 7290.4 亿元，实现收付款零差错；对集团和成员单位资金进行统筹规划、合理调拨、科学谋划，通过周计划、月计划加强资金调度、管理，提高资金使用效率。

【业务创新】2021 年 4 月，公司获批除股票投资以外类有价证券投资业务资格，进一步拓宽了公司投资业务范围和渠道。通过建立白名单制度、分析对比多家机构各类产品挂钩标的及收益率，与全国 6 家头部券商机构合作，选择质押式报价回购产品和保本收益类凭证作为主要投资品种，全年投资保本收益凭证 9.1 亿元、质押式报价回购 8.5 亿元，实现收益 0.22 亿元。

【票据业务】公司严格内控要求，规范操作流程，认真审查贸易背景真实性，办理成员单位票据贴现 14.39 亿元，办理再贴现业务 33.58 亿元，办理再贴现回购 32.45 亿元，办理转贴现 0.8 亿元。

【资金集中】公司与全国 9 家银行开通银企直连服务，将成员单位所有直连账户全部纳入资金系统进行管理，每天对直连账户资金不定时上收，夜间采取系统自动归集功能上收资金；对非直连账户每日监控，沉淀资金及时转回，做到应收尽收，实现资金集中管理。

【风险管理和内部控制】公司严格落实监管政策法规，认真贯彻全面风险管理理念，不断优化风险管控措施，持续开展风险监测与评估，着力推动“内控合规管理建设年”活动，筑牢夯实风险隔离墙，为公司稳健经营保驾护航。一是制定切实有效的风险管理政策，策略清晰、架构合理、偏好适中、程序严谨、控制得当、监督有力，保障风险管理工作有效实施；二是风险管控手段进一步加强，持续开展合规风险检查，通过自查及专项检查，发掘风险隐患、补足合规短板，推动风险管理水平不断提升；三是根据业务发展需要，修订完善内控制度，对公司十大类 174 项标准化管理制度进行梳理完善，修订后为十大类 186 项制度，确保各项业务开展有章可循、有据可依；四是营造良好的合规文化氛围，结合“清廉文化建设”工作要求，开展警示教育活动，组织员工行为排查，从源头防范合规风险的发生；五是持续开展全面风险评估，评估公司经营中可能面临的各类风险。通过评估，及时发现风险管理薄弱环节，不断完善内控体系，规范操作流程，提升风控水平。

【信息化建设】适应监管新要求，及时、准确、真实、全面报送银保监会 EAST 数据、人民银行金融基础数据、利率报备数据，结合公司业务发展需要，综合考虑公司信息系统现状，在考察同行机构和国内领先系统开发商的基础上，对公司核心信息系统进行升级改造，目前项目已完成合同签订、需求汇总、功能开发、联调联试等工作。

【企业文化建设】公司坚持“立足集团、服务集团”的功能定位，秉承“按标准做事、用数据说话、看结果评判”的经营理念，依法合规经营，有效防范风险，建设廉洁队伍，促进公司治理完善，支持集团做大做强。

亨通财务有限公司

【集团概况】亨通集团有限公司（以下简称“集团”）是中国光纤光网、电力电网领域规模最大的系统集成商与网络服务商，跻身全球通信领域前三强，电力传输领域前四强。集团拥有全资及控股公司70家，上市公司3家，在全国13个省（市）和欧洲、南美、南亚、南非、东南亚设立产业基地，在全球30多个国家设立营销技术服务分公司，在119个国家注册商标，业务覆盖100多个国家和地区。

2021年是集团成立30周年，在疫情持续及大宗商品大幅上涨，全球经济仍处在艰难复苏的大环境下，集团通信、电力传输、海洋能源、新材料等产业仍保持了稳健较快的增长，同时海外出口及海外产业发展均保持了高速增长。集团实现产值1310亿元，同比增长13%。

【公司概况】2021年，亨通财务有限公司（以下简称“公司”）紧紧围绕集团第十个三年战略发展规划，以“立足集团、依托集团、服务集团、壮大集团”为根本宗旨，以“聚焦主业、聚焦创新、聚焦高质量发展”为指导思想，以严格坚守各项监管合规经营要求为准绳，着力将公司建设成与集团发展相匹配、与监管要求相符合的市场化财务公司。截至2021年末，公司总资产67.94亿元，负债总额53.45亿元，所有者权益14.49亿元。2021年，公司实现营业收入2.05亿元，营业利润总额1.49亿元，净利润1.1亿元。

【服务实体】公司重点加大对集团通信、能源、新材料等制造业的信贷投放，2021年末贷款余额58.72亿元，较年初增加12.76亿元；对于内部采购使用到期电汇的付款业务统一采用财务公司承兑汇票进行结算，累计承兑财票10.30亿元，到期兑付14.03亿元；利用商业银行同业授信，累计代开银票3亿元；开立海关保函、履约保函、质量保函等各类非融资性保函274笔、金额5.14亿元，为成员企业节约保证金0.5亿元。

【资金业务】公司构建有重点、多层次、广覆盖、有差异的银企合作框架体系，巩固发展银企战略合作关系，总行级战略合作银行增至8家，集团整体授信稳中有增。在传统业务授信额度的基础上，积极申报创新业务额度，进一步丰富健全股权融资、债券融资、间接融资和资产证券化等融资渠道。2021年，1家成员企业成功引入战略投资机构，1家成员企业IPO被深交所正式受理。

【外汇业务】公司关注影响汇率变动的基本因素，重点结合各国经济金融、政治、央行政策及市场预期、突发事件等对汇率变动的影响，定期开展外汇市场分析研究，并以此辅助集团境内外子公司外汇套期保值产品的策略应用。2021年，公司合理运用跨国企业资金集中运营平台，实现本外币跨境划付，作为资金池主账户累计跨境放款7300万美元，有效调剂境内外资金需求。

【资金集中】加大资金归集力度，努力实现成员可用资金应归尽归。截至2021年末，公司归集余额为47.39亿元，全年日均余额达到48.29亿元，较2020年增加14.75亿元，增幅为43.98%。2021年资金集中度为34.82%，较2020年增加8.3个百分点。

【风险管理和内部控制】公司设立“三会一层”组织架构，董事会下设战略发展委员会、风险管理委员会、投资决策委员会和审计委员会。2021年，公司累计召开3次股东会、4次董事会、4次监事会和7次专业委员会会议；建立健全了190项三级管理制度，注重依法合规经营；制定下发《2021年度风险偏好和风险限额管理政策》，加强管控加权风险资产规模，稳定资本充足率。2021 年末，公司资本充足率为 20.88%，流动性比例为 38.72%，担保比例为 37.44%，拨备覆盖率为 100%；资产损失准备充足率和贷款损失准备充足率均为 100%；不良资产率为零；贷款五级分类均为正常类，主要监管监测指标符合监管要求。

【人力资源管理】2021 年，公司进一步加强员工绩效考评体系建设，着力规范绩效考评指标设置，着重降低经营效益类指标权重，增加合规经营类和风险管理类指标权重；同时，重点加强绩效考评机制完善，通过制度明确管理人员职务系数和个人考核系数核算规则等内容，建立科学、透明的绩效薪酬管理机制。在培训管理上，公司积极派员参加监管机构与行业协会组织的培训、交流、测评、调研等活动，及时了解和掌握最新监管政策和要求，提升员工履职能力。在招聘管理上，重点加强校园招聘力度，2021 年累计新入职员工 5 人，并通过新员工培训、AB 角管理、定向培养等方式加强人才梯队建设。

【信息化建设】2021 年，公司更新了机房 UPS 和动环监控设备，及时收取报警信息，查询环境参数历史记录；根据监管要求开发上线了 EAST 系统，并预备上线利率报备、金融基础数据等监管报送系统；积极部署升级新一代核心业务系统。

【企业文化建设】2021 年，公司成立了党支部，建立健全了公司党建制度及党组织议事决策机制，把加强党的领导与建设现代企业制度紧密结合起来。2021 年，公司先后与徐工财务公司、创元财务公司等同业机构开展党建交流合作，结合金融机构银企共建开展登山“健步走”、银企合作座谈会等党建活动，增强团队凝聚力。

红豆集团财务有限公司

【集团概况】红豆集团有限公司（以下简称“集团”）2021 年实现了高质量发展：在服装板块，携手君智，启动品牌高端化新进程；在轮胎板块，通用泰国工厂业绩持续向好，柬埔寨轮胎项目启程，国际化发展加快；在生物制药板块，顺利中标国家第五批集采；海外园区商业地产板块，集团主导开发的西哈努克港经济特区 2021 年进出口额达 22.34 亿美元，同比增长 42.75%。集团还荣获第十九届“全国质量奖”，是中国纺织服装行业唯一获此奖项的企业。

【经营概况】红豆集团财务有限公司（以下简称“公司”）围绕集团“进化增效年”的要求，在坚持合规经营、防范风险的前提下，以提升专业化服务为手段，持续提升金融服务实体经济质效，努力成为集团优质金融方案提供者。2021 年，公司实现营业收入（含投资收益）2.01 亿元，较 2020 年同期减少 0.15%；净利润 1.17 亿元，较 2020 年同期减少 1.53%，资产规模 38.80 亿元，资本充足率为 38.75%，流动性比率为 151.77%。

【服务实体】公司发挥服务集团的功能定位，积极促进集团成员单位转型升级。助力集团柬埔寨西哈努克港经济特区以及通用股份泰国轮胎海外生产基地项目的发展，为集团海外战略项目提供融资服务、政策咨询、财务顾问等全方位的金融支持。根据成员单位需求做好外币资金池业务及人民币资金池业务，不断提高资金使用效率及安全性。通过深入了解集团重点项目，协调资源，做好项目的筹融资管理，优化融资需求，降低融资成本，提高资金使用效率。

【信贷业务】公司通过有计划的高频走访，深入调研成员单位经营情况，强化公司信贷服务能力。截至 2021 年末，各项贷款余额较 2020

年同期增长1%，综合授信总量较2020年同期增长7%，其间公司创新服务以满足成员单位信贷需求，成功完成一笔银团贷款500万元。公司制定相应的金融支持政策，优化信贷结构，加大对集团内制造业、批发零售业、小微企业等实体的投放力度。截至2021年末，绿色贷款业务余额较2020年同期增长35%。

【资金业务】公司2021年度实现结算资金零在途、零风险、零损失。协助成员单位优化现有专卖店结算系统，解决实际问题；通过洽谈上线门店新银行结算系统，提升门店结算效率；为直营专卖店开户，加入银企直连系统，实现资金划转与归集，提高资金归集率及资金使用效率。对集团内2家上市成员单位改进金融服务，在提升公司资金归集率的同时，为其优化财务管理，提高资金使用效率，降低融资成本和融资风险。

【风险管理和内部控制】公司不断优化内控合规体系建设。加强制度建设和流程梳理。2021年修订15项制度、增加3项制度；加强稽核检查监督。对内控合规治理架构、内控合规制度流程系统、重点风险领域内控建设、重要岗位关键人员管理等内容开展自查，并组织开展问责工作，提升公司内控管理水平。通过合规培训、制度考试、签订员工行为承诺书等方式，使规章制度内化于心、外化于行，保持制度的持续完善与执行的规范性。

【人力资源管理】公司重视人才的培养，充分激发团队创造价值。强化绩效考核。优化“规招育用留”，注重人才队伍建设，建立良好的人才流动和调配机制。加强培训学习，增强全员的合规意识，提升员工的专业能力。2021年，公司共开展23场内训，派员参加34场外训，组织业务条线专业培训14次，开展工作心得分享5次。

【信息化建设】2021年，公司与集团内的科技公司合作，自主开发了数据仓库及EAST系统、利率报备系统，搭建了数据报送业务平台，形成了统一的数据标准，减少了外包环节，实现了数据可控，提高了数据的安全性。

红星美凯龙家居集团财务有限责任公司

【集团概况】红星美凯龙家居集团股份有限公司（以下简称“集团”）是国内领先的家居装饰及家具商场运营商和泛家居业务平台服务商。截至2021年12月末，集团经营95家自营商场、278家委管商场、10家战略合作商场、69个特许经营家居建材项目，覆盖全国30个省、自治区、直辖市的224个城市。

【经营概况】红星美凯龙家居集团财务有限责任公司（以下简称“公司”）积极服务成员单位和实体经济，实现公司有序经营，稳健发展。截至2021年12月末，公司资产总额30.99亿元，其中各项贷款余额23.84亿元；负债总额22.96亿元，其中单位存款余额22.74亿元；2021年实现利润总额7641.30万元。

【服务实体】2021年，公司梳理各类业务流程，形成标准化服务手册，服务成员单位中的小微企业占比达93%，成员单位对账回执率达100%，全年为集团减少对账单费用15.2万元。

【信贷业务】2021年，结合疫情特殊时期监管机构对金融市场的政策指引，持续对成员单位提供信贷支持。2021年有效授信金额34.9亿元，业务品种涵盖流动资金贷款、固定资产贷款、银行承兑汇票贴现、保函、电票承兑等；全年实现表内信贷投放金额80.88亿元、表外业务金额2.76亿元。

【资金业务】2021年，公司严格执行资金计划管理，比较各银行间同业存款价格，通过统一调度与划拨，合理配置闲置资金，确保了资金的收益性。2021 年，公司与渤海银行首次建立了合作关系，合作银行类金融机构数量达到 13 家。

【票据业务】2021 年，公司根据成员单位业务特色和实际需求，积极开展承兑汇票业务，业务发生金额 2.71 亿元。在助力集团业务快速发展和成员单位降本增效的同时，展现了财务公司作为集团金融服务平台的功能属性。

【资金集中】2021 年，公司依托于工商银行、中国银行、交通银行、民生银行、建设银行 5 家银行的资金池，采用二级联动方式对成员单位资金进行实时归集与拨付，充分挖掘集团及成员单位的资金潜力。实现了自营商场全覆盖、委管商场和新业态基本覆盖。截至 2021 年 12 月末，公司有效账户数达 489 户。

【业务创新】2021 年实现公司存贷款结息、自营贷款、定期存款、通知存款、保证金存款、手续费等明细可查，进一步增强了成员单位的业务黏性及成员单位结算业务线上处理能力。

【风险管理和内部控制】2021 年，公司共计修订制度 31 项，开展了一系列风险内控自查、案防教育培训、反洗钱政策宣传、征信合规培训及员工异常行为排查工作，通过全方位的风险与合规管理，有效防范可能由内部产生的案件风险。

【人力资源管理】公司高度注重人才工作，把人才作为支撑发展的第一资源。围绕“优化指标结构，拓展指标分类，结合监管要求”持续进行探索优化。2021 年公司通过修订的《员工绩效管理办法》，重点结合监管要求，调整绩效薪酬比例。

【信息化建设】2021 年，公司加强信息安全建设，实现内外网络有效隔离，提高监控系统 ZABBIX 的监控范围和预警等级，部署核心业务系统监控平台，完成每年一度的业务连续性演练。2021 年 7—10 月，建成新一代监管报送平台，覆盖银保监 EAST 4.0、利率监测报备、金融基础数据报送等。升级核心业务结算模块，提高自动付款日均处理能力至原先的 4～6 倍。完成日间流动性实时监测与风险指标预警等系统功能。进一步提升信息科技对公司业务发展的支持。

【企业文化建设】持续将清廉金融文化建设作为“不忘初心、牢记使命”常态化主题教育的重要内容，引导员工正确处理公私、义利、是非、情法、亲清、俭奢、苦乐、得失的关系。把“八项禁令”“倡廉 26 条”铭记于心，才能忠于职守、甘于奉献、严于律己，才能不惧各种风险、抵御各种诱惑。以教育预防为重点，以制度规范为手段，以锻造廉洁从业队伍为核心。弘扬清廉文化，凝聚清风正气，为公司高质量发展奠定坚实的基础。

湖北交投集团财务有限公司

【集团概况】湖北交通投资集团有限公司（以下简称“集团”）是湖北省政府独资的交通投融资企业，成立于 2010 年 10 月，注册资本金 100 亿元。湖北省委、省政府赋予的功能定位为交通基础设施投资、设计、建设、运营主体和交通产业开发、经营、发展主体，业务涵盖交通物流、工程建设、交通服务、交通科技、交通金融、产城融合等板块，2020 年 6 月被湖北省政府确定为全省首家国有资本投资公司改革试点。截至 2021 年末，集团资产总额近 6000 亿元，各级子公司 200 余家，为省属资产规模最大的企业，企业信用为 AAA 级，综合效益列全国省级交通企业第一方阵。

【经营概况】湖北交投集团财务有限公司（以下简称“公司”）坚持“立足集团、服务集团”经营宗旨，积极发挥资金归集、资金结算、资金监管和金融服务“四大”平台作用，全面辅助财务管控，深度协同产业发展，在集团利益最大化中彰显金融价值。截至2021年末，公司存款余额229亿元、贷款余额99亿元、表外业务56亿元，累计实现营业收入5.3亿元、净利润1.82亿元；净资产收益率为8.57%，成本收入比为7.20%，资本充足率为14.71%，流动性比例为86.30%，无不良资产，2021年经营业绩稳定增长，风险监管指标持续合规。公司年度监管评级为1级，首次获最高评级。

【服务实体】2021年，公司积极深化同业合作、畅通融资渠道，通过组建银团、联合谈判等方式，为产业集群发展提供融资服务。为襄阳公司的高速配地项目搭建银团，利率压至4.95%（低于市场205个基点）；为武汉投资的绿创中心项目搭建银团，利率压至5.1%（低于市场90个基点）且免于集团担保；为鄂西新镇的高速配地项目发放3年期3.2亿元项目贷款。此外，公司制定《风险管理前置操作规程》，创新前置风控关口，全年对龙船水乡、咸丰简雅置业等12个项目实施了风险管理前置，变“风险管理”为“风险服务”，在合规的基础上最大限度地提升响应速度和服务质量，成效显著。

【信贷业务】2021年，面对经济下行、需求不振、竞争加压等困难，公司顶压保持百亿元级信贷规模，坚持执行减费让利，紧跟集团产业发展战略，全面优化信贷投放布局和贷款期限结构。2021年累计发放贷款87.02亿元、贴现7.28亿元、委贷4.54亿元、保函27.7亿元，为成员单位节约成本费用2311万元。其中搭桥贷款占比由73%降至58%，经营性子公司贷款占比由27%增至42%，加大产业支持；短期贷款占比由84%调整为77%，中长期贷款占比由5%调整为9%，长期贷款占比由11%调整为14%，进一步夯实发展底盘。

【资金集中】2021年，公司协同集团构建一体化管控格局，确立“经营性子公司实时归集、集中支付，建设类单位定时归集、下拨支付”的分类收付机制，全面落实资金集中管理政策，为加快推进司库体系建设夯实基础。此外，公司灵活运用通知、协定、协议等存款产品组合，借助价格引导、服务提升等策略，最大限度满足成员单位资金效益提升需求，全年累计为50余家企业提供两种以上组合存款产品，办理定制类存款业务126笔，让利支出9800万元。

【风险管理和内部控制】2021年，公司持续制定完善《年度风险偏好陈述书》，定期监测风险偏好执行情况，及时传导至董事会和高管层，有效提升公司治理层面的决策力和管控力。此外，公司修订“四会一层”议事规则，严格执行落实董事会例会和重大事项报告制度，确保公司治理体系责权清晰、运作高效，同时持续推动内控制度“废改立”工作，加强《制度汇编》动态更新维护，全面开展内控评价，强化制度执行的刚性约束。

【人力资源管理】2021年，公司聚焦劳动用工、选人用人和收入分配等“痛点”问题，上硬措施、啃硬骨头，大力推进“三项制度”改革，建立健全激励约束机制，分层分类开展全员绩效考核，推进经理层任期制和契约化管理，推行中层管理聘任制和员工竞争上岗，进一步建立公平公正秩序，畅通发展体制机制。

【信息化建设】2021年，公司主动适应金融科技发展趋势，统筹布局信息化建设和数字化转型，升级核心业务系统，建立金融监管数据报送和风险监测平台，完成接口程序开发和财企直连系统搭建，全面实现公司业务流程线上化、监管报表报送自动化、指标分析预警智能化。此外，结合金融业务连续性要求，全面加强网络安全建设和系统风险防范，建立系统多重防护和数据异地灾备，实行核心业务系统和日常办公网络物理隔离，在监管攻防演练中实现零事故。

【企业文化建设】2021年，公司积极适应新形势新任务，以热烈庆祝建党100周年、全面开展党史学习教育为主线，创新推进“党建+企业文化”建设，组织了宣讲辅导、研讨交流、旧址参观、红歌传唱、知识竞赛等学习教育活动，开展了“办实事、解难题”特色实践活动和“清廉财司”系列宣教活动，举办了道德讲堂、传统节日、志愿服务、读书分享、户外运动等文明创建活动30余次，以活动聚人心，以文化促和谐，推动企业文化由“担当作为”向“担当善为”演进。

湖北宜化集团财务有限责任公司

【集团概况】 湖北宜化集团有限责任公司（以下简称“集团”）在全国建有30多个研发中心和生产基地，旗下拥有湖北宜化、双环科技两家上市公司。现有主导产品及年产能为：尿素220万吨，磷复肥230万吨，氯化铵110万吨，季戊四醇6万吨，PVC 114万吨，纯碱110万吨，烧碱87万吨，磷矿360万吨，原盐170万吨，原煤2000万吨，TMP 2万吨，基酒2.4万吨。产品畅销海内外多个国家和地区，在市场上享有良好声誉。

【公司概况】 截至2021年末，湖北宜化集团财务有限责任公司（以下简称“公司”）总资产余额34.48亿元，所有者权益6.43亿元，各项存款余额27.04亿元，各项贷款余额23.78亿元。实现营业收入1688.13万元，营业成本1457.04万元，实现净利润158.55万元。各项监管指标符合监管要求。

【服务实体】 公司积极落实金融支持实体经济持续恢复和高质量发展相关政策，认真执行债委会决议，贷款利率下调至2.7%或至2.8%，全年为成员单位节约利息支出2001.78万元。同时，利用自身优势，及时开展转贴现、再贴现业务，办理再贴现138笔、金额1.60亿元，降低财务成本16.30万元；依托同业优势参与成员单位直贴议价30家，累计金额14.47亿元，降低成本50.57万元。

【信贷业务】 公司调整信贷客户结构，优化信贷资产质量。截至2021年12月末，公司现有授信客户29家，较上年同期增长45%；现有贷款余额客户（含贴现）18家，较上年同期增长20%；现有小型企业贷款客户6家，较上年同期增长100%，小型企业贷款余额3.2亿元，较上年同期增长19%。贷款客户结构更加趋于多元化、分散化、小额化，分布更加合理，资产质量更加优良。同时，项目储备有了新的突破，已储备降解新材料项目贷款、新疆安卅固定资产贷款约3亿元。

【票据业务】 公司通过培训指导成员单位使用电票系统，强化对成员单位服务，支撑集团票据管理及风险管控，提高票据使用效益。截至2021年12月末，电票托管金额6.2亿元，托管率为81.44%，较上年增长31.44%。

【资金集中】 集团高度重视和大力支持公司发展。一是加强成员单位账户管理，清理无效账户，增加财务公司归集账户，强化资金归集的源头管控；二是通过制度建设和比较管理，集团政策积极引导资金归集；三是加强成员单位结算需求调研与分析，优化结算指令，限额以内的结算业务由系统自动处理，提高了结算服务效率。通过以上措施，2021年结算业务量同比增长50%，资金归集率为43.51%，较上年增长9.45%。

【风险管理和内部控制】 公司通过深入开展“内控合规管理建设年”活动，全面加强内控合规管理。一是做实贷款“三查”，强化信用风险防控；二是加大资金投入及整改力度，筑牢信息科技风险“防火墙”；三是层层落实案防责任，强化员工行为风险管理；四是制定公司恢复计划，落实公司主体责任和股东责任；五是推进业审结合，延伸审计职能，风险防范前移。

在内部控制方面，2021年公司切实加强建章立制，通过梳理和修订，形成公司治理、结算业务、信贷业务、计划财务、风险管理、稽核审核等九大类95个制度，弥补和完善内控制度建设，防范内控风险。同时，强化制度学习、考试、执行及内部审计，确保流程受控，风险可控。

【人力资源管理】2021 年，通过外部招聘、集团内调入，充实员工队伍 6 人，邀请 1 名金融机构领导挂职指导。同时，通过内外部培训 20 次、轮岗交流 7 人次，多次召开专题业务研讨，提升员工队伍整体业务素质。为强化制度培训，公司将制度要点制作成考试题，利用手机 APP 小程序，通过坚持每周自考、每月集中考，确保制度入脑入心。通过一系列措施，力求培养造就一批政治过硬、业务精通、善于创新的复合型人才，推动人才队伍由操作型向管理型转变。

【信息化建设】公司加大资金投入及整改力度，筑牢信息科技风险“防火墙”。2021 年，公司以人民银行金融城域网护网行动为契机，进行金融城域网专线割接，对银保监局、人民银行报数实行专机专用。全年投入 205 万元，通过软件开发、接口升级、网络改造、设备更新等措施，逐步实现银保监会 EAST、人民银行金融基础数据、人民银行二代征信、人民银行利率报备等监管数据报送程序化、规范化，逐步落实国产化整改要求。

【企业文化建设】公司党支部切实落实“三重一大”决策机制，严格执行党组织研究讨论是董事会、经营管理层决策重大问题的前置程序。2021 年对《三重一大决策制度》等基本制度、为成员单位提供担保、信息化五期技改项目、董监高换届、公司“十四五”发展规划及信息披露等 32 项“三重一大”事项进行研究讨论。同时，将学习与警示教育相结合，营造廉政建设的良好氛围。2021 年，公司党支部开展主题党日活动 12 次，开展党史学习教育 14 次及测试 1 次，开展廉洁警示教育活动 8 次。强化关键岗位和重点领域的廉政风险防控，将廉洁金融文化融入经营管理之中。

湖南出版投资控股集团财务有限公司

【集团概况】2021 年，湖南出版投资控股集团（以下简称“集团”）从百年党史中汲取奋进力量，有效克服新冠肺炎疫情、教辅整治、产业转型等持续压力，全体干部职工接续奋斗、克难奋进，新型主流出版传媒集团建设书写新篇章，“十四五”发展实现开门红。全年实现合并营收 118.64 亿元、利润 14.8 亿元，分别增长 7.85%、5.29%。中南传媒连续十三届入选全国文化企业 30 强，登上中国主板上市公司价值百强，市值、营收、利润、市场占有率等指标位列行业头部方阵。

【经营概况】2021 年，湖南出版投资控股集团财务有限公司（以下简称“公司”）积极寻求资金业务转型，持续细化金融服务举措，不断夯实风险管理基础，助力集团产融结合战略更进一步。截至 2021 年 12 月 31 日，公司累计实现营业收入 43081.85 万元，较上年同期增加 403.62 万元，增幅为 0.95%；累计实现利润 24826.03 万元，较上年同期增加 2531.39 万元，增幅为 11.35%。各项风险管理指标符合监管要求，首次获评中国人民银行反洗钱评级 A 级。

【服务实体】公司持续实施价格优惠和业务引领策略服务实体经济，通过提高存款利率、免收手续费等方式为成员单位提供最优惠的金融服务。持续加强资金归集力度，提高集团内部资金效率，吸收存款日均再创新高。最大限度降低成员单位利息支出。

【信贷业务】截至 2021 年末，公司各项贷款余额 30805.54 万元，较年初减少 633.61 万元，贷款从年初的 30100 万元减至 29200 万元，共发放贷款 35 笔、金额 41800 万元，贷款还款 61 笔、金额 42700 万元。

【票据业务和产业链金融】持续对商业承兑汇票贴现业务实行“双授信”的管理模式，进一步明确贴现资金只能转入贴现申请人在人民银行备案的基本账户。2021 年办理产业链客户商业承兑汇票贴现业务 12 笔、金额 3512.62 万元，其中“一头在外”延伸产业链商业承兑汇票贴现业务 8 笔、金额 958.58 万元，年度内新增产业链交易对手 7 家，到期贴现业务 12 笔、金额 3246.23 万元，全部按时收回。

【资金业务】公司实现线上线下同业业务全覆盖。抢抓利率价格高点以及与交易对手谈判最佳窗口期。通过对同业产品的多样化灵活运营，全年共办理同业资金业务 32 笔、金额 94 亿元，平均收益率为 3.32%，高出同期 Shibor 52 个基点。稳步发展质押式报价回购业务。全年共办理交易所质押式报价回购业务 73 笔、金额 122.5 亿元，平均收益率为 3.1%，高出同期 Shibor 58 个基点。

【投资业务】公司全年进行公募基金、FOF 资管产品、货币基金等净值型产品投资 93497.96 万元，实现投资业务转型。通过路演评审形式确定 6 家头部公募基金公司作为管理人，投资了 6 只 FOF 资管产品，产品成立以来回撤控制在 1% 以内，收益达到预期水平。通过丰富业务品种配置，投资业务组合全年加权平均收益率达 4.98%，符合预期要求。

【资金集中】2021 年，公司吸收存款平均余额 103.96 亿元，同比增加 5.71 亿元，增幅 5.81%。2021 年末，公司全口径资金集中度为 71.69%，可归集口径资金集中度为 87.06%。

【风险管理和内部控制】公司制定《全面风险管理战略》，明确审慎的风险偏好，强化风险定量和定性阐述。组织业务部门开展流程梳理、完善《岗位流程与风控操作手册》；开展压力测试、资本评估和内部资本充足评估。开展“内控合规管理建设年”活动。健全规章制度，完善《审计稽核管理办法》《内部控制评价办法》《反舞弊管理办法》《董监高履职评价办法》等。

【人力资源管理】充实经营人才队伍，实现前、中、后台完全分离。根据公司运行和发展实际，以及管理效能提升的需要，将财务计划部同业资金运营业务划归投资管理部，并将投资管理部更名为金融市场部。首次实施前台与中、后台岗位轮换，涉及公司 5 个部门的 7 名员工。全年组织员工外训 27 场、43 人次，内训 17 次，1 人获证券从业资格，2 人获经济师专业技术职称。

【信息化建设】公司在建设银行湖南省分行机房部署了核心业务灾备系统。顺利上线 EAST 采集系统和人民银行利率监测系统。稳步推动软硬件更新。陆续完成新的接入层交换机、核心交换机、工商银行新前置机上线工作。积极开展应急演练。

【企业文化建设】公司成立党史学习教育活动领导小组，全年围绕“学史明理、学史增信、学史崇德、学史力行”主题，以“矩阵式”活动落实规定动作，以“沉浸式”的党史天天读、打卡红色基地、红色亲子共读等特色活动深化学习效果。深入开展业务学习调研活动，全面梳理了公司发展脉络和业务形态，精准提出了持续加强“金融集成服务中心”建设的指导思路和路径，制定了健全风险管理机制、数据治理机制、融合服务机制、投资协同机制的全方位举措。

湖南高速集团财务有限公司

【集团概况】湖南省高速公路集团有限公司（以下简称“集团”）是经湖南省人民政府批准设立的功能类国有控股公司，是湖南省属资产规模最大的国有企业，拥有全资、控股二级公司40多家，主要业务范围包括高速公路建设、运营管理、产业经营开发等。2021年9月30日，集团股权结构发生变更，股东个数由2个增至4个，但控股股东和实际控制人仍均为湖南省国资委。2021年，集团按照“三高四新”战略要求和“稳进高新”工作方针，立足交通投资建设运营商、高速出行综合服务商、路衍产业投资经营商“三商”定位，聚焦高速公路路域资源开发，努力打造国内一流现代化交通综合类产业集团。

【经营概况】2021年，湖南高速集团财务有限公司（以下简称“公司”）持续深化改革，加快业务布局，优质服务集团，狠抓风险防控，各项工作取得明显成效。截至2021年12月末，公司资产总额110.08亿元，同比增加47亿元，增幅为74.51%；负债总额98.90亿元，所有者权益11.18亿元，实现营业收入15136.50万元，实现利润8737.49万元（考虑让利因素、剔除拨备和非正常支出）。各项监管指标在合理区间。

【服务实体】公司坚持“依托集团、服务集团”的经营理念，不断强化服务意识，优化服务措施。在免费为成员单位提供结算服务的同时，一方面加大成员单位调研力度，量体裁衣，致力于为成员单位提供个性化的金融服务；另一方面不断强化员工培训，规范业务操作流程，提升客户体验，金融服务优质高效，获得了各成员单位的一致肯定。

【信贷业务】公司在确保信贷资金安全性的前提下，根据成员单位需求，提供个性化的金融服务，切实缓解企业融资难、融资贵等问题。2021年，公司新开展固定资产贷款业务，累计为集团成员单位提供信贷资金12亿元，同比增长100%；累计为成员单位直接降低融资成本300余万元，不良贷款余额持续为零。

【资金业务】公司资金运作始终坚持“安全第一，效益优先”，业务前期调查详尽，业务流程严格规范，全力控制业务风险。通过市场化询价，优选收益率较高的资产，提升资金效益；通过动态监测与优化资产结构，兼顾资金安全与收益。2021年同业存款日均51.07亿元，同比增长32.61%；同业存款收入10982.78万元，同比增长43.75%；加权平均利率比2020年上浮17个基点，增幅为8.72%。获得金融机构同业授信24亿元，对外核定33家金融机构290亿元同业拆借授信额度。

【投资业务】公司不断完善投资业务制度，突出关键要点的风险防控管理；注重落实监管指导意见，持续压降特殊目标载体投资规模，制定投向符合政策、监管导向的年度投资计划与方案，明确投资业务基本策略，优选业务品种，严格按照公司权限管理规定规范开展投资业务。

【资金集中】公司积极推进集团“资金池”建设，开户数、资金归集度覆盖面、资金归集率逐月走高，2021年全口径资金归集率为57.45%（剔除上市公司不可归集资金），可归集资金集中度达到90%（剔除集团公司债务性资金及联网公司通行费资金），资金归集平台作用已基本显现。

【风险管理和内部控制】公司健全了合规管控体系，风险防控能力不断加强。一是完善内控体系，不断加强制度建设，修订制度70项；持续推进制度建设、合同管理、重大事项法律审查，确保合法合规。二是完成了风险管理信息系统搭建，风险管理信息化建设不断加强。三是开展“内控合规管理建设年”“利剑”等专项行动，公司治理、合规管理不断加强。四是加强投后管理，做好风险资产化解工作。

【人力资源管理】公司全力推进“三项制度”改革，推行任期制和契约化管理，领导班子成员均签订了岗位聘任协议、年度与任期目标责任书；稳步推进薪酬绩效改革，启动绩效延迟支付和追索扣回。2021年，公司通过集团内部调配、人才引进、社会招聘等方式，新聘10名财务、金融等专业员工，从事金融或财务工作10年及以上的员工占比达到56.8%，员工队伍结构进一步优化。

【信息化建设】公司对核心业务系统全面升级，2021年12月末，核心业务系统（1期）升级按期完成，顺利实现对接、切换。加入了金融城域网，利率数据报送系统按期投入使用，夯实了服务基础。

【企业文化建设】公司以党的政治建设为统领，坚持党建引领，扎实开展党史学习教育活动和企业文化建设，着力解决职工群众“急难愁盼”问题，增强公司的凝聚力和向心力。围绕“守·创”文化，开展一系列强管理、精业务、优服务的活动，积极探索公司文化体系建设，以高质量党建和企业文化推动公司高质量发展，为建党一百周年献礼。

湖南华菱钢铁集团有限责任公司

【集团概况】湖南华菱钢铁集团有限责任公司（以下简称“集团”）是1997年底由湖南省政府批准成立的第一家国有特大型企业集团公司，产品覆盖宽厚板、冷热轧薄板、无缝钢管、线棒材等十大类7000多种规格系列产品，粗钢产能规模达2000万吨以上。2021年，集团实现销售收入2100亿元以上、利润总额150亿元，双双刷新历史纪录，蝉联中国企业500强湖南企业第一名。

【经营概况】2021年，湖南华菱钢铁集团财务有限公司（以下简称“公司”）坚持以高质量的党建引领高质量发展，强化合规风险管理，立足集团资金保障和集团资金创效两大职能，以打造好集团资金链安全的“最后一道防线”为己任，发挥金融资源的协同作用，努力开拓外部融资，全力盘活集团内部资金，积极服务成员单位和实体经济。2021年，公司总资产203亿元，负债总额168亿元，所有者权益35亿元，实现收入37229万元、利润总额17221万元。

【服务实体】除钢铁主业外，公司重点对新材料、节能环保、“5G+工业互联网”等领域提供支持。2021年，公司对集团旗下节能发电煤化新能源、特种新材料、电子商务公司等四家公司累计提供资金25.85亿元，其中，贷款21.02亿元，开具财务公司承兑汇票4.83亿元。

【信贷业务】2021年，公司不断调整信贷结构，下沉信贷资源，积极拓展非钢成员单位信贷业务，累计发放自营贷款157笔、金额224.35亿元，同比增长98.86%；贴现20笔、金额23.68亿元，同比增长11.70%；票据承兑39.60亿元，同比增长35.11%，共向成员单位提供资金287.63亿元，及时有效地为成员单位补充流动性资金，为生产经营保驾护航。

【资金业务】2021年，公司多维度拓展全市场金融渠道及资源整合，全方位深化金融机构合作。一方面充分发挥公司资金交易及融资职能，合作金融机构达50家以上，累计开展资金交易突破500亿元，确保了日常流动性安全；另一方面充分发挥公司资金创效职能，配置同业资产日均规模达43亿元以上，增幅达40%以上，尤其是通过定期存款、约期存款、同业存单、逆回购等同业产品的配置，较好地补充了投资业务规模限制，有效提升了联网资金的整体收益。

【资金集中】2021年，公司通过加强资金归集宣传、切实了解成员单位需求，差异化地为各成员单位制定不同的定、活搭配存款策略，加强细化日常资金管理，与成员单位之间建立有效的信息互通机制，充分利用成员单位在外的零散闲置资金，化零为整，资金集中度和归集资金日均规模大幅提升。

【投资业务】2021年，公司全面提高风险控制标准，持续优化资产配置结构，确保全年投资业务零风险。公司陆续制定《2021年全面风险管理指引》及《2021年投资业务操作指引》，坚持“短久期+高流动性”的金融投资资产配置策略，全年管理的对外投资日均规模达

22.08 亿元，其中，AAA 级以上的债券投资日均 11.49 亿元、中低风险银行理财产品日均 10 亿元、非银机构理财日均仅 0.67 亿元，在确保风险可控的前提下，获取了较好的投资收益。

【票据业务】2021 年，公司积极将贴现业务下沉至集团二、三级子公司，利用人民银行再贴现资金为集团内小微企业办理银票贴现业务 23.68 亿元；开立财务公司承兑汇票 39.60 亿元，同比增长 35.11%。

【外汇业务】2021 年，公司开展跨境人民币委托贷款业务 16 笔，累计从境外融入资金 62.91 亿元人民币。跨境资金池业务便利了境内外成员企业的资金融通，提高了集团的跨境资金营运能力，降低了企业融资成本。

【风险管理和内部控制】2021 年，公司在风险管理方面本着事前防控、事中核查、事后检查的风险管理原则，坚持审贷分离、分级审批，做好全流程风险控制，全年未出现一例风险事件，实现了业务零风险；建立监管指标 50 个，全面覆盖安全性、流动性、合规性、监管红线、关联交易等要求。在内部控制方面，重点推进“内控合规管理建设年”活动，全面完成内控合规目标；修订及新增制度 30 份，下发了员工手册；完成银保监会及人民银行的监管评级、机构评级、反洗钱评级三项考核；开展内部控制等 10 项自查工作。

【人力资源管理】2021 年，公司持续深化“三项制度”改革，逐步建立现代企业制度和市场化的体制、机制；持续推动员工素质提升，重点从风险控制、内控合规、法律法规、业务能力提升方面开展内部培训；落实关键岗位人员轮换机制，规范员工行为管理，全员签订《合规承诺书》和《廉洁承诺书》。

【信息化建设】2021 年，公司一是强化信息科技治理工作，全年分别向银保监局、人民银行报送信息科技报告 12 次；完成年度核心业务系统等级保护评定工作，满足监管要求。二是做好信息系统运维，开展全员网络安全教育培训和系统应急预案演练，全年未出现系统性安全事件。三是推动信息系统建设，完成至上清所、国债公司、本外币交易中心的专线升级与备用线路应急工作；完成人民银行利率报备系统对接技术支撑工作；完成银保监 EAST 系统对接技术支撑工作，开发了 EAST 1.0 数据抽取程序，为公司节约 60 万元软件购买费用；完成公司至人民银行金融城域网的设备、专线链路升级工作。

【企业文化建设】2021 年，公司继续弘扬“以奋斗者为本”的企业文化，积极倡导和培育员工的核心价值观，营造和谐发展氛围。党支部重点抓好强基提能工作，全面推进“五化”建设工作；开展了以“学史明理、学史增信、学史崇德、学史力行”为主题的专题学习；以推动高质量发展为主题，以“国企千名书记联项目”和“党员先锋行”为抓手，积极践行集团党委“党员学党史、指标创历史”活动，保持战略定力，奋力开新局，所在党支部荣获湖南省国资委系统“先进基层党组织”荣誉称号。

华联财务有限责任公司

【集团概况】北京华联集团投资控股有限公司（以下简称“集团”）成立于 1993 年，业务涵盖高端时尚百货店、综合超市及购物中心等多种零售业态。拥有 SKP、BHG 超市、BHG Mall 等商业品牌，共有 3 家 SKP 百货、1 家奥特莱斯、29 家社区购物中心，168 家超市，就业人数共计约 8 万人，年销售收入约 400 亿元。年上缴国家税收 18 亿元。

【公司概况】华联财务有限责任公司（以下简称“公司”）2021 年在国内新冠肺炎疫情不

时单点或多点暴发、经济增速持续下行、金融环境严峻的宏观背景下，本着“依托集团、服务集团”的宗旨，发挥自身功能定位，为集团成员单位提供了优质的财务和金融服务。截至2021年末，公司资产总额129.62亿元，比上年同期增长8.60%；负债总额94.51亿元，比上年同期增长11.04%；所有者权益总额35.11亿元，比上年同期增长2.48%；截至2021年末，公司实现营业收入1.41亿元，比上年同期减少31.22%；实现利润总额1.13亿元，比上年同期减少28.93%；净利润0.85亿元，比上年同期减少28.57%。

【信贷业务】截至2021年末，公司为成员单位发放贷款292笔，发放贷款余额109.61亿元，较年初增长0.51%。

【结算业务】截至2021年末，公司吸收成员单位存款75.37亿元，较年初增长3.30%；2021年公司结算笔数74万余笔，日均处理约2021笔，结算金额5521.75亿元，满足了成员单位的资金支付需求。

【资金和投资业务】2021年，公司积极应对因疫情带来的市场环境和经济形势变化，主动调整投资策略，合理、充分地配置资金投向，有效利用银行间等市场，优化资金运作，提升收益水平，并加强与银行、基金、券商等各类金融机构的沟通合作，开拓新思路，为集团打造综合化金融服务平台。

【中间业务】2021年，公司为集团下属各门店提供保险代理业务，实现58.50万元的保险代理手续费收入，办理了236笔保险理赔案件，理赔金额192.64万元。为集团及成员单位提供担保4笔，担保金额13.20亿元。

【风险管理和内部控制】2021年，公司认真开展评级工作，按评级清单报送文件；组织、指导开展流动性压力测试；公司开展了“内控合规管理建设年”活动，对照自查要点对全公司领域的内控合规工作进行了自查，并上报了自查报告；完成了常态化开展股权和关联交易专项整治工作自查整改报告；完成了员工异常行为排查工作；完成了公司制度汇编；完成了反洗钱宣传教育等工作；

【信息化建设】2021年，公司完成无线网络安全升级工作，进一步提高了网络安全性；以公司业务发展为导向，完善核心业务系统各项功能，上线EAST、利率报备等七大模块，为公司业务开展提供安全高效的系统支撑；优化调整网络拓扑和策略，新增设备7台，加强数据中心基础设施建设，确保系统硬件环境的稳定。

【人力资源管理】2021年，公司启动管培生招聘工作，有效改善了公司人员年龄结构和性别比例。同时，通过部门推荐及本人自荐、综合部考核、领导评议等流程，确定公司部门经理级（正职）以上干部继任者人选，并落实一对一培养导师及各项培养任务。通过为管培生及继任干部选配导师、制定培养计划、定期复盘培养效果、带领管培生参与融资项目学习等各种方式，对管培生及继任干部进行持续不间断、高密度、高质量的培养，全面推进公司人才梯队建设。

华泰集团财务有限公司

【集团概况】华泰集团（以下简称“集团”）是以造纸、化工为主导产业，集印刷、热电、物流、林业、餐饮、商贸等产业于一体的大型企业集团，列2019年中国企业500强第254位、中国民营企业500强第89位、中国轻工业百强企业第11位，连续11年被评为山东省纳税百强。子公司山东华泰纸业股份有限公司于2000年9月28日在上海证券交易所上市，是造纸行业首家A股上市公司、是目前国内市场占有率最高、设备最先进的新闻纸制造基地和全国最大的盐化工生产基地。

【经营概况】华泰集团财务有限公司（以下简称“公司”）注册资金为人民币10亿元（含500万美元），其中，集团出资6亿元，出资比例为60%；华泰股份出资4亿元（含500万美元），出资比例为40%。截至2021年末，公司资产总额34.55亿元，所有者权益10.28亿元。2021年全年营业净收入5626.71万元，利润总额3355.83万元。

【服务实体】公司推进资金集中管理，搭建安全支付平台；构建集团票据管理模式，实现资金统管新突破；贯彻人民银行货币政策，着力支持实体经济发展；推进新业务开办，提升金融服务水平。

【信贷业务】2021年，公司完成了对7家成员单位的评级授信工作。共发放人民币贷款20.5亿元，出具海关关税保函3000万元，及时为成员单位提供了资金支持，全力支持实体经济发展。

【资金业务】公司制定了集团资金集中管理办法。构建了集团票据统一管理的新模式，实现了所有成员单位资金的代理支付，开发了付款校验程序，确保全年未出现结算差错；集团票据池搭建完成，并完成了收付款管理系统的开发，为集团集中管理承兑汇票提供科技支撑，实现真正意义上集团对资金的统管。

【票据业务】2021年公司上线了ECDS、线上清算、票据交易等系统，制定了相应的电票系统规章制度，保障各项票据业务的合规操作，全年开立电子银行承兑汇票800万元，办理电子商票贴现3900万元。

【风险管理和内部控制】公司注重建章立制，强化内控合规管理；强化风险管理，提升风险管理能力；加强审计监督，提高审计稽核效能；理顺工作秩序，推进管理的规范化、精细化。

【人力资源管理】公司制定了部门、岗位、人员“三定”方案，各部门、各岗位间严格遵循“责任分离、相互制约”的原则，实行前、中、后台分离，明确了AB角工作制度；制定绩效考核体系，推进完善激励约束机制；推进“三学”活动，提升员工业务素养。

【信息化建设】2021年，公司全力做好信息化项目建设，顺利完成了财务公司电票系统、利率报备报表系统、EAST报表报送系统的上线工作，并进一步优化财务公司网络安全系统，持续加强系统运维管理，及时处理系统中存在的问题，保障公司各信息系统始终稳定高效运行。

【企业文化建设】2021年，公司成立了党支部，定期开展党员活动，组织了建党100周年赴济南战役纪念馆参观活动。完善公司治理，建立健全组织架构。积极参加各种集团活动、社会活动及公益活动，增强员工的荣誉感和社会责任感，并以实际行动回报社会。

H

淮北矿业集团财务有限公司

【集团概况】淮北矿业集团（以下简称“集团”）是以煤电、化工、现代服务为主导产业的大型能源化工集团，是华东地区最大的冶炼精煤生产企业。集团在岗员工4.8万人，生产矿井18对，年产商品煤2200万吨、焦炭440万吨、甲醇40万吨、聚氯乙烯64万吨，电力总装机规模200万千瓦。2021年资产总额1000亿元，销售收入700亿元，连续20年进入中国企业500强。曾先后荣获全国先进基层党组织、全国煤炭工业科技创新先进企业、国家首批矿产资源综合利用示范基地等称号。

【经营概况】淮北矿业集团财务有限公司

（以下简称“公司”）贯彻落实“服务实体经济、防控金融风险、深化金融改革”金融监管工作要求，经营规模快速发展，监管指标稳步提升，服务集团成效显著，实现快速稳健发展。截至 2021 年末，公司资产总额 106.73 亿元，首次突破百亿元。负债总额 85.21 亿元，其中存款余额 82.73 亿元，达到历史最高水平。全年实现收入 2.83 亿元、利润 1.89 亿元。公司资产负债结构合理，信贷资产长短适配，资金管理工具丰富，收入利润同步增长。

【服务实体】集团内部实现了资金信息共享、业务相互协同，确保集团的管理举措得到贯彻落实。公司年度结算量 50.81 万笔、金额 6315.6 亿元；重点推进金融支持长三角一体化发展，信贷资源向战略新兴产业、先进制造、绿色环保、科技创新、区域互联互通与贸易等方面倾斜。全年累计向高新技术企业发放贷款 31.77 亿元，向淮北市战略性新兴产业发放贷款 3.7 亿元，向制造业企业发放贷款 6.10 亿元，向物流贸易企业发放贷款 19.42 亿元。

【信贷业务】公司坚守主责主业和职能定位，积极为集团转型发展提供金融支持。全年累计发放各项贷款 67.78 亿元，累计签发票据 26.4 亿元，贷款余额比年初增加 6.19 亿元，信贷规模稳定增长，利率稳中有降。

【资金业务】匹配碎片化资金和期限，开展了银行间逆回购业务，交易所国债逆回购业务，购买同业存单业务等，提高资金收益率。开展了卖断式转贴现业务和以持有的国债为质押物的正回购业务，补充公司流动性，解决短期头寸紧张问题。

【投资业务】公司开展了非金融企业信用债、商业银行债、银行理财、券商资管、债券型基金、货币型基金、利率债七个品种的投资。其中对商业银行债的投资属于首次投资品种，所投债券属于绿色金融债券。加强同业授信管理，建立健全同业用信台账，确保同业业务有授信有额度。对照监管最新要求，对投资业务制度与业务规程进行再梳理再修订。注重投前尽调与产品遴选，确保所投标的产品合规。加大投后跟踪与监测频率，及时发现可能发生的信用风险和市场风险。注重金融同业生态圈建设，发展和培育战略合作伙伴，扩大公司在金融同业市场的影响力。

【票据业务】公司充分发挥金融牌照功能，截至 2021 年末，累计为成员单位办理贴现 32.67 亿元；办理再贴现业务 20.9 亿元，开出财票 5821 张、金额 26.40 亿元。

【资金集中】RPA 机器人、线上清算、自动归集试点等技术手段的应用，加强了对账户、资金、票据的监督管理，全年累计销户 107 个。在华塑上市募集资金不能归集的情况下，年末全口径资金集中度为 64%，票据集中度为 95%。

【业务创新】公司积极贯彻落实集团“做活金融”的发展思路，为成员单位制定了“一企一策”服务方案，量身定做个性化金融产品，创新开展了“应收保”业务、碳排放权质押贷款、公益林补偿收益权质押贷款、买方付息贴现等新业务。

【风险管理和内部控制】以“内控合规管理建设年”活动为契机，紧紧围绕“强内控、防风险、促合规”管理要求，深入开展合规能力提升和全面风险管理。重点开展市场风险、票据风险和操作风险管理，积极探索信息化手段监控管理风险的方法路径，打造“廉可寄财”金融品牌。全年开展专项稽核检查 11 项，强化业务规范和问题整改，确保各项金融政策、监管法规和内控制度的贯彻执行。

【人力资源管理】贯彻执行深化“三项制度”改革要求，深入实施人才强企和人才优先发展战略，统筹管理、技术两支人才队伍建设，畅通人才成长通道。优化选人用人和激励约束机制，加强绩效考核引导作用，合理分配薪酬待遇，激发人才干事创业的内生动力，为公司改革发展提供强有力的人才保证和智力支持。坚持多岗位锻炼，培养一专多能。严格执行轮岗和强制休假制度，2021 年强制休假 4 人次，轮岗 8 人次，其中部门负责人轮岗 4 人次。

【信息化建设】2021 年 4 月 3 日，公司与兴业数金合作开发的“金融云核心系统”正式上线，实现了远程数据存储、高等级的安全保障，线上清算、7×24 小时收款、数据智能统计监测等新的业务功能。省内首家完成利率报备系统、EAST 报表系统建设与报送；首家引进 RPA 机器人技术，实现集团外部银行账户自动监管；首家启动公安部网络安全等级保护三级测评工作。

【企业文化建设】始终坚持以党建为统领，纵深推进全面从严治党，持续营造良好的政治生态。公司党支部充分发挥“把方向、管大局、促落实”作用，高质量开展新一轮深化“三个以案”警示教育系列活动，组织开展中央巡视巡察、安徽省巡视巡察问题的整改落实，组织开展“大起底、改到位、建机制”“找差距、抓落实、提质量”“四个专项整治”，深入排查，抓整改、促提升，不断净化优化政治生态。充分发挥党支部战斗堡垒作用和党员先锋模范作用，抓牢支部组织建设，公司党支部荣获集团 2021 年度“先进党支部”称号。

组织开展工间操；建设文化墙、读书吧，对公司的发展历程、党建活动、文体活动等形成的影像资料进行展示，展现公司风采，营造学习氛围，起到举旗帜、聚民心的作用。强化“作为”意识，提高“能为”本领，拒绝躺平式党员干部，以实绩论英雄，对肯担当、出实效的，予以激励重用。持续开展党员联系职工制度，厚植公司“关心、关爱、宽容、厚德”的管理文化，强化“严细实精”作风建设，构建“一声令下、全面执行到位”的执行力文化。

淮南矿业集团财务有限公司

【集团概况】2021 年，淮南矿业（集团）有限责任公司（以下简称“集团”）积极应对新冠肺炎疫情，妥善化解历史遗留难题，统筹抓好各项工作任务，顺利完成各项奋斗目标，多项工作开创历史先河，实现“十四五”开局首战告捷。2021 年集团营业总收入 600 亿元，利润总额 51.3 亿元，资产总额 1376 亿元，同比分别增长 43.5%、17.9%、9.9%；商品煤资源量完成 6711 万吨，发电量 253 亿千瓦时。

【经营概况】2021 年，淮南矿业集团财务有限公司（以下简称“公司”）坚持服务集团的经营理念，落实高质量发展要求，深入推进产融结合，统筹做好各项工作，取得了较好的经营成果。2021 年末，公司资产总额 167.64 亿元，其中，贷款 65.82 亿元，存放同业 32.00 亿元；负债总额 137.91 亿元；所有者权益 29.73 亿元。全年实现利润总额 3.21 亿元。

【服务实体】2021 年，公司优化结算服务，办理结算业务 18.66 万笔，日均 746 笔，资金流水 4590.29 亿元，三项结算数据均创历史新高，并做到资金无损失。继续推广扫码支付，为 22 家成员单位申请中国银行虚拟账户，办理扫码支付，提供便捷的结算服务。履行保险代理职责，牵头完成集团 2021—2024 年度保险项目招标工作。

【信贷业务】加大信贷投放，截至 2021 年 12 月末，公司各项贷款余额 65.82 亿元，全力支持集团主业发展。组建银团贷款，作为牵头行，完成潘集电厂一期工程 47.6 亿元银团贷款；完成国内首座内河接收（转运）站——芜湖长江 LNG 项目 20.70 亿元银团贷款，为集团重大项目建设提供资金保障。增加绿色信贷，为燃气集团 4 条管线新增投放 1.63 亿元贷款，累计投放贷款 3.17 亿元；同时，通过公开封闭式询价，为电力集团的 9 个屋顶光伏项目锁定银行贷款资金 5700 万元，支持集团绿色转型发展。

【节约财务费用】公司主动减费让利，在符合监管要求的前提下，通过对集团贷款利率下浮等方式，降低集团财务费用 681.60 万元。

【投资业务】公司统筹集团金融资源，加大谈判力度，努力提高存款收益率，充分运作短期闲置资金，获得资金收益1.91亿元。

【资金集中】公司强化对信贷投放资金、煤款回笼资金、外行存放资金归集，每月分片包干、责任到人、挂钩绩效紧盯资金归集，资金集中度始终保持在96%以上，做到应归尽归。

【代理融资业务】2021年，公司代理集团融资331.18亿元。成功发行多期低利率首单新品种债券，即首单15亿元可持续发展挂钩债券、首笔20亿元煤电保供用途私募债和首笔15亿元能源保供用途公募融资工具，同时增加中长期融资比例，增加银行表内贷款比例，提升融资稳定性。落实监管部门政策导向，积极推进西部煤电集团70亿元高成本融资置换方案实施，西部煤电存量融资成本率下降0.31个百分点。做好银行贷款新增及接续工作，融入银行贷款均实现贷款市场报价利率（LPR）减点，为集团压控财务成本打下坚实基础。

【业务创新】公司创新权益工具，通过上信租赁公司发行30亿元ABN并表资产支持票据，为全国煤炭行业暨安徽省单笔金额最大的并表ABN。开展金融产业协同融资租赁业务，由公司牵头，多方密切配合，累计完成上信租赁公司向集团发放5亿元融资租赁款。拓展资金运作渠道，开展国债逆回购、同业存单等投资新业务，有效对冲资金成本。

【风险管理和内部控制】公司在“党建引领合规、科技赋能合规、文化培育合规、考核引导合规、流程规范合规、治理促进合规、创新管控风险”七个方面加强合规建设，以项目组模式逐步推进风控、合规、内控、法务、审计“五位一体”风险防控体系建设。健全公司法人治理机制，在全集团率先完成完善法人治理方案的实施。加强风险管理，业务稽核部开展11项内部稽核，风险管理部开展6项风险管理检查和审查，每季度开展风险排查、进行流动性风险压力测试、做好公司资产风险五级分类，确保风险管理与控制的有效性。规范合规运营，新修订、制定公司内控体系整体建设实施方案等25项制度，进一步完善公司风险控制体系。防范市场风险，更新高低流动性银票承兑人名单3次，并据此向成员单位发出风险提示3次。

【人力资源管理】公司深化人力资源薪酬改革，构建“质、效、量”三位一体的岗位绩效考核体系，通过“管要点、抓重点、找痛点、推优点”推进全员绩效考核，初步建立了具有金融行业特色的绩效考核体系，激发了员工工作的积极性、主动性和创造性。

【信息化建设】公司全面引进建信金科信息系统，设立信息管理部，负责公司更换核心业务系统信息化项目建设及管理，2021年10月“财司云”资金管理系统上线运营，公司核心业务系统实现了彻底变革，正式进入“财司云”时代。

【企业文化建设】推进家文化建设，增强职工的幸福感、归属感、获得感。编制11件“我为职工办实事”清单，落实率达100%，办成了更换窗帘、安装LED灯具、建成廉洁文化长廊及公司荣誉墙、安装净化水装置、更换空调等一系列实事，为职工营造良好的工作环境。更换视频会议系统及大厅电子屏系统，提升信息化办公水平。开展过生日送祝福、夏送清凉、慰问、疗养休养等活动，有力保障职工权益。举办各类文体活动，满足职工精神文化需求。

吉林森林工业集团财务有限责任公司

【集团概况】吉林森工集团（以下简称“集团”）组建于1994年，是全国首批57户建立现代企业制度大型试点企业集团和全国五大森工集团之一，为吉林省属重点大型骨干企业。

2006年经吉林省政府批准，集团由国有独资企业改制为国有控股65%、内部职工参股35%的有限责任公司。注册资本50554万元，其中，省政府出资32860万元，职工出资17694万元。吉林省国资委代表省政府行使出资人职能。集团经过多年发展，形成了森林经营、木材加工、森林食品、森林旅游、金融投资、房地产和矿产七个业务板块。除传统的原木外，开发出人造板、实木复合地板、德式木门、家具、木制百叶窗、木结构房屋、天然矿泉水、森林特色食品、绿化苗木等系列主导产品。其中，露水河牌刨花板、金桥牌实木复合地板、泉阳泉牌矿泉水均为中国驰名商标和中国名牌产品。

【经营概况】2021年，吉林森林工业集团财务有限责任公司（以下简称“公司”）在集团和董事会领导下，始终坚持大局观念，强化金融服务功能，克服了自有资金严重不足、存贷利差大幅缩小等不利因素，完成了既定工作目标，实现了由“经营效益型”向“功能服务型”的转变，尤其是在助力集团行业保稳定、谋重组、转机制、促发展方面发挥了不可替代的金融平台作用。公司严格控制合并重整期间的费用支出，2021年实现营业收入294万元，实现净利润总额-694万元。年末资产总额23647万元，负债总额为4834万元，所有者权益总额18813万元。

【服务实体】由于集团沉重的历史包袱和庞大的债务规模自身难以化解以及风险传导，公司流动性风险和信用风险集聚，信用评级受到重大影响，并已接受监管部门多次约谈批评。为了维护集团资金链稳定、生产经营稳定和职工稳定，公司积极发挥金融管理功能，防范和化解各类风险因素。积极争取监管理解，维护企业信用评级，实现了争2A级保2B级的信用评级目标，为保持金融业务开展和发挥金融平台功能起到了积极作用。

【信贷业务】一是资本补充。重整计划生效后，公司原股东资格丧失，权益应作调整。重整后新股东需进行重新注资，根据重整计划安排，公司维持原5亿元出资规模，新股东为集团和下属两家成员单位及一至两家外部金融机构战投。目前，集团未完成重整计划，不符合监管机构要求的材料申报条件，公司按照工作安排积极跟踪集团重整进展并开展前期准备性工作和监管沟通工作。二是寻找战投。公司进入重整程序以来，积极开展引进战投工作。三是股权解冻。原股东森工集团和吉林森工金桥地板集团有限公司持有的公司股权因前期债务纠纷被法院轮候冻结，本年解除8项冻结，尚有2项冻结未解除。四是债务清偿。因采取合并重整方式，公司资产和债务均合并到集团处置，但公司账上目前还挂有职工债权与税务债权两项负债，清偿义务人为集团，资金来源为重组集团投资人投入资金，因集团尚未收到投资资金，这两项债务尚不满足清偿条件，公司已做好清偿债务的流程准备，能够做到资金到位后第一时间清偿。五是员工队伍建设。本着特殊时期队伍不能散，学习不能停的原则，2021年以来，公司制定涵盖党建、专业理论及实操等方面的培训计划。思想建设方面，将党史学习教育贯穿始终，进一步统一思想，凝心聚力；业务技能方面，将员工培训与“内控合规管理建设年”活动相结合，全员参与，提升员工整体业务素质。

【资金业务】公司作为非银行金融机构，其牌照的特殊性也带来了强监管的必然约束，银保监会成立至今，强监管一直是主基调，而随着集团资金链断裂，流动性风险传导至公司，公司存贷比、流动性等监管指标均已越过监管红线，始终面临无法继续营业的风险。面对这一难题，公司领导班子多次组织专项研讨会，研究《商业银行内部控制指引》等多项监管法令，提前做好监管评级准备工作。

【资金集中】为了最大限度地减少集团行业资金围困的影响，公司一方面加强与成员企业的交流与沟通，进一步掌握资金动向及头寸变化，有效调控资金余缺，提高资金使用效率；另一方面积极争取集团政策支持，强化资金集中考核管理，改进和完善资金归集模式和账户管理体系，提高资金归集效率。

【风险管理和内部控制】2021年，公司进一步强化风险管理体系建设，提高风险防控能力。一是从机构改革入手，整合了法律部与合规部管理职能组成法律与合规部，按照监管要求新组建了风险控制部，明确了各层级、各部门风险管理职能和风险管理责任；二是强化董事会与经营层的风险管理责任担当与追究机制，确保将风险管理工作落实到位；三是制定和修订《流动性风险管理办法》《资产负债比例管理办法》《全面风险管理办法》《风险控制部部门工作规范》《员工岗位职责》五项管理制度，完善了公司风险管理体系建设。

【信息化建设】2021年，在信息技术模块上，一是系统运维工作有序开展，对核心业务系统的数字证书进行了更新；二是系统建设工作稳步推进，重点完成了机房环境监控系统的建设工作，强化机房环境监控能力，对重要区域、设备进行了有效的监控和风险防范；三是严格按照人民银行清算中心与上海票交所的要求与部署，按阶段分步骤完成了电子商业汇票系统的上线培训、移交切换、网络与中间件及应用系统的测试等前期准备工作，实现了电子商业汇票系统与上海票交所的顺利割接。

【企业文化建设】2021年，公司一直紧紧围绕集团改革重组大局，着力发挥党支部在公司的领导核心与政治核心作用，把党的领导融入公司治理中，为公司发展“把方向、管大局、促落实”。进一步加强党建工作，通过每周的学习以及党支部分设各部门为小组，开展各项学习讨论，持续增强“四个意识”，坚定“四个自信”，党支部全体成员带头，努力做“四讲”“四有”的合格党员。另外，公司党支部定期以部门为单位开展交流学习活动，准确把握员工思想动态，及时与员工沟通集团改革重组进程，通过交流和学习不断深化员工对公司的思想认同、对集团改革重组的战略认同，对公司的员工队伍稳定起到了决定性的作用，也使公司一直保持着“战斗力”，随时做好准备为集团改革重组贡献自己的一份力量。

在员工队伍建设方面，公司通过全员系统培训、发现启用人才等方式提高综合管理水平。一是全员系统培训实现了内部培训和外部培训相结合、党建培训和业务培训相结合、警示教育与爱国教育相结合的新模式，帮助员工树立正确的世界观、人生观和价值观，夯实理想信念的基础，营造“比、学、赶、超”的氛围。二是挖掘推荐优秀人才，成立党建纪检联合小组，从员工队伍中选拔优秀青年员工参与此项工作，锻炼了青年员工的业务能力和协调工作能力，实现了人才梯队建设的阶段性目标。

冀中能源集团财务有限责任公司

【集团概况】冀中能源集团有限责任公司（以下简称“集团”）成立于2008年6月，是一家以煤炭为主业，制药、现代物流、化工、电力、装备制造等多产业综合发展的大型省属国有企业，企业总部设在河北省邢台市。下辖峰峰集团、冀中能源股份公司、邯郸矿业集团、张家口矿业集团、山西冀中能源集团、邢台矿业集团、井陉矿业集团7家产煤子公司，以及华北制药集团、机械装备集团、国际物流集团、华北医疗健康公司4家非煤子公司，控股冀中能源、华北制药和金牛化工3家上市公司，并拥有1家财务公司。产业主要分布在河北、山西、内蒙古、新疆、青海、北京、天津、广东、香港等地。

【经营概况】冀中能集团财务有限责任公司（以下简称“公司”）2021年的重点工作仍然围绕增加流动性、改善监管指标展开。一方面，立足财务公司基本功能，继续支持集团资金运作；另一方面，努力寻找各种资金渠道，兑付到期票据债务，保证了未发生系统性风险。公司以集团高质量发展、转型升级和提高核心竞争力的经营战略为指引，秉持“依托集团、服务集团、创新发展”的经营理念，坚持严内控、稳结算、固内核、御风险、强功能，业务经营稳健运行，2021 年全年实现营业收入 10.66 亿元，完成年度经营指标的 213%，较上年增长 74.7%；实现利润总额 3.27 亿元，完成年度经营指标的 164%，较上年增长 129.52%。

【信贷业务】公司围绕国家产业政策，聚焦实体经济，不断加强资金计划管理，强化与集团资金运作协同，在支持产业发展和化解重大风险方面加大信贷资金支持力度。2021 年累计发放自营贷款 783 亿元，办理委托贷款 109.16 亿元，办理同业拆借累计 820.4 亿元。截至 2021 年末，公司自营贷款余额 224.59 亿元，较年初减少 9.8 亿元，降低 4.18%；委托贷款余额 273.39 亿元，较年初减少 77.75 亿元，降低 22.14%；承兑余额 42.92 亿元。

【票据业务】开出承兑汇票 38.25 亿元，全年未办理贴现、转（再）贴现业务。

【资金业务】公司以服务集团企业资金管理为根本。一是继续协助集团以委托贷款形式调控资金投向，2021 年累计发放委托贷款 109.16 亿元，2021 年末，委托贷款总额 273.39 亿元，降幅为 22.14%；二是依托新一代核心业务系统，更新优化结算功能，转型升级结算模式，增强了集团对资金的管控力度和头寸调剂，优化资源配置，提高资金使用效率，服务能力得到提升。2021 年单日存款创历史新高，达到 209.65 亿元，日均吸收存款 192 亿元，同比增幅为 59.80%；2021 年资金结算量 5725.51 亿元。同时，加强归集资金管理，2021 年为集团企业降低财务费用 3.65 亿元。

【业务创新】2021 年，公司紧密贴合集团主业，缓解成员单位融资压力，降低成员单位资金成本，提高整个集团的资金使用效率，以融助产、以产促融，近两年供应链金融助推了票据市场规模和业务模式的快速发展，票据市场配套基础设施建设快速推进，监管政策日趋严谨。最新发布的《商业汇票承兑、贴现和再贴现管理办法（征求意见稿）》将对公司存量正常票据接续产生重大影响。

【风险管理和内部控制】为保证公开市场债券兑付，集团遭遇了前所未有的资金紧张。为支持集团资金接续，公司兼顾为集团提供金融服务和行业监管要求，做了大量工作，保证了公司基本运转和未发生恶性风险外溢。一方面，立足财务公司基本功能，继续支持集团资金运作；另一方面，努力寻找各种资金渠道，兑付到期票据债务，同时，积极应对因票据逾期引发的各类事件和网络舆情，取得了一定成效。

【人力资源管理】落实集团人才培养战略，建立人才培养计划。将专业素养提升纳入考核，加大内部轮岗力度，外派人员到集团企业轮训，聘请专业顾问开展针对性的课题研究和专项培训，加快人才梯队建设，畅通人才成长通道，营造和谐的人才成长环境。树立正确的人才观，“德才兼备，以德为首”，培养廉洁自律、诚实守信、严谨求实的价值观。

【信息化建设】2021 年，公司信息化工作的重点包括保障财资管理系统软硬件平台健康稳定运行、优化完善财资管理系统功能、强化安全管理合规性建设满足监管要求、增强财资管理系统对支撑新业务模式发展等方面。

【企业文化建设】公司党支部本年度坚持把党的建设放在首位，认真督促班子成员按照职责分工落实“一岗双责”。坚持做好“三会一课”落实、推进“六基”标准化、规范化党支部建设，一贯坚持从严治党和接受群众监督。在疫情期间，党支部战斗堡垒作用和党员先锋模范作用进一步凸显。积极开展党史学习教育活动，采取多种形式进行集中学习，如听党课、前往红色教育基地参观等。进一步推进和落实公司“三重一大”事项内容全覆盖，党组织参与企业重大问题决策前置程序落地见实取得显著成效。持续全面加强党的建设，加强纪律作风建设，继续践行公司党支部双重属性，即作为党的基层组织执行单元，围绕企业生产经营开展工作，发挥战斗堡垒作用，支委又作为决策单元发挥“把方向、管大局、促落实”作用，对重大事项进行集体研究把关。

江铃汽车集团财务有限公司

【集团概况】2021年，江铃汽车集团（以下简称“集团”）着力打造“科技江铃、特色江铃”，数字化转型全面启动，顺利实现“十四五”良好开局。2021年，集团再跨千亿元台阶，实现整车销量40.07万辆，同比增长6.02%；营业收入1041.2亿元，同比增长10.05%；利润23.75亿元，同比增长46.2%。集团列中国制造业企业500强第102位，列中国企业500强第230位。

【公司概况】江铃汽车集团财务有限公司（以下简称“公司”）坚持稳中求进工作总基调，强化对实体经济的金融服务，严控金融风险，实现稳健发展。2021年末，资产总额同比增长11.47%；存款余额同比增长11.03%；不良贷款率为0.0106%，保持了平稳发展态势。

【服务实体】公司作为对接实体经济最紧密的金融机构，承担着以金融支持集团汽车产业发展的重任，持续为集团统筹协调解决资金需求。2021年在风险可控的前提下，积极为集团成员企业争取低利率贷款，为集团降低财务费用年均1亿元，有效帮助集团实现了“资金压力”和“资金成本”的双降。

【信贷业务】公司以集团整体利益最大化为出发点，为成员企业提供了有力的金融保障。一是充分发挥融资平台功能，制定针对性综合金融服务方案支持集团成员企业生产经营发展；二是优先保障制造业企业贷款需求，开辟快速审批通道，给予大力融资支持；三是帮助集团成员企业拓宽融资渠道，跨境信贷业务实现“零”的突破；四是公司积极争取人民银行再贴现融资，大幅降低集团内成员企业融资成本。

【产业链金融】公司“库存融资+消费贷款”双翼联动，促进业务蓬勃发展。一方面，全力强化金融帮扶力度，为经销商企业搭台增信，帮助经销商提高资金使用效率、降低经营成本，满足经销商对于融资经营和扩大盈利的需求。截至2021年12月末，公司融资的经销商客户销量占集团总销量的76.33%，库存融资投放额同比增长33%。另一方面，公司履行“厂家金融”使命，强化渠道渗透，联合主机厂推出系列金融贴息产品，持续降低客户购车成本，与主机厂、经销商伙伴、零售端客户实现多赢。2021年末，消费信贷投放车辆台数同比增长27%，金融渗透率同比增长15.3%。

【资金业务】公司通过对集团资金的集中管理，加强内部统一调配和集成化运作，提高了资金使用效率，减少了集团整体财务费用支出。在集团资金高度归集的基础上，以资金实时监控平台为抓手，准确获取集团成员单位资金流向信息，实时追踪异动支出信息，防范资金风险。2021年末存款集中度达88.19%。

【投资业务】2021年，公司依托自身金融资源优势及信息、人才优势，积极履行财务顾问职责，积极研究行业监管政策、开展调整集团融资结构调研、输出投研服务，深层次发挥集团内财务顾问功能，寻找集团资产保值增值的新增长点。

【风险管理和内部控制】公司不断完善内控体系，防范经营风险。一是建立前、中、后分离的风险管理治理架构，经营管理制度持续完善，专门委员会职责、部门职责、业务流程进一步清晰规范。二是以“内控合规管理建设年”为抓手，持续开展重点业务领域自查整改，并定期针对内控执行和重点业务开展全面评价与内部审计。三是严把授信关，通过做实做细贷款“三查”、紧抓准入授信、打造大数据智能风控、优化风险定价，提高信用风险管理的前瞻性，筑牢金融安全防线。四是强化贷后关，实施客户差异化管理，提升贷后系统信息化及风控预警水平。截至2021年12月末，不良贷款率为0.01%，远低于行业平均水平。

【人力资源管理】公司实施人才强企战略，着力打造一支高素质人才团队，为实现公司战略发展提供强大的人力资源支持。一是开辟行政管理、专业技术双重晋升通道，激发人才潜能，助推人才成长。二是开发合规、专业、管理类培训33次，开展各层级轮岗9次，培养复合型人才。三是萃取经验，沉淀智慧，2021年萃取41个成果。四是组建创新研究平台，集聚公司发展新优势，2021年落地15个系统建设项目，4篇研究课题获得省级奖励。五是建立绩效考评和约束机制，强化合规、风控绩效考核导向；定期开展员工异常行为排查，规避员工操作风险，防范违规行为。

【信息化建设】公司以科技金融创新为引领，以客户为中心，推进数字化转型倍速升级。一是智能呼叫平台、微服务平台、影像系统、供应链服务平台相继上线。二是加快互联网金融模式升级，移动端平台进件率达90%，比肩头部企业。三是搭建全新交互场景，自动化审批流程率达50%，提升服务效率，强化客户体验。四是持续推进统一监管报送平台搭建进度，加快业务系统改造工作，提升信息系统数据自动抓取和实时监测等数据处理能力。

【企业文化建设】公司党总支坚持以党建引领发展，党建带群团，扎实开展党史学习教育，组织歌唱祖国、红色走读、观看红色影片、清廉书法、西点比赛、篮球比赛等形式多样的活动。深入推进“我为群众办实事”实践活动，为群众解决难事。开展点亮微心愿、关爱贫困青少年帮扶活动，进社区、4S店、公园普及金融知识，践行社会责任。打造“清廉文化墙”“企业文化墙”，营造风清气正、团结和谐、务实担当的干事创业氛围。持续推进品牌影响力，截至2021年末，17篇宣传稿件刊登于中国财务公司协会等宣传平台，公司品牌在抖音平台累计点击量超105万次。

江苏凤凰出版传媒集团财务有限公司

【集团概况】江苏凤凰出版传媒集团有限公司（以下简称“集团”）总部位于南京，集团产业领域涉及图书出版发行、物资供应、印刷复制、酒店、文化地产、新闻报刊、金融、影视以及智慧教育、软件开发、大数据等多个产业，是我国规模最大、实力最强的文化产业集团之一，连续13年入选全国文化企业30强，连续12年在新闻出版业总体经济规模综合评级中名列第一。集团主营业务收入和利润稳步增长，整体经营稳定。

【经营情况】2021年，江苏凤凰出版传媒集团财务公司（以下简称“公司”）实现营收1.87亿元、利润超1亿元，圆满完成了主要经营指标和集团所下各项重点任务；年末资产总额64亿元，负债总额49亿元，所有者权益15亿元；资本充足率为39%、流动性比例为89%；不良资产率、不良贷款率为零，资产损失准备充足率为100%，资产质量稳健，拨备计提充足，各项监测指标处于正常水平。

【信贷业务】截至2021年末，公司开展了各类表内外授信业务和中间业务，累计发放流动资金贷款12笔、金额4.09亿元，累计发放固定资产贷款11笔、金额1.17亿元；开展委托贷款业务5000万元；为成员单位开立非融资性保函680万元。公司作为集团投融资平台，为集团及其子公司安排外部银行授信159.07亿元。

【投资业务】公司在2021年开展投资业务14.91亿元，涉及银行理财和集合信托计划。公司发挥集团金融服务平台功能，全年为集团及其子公司累计办理各类金融资产的投资167亿元。

【资金业务】截至2021年末，公司资金运用范围主要为存放央行、存放同业、贷款、投资、交易所国债逆回购以及拆出业务。公司在保证风险控制且满足投资比例监管要求的前提下，灵活调配基金、理财产品、信托产品等各项投资产品规模，在既定的投资规模下提高资金收益。

【资金集中】公司采用“收支两条线”的资金管理模式。在实施资金归集的过程中，综合考虑各单位的实际情况，松紧有度、区别对待、分类管理、注重实效。通过提高活期存款利率、丰富定期存款品种、免除手续费等形式让成员单位分享资金集中带来的超额收益，提高成员单位使用财务公司账户进行结算的积极性。截至2021年末，公司吸收存款49.04亿元，全口径资金归集率为55.48%，相较于上年末略有下降。

【风险管理和内部控制】2021年，公司持续强化全面风险管理，健全内部控制机制。完善内控制度体系及操作流程，制定相关配套制度并严格执行。开展案防合规宣传活动并组织相关培训。开展覆盖全员、现阶段所有业务品种的排查工作，开展多项专项排查，对存在的问题及时整改，夯实业务风险管控基础。对公司流动性进行压力测试，充分了解和掌握自身流动性风险现状。

【人力资源管理】2021年，公司进一步完善人力资源管理体系。修订相关人力资源相关制度。采用内部导师传帮带的方法组织各类培训10次。鼓励员工持续学习，参加各类专业资格、职称等考试。公司已获得专业职称的人员比例达71.43%。

【信息化建设】公司形成信息系统长期规划。按期完成银保监EAST、人民银行金融基础数据统计与利率报备三大信息系统建设工作。高质量做好系统日常维护。持续对各项业务系统进行维护与服务，实时、动态地为集团整体资金运作效率保驾护航。

【党建工作】坚持党建引领、合规保障、纪检审计互促监督的融合发展思路，融合推进公司高质量发展。重点学习习近平总书记“七一”重要讲话、十九届六中全会、江苏省第十四次党代会会议精神。高质量开展党史学习教育活动，坚持集中学习与自学并举，多次组织内外部党建及廉洁共建。发挥纪检监督保障作用，继续保证监督全覆盖，强化政治监督，突出监督重点，紧盯“三重一大”“四个关键”，引入金融风险防范工作经验，强化纪检、监管双向联动、互促，提升工作质效。

江苏国泰财务有限公司

【集团概况】江苏国泰国际集团（以下简称“集团”）成立于1997年，总部位于江苏张家港，目前共有近4万名员工。集团是一家以消费品进出口贸易为主业，集研发设计、生产实体、金融投资、新能源新材料于一体的大型国际化企业集团。在2021年中国企业500强中列第362位；在2021年《财富》中国500强中列第339位。

【公司概况】江苏国泰财务有限公司（以下简称“公司”）2021年牢固树立“依托集团，服务集团”的宗旨，围绕集团发展战略，在防范集团及公司风险的前提下，各项业务有序推进，公司内控建设和基础管理有了新提高，各项工作取得了较好的成绩。截至2021年末，公司资产规模58.61亿元，实现营业收入5587万元。

【服务实体】公司围绕集团战略，服务集团发展，着力于优化财务资源配置、提高资金使用效率。为协助各成员单位顺利开展经营工作，一方面公司与银行沟通，提高成员单位的存款收益，2021年总计为集团存款增加收益489万元，为集团降低了财务成本；另一方面在为成员单位提供资金收付、结算服务时，免除相应的手续费和服务费，通过全面协调各成员单位的资金结余和需求，进一步提高集团资金的使用效率；此外，公司利用保险代理业务资质，充分发挥保险代理服务平台作用，助力集团开展统一保险业务，2021年10月，公司完成了集团主要不动产的一揽子保险，总保额12.50亿元，费率由原先的3.80%下降至2.50%，让集团及成员单位在投入更少保费的情况下，获得更优惠的保险方案和更优质的服务。

【信贷业务】2021年，公司发放自营贷款2.90亿元，无不良贷款；共给5家成员单位办理授信，年末有效授信总额1.95亿元。

【资金业务】公司充分挖掘集团和成员单位资金潜力，最大限度地归集集团和成员单位的资金。同时，加强资金计划管理，提高资金运作效率，充分利用金融同业系统资源，积极办理同业定期存款，提高公司的收益。2021年公司开展存放同业定期32笔，存放资金量32.55亿元，实现利息收入4026万元。

【外汇业务】公司按照外币试点业务要求归集境内成员单位外币资金，提高了美元的归集率，目前已实现6家银行外币归集，2021年末归集外币2.23亿美元。外币实时归集增加了美元资金沉淀，为开展结售汇等业务打下良好的基础。

【资金集中】根据集团要求，对集团内账户进行梳理，有效监控账户资金。2021年共审批开户53个，新增银行归集户72个，销户16个，截至2021年末有效账户619个。2021年一级公司和本地二级公司可归集账户的归集率达100%，异地公司可归集账户归集率为60%，对非归集账户已实行有效的账户监控，实现了6家银行外币归集，基本涵盖了集团成员单位本、外币可归集账户。2021年末归集资金42.82亿元，全年本外币资金结算量2483.39亿元。

【业务创新】2021年1月，公司为成员单位成功办理了首笔即期结售汇业务，全年累计为成员单位办理结售汇业务261笔、金额1.83亿美元，为集团节约汇兑成本73万元人民币。通过办理即期结售汇业务，为成员单位争取到具有竞争力的结售汇价格，降低了成员单位的汇兑成本，进一步提高了集团外币资金的使用效率。

【风险管理和内部控制】公司坚持“制度先行、内控优先”的原则，2021年制定和修订制度16项，制定了金融统计数据报送应急预案、证照使用管理办法等制度，修订了成员单位管理办法、稽核工作规定、结售汇业务规定等制度。通过组织员工学习规章制度，督导员工形成自主合规的工作理念。

公司加强风险防控，建立前、中、后台相分离，业务流程清晰的风险管理机制，并发挥内部稽核作用，完善风险问责机制，提升风险防控的实效性。2021年共开展30次稽核检查，主要包括公司治理、结售汇业务、强制休假等方面。对审计中发现的问题，提出了整改意见，保障了公司各项业务平稳运行。在合规建设方面，加强日常业务管理，落实合规审查，严格执行贷审会制度，把“审贷分离”落到实处，2021年公司组织召开16次贷审会，未发现异常。

【人力资源管理】公司积极组织员工参加内外部各类会议和培训，并督促员工参加职称考试，提升员工业务水平和综合素质。同时，认真学习集团领导讲话并以讲话精神为指导，深入推进开展各项工作。

【信息化建设】公司为满足业务发展需要，不断加强信息化系统建设，严防系统风险隐患发生。通过对业务系统的科学评估，不断升级完善，提高了系统的可操作性、安全性与稳定性；同时，加强基础设施建设和运维管理，组织安全演练，为公司信息系统安全稳定运行提供强有力的保障。根据监管要求，2021 年完成了结售汇系统升级改造，EAST 报送和二代征信系统上线工作，2021 年无信息安全事故发生。

【企业文化建设】公司致力于营造和谐美好的工作氛围，积极组织员工参加集团组织的各类活动，丰富员工业余生活，增强组织力和凝聚力，为公司营造良好的企业文化氛围。

江苏华西集团财务有限公司

【集团概况】江苏华西集团有限公司（以下简称“集团”）是江苏省江阴市华西村的综合性大型企业集团，2016 年由江苏华西集团公司变更为江苏华西集团有限公司，公司注册在江阴市华士镇华西村，注册资本为 90 亿元。经过几十年的发展，集团已先后进入农产品、纺织、商贸、冶金、房地产、金融服务和旅游等领域，截至 2021 年 9 月 30 日，集团的资产总额 272.46 亿元，负债总额 221.02 亿元，营业总收入 24.81 亿元，利润总额 27.31 亿元。

【经营概况】2021 年 11 月，江苏华西集团财务有限公司（以下简称“公司”）将未分配利润 2.5 亿元转增注册资本，转增资本后公司注册资本为 7.5 亿元。截至 2021 年 12 月 31 日，公司资产总额 18.71 亿元，负债总额 10.02 亿元，全年实现利润总额 0.37 亿元。截至 2021 年末，流动性比例为 77.35%，资本充足率为 48.67%，贷款拨备率为 2.5%，不良资产率为零，拆入资金比例为 8.99%，担保比例为零，各项指标符合监管要求。

【信贷业务】2021 年，公司积极为集团企业开展信贷支持，帮助集团企业恢复生产，控制对过剩产能、落后产能的授信，促进集团将资源优先向先进产能转移，淘汰落后产能，优化产业结构。2021 年累计发放贷款 102 笔、金额 80.27 亿元，办理票据贴现融资 10 笔、金额 2 亿元，为集团企业提供人民银行低息再贴现融资 0.8 亿元。2021 年通过调整和适度压降信贷规模等措施，公司信贷结构得到改善。

【资金业务】2021 年，公司配合集团战略，加强资金的预测与预警，积极采用多种措施增加企业吸收存款，提高存放同业存量，增强应对流动性风险的能力，改善流动性风险相关指标。截至 2021 年末，流动性比例为 77.35%，比 2020 年末下降 5.59%。2021 年为集团及成员企业办理资金结算 52610 笔、金额 1683.90 亿元。全年同业拆入发生额为零，年末无余额。

【资金集中】2021 年，公司全面分析集团资金结构，积极主动协助集团调整融资结构，有效降低保证金存款占用，提高资金归集比例。2021 年公司帮助集团对 132 家成员企业 735 个账户进行系统梳理，集中分类分析了账户构成，并提出集团企业账户管理相关建议，增加资金集中于直连银行账户，集中统筹使用，以提高企业账户资金使用效率，并筛选出一批长期不用的呆滞僵尸账户，建议集团企业予以清理。截至 2021 年末，公司已累计归集成员企业 65 家，累计归集企业账户 96 户。

【风险管理和内部控制】2021 年，公司各项经营活动稳健、有序，不良资产保持零余额，整体资产风险状况良好，信用风险总体可控。进一步梳理和完善内控制度，新增了《江苏华西集团财务有限公司洗钱风险和恐怖融资自评估制度》，修改《关键岗位人员岗位轮换和强制休假实施细则》等制度，更好地完善内控体系。

【信息化建设】2021 年，通过信息科技人员进行服务延伸，帮助系统操作使用人员了解系统功能、熟悉操作程序，减少人为失误；积极寻求专业技术支持，对服务商实行优胜劣汰，不断提高系统运维能力。2021 年通过招投标由上海景真科技有限公司对核心系统进行了升级换代，提高了核心系统处理日常信贷业务的能力，并增加了相关对账、报表、EAST、金数系统等功能，满足了监管的相关要求。

【企业文化建设】2021 年，在培训学习方面，进行了反洗钱、非法集资、案件警示教育等内容的学习；在宣传方面，进行了非法集资、反洗钱、金融知识万里行、“内控合规管理建设年”等活动。公司增加了合规方面内容在员工年度考核晋升中的比重，从而进一步增强了全员职业道德和合规操作意识。

江苏交通控股集团财务有限公司

【集团概况】江苏交通控股集团有限公司（以下简称“集团”）是江苏省重点交通基础设施建设项目省级投融资平台，主要负责全省高速公路、铁路、机场、港口、航空等重点交通基础设施建设项目的投融资，负责全省高速公路、过江桥梁的运营和管理。2021 年全口径实现营业收入 622 亿元、利润总额 224.88 亿元。截至 2021 年末，公司总资产、净资产分别达 7420 亿元和 3113 亿元。

【经营概况】2021 年，江苏交通控股集团财务有限公司（以下简称“公司”）累计实现营业收入 3.96 亿元，实现利润总额 1.82 亿元，为集团减少财务费用 8.8 亿元。截至 2021 年末，共有 101 家单位在公司开立账户 217 户，公司总资产 186.85 亿元、净资产 26.64 亿元、存款余额 159.41 亿元。

【资金集中】2021 年，公司全口径资金集中度月均为 78.57%（不含江苏省铁路集团），比 2020 年同期提高 2 个百分点，可归集资金集中度月均为 92%，与 2020 年同期基本持平。截至 2021 年末，公司全口径资金集中度为 87.17%（不含江苏省铁路集团），可归集资金集中度为 98.95%。

【信贷业务】2021 年，公司累计发放自营贷款 120 笔、金额 87.83 亿元。截至 2021 年末，公司自营贷款余额 88.05 亿元（其中，流动资金贷款 63.36 亿元、项目贷款 23.26 亿元、“一头在外”票据贴现 0.42 亿元、法人账户透支 1 亿元）。

【同业业务】2021 年，公司累计办理同业业务 33 亿元（其中，同业拆出 17.20 亿元，债券逆回购 8 亿元，货币基金 4.50 亿元，信托产品 3.30 亿元），综合资金收益率为 3.09%。截至 2021 年末，公司同业业务余额为 2 亿元。

【资金结算】2021 年，公司累计发生结算业务 13.16 万笔、金额 5534.78 亿元，累计发生归集资金业务 12292 笔、金额 1390.02 亿元，累计发生总账支付业务 81471 笔、金额 1446.22 亿元，始终保持录入零差错、收付零损失、服务零投诉。

【融资业务】公司持续做好成员单位债务融资情况分析研究，定期拟定成员单位融资计划，并积极协助成员单位落实具体融资事项，全年协助安排外部融资 1312.45 亿元。

【业务创新】公司推行科技项目“揭榜挂帅”竞聘机制，有效带动 11 项业务系统建设、20 余项业务系统改造升级。制定完善个性化结算服务方案，新增高速石油油品资金、通行宝 SD－WAN 服务费等托收业务。开展高速公路服务区商户资金归集和分析，引导外部金融机构加大对服务区商户等小微企业的支持力度。

【公司治理】公司修订“三重一大”决策制度实施办法及决策事项清单，制定党组织前置研究讨论重大事项规程，落实董事会定战略、作决策、防风险职责，强化监事会合规经营、规范管理等监督检查职能，推进经理层成员任期制和契约化管理，加快建成“卓越党建+现代金融国企”治理体系。

【内部控制】公司深入开展“内控合规管理建设年”活动，常态化推进风险防控“大排查、大处置、大提升”行动，各类监控、监测指标始终处于良好状态，全年每日流动性比例均在30%以上，银保监局监管评级持续保持1级优秀，执行人民银行政策综合评价为A级，且是南京地区唯一一家被评为A级的非银行金融机构。

【企业文化建设】公司成立公司党总支，设置基层党支部两个。充分发挥“先锋荟”、微信公众号展厅、党建展板、VR新媒体等宣传教育阵地，扎实开展党的十九届五中、六中全会和江苏省十四次党代会精神学习宣贯，深入开展党史学习教育。持续开展“五亮五比”活动和“党员示范岗”评选，选树“服务明星”和“合规明星”，激励全体员工争先创优。“融汇先锋”党建品牌与经营深度融合案例入选江苏省国资委“以高质量党建引领高质量发展100案例”，公司首次被评为江苏交控先进基层党组织。充分发挥群团组织优势，开展“红色精神代代传”红色主题教育、“唱支山歌给党听”红歌“快闪”、“创新创效正当时”金融服务大赛、“砥砺奋进新时代”重点工程献礼等系列活动。积极开展法律规章学习宣教，组织学习违法违纪党员干部忏悔录，参观省党风廉政警示教育基地，完善展厅廉洁文化墙建设，开展清廉金融文化成果展，充分发挥廉洁合规文化春风化雨、润物无声的独特作用。公司荣获2021年度“江苏省三八红旗集体”称号，公司金融服务部荣获第20届“全国青年文明号”称号。

江苏省国信集团财务有限公司

【集团概况】江苏省国信集团有限公司（以下简称“集团”）是江苏省政府批准成立的大型国有独资企业，注册资本金为人民币300亿元。集团拥有以电力、天然气为主的能源产业平台；以信托、财务公司、担保、保险经纪、期货为主的金融服务业平台；正在逐步搭建的新兴产业投资平台。截至2021年末，集团总资产2119.05亿元，净资产1051.82亿元，资产负债率为50.36%，营业收入649.94亿元，利润总额29.7亿元。

【经营概况】2021年，江苏省国信集团财务有限公司（以下简称“公司”）积极突破资金归集难点，全口径资金归集率和集中结算率进一步提升，均达到90%以上；围绕服务集团能源保供任务和重大项目建设，充分发挥金融纽带作用。截至2021年12月末，公司总资产252.91亿元，表内外资产规模341.92亿元；实现营业收入5.37亿元，实现利润总额2.34亿元，归集资金余额230.95亿元，为成员单位提供融资111.09亿元。

【服务实体】2021年，因煤价飙升，集团火电板块经营压力骤升，公司一方面积极发挥自身金融功能，以丰富多元的金融产品直接为集团能源保供主体提供优惠利率的资金支持；另一方面积极发挥面向金融市场的对外谈判能力，协调外部金融机构为能源主业提供授信、用信支持，2021年公司共协调或参与协调10家外部金融机构为集团能源保供主体累计提供授信约72亿元，用信30亿元，尤其是当集团内能销公司承担起江苏省100万吨煤采购任务时，公司在为其新增授信6亿元的同时协调多家外部金融机构为其新增授信37.3亿元，为集团圆满顺利完成煤炭储备任务提供了坚实的资金保障。

【信贷业务】公司围绕集团的发展战略，以核心金融资源服务集团主业发展。截至2021年12月末，公司信贷余额111亿元，其中能源板块信贷余额104亿元，占总信贷余额的93.7%，保障了集团重点项目建设的顺利推进。在绿色信贷方面，公司深入研判“双碳”工作各项政策，围绕集团绿色能源的发展战略，在提供直接资金支持的基础上，充分利用监管最新政策，成功推荐集团11家能源企业入选人民银行“绿色企业名录库”，享受到优惠的金融政策扶持。

【产业链金融】公司积极推进产业链金融业务开展，2021年公司围绕集团电厂煤炭采购背景创新推出“代开信用证+福费廷”业务的产业链金融新产品，为成员企业在外部市场获得低利率资金提供了更多的渠道，增强了成员企业抵抗市场利率波动的能力，强化了集团产业链上下游协同效应，有效助力集团“能源产业一张网”建设。

【投资业务】公司充分发挥金融牌照赋予的各项业务功能，从外部市场获得资金支持集团发展。2021年，公司优化投资的货币基金品种，将南方基金公司的南方收益宝B与南方天天利B纳入公司投资范围，进一步丰富公司投资业务品种。截至2021年12月末，公司有价证券投资实现收益797.36万元。

【资金集中】2021年，公司多途径加强资金集中管理工作，一方面针对资金集中存在提升空间的板块和单位召开座谈会，提升成员企业的资金归集能力，确保集团全口径资金归集率持续保持高位平稳运行；另一方面积极拓展资金归集渠道，打通税款归集通道，减少成员单位资金在外部银行的沉淀，增强集团资金归集能力。截至2021年12月末，集团全口径资金归集率达93.87%，集中结算率达94.17%。

【降本增效】公司坚持优惠利率，降低成员单位资金使用成本，提升成员企业竞争能力。2021年，公司信贷投放平均利率始终低于一年期LPR。通过向成员单位提供优惠利率的金融支持，撬动外部银行利率，压降成员企业融资成本，经济效益显著。2021年公司为集团降低财务费用1.26亿元。

【合规管理和内部控制】2021年，公司认真推动“内控合规管理建设年”各项工作，全面梳理2017年以来各项检查发现的问题和整改情况，对各项制度、重要合同进行抽样重检，不断提升公司合规管理工作水平。秉持合规管理制度先行的工作思路，推出“云制度”系统，实现了公司全套先行制度和权限指引的云端存储、实时更新和在线查询，更好地发挥制度对公司经营的指导管控作用，同时完成《公司全面风险管理手册》《制度汇编三》等风控制度的汇编，进一步筑牢公司制度建设的基石，发布公司《数据治理管理制度》，为公司数据治理工作提供指导依据，促进公司全面风险管理的外延不断扩张。

【人力资源管理】公司始终高度重视人才队伍建设，尤其是年轻干部的培养工作，2021年进一步完善内部正常晋升机制，制定《公司年轻人才队伍培养工作意见》《公司员工管理办法》等制度，拓宽选拔通道，推动年轻干部快速成长，同时修订完善公司员工岗位绩效考核方案，进一步细化明确考核指标，切实发挥考核正向激励作用，使人才管理工作向细致化、专业化不断迈进。完善公司绩效年薪延期支付制度，优化薪酬管理体系，更好地发挥出薪酬管理制度的激励作用。

【信息化建设】公司高度重视信息系统建设，围绕打造数字化、信息化财务公司的理念，不断提升自身信息化水平，2021年完成了人民银行金融统计数据报送系统、二代征信报送系统、利率报备系统、银保监EAST数据报送系统、外汇局MTS数据报送系统等数据系统的建设，为公司发展和集团决策提供了更为科学的数据支撑，抓住集团ERP建设期，深度参与集团资金监控平台建设，通过对集团资金分布和流动进行监控，实现集团资金运用的动态反馈，达成了全集团账户资金行为的精细化和规范化管理，信息系统的不断优化，有力提升了集团和公司经营管理数据研判能力。

【企业文化建设】公司党委以习近平新时代

中国特色社会主义思想为指引，通过对习近平新时代中国特色社会主义思想、党的百年奋斗史、习近平总书记“七一”重要讲话精神、十九届六中全会精神、江苏省十四次党代会精神以及习近平关于国企党的建设、经济金融等领域重要论述的学习，进一步增强“四个意识”，坚定“四个自信”，做到“两个维护”，不断提升政治判断力、政治领悟力、政治执行力。

2021 年公司围绕“我为群众办实事”实践活动，聚焦于全体员工的操心事、烦心事、揪心事，通过建设“书香角”、优化职工办公环境、组织员工参加业务培训、走访慰问老党员和困难群体等活动，不断丰富职工精神生活，提升公司员工的参与度与归属感。

江苏悦达集团财务有限公司

【集团概况】江苏悦达集团有限公司（以下简称“集团”）是盐城市属重点国有企业，是在我国改革开放大潮中发展成长起来的投资型产业集团。自 1979 年创业以来，经过 40 多年的发展，目前境内外控股 2 家上市公司，拥有近 4 万名员工、资产总额 700 亿元，位列江苏企业前十强，列中国 500 最具价值品牌第 123 位，品牌价值 585.76 亿元。

【经营概况】截至 2021 年 12 月 31 日，江苏悦达集团财务有限公司（以下简称“公司”）资产总额 41.89 亿元，负债总额 30.44 亿元，所有者权益总额 11.45 亿元，资本充足率为 28.11%，流动性比例为 37.39%。2021 年公司实现营业收入 1.48 亿元，净利润 6357 万元，为集团节约资金成本 1.28 亿元。

【服务实体】公司秉持审慎经营的理念，积极应对经济新常态，持续推进信贷结构调整，不断完善金融服务制度，优化信贷审批流程。2021 年，公司进一步让利成员单位，实现实体经济支持最大化。主要举措包括：一是确保存量授信稳定；二是满足合理新增授信需求；三是制定个性化金融服务方案；四是建立金融服务绿色通道。

【信贷业务】截至 2021 年 12 月 31 日，公司自营信贷规模 31.82 亿元，委托贷款余额 6.42 亿元，对外担保余额 2.1 亿元。2021 年累计授信金额为 69.43 亿元，累计投放流动资金贷款 98.72 亿元，累计投放固定资产银团贷款 0.43 亿元，累计办理银票贴现 1.05 亿元，累计办理银票承兑 4.53 亿元，累计发放委托贷款 11.05 亿元，累计办理对外担保 2.1 亿元。

【资金业务】公司积极拓展和充分利用同业资源，拓宽融资渠道，保障公司资金流动性，完善集团流动性管理协同机制。2021 年共取得外部同业授信 21 亿元。

【投资业务】公司积极研究债券市场，灵活利用波动操作，配置流动性较好的国债，2021 年共发生债券交易 4 笔、金额 0.4 亿元，在公司流动性充裕时适当提高了资产收益。

【票据业务】截至 2021 年 12 月 31 日，公司银票承兑余额 4.53 亿元。2021 年累计办理票据贴现 1.05 亿元，办理银票承兑 4.53 亿元，同业票据转贴现融资 1 亿元。

【外汇业务】截至 2021 年 12 月 31 日，公司共有外汇资金池合作银行 10 家，较年初增加 4 家，协助集团完成 9000 万美元海外债发行和 2600 万美元内保外贷业务。

【资金集中】截至 2021 年 12 月 31 日，公司直连银行数已达 16 家，实现了大中型银行全覆盖。成功直连成员单位银行账户 585 个，为集团资金监控功能的实现奠定了基础。

【风险管理和内部控制】2021 年，公司对现有规章制度和业务流程进行科学严密评价，制定和完善覆盖全部业务的规章制度，共计修订48项、新增8项，形成现有制度143项；结合修订版《民法典》对公司现有合同文本进行重检，根据最新法律规定，修订合同15项，新增合同2项，建立了合同文本库；完善指标监控体系，将日常监测管控指标由14个完善至33个，监测频次由每季变更为每日每旬每月；对2021年外部监管检查和内部合规检查、审计稽核检查发现的问题进行统计，搭建问题库，进行风险评判，并提出整改要求；全面梳理线上和线下的业务操作、审批流程，对流程进行整合、优化，并对纸质的审批表及调查报告模板进行修订，优化了业务流程。

【人力资源管理】2021年，公司多措并举推进人才强企工作。制定年度项目制管理工作方案和年度员工轮岗方案，年内完成10人次岗位轮换，选拔中层干部3名，晋升员工职级7名；搭建线上公司治理专项共享文档库，建立经营月报、意见反馈机制，有效促进董监高学习交流；全年累计开展16场360人次全员内训、26场148人次外训；组织修订员工绩效考核、薪酬管理、人力资源管理等制度，进一步完善人资管理体系。

【信息化建设】2021年，公司积极响应银保监会和人民银行陆续发布的监管报表报送要求，经充分调研后启动统一监管报送项目，该项目覆盖EAST报表、利率报备、二代征信、金融基础数据、1104报表、人民银行大集中六大报表报送。为充分发挥公司“四大职能”中的资金监控职能，防范成员单位资金支付风险，提高资金信息透明度，提升全集团的资金使用效率，公司从零开始构建资金监控系统，并采用RPA机器人技术自动获取各成员单位银行明细和余额信息，资金监控系统分别与RPA机器人、财务公司核心资金系统和投融资系统对接，通过资金监控系统能够近乎全面地了解集团资金情况，从而促进集团整体财务管理精细化。

【企业文化建设】2021年6月，公司党支部与悦达集团三支部、江苏银行盐城城中支行党支部联合举办了“学党史、忆初心、担使命”百年党史知识竞赛主题党建共建活动；2021年12月，公司成功举办第五届合规文化知识竞赛，着力培育特色合规文化；2021年，公司组织报送的《债券违约对资本市场的影响性分析及对策研究》和《疫情冲击对产业结构的影响》两篇论文分别获得盐城市金融学会2021年度金融研究征文活动二等奖、三等奖。

江西省交通投资集团财务有限公司

【集团概况】江西省交通投资集团有限责任公司（以下简称“集团”）原名江西省高速公路投资集团有限责任公司，2021年1月正式更名为江西省交通投资集团有限责任公司，是经江西省政府批准成立的大型国有独资企业，江西省交通运输厅、江西省行政事业资产集团有限公司根据省政府授权依法履行出资人职责，实际持股比例分别为90%和10%。集团主要经营业务除高速公路投资建设、运营管理外，还涉足工程建设、金融投资、路域资源开发等领域。

【经营概况】2021年，江西省交通投资集团财务有限公司（以下简称“公司”）资产规模增长19 %，营业收入3.3亿元，增长25%，净利润1.33亿元，增长27%，自公司成立以来，资产规模和经营指标连续三年实现增长。资金归集水平稳步提高，吸收存款规模跨上新台阶，首次突破百亿元大关。对各成员单位的综合授信188.75亿元，贷款规模再创新高，首次突破70亿元，对成员单位的贷款利率显著下浮，2021年平均贷款利率较市场基础利率LPR下降了30个基点。公司投资业务实现新突破，连续获得固定收益类投资和同业拆借两项业务资质，并开展了江西省内财务公司首笔成员单位债券申购和现券买卖业务，金融服务平台作用显著提升。

【信贷业务】截至2021年末，公司对成员单位授信总额188.75亿元，较2020年增长51.55%，贷款余额66.26亿元，较2021年初增长24.52%。其中，高速公路建设及管养方面贷款余额49.69亿元，占比为75%；批发业方面贷款余额11.67亿元，占比为17.62%；工程施工方面贷款余额4.9亿元，占比为7.38%。2021年，公司主动优化贷款定价模型，在LPR持续稳定不变的外部环境下，对集团工程施工板块成员单位贷款利率较上年同期下降5～20个基点，进一步支持成员单位降低财务费用。

【资金业务】公司坚持为成员单位提供便捷高效优质的金融服务，不断提升资金归集和结算服务能力，有序推进成员单位资金池管理系统建设工作，系统运行稳定，功能不断优化，实现了资金账户归集、调拨和监控功能，构建了多层次、多功能的资金归集网络平台。公司搭建了资金监控平台并对集团内二级单位开放，可对343个账户（含开立、归集以及监控账户）进行实时监控，账户管控覆盖率为17%，为成员单位资金提供有力保障。

【投资业务】公司主动对接内部成员单位，开展首笔一级市场债券申购业务及二级市场现券买卖业务，不断推动投资业务领域“拓荒”。公司固定收益类有价证券业务交易对手6家，2021年累计完成债券投资券面总额1亿元，有效地为成员单位提供资金支持，发挥了金融服务平台的功能作用。在同业投资方面，公司主动调研优质交易对手的基本信息、财务信息、监管指标和舆情信息等情况，不断拓宽同业业务合作渠道。公司新增5家交易对手，同业业务交易对手达到24家；2021年累计办理同业定期存款业务28亿元。

【风险管理】2021年，公司从风险识别、风险控制、风险应对三方面进一步完善风险管理架构，定期对11项监管核心监测指标、20项业务核心指标、33项其他类指标进行动态监测与预警，进一步增强风险防范能力。截至2021年12月末，公司信用风险资产总额93.99亿元，均为正常类资产，不良贷款率和不良资产率均为零。2021年，公司月平均流动性比例为76.86%，资本充足率基本维持在55%以上，经营风险可控，以自有资本承担损失的能力较强，业务能够稳健运营。

【内控合规】2021年，公司主动对标监管要求，不断优化业务和流程全覆盖的合规管理体系，持续提升合规风控技术、能力和效率，塑造合规企业文化。公司构建了前台、中台、后台的分工制衡体系，事前、事中、事后的全程监控机制，识别、预警、整改的自动纠错制度。公司优化内控合规管理，主动打造制度的“高速公路”，完成了制度汇编工作，优化制度与业务流程的融合，截至2021年12月末，公司已累计制定各项制度136项，为公司合规经营奠定了坚实的基础。

【信息化建设】公司加强了关键业务系统的风险评估，对门户网站、关键信息系统等进行了全面梳理，并聘请专业机构对公司信息系统安全进行整体评估；推进统一监管报送系统上线，实现1104、大集中、EAST等数据的自动化报送，并完成投资业务系统投后管理模块数据与统一监管报表数据自动化对接；建立台账销号制度，及时修补、加固和整改系统漏洞，对发现的风险点及时消除；完善网络安全事件应急预案，选派第三方网络、系统、数据库、服务器安全等领域的专业技术人员组成应急演练队伍，适时组织开展应急演练。

【企业文化建设】扎实开展“党建高质量发展拓展年”活动，开展党建文化品牌建设；着力健全党建工作制度、梳理党建工作流程、规范党建工作程序，建立和落实了“第一议题”制度，发挥党委“把方向、管大局、促落实”作用，确保了公司正确的发展方向。

江西铜业集团财务有限公司

【集团概况】江西铜业集团有限公司（以下简称“集团”）成立于1979年，为江西省属重点国有企业。多元化的业务包括铜、金、银、稀土、铅、锌等品种矿业开发，以及支持矿业发展的金融、投资、贸易、物流、技术支持等增值服务体系，在中国、秘鲁、阿富汗等国建立了矿业基地。预计2021年全年实现销售收入4552亿元，同比增长35.1%，利税总额140亿元，同比增长92%，连续九年进入世界500强企业榜单，列第225位，列中国企业500强第68位。

【公司概况】2021年，江西铜业集团财务有限公司（以下简称“公司”）坚持“立足集团、服务集团”的经营宗旨，坚守资金归集、资金结算、资金监控和金融服务四个平台功能定位，积极开拓创新，规范开展生产经营各项工作。截至2021年末，公司资产总额309.05亿元，净资产37.48亿元，全年实现营业收入5.71亿元，累计实现经营利润46632.67万元。

【服务实体】公司积极把握金融服务实体经济政策导向，及时向成员单位传导国家金融政策红利，多措并举推动减费让利。一是紧跟集团发展战略，保障重点项目建设资金需求；二是通过银团贷款形式有效引导成员单位外部融资成本下降，利用人民银行再贴现政策为小微企业提供低成本资金，降低支付结算、代开信用证等业务手续费。

【信贷业务】2021年，公司信贷时点规模和日均规模大幅上升。信贷规模在2021年末达到116.59亿元，较2020年末增加14.85亿元，增幅为14.60%；2021年信贷日均规模达到108.59亿元，较2020年末增加32.3亿元，增幅为42.34%。

【产业链金融】2021年，公司完成首笔买方信贷业务落地。为确保该项业务顺利开展，公司成立“买方信贷”党员突击小组，通过不断摸排梳理成员单位下游优质企业，顺利实现首笔买方信贷业务落地，将信贷业务延伸至集团下游企业，丰富了服务集团实体企业举措，进一步体现了“立足集团、服务集团”的宗旨。

【资金业务】公司积极应对存贷利差收窄问题，统筹做好资金计划，运用多种低风险投资手段提高备付金使用效率，运用票据正回购和国债质押式回购，拓展融资渠道，解决短期流动性问题。

【投资业务】公司成立市场化团队，建立激励机制，通过公募债券基金、国债、同业存单组合投资，取得理想的投资收益。2021年实现投资和同业存放利润超过1.6亿元，国债投资作为公司的新增业务类型，在2021年初次尝试便获得了较好的投资绩效，投资期间实现年化收益率约17%；公募债券型基金在团队的精准择时和精细筛选下年化收益率超过7%，在全市场同类业绩中排名靠前。此外，结合投资实操经验，对相关业务包括有价证券投资、同业授信等的制度进行及时、系统的调整和完善。

【外汇业务】2021年，公司共办理71笔即期结售汇业务，累计金额6.26亿美元，累计为成员单位节省成本829万元人民币。在跨境资金集中运营管理方面，积极扩展成员单位范围，全年新增3家成员单位，累计为境内外成员单位调剂资金27.98亿元人民币。公司在努力拓宽业务渠道的同时，增加跨境资金集中运营合作银行，由年初的6家合作银行增至10家，对成员单位境内外资金调剂服务提供了强有力的保障。

【业务创新】2021年，公司成功落地代开国际信用证业务，标志着公司外汇业务品种进一步丰富，能有效满足集团成员单位的业务需求。公司代开国际信用证业务不仅能向成员单位提供较低的开证费率降低其成本，且无须占用成员单位银行授信额度，也能与结售汇业务产生业务联动效应。2021 年，公司累计为 5 家成员单位办理代开国际信用证业务，开证金额达 2.28 亿美元。

【风险管理和内部控制】2021 年，公司严格按照集团大风控体系建设的管理要求，系统地构造了风险闭环管理的良性管理机制，全年未新增风险事件。

【人力资源管理】2021 年，公司坚持党管干部、党管人才原则。年内外聘同业机构风控专家 1 名，市场化引进金融高端人才 1 名，向集团推荐优秀年轻干部 1 名，招聘 3 名优秀大学毕业生，组建了市场化团队。

【信息化建设】2021 年，公司不断完善信息科技治理，持续推进信息系统覆盖，加强信息基础设施建设，全面提升信息化支撑。通过开展二代征信查询系统和二代征信数据报送系统建设，促进征信合规管理，提升征信信息安全和征信评级水平；开展标准化监管数据系统（EAST）和金融基础数据报送系统建设，规范数据报送流程，极大地提升了监管数据报送的准确性和时效性；开展财务公司搬迁信息化项目建设，实现了公司迁址期间各项业务的平稳过渡；开展信息系统等级保护测评与整改，完成了对测评风险隐患的治理和整改。

【企业文化建设】公司坚持党建工作服务中心工作不偏离，以党史学习教育为载体，组织员工赴犁壁山开展红色走读活动，举办丰富多彩的员工文体活动，深入一线解决员工关心的工作、生活问题，让员工真切感受到公司党政的关怀，切实将党建优势转化为企业发展优势，促进党建工作与中心工作共同提升。

金川集团财务有限公司

【集团概况】金川集团股份有限公司（以下简称“集团”）是以矿业和金属为主业，采、选、冶、化、深加工联合配套，相关产业共同发展，工贸并举，产融结合的跨国集团。2021 年，集团列世界 500 强企业第 336 位、中国企业 500 强第 94 位，集团上下以习近平新时代中国特色社会主义思想为指导，深入贯彻落实习近平总书记对甘肃重要讲话和指示精神，全面贯彻甘肃省委、省政府决策部署，紧紧围绕高质量发展主线，统筹做好疫情防控和生产经营各项工作，勠力同心、攻坚克难，全力以赴强管理、提效益、稳增长、促改革，生产经营稳中有进，改革创新行稳致远，质量效益稳健提升，呈现出基础更加稳固、动能更加强劲的良好局面，胜利实现了“十四五”发展开门红。

【公司概况】2021 年，金川集团财务有限公司（以下简称“公司”）面对金融市场利率下行和监管趋严压力，坚持稳中求进总基调，以服务集团实体为本源，扎实推进金融服务质量转型升级，全力确保金融服务不中断、不降质，助推成员单位健康快速发展。全年实现营业收入 2.13 亿元，利润总额 1.42 亿元，净利润 1.21 亿元，净资产收益率为 7.45%，不良资产率持续为零，各项监管、监控指标均控制在合规范围内。但也存在两方面不足：一是金融产品结构较为单一，产品组合的灵活度不足。二是集团部分境外子公司所在国家或地区外汇政策严格，严控跨境资金流出，全面开展跨境资金集中运营管理进度缓慢。

【服务实体】公司围绕集团产业发展战略，锚定服务功能定位，全力提升金融服务品质与资金运营能力，以“服务内部化”实现“效益内部化”，坚持集团整体利益最大化，加大贷款利率下浮、中间业务免手续费等13项惠企政策执行力度。

【信贷业务】落实集团产融结合政策，持续加大信贷投放，发放流动资金贷款102.85亿元，同比增加21.74亿元，加权平均贷款利率为3.09%，同比降低56个基点；适时调剂信贷资产，保持信贷供给连续性和稳定性，日均信贷规模65.5亿元，贷款余额年末达到全年最高85.55亿元；调整信贷结构，实体子公司信贷余额占比在99%以上，确保信贷资源流向集团实体。

【投资业务】公司以保障成员单位支付结算为前提，利用阶段性闲置资金窗口，办理投资业务0.5亿元，全年累计获取投资收益0.007亿元。

【票据业务】公司办理票据贴现27.21亿元，同比增加10.86亿元，加权平均贴现利率为2.63%，同比降低20个基点；全面实现票据到期线上清算，缩短了兑付周期，加速成员单位到期票据托收回款。

【外汇业务】公司办理售汇业务31.22亿美元，做到当天购汇、当天拨付，确保外币顺利支付。

【资金集中】强化部门信息共享，提高资金收支计划统筹性，合理降低备付金，有效保障成员单位款项支付；合理调整资金管理模式，动态监测账户及余额变动信息，分析资金收支规模、结构和流向，增加部分成员单位资金归集频次，提高资金周转效率；结合服务定位，完善市场化存款定价机制，大幅靠档保证金存款等金融产品的利率，调动成员单位资金归集积极性。

【业务创新】公司通过跨境资金通道，向金川香港放款0.44亿美元，实现了境内外资金融通；获批全国银行间市场债券交易资格，借助其交易品种多样优势，丰富投资业务品种，挖掘同业投资业务潜能。

【风险管理和内部控制】梳理覆盖公司治理、合同管理、授权管理等13个方面关键风险控制点130项，修订经营管理、业务操作、风险管理等方面的标准化工作手册，完善内控管理体系；开展突击检查，抽查涉及资金管理、重空管理、关键岗位人员管理等重要环节，以此促进员工规范操作，有效规避风险。

健全数据治理三道防线，财务和业务部门抓好数据源头治理，形成“填报—复核—汇总—复核—上报”的数据报送流程，强化数据质量审核；风险管理部门定期合规检查，有效控制偏差和风险；审计部门开展数据治理专项审计，形成纠错防弊的机制性保障，夯实数据治理管理基础。

【人力资源管理】公司举办风险管理、同业投资、信息化技术等专题讲座12期，共216人次参加；选派员工参加人民银行、银保监会、中国财务公司协会和中国银行业协会组织的公司治理、案件防控和金融法律法规等培训，共26人次参加；强化教育的广泛性和深入性，引导全体员工树立正确的职业道德准则，开展员工理想信念教育和职业操守教育8次。

【信息化建设】公司响应监管部门数据治理要求，委托九恒星公司建设独立数据仓库，对接N9资金管理平台，整合过滤分散业务数据，通过金融基础数据、EAST标准化、利率报备系统、1104报表和人民银行大集中五大模块，实现以自动化方式代替手工填报各类报表，已完成EAST报表、利率报备系统上线，促进公司数字化能力提升。

【企业文化建设】公司着力思想政治引领，旗帜鲜明讲政治，认真学习贯彻习近平新时代中国特色社会主义思想，将党史学习教育融入思想建设工作，重点学习党的十九届六中全会精神，举办中国共产党成立100周年系列庆祝活动，组织参观张一悟纪念馆，大力弘扬对党忠诚、实事求是、艰苦奋斗、清正廉洁等党的光荣传统和优良作风，不断巩固广大党员职工的共同思想政治基础，为全方位推动公司经营管理和高质量发展提供新动能。

J

锦江国际集团财务有限责任公司

【集团概况】2021 年，锦江国际（集团）有限公司（以下简称“集团”）资产规模 1165.09 亿元，净资产规模 349.12 亿元，营业总收入 277.78 亿元。截至 2021 年末，“锦江酒店”已开业酒店总数 15344 家，客房 1497612 间，分布于全球 120 个国家或地区，会员超过 1.5 亿人。集团列全球酒店集团 300 强第二位、亚洲第一位。

【经营概况】2021 年，锦江国际集团财务有限责任公司（以下简称“公司”）实现营业收入约 2.60 亿元，净利润 7200 余万元。公司向集团成员单位发放贷款约 43.68 亿元，吸收集团成员存款约 109.49 亿元。公司全年后三类资产迁徙率为零，不良资产率继续保持为零，资金集中度保持在 40% 以上，均符合监管要求和集团经营目标责任考核指标，经营情况稳健。

【企业文化建设】2021 年，公司党支部聚焦主业主责，严格落实党中央和上级党委的决策部署，严格贯彻执行党章党规，严格落实党风廉政建设和中央“八项”规定精神，严格履行“三重一大”决策。公司党支部依托“两学一做”和“三会一课”，将防控疫情和党史学习教育活动等党支部重点工作内容和学习内容与监管部门要求的“内控合规管理建设年”活动有机融合、协同增效、统筹推进。

【法人治理】2021 年 4 月，修改公司章程获上海银保监局核准，董事会成员由 6 名增至 7 名；9 月，公司新任董事任职资格获上海银保监局批复核准，正式到任履行职责。至此，公司董事会成员全部到位。

【风险管理和内部控制】一是“内控合规管理建设年”活动自查验收通过。根据银保监会文件精神和要求，2021 年为“内控合规管理建设年”，公司严格遵照监管部门要求，成立专班、统一领导、统筹推进，结合公司自身“合规治理年”活动计划，形成八项 19 条细化方案并分阶段实施，至 2021 年 12 月完成评估并通过验收。公司内控合规管理能力进一步夯实。二是内控制度修订换版工作持续深化。2021 年，公司结合“内控合规管理建设年”活动和公司“合规治理年”活动，持续推进内控制度换版工作，按规划分阶段审议现行内控制度，并新增和修订草案 30 余项，覆盖了公司治理、合规、风险、业务和人力资源等多个领域。三是推进组织架构变革。2021 年，为适应公司经营管理和发展需要，公司经董事会批准，调整部门设置和职能。新设信息科技部，将办公室信息科技规划与发展和计算机软硬件建设和维护等职能划归信息科技部；撤销投资部，新设资金与投资部，资金与投资部承继原投资部职责，另将计划财务部资金管理职能划归资金与投资部。

【人力资源管理】为加强公司人才队伍建设，贯彻实施人本化管理理念，公司持续推进人力资源提升工作，在职责职能、绩效考核和薪酬激励等多方面进行制度建设。2021 年公司已编制完成《人力资源提升工作总体方案》及《薪级职级设计方案（草案）》并上报公司董事会和集团审议。

【创新及跨境资金池业务】一是建设集团全产业链金融服务管理系统。2021 年，为充分融入集团数字化战略，抓住转型机遇，输出风险合规服务和标准，公司在原有酒店产业链金融风险管控系统的基础上进一步完善，实现与集团酒店中国区和财务共享平台数据对接，以及与酒店管理平台下加盟商经营数据对接，实现向各相关成员单位输出风险合规管理服务。二是用好自贸区跨境资金池归集海外资金。为巩固和提高集团境外资金管理水平和能力，公司进一步调整集团自贸区跨境资金池账户体系，涵盖集团香港公司和上市公司等四家境外资金管理主体，进一步实现境内外资金的在岸归集，提高资金集中管理效率，切实防范资金风险，实现集团全球资金统一管理。截至2021年末，跨境资金池归集资金余额5231.79万欧元、980万港元。

晋煤集团财务有限公司

【集团概况】晋能控股装备制造集团有限公司（原山西晋城无烟煤矿业集团有限责任公司，以下简称“集团”）是晋能控股集团三大板块之一，由原同煤、晋煤、晋能、阳煤、潞安等企业装备制造相关资产重组整合成立，是一家跨区域、跨产业、跨所有制的现代企业集团。公司以装备制造产业为主业，同时涵盖煤化工、多种经营及新兴产业等，是山西省高端装备制造的“主力军”。

【经营概况】2021年末，晋煤集团财务有限公司（以下简称“公司”）资产总额100.23亿元，负债总额82.60亿元，吸收存款余额79.16亿元，贷款余额52.69亿元，全口径资金集中度为19.98%。2021年，完成营业收入2.77亿元，实现利润总额2.98亿元，净利润2.25亿元。2021年，公司资产收益率为1.77%，净资产收益率为12.45%，资本充足率为18.98%，流动性比例为54.80%，贷款拨备率为5.29%，不良贷款和不良资产率为零，各项风险控制指标符合监管要求，全年安全无事故。

【服务实体】一是加大对成员单位融资支持。全年办理流动资金贷款36.69亿元，委托贷款82.90亿元，代签银承（信用证）18.48亿元，票据承兑8.82亿元，年末各项贷款余额52.69亿元。二是积极为成员单位降低财务费用。通过免收委托贷款手续费和降低贷款利率（贷款日均利率较上年降低49个基点）为成员单位降低财务费用。全年为成员单位节约贷款利息费用5406万元，节约委托贷款手续费3770万元，共计为成员单位节约财务费用9176万元。

【信贷业务】2021年，公司充分发挥内部金融资源配置功能，根据集团战略部署，结合整合重组实际，加大对成员单位的融资支持力度，积极为成员单位办理贷款、代签银行承兑汇票、委托贷款等业务。

【投资业务】一是积极开展同业授信，与工商银行、农业银行、中国银行、建设银行、交通银行等43家金融机构建立授信关系；二是制定并下发《2021年投资业务指引》，实行投资限额管理，优化投资业务资产结构。截至2021年12月末，累计办理同业拆借业务90.52亿元；办理债券买断式回购4.99亿元，办理债券质押式回购36.48亿元，办理国债逆回购业务16.96亿元，办理收益凭证业务1.7亿元，办理基金业务3亿元，办理债券买入业务2亿元。同业投资业务实现收益1995.07万元。全年未发生投资业务风险事件。

【票据业务】2021年，公司修订完善《电子商业汇票业务管理办法（试行）》，规范贴现和再贴现业务流程，同时积极为成员单位办理电票业务，截至2021年12月末，累计177家成员单位开通电票功能，公司托管电票系统内共有电票592张，年末票据余额12.44亿元。全年累计办理票据承兑8.82亿元，卖断式票据转贴现41.52亿元。

【资金集中】2021年公司认真宣贯集团《资金集中管理办法》《银行账户管理办法》，制定下发《财务公司2021年度资金集中工作安排》；按照限额要求，采用实时和定时归集方式，做好已授权账户的日常归集；及时更新已变更名称的成员单位直连账户信息，确保资金归集工作顺利开展；对于资金集中度未达标的成员单位，进行重点督导。

截至2021年12月末，共有363家成员单位在财务公司开户，吸收存款时点余额79.16亿元；吸收存款日均余额74.53亿元，12月末全口径资金集中度为19.98%。

【风险管理和内部控制】一是积极与咨询机构合作，通过访谈、穿行测试等方式对公司管理措施和流程进行梳理，编制风险与内控矩阵、风险清单及风险管理手册，扎实推进全面风险管理体系建设；二是实现各部门常规稽核、绩效专项稽核全覆盖，信贷及资金业务风险审查全覆盖，确保问题及时发现及时整改；三是根据监管评级结果，制定“整改问题清单”，推动评级问题逐项整改落实；四是实施案件防控，落实案防分析会制度，开展案件警示教育，加强案件风险排查，切实增强案防意识、合规意识，夯实风险管理工作基础。

【信息化建设】2021年，公司金融业务数据管理与信息报送项目顺利完成，系统提前投产上线。实现了对二代征信系统、二代反洗钱系统和减值估值系统稳定供数，自动生成全套的1104报表，支持在线报表设计和人民银行金融基础数据统计报表报送以及主要业务指标预警。基本完成二代征信系统报送数据的验证工作，即将进入人民银行系统正式测试阶段，有效提升了公司金融科技实力。

【企业文化建设】2021年，公司严格按照上级党委要求开展党史学习教育；扎实开展“我为群众办实事”实践活动；明确2021年公司领导班子成员、部门负责人、党员“一岗双责”清单，细化履职内容和责任，确保党建责任有效传递到每一名党员。严格落实“党要管党、从严治党”总要求，认真开展“二十个坚持”“二十个必须”“十种不良风气”问题排查，持之以恒深化廉政建设，树立过硬的工作作风。

京能集团财务有限公司

【集团概况】北京能源集团有限责任公司（以下简称“集团”）成立于2004年，由原北京国际电力开发投资公司和原北京市综合投资公司合并而成，2011年、2014年先后又与北京市热力集团有限责任公司、北京京煤集团有限责任公司实施合并重组，实现了产业链条融合互补，发展为热力、电力、煤炭、健康文旅等多业态产业格局，控股京能清洁能源、京能电力、昊华能源、京能置业、北京能源国际五家上市公司。2021年，集团列中国企业500强第301位、中国服务企业500强第119位。2021年，集团资产规模4012亿元，净资产1420亿元，注册资本213.38亿元，实现利润总额60.20亿元。

【经营概况】2021年，京能集团财务有限公司（以下简称“公司”）存贷款规模、营业收入、利润总额等主要经济指标均创历史同期最高水平，其中，资产总额403亿元，同比增长34.89%；负债总额334亿元，同比增长44.29%；利润总额6.56亿元，完成考核目标值的104%，同比增长6.30%；归母净资产收益率为7.52%，高于行业良好值；全口径资金集中度为75.4%，超过行业优秀值；全员劳动生产率实现1279万元/人，较上年完成值增长7.95%，实现贷款本息回收率100%，不良贷款率长期保持为零。

【服务实体】2021年，公司累计对集团系统融资支持576.91亿元，其中京津冀地区成员

J

单位融资支持448.82亿元；认真贯彻落实绿色、低碳、高效的发展理念，支持绿色项目贷款28.17亿元，冬奥配套项目融资支持16.1亿元。2021年服务客户数446家，本币结算量8870.5亿元，外币（含跨境业务）结算量14.54亿元，资金结算笔数39.75万笔，结算收支比超5倍。

【信贷业务】加大金融服务力度，缓解成员单位资金压力，2021年公司贷款规模创历史同期最高水平，自营贷款日均规模168.71亿元，同比增长26.3%。优化存贷款定价方案，贷款利率以集团平均融资成本下浮5个基点为基准，按照信用评级、资金归集率、绿色能源三个维度进一步让利优惠，反哺成员单位。

【资金业务】2021年，公司新设资金管理部，坚持以提高资金的安全性、流动性、收益性为根本出发点，通过制定资金调度管理方案，跟踪资金计划执行情况，加强同业交流、均衡同业资金配置，提高资金收益、提升公司紧急情况下的外源融资能力等，积极履行部门职责，助力公司年度目标顺利完成。

【投资业务】公司严格按照年度计划的要求，在均衡资产配置，提高资金收益、协助成员单位绿色债券发行、降低融资成本方面取得了突出成绩。针对市场变化及时调整资产配置，提高货币基金投资业务规模，在保证流动性的前提下，争取较高的资金收益。为支持绿色发展，截至2021年末，公司已通过债券市场认购了成员单位发行的绿色债券4亿元。

【票据业务】2021年，公司累计开票9752万元，公司在增强成员单位资金流动性、降低财务成本方面取得一定成效。

【外汇业务】公司持续加强与监管机构的高效沟通，积极拓展外汇业务，加强政策解读与业务调研，更新跨境资金集中运营业务的成员单位备案工作，编写新业务制度，沟通合作银行跨境业务产品方案等，2021年5月，公司首笔跨境资金集中运营业务圆满落地。2021年，开展跨境业务项下的人民币境外放款业务7笔，累计融资金额14.54亿元人民币，及时满足了境外成员单位补充营运流动性的迫切需要。

【资金集中】公司贯彻落实北京市国资委及集团关于企业加强资金管理的意见，提升“应归尽归”“应连尽连”的管理认识，协助成员单位落实好各项资金管理要求，有效提升了集团资金管理水平，防范化解资金风险。2021年共开展7期资金归集管理培训活动，涉及集团全部平台企业和直管企业。资金归集报表实现线上报送，按月度进行资金归集分析，每周跟踪落实归集情况，全年持续推进集团新建和收购企业的备案和开户工作。2021年末，全口径资金集中度达到75.40%，资金集中管控程度处于行业较高水平。

【风险管理和内部控制】公司扎实推进合规管理体系建设，从合规源头入手，开展部门内、跨部门和通用部分的多维度、全覆盖培训，编制合规知识题库，落实以考促学。夯实体系一致性合规基础，持续优化提升合规底稿适用性，突破既有模式，合规管理体系融合升级。巩固管理升级成果，修订流程图、内控矩阵、内控自评表和授权管理手册等内控文件，推进200余个内控流程进制度，提升内控体系的有效性。进一步推进公司治理的提质工程，认真落实重要经营管理事项合规管控，强化党在治理体系中的研究决策职能，修订“三会”议事规则，完善“三重一大”事项决策清单，深入推进党的领导和公司治理相统一。

【人力资源管理】坚持集团新发展理念，积极融入新发展格局，以高级财务和金融人才培养基地的职能定位助力集团建设国际一流的首都综合能源服务体。2021年，公司组织开展了人力资源及绩效管理咨询项目。2021年，公司引入集团系统内优秀金融、财务领域专业人才2名，系统外人才1名，招录应届毕业生1名，并迅速充实到相应部门和岗位，为“三基九力”团队建设再添新鲜血液。组织开展人才分析盘点，完善人员轮岗管理制度，为复合型人才培养打下基础。面对疫情防控常态化的局势，深入分析员工队伍结构和梯队状况，制定分层次员工培训方案和线上培训课程体系，开展多样化、全方位的培训。

【信息化建设】2021 年，公司组织完成 5 家银行直连接口、1 家银行直连支付功能扩容建设，协助集团拓宽了资金管控的广度，便利集团成员单位实现“应连尽连、应接尽接”，为集团强化资金监管、提高资金使用效率提供了有力的技术保障；立足企业数字化转型战略目标，对标各类监管统计报送要求，大力推进监管数据标准落地，创新采用数据集市模式，构建监管数据统一报送平台，有效隔离数据源风险，大幅降低建设成本，实现数据定义标准化、统计加工自动化、报送流程规范化，较大程度释放统计人员作业压力，大幅提升统计工作效率；实施了贯穿全年的网络安全自查整改工作，组织全员开展了首次网络安全突发事件应急演练，提升了员工的网络安全意识与隐患排查能力和应急处置能力，保障业务连续性。

【企业文化建设】公司坚持弘扬企业文化，深化精神文明建设，积极践行国企社会责任。坚持培育和践行核心价值观，加强爱国主义教育，强化责任感和使命感。认真开展党史学习教育活动，学习和贯彻建党精神、十九届六中全会精神，引导正确舆论导向，为干事创业凝聚强大的精神力量。坚持党建带工建，充分发挥职工之家的作用，营造“建功立业新时代、当好金融排头兵”文化氛围。围绕企业中心工作，选树育人，注重关爱职工身心健康，开展座谈交流等活动，持续丰富精神文化生活。坚持推行领导人员接待制度，深化“我为群众办实事”实践活动，为职工解难事、办实事，增强企业向心力和凝聚力，提升员工幸福感、获得感和成就感。

酒钢集团财务有限公司

【集团概况】酒泉钢铁（集团）有限责任公司（以下简称“集团”）1958 年成立，注册资金 144 亿元，主要经营范围包括制造、铝冶炼、采矿、能源、房地产业等。2021 年，集团统筹疫情防控和生产经营各项工作，完成工业总产值 920 亿元，同比增长 29.7%；实现利税 87.7 亿元，其中利润 56 亿元，在 86 家大中型钢铁企业中收入排名第 18 位，利润排名第 16 位。

【公司概况】2021 年，酒钢集团财务有限公司（以下简称“公司”）营业收入 3.29 亿元，同比增长 6.87%，实现利润总额 2.53 亿元，同比增长 9.37%。

【服务实体】公司主动靠前服务、深挖资金需求、用足金融政策、精准业务支持，为成员单位提供“一揽子”金融服务。充分发挥财务顾问的作用，围绕集团高质量发展，提升专业金融咨询服务深度与广度，助力集团及成员单位提高资金管理效率，降低融资成本。

【信贷业务】公司开展信贷业务结构优化工作。根据成员单位经营情况和盈利能力，合理确定信贷投放产品及期限，做到信贷资金投放与成员单位经营情况、盈利情况相匹配，充分满足成员单位不同期限资金需求，提高信贷资金使用效率。

【产业链金融】公司积极响应和把握国家及甘肃省支持发展供应链金融的政策导向，全面了解国内各类型供应链金融平台的建设及运行情况，结合集团采购、销售、融资、付款的具体特点，提供集团供应链金融平台建设解决方案。

【资金业务】持续优化资源配置，提高资金管控力度，通过对公司经营预算和经营成果的对比分析，从源头上控制公司的经济运行管理。持续加强经营筹划，提高经营质量和效益，以市场化运作为导向，构建资金“管理、调配、

J

运作”中心，做精做细资金管理，合理分配资源。

【投资业务】公司密切结合宏观经济及金融市场运行情况，围绕集团创新发展，以助力集团债券发行与间接参与甘肃省优质企业直接融资为出发点和落脚点，协助集团完成2021年债券发行工作。

【票据业务】公司盘活集团票据资源，为多家成员单位出具票据运作优化方案，在帮助成员单位及时回笼资金、降低融资成本的同时，不断提高流动性风险的预警、防范和处置能力。

【外汇业务】公司积极创新金融服务，鼓励业务部门通过多种方式科学评估企业资信状况，对客观不可控因素造成涉外收付困难的成员单位区别分类，在外汇贷款方面对发展前景良好的中小微涉外成员单位给予手续简化等政策倾斜。探索利用数字外管平台开放的企业资信、收付汇率等信息，开展合规经营和业务创新，做好对中小微涉外成员单位的金融服务。

【资金集中】公司每日实行“二次归集”制度，确保做到应归尽归。加强同业合作，拓展业务合作的广度及成员单位资金归集范围，提高集团对成员单位账户及资金的管控力度。银企直连基本覆盖了集团及成员单位所有合作银行，有效提高了集团账户及资金的管控范围，为集团资金集中管理奠定了基础。

【业务创新】公司创新授信模式，逐步从传统重抵押、重担保的授信模式向更加注重企业资信状况、交易数据、资金流向、供应链等的多维度全景式授信模式转型。不断完善对标对表体系搭建工作，坚持分工协作、外出对标工作理念，补齐公司指标差距和短板，适时转化对标成果。

【风险管理和内部控制】公司全面落实风险内审职责，筑牢风险管理第二、第三道防线，不断提升风险管控能力。围绕服务实体经济、防控金融风险、深化金融改革等重点任务，全面推进落实事前预防、事中控制、事后检查等各阶段风险管理防控措施，累计完成各种类型风险合规审查工作309项。2021年，开展薪酬与绩效管理、资本管理、同业业务等七个项目的稽查审计工作，明确责任主体，制定整改措施，落实整改任务，实行“月推进、季通报、年考评”的督查机制，以问题整改台账为抓手，紧盯问题整改进度和结果。

【人力资源管理】公司重视选拔任用能扛起责任、善于解决问题、具有实干精神的人才。绩效体系设计同人员创造价值大小、实际贡献挂钩，更加凸显出能力水平至上和业绩贡献导向的分配机制。把保护员工的身体健康和生命安全放到最高位置，更加重视人性关怀、和谐共处，建立和谐企业。持续拓宽内、外部培训渠道，加强校企合作力度，更加注重培养员工的探索精神和终身学习的意识，提升员工队伍素质。

【信息化建设】公司以线上化为起点，以智能化为方式，以数字化为目标，提高信息系统支撑业务水平。推进EAST监管报送项目建设工作，持续开展资金管理信息系统升级改造需求调研、考察及制定项目可研方案。

【企业文化建设】公司始终把政治建设放在首位，持续推进全面从严治党，保持和发扬求真务实、埋头苦干的艰苦创业精神，百折不挠、奋勇拼搏的坚韧不拔精神，坚守理想、忠诚干净的勇于献身精神，敢为人先、勇于创新的开拓前进精神，用“铁山精神”的文化软实力撑起公司“十四五”发展的硬担当。

J

巨化集团财务有限责任公司

【集团概况】巨化集团有限公司（以下简称“集团”）是浙江省国资委下属的国有控股企业。集团下设12个事业部和六大中心，化工主业涵盖氟化工、氯碱化工、石化材料、电子化学材料、精细化工等；环保产业涵盖城市与工业污水处理、危废与垃圾焚烧填埋等；兼有功能性新材料、装备制造、公用配套、物流商贸等生产性服务业。2021年，集团实现营业收入357.07亿元，利润53.12亿元。

【公司概况】2021年，巨化集团财务有限责任公司（以下简称“公司”）深入学习贯彻习近平新时代中国特色社会主义思想和党的十九大会议精神，坚持绿色化发展、数字化改革、新巨化起航工作主线，以提升金融服务、夯实金融平台、增强科技实力、管控金融风险为工作重点，取得了较好的经营业绩，有力地促进了公司高质量发展。公司实现营业收入13352.72万元，利润总额8063.92万元，吸收存款余额33.21亿元，资金归集率为67.58%，发放各类贷款余额39.49亿元，完成结算业务量31.07万笔，结算总额2843.73亿元。

【服务实体】2021年，面对集团严峻复杂的国内外经营形势，公司切实履行“立足集团战略、服务集团产业”的公司使命，深入开展“内控合规管理建设年”活动，为集团成员单位提供优质、高效、低成本的金融服务。

【信贷业务】2021年，公司自营贷款发放金额37.30亿元，其中，流动资金贷款29.09亿元、固定资产贷款3.62亿元、票据贴现4.59亿元，收回贷款34.61亿元，实现净投放2.69亿元；发放集团委托贷款1.05亿元、发放股份公司委贷境外放款0.55亿元，发放股份公司美元委贷境外放款2400万美元，较好地完成了各项信贷预算指标。发放贷款基本执行LPR利率，委托贷款办理免收手续费，有力地支持了集团实体经济的发展。

【资金业务】2021年，公司积极向人民银行衢州市中心支行争取优惠政策，全年共办理票据再贴现1.36亿元，再贴现利率为2.00%，较同期市场利率优惠60个基点以上，间接地降低了集团财务费用约40万元，同时增加了公司的资金头寸。

【投资业务】2021年，公司固定收益投资业务平均投资额3.08亿元，实现投资收益837.52万元，平均税后收益率为2.72%，折合税前收益为3.63%，取得了比较好的头寸资金管理效益。

【票据业务】2021年，完成公司贴现票据2.82亿元入浙商银行票据池，完成浙商银行票据池协议到期续签工作。截至2021年12月末，累计入票据池总额24.46亿元，出票总额20.64亿元，通过盘活存量票据资源，降低集团财务费用3000余万元。

【外汇业务】2021年，完成巨化股份通过公司跨境资金池向全球氟化工有限公司境外放款2400万美元、5500万元人民币。协同集团通过公司跨境资金池完成从农业银行澳门分行融入外汇2900万美元。通过公司跨境人民币资金池完成香港公司2500万元人民币归集。

【资金集中】2021年，在集团业务经营的支持下，公司充分发挥资金集中管理的核心功能，不断完善资金集中管理各项工作，进一步降低集团资金成本。2021年，公司吸收存款33.21亿元，全年平均吸收存款27.34亿元，全年累计降低集团资金成本约0.98亿元。

【业务创新】2021年，公司与中国银行开展财票保贴业务，累计办理财票贴现约2.63亿元，其中，晋巨公司开票5128.09万元、汽运公司开票931万元、物流公司开票268万元；热电公司开票2亿元，支付给物装公司，由物装公司至中国银行贴现。新业务的拓展丰富了公司的业务品种，盘活了资金，同时公司也能为集团成员单位提供更优质的金融服务。

【风险管理和内部控制】2021年，公司以进一步完善事前、事中、事后全流程风险管控为目标，持续推进公司风控机制建设、强化流程管理、落实事后监督。

【人力资源管理】2021年，公司通过参加人民银行、银保监部门、中国财务公司协会、中国银行业协会等多层次、多样化的培训，以及到相关单位挂职等方式，整体提高全体员工的综合素质，提高工作绩效，拓宽职业发展通道，增强业务管理创新能力。

【信息化建设】2021年，公司按照银保监会的要求，完成EAST监管数据报送系统建设。系统于2021年6月上线，支持48张报表的数据自动采集和规则校验，采用集中部署的方式通过VPN接入银保信公司。已完成2020年1月至2021年6月的全量数据报送以及2021年第三季度的季度数据报送。

【企业文化建设】2021年，公司以习近平新时代中国特色社会主义思想为指导，积极开展主题党日活动，充分发挥支部的战斗堡垒作用和党员的先锋模范作用。结算业务部一名员工被评为集团先进个人，财务核算部一名员工被评为党群服务中心先进个人。公司三位员工长年参加爱心献血活动。

开滦集团财务有限责任公司

【集团概况】开滦（集团）有限责任公司（以下简称“集团”）始建于1878年，至今已有140多年的发展历史，以建设“中国第一佳矿”唐山矿为肇始，托举了唐山、秦皇岛两座城市的兴起，被誉为“中国煤炭工业源头”“中国近代工业摇篮”。多年来，集团砥砺前行、与时俱进，逐步发展壮大成为综合性的大型能源集团，下设178家子公司，包括1个能源化工上市公司，2021年列中国企业500强第248位，列中国煤炭企业50强第12位。截至2021年末，集团总资产941亿元，营业收入960亿元，企业利润14.3亿元，在册员工4.86万人。

【经营概况】2021年，是“十四五”规划开局之年，也是开滦集团财务有限责任公司（以下简称“公司”）成立十周年。一年来，面对复杂的内外部环境，公司认真贯彻落实上级党政各项部署要求，以服务集团为宗旨，以资金集中管理为主线，以创新发展为驱动，履职尽责，忠诚奉献，圆满完成各项工作。2021年，公司营业收入40053万元、利润总额15085万元；年末资产总额123亿元，达十年来峰值。

【服务实体】2021年，公司坚持聚焦集团改革发展中心任务，充分发挥持牌金融机构平台作用，通过贷款、贴现等有效途径，举全力为全集团及时提供资金支持139.12亿元，同比增加67.35亿元，在助力集团保资金链安全中发挥了不可替代的作用。同时，通过优于市场存贷款利率等方式最大限度让利集团成员单位，全年累计助力集团及成员单位降低融资成本近1亿元。

【信贷业务】公司积极向人民银行申请信贷规模，最大限度地为集团提供资金支持。2021年累计发放贷款132.65亿元，同比增加36.21亿元；信贷规模突破百亿元，年末信贷余额102.43亿元，比年初增加16.71亿元，增幅为19.49%。认真落实集团融资策略，有效实施“压母增子”，增加成员单位信贷规模，持续优化贷款结构。

【资金业务】有效实施资金预算控制，资金头寸管理更加科学精细，强化月预算、周计划、日安排，合理安排头寸接续，有保有压，有急有缓，助力集团严把资金安全关、风险关。

【票据业务】实现收票、背书、贴现、质押、托收、兑付全业务流程纳入统一管理，建立票据预算管控流程，全面做实票据集中，截至2021年末，纳入财务公司集中管理应收票据规模36.50亿元，较集中前增加17.17亿元。积极为成员单位提供开票服务，2021年，公司开具的银行承兑汇票余额29.45亿元，通过公司平台开具的成员单位商票余额19.83亿元。持续做大再贴现规模，为集团融入低成本资金，及时补充资金流动性，全年通过再贴现模式累计融资16.43亿元。

【外汇业务】公司充分利用跨境资金集中运营业务资质，开展省内首笔跨境人民币离岸直贷业务，成功为开滦炭素化工公司引入境外低成本资金3000万元人民币。

【资金集中】依托十年资金集中管理基础，全面做精做细资金集中管理，深入挖掘资金集中潜能，优化设计归集路径，依托十大银企直连优势，实现“应连尽连、应挂尽挂、应归尽归”。截至2021年末，资金集中范围覆盖全集团192个成员单位，覆盖面达95.52%，考核口径资金集中度为91.54%，吸收存款92.26亿元，归集总额创历史新高。

【业务创新】创新是企业发展的第一动力，公司始终致力于创新驱动战略实施。2021年，公司与农业银行合作，首次以牵头行身份组团为集团发放银团贷款，成功从外部引入资金3亿元。

【风险管理和内部控制】实时监测各项关键指标变化，及时采取有力措施防范化解风险，为公司合规运营打下坚实的基础。在第四版制度汇编的基础上，新增和修订《商业承兑汇票管理办法》等22项管理制度，夯实“以制度防风险、促合规”的管理基础。加大内审监督力度，覆盖全业务、全链条、全环节，并与外审、监管联动，监督质效明显提升。

【人力资源管理】制定实施公司人才培养三年规划和年度落实计划，通过金融大讲堂、资格考试、课题调研等形式持续加大培训培养力度，全力打造高素质金融团队。严管厚爱新入职人员，引导和鼓励他们在工作中学习，在学习中提高。

【信息化建设】完成电票线上清算项目，实现银票、商票票据业务线上兑付，有效防范票据清算风险。贯彻落实监管要求，完成银保监EAST、人民银行利率报备、ACS前置系统项目实施。开发实施投资模块，优化完善36项系统功能，降低操作风险，提高工作效率。

【企业文化建设】公司党支部在上级党委的坚强领导下，坚持围绕中心工作抓党建，积极推进党史学习教育与中心工作有机结合，创新开展录制党课视频、知识竞赛等活动，营造学党史浓厚氛围。严格履行重大事项党支部前置程序，将常态化疫情防控融入日常工作各环节，全力推进领导人员综合考核评价等工作。修订下发信息工作管理考核办法，发挥全员政策激励作用，宣传信息工作实现质和量双提升。继续保持集团一星级文明单位称号，深入开展为员工办实事活动，征集微项目、微心愿，组织开展庆祝公司成立十周年系列活动，总结经验，树立金融形象。

浪潮集团财务有限公司

【集团概况】浪潮集团有限公司（以下简称“集团”）是中国领先的云计算、大数据服务商，旗下拥有浪潮信息、浪潮软件、浪潮国际三家上市公司，业务涵盖云计算、人工智能、工业互联网、大数据、新一代通信板块，已为全球120多个国家和地区提供IT产品和服务。2021年，浪潮服务器市场占有率全球排名第二、中国排名第一，浪潮集团管理软件连续18年市场占有率第一，浪潮云在中国政务市场占有率第一，浪潮天元大数据综合实力排名首位。

【经营概况】2021年，浪潮集团财务有限公司（以下简称“公司”）稳步推进各项工作。截至2021年末，公司资产总额116.87亿元，负债总额106.29亿元，所有者权益10.58亿元。全年实现主营收入1.39亿元，利润总额6827万元，资本充足率为16.24%，流动性比率为61.39%，不良贷款率为零，各项指标符合监管要求。

【结算业务】2021年，公司积极开展集团成员单位及银行账户情况梳理工作，制定年度开户及银企直连计划。推动招商银行、中国银行等银行实现跨行对私批量、公司账户代理收款及自动入账，大幅提升成员单位收款资金的结算效率。2021年累计开立221家成员单位账户，完成68户银行账户银企直连添加，实现结算量8328亿元，为成员单位节约结算费用133.20万元。

【信贷业务】2021年，公司立足产业发展，进一步梳理成员单位业务需求并根据其特点进行授信和信贷投放。落地首笔项目贷款，批复贷款金额1.5亿元，支撑成员单位项目建设；公司积极与济南海关沟通，在现有保函额度1.5亿元的基础上进一步扩大“企财保”汇总征税保函额度至3亿元，提升通关效率，降低通关成本。2021年，公司累计投放贷款28.16亿元，贷款余额54亿元，办理保函、票据等中间业务共计7.33亿元，为成员单位授信共计112.60亿元。

【资金业务】2021年，公司积极推动同业拆借资质申请，加强与同业拆借中心的沟通工作，获批同业拆借资质。公司借助集团信用优势，积极对接银行业金融机构，储备银行授信资源。截至2021年末，共联络18家集团授信银行，其中，推动11家银行发起授信审批流程，推动5家银行完成授信审批，累计授信额度21亿元。

【资金集中】2021年，公司将集团整体资金细分为可归集、可管控和实际归集三类，针对不同类型的资金制定相适应的管理策略，积极推动集团调整考核政策，稳步提升归集率。截至2021年末，资金归集率为62.32%，较年初增加9.72个百分点。

【风险管理和内部控制】2021年，公司推进内控合规文化、公司治理质量、风险管理能力、服务经济质效四项提升。建立并持续优化流动性风险压力测试模型。累计制定169项合规管理制度，全年新增制度26项，修订制度16项，废止制度1项，不断完善合规管理报告机制，加强了风险的有效识别、管理和控制，确保公司资产安全。积极组织员工学习监管法律法规，共学习监管政策260余项，梳理形成《监管政策法规汇编》，共计2000页140余万字。

【人力资源管理】2021年，公司累计组织内外部培训49次，推动开展全员资质证书储备计划，积极鼓励员工考取银行从业、证券从业、中级会计师、注册会计师、本币交易员等资格证书，持续提升员工个人视野及专业化能力。

【信息化建设】2021年，公司加强信息安全技术防护，完善财企直连平台及关联交易控制，2021年完成68户银行账户银企直连；完成现有核心业务系统二次开发；建立银保监EAST监管标准化报送系统、人民银行利率报备系统；建立风险指标监测平台，对资本充足率、流动性比例、存贷比等风险指标进行“T+1”监测，严控风险，提升监管报送效率。

【企业文化建设】公司积极推动党组织建设，2021年5月成立中共浪潮集团财务有限公司第一支部委员会。公司积极组织丰富多彩的党建和党史学习活动，参观岩寺新四军军部旧址纪念馆、山东省博物馆建党百年主题展览、红船启航主题展览等红色教育基地。通过参观学习，全体员工深刻领会、不断践行习近平总书记“学史明理、学史增信、学史崇德、学史力行”“学党史、悟思想、办实事、开新局”的重要讲话精神，继续以昂扬姿态奋力开启新征程。

连云港港口集团财务有限公司

【集团概况】 连云港港口集团有限公司（以下简称“集团”）是国有独资港口企业，主要从事港口码头装卸与仓储、港口物流与贸易、港口工程与开发、航运交易与服务、资本运作及口岸信息服务。2021年，集团积极应对市场波动、港际竞争、疫情防控等形势变化，完成吞吐量2.77亿吨、集装箱量503.50万标箱，增幅分别为9.60%和4.80%。

【经营概况】 连云港港口集团财务有限公司（以下简称“公司”）围绕集团“高质发展、转型升级”主题主线，紧扣“十四五”发展规划，不断优化服务、严控风险、挖潜增效，切实提升发展质量，为集团经营和实体经济发展提供了重要的支撑作用。截至2021年末，公司资产总额34.94亿元，负债总额22.90亿元，所有者权益12.04亿元，营业收入1.27亿元，累计实现利润总额1.04亿元，完成年度利润指标的115.73%。

【服务实体】 根据成员单位的个性化需求，公司向新龙港公司投放固定资产贷款2750万元，为新海湾公司办理无还本续贷业务5000万元，为股份公司、新龙港公司办理固定资产购置贷款2笔共920万元。新增凯达集装箱、公路港公司2户小型企业3800万元流动资金贷款投放。根据筑港集团票据需求，盘活筑港集团及供应商华达防水、建港实业的应付、应收账款，办理2笔商票贴现共1100万元，两笔贴现贷款的定价均优惠于市场的价格，为申请贴现的2家成员单位节省利息7.6万元。截至2021年12月末，贴现业务余额较年初新增1088万元，承兑业务达980万元。

【信贷业务】 公司以主动服务、精准服务、高质服务为驱动，着力挖掘客户融资需求，量身定制金融服务方案，提高金融服务质效。完成对17家成员单位41.83亿元授信，新增鸿云公司浮船坞购置项目预授信1.97亿元。自营贷款时点余额22.57亿元，日均贷款余额21.46亿元；降低成员单位贷款利息费用约205.62万元，为成员单位增加利息收入约528.83万元。

【同业业务】 首次成功取得银行对公司1亿元的同业授信；积极应对疫情影响下的市场同业价格趋低等问题，全年累计实现同业利息收入2145.30万元，超序时进度245.3万元。

【资金业务】 公司有效发挥集团资金归集平台作用，加强资金集中管理，提高资金使用效率。2021年，共为116家成员单位（其中办理资金归集99家）开立活期账户176户、通知存款户9家、定期账户12户、委存账户4户、保证金账户18户、自营贷款账户22户；吸收存款时点余额22.73亿元，日均存款余额20.04亿元，共办理结算笔数120424笔、金额1712.15亿元，为成员单位节约结算手续费约43万元。

【风险管理与内控控制】 公司组织开展“内控合规管理建设年”活动和常态化推进风险防控“三大行动”，全面排查不足并整改落实。根据公司业务现状和发展需要，修订完善内控制度，截至2021年末，共修订制度13个、新增制度7个，作废制度1个，内容涉及内部控制主体职责、授权管理、业务管理、风险管理等。重新梳理各条线业务流程，同步推进内控合规手册修编，增强内控合规手册的普适性和实用性。认真落实员工行为管理调查、履职回避排查、员工违规持股排查等专项检查，不断提升公司风险防控、合规管控能力。

【人力资源管理】 根据公司实际，深入研讨并编制人力资源改革方案。深入推进“三项制度”改革工作的规划和实施。完善绩效考核方案，以定量和定性相结合的方式，按月开展全员绩效考核。积极探索规范化、体系化的培训改革措施，编制系统化培训体系建设方案。加强教育培训管理，年内累计组织开展内部培训21期，累计参培313人次，安排人员参加集团及外部机构培训13次，全员培训率达100%。

【信息化建设】 推进核心系统建设。助力集团完成全国自贸区首单CIPS系统标准收发器（企业版）落地，提升集团及成员单位跨境贸易和投融资结算便利性；推进融资租赁系统开发，为业务创新提供支持；完成与兴业银行的银企直连项目开发，为后续银企直连业务拓展打下坚实的基础。落实监管系统建设。重点推进EAST现场检查分析系统建设，提高监管数据报送能力；完成人民银行利率报备系统建设工作，保障利率报备工作的开展；积极推进二代征信、金融基础数据报送等系统功能，完善信息化管理手段。

【企业文化建设】 突出党建在公司治理中的重要地位，严格贯彻执行“三重一大”决策制度，修订完善总经理办公会等议事规则，制定党组织前置研究讨论重大事项规程和“第一议题”制度，发挥公司各治理主体履约的有效性。常态化对公司股权情况进行排查，严格落实股权管理主体责任。常态化开展党史学习教育活动，融合推进“两在两同”建新功行动与“我为群众办实事”实践活动，促进党的领导与完善公司治理相统一。开展主题党日活动及上好党风廉政教育专题党课，增强党员素养，发挥党支部战斗堡垒作用。继续实施“三星人才”培养工程，开展丰富多彩的职工文化活动。

联通集团财务有限公司

【集团概况】 中国联合网络通信集团有限公司（以下简称“集团”）于2009年1月6日在原中国网通和原中国联通的基础上合并组建而成，在国内31个省（自治区、直辖市）和境外多个国家和地区设有分支机构。集团主要经营GSM、WCDMA和FDD-LTE制式移动网络业务，固定通信业务，国内、国际通信设施服务业务，卫星国际专线业务，数据通信业务，网络接入业务和各类电信增值业务。集团列2021年世界500强企业第260位。2021年6月，集团获得广播电视节目制作经营许可证。2021年11月8日，集团开发团队设计研发的操作系统CU-Linux（China Unicom Linux）在北京发布。2021年12月7日，中国联通5G消息生态联盟正式成立。

【经营概况】 2021年，联通集团财务有限公司（以下简称“公司”）全力推进“十四五”发展规划、国企深化改革行动工作落地，以信息科技为引领，为集团5G发展提供金融赋能，圆满完成各项经营目标。截至2021年末，公司资产规模797亿元，同比增长17%，累计收入20.81亿元，拨备前利润总额8.58亿元，监管评级由2A级提升为1B级。

【服务实体】 梳理分析集团司库系统中支付业务场景和数据，充分调研分子公司需求，将司库系统支付时间在7×24小时的基础上优化，进一步提高资金使用效率。借助RPA技术实现客户付款接收银行行号智能补录，解决客户操作痛点，提升支付效率。

【信贷业务】 公司累计发放自营贷款185.2亿元，其中子公司贷款33亿元，优化外部融资结构，实现分子公司资金融通。累计办理委托贷款7.87亿元，各类保函122笔、金额1.11亿元，业务笔数超过上年同期。

【产业链金融】 结合集团产业链特点为多家分子公司量身设计票据直转回购金融解决方案，有效推进ICT业务进程。2021年11月获得延伸产业链金融服务资格。截至2021年末，累计办理“一头在外”业务9笔、金额1.27亿元，涉及上游供应商4家。

【资金业务】公司与集团总部联动形成“1+1+N”资金管理体系，全年流动性比例均值为50.31%，持有资产变现和风险抵御能力较强。坚持低风险、高流动性原则，紧抓市场机会开展资金运作，全年运作资金日均534.6亿元，收入14.80亿元，同比增长41%。同业存单日均规模272.6亿元，同比增长365%，累计交易量305.5亿元；同业拆借累计交易量1294亿元，正逆回购累计交易量3254亿元，奠定了公司主要收益基础。

【司库建设】组织分子公司全面上线司库系统，以账户管理、结算支付、预算管理等业务为基础的现金与流动性底座建成并平稳运转；输出各类金融资讯，报送监管信息；举办在京央企司库论坛并汲取先进经验，在司库体系规划建设中，金融科技自主研发能力得到巨大提升。

【投资业务】公司构建自上而下、多层次投研体系，持续跟踪市场动态，深入研究宏观经济及各类主流投资品种。编写“双碳”目标背景下行业深度研究等专题报告，为集团主业提供金融智力支持。日均投资规模32亿元，同比增长281%。

【票据业务】公司累计开立票据1548笔、金额162亿元，其中，财务公司承兑汇票513笔，商业承兑汇票1035笔；票据转贴现21笔、金额17473.70万元；票据贴现11笔、金额13359.49万元，其中“一头在外”贴现9笔、金额12668.19万元。

【资金集中】通过内部资金池替代外部资金池，优化存续资金集中管理。以集团子公司上市准备工作为契机调整资金归集方式，积累上市公司资金集中管理经验。资金集中度保持高位稳定。

【业务创新】创新基本户联动支付管理，实现分子公司基本存款账户资金每日零沉淀；打通13家直连银行电子回单通道，与集团数字档案馆贯通，实现付款业务由合同、支付、凭证到电子回单全闭环管理；以RPA技术实现托管场所业务单据自动打印、内外部报表数据自动报送。

【风险管理和内部控制】公司持续完善制度体系，增、改、废制度37项；健全授权审批体系，制定涵盖196个事项的职权表；有序推动数据治理工作，被中国财务公司协会评为“2021年财务公司行业数据统计优秀单位”；持续落实数字化转型，实现风险审查资料电子化、风险指标自动监测、及时预警。

【人力资源管理】组织人才评估和新机制落位，为下一步管理提升和活力激发奠定了基础；组织内训师参加中国财务公司协会首届“智慧共享”微课大赛，获个人一等奖、三等奖各1人次，公司获“优秀组织奖”；组织数字化专题培训，提升全数字化转型和驾驭高质量发展能力。

【信息化建设】完成集团司库系统在所有分子公司上线推广，用户总数3333人，日支付峰值13.3万笔（160亿元）；创新“收支联动+内外部账户联动”“银企直连+SWIFT+RPA”等司库管理模式，案例入选《财务公司行业发展报告（2021）》；以RPA技术节省工时超过48人月。自主研发团队优化技术架构和微服务治理，系统峰值处理能力从6万笔提升到13万笔；获得2项信创平台认证，注册软件著作权34个；通过加计扣除节税216万元；开发“慧企司库”产品并完成对外发布，已实现落单销售。

【企业文化建设】公司将党史学习教育作为重大政治任务，学习宣贯习近平总书记重要讲话精神；落实“中央企业党建创新拓展年”要求，制定“不忘初心、感恩奋进”庆祝建党100周年系列活动方案；加强作风建设，开展支委班子“交叉下沉面对面”“三有五带头”党员承诺践诺活动；严格落实党风廉政建设责任制，树立“清廉、诚信、合规、稳健、务实、为民”的金融文化理念。

潞安集团财务有限公司

【集团概况】山西潞安矿业（集团）有限责任公司（以下简称“集团”）是潞安化工集团有限公司100%全资子公司，潞安化工集团有限公司是以原潞安集团的煤化一体产业为主体，整合重组相关省属企业优质化工类资产和配套原料煤矿组建而成的全省规模最大、实力最强的化工企业集团。潞安化工集团有限公司成立于2020年8月7日，注册资本200亿元，在册职工12万人，资产总额3300多亿元，业务覆盖山西、山东、河北、上海、广东、北京、江苏等10多个省市。拥有潞安环能、阳煤化工2个上市公司。

【经营概况】2021年，潞安集团财务有限公司（以下简称“公司”）紧跟集团改革重组步伐，深入构建精益管理指导下的“算账文化”，根植“价值成就你我”企业核心价值观，加强资金归集、严防金融风险、创新融资服务、拓宽增收渠道、提升科技水平、加强党的建设，继续夯实加强集团资金集中管理和提高资金使用效率的功能，为集团改革创新和转型发展提供更加专业高效的金融服务。截至2021年末，资产总额293.57亿元，负债总额257.88亿元，所有者权益35.69亿元；表外业务183.66亿元。全年实现营业收入6.86亿元，利润总额4.46亿元。

【服务实体】2021年，公司着眼大局，服务于集团改革重组和战略转型任务，增强服务实体经济能力，加大对企业的支持力度，一是对接涉改企业贷款问题，提前沟通，制定预案，在保障信贷资金安全的同时，做好划转出去单位在股权变更手续办理前的信贷支持或退出工作。二是积极对集团在建重点项目提供信贷资金支持，提高公司的贷款规模，为项目建设的有序推进提供了强有力的支持。三是通过利率差异化定价措施，一方面提高成员单位利息收入，另一方面降低成员单位的融资成本，尤其是对小微企业差别定价，进一步发挥财务公司的金融服务功能。四是积极对接银企直连，截至2021年末，公司直连银行达11家，提高为成员单位结算服务质量。

【信贷业务】公司以服务集团为导向，积极优化信贷资产结构、提高信贷服务效能，全力支持集团煤炭、制造、现代煤化工、战略新兴等产业的发展，坚持服务服从集团改革重组大局，提前谋划，确保公司各项信贷工作前后有序衔接。截至2021年12月末，公司自营贷款余额90.46亿元，比上年同期增加2.48亿元，增幅为2.82%；委托贷款余额159.28亿元，比上年同期减少66.58亿元，减幅为29.48%；全年累计办理票据承兑业务22.33亿元，比上年增加9.23亿元，增幅为70.46%；办理委托代理开立国内信用证业务16.30亿元；累计实现信贷业务收入3.63亿元。

【资金业务】充分发挥财务公司的资金结算平台作用，在保障高效的资金结算业务和良好流动性水平的前提下，加强与银行同业机构的合作，充分利用利率询议价的手段，优化资金运用，努力提高资金收益水平，2021年累计获得资金收益3.15亿元。同时，积极争取同业授信额，畅通外源性资金融入渠道，共取得42.25亿元同业授信额度，为公司资金业务的稳健运营提供了坚实的保障。

【投资业务】2021年，公司投资业务落实集团和公司精益管理指导下的“算账文化”要求，以货币市场基金和优质债券为主要投资标的，保持低风险运行：货币市场基金根据风险管理要求和市场表现实施调仓，日常做好市场信息搜集和持仓产品的盯市管理；债券投资限于省属优质国企债券，在确保债券持仓低信用风险水平的基础上，把握收益率下行的市场机会优化配置；此外，清仓了资产管理产品投资，满足了监管部门对资管产品投资的监管要求。总之，全年通过对每一只产品的精准调仓和优化配置，获得投资收益9162万元，实现了投资业务无风险事件和效益最大化双目标。

【票据业务】2021年，公司不断健全完善票据业务系统，积极宣传推广公司票据业务，力争发挥公司票据融资功能，帮助成员单位降低融资成本。截至2021年12月末，全年共为5家成员单位累计签发了194张电子银行承兑汇票，票面金额22.33亿元，比上年增加9.23亿元，增幅为70.46%。

【资金集中】拓宽资金归集渠道，资金归集额稳步提升。一是加强账户统计和清理工作，配合集团全年开展两次账户清理工作。二是加强资金归集力度，重点跟踪发债资金、货款回收资金和公司体外运行资金，及时与成员单位协调沟通，全年资金归集额稳步提升。三是综合利用账户管理、预算管理、归集考核、优化服务等资金集中管理手段，努力提升资金集中管理水平。截至2021年12月末，共有296家成员单位开立账户，吸收存款余额256.74亿元，比上年同期增加44.63亿元，增幅为21.04%；全年日均归集资金达到205.12亿元，比上年同期增加11.38亿元，增幅为5.87%。

【风险管理和内部控制】2021年，公司深入构建“大安全”管理格局，强调全要素、全过程从严管理，围绕安全发展、经营管理和业务运营扎实开展各项工作，一是修订《全面风险管理办法》，纳入了包括组织架构、政策流程、目标理念、风险文化等框架在内的全要素风险管理政策，并按照操作风险、信用风险、流动性风险、市场风险、洗钱风险等建立了大类管理细则，完善公司风险管理的顶层设计。二是创新开展合规工作常态化管理，初次形成了“常态化合规工作”目录，60项常态化工作均超前完成。三是深入开展“内控合规管理建设年”活动，被银保监部门评为活动开展情况良好机构并在全市银行保险同业间开展典型性经验交流。四是充分发挥内部稽核审计作用，对公司截至2020年底内部控制设计合理性、执行有效性进行了评价，评价内容包括公司治理、各类业务、计划与财务管理、信息系统、文档与印章管理、内部控制的监督与纠正等内容。在全面评价的基础上，形成内部控制评价报告，对评价过程中发现的控制薄弱环节提出改进建议，促进公司内部控制健全有效，实现内部控制目标。

【人力资源管理】2021年，公司一是坚持疫情防控常态化下“以人为本”的人力资源管理原则，积极推进集团人力资源信息系统建设向纵深发展，为进一步提升人力资源管理的效率和科学化水平，向建设现代企业人力资源信息化管理体系迈进。二是优化公司绩效考核和积分管理办法，加大奖惩力度、促进业务发展。三是以构建“家人文化”为契机，培养员工主人翁意识，激发员工干事创业的信心与动力。

【信息化建设】2021年，公司信息化建设稳步推进。一是电票全直连和票据交易系统稳定运行，进一步提升了公司票据创新和综合服务水平，为集团加快资金周转、降低融资成本、提高整体资金效益作出了贡献。二是实施人民银行金融基础数据采集和1104报表采集平台建设，保证业务发展高效稳定运行。三是积极配合集团完成新划转成员单位的账户直连和密钥发放工作，保障新划转成员单位顺利使用集团资金集中管理系统，延伸财务公司资金结算网络。四是强化数据治理和监管工作要求，开展人民银行利率报备系统、银保监局EAST系统、国有资本穿透式监管平台建设工作，进一步夯实了公司信息基础，助推公司业务高效开展。

【企业文化建设】2021年，公司在企业文化建设上再发力，一是围绕集团精益思想指导下的“算账文化”，公司全体员工根植“价值成就你我”企业核心价值观，围绕“双十八字”要求，党建引领、立足本职、创造价值。二是结合党史学习教育，面向集团成员单位和公司员工双系统，通过线下问卷调查、线上调研发现问题，认真开展“我为群众办实事”实践活动，从根本上解决“急难盼”问题。三是积极倡导“家人文化”，突出员工主体地位，改变以往的“行政命令式”为“激励引导式”，在全体干部员工中掀起了一场思想的革命、工作的革命。

【企业文化建设】2021 年，公司充分发挥党支部理论学习中心组对习近平新时代中国特色社会主义思想的领学促学作用，采取制定学习计划、分专题学习研讨等方式，示范带动广大党员干部及时跟进学、全面系统学、深入思考学、联系实际学。通过向广大党员下发《中心组理论学习清单及内容》，结合中心组理论学习报告表，对广大党员的重点学习内容缺项、形式单一、次数不足等问题及时提示督导，深入部门调研，发现问题时开展“开放式学习研讨”和现场办公，切实推动理论政策向基层延伸，将新发展理念转化为本领素质，把学习成效转化为推动公司发展的能力。

马钢集团财务有限公司

【集团概况】2019 年 9 月 19 日，中国宝武与马钢（集团）控股有限公司（以下简称“集团”）重组实施协议正式签约，集团成为中国宝武控股子公司。作为多元协同发展的集团化企业，集团构建了钢铁及产业链延伸产业、战略性新兴产业协同发展的产业格局。2021 年，集团生铁产量 1823.39 万吨、粗钢产量 2096.72 万吨、钢材产量 2043.57 万吨，实现利润总额超百亿元，创历史最好水平。

【公司概况】2021 年，马钢集团财务有限公司（以下简称“公司”）紧紧围绕“稳健运营、融合发展”的经营理念，灵活应对市场变化，充分利用各种投融资手段，持续拓宽信贷服务渠道，稳步推进整合融合、系统覆盖，取得较好的经营业绩和管理成效。2021 年累计实现营业收入 6.70 亿元、利润总额 3.91 亿元。公司继续保持优良监管评级（1B 级）。

【信贷业务】公司开展客户潜力分析，定制化提供客户服务，“知己知彼”精准开展客户营销，2021 年累计信贷资金投放 215 亿元，信贷资产日均余额 89.5 亿元，同比提升 4.4%。

【产业链金融】2021 年，公司累计为集团 61 家成员单位提供银票贴现服务 145 亿元，为 26 家上下游企业提供 0.64 亿元银票贴现服务；丰富生态圈业务品种，为产业链客户提供 5.60 亿元商票保贴服务；为马钢轨交公司提供 2.90 亿元无追索权明保理业务，为 10 家供应链客户提供 15.2 亿元通宝融资；为 7 家马钢经销商提供预付款质押融资服务合计 2.1 亿元；为满足成员单位融资需求，利用其现有设备开展首笔绿色融资租赁（售后回租）业务合计 1100 万元，解决企业融资难问题，支撑中国宝武及其成员单位绿色低碳发展战略。2021 年，累计开展产业链金融业务 177 亿元、生态圈金融业务 234 亿元。

【资金和投资业务】2021 年，政策性金融债收益率为 6.3%，同业存单日均持仓规模 53.46 亿元，同比增长 103.42%，实现收入 1.64 亿元，实现账面收益率 3.07%，较 2020 年同期上升 0.27%。积极利用外部市场融资能力，增加货币市场正回购融资规模，同时向人民银行争取再贴现额度，2021 年日均主动负债达到 24.78 亿元，较 2020 年同期增长 125.27%，实现价差收益 1139 万元。

【资金集中】2021 年，公司累计结算笔数 523416 笔、金额 11612 亿元，比 2020 年同期增长 11%；资金监控结算指令超 28 万笔，拦截 1529 笔异常支付指令，为客户资金安全及支付效率提供保障；配合中国宝武标准财务系统完成包括马钢股份在内的近百家客户标财直连服务工作；完成26户成员单位开户，83户外部银行账户入池，截至2021年末成员单位总数160户；公司开户数329户，入池外部银行账户数655户，比2020年末增长8%，全集团服务覆盖率为89%。

【风险管理和内部控制】公司全面推动“内控合规管理建设年”活动，2021年共修订完善25项内控管理制度，集中作废7项过时制度，对重要合同范本进行重检并交律师法审，及时、动态地将监管规定转化为内部规章制度，持续更新完善内部制度体系。

【人力资源管理】公司推行“以岗位、能力、业绩付薪”的按效激励理念和按劳分配原则，制定实施职级覆盖薪酬方案，并从业绩完成情况、职级要求、落实符合度等维度对员工进行年度绩效评价。针对性开展党建理论、金融业务等专项培训，持续提升全员思想政治和技术业务水平。

【信息化建设】公司对信贷业务系统展开优化，快速实现贴现业务自动生成合同与自动预提，大幅提升人事效率与业务办理准度；全力配合马钢股份“6·30”标财系统上线工作配套建设，设计开发调拨明细接口与回单自动下载功能，灵活运用信息化技术，实现敏捷开发快速投产；积极探索“一总部多分支”系统覆盖新模式，稳步推进宝武财务公司核心业务系统覆盖公司项目。

【企业文化建设】公司开展党史学习教育和建党100周年系列庆祝活动；开展中国宝武和总部企业文化理念宣传；抓实“我为群众办实事”实践活动；严格执行“三会一课”制度，推进党员登高计划，按进度完成实施评价；切实加强公司党支部领导班子党风廉政建设和反腐败工作。

美的集团财务有限公司

【集团概况】美的集团股份有限公司（以下简称“集团”）是一家覆盖智能家居事业群、机电事业群、暖通与楼宇事业部、机器人与自动化事业部和数字化创新业务五大业务板块的全球化科技集团，提供多元化的产品种类与服务。集团坚守“科技尽善、生活尽美”的企业愿景，整合全球资源，推动技术创新，每年为全球超过4亿用户及各领域的重要客户与战略合作伙伴提供满意的产品和服务，致力创造美好生活。

【经营概况】美的集团财务有限公司（以下简称“公司”）坚守“依托集团、服务集团”定位，发挥资金结算、资金管理、资金融通和综合服务功能，以集团成员单位、产业链客户企业为目标客户群，积极挖掘客户信贷需求，为企业创新升级提供资金支持，实现资金与实体经济需求有效对接。截至2021年末，公司资产总额320.52亿元，负债总额255.78亿元，净利润3.60亿元，公司信贷资产分类均为正常类，无不良资产，各项指标符合监管要求，实现稳健、合规运营。

【服务实体】2021年，公司紧密围绕集团家电制造业主业，坚守财务公司功能定位，发挥金融资源优势，支持集团及其制造业产业链发展。截至2021年末，公司各项贷款余额73.71亿元，其中，投向制造业贷款余额57.71亿元，占各项贷款余额的78.29%；批发和零售业贷款余额14.32亿元，占各项贷款余额的19.43%。

【产业链金融】2021年，公司围绕产业链、供应链上下游开展链式金融服务，助力中小企业融资。2021年，公司累计实现产业链信贷投放40.22亿元，其中对中小企业实现信贷投放21.43亿元；累计服务中小企业342家，占累计发放授信客户总数的85.71%，其中延伸产业链金融服务的中小企业占比为83.25%。

【票据业务】2021年，为更好服务客户，缓解企业资金压力，公司积极响应再贴现政策，支持绿色民营企业稳步发展。2021年，公司通过票据业务支持实体经济发展，为客户累计节约业务费用0.04亿元。

【业务创新】2021年，公司累计开立汇总征税保函0.16亿元，2021年末余额0.14亿元，累计为企业节约融资成本约0.10亿元。公司自推出汇总征税保函服务以来，在减少企业通关保证金占用、改善营商环境、推进贸易便利化、降低企业财务成本等方面起到了积极作用。

【风险管理和内部控制】2021年，公司深入开展“内控合规管理建设年”活动，通过开展形式多样的课程讲授、案例分析、内部征集微感言等，全面提升全体员工的合规意识，营造合规经营氛围，厚植合规管理文化。此外，公司持续推进内部管理制度的完善工作，一方面启动内控制度复盘，其中专项复盘制度104份，其间共新增、修订制度16份、作废整合制度17份；另一方面，开展内控手册编制工作，定期进行风险控制追踪，对检查缺陷点进行复盘与闭环管理，持续加强制度体系全覆盖性与完备性，为业务发展提供制度依据。

【信息化建设】2021年10月，公司“智能财司系统”顺利上线。该系统改造建设项目在合规的基础上，完成公司业务全流程线上化、数字化、智能化、标准化，对与公司业务相关的338个业务场景及142个业务流程进行了重新梳理与优化，将原50个线下业务操作流程实现线上化。系统改造建设项目的成功，有助于促进业务流程规范、提升业务效率、规避操作风险、强化合规安全管控。

【企业文化建设】2021年1月，公司正式成立党支部，隶属于美的集团党委，公司总经理任党支部书记。为充分发挥、突出党建引领作用，增强党支部的凝聚力，公司开展多种形式的党组织活动。2021年5月，公司党支部与工商银行佛山北滘支行党支部党建共建结对；2021年9月，公司开展“内控合规管理建设年”之“厚植合规文化从党员做起”主题党日活动，从提高政治思想站位、突出党建引领、健全内控合规的角度，促进内控合规管理工作与党建工作的融合。

南方电网财务有限公司

【集团概况】中国南方电网公司（以下简称“集团”）是中央管理的国有重要骨干企业，由国务院国资委履行出资人职责。南方电网覆盖5个省、自治区，并与香港、澳门地区以及东南亚国家的电网相联，供电面积100万平方公里。供电人口2.54亿人，供电客户1.07亿户。2021年，南方五省区全社会用电量14056亿千瓦时，同比增长11.1%，其中，广东省7867亿千瓦时，增长13.6%；广西2236亿千瓦时，增长10.2%；云南省2138亿千瓦时，增长5.6%；贵州省1743亿千瓦时，增长9.9%；海南省405亿千瓦时，增长12%。集团连续15年在国务院国资委经营业绩考核中位列A级；连续17年入选世界500强企业，2021年列第91位。

【经营概况】2021年，南方电网财务有限公司（以下简称“公司”）实现营业收入32.06亿元；利润总额25.59亿元，同比增长27%；净资产收益率为17.10%；资产总额752.06亿元，较年初增长8.34%。未发生资金安全事故，公司被中国财务公司协会评为“行业课题研究突出贡献单位”，连膺“银行间本币市场交易300强”。在集团开展的同业对标综合评价中得

92.95 分，连续四年保持行业领先水平。

【服务实体】2021 年，公司服务集团贯彻落实国家战略部署，印发《关于服务南方电网公司“双碳”目标和建设新型电力系统的实施方案》《公司绿色金融工作方案》，落实《克服疫情影响加强信贷工作专项方案》、“信贷服务支持举措”、“合理让利具体措施”要求，信贷投放和信贷规模均创历史新高，协助集团发行全国首批、粤港澳大湾区首单“碳中和债”20 亿元，全国规模最大的乡村振兴债券 50 亿元，发行全国首期、规模最大的粤港澳大湾区首单能源保供专项债券 50 亿元及革命老区债券 20 亿元。优化资金归集渠道，推进新资金归集体系建设，可归集资金集中度达 99% 以上，集团全年统一融资规模 1563 亿元。2021 年完成资金运作收入 9.28 亿元，供应链金融业务年度规模首次突破 100 亿元，同比增长 247%，覆盖供应链客户 811 家，全年向供应链客户合理让利 1200 万元。

【信贷业务】围绕集团融入和服务粤港澳大湾区发展、深圳先行示范区建设、海南自由贸易港建设、新型基础设施建设等部署安排，公司制定专项金融服务工作方案，主动对接各省级电网公司项目融资需求，统筹安排信贷资源，精准服务“两区一港”和“新基建”战略，全力保障重点项目融资需求。2021 年为粤港澳大湾区电网建设、省级电网公司新基建项目、电动汽车公司资金周转等项目审查办理 195 亿元贷款合同额度。发放自营贷款 190.3 亿元，年末各项贷款余额 527.23 亿元，同比增长 7.6%。办理委托贷款 23.8 亿元，办理保函 9.27 亿元。

【产业链金融】持续完善金融产品定价机制，深化合理让利措施，创新开展票据贴现及应收账款保理线上服务，不断扩大服务广度与深度，进一步提高公司金融服务能力与水平。2021 年产业链金融业务规模首次年度突破 100 亿元，达 111.97 亿元，同比增长 243.68%，服务产业链客户 810 家，较上年增加 506 家，助力实体经济降低融资成本约 1200 万元。

【资金业务】资金运作质效持续提升，2021 年在西部省份及海南日均存放资金约 128 亿元，支持国家区域发展战略落地。创新成果持续转化，累计开展 X－Repo（质押式回购匿名点击业务）和票据质押式回购业务 2192 亿元，是上年同期的 8.36 倍，有效盘活债券和票据资产。全年实现资金运作收入 9.28 亿元。

【投资业务】关注国债利率走势，提前研判市场动向，优选投资标的，优化投资配置，国债投资税前收益率达 4.05%。开展货币基金投资和买卖国债 87 亿元，实现投资收益 1.16 亿元。

【票据业务】加强南网票据信用体系建设，统一代理集团 172 家成员单位完成票据信息披露平台注册，严格落实监管政策要求。实现集团应付票据代理兑付服务全覆盖，与上海票交所直连功能上线运行，切实降低操作风险和信用风险，提升票据资金清算及时性和安全性。2021 年累计集中托管票据 330.6 亿元，办理票据背书转让 247.25 亿元，办理成员单位贴现 78.65 亿元。协助成员单位开立商业汇票 5.54 万笔、金额 302.71 亿元，同比增长 17.96%。

【资金集中】2021 年末，全口径资金集中度为 84.12%，同比降低 2.43 个百分点；可归集口径资金集中度为 99.05%，比年初增加 6.25 个百分点。日均存款余额 700.42 亿元，同比增长 9.1%。2021 年办理结算 159.94 万笔，同比增长 36.63%；结算金额 14.91 万亿元，同比增长 23.06%。服务及时率保持 100%，资金结算及时率 100%，资金结算零差错。

【风险管理和内部控制】坚持稳中求进工作总基调，牢固树立金融安全观，加强全面风险管理和内控合规管理，牢牢守住资金安全底线。开展“内控合规管理建设年”活动，打造财务公司特色的风险管控体系，完善全面风险管理制度体系和突发事件应急管理机制，加强法治建设，健全业务授权管理和授权到岗，修编内控手册等系列文件，开展内控监督评价和重大风险评估，2021 年未发生资金安全事故，不良资产率、不良贷款率始终保持为零。

【人力资源管理】加强公司领导班子和干部

队伍建设统筹规划，提高领导班子建设质量，以班子建设带动干部队伍建设。2021 年，公司党委根据公司改革发展和领导班子、干部队伍建设需要，共集中开展选拔任用工作 5 批次，提拔 13 人次，干部队伍结构更合理、功能更完备。推动构建“两类四级”人才架构，完成了公司首批面向全公司金融专业人才的选聘工作，选拔 8 名专业覆盖金融科技、财务、金融投资、国际化、资金结算等的金融专业人才，初步搭建了领军人才、拔尖人才、预备人才三级梯队的金融人才队伍，构建了有财务公司特色的金融专业人才选聘机制，拓宽专业人才职业发展通道。

【信息化建设】 推动公司数字化发展，以技术创新驱动数字化转型，完成金融业务系统 2.0 建设投产，实现公司信息系统技术架构的全面升级，支撑公司金融业务全面线上化流程处理，提升金融服务电网发展的能力和水平。全年网络与信息系统安全稳定运行，网络与信息系统运行可用率达到 99.99%。完成年度重要时期网络安全保障任务，未发生三级及以上网络安全事件。

【企业文化建设】 印发《南方电网财务有限公司关于深化企业文化建设的方案》，推动南方电网企业文化理念入心入行，促进企业文化理念与金融行业属性相融合。结合党史学习教育及“我为群众办实事”活动，开展企业文化建设工作。围绕全年重点目标任务，打造“立足南网　融汇贯通”的金融服务品牌和“南网金融”产品品牌矩阵。

学习贯彻习近平总书记在党史学习教育动员大会上的重要讲话精神和习近平总书记“七一”重要讲话精神、党的十九届六中全会精神，开展党史学习教育，推动党建工作与改革发展经营管理深度融合。建立“党委会 + 党史学习教育领导小组会 + 班子碰头会”三位一体推动落实机制，制定“我为群众办实事‘1 + 5’方案”，聚焦提升现代司库管理能力、拓展延伸供应链金融业务、为基层减负和矛盾纠纷排查化解等专项工作，同步设立党员责任区 8 个、创建党员先锋岗 8 名、成立党员服务队 5 支。制定《公司党委关于推动党的基层组织建设与经营管理深度融合的重点举措》，以做细做实六项常规工作、持续深化六项提升工作、加快推进四项突破工作为抓手，推动党支部工作、党员队伍建设与业务工作深度融合。公司团组织完成改建，成立第一届团总支。举办庆祝建党 100 周年党史知识竞赛及主题党日活动，公司荣获 2021 年广东省金融系统青年理论知识竞赛及广州金融行业第五届金融知识抢答赛冠军。

南山集团财务有限公司

【集团概况】 南山集团有限公司（以下简称“集团”）始创于改革开放初期，经过 40 多年的发展，形成了以南山铝业、南山智尚、裕龙石化、地产、金融、教育、科技、旅游、健康养生为主导的多产业并举的发展格局。在北京、天津、上海、深圳、海南、香港、青岛、烟台等地均设有分公司或办事处，在美国、澳大利亚、意大利、新加坡、德国、印度尼西亚等多个国家设立分公司。2021 年综合实力列中国企业 500 强第 197 位，列中国制造业企业 500 强第 85 位。

【公司概况】 2021 年，南山集团财务有限公司（以下简称“公司”）紧密围绕董事会的决策部署，积极应对内外部形势的变化，不断提升经营管理水平，完善服务功能，深化服务内涵，圆满完成了各项工作任务。截至 2021 年末，公司总资产 196.02 亿元，负债 173.61 亿元；实现净利润 2.59 亿元；资本充足率为

12.85%，流动性比例为40.05%，贷款损失准备充足率为266.40%，不良率为零，各项指标符合监管要求。

【信贷及票据业务】2021年，公司立足企业需求，提前规划，灵活调节，支持实体经济发展，年末贷款余额159.74亿元，同比增长39.47%，有力支持了集团产业发展；实施减费让利，下调贷款利率，降低企业财务成本；加强票据业务管理，严格审核把关，办理承兑39.66亿元，同比增长27.07%；抓好信贷和票据等各项监管法规的落实，提高业务规范化管理水平。

【外汇业务】2021年，公司发挥外汇专业优势，提高外汇服务水平。一是立足企业需求，顺应市场走势办理结售汇，总额14.10亿美元；二是针对全年汇价双向波动的情况，为企业提供综合化的汇率管理方案，引导企业树立汇率风险中性的管理理念，协助办理远期结汇和外汇衍生品业务1.87亿美元，提前锁定汇率成本；三是主动做好政策研究和市场研判，针对集团企业大额购付汇的币种选择、汇率风险防控等提出专业化意见，防控汇率风险。

【风险管理和内部控制】2021年，公司不断完善内控机制，强化全面风险管理。一是认真落实银保监部门“内控合规管理建设年”和“规范建设提升年”活动部署，切实抓好自查自纠工作，筑牢规范发展根基；二是坚持“内控优先、制度先行”的原则，梳理42项制度，修订完善24项制度，确保与时俱进，符合最新监管要求；三是加大审计监督力度，开展各类专项检查38次，严肃问题问责，深入问题剖析，全面落实整改，从严从细抓好业务规范操作；四是采取多种措施强化风险管控，保障资产安全。

【信息化建设】2021年，公司持续推进信息科技系统建设，为业务发展提供坚实支撑。一是加强与兴业数金的战略合作，推进监管统计标准化等系统开发工作，全面满足监管要求；二是重点开展网络安全应急演练、蠕虫与勒索病毒防范、护网行动及建党100周年网络安全保障、等保三级年度复测评等工作，切实提高安全标准化程度，强化系统的安全防护能力；三是组织4次应急演练，开展主备切换40余次，提升应急管理能力与水平。

【人力资源管理】2021年，公司狠抓队伍建设工作，提高团队战斗力。一是加大培训力度，提高员工专业水平，坚持“拓宽员工视野，提升专业格局，增强综合素质，打造多层次的人才梯队”的指导思想，全年开展集中培训70次，培训内容更加丰富、更有针对性，开阔了员工视野；二是打造干事创业的舞台，激励员工不断进步，先后提拔了2名副经理、1名助理业务经理，进一步激发员工主观能动性；三是关心爱护员工，一对一辅导，使员工找准下一步努力的方向；四是按照银保监部门要求抓好从业人员行为管理，定期开展履职回避、异常行为排查等系列活动，及时消除风险隐患；五是开展形式多样的企业文化活动，深化以“团结、进取、务实、创新”为核心的企业文化，提高队伍的责任心和使命感。

【企业文化建设】2021年，公司党支部进一步发挥好党的领导核心和政治核心作用，将党的领导和支委会决策深刻融入公司治理和重大决策中，把方向、管大局，全面落实党的路线、方针和政策。一是根据管理需要先后召开10次支委会，研究干部任命、财务预决算等“三重一大”事项，发挥好党组织决策职能；二是定期开展主题党日活动，加强党员思想政治教育工作，发挥党员模范表率作用；三是做好党员发展工作，充实壮大党组织。

内蒙古电力集团财务有限责任公司

【集团概况】内蒙古电力（集团）有限责任公司（以下简称“集团”）为内蒙古自治区所属国有独资特大型电网企业，承担着自治区西部8个盟市72万平方公里的工农牧发展和1388万居民生活供电以及向华北、陕北和蒙古国跨区域跨国境送电任务。2021年，集团售电量完成2300.6亿千瓦时，发展总投资完成122亿元。集团列中国企业500强第256位，列全国能源企业500强第46位。

【经营概况】2021年，内蒙古电力集团财务有限责任公司（以下简称“公司”）认真贯彻公司董事会、监事会各项决策部署，在服务集团、服务成员单位发展中担当作为，在应对风险挑战中砥砺前行，战胜了市场下行之考、扛起了金融服务之责、克服了改革攻坚之难，全面完成了年度目标任务，各项工作取得长足进步。截至2021年末，公司资产总额1354548.01万元，负债总额1105138.51万元，所有者权益249409.50万元。实现利息收入29845.02万元，利润总额22171.07万元，净利润16618.10万元，净资产收益率为6.85%。各项风险监测指标良好，盈利类指标超过预期，发展质效稳中向好。

【服务实体】2021年，公司围绕优化营商环境，制定出台《客户综合服务方案》，构建“一体两翼”的综合服务体系，开展“以共情心强服务”服务品质提升专项行动，编制《结算业务一本通》，发布热点问题线上答疑3期，为66家多经单位举办“业务及系统应用”线上培训，专设客户服务岗，严格落实首问负责制，上门办理开销户等业务，通过“内转外不转”的方式转变服务作风，切实提升客户服务体验，全年客户满意率达100%。积极开展信贷、金融咨询等业务，金融服务专业性有效彰显。创新票据服务模式，制定出台《票据账户主动管理服务方案》，为成员单位提供票据主动管理服务，为15家分子公司提供票据代理业务。秉承“依托集团、服务集团”的经营宗旨，主动为成员单位提供个性化定期存款产品，提高成员单位存款利率10个基点，直接让利近800万元。

【资金业务】2021年，公司深度挖掘现有业务潜能，在同业市场利率屡创新低、利率“倒挂”常态化、存量资金大幅缩紧的不利情况下，科学研判市场走势，积极调整业务策略，在把控风险的同时，同业定期、国债逆回购等业务收益能力大幅提高。新业务取得良好效果。大力拓展同业业务品种，新落地的券商质押式报价回购业务和银行间质押式回购业务实现收入1040.03万元，加权收益率为3.17%，成为新的利润增长点。

【国企改革】2021年，公司全面深化国企改革，以国企改革促发展。深入贯彻落实国有企业改革工作要求，领导干部靠前指挥，成立专项领导小组，组建工作专班，啃下了竞争上岗、对标一流、薪酬分配等改革硬骨头，跑出改革加速度。公司29项改革任务已完成27项，改革完成率达93%。

【创新创效】2021年，公司坚持以创新创效增活力，破解小额自动支付功能稳定性、安全性难题，创新运用RPA（自动机器人）技术辅助校对及系统二次校对，小额自动支付功能安全稳定上线，经费支付由20秒/笔提升至8秒/笔，支付效率大幅提升。创新资金归集模式，突破性完成成员单位账户资金定时自动归集，实现由手工划转到自动上划的模式跨越。

【对标提升】2021年，公司高标准高站位制定“十四五”规划，服务自治区“双碳”发展目标和集团各项部署措施更加具体。严谨规

N

范开展数据信息披露。严格把控信息审核、汇总和披露各个环节，2021年2700余张数据报表全部及时准确报送。公司《2020年度审计报告及财务报告》受到内蒙古银保监局好评；获中国财务公司协会“2021年度行业数据统计优秀单位”荣誉称号。

【数字化转型】2021年，公司加快推进数字化转型步伐。以数字化转型赋能，完成公司核心业务系统功能优化234项，信息系统易用性、稳定性、敏捷性持续提升，有效保障集团和成员单位资金结算安全快捷。实现了票据系统、核心系统、集团财务系统和上海票交所系统的业务贯通，账务信息流和票据业务流交互无缝衔接。EAST（银保监会监管数据标准化）系统投产运行，并按银保监会要求完成数据报送工作。

【内控建设】2021年，公司法人治理体系更加完善。通过优化治理结构，强化授权管理，规范召开董事会、监事会和各专委会，各层级决策监督作用充分发挥。内审监督指导作用更强，结合内蒙古银保监局“内控合规管理建设年”活动，按照审计委员会年度审计工作计划，组织开展了结算业务、补充医保和内控合规审计等专项审计。持续抓好审计与监管等发现问题整改，深入剖析根源病灶，加强过程监督和整改成果运用，助推管理提升。风控措施更加严密，开展标准制度修订工作，进一步优化完善标准制度体系，修订标准制度29项、新增6项、废止1项，合并4项，重要业务、关键岗位实现双人审核，AB角互补。法务系统率先上线，合同管理进一步规范；对各类合同、协议开展合规审查，有效防范操作风险和法律风险。

【企业文化建设】2021年，公司深入开展党史学习教育，学党史铸党魂，全面加强党的建设。围绕贯彻新时代党的建设总要求和新时代党的组织路线，公司党总支全面落实从严治党责任，深化“四强四优”创建，充分发挥党组织“把方向、管大局、促落实”的政治核心保障作用，持续净化政治生态。组织开展了中蒙医问诊、团队心理辅导、节日慰问等各类活动，深入贯彻“健康蒙电”战略。“青字号”形成品牌，开展了青年成长成才践诺和青工“三对话”等活动，以各类志愿活动为载体开创党建带团建工作新局面。

内蒙古伊泰财务有限公司

【集团概况】内蒙古伊泰集团有限公司（以下简称“集团”）成立于1988年3月，是以煤炭生产、运输、销售为基础，集铁路、煤化工于一体，以房地产开发、生态修复及有机农业等非煤产业为互补的大型清洁能源企业。

【经营概况】2021年内蒙古伊泰财务有限公司（以下简称“公司”）根据集团本年度的生产经营及战略部署，紧跟集团发展步伐，本着“立足集团、服务集团、规范经营、稳健发展”的经营理念，遵循“稳中求进”的发展思路，充分发挥金融服务实体经济的功能，积极为集团成员单位破解融资难题，以金融手段助推集团产业发展。截至2021年末，公司资产总额124.20亿元，负债总额109.77亿元，全年累计实现收入总额4.00亿元，累计实现净利润2.28亿元。

【信贷业务】截至2021年12月末，公司存量自营贷款余额65.75亿元，较年初增加13.75亿元，户数共8户，较年初增加4户。累计新增发放自营贷款14笔、金额52亿元，收回贷款7笔、金额38.25亿元。当年累计投放贷款52亿元，累计收回贷款38.25亿元。截至2021年12月末，不良贷款和不良贷款率均为零，贷款五级分类均为正常。

【服务实体】2021年，全球大宗商品价格高涨，我国煤炭价格也出现了大幅上涨，导致集团化工产业生产成本大幅上升，价格出现倒挂，企业在短期内面临亏损的不利局面。在此情况下，公司投放了3年期流动资金贷款共计16亿元，帮助企业缓解资金紧张的压力。公司贷款资金精准投放先进制造业，有效支持实体经济高质量发展，助推集团实体产业转型发展。

【资金业务】 2021年，与公司合作的15家商业银行中已有9家与公司签订了同业协定利率协议，最高协定利率为2.5%。同时，在集团资金计划统一安排下，充分考虑资金头寸充裕情况，选择提供高收益的银行办理同业活期存款。2021年，在保持原有部分银行同业存款利率较高的情况下，继续向其他银行争取同业活期存款高利率。经过协商，工商银行同业存款利率由1.9%提高至2.5%，农业银行同业存款利率由2.1%提高至2.3%。2021年存放同业平均利率为2.24%，较上年提高了0.19个百分点。

【业务创新】 2021年，公司共办理国债逆回购业务16笔、金额164.5亿元，日均余额达到3.83亿元，为公司增收1156万元，年化收益率高达3.02%，较企业协定存款年利率1.61%高1.41个百分点，直接为股东创收540万元。2021年，公司共办理质押式报价回购业务22笔、金额27.8亿元，日均余额1.96亿元，为公司增收481万元，年化收益率达到2.45%，较企业协定存款年利率1.61%高0.84个百分点，直接为股东创收145万元。

【资金集中】 截至2021年12月末，集团成员单位86家，在公司开户成员单位69家，开户率达到80.23%，全口径资金归集率为56.62%。累计为成员单位办理各类结算业务5.53万笔、金额4196.97亿元。

【内部控制】 公司将数据治理纳入公司治理范畴，建立了组织架构健全、职责边界清晰的数据治理架构，制定并完善了数据治理制度办法，确保监管数据报送工作有效开展，监管数据质量持续提升。2021年首次对数据治理情况进行专项检查，推动数据治理体系进一步改善；加强内部问责，对内部审计、风险检查及监管现场检查发现的问题进行问责，更好地规范员工行为，防范风险；2021年对所有制度办法进行梳理，共梳理制度133项，其中，新增制度8项，更新制度18项，为公司合规运营提供制度保障。

【信息化建设】 根据监管部门要求及公司自身信息化建设需要，2021年公司完成了“统一监管报送平台”建设工作，包括EAST数据报送系统和利率报备系统，实现了相关数据自动抽取计算生成及系统化报送，保证了数据及时、准确报送，有效减轻了员工的工作量；升级了1104报送系统及风险指标模块，进一步提升了系统自动取数率，提高了数据计算准确性，符合数据质量标准，于2021年第四季度正式上线运行；为提升公司网络安全水平，上半年开展了三级网络安全等级保护测评的实施及评定工作，在原有防火墙、入侵防御设备的基础上，新部署了堡垒机、防毒墙、日志审计、威胁监测及终端杀毒产品，于2021年9月取得三级证书，进一步完善了核心系统的纵深防御体系。

青岛港财务有限责任公司

【集团概况】 2021年，站在建党100周年的历史节点，山东港口一体化改革整合任务基本完成，融合阶段强势开启，四大港口集团、十二个板块集团协同联动。山东港口青岛港集团有限公司（以下简称“集团”）高昂龙头走在前，融入山东港口一体化改革，完成吞吐量6.57亿吨、集装箱2482万标准箱，四大核心指标全线飘红。港口服务链条持续延伸，发展新动能加速壮大，在《国际航运枢纽竞争力指数——东北亚报告（2021）》中位居首位。

【经营概况】青岛港财务有限责任公司（以下简称“公司”）始终以党建为统领，发挥“融享财资”党建品牌效应，依托集团、服务集团，不断丰富金融产品，以专业、高效的金融服务满足集团多元化需求，凝聚融合内生动力。2021年末，资产总额187.80亿元，存款余额162.78亿元，信贷余额93.58亿元。

【服务实体】公司高点站位，聚焦港内重点项目建设情况，量身打造金融服务方案，累计为五大板块（装备制造、贸易、港湾建设、物流和医养集团）提供信贷支持35.54亿元。同时，公司积极响应国家绿色信贷、金融服务海洋强市等政策，持续为多个项目提供金融助力，投放金额累计2.20亿元。

【信贷业务】公司主动深入成员单位开展调研走访，了解经营情况和融资需求，通过制定专属业务方案满足其多元化需求。2021年，公司信贷累计投放量超60亿元，信贷规模突破90亿元。公司通过不断创新，成功落地美元贷款业务等新业务，进一步丰富现有信贷产品体系，为成员单位提供了更加丰富的信贷服务。

【资金业务】公司创新资金运作模式，主动调整资产结构，借助银行间市场流动性充裕契机，积极拓展银行间交易对手，充分发挥货币市场工具的短期头寸调节功能，同业活期存放产品及货币市场业务灵活搭配。在严控流动性风险的前提下，以实现集团整体资金收益最大化为目标，持续保障业务发展用资，不断提升资金配置效率和精细化管理水平，实现资金管理安全性、流动性相统一的良性发展。

【投资业务】借助山东港口一体化改革平台优势，不断扩大省属企业朋友圈，业务合作延伸至债券投资、产品投资等多个方面。持续丰富投资产品类型，完成首批交易所债券及首笔AAA级城投债投资落地，形成银行间及交易所双市场，以利率债、金融债为主，以产业债、城投债为辅的多元化债券投资体系，基本涵盖全部债券类型。

【票据业务】公司积极优化票据系统，上线电票系统线上清算时间校验等流程优化创新，提升清算效率，确保资金安全。组织40余家成员单位完成票据信息披露，提高成员单位商票认可度及风险防范能力。积极落实各项政策支持，叙做再贴现业务和转贴现业务，充分发挥“以融促产，以产助融”的服务职能，服务实体经济。

【外汇业务】公司积极对接成员单位外汇业务需求，不断提升金融服务水平，完成核心系统及网银系统功能升级，成员单位通过网银系统提交汇款申请及业务背景资料，便可实现经常项目外币资金集中支付，外币支付效率大幅提升。

【业务创新】公司以客户需求为导向，成功落地首笔美元贷款业务，在外汇融资领域实现突破，进一步丰富公司融资产品库。持续发挥持牌优势，完成交易所债券合格投资者认定并实现交易所债券投资落地，获得银行间、交易所双交易席位，拓宽投资业务渠道，获得银行间X－REPO债券回购匿名点击交易资格并实现业务落地，打通货币市场融资全部通道。

【风险管理和内部控制】公司根据“内控合规管理建设年”相关要求，先后开展知识产权、股权和关联交易、员工违规持股等专项排查工作，建立风险排查长效机制，形成重点领域、重点环节、重点岗位廉洁风险防控的合力。创新“党建＋合规”模式，开展党建双周学习日、警示教育案例与合规培训课堂等共计41次，有效提高员工合规意识，健全公司全面风险管理体系。以监管现场检查为契机，严格落实公司治理、内部控制及风险管理、业务经营、信息科技四类13个方面建议，有效规范公司各项业务开展，风险管理和内控水平进一步提升。

【信息化建设】公司在金融科技上加足马力，开发标准化数据、金融基础数据、利率报备项目，上线同业资产管理系统，满足外围系统接口对接，实现三大金融市场业务全流程线上化、标准化，进一步提升公司数据治理能力和风险管控能力。业务联动优势显现，丰富外币经常项目支付产品，升级业务系统外汇模块，实现网银系统汇款申请及业务背景资料提交等一站式线上操作，为成员单位打造更便利的外汇资金收付模式。

【企业文化建设】公司始终坚持党建引领，抓牢过硬支部建设，打造“融享财资”特色党建品牌。创新“党建+”模式、“1+3”学习矩阵、清廉金融大讲堂、从严治党专题讲座活动形式，与监管部门、同业机构开展党建共建活动，签订共建协议，激发党支部发展动能，丰富品牌内涵。2021年荣获集团“过硬党支部”“五星党支部”“先进基层党支部”等荣誉称号。

青岛啤酒财务有限责任公司

【集团概况】2021年，青岛啤酒集团有限公司（以下简称“集团”）加快产业结构优化升级和营销创新，充分发挥青岛啤酒的品牌和品质优势；推出百年之旅艺术酿造系列，引领消费升级；注重科技创新，积极赋能主业，快乐、健康、时尚三大板块各项业务全面布局；积极主动开拓国内外市场，完善终端管理体系，持续提升终端掌控能力，推动青啤巨轮行稳致远，向着“成为拥有全球影响力品牌的世界一流企业”阔步前进。

【经营概况】2021年，青岛啤酒财务有限责任公司（以下简称“公司”）成立十周年，公司坚守战略定位，以“新发展年”为主线，不断探索高质量运营模式，拓展新的业务边界，实施结构调整与优化。重点发力产业链金融，积极拓展供应链信贷、买方信贷、有价证券投资等专项业务，其中供应链信贷业务实现快速增长，创历史最高；同业业务实现品类拓展，成功办理同业存单业务；经营绩效水平实现新的提升，顺利完成全年经营目标。

【服务实体】2021年，公司调整完善自身业务结构，加大对集团成员单位及产业链实体的支持和服务力度，助力集团及产业链实体降本增效和转型升级。为成员单位提供个性化的资金服务；实施结算手续费、承兑手续费及票据系统使用费减免优惠；积极拓展产业链上下游业务品种，重点发力供应商线上保理业务，供应链信贷业务实现快速增长。

【信贷业务】2021年，公司累计发放自营贷款3.35亿元、委托贷款2.22亿元，有效满足集团主业日常融资需求。在确保符合货币信贷政策的前提下最大限度地满足成员单位金融服务需求，以立足主业、服务主业的根本原则为着力点和突破点，产业链上下游金融服务“双轮驱动”。

【产业链金融】2021年，公司供应商线上保理业务实现了较快发展。线上保理服务平台通过数据融合对接，实现全流程线上办理，大幅优化业务流程、提升资金效率。在大宗商品涨价、重要物资采购紧张的情况下，快速有效地缓解了供应商的融资压力，切实助力“保供”。2021年公司线上保理业务用户超30家，累计为供应商提供线上保理融资5.50亿元，实现了产业链金融的新突破。

【资金业务】2021年，公司同业业务实现品类拓展，于2021年1月通过中国银行间本币交易系统顺利完成人民币5亿元的首笔同业存单业务；持续优化存放同业结构，锁定高点利率；用极少的资金留存实现资金备付；积极拓展同业合作，新增6家同业合作银行，增强了比价、议价能力，提高了资金运营收益。

【投资业务】公司严格执行资管产品“六维度”准入和评测模型，确保资金安全。2021年，金融投资业务累计开办金额32.54亿元，同比增长8.47%。积极探索纯债资管集合等新投资品种，持续优化投资结构，丰富投资渠道。

【票据业务】2021年，公司继续推进电子票据专项服务：为成员单位累计办理电子票据9.56亿元，累计为供应商办理票据贴现10.45亿元。持续实施减免票据承兑手续费和电票系统使用费等优惠措施，激发成员单位电票使用积极性。

【资金集中】公司积极开展新建厂账户开立及资金归集，关注专项账户资金变动，推广社区酒吧的资金上收管理模式，确保资金纳入公司集中管理。截至2021年末，公司已实现对分布全国各地110家成员单位的资金集中管理，账面集中度为81.92%。

【风险管理和内部控制】2021年，公司严格控制信用风险，做好信贷、投资业务风险管控。持续推进内控管理，新制定3个制度，完成34个制度的修订；开展“合规管理月”活动，推进制度流程梳理和规范化建设。举办合规案防警示教育、法律知识培训和考试，加强员工行为管理。

【人力资源管理】2021年，公司通过培训提升和引入人才等方式做好人力保障。针对疫情带来的不利影响，对《培训管理规定》进行修订，进一步规范了员工线上、线下培训的管理职责、培训内容、培训形式及培训流程，根据员工实际需求组织线上培训和内部培训，为公司发展夯实人力资源基础，保证组织学习的持续性。

【信息化建设】2021年，公司重点推进金融数据标准化、广义信贷、银保监EAST标准化数据采集、利率报备监测系统、反洗钱系统等业务开发需求，并持续跟进报送质量。顺利接入上清所系统，实施了电票应用服务器、农业银行前置机的迁移和新存储服务器的投入使用。完成核心业务系统三级等级保护测评及信息系统的风险评估工作。

【企业文化建设】2021年，公司积极培育进取、担当的企业文化，着力提高团队凝聚力、执行力和创造力。加强党建引领，夯实全面从严治党主体责任，发挥“金融先锋”品牌优势，强化党建与业务“两融合、双促进”，持续加强思想建党，推进学习教育常态化、制度化。通过支部书记讲党课、联合金融同业共同学习党史等形式多样的方式持续开展党史学习教育及党的十九届六中全会精神学习活动，保持党员先进性，增强广大党员廉洁自律意识。公司坚持以人为本，在节假日员工慰问等日常工作的基础上先后组织三八妇女节、植树节、开业十周年庆典等多种类型的活动，提升企业凝聚力。

青建集团财务有限责任公司

【集团概况】青建集团股份公司（以下简称“集团”）通过产融双驱，沿建筑业全产业链进行延伸整合，构建起以工程承建、地产开发、金融投资为三大主业，以物流贸易、设计咨询、设施农业、新型建材为战略新兴业务的“3+X”产业组合模式。集团在国内20多个省市设有60多家分支机构，实现了从本土化入手向区域化拓展的经营格局。同时在30多个国家和地区设有分支机构，实现了从本土化到区域化再向国际化发展的经营战略。

【经营概况】2021年，青建集团财务有限责任公司（以下简称“公司”）围绕集团要求和产业实际，从内部管理和业务发展着手，较好地完成了年度经营计划，实现了年度安全有效运营。公司以降低集团整体财务成本为工作重点，通过不断提升金融服务能力，推动集团产业健康快速发展。2021年，公司发放贷款37990万元，累计开票金额116618万元，累计贴现金额71433万元。

【信贷业务】公司开展实地调研走访，了解成员单位融资需求，设计个性化服务方案，创新信贷产品，为成员单位提供资金支持。截至2021年末，公司贷款余额235012万元，贷款质量五级分类全部为正常，其中，流动资金贷款19670万元，占比为8.40%；固定资产贷款215342万元，占比为91.60%。贴现余额51408万元。

【资金业务】公司试行全面预算管理，科学编制资金计划，统筹安排生产经营、投资及筹资资金，在确保资金安全的前提下，注重发挥资金的规模效益，降低资金使用成本。2021年，公司结算金额1943亿元，日均结算金额7.8亿元；贴现业务金额5.14亿元；累计出票4068笔、金额11.66亿元；纸电票共计解付3028张、金额约15亿元。

【票据业务】公司通过科技化手段加强集团票据集中管理，在承兑、贴现、托管等方面提供一揽子服务。逐步加大产品推广力度，扩大服务范围，在充分发挥财务公司金融信用功能的同时，加强与同业合作交流，通过取得银行直贴或转贴等授信额度，保障票据流通性。2021年，公司共签发承兑金额116618万元，主要客户为青建集团股份公司，共签发109721万元；因公司的客户群体为集团内部单位，部分承兑业务保证金一般较低。

【资金集中】公司以全面提升资金精细化管理水平和资金运营能力为核心，以搭建资金运营平台为目标，积极发挥资金归集平台作用，资金集中度进一步提升，资金聚集效益不断体现。2021年，公司共开立一般活期账户19户、保理账户2户、通知存款账户6户、保证金账户28户、监管账户1户；新增办理成员单位在商业银行的账户归集89户，销户57户，提高资金归集1253多万元。

【风险管理和内部控制】按照《全面风险管理指引》的要求，公司全面风险管理体系已初步搭建完成，主要包含风险治理架构、管理政策、风险偏好和限额、风险政策和程序、内部控制和审计体系等方面，对公司平稳发展起到关键的风险防控作用。在内控方面，组织开展制度、流程的梳理及增删、修订工作，制度流程体系进一步完善；编纂并发布实施内控手册，规范了公司内控机制，合理界定了岗位职责，梳理优化了业务及管理流程；组织合规培训及合规检查，提升全员合规意识，降低操作风险。各项业务保持稳健发展，资产质量管控较好，信用风险、市场风险、流动性风险均控制在合理范围；公司未发生重大风险事项，各项监管指标满足管理要求。

【人力资源管理】公司加强企业文化建设，增强凝聚力，2021年在经营环境严苛的情况下，人员数量稳中有增。重视人才培养，激励成长能力。组织修订绩效考核办法，优化考核内容，加大正向激励，充分激发员工的积极性、主动性、创造性。按计划完成了岗位招聘、岗位培训和导师带徒工作，开展各种培训数十次，提高了员工的业务水平及专业技能，员工的归属感和企业荣誉感逐渐增强，为公司未来发展奠定了基础。

【信息化建设】公司持续加强金融科技人才队伍建设，2021年成立了信息科技部门。加大科技投入，根据监管部门本年度新发的制度文件要求，积极对系统进行改造开发，完善系统缺失字段，利用数据仓库等新技术，核心系统可自动抽取数据并经过人工核对后进行数据报送，本年度顺利完成了人民银行利率报备、金融基础数据报送、广义信贷二期、银保监会EAST等统计数据报送工作。

【企业文化建设】公司组织“永远跟党走、奋斗新征程”主题党日活动、与工商银行青岛市分行普惠金融党支部、建设银行青岛市分行市北支行党委党建共建结对，召开全体党员大会学习十九届六中全会精神、召开“入党为了什么”主题民主生活会等，忆初心，强化党风建设，同时引领企业文化建设，推动“十要十不要”文化落地，提高员工凝聚力和干事创业的热情，营造“快乐工作、健康生活”的氛围。

清华控股集团财务有限公司

【集团概况】清华控股有限公司（以下简称“集团”）是国有独资有限责任公司。2021年，面对常态化的疫情防控和严峻的外部环境，集团全力推进完成了诚志科融的股权改革，深化校企改革工作即将进入全面收官阶段。科技成果转化持续有力推进，高温气冷堆石岛湾示范工程实现并网发电，华海清科等科创企业发展迅速。认真履行社会责任，充分发挥自身业务优势献礼建党百年，积极服务2022年北京冬奥会。

【经营概况】2021年，清华控股集团财务有限公司（以下简称“公司”）继续践行专业、高效、务实、合作的核心价值观，紧贴集团需要，有序推进各项工作，在基本确保公司各项业务稳健发展的同时，为集团顺利完成校企改革、平稳转型发展提供了有力的金融服务支持。截至2021年末，公司总资产58.4亿元、净资产29.6亿元。公司实现营业收入2.7亿元，整体运行有序，各项管理规范。

【服务实体】公司积极对接成员单位金融产品需求，保证服务质量、加强服务力度，充分发挥内部银行逆向调节作用帮助成员企业渡过难关。2021年，公司信贷资金继续全部投向集成电路、生物医药、节能环保等实体经济领域，支持了集团产业的发展。

【信贷业务】2021年，公司累计向7家成员单位发放19.64亿元流动资金贷款，为4家成员单位办理流动资产贷款展期业务12.88亿元。较好地满足了成员企业的融资需求。

【资金业务】公司在保证资金满足正常支付结算需求以及信贷投放规模的前提下，根据资金闲置情况以及市场利率水平，积极开展存放同业业务，提高资金收益。同时，公司继续强化资金运营控制，加强资金头寸管理，不断完善公司与成员单位的信息交流和协调配合机制，对大额资金变动做好跟踪监测，助力集团改革发展。

【资金集中】2021年，公司在强化合规成员单位账户管理的同时，从资金结算、资金归集、金融服务等方面全方位地支撑集团改革的收官工作，持续提升存续客户的满意度。各类结算业务有序进行，公司2021年结算业务总笔数10.19万笔、金额731亿元。

【风险管理和内控建设】在合规管理方面，紧跟政策导向，配合监管检查，及时发布合规提示，确保监管政策的传导与落地。在全面风险管理方面，针对成员单位贷款逾期的状况，分户制定策略，保护公司财产；公司自上而下各司其职，“三道防线”相互补充、协调与制衡；对重点风险指标持续监测，细化风险报告机制。在内控建设方面，坚持“年度整版修订，单项动态调整”原则，以解决问题为导向，以落地执行为目标，确保制度文件“规范、全面和适用”。

【人力资源管理】公司紧密围绕发展战略和年度经营目标，高度重视人才队伍建设，合理配置人力资源。建立并完善了适用于公司自身业务发展特点的、公开透明、审慎稳健的薪酬及考核体系。高度重视培训工作，通过课程丰富的内外部培训，培养内部潜在人才，提升员工整体素质。健全与公司文化相匹配的人力资源管理制度体系，夯实基础工作，提升管理效能，为公司业务发展提供全面的人力资源支持和保障。

【信息化建设】2021年，公司信息化建设以确保系统安全运行为主要目标，从信息系统建设、机房基础设备优化、信息安全管理、用户服务等多维度，为公司业务持续发展提供有力支持和保障。在信息系统建设方面重点完成了核心系统优化升级，EAST 报送系统、利率报备系统、金融基础数据报送系统的搭建。在机房建设方面主要完成了核心存储设备更换、VPN 设备和部分防火墙更换。在信息安全管理方面，完成信息系统等级保护三级测评、核心系统应急演练、员工信息安全培训。在用户服务方面，为集团成员单位提供全面的网银使用服务支持。

【企业文化建设】公司始终坚持以习近平新时代中国特色社会主义思想为指导，以庆祝中国共产党成立 100 周年为契机，扎实开展党史学习教育活动，在企业中营造知史爱党、知史爱国的良好氛围，不断增强企业文化感染力。同时，积极推动“我为群众办实事”实践活动见成效，发挥党支部服务职能，密切联系群众、服务群众，不断增强企业文化的向心力。

日立（中国）财务有限公司

【集团概况】日立集团（以下简称“集团”）是全球名列前茅的电气集团，列 2021 年世界 500 强企业第 95 位，在世界范围内享有很高的声誉。集团的事业主要有八大板块，分别为 IT、产业、城市建设、能源、日立建机、日立金属、智慧生活及其他。截至 2021 年末，集团在中国有 124 家公司，目前公司的成员单位有 67 家，成员单位的资产规模约为 899.84 亿元，净资产规模约为 417.23 亿元，营业总收入约为 787.75 亿元，利润总额约为 53.01 亿元。

【经营概况】日立（中国）财务有限公司（以下简称“公司”）成立于 2007 年 11 月 14 日，注册地在上海，注册资本金为人民币 3 亿元，截至 2021 年底已成功运营 14 年。2021 年，公司继续坚持“依法经营、优质服务、提高效益、和谐发展”的经营方针，结合实际情况，紧紧围绕集团主业和战略目标，积极拓展了公司业务规模。

截至 2021 年末，公司资产总额 73.84 亿元，同比增长 43.97%，负债总额 68.46 亿元，同比增长 48.54%，所有者权益 5.38 亿元，同比增长 3.49%；公司全年实现营业收入 1.47 亿元，同比增长 35.52%，最终净利润 0.18 亿元，同比增长 29.67%。资本充足率为 17.11%，无不良资产。2021 年公司资产质量优良，各项监控和监测指标符合监管规定。

【信贷业务】截至 2021 年末，一般贷款余额 22.89 亿元，比上年末增长 2.47%，均为正常类贷款，无不良贷款。在此基础上，公司根据《贷款风险分类管理办法》和《中国银监会关于中国银行业实施新监管标准的指导意见》等文件规定以及信贷风险管理委员会会议的决定，对全部贷款已计提了 2.5% 的贷款拨备。同时，委托贷款余额 5.89 亿元，同比减少 15.01%。2021 年实现贷款利息收入 0.68 亿元，同比增长 47.54%。委托贷款手续费收入 258.79 万元，同比减少 41.58%。

【资金集中】公司资金集中度较上年末有所上升。截至 2021 年末，公司成员单位 67 家，其中 56 家企业已经在公司开户，并与公司实际开展业务。2021 年末资金集中度为 32.98%。2021 年末，公司吸收成员单位存款余额 67.81 亿元，同比增长 49.28%。

【业务创新】2021 年，公司继续开展跨境双向人民币资金池业务，通过开展此业务，扩大了公司业务规模，在开拓创新的同时，对自贸区建设起到一定的积极作用。

【风险管理和内部控制】2021 年，公司在监管部门的指导下，健全公司组织架构，完善绩效考核评价体系，继续做好对董事的履职评估工作，以形成合理的公司治理体系。同时，公司根据相关法规规章，结合公司实际情况，制定、修改了《存放同业管理办法》《监事履职评价管理办法》《岗位轮换及强制休假管理办法》《资产风险管理委员会议事管理办法》《信贷风险管理委员会议事管理办法》《重大事项及重要信息报告管理办法》《会计管理办法》《资产风险分类管理办法》《贷款风险分类管理办法》《人民币存款业务管理办法》《委托贷款业务管理办法》《跨境人民币资金池贷款管理办法》《流动资金贷款管理办法》《固定资产贷款管理办法》《现金管理项下委托贷款资金池管理办法》等公司基本规章制度及业务管理办法。截至2021年末，已建立各项制度49项，其中，本年度修订11项，新制定5项，作废2项。同时，2021年公司对36项存贷款业务、支付代理业务以及其他类业务的案件风险进行了排查，所有业务均合法合规，没有发现异常。公司还积极做好内审及外部审计工作，定时接受内审及外部审计公司安永会计师事务所的审计，对于审计中发现的问题公司都及时予以纠正、解决。2021年公司各项监管指标符合监管当局的非现场监管要求。

【人力资源管理】2021年，公司在人力资源管理上主抓了培训工作和考核激励工作。在培训工作上，公司内部组织6次员工教育培训，通过对外部法规规章以及公司内部管理办法的讲解，加强了员工的合规意识，提高了业务操作水平。在具体实施时，坚持“突出稳健的发展战略、注重合规经营、兼顾各方利益、体现公平公正、强化激励约束”的原则，以目标管理评价的方式公开、公平、公正、合理地对员工进行有效评价。

【信息化建设】2021年，公司将战略要点继续放在保证公司核心系统九恒星现金管理系统的安全、畅通运行上。在此基础上，本年度主要完成了利率报备系统、银保监会监管数据标准化报送平台（EAST）、征信二代综合报送系统的开发工作，以及等级保护2.0的评级工作。目前，现金管理系统稳定运行，在业务开展过程中没有发现重大问题。同时，公司及时响应人民银行、银保监局等监管部门对公司非现场监管数据报送系统的升级要求，保证了非现场监管数据能够及时、准确地传送到监管部门。公司还认真做好对成员单位的服务工作，及时处理成员单位资金管理系统发生的各类问题，保证了成员单位能够正常、及时地使用资金管理系统进行业务操作。

【企业文化建设】公司在企业文化建设上坚持以人为本，提倡“和、诚、开拓者精神”的日立企业文化，在公司中至上而下地贯彻培养企业文化，企业文化得到了全体员工的认同。要求员工在工作中要将合法合规作为大前提，所有业务都要在风险可控的前提下开展。在面对成员单位时则强调服务意识与效率标准，尽全力向其提供高质贴心的服务。在内部员工培养方面，公司重视员工与企业的共同成长，给员工提供各种进修提升的机会，大力提倡员工自我学习、自我提升，形成了浓厚的学习氛围。同时，公司注重公司内部的和谐管理，充分发挥工会等组织的作用，听取员工的心声，解决员工的实际困难，改善员工福利，并通过新年联欢、工会文体活动等形式，提升员工对于公司的归属感，增强企业凝聚力，争创和谐企业。

日照港集团财务有限公司

【集团概况】山东港口日照港集团有限公司（以下简称“集团”）由山东省港口集团有限公司100%持股，业务领域涉及港口业务、现代物流、加工制造、金融商贸、综合服务等。2021

年货物吞吐量超过4.5亿吨，其中8个货种超过千万吨，五个货种居全国首位。集装箱完成486万标箱，内贸集装箱吞吐量升至全国第五位。

【经营概况】日照港集团财务有限公司（以下简称“公司”）坚守“立足港口、服务港口”的初心，以“精益管理、创新发展、强化服务、提质增效”为总体要求，准确研判经济形势，积极开拓新业务，持续加强风险管控，增加盈利手段，各项工作有序开展、稳中有进。2021年，公司实现营业收入1.89亿元、利润总额1.62亿元，经营成果实现了新突破，业务规模、业务品种实现了新拓展，资产收益率稳步提升至全国财务公司第三位。

【服务实体】公司紧跟集团战略和经营布局，充分发挥金融支持港口实体经济优势，服务产业链相关企业、促进地方经济发展。2021年不断提高信贷投放的计划性、精确性，做好匹配投放和衔接投放，全年累计投放资金20.15亿元，助力港口重点建设项目，支持其他板块业务发展；积极挖掘客户业务需求，拓宽中间业务渠道。

【资金业务】公司加强同业合作，积极拓展、充分利用同业资源，拓宽融资渠道，保障公司资金流动性，2021年累计新增商业银行、财务公司等12家同业机构授信，金额45亿元；多次对接商业银行提高同业价格，存放同业平均价格实现上浮；持续开展同业拆借业务，实现了拆借对手、价格、交易量的新突破。

【票据业务】公司加大电票业务推广和银行贴现授信支持，全年累计办理票据承兑3.56亿元，实现了票据开立张数、业务发生额、成员单位系统使用数量的稳步提升。代开票据业务清零，公司自营电票得到进一步认可，减少外部银行保证金3674万元。办理票据贴现2300万元，首次办理票据转贴现业务，进一步优化全流程票据服务，丰富票据业务产品。

【资金集中】公司通过加强资金集中管理，有效提高资金使用效率，持续拓展归集资金，年内新增6家新设单位、3家合资单位资金归集，有效监管商品房预售资金，与上市公司重新签订金融服务协议，存款限额同比提高38.46%。截至2021年末，资金集中度为85.66%，全年结算量突破2000亿元，资金结算业务继续保持零差错，客户满意度达100%。

【业务创新】针对成员单位运营特点，因地制宜研究优化适配成员单位实际的信贷方案，首次办理应收账款质押贷款业务，及时补充成员单位的流动性，增强了公司的市场竞争力。创新办理一月期流动资金贷款，授信期限内可多次使用，有效解决成员单位贷款需多次上会审批的问题。创新“票据承兑+银行低息保贴”业务模式，牵头推进财司电票以较低贴现率在商业银行进行贴现，拓宽客户融资渠道，提高公司业务收入。

【风险管理和内部控制】公司不断强化全面风险管理、内控合规建设，结合发展形势和资金运营特点，加强重点领域、重点业务和特殊时点的风险防控，推动风险管理水平持续提升。与两家股东签订承诺书，持续完善公司治理体系。修订公司章程，加强党的领导。强化流动性风险管理，守住监管合规底线，扎实开展“行业规范建设提升年”“内控合规管理建设年”活动，建立规范发展长效机制。加大内控核查频率，提高审计服务质效，扎实做好数据标准化工作，进一步提升数据质量。

【人力资源管理】公司不断加强员工教育培训，培育专业胜任、富有活力的人才队伍，强化作风效能建设，倡导严谨细致、务实高效的工作作风。开展23期线上线下培训，参加“产业金融大讲堂”26期，有针对性地提高员工综合素质。对部门负责人、职员开展轮岗交流，促进公司业务管理再创新、员工素质再提升。

【企业文化建设】公司立足经营实际，始终坚持抓好党建就是最大的“政绩”，充分发挥党支部战斗堡垒作用、党员先锋模范带头作用，围绕党建工作与中心工作一起谋划、共同部署，促进党建工作“活动有特色、队伍有活力、阵地有保障”。健全建强班子队伍，规范开展组织生活，做优做实党史学习教育，创新开展建党百年系列活动，抓严抓实廉政建设，持续筑牢思想防线，深化升华“一支一品”建设，持续开展党建项目攻坚，真正实现抓党建促发展、以发展强党建，助力公司全年任务目标顺利完成。

三房巷财务有限公司

【集团概况】 江苏三房巷集团（以下简称“集团”）是一家以 PTA 和 PET 聚酯为主业的大型生产型企业集团。集团拥有 1 家国家级重点高新技术企业和 1 家上市公司，还拥有 1 个博士后科研工作站、1 个省级工程中心和 1 个企业技术中心，与中国科学院化学所、南京大学、上海交通大学等著名院所进行产学研合作。连续十多年被评为江苏省明星企业、省级文明单位，被国有省级银行评定为 A 级信用资质，是江苏省大型内资企业进出口十强之一，是全国聚酯行业的领军企业。根据中国化学纤维工业协会的排名，集团的 PET 产量、出口额、销售量和利润总额自 2008 年起名列全国同行业第一。根据海关统计，“翠钰”牌瓶级切片出口额连续 10 年在全国同行业同类产品中列第一，市场占有率为 40% 左右。2020 年集团列中国企业 500 强第 280 位、中国民营企业 500 强第 100 位，在化学纤维制造业排名第三。

【公司概况】 三房巷财务有限公司（以下简称“公司”）注册资本 5 亿元。公司战略定位是：成为集团资金归集、资金结算、资金监控及金融服务四大平台，为集团及各成员企业提供金融支持和服务。公司发展愿景是：成为功能完善、服务优质、效益良好、运行安全的非银行金融机构，助力集团升级发展。截至 2021 年 12 月末，公司资产总额 16.18 亿元；2021 年实现营业收入 4025.67 万元，净利润 1752.90 万元；计提贷款损失准备金 3250 万元；资本充足率为 43.92%，流动性比例为 100.71%，贷款损失准备充足率为 100%，不良率为零。各项指标符合监管要求。

【信贷业务】 公司立足集团主业发展需要，在对成员单位筛选、信用评级及尽职调查的基础上，向其中的 11 家单位发放贷款 52.2 亿元，其中商票贴现 4.3 亿元，信贷业务结构进一步优化，大大促进了上述成员企业生产、销售稳步增长。

【票据业务】 公司制定了票据贴现、转贴现管理暂行办法，2021 年办理票据贴现 13 笔、金额 4.3 亿元。同时，向人民银行申请办理了 11 笔、金额 4.4 亿元票据再贴现业务，降低了成员单位的融资成本。

【资金集中】 2021 年，公司充分利用已建工商银行、建设银行、农业银行、中国银行、浦发银行五家银企直连平台稳步推进成员单位账户体系建设，不断提高公司账户集中比例。除集团海外子公司等个别企业外共有 34 家成员单位在公司开户，结算客户已达 34 家，办理结算 11092 笔、金额 1602.31 亿元。截至 2021 年末，公司吸收成员企业的存款 9.56 亿元，其中，上市公司及其下属公司资金为零。2021 年末，公司全口径资金集中度为 20.47%，可归集口径资金集中度为 76.67%。

【风险管理和内部控制】 公司构建了股东会、董事会、监事会和高级管理层为主体的公司治理结构，并设有战略发展委员会、风险管理委员会、信贷审查委员会、审计委员会四个专门委员会，建立了严格的授权及审批制度，确保重大事项决策民主和科学，形成了分工合理、职责和授权明确、报告关系清晰的组织架构。在具体业务运营上，构建了风险管控的“三道防线”体系，通过一线岗位双人双责、相关部门相互制约和稽核部事后审计监督最大限度地降低业务开展中的风险隐患。

【人力资源管理】公司重视团队建设，通过外部招聘和内部选拔的方式配备各类人才 24 人；公司建立了部门和岗位职责，初步搭建了人力资源基本架构；公司在员工培训方面，一是以老带新、结对帮扶；二是组织相关业务知识培训，多方面提高员工金融素养；三是组织员工对口交流学习，拓宽视野，少走弯路。

【信息化建设】截至 2021 年，公司已建成资金结算、银企平台、信贷管理、票据管理、资金监控、网上金融服务、1104 报表、系统管理等模块。2021 年公司已完成接入 ECDS（电子商业承兑汇票）系统，并配合上海票交所完成了线上清算功能的申请、测试和正式上线工作。

【企业文化建设】2021 年，公司倡导团结、协作、务实、进取的企业文化，努力培养员工合规理念和社会责任意识，积极参加集团各项活动。公司党建工作服从集团统一安排，由集团设立中共江阴市周庄镇三房巷村集团支部委员会，财务公司设立党小组。2021 年公司共有共产党员 8 名，积极参与了集团支部组织的学习教育、专题讨论和党日活动。2021 年，为贯彻落实监管部门对公司股权管理和党建工作的要求，董事会组织了对《公司章程》的梳理、规范和修订。

三环集团财务有限公司

S

【集团概况】三环集团有限公司（以下简称“集团”）主要从事专用汽车、汽车零部件和数控锻压机床产品的生产和经营，是机械汽车行业的龙头企业。截至 2021 年 12 月末，集团实现营业收入 174.74 亿元，利润总额 1.56 亿元。

【公司概况】三环集团财务有限公司（以下简称“公司”）按照监管要求稳健经营、合规发展，认真开展各项工作，取得了较好的经营业绩。资产规模 24.60 亿元，净资产 11.20 亿元，利息净收入 6880 万元，贷款 7191 万元，贴现 1435 万元，同业 355 万元，拨备前利润 5630 万元，净利润 4203 万元。

【服务实体】公司增加信贷规模，支持成员企业复工复产，积极筹措资金，提高集团资金使用效率，解决成员企业生产经营需求。截至 2021 年 12 月末，信贷投放（流贷、贴现）余额 21.21 亿元，为成员单位复工复产提供资金支持，缓解了成员单位的资金困难。

【信贷业务】截至 2021 年 12 月末，公司已完成对 26 家成员企业的评级、授信工作，授信金额 43.60 亿元；对成员企业发放各项贷款 134 笔、金额 19.39 亿元，其中，累计发放流动资金贷款 79 亿元，累计贴现 13.22 亿元。

【结算业务】截至 2021 年 12 月 31 日，共开立账户 150 户，其中，活期账户 84 户、定期账户 23 户、通知存款账户 2 户、保证金户 25 户、同业账户 16 户，实际发生交易的账户有 82 户。本年度成员企业新增开户 11 户、变更 11 户，公司销户 1 户。结算业务交易 33342 笔、金额 734.72 亿元。业务笔数 8993 笔、金额 147.93 亿元。其中资金上收 1778 笔、金额 39.94 亿元。农业银行：业务笔数 1275 笔、金额 37.26 亿元。其中资金上收 214 笔、金额 14.71 亿元。建设银行：业务笔数 8641 笔、金额 101.48 亿元。其中资金上收 376 笔、金额 5.07 亿元。

【票据承兑】截至 2021 年 12 月 31 日，公司累计开具承兑汇票 11.56 亿元，余额 59933 万元，较期初余额增长 9204 万元。

【资金集中】截至 2021 年 12 月末，集团合并报表货币资金总额 18.82 亿元，吸收存款 13.25 亿元，根据资金集中度计算出的全口径归集率为 47.02%，较 2020 年末的 38.27% 上升 8.75 个百分点，主要是开票保证金增加、吸收存款增加导致归集率提升。

【风险管理和内部控制】根据公司业务开展情况，发放贷款前对客户进行信用评级，风险管理部根据成员单位行业分布情况、经营情况及财务状况等建立了信用评级、授信模型。将成员单位信用分为6个等级，最高为AAA级。然后根据评级情况，结合被授信单位净资产等财务指标，测算授信额度。根据监管要求及“三个办法一个指引”的规定，完成信贷资料审核，确保业务符合监管要求及风险控制规定。完成了监管机构现场及非现场监管报告的报送。监测资金流动性、资本充足率、拨备覆盖率等指标，确保各项指标符合监管要求。完成了案防自查及评估，按照案防要求的五个板块25个指标自评案防情况，对缺失部分指标对应制度文件进行了相应的补充。

三峡财务有限责任公司

【集团概况】中国长江三峡集团公司（以下简称“集团”）是国内可控装机最大的清洁能源集团和全球最大的水电开发企业，业务遍布31个省、自治区和直辖市，以及全球40多个国家和地区。集团立足新发展阶段，完整、准确、全面贯彻新发展理念，构建新发展格局，推动高质量发展，奋力实施清洁能源和长江生态环保“两翼齐飞”。截至2021年末，三峡集团可控装机1.09亿千瓦，资产规模1.15万亿元，继续保持最高的国际信用评级；利润总额、归母净利润、成本费用利润率、全员劳动生产率、人均利润等指标继续在中央企业名列前茅。在中央企业年度经营业绩考核中连续14年获评A级。

【经营概况】截至2021年末，三峡财务有限责任公司（以下简称“公司”）资产总额696.76亿元，负债总额573.00亿元，所有者权益123.76亿元，实现营业总收入24.07亿元，利润总额17.80亿元。全面超额完成各项经营目标，实现了“十四五”良好开局。

【服务实体】公司持续为集团及成员单位做好融资服务。一是继续支持集团主业大水电发展。2021年开展乌东德、白鹤滩项目贷款投放。通过流动资金贷款、循环额度贷款等方式满足长电、川云等大水电客户的临时性资金需求。二是为新能源业务发展贡献金融力量。通过发放项目及搭桥贷款、办理委托贷款、发放循环额度贷款、开具银行承兑汇票等方式为新能源项目提供支持；积极参与集团收购光伏资产项目，协调内外部金融资源为项目提供了资金保障，降低项目公司的融资成本。三是服务长江大保护战略。通过综合运用各种信贷产品，为长江大保护项目提供一揽子金融服务，已形成“搭桥贷款+银团贷款”的大保护项目融资模式。

【信贷业务】2021年，公司针对集团成员单位的差异化需求，综合运用搭桥贷款、银团贷款、保函、票据等方式，为成员单位提供信贷支持。2021年，公司累计发放自营贷款670亿元，累计发放委托贷款630亿元，累计开具保函10亿元。

【产业链金融】2021年，公司启动产业链金融服务系统的开发工作，系统主体功能已开发和测试完毕，并正式上线。

【资金业务】2021年，公司在确保流动性和支付头寸的基础上，积极主动与各大银行进行业务对接，利用公司资金规模优势引导各家银行积极报价，提高短期资金收益率。2021年，短期资金日均规模约123.18亿元，累计实现利息收入3.74亿元。

【投资业务】2021年，资金市场利率维持低位，债券市场违约潮持续，债券配置面临诸

S

多挑战。公司密切跟踪研究市场利率变化情况，适时调整投资研究配置策略，积极稳健开展投资业务。截至2021年末，公司投资产品余额51.01亿元。

【票据业务】2021年，公司通过为成员单位增信，增强成员单位出具电票的流动性及市场认可度，节省成员单位财务费用，提高资金周转效率。积极向成员单位和产业链上游企业推广票据和产业链金融业务，引导成员单位多使用票据支付，减少现金占用，降低集团整体融资成本。2021年办理票据承兑业务30亿元，产业链金融业务3亿元，票据和产业链金融业务推广取得较为明显的效果。

【外汇业务】2021年，公司为成员单位办理购汇业务2笔、金额0.96亿美元；结汇业务1笔、金额10.00亿美元；公司自营购汇3笔、金额30.70万美元。

【资金集中】2021年，公司全面加强集团资金集中管理，服务集团大司库管理目标，配合集团开展银企接口建设，为集团加强成员单位内外部银行资金监控管理提供了全面渠道保障。截至2021年末，全年资金结算交易量2.04万亿元，资金结算笔数44.82万笔，全面加强了成员单位资金集中和监控管理。

【业务创新】2021年，公司积极推动业务创新。一是开展了信贷管理系统、资金池系统等系统的建设。二是积极推进跨境资金池业务。通过积极协调内外部资源，成功获得跨境外汇资金集中业务办理资格。通过为成员单位结汇10亿美元，有效降低集团资产负债率，加强资金集中管理，充分发挥公司作为整个集团资金头寸和流动性管理的最终出口作用。

【风险管理和内部控制】2021年，公司全面风险管理体系更加健全，运行更加有效。一是组织各部门、各单位广泛收集风险信息，辨识评估出影响公司生产经营管理目标实现的8项重要风险，制定34项风险管控措施。二是组织开展制度评估，完成公司制度梳理和定级，公司制度的合规性、适用性和协同性进一步增强。三是扎实开展信用风险、法律合规风险等主要风险管理工作，2021年未新增风险事件。四是组织实施年度公司内控评价工作，抓好内控缺陷整改，堵塞管理漏洞，提升内部控制水平。

【人力资源管理】公司坚持党管干部、党管人才原则，着眼“十四五”时期选人用人工作全局，严格落实好干部标准和国有企业领导人员“20字”要求，为建设具有明显产业特色的一流司库型财务公司提供坚强组织保障和人才支撑。一是选优配强干部队伍，2021年共交流调整干部4人次，公司本部11个部门负责人中，40岁左右干部占比近50%；二是全面加强人才队伍建设，制定《“十四五”人力资源规划》，2021年引进人才14人，创“十三五”以来新高。

【信息化建设】2021年，公司以“补齐短板、对标市场、创新引领”为目标，不断提升金融科技对公司业务发展的支撑力度。核心电子服务系统全年正常运行率超过99.9%；资金管理系统全面完成16家银企直连接口上线目标，有效支持了集团资金金融管理中心实现支付渠道一体化、资金计划管理线上化、境内账户管控全覆盖等年度目标和要求；投资管理系统、统一监管报送平台升级改造项目于年内按计划完成系统升级改造工作；信贷管理系统、资金池业务系统年内完成上线运行；产业链金融服务系统作为产业链业务与区块链技术深度融合的平台，完成上线运行，推动财务公司独具金融服务属性和三峡集团司库管理特点的信息化建设加速发展。

【企业文化建设】2021年，公司党委坚持把学习贯彻党的十九届六中全会、习近平总书记“七一”重要讲话、习近平总书记致金沙江白鹤滩水电站首批机组投产发电贺信和李克强总理批示精神，与持续深入推进党史学习教育相结合，扎实开展“我为群众办实事”实践活动，全力推进党建工作再上新台阶。迎接建党百年，开展“颂歌献给党”合唱等多样的群团活动；深化党建与业务融合，巩固“日学、周讲、月测、年评”机制，开展“党史4+1”学习，发布红色金融史，做好公司周年庆和先进人物、集体宣传；积极参与集团企业文化核心理念升级研讨并获得采用，制定《公司清廉金融文化建设工作规划（2021—2023年）》，持续推进公司清廉金融文化建设。

沙钢财务有限公司

【集团概况】江苏沙钢集团有限公司（以下简称“集团”）是中国最大的民营钢铁企业，目前沙钢拥有5大生产基地。沙钢以钢铁为主业，产业领域拓展至资源能源、金属制品、金融期货、贸易物流、风险投资、大数据等，成为跨行业、跨地区和跨国界的企业集团。连续13年入选世界500强企业，2021年列第308位。2021年5月，集团正式取得惠誉、标普两大国际权威评级机构授予的BBB－投资级信用评级。

【公司概况】2021年末，沙钢财务有限公司（以下简称“公司”）资产总额115.35亿元，负债总额94.87亿元，所有者权益20.48亿元。2021年实现营业收入1.71亿元，利润总额1.46亿元，净利润1.10亿元，公司资本充足率为29.41%，流动性比率为69.88%，投资比率为45.47%，拆入资金比率为零，担保比率为零，公司无不良贷款。

【服务实体】公司为成员单位提供流动资金贷款、办理票据贴现、保函等业务。通过贷款、保证金资金成本和手续费让利成员单位3622万元。2021年，累计代理集团购买理财649笔、金额617.30亿元，实现资金理财增效1.042亿元。购买非银理财15.65亿元，截至2021年末，非银行理财余额17.46亿元，相比上年末增加3.1亿元，增幅为21.59%。公司通过调整贷款利率计价模式，洽谈贷款利率的压降、加强债券承销询价、贸易融资汇率波段操作等创效1.97亿元。

2021年，公司充分利用具有保险兼业代理资格证的优势，为成员单位做好保险服务工作，完成集团年度财产险的投保工作；通过代理保险业务获得保险手续费318.19万元。

【信贷业务】公司累计为成员单位发放年利率为3%的流动资金贷款62.56亿元，发放年利率为2%的流动资金贷款0.4779亿美元。公司零保证金、零手续费为成员单位开具海关集中纳税保函、履约保函5亿元。截至2021年末，公司人民币贷款余额36.2亿元，其中，流动资金贷款35.615亿元，固定资产贷款0.2亿元，贴现贷款0.385亿元。

【产业链金融】公司积极推进供应链融资业务，与南钢、永钢、新美星等公司交流企业账期、供应链平台的开发，学习在供应链融资业务方面的先进模式；与供应链平台包括联易融、中企云链沟通供应链平台的交易结构；与集团业务部门洽谈付款现状及供应链业务推进利弊探讨，研究集团供应链业务开展的方案，提出可行性分析报告，做好推进工作。2021年共办理供应链融资业务6笔、金额1.725亿元。

【资金业务】公司严格资金计划管理，采取年预算、月计划、周平衡、日控制的管控方式，统筹安排生产经营、投资及筹资资金。2021年，共办理活期稳存6亿元，平均收益率为3.08%。同时，积极开展同业拆入业务，累计办理同业拆入14笔、金额14亿元，平均年利率为2.15%，相比存放同业利率2.36%低21个基点。

【投资业务】2021年，公司累计操作有价证券投资业务8笔、金额13.9亿元，有价证券投资业务日均9.43亿元，平均收益率为5.78%，实现理财收益5453.56万元。

【票据业务】公司累计办理成员单位票据贴现0.385亿元，办理供应链项下票据贴现1.725亿元，卖断式转出票据0.83亿元。公司代理好集团电子银行承兑汇票管理工作，负责集团电子银行承兑汇票管理的具体操作和实施，每日做好集团电子银行承兑汇票的内部调拨、到期托收、自开票和销售回笼票据的接收以及核对工作。

【资金集中】公司持续加强账户及网银管理，规范账户使用，实现对集团资金全面管理。截至2021年末，全口径资金归集率为55.28%，剔除无法归集部分，资金归集率为66.66%。

【风险管理和内部控制】2021年，公司修订《沙钢集团资金理财业务管理制度》《沙钢集团融资担保管理制度》《同业授信管理办法》等11个制度，新增《重要物品管理办法》等4个制度。

2021年，公司开展了数据治理、授权管理、内部控制、信息系统等专项检查。共组织检查15次，发现问题48条，并跟踪问题的整改。同时，切实做好延伸检查工作，组织对成员企业的资金、融资业务进行检查，通过检查不断提高资金管控能力。2021年，对东特财务处、淮钢财务处、有限公司供应处、生活服务公司等资金业务情况进行了检查，并对物流运输公司、境外公司的融资管理工作进行了检查，对外检查发现78个问题，并提出了整改考核建议，完善了制度、流程，进一步防范了资金风险。

【人力资源管理】2021年，公司招聘录用了3名新员工充实队伍，为打造金融团队做好人才储备。公司组织开展内部培训20期，主要开展内训授课、中层干部“三个一”活动，做好后备人才的培养。

【信息化建设】2021年，公司一是完成集团资金应付系统电票银企直连系统上线使用。二是全力推进EAST项目的实施开发。针对核心业务系统缺少的字段进行增加、补录，并做好报表数据推数、取数测试及核对。三是做好金数、利率报备监测分析系统、二代征信系统开发、测试工作。四是组织各部门对现使用的核心系统围绕管理业务需求、监管需求、业财一体化需求进行梳理，并对公司业务模块在系统中上线情况、后期实现的需求等进行评估。五是全力配合做好集团业财一体化项目调研。

【企业文化建设】2021年，公司与上海银行张家港支行党支部开展了党史学习教育共建活动，与外汇局张家港市支局、江苏国泰财务公司开展了“走进生产一线”党建交流活动。

S

山东晨鸣集团财务有限公司

【集团概况】山东晨鸣纸业集团股份有限公司（以下简称“集团”）成立于1958年，是以制浆、造纸为主的现代化大型综合企业集团，总资产840多亿元，年浆纸产能1100多万吨，纸和纸板产量位居世界纸业10强，企业经济效益主要指标连续20多年在全国同行业保持领先地位。

【经营概况】山东晨鸣集团财务有限公司（以下简称“公司”）充分发挥“四个平台”功能，聚焦服务集团主业，稳步提升服务职能；聚焦防范金融风险，强化合规建设，夯实基础管理，做实内控合规。截至2021年12月31日，实现总收入2.38亿元，净利润1.25亿元，资产规模90.27亿元，所有者权益54.36亿元。

【服务实体】公司坚持金融让利实体经济，服务集团降本增效，执行存款利率上浮、贷款利率下浮、结算业务零收费的政策，全年为成员单位减费让利2156.91万元。

【信贷业务】公司为全国首批海关关税保函业务试点财务公司，截至2021年12月31日，当年累计涉及报关单572份，涉及税款1.82亿元。严格执行信贷监管要求，积极落实集团融资管理需求，持续提升服务质效。

【资金业务】公司加强资金精益化管理，深入总结集团资金规律，充分运用多种资金配置方案，密切关注市场价格，随时掌握同业利率的走势与波动情况，保持了存放同业价格的稳定。

【投资业务】2021 年，公司投资业务以稳健盈利、保证收益为目的，规避波动较大的市场阶段，以持有所属集团发行债券的办法，增加投资收益。

【票据业务】2021 年，公司持续完善票据业务制度，加强对票据申请人贸易背景及佐证材料的审查，确保业务合法合规开展；不断拓宽成员单位的支付融资渠道，盘活存量票据资源、提高票据使用效率，丰富公司金融服务手段，全年累计办理电子商业汇票金额 93.47 亿元。

【外汇业务】公司通过整合外汇资源，将结售汇业务与跨境资金集中运营有机结合，明确业务流程、提升资金汇划便捷度及入账时效性，实现足不出户即可办理外汇业务。重点关注国际收支申报、资本项目审核、综合头寸管理、市场交易风险等业务关键点，采取先落地后集中、“两头在外”的模式规避汇率风险。

【资金集中】公司持续强化资金集中管理。优化信息服务系统，搭建起全方位资金监控网络，以技术手段实现了结算框架下对账户的统一管理；强化资金计划管理，降低成员单位用款偏离度。

【风险管理和内部控制】2021 年，公司开展“基础管理提升年”活动。编制手册规范操作，以合规检查、内审稽核，总结反思归纳，整改提升为重点，结合“规范建设提升年”“内控合规管理建设年”活动要求，明确合规建设目标与信心。公司全面贯彻落实各项监管规定，健康展业，稳健运营。

【人力资源管理】公司将“筑牢工作基础”作为 2021 年人力资源管理工作的重心。加大人才引进力度。通过多种招聘渠道吸纳有银行、财务公司工作经验的人才，壮大干部员工队伍；坚持党管干部原则，在选人用人工作中，严把政治关、德才关、廉洁关；鼓励员工参加各类职称和职业资格考试，不断提升员工专业技能和综合素质；全力做好内培工作，全面拓展员工职业发展路径。

【信息化建设】2021 年，公司组织完成监管数据标准化、利率报备监测分析以及广义信贷二期项目的开发及实施工作。公司积极推进项目进度，协调内外部资源保障系统按期上线，共计开发 80 余张报表，完成近 40 万条数据报送工作。公司制定了有效的信息科技外包管理机制，加强对外包服务商的事中、事后监督管理，督促外包服务商提升服务质量，确保在发生紧急情况时具备应急保障能力。

【企业文化建设】公司扎实开展党建工作，“学党史强信念”，组织开展主题教育、主题党日等活动，深化党支部建设效果。发挥党建引领作用，开展爱国观影、“峥嵘百年·与党同行”及庆祝公司成立七周年等活动。坚持“结对子献爱心”点对点向希望小学直接捐赠，将企业责任落到实处；组织“诚实守信履约践诺”演讲比赛，积极选树典型，着力提高员工素质，凝聚推动公司发展的强大正能量。

山东东明石化集团财务有限公司

【集团概况】山东东明石化集团（以下简称“集团”）是以基础炼油、高端化工为主，集终端零售、国际物流、国际贸易等于一体的产业链条化、国际化、清洁化、高端化工性大型能源集团。集团列 2021 年中国企业 500 强第 216 位、是《山东半岛蓝色经济区发展规划》和《中原经济区发展规划》确定的“石油化工基地”，山东省重要的“石化产业新型工业化示范基地”，为山东省首批认定批复的石化产业园区。

【公司概况】中国银保监会于2021年1月15日批准山东东明石化集团有限公司筹建山东东明石化集团财务有限公司（以下简称“公司”），公司于2021年6月16日取得山东银保监局颁发的金融许可证，并于7月1日正式开业运营，注册资金为人民币10亿元。截至2021年末，公司资产总额82.14亿元，负债总额71.96亿元；累计实现利息收入7263万元，全年实现拨备前利润7270万元，净利润131万元。

【服务实体】公司为实现集团资金集中管理，提高资金使用效率，搭建资金归集平台、资金结算平台、资金监控平台、金融服务平台。通过存贷利率浮动、结算手续费减免及中间业务费用减免等优惠措施，为成员单位让利优惠及事项协同效益800万元，提升金融服务水平。

【信贷业务】2021年，公司对集团资金进行梳理，根据成员单位融资需求、发展规划等对信贷业务审批流程进行优化，制定往来账款置换、委托贷款等信贷方案。2021年根据成员单位信贷需求情况，制定信贷投放计划，累计发放人民币贷款22笔、金额36.69亿元，年末余额31.29亿元，及时协助集团进行资金调配，有效解决成员单位资金余缺。

【资金业务】公司强化资金预算管理，提升资金预算精准度，提高成员单位资金计划、备付和调度协同性，严格执行“收支两条线”管理。2021年累计办理结算业务7843笔、金额1731.65亿元，无任何业务差错。

【资金集中】公司提升资金归集和集中管理服务水平，积极配合集团向成员单位宣贯集团资金管控要求和政策，运用账户精细化、专业化管理优势，构建清晰的账户体系，在国有五大行和部分股份制银行开立同业账户，为集团48家成员单位开立内部结算账户，助力全集团资金集中管控。2021年公司归集成员单位资金71.96亿元，截至2021年12月末，全口径资金集中度为62.74%，剔除口径资金集中度为86.36%。

【业务创新】公司成立初期，业务范围以存贷款、资金结算为主，为了更好发挥服务集团发展的作用，公司积极向海关总署申请财务公司海关保函资质。2021年11月海关税收担保获批，并成功实现2.5亿元关税保函在海关备案，有效帮助成员单位降低通关成本、提升通关效率。

【风险管理和内部控制】2021年，公司全面贯彻国家金融政策和监管要求，从治理架构、制度体系、管理流程、信息系统、文化建设等方面开展全面风险管理工作。按照监管法规加强监管指标的日常监测预警，积极开展风险合规管理培训工作，持续提升员工风险防范和合规经营意识。截至2021年末，公司各项业务风险可控，各项风险监管指标符合要求，公司全面风险管理体系初步建立并持续完善。

【人力资源管理】2021年，公司制定了部门职责、岗位职责、人员配置方案，实现前、中、后台分离，重点聚焦公司金融人才队伍建设，集团外部招聘优秀金融从业人员7人，招聘金融专业优秀毕业生1名。同时，公司采取线上、现场交流、案例讲解等多种专业培训方式，组织人员培训42次，累计培训人员170余人次。

【信息化建设】紧紧围绕公司发展规划，整体规划、分步实施，以业务需求为驱动，兼顾集团资金集中管理、成员单位金融服务、自身业务发展、行业监管等要求，构建支撑业务协同发展的信息科技体系。2021年建设运营了核心业务系统并持续优化，完成5家银行的银企直连对接，搭建独立区域的机房及配套设施，构建了多层面的风控策略和安全管控体系，推动金融及监管网络的接入，完善IT服务运维体系，实现公司和集团成员单位的信息资源共享和业务协同，提升公司资金归集效率，严控风险，提升监管报送效率，为公司发挥四个平台作用提供信息化保障。

【企业文化建设】公司将党建融入公司治理并写入公司章程，加强党性教育和作风建设，发挥党支部战斗堡垒作用和党员的先锋模范作用，构建“党建促经营、经营强党建”的良性循环，强化党组织政治核心保障作用。公司牢记省局领导“珍惜牌照，行稳致远”的嘱托，贯彻落实市委、市政府“优质、高效、健康发展”要求，严格按照监管要求，以现代金融企业标准规范公司管理运作，在全体员工中牢固树立坚持“三铁”“三性”原则的意识，坚持依法合规经营，开好头、起好步，全力保障公司稳健发展。

山东钢铁集团财务有限公司

【集团概况】山东钢铁集团有限公司（以下简称“集团”）坚持“稳中求进、以进固稳”总基调，运营质量持续提升。2021 年，累计生产粗钢 2822.87 万吨、生铁 2662.20 万吨、钢材 2844.71 万吨；实现营业收入 2651 亿元，利润总额 151 亿元，净利润 109 亿元，归母净利润 58 亿元，四项指标均创历史同期新高。

【公司概况】山东钢铁集团财务有限公司（以下简称“公司”）秉承“依托山钢，服务企业”宗旨，坚持以融助产，2021 年实现营业收入 4.56 亿元，账面利润 3.74 亿元，净资产收益率为 8.82%。截至 2021 年末，公司资产总额 188.41 亿元，同比增幅为 20.76%；所有者权益 39.38 亿元，同比增幅为 2.90%。各项存款余额 148.05 亿元，同比增幅为 26.56%，全口径资金归集度为 39.33%。结算额完成 1.156 万亿元，结算规模首次破万亿元。信贷支持余额 166.14 亿元，不良资产率和不良贷款率均为零，各项指标符合监管规定。

【服务实体】公司密切关注成员企业业务需求，按照差别化信贷政策，为成员企业提供更多全方位、定制化的金融服务产品。

【信贷业务】持续创新金融产品，开展自营贷款、委托贷款、银团贷款、贴现、承兑、担保和代开信用证等信贷业务，2021 年累计为成员企业提供表内外信贷 292.56 亿元，充分发挥财务公司金融服务平台作用。

【保险代理】发挥集团规模优势，有效转移经营风险，2021 年累计为成员单位代理投保资产 693.77 亿元，保额 1046.76 亿元，实缴保费 2865.09 万元，赔付到账 1521.22 万元，赔付率 53.10%，代理费收入 429.95 万元，净收入 240.67 万元。

【投资业务】公司成功助力集团和成员单位发行债券 22 亿元，有力支持了集团债券市场融资。有效利用持有的高等级信用债券，通过银行间市场债券质押回购业务，成功以 2.5% ~ 3.10% 的年化利率融入资金 85 亿元，有效支持了集团资金链安全稳定。

【国际业务】公司有序推进国际业务，成功为集团发放 1000 万美元流动资金贷款，有效降低了集团的融资成本。

【票据业务】扩大集团融资渠道，向 31 家商业银行及财务公司申请票据授信，背书转让、到期托收及商业银行贴现、转贴现比例大幅提高。截至 2021 年末，办理电子商业汇票承兑业务 249 张、金额 28.75 亿元，余额 28.65 亿元，收取保证金 5.77 亿元；办理电子商业汇票贴现 56 笔、金额 23.37 亿元，贴现余额 12.36 亿元；转贴现余额 9.50 亿元。

【资金业务】科学统筹资金预算管理，2021 年发行各类债券 52 期，共融入资金 526.67 亿元，拓宽融资渠道，新增工商银行、农业银行等银行借款 120 余亿元，增加非标融资 127.4 亿元，按时偿还各类借款及利息费用等 800 余亿元，保持集团良好信用。成功落地“可持续发展”绿色债券 10 亿元，为山东省内首单。

【资金集中】以预算管理为抓手，有效提升资金归集度和归集量；优化完善资金预算和融资融信系统，根据需要，将成员企业的银行账户管理纳入资金预算系统。

【业务创新】2021 年为成员企业出具 7.97 亿元关税保函；开展银团贷款业务，截至 2021 年末，累计办理 4 笔银团贷款业务，合同金额共计 55.82 亿元，其中公司承贷金额为 1.32 亿元；开展跨境双向人民币资金池业务，2021 年累计为集团及成员企业完成境内外人民币资金划拨 22.02 亿元；开展委托代开信用证业务，2021 年累计办理 3.82 亿元。

【风险管理和内部控制】组织开展“规范建设提升年”和“内控合规管理建设年”活动，健全内控合规制度，梳理公司各项规章制度共 236 项。开展防范非法集资、金融知识普及月、反洗钱等宣传教育活动。按照年度审计计划，对营业部等 7 部门的业务办理、岗位设置、内控管理及银行业市场乱象整治等方面开展客观独立的稽核审计，发挥风险防范和内控合规的“第三道防线”作用。

【人力资源管理】落实集团决策部署，按照“上下联动”原则优化公司经理层契约化管理。优化薪酬管理体系，按照工资总额决定机制构建差异化薪酬分配体系，实现按岗定薪、薪随岗变，上下联动、利险共担的刚性化管理。加强员工知识技能培训，为公司持续健康发展注入活力。

【信息化建设】推进监管报送系统建设，上线了利率报备系统、EAST 报送系统、金融基础数据报送系统、广义信贷二期系统，完成了人民银行大集中季报制度升级。实施了 25 项核心业务系统功能优化，部署了统一终端安全管理系统，完成 WPS 正版化工作，推动代理保险信息系统建设。

【企业文化建设】把“五心”党建品牌创建作为公司高质量发展的总抓手，开展党史学习教育活动，4 个党支部全部建成过硬党支部。围绕庆祝建党百年开展征文、宣讲、主题摄影、大合唱等系列活动，开设“五彩讲堂”。公司先后荣获全国钢铁行业五四红旗团支部、济南市金融机构统计业务竞赛团体二等奖以及集团审计工作、新闻宣传工作、信息工作先进单位等荣誉称号。通过复审保持省属企业及集团文明单位、幸福和谐企业荣誉称号。

山东黄金集团财务有限公司

【集团概况】山东黄金集团有限公司（以下简称“集团”）成立于 1996 年，黄金产量、资源储备、经济效益、技术实力、智能化水平及人才优势均居全国黄金行业前列，获得“全国文明单位”“全国五一劳动奖状”“中国工业大奖”“中华慈善奖”等多项荣誉。集团现为世界黄金协会正式会员，2019 年、2020 年黄金产量连续两年列全球黄金企业第 10 位，成为全球黄金领域具有重要影响力的标志性企业。2021 年，集团实现营业收入 579.95 亿元，利润总额 3.27 亿元。

【公司概况】2021 年，山东黄金集团财务有限公司（以下简称“公司”）认真落实上级领导、监管部门的决策部署和各项会议精神，深挖金融服务潜能，忠实履行财务公司职责使命，在资金保障、降本增效等重点工作上精准发力，为助力集团实现年度目标积极履行了内部银行职能。截至 2021 年末，公司资产总额 85.41 亿元，负债总额 50.52 亿元，存款余额 50.27 亿元，贷款余额（含贴现）59.35 亿元，不良贷款率为零。获得集团 2021 年度“党建示范单位”、山东省文明委“省属企业精神文明单位”荣誉称号。

【信贷业务】公司积极发挥内源信贷融资职

能，通过统一调度规划成员单位融资规模、放款时间，创新优化授信流程，最大限度地利用归集资金可贷额度，提高授信效率，2021 年累计发放流贷、法透 86.39 亿元。

【资金业务】 一是作为集团资金结算平台始终保持“零差错、零收费、零投诉”的优质服务，不断提高安全、高效、便捷的运营能力。二是做好流动性风险常态化管理工作，加大资金预算管理力度，精准预测公司头寸状况，积极准备应对方案，扩大同业授信范围，增加授信额度，增强短期融资保障能力，有效熨平了资金波动，确保了流动性安全。

【资金集中】 公司多措并举，实现可归集资金集中度快速提升并保持在高位水平。境内成员企业开户归集覆盖率达 100%，可归集资金集中度年末达 99.7% 的历史新高，较上年平均提高近 6 个百分点，全口径资金集中度达 54.37%，较上年平均提高 7 个百分点。

【票据业务】 公司加大电票承兑业务宣传，成员单位用票意识增强。截至 2021 年 12 月末，有 17 家成员单位实现了电票业务零的突破，其中 9 月办理承兑 4.94 亿元，创单月开票量最高纪录。全年电票承兑 28.74 亿元，同比增长 86%，办理贴现 7.03 亿元，同比增长 70%。

【业务创新】 一是公司重启即期结售汇申办工作，在集团的大力支持下，通过业务调研、制度汇编等多方面筹备，于 2021 年 10 月取得中国外汇交易中心会员资格，即期结售汇业务顺利获批。二是公司以副牵头行、参加行形式参与邮储银行 6 亿元银团贷款，金融服务再添新途径。

【风险管理和内部控制】 按照监管部门、集团风险管理要求，及时报送监管报告、报表，组织完成反洗钱年度报告、安全生产风险排查等工作，开展 2021 年风险识别和评估活动，形成全面风险管理报告，开展“内控合规管理建设年”活动，分阶段持续巩固完善现有合规内控体系和规范建设成果基础，组织召开公司监管评级工作专题会议，分析公司评级存在的问题，提出解决思路和措施。

【企业文化建设】 公司充分发挥党建核心引领作用，深入学习习近平新时代中国特色社会主义思想，以党史学习教育为抓手，持续巩固强化理论武装，以支部建设为基础，不断加强党组织“硬核”能力。严明纪律规矩，履行监督首责，深入开展改进工作作风、优化经营环境、提升服务质量监督检查，纠治作风顽疾，保障改革推进和上级决策部署落地落实。

S

山东能源集团财务有限公司

【集团概况】 山东能源集团有限公司（以下简称“集团”）是由原兖矿集团和原山东能源集团联合重组成立的山东省属大型能源集团，是以矿业、电力、高端化工、高端装备制造、新能源新材料、现代物流贸易为主导产业的能源产业国有资本投资公司，是全国唯一一家拥有境内外四地上市平台的大型能源企业，是我国国际化程度最高的能源企业，形成 4 家主板上市公司、1 家科创板上市公司、4 家新三板挂牌公司的多元化多层次资本市场上市新格局。2021 年实现营业收入 7520 亿元，利润总额 233 亿元，年末资产总额 7510 亿元。集团列 2021 年世界 500 强企业第 70 位。

【经营概况】 山东能源集团财务有限公司（以下简称“公司”）紧跟集团战略方向，主动理思路、补短板、强特色，以风险防控为基础、以服务集团主业为根本，不断探索服务方式，挖掘金融潜力，全力助推集团实现高质量发展。2021 年实现营业收入 5.8 亿元、利润总额 3.77 亿元。截至 2021 年 12 月末，公司资产总额

313.92亿元，资本充足率为26.01%，流动性比例为78.12%，不良资产率、不良贷款率均为零，各项风险指标符合监管要求。

【信贷业务】公司针对不同成员单位的经营特点和个性化的资金需求，连续推出“速贷通”“保易通”“票易通”“信易通”等七款“通系列”特色产品，实现集团内部资金供需的高效对接。如“速贷通”是超短期贷款资金池，授信客户当天申请、当天放款、期限灵活、随用随贷、用完即还，利率远低于外部银行；“智改通”是专门支持集团“5G+智慧矿山”和智能装备制造板块发展的贷款新模式。

【资金业务】为避免资金大幅波动影响公司服务能力和外部收益，公司提前制定应急预案、强化日间资金调度、合理安排信贷投放、与同业机构密切沟通，通过银行间市场办理了首笔固定收益类有价证券投资业务、实现了首笔与商业银行的同业拆入业务，成功打通了外部投、融资渠道，搭建起资金管理的“蓄水池”。

【票据业务】通过升级票据池功能模块、增强系统集成化程度，满足成员单位的定制化需求，最大限度地实现了入池票据的统一管理。与中信银行成功搭建统收统付票据池，并顺利完成首笔业务测试，帮助成员单位根据自身不同需求选择开票银行。同时，中信银行认可财司电票入池，能够将财司信用转换为银行信用，使票据池由单一模式变为“两条腿走路”，更好地发挥了协同创效作用。

【资金集中】公司以集团《资金管理办法》为抓手、以财务共享系统上线为契机，通过逐户分析、分类施策、专人督促等方式，对20家二级公司共计402家成员单位进行了逐户核查，全面了解成员单位的账户情况、资金构成、未归集资金等，形成了贯穿账户开立到使用、资金流入到流出的全方位、多层次的资金监控体系。

【业务创新】针对成员单位资金短缺问题，公司充分发挥信用优势、探索外部渠道，利用金融牌照为企业增信。公司始终牢记“服务”使命，在内部资金紧张时充分调动外部资源，在不占用公司资金的情况下，与外部银行合作，为成员单位办理代开国内和国际信用证业务，实现了“国内证国际证”双循环。2021年已成功开立进口信用证390万美元，累计办理代开国内证、国际证20亿元人民币。

【风险管理和内部控制】组织开展“规范建设提升年”“内控合规管理建设年”等活动，梳理近年来的全部内部制度182项，整理外部监管政策汇编，分门别类开展“后评价”和“废改立”工作，持续提升制度管理的科学性、有效性，切实发挥合规管理“第一道闸门”的作用。持续收集金融机构的风险事项，筛选其中多发、易发的难点问题，精准制定风险管理策略和防控措施，建立覆盖全公司42类重点业务品种、40个关键岗位、209项风险点的风险清单，成为全体员工开展一线风控的有力工具。

【人力资源管理】公司注重员工培养，通过同业交流、外出培训等方式积极“走出去”，学习行业先进经验；结合公司业务需求将专业讲师“请进来”，有针对性地讲授金融知识，开展了以“以法为纲，推动票据业务健康发展”为主题的法律讲座；定期组织内部制度学习，依托案防测试系统开展金融合规知识测试，不断提升员工风险防范“内驱力”，增强金融素养。

【信息化建设】公司不断加强信息科技基础设施建设，完成ACS综合前置系统、标准化监管报送系统、利率报备监测分析系统的建设，通过实现报送流程的全自动化，不断提高工作效率；同时积极建设本地数据容灾中心，进一步提高网络及数据安全管理水平，为业务连续开展提供了可靠的环境保障。

【企业文化建设】公司以党史学习教育活动为契机，加强对习近平新时代中国特色社会主义思想的理论学习，先后开展了“党课送基层”“党员话初心”“党建品牌做示范”、微视频等主题活动，夯实思想根基。加大党员干部培养，2021年发展预备党员4名、入党积极分子2名，组织党员先后赴焦裕禄纪念馆、淄博原山艰苦教育基地、莱芜战役纪念馆等地认真学习先进典型精神，激发党员的爱国情感和工作热情。

山东省商业集团财务有限公司

【集团概况】山东省商业集团有限公司（以下简称“集团”）是1992年底由山东省商业厅整建制转体组建而成的国有企业，现高度聚焦零售产业和健康产业两大主业，教育作为支撑。集团拥有2家上市公司（银座股份、鲁商发展）和4所高校、8个国家级研发平台、7个院士工作站、4个中国驰名商标，下属企业307家，安置劳动力20万人，在校师生6万人，资产总额超1200亿元，年纳税逾30亿元。2021年实现营业收入300.52亿元，入选中国企业500强。

【公司概况】2021年，山东省商业集团财务有限公司（以下简称“公司”）紧紧围绕“依托集团、服务集团”的宗旨，以集团“转型年”战略为指引，强化金融创新，提升服务质效，高质量完成各项工作。截至2021年末，公司资产总额87.40亿元，负债总额63.63亿元，所有者权益总额23.77亿元。2021年累计实现营业收入2.35亿元，累计实现利润总额1.82亿元，净利润1.32亿元，上缴税金6706万元。

【服务实体】公司以服务实体经济为己任，全方位提高金融服务水平。一是立足本职，积极推动减费让利惠及成员单位和供应链客户，2021年增利减费让利6458万元。其中通过执行利率差异化政策、简化存款业务办理流程为成员单位增加存款利息收入3965万元；通过票据贴现、再贴现、转贴现等方式为成员单位节省财务费用3086万元；践行社会责任，助力疫情防控，积极调整贷款利率，年平均贷款利率降为3.68%，低于集团平均融资成本2.78个百分点。

【信贷业务】公司扎实推进各项基础业务，推出多种信贷产品，助力产业发展。2021年累计发放成员单位贷款90.99亿元、产业链保理业务230万元，办理电子银行承兑汇票承兑业务13.28亿元、代理承兑业务3.30亿元、电票贴现业务3.40亿元，办理保函业务2亿元。

【产业链金融】2021年，公司办理保理业务2笔、金额230万元。累计办理“一头在外”的票据贴现业务459笔、金额3.40亿元。截至2021年末，保理业务余额230万元。

【资金业务】公司加强与各成员单位的沟通，全面统筹资金收支，在保障流动性安全的前提下，尽最大努力满足各项用款需求，全力支持集团债务的刚性兑付。在头寸管理方面，融入资金74.36亿元，卖出贴现资产1.90亿元补充流动资金，此外，利用资金空档适时拆出资金4亿元，进一步维护了同业关系。

【投资业务】公司积极探索新的业务模式和利润增长点，大力发展投资业务，截至2021年末，投资业务余额8.48亿元，累计投资收益4302万元。此外，积极探索新的投融资渠道，成功落地理财产品投资业务、银行间债券买断式回购和票据质押式回购业务，融入资金3.52亿元。

【票据业务】2021年，公司进一步梳理票据业务流程，改造开票系统，储备同业头寸，使集团零售业态票据支付趋于常态化。银行承兑汇票业务2021年累计发生13.28亿元，电票贴现业务3.40亿元。此外，积极践行社会责任，向人民银行成功申请办理涉农再贴现业务，为6家涉农供应商办理票据再贴现业务1.45亿元。

【外汇业务】公司积极探索锁汇产品，合理规避汇率风险，2021年累计锁汇2.90亿美元和3650万欧元，获得反平收益1796万元；通过跨境双向人民币资金池归集25.60亿元，境外调出资金6.61亿元。

【风险管理和内部控制】公司牢固树立“内控优先、合规为本”理念，进一步完善制度机制，强化工作举措，建立健全内控合规长效机制。一是以“内控合规管理建设年”“规范建设提升年”和重大信息虚假专项排查工作为抓手，强化从业人员合规意识、风险意识、危机意识，构建风清气正的清廉金融文化。二是将常态化的强内控、促合规与阶段性的补短板、除顽疾相结合，聚焦内控合规管理薄弱领域精准发力，强化自查和检查发现问题的整改问责，助推新业务落地和公司平稳运行，2021 年行业监管评级较上一年提升一级，达到 2A 级。

【信息化建设】2021 年，公司数据中心独立区域建设项目顺利投产使用。此项目为新核心系统上线提供了强有力的基础设施支撑，对公司信息化建设水平的提升起到了重要作用。此外，新核心系统经过全面的测评试运行后，在确保安全的情况下顺利完成了升级。

【企业文化建设】2021 年，公司坚持以习近平新时代中国特色社会主义思想为指导，紧密结合庆祝建党 100 周年宣传教育和党史学习教育活动，深入开展各项文化建设活动。一是持续以“主题党日”深化党支部建设效果，丰富公司文化活动，2021 年共开展主题党日活动 7 次。二是持续提升群团服务工作实效，增强工会组织活力，结合“我为群众办实事”实践活动，收集意见建议 43 条，累计办实事、解难题 11 项。三是坚持正确的舆论导向，聚焦改革创新，增设电子屏，制作党建宣传板，让党建文化上墙；充分利用新媒体优势，多角度、多形式宣传公司最新动态和企业文化，发布新闻、视频、美图美文 89 篇。

山东招金集团财务有限公司

【集团概况】山东招金集团有限公司（以下简称“集团”）注册资本 12 亿元，为招远市国有控股公司，是集聚黄金矿业、非金矿业、黄金交易及深加工业、高新技术产业、房地产业、金融业六大产业的大型综合性集团公司。截至 2021 年 12 月末，集团总资产近 608 亿元，总负债约 401 亿元，销售收入达到 522 亿元。

【公司概况】2021 年，山东招金集团财务有限公司（以下简称“公司”）以“立足集团、服务集团”为宗旨，围绕提高“服务速度、业务广度、基础厚度、合作温度”精准发力，实现“业绩优异、管理优胜、创新优势、团队优化、环境优美”。截至 2021 年，公司总资产 66.59 亿元，总负债 50.21 亿元，所有者权益 16.38 亿元，实现拨备前利润 6478 万元，无不良贷款，各项指标符合监管要求。

【服务实体】公司不断强化对成员单位的主动服务意识，通过走访深入了解成员单位的经营情况和金融需求，主动献计献策；想客户所想、急客户所急，不断扩大提供法人账户透支业务的客户数量和金额；为中小微企业提供无还本付息、优惠利率等政策支持，全年通过存贷款利率优惠和减免手续费为成员单位增收节支 5770 万元。

【信贷业务】公司克服疫情和矿山整顿影响，优化业务流程，努力提高资金调剂能力。通过提升信贷融资审批效率，尽最大努力满足成员企业临时资金需求，2021 年公司累计向成员企业投放资金 157 亿元，信贷资金周转次数达到 5 次。

【产业链金融】公司积极办理延伸产业链业务，当年新增上游客户 10 个，办理“一头在外”电票贴现 51 笔。

【资金业务】公司强化同业合作，丰富合作品种、扩大交易量。2021 年银行间市场交易量达 1579 亿元，品种涵盖人民币信用拆入、拆出，外币信用拆入、拆出，票据业务、债券质押正回购等。

【投资业务】2021年，公司投资业务交易量达到54.10亿元，品种包括国债、国开债、货币基金、银行理财等。年末投资于余额4.90亿元，全部投资于国债、国开债。

【票据业务】2021年，公司票据业务交易量达到53.17亿元，品种包括贴现、再贴现、质押式回购、承兑等。票据池业务取得突破，成功利用交通银行票据池实现了为成员单位增信，成员单位零保证在国有银行开立银行承兑汇票；承兑业务实现突破性进展，财务公司承兑票据在市场上认可度逐渐提升；质押式回购业务全年交易量达到28.61亿元。

【外汇业务】公司外汇服务平台搭建日渐完整。开办外币拆入、拆出业务，具有外汇资金调剂功能；通过跨境资金池完成外债借入和外币借出，实现境内、境外成员单位资金互联互通；设计境外资金境内保值方案，为成员单位创造新的盈利点；配合即期结售汇业务的开展，公司为成员单位建成完整的外汇业务服务平台。2021年完成5650万美元的外债资金归还和8120万美元的境外放款，协助成员单位完成4120万美元的外汇保值，即期结售汇业务量达到15995万美元。

【资金集中】2021年，公司累计完成结售汇业务量达到15995万美元；账户集中比例达到63.16%；考核口径资金归集度为98.97%；累计完成资金清算90098笔、金额15919亿元，累计完成跨境资金清算36笔，折合人民币24.9亿元，安全快捷无差错。

【业务创新】2021年，公司通过产品流程再造，规划出跨境资金业务的品种，给成员企业新增了盈利空间；通过票据池业务，让成员单位零保证金享受国有银行票据贴现利率。

【风险管理和内部控制】公司顺利完成新一届支委会换届，"党、政、工、团、妇"组织持续发挥作用，法人治理体系更加完善；新出台和修订各项规章制度80项，"四位一体"制度体系得到补充；通过"工作清单"和"红绿灯"的高效运转体系，行政效率和质量不断提高；坚持"慎小、慎初、慎独"的管理理念，"火眼金睛"机制持续发挥作用，业务自我监督覆盖率达100%；风险识别和计量水平不断提高，应急演练、压力测试持续加强，风险的识别和处理措施得到进一步完善，合规管理的理念得到有效贯彻和执行。

【人力资源管理】公司重新优化组织架构与职责，进一步提升公司整体战斗力。完善"岗位工作清单建立、月度工作计划审批、周例会调度、红绿灯制度和督办平台展示、绩效考核点评"执行体系，持续推进执行力建设，工作效率不断提高。持续推进学习型组织建设。五年学习提升政策的实施取得实效，新增高级工程师资格1人、中级银行从业资格证13人、中级经济师资格2人、中级审计师资格1人、证券从业资格证3人、基金从业资格证4人、黄金职业资格证5人、期货从业资格证1人，金融队伍专业水平再次升级。

【信息化建设】公司完成核心系统大版本升级，采用原生云架构，大幅度提升系统安全防护能力；完成EAST系统、利率报备系统、标准化数据系统、ACS系统的上线；完成UPS电池更换、内部无线网络改造等基础项目，进一步稳固信息网络安全。

【企业文化建设】公司打造学习型组织，提高员工履职能力。每月开展"樊登听书""弟子规行为规范""匠人精神三十条""敬业、专业、职业""金字塔思维任务讲解"等固定的团建项目，不断提高全员职业素养，打造有利于提升内控管理和推崇合规文化的工作氛围；通过生日会、入职周年庆、徒步走、科学减压等活动丰富员工的生活，打造有温度的团队。

S

山东重工集团财务有限公司

【集团概况】山东重工集团有限公司（以下简称“集团”）是山东省国资委监管企业之一，为国有控股公司。2021 年，集团重卡全年销售 44.90 万辆，市场占有率同比提升 2.6 个百分点。全年累计实现营业收入 3344.60 亿元，同比增长 5.29%，利润总额 200.07 亿元。

【经营概况】2021 年末，山东重工集团财务有限公司（以下简称“公司”）存款余额 393.00 亿元，同比增长 15.59%；贷款余额 181.12 亿元，同比降低 8.16%；实现营业收入 14.04 亿元，同比增长 29.74%；利润总额 5.65 亿元，同比增长 32.62%。

【信贷业务】公司针对成员单位的经营状况，制定了优先支持、适度支持和限制准入的“一户一策”信贷政策，对接融资需求，制定服务方案，集中优势资源，通过贷款和票据业务加大对潍柴、雷沃、山推、中通、亚股、陕重汽、汉德等核心企业的支持，发挥融资主渠道作用。截至 2021 年末，集团成员单位各项贷款余额 137.33 亿元，其中，整车整机企业贷款占比达 62.40%，绿色新能源企业贷款占比达 11.17%。公司对成员单位主动让利，降低企业融资成本，全年让利超过 4000 万元。

【产业链金融】公司将产业链业务作为市场化经营的核心，开展产业链攻坚活动，责任层层落实到人。围绕核心成员单位，以产业链协同机制和名单制客户为抓手，按月对接采购、财务、法务等关键部门，推荐优质客户，实现精准营销。截至 2021 年末，产业链贷款余额 37.97 亿元，占信贷资产余额的 20.97%。

【资金业务】2021 年，公司以流动性为基础，保证日常支付需求，持续完善资金计划管理体系，提高资金计划的准确性和有效性，实现了公司流动性平稳运行。以市场化为导向，大力开展资金交易业务，围绕“交易达成”的核心理念，积极主动开展资金交易，全年资金交易业务发生额 901.76 亿元，资金交易业务平均收益率达到 3.13%。以安全性为底线，保证交易资产安全，严格开展授信管理，投资业务品种由公司投资管理委员会及董事会审定，确保业务合规开展。

【票据业务】公司针对集团板块衔接紧密、关联交易额大、以票据结算为主的特点，梳理关联交易图谱，利用财务公司银行承兑汇票解决关联交易。2021 年，公司银行承兑票据开票规模 101.43 亿元，同比增长 15.30%。在满足成员单位关联交易的基础上，公司还通过自建票据池，提供“票据质押—票据承兑—票据托收”的一揽子票据服务，为成员单位办理票据入池 343.27 亿元，新开票据 274.36 亿元，减少存放银行保证金 82.31 亿元。

【外汇业务】2021 年，公司编制《国际业务规划（2022—2025）》，为国际业务的发展确定了方向。通过扎实开展跨境资金集中管理，办理成员单位集中收付汇，发挥“一个账户，集中收付”的优势，全年办理外汇收付款 7739 万美元，同比增长 5.25%。积极协调工商银行、中国银行一级机构将外汇交易清算层数由 4 层减至 1 层，时间缩短至 1 小时；增加英镑交易币种，实现主要外汇交易币种全覆盖；第一时间承接新纳入成员企业结售汇需求，实现企业服务全覆盖。全年累计办理即期结售汇业务 8.15 亿美元。

【资金集中】公司立足于“账户开立、账户授权、限额管理”的成熟机制，实现账户开立应开尽开、外部账户授权应授尽授、集团资金应收尽收。公司坚持以财务公司为主导的“银

S

企财”三方共赢的票据池合作模式，票据池业务有效运转；重点加大市场化结算产品推介力度，提升结算协同效益；不断完善信息化建设，进一步提升了结算自动化水平和风险控制能力；实现7×24小时不间断结算服务，结算量首次突破40000亿元。

【风险管理和内部控制】2021年，公司制度管理水平不断提升，全年新立项制度7项、修订制度90项，进一步强化基础规范和前端风险防控，提升规范标准的适用性和有效性。连续六年开展“风险合规管理建设年”活动，发挥二道防线职能，不断强化全员合规意识，实现自觉践行合规文化落地，风险合规管理机制进一步固化。持续优化全面风险管理体系，推进法人治理、信用、流动性、市场、信息科技、操作风险六大风险管理体系运行与日常经营管理紧密结合。

【人力资源管理】公司制定了人力资源三年规划、员工个人职业生涯规划，开展导师带徒活动，按季开展员工履岗能力评价，做好三层次培训，全年共培训30次，达到人均118个学时，员工素质得到了极大提升，公司具有银行专业资格人员占比达87.50%。

【信息化建设】2021年，公司将信息化工作重点由新项目建设转移到现有系统的完善上来，通过依托信息化项目推进责任制，实现了主要应用系统的全覆盖，达成了“三保障”的目的，即保障市场化业务、保障精细化管理、保障服务提质提效，显著优化了系统功能，提升了客户体验。公司持续加大在业务连续性和安全基础方面的投入，切实做好“三完善”，即完善“两城三中心”建设、完善运维体系建设、完善安全体系建设，为公司生产经营活动提供了坚实的安全保障。

【企业文化建设】公司连续四年组织全员企业文化脱产培训，进一步强化了员工对“干就负责、做就到位”的执行力文化的理解认同。通过建立企业文化墙，增强员工的参与感，使公司与员工和谐发展的“大家庭文化”氛围更加浓厚。

S

山西焦煤集团财务有限责任公司

【集团概况】山西焦煤集团有限责任公司（以下简称“集团”）是具有国际影响力的炼焦煤生产加工企业和供应商，列2021年世界500强企业第403位。集团组建于2001年10月，属山西省国有独资企业，下有23个子分公司，拥有3家A股上市公司。集团以煤炭生产、加工及销售为主业，兼营焦化、现代物流贸易、民爆等产业。现有151座煤矿、50座选煤厂、4座焦化厂、6座燃煤电厂，民爆产能12.2万吨/年。主导产品有焦煤、肥煤、1/3焦煤、瘦煤、气肥煤、贫煤等全系列煤种。

【经营概况】2021年，山西焦煤集团财务有限责任公司（以下简称“公司”）实现营业收入11.37亿元，利润总额8.56亿元，净利润6.18亿元，年末资本充足率为19.16%，流动性比例为54.31%，无不良贷款，各项经营指标均创历史新高。

【信贷业务】2021年，公司对36户成员单位开展信用评级，提供352.04亿元的综合授信。全年办理流动资金贷款162.24亿元、委托贷款311.93亿元。公司全年贷款本息收回率达100%，自营贷款余额201.88亿元，委托贷款余额613.95亿元，无不良贷款。

【产业链金融】2021年，公司累计受理接待120余家集团外部供应商客户，开立产业链融资账户93个，办理产业链金融业务60笔，产业链金融业务均为“一头在外”票据贴现，累计融资规模达到13692.92万元，创造直接经济价值271.33万元，为集团上游中小微企业降低融资成本22.93万元。

【服务实体】2021年，公司累计发放流动资金贷款162.24亿元，办理贴现2.29亿元，其中产业链“一头在外”票据贴现1.36亿元；累计为成员单位办理委托贷款311.93亿元，累计办理电子银行承兑汇票业务51.29亿元，缓解了成员单位的资金压力，支持了实体经济的发展。

为降低企业融资成本，规范服务收费，公司对集团本部、山西焦煤集团融资担保有限责任公司办理委托贷款暂不收取手续费；持续降低成员单位流动资金贷款成本，较成员单位在外部商业银行贷款利率水平降低约20个基点；调整贴现利率，使贴现利率低于市场利率水平，全年为集团内成员单位节约财务费用共计13.16万元；“一头在外”贴现利率较外部银行最低报价低20个基点，助力产业链上小微企业降低融资成本，累计节约财务费用22.93万元。

【资金业务】2021年，在资金业务方面，公司以精益化管理为抓手，在保证正常支付需求的前提下，以存放同业收益率为指挥棒，日常资金向高利率银行账户集中；加强市场谈判，通过对合作商业银行相关资产的了解和分析，在市场利率下跌前锁定较长期限的存款利率；推动金融创新，以活期存款享受定期存款利率为目标，与合作银行协同，提升公司资金收益。公司全年存放同业实现利息收入3.42亿元，年化收益率达到2.33%。

【投资业务】公司投资业务定位于加强资金管理和提升资金效率，遵循“安全性、流动性、效益性”的原则，以资产负债比例管理和风险管理为中心，严格对合作机构实行准入管理和同业授信管理。同时，积极开展金融市场研究，加强公司行业投资业务分析以及债券市场研判工作。2021年，公司按照监管导向，合理配置各类资产，整体资金投向结构以货币市场基金为主，适度配置了信用债以及债券类资管产品，首次参与非公开发行股份募集配套资金项目。2021年末投资业务存量规模38.56亿元，各项风险收益指标完成情况良好。

【票据业务】通过票据增信、助力流通等手段构建企业内部支付体系。公司积极与同业合作，为企业内部承兑的票据资金（财票及商票）提供包贴、保兑的服务。加强风控管理，做好业务自查，梳理、优化、完善各项业务制度，规范业务流程设计。加强员工行为管控和排查。2021年，办理贴现业务2.29亿元，开立承兑汇票51.29亿元，代开信用证7.5亿元，办理票据转贴现3亿元。

【资金集中】公司最大限度整合内源资金，完善资金归集平台建设，加强成员单位商业银行账户管理，保证资金安全。2021年12月，集团全口径资金集中度为52.03%。全年累计日均归集资金311.32亿元，比上年同口径增长24.46%。各类业务累计结算量35.13万笔、金额18592.74亿元，分别比上年同口径增长43.66%、23.04%。与成员单位签署代理支付新增协议210个，提供代理支付业务22.15万笔、金额1872.11亿元，分别比上年同口径增长58.21%、110.12%。

【风险管理和内部控制】公司以《关于加强2021年度风险防控工作的决定》为工作指导，以“一事一表”形式进行目标化管理，确保全面风险管理工作落实到位。加强统一综合评级授信管理，严格各项业务事前、事中、事后审核。通过资产五级分类计提损失准备，提高公司资产质量。积极落实授权、轮岗、对账等措施，加强合同、密钥、台账等基础管理。全年完成17项专项审计。2021年，公司共召开5次内控委员会会议。

【信息化建设】2021年5月15日，公司正式以直连方式接入中国票据交易系统。6月完成中国工商银行备用加密机的调试并上线。完成了国有资本穿透式监管平台报送系统和国运公司资金管理系统建设。对公司所有电脑逐一进行软件正版化工作检查。完成了ECDS线上清算、井票手续费扣收、票据到期扣收等电票业务自动做账等相关新需求的上线工作。

【企业文化建设】公司做好新型冠状病毒肺炎疫情常态化防控。坚持强化理论武装，反复学习领会习近平总书记系列重要讲话精神、十九届六中全会精神。认真开展党史学习教育，公司党支部与海通证券山西分公司党总支联合开展“庆百年华诞，瞻红色基地”党建联建活动。每月组织开展主题党日活动。认真做好意识形态研判工作。开展“党风廉政建设宣传月”活动，签订党风廉政建设目标责任书。落实新焦煤文化重塑工作，规范运用企业标识。加强业务培训，开展青年员工上讲台授课活动。参加集团开展的羽毛球赛、篮球赛。

陕西煤业化工集团财务有限公司

【集团概况】陕西煤业化工集团有限责任公司（以下简称“集团”）是陕西省委、省政府为落实“西部大开发”战略，充分发挥陕西煤炭资源优势，从培育壮大能源化工支柱产业出发，按照现代企业制度要求，经过重组发展起来的国有特大型能源化工企业，是陕西省能源化工产业的骨干企业，也是省内煤炭大基地开发建设的主体。集团自2004年成立以来，经过17年的改革发展，通过投资新建、收购兼并、资产划转、内部重组等多种途径，形成了煤炭开采、煤化工、燃煤发电、钢铁冶炼、机械制造、建筑施工、铁路投资、科技、金融、现代服务等相关多元互补、协调发展的产业格局。旗下二级全资、控股、参股企业60多家，上市公司4家，员工总数12万余人。2021年，集团实现营业收入3952亿元，实现利润总额372亿元，资产总额6400亿元。2015年首次入选世界500强企业，连续7年入榜，排名稳步提升，列2021年世界500强企业第220位。

【经营概况】截至2021年12月31日，陕西煤业化工集团财务有限公司（以下简称“公司”）资产总额423.27亿元，同比增长25.80%；负债总额378.71亿元，同比增长28.41%；所有者权益44.56亿元，同比增长7.26%。全年累计实现营业收入10.14亿元，同比增长30.02%；利润总额6.51亿元，同比增长33.17%；净利润4.89亿元。

【服务实体】2021年，公司扎扎实实推进降本增效，一是发挥司库职能归集资金，全年累计为全集团节省外部财务费用7.42亿元。其中，为集团提供贷款累计351.7亿元，为集团节省外部财务费用5.3亿元，有效降低集团资产负债率1.21个百分点。二是按银行汇划收费标准，全年为成员单位节省手续费419.34万元。

【信贷业务】2021年，公司自营贷款累计发生额405.86亿元，委托贷款累计发生额11.8亿元，保函业务累计发生额2亿元。有效授信客户19家，授信余额合计575.26亿元。贷款、票据贴现定价机制进一步优化，有效降低成员单位服务价格。

【结算业务】2021年，公司在继续确保零差错的基础上，实现了服务规模大幅增加，服务质量显著提高，信息化水平进一步提升，累计结算66.91万笔，同比增长14.26%，结算金额2.4万亿元，同比增长14.88%。

【资金业务】2021年，公司在集团债券融资协同方面发挥了重要作用。全年累计协助集团在银行间和交易所发行债券24只，累计募集资金510亿元，发行价格多数低于或贴近当期估值。同业渠道有序拓展，对31家准入行的风险限额进行测算，与4家银行洽谈同业授信业务。积极推动公司信用评级工作，使公司获得AAA级主体信用评级，加快公司资本市场形象塑造。

【投资银行业务】2021年，公司严格按照监管要求，积极稳妥开展投资业务，严控风险，获取稳定收益，利用自身金融牌照和专业优势，服务集团成员单位个性化需求，发挥财务顾问作用，助力成员单位完成股权激励，财务顾问服务取得实效。

【票据业务】 2021 年，公司全年办理贴现业务 37 笔，贴现金额 22.04 亿元，同比增长 24.38%；票据签发 74.23 亿元，同比增长 138.53%，兑付 46.65 亿元。全年票据业务合计 4156 笔，处理票据 8236 张，综合票据服务量 147.93 亿元。

【资金集中】 2021 年，公司资金归集取得较大进步。截至 2021 年 12 月 31 日，公司存款时点余额 377.73 亿元，同比增长 28.25%，日均存款 309.48 亿元，同比增长 42.13%。公司继续深化资金、账户监控和管理机制，按照集团部署，在集团内部全面开展账户和资金集中管理专项检查。

【业务创新】 2021 年，公司向集团、成员单位发放银团贷款，参与份额为 2.9 亿元，撬动资金杠杆 4 倍以上，使利率下浮 100 个基点以上；以基准利率向府谷能源发放绿色贷款 2 亿元；通过票据置换为成员单位拓宽支付手段及融资渠道；协同银行快速响应，调动一切资源，向成员单位提供急需的专项金融服务，24 小时内代开保函 6000 万元，创中国银行及公司最快纪录。

【风险管理和内部控制】 2021 年，公司编制了“十四五”风险管理规划，完善了顶层设计；全面梳理业务风险点，重点审查业务实质风险，提高风险管理规范性；强化内控合规管理，优化制度体系建设，压实主体职责，规范授权及业务关键人员管理；加强法律事务管理，妥善处置涉诉事件，优化日常合同管理，深化外聘律师事务所合作，强化业务部门与律师双向沟通。公司内审部门完成 15 项内审项目，流程更加标准化，能够深入业务、管理关键细节；审计成果的应用价值显著增大；审计团队稳定性增强，专业能力进一步提升。

【人力资源管理】 公司构建起管理和技术人才职业发展“H 型”双通道晋升体系，有效扩大了员工发展空间；持续推进薪酬与绩效考核体系改革；在员工培养方面，组织内外部培训 10 次、金融市场动态分享会 10 次、新员工岗前培训 11 次；进行员工岗位调整或轮岗 25 人次，人员配置效率及能力有所提高。

【信息化建设】 公司信息化建设坚持“结合实际、服务业务、提升效率”的原则，一方面，克服客观困难，多措并举，改进现有系统，提升运行效率，优化应急响应机制，实现信息技术对业务的保障和支撑；另一方面，成立新一代项目筹备组，全面梳理各项业务需求，加强同业机构信息化建设交流，完成咨询需求前期准备，积极推进新系统建设。此外，公司按照监管部门要求成功上线两个系统，建立信息共享平台，信息交互、数据处理效率大大提升，信息技术的管理驱动功能进一步体现。

【企业文化建设】 2021 年，公司党支部围绕习近平总书记系列重要讲话及重大会议、重要文件精神，组织党员、干部集中学习 40 余次，持续提升党员干部的政治理论修养。大力推动党支部标准化建设，在直属党工委各季度评比中均名列前茅，被评为集团直属党工委 2020 年度先进党支部。扎实开展党史学习教育活动，开展“党员先锋岗”创建授牌工作，举办“百年恰风华、奋进新征程”征文活动，组织党员观看红色电影，赴陕西省蓝田县葛牌镇红色教育基地参观学习，开展学习贯彻十九届六中全会精神主题党日活动，召开“学习党史强信念、聚力一流开新局”座谈会，解决事关公司改革发展和职工利益的实事。积极开展思想政治研究工作，两篇论文分获陕西省煤炭工业协会思想政治工作研究二等奖、三等奖。公司不断加强新闻宣传工作，守正创新开展企业文化建设，持续加强集团“奋进者”文化落地，大力弘扬陕煤精神。

陕西投资集团财务有限责任公司

【集团概况】 陕西投资集团有限公司（以下简称“集团”）是陕西省首家国有资本投资运营公司，隶属于陕西省政府，注册资本100亿元。投资领域涉及国民经济16个行业，实业方面涵盖地勘、煤炭、电力、航空、房地产酒店、物流、化工、新能源及新兴产业等板块；金融方面涉及证券、信托、基金、期货、保险、融资租赁、财务公司等业务。2021年，集团营业收入754.16亿元，列中国企业500强第277位、中国服务业企业500强第108位。

【经营概况】 2021年，陕西投资集团财务有限责任公司（以下简称“公司”）严格贯彻落实集团决策部署，切实发挥司库管理职能，狠抓资金集中管理，夯实功能定位，资金运营效率稳步提升，各项业务指标再攀新高，金融服务职能日益深化。截至2021年末，公司资产总额91.21亿元，同比增长12.79%；负债总额80.42亿元，同比增长14.30%；全年实现营业收入23265.09万元，利润总额9018.02万元；资本充足率为21.09%，月均流动性比例为68.12%，不良贷款率和不良资产率均为零。2021年，公司结合集团成员单位融资需求，全力推进自营票据业务，累计开立银行承兑汇票4.42亿元，有效满足成员单位支付结算需求。同时，稳健开展固定收益类有价证券投资业务，有效提升公司资金使用效率。

【服务实体】 2021年，公司累计走访调研成员单位共24家。为深入贯彻落实煤电行业和商品市场保供稳价有关政策要求，针对煤电企业，公司积极推进，逐户对接，制定详细的金融服务工作任务清单，按照“优先受理、优先审批、优先投放”原则，竭力为企业提供优质高效的金融服务。自保供政策出台以来，公司累计向煤电企业发放贷款9.6亿元，为电力供应企业开立财务公司承兑汇票4200万元，用于煤炭采购，助力煤电企业纾困。

【信贷业务】 2021年，公司以集团整体融资要求和资金流动性管理为目标，为集团和成员单位提供信贷服务，支撑集团战略落地。2021年，公司完成年度授信15家，发放贷款41.70亿元，累计为集团节约融资成本3531.07万元。

【资金业务】 2021年，公司继续强化资金运营管理，在保证资金安全性、流动性的基础上，不断提高资金使用效率。一是密切关注每日资金情况，根据各账户利率差异，结合成员单位资金计划，及时调拨资金，合理安排资金头寸。二是积极与各合作银行议价，争取较高的同业活期存款利率，同时寻求新的合作方式，新增协定存款与大额活期存款业务，提高了资金收益。三是及时利用闲置资金办理同业定期存款业务，2021年共办理同业定期存款业务18笔，累计交易金额90亿元。

【投资业务】 2021年，公司在银行间债券市场成功投资1亿元国债。随着首笔投资业务到期，完成业务全流程操作并对投资业务资金的闭环管理进行验证，提升员工专业性。

【票据业务】 2021年，公司完成票据系统二期开发及上线工作，制定公司商业承兑汇票信息披露相关制度与操作规程。2021年累计为成员单位开立财务公司承兑汇票4.42亿元，完成票据贴现50128.38元。

【资金集中】 2021年，公司继续加强资金集中管理，资金归集率及归集量稳中有升。开展集团内各成员单位工会账户资金集中，使该项工作向新的领域发展，整体上涵盖面更广，资金集中程度更深。2021年共完成70家成员单位（120个银行账户）的资金集中，年日均存款余额61.64亿元。截至2021年末，公司共完成184家成员单位、379个银行账户的资金归集。资金集中工作在集团内部持续高效、稳定开展。

【业务创新】一是研究集团供应链金融平台建设的可行性；二是研究现金管理及现金管理项下委托贷款的可行性，探索与思考系统建设方案。

【风险管理和内部控制】公司风险管理以落实集团重大风险排查和风险信息库完善为重点，深入推进管理“铁三角”融合并进。一是开展风险识别工作，针对不同类型风险点明确应对措施和预案，全面更新完善风险信息库，梳理分析风险点159个，将风险合规预防关口有效前移；二是修订《内部控制管理办法》《内部控制缺陷认定管理办法》《流动性风险管理办法》等多项制度，进一步规范业务操作流程，加强各项业务风险管控，强化内控基础，不断完善公司风险管理制度体系；三是对重要风险开展压力测试，通过测试不同压力情景下公司风险管理预案是否有效，进一步识别全面风险管理体系薄弱环节，增强公司风险管理的有效性、针对性，不断提升风险管理水平。

【人力资源管理】2021年，公司完成了绩效管理制度体系修订工作。结合“把公司目标落到实处、让人人肩上有责任、提升员工综合能力、形成合理的绩效应用体系、塑造积极的绩效文化”等目标，从财务、客户、内部流程、学习成长四个维度根据不同部门的实际情况形成每个部门的绩效指标库。兼顾了长期目标和短期目标、经济指标和非经济指标、内部和外部均衡发展的相关需求，有效推进公司健康可持续发展。

【信息化建设】2021年，公司完成了电子商业汇票系统、ESB服务总线系统、ODS数据平台系统的建设；开展了集团资金管控平台建设等。电子商业汇票系统全面上线运行，充分发挥了公司金融牌照优势，拓宽了集团成员企业的融资渠道。ESB服务总线系统为实现新一代核心业务系统“小核心、大外围”的松耦合架构奠定了基础。ODS数据平台为数字化转型及数据治理工作的有序开展奠定了基础，统一数据标准，确保报送数据的一致性，提高数据报送质量。公司大力推进集团资金管控平台建设，为集团未来实现银行账户、资金集中、债务融资、资金预算、资金结算、借款担保、票据管理、风险智能预警、决策支持和进一步提升服务战略、价值创造和风险管控能力提供了基础保障。

【企业文化建设】2021年，公司持续推进具有陕投特色的财务公司企业文化建设。大力开展“践行‘君子文化’引领管理‘铁三角’融合创新”活动，推动精细化“6S”管理落地，将全面精细化管理、全面风险管理融入企业文化建设。公司党总支在集团党委的正确领导下，以深入学习贯彻习近平新时代中国特色社会主义思想为主线，以推进党建“四个工程”（即党建示范工程、文明单位创建工程、“君子文化”倡导工程、“幸福陕投”工程）落地为核心，深入开展党史学习教育，充分发挥党员的先锋模范作用、党支部的战斗堡垒作用，全方位推进和提升党支部标准化规范化建设水平，为公司各项工作提供坚强保障。

陕西延长石油财务有限公司

【集团概况】陕西延长石油（集团）有限责任公司（以下简称“集团”）是集石油、天然气、煤炭等多种资源高效开发、综合利用、深度转化于一体的大型能源化工企业，曾为中国革命和经济建设作出过重要贡献，被誉为“功臣油矿”，1944年毛泽东同志题词“埋头苦干”

予以鼓励。2021 年，集团认真贯彻落实中央决策部署，坚持党建引领、产业强基、改革破局、创新赋能、文化聚力，全年实现营业收入 3506 亿元，实现税费 432.5 亿元，工业总产值、工业增加值同比分别增长 49.5%、18%，经营效益创近10 年来最好水平，实现了“十四五”稳健起步和良好开局。

【公司概况】2021 年，陕西延长石油财务有限公司（以下简称“公司”）紧扣“服务集团”的工作主线，以确保集团资金安全为工作核心，深入开展“三比三提升”活动，统筹推进资金管控、资本运营、业务发展、改革创新、疫情防控等各项工作，党建与经营深度融合，自身发展质效稳步提升，服务支撑作用更加凸显，年末资产总额 240.76 亿元，全年实现营业收入 6.86 亿元，利润总额 6.54 亿元，净利润 4.95 亿元，各项资产质量良好，不良贷款率为零，各项风险控制指标符合监管要求。

【服务实体】2021 年，公司加大内部信贷支持，累计发放贷款 124.02 亿元、办理电子银行承兑汇票 3.36 亿元、委托贷款 1.53 亿元、保函 0.16 亿元，年末自营贷款余额 117.07 亿元，较年初增长 21.37%，突破 100 亿元大关。结算平台高效运转，累计结算量 15.76 万笔、金额 8992.26 亿元，为成员单位节约手续费 432.92 万元。

【信贷业务】2021 年，公司坚持降本让利，全年流动资金贷款平均利率为 3.23%，较上年降幅为 5.56%。丰富业务品种，首次开展固定资产贷款业务，为集团重点建设项目审批固定资产贷款额度 44.98 亿元，全年投放 19.5 亿元。加大对高端绿色制造业的支持力度，提高靖边煤油气资源综合利用项目（该项目被国家发展改革委和联合国确定为“清洁煤技术示范推广项目”）授信额度至 15 亿元，并完成投放。

【资金业务】2021 年，公司严格遵守人民银行和银保监会相关监管要求与市场交易规范，各项资金业务开展平稳有序，在通过同业拆借市场手段调节公司流动性压力的同时，积极通过债券回购提高资金使用效率。全年累计开展同业拆借业务 68 亿元，累计叙做债券回购业务 751.22 亿元，全年交易无差错。

【投资业务】2021 年，公司投资风险管理体系进一步健全完善，自主风险管理的债券投资业务稳步发展，对多家债券发行主体进行自主信用评价。年末公司自营债券资产存量 21 亿元，持仓债券各发行主体经营状况良好、信用评级稳定，还本付息正常；同时，2021 年公司资管理财产品投资业务稳步提升，配置时机得当，各类资管理财产品净值表现稳健，全年为公司创造了较好的超额收益。

【资金集中】2021 年，公司坚持“应归尽归”原则，加强内部银行账户开户审批管理，加大资金归集力度，发挥内部“蓄水池”调节作用，进一步减少资金沉淀；累计归集资金 2.38 万笔、金额 3416.02 亿元，平均可归集资金归集率为 97.50%。运用长效化措施实施资金归集监督管控，每月开展货币资金效能比对工作，不定期开展现场、非现场的资金归集专项检查，深入了解成员单位的货币资金管理情况。

【风险管理和内部控制】2021 年，公司以全面风险管理体系建设为指引，完善治理机制，加强内控管理，有效防范各类风险。紧盯监管政策变化，滚动开展制度修订评估工作，全年新建制度 16 项，修订制度 31 项。完善专业委员会工作规程，提高业务审批的专业性及时效性。强化授权管理，组织编制了公司的权限指引表。建立内控评价机制，委托外部机构开展首次内部控制评价。

【信息化建设】2021 年，公司加快推进信息系统建设，金融基础数据系统、投资业务系统、检查分析系统（EAST）、利率报备系统均已进入搭建测试环节。启动了核心业务系统升级改造，采用先进的设计理念和领先的技术架构，以客户为中心，以产品为主线，以数据为驱动进行业务功能设计，实现业务参数化，本外币一体化，交易、核算相分离，拥有面向服务（SOA）的设计理念和分层设计架构，具备良好的业务创新能力，预计 2022 年上线运行。

【人力资源管理】2021 年，公司以优化劳

S

动用工组合、盘活人才潜能、提高劳动生产率为抓手，充分发挥绩效考核导向和激励约束作用，持续打造“四正”从业精品团队。精心策划“明星讲师”系列活动，开展关键岗位轮岗、岗位工作饱和度评定与人岗适配分析，推动干部任期考核和契约化管理。依托中国财务公司协会在线培训平台，采用“线上+线下”相结合的方式实施培训项目20项，员工业务能力和专业素养进一步提升。深入推进“三比三提升”和“我为群众办实事”活动，为员工建立补充医疗保险制度，职工综合医疗保障覆盖率达到100%。

【企业文化建设】2021年，公司赓续红色血脉，精心开展党史学习教育，深挖百年延长石油红色资源，弘扬伟大建党精神、延安精神和“埋头苦干、不怕困难”优良传统，为高质量发展凝心聚力。抓好学习强国平台应用，学习情况持续稳居集团前三名。唱响主旋律凝聚正能量，开展“宪法宣传周”“防范非法集资宣传”“金融知识宣传月”等活动。

商飞集团财务有限责任公司

【集团概况】2021年，中国商用飞机有限责任公司（以下简称“集团”）推进大飞机事业取得新的重要进展，实现“十四五”平稳开局。ARJ21新支线飞机累计总装下线100架，运行突破12万小时，系列化全面推进；C919大型客机保持大强度试飞，完成一批重大试验试飞科目，交付运营有序准备；CR929远程宽体客机正式转入初步设计阶段，实现结构件开工制造。

【经营概况】2021年，商飞集团财务有限责任公司（以下简称“公司”）实现营业收入20858.44万元，利润总额6416.37万元。

【信贷业务】2021年，公司实现主要成员单位授信全覆盖，共计向8家成员单位提供总额50.07亿元授信。累计向各单位发放流动资金贷款4.16亿元，贷款余额6.13亿元，做到应贷尽贷。根据成员单位提出的海关税款担保需求，推进海关税款保函业务，具备业务开立条件。

【产业链金融】2021年，公司支持两架飞机销售，投放金额2.81亿元。其中，为航空公司客户引进1架ARJ21新支线飞机办理融资租赁，为首单融资租赁业务；为航空租赁公司引进1架ARJ21新支线飞机提供买方信贷支持，为首单长期买方信贷业务。积极开拓潜在客户，成功进入东航股份融资租赁供应商名录。开展集团战略类课题《公司飞机销售金融服务规划研究》、管理类课题《ARJ21飞机销售金融支持模式研究》，初步探索出一条国产商用飞机销售金融服务模式道路，两项课题均被评为集团优秀课题。

【资金业务】2021年，公司取得同业拆借授信额度60亿元，为临时资金短缺提供了外部融资渠道，强化了流动性管理能力。积极向购买ARJ21新支线飞机的租赁公司提供资金支持，开展金融租赁公司同业拆借业务，累计交易额56.51亿元。按照国务院国资委司库体系建设要求，上线运营了资金计划管理一期信息系统，初步实现了集团资金计划信息数据共享，提升资金计划管理水平。

【结算业务】截至2021年12月31日，公司累计完成20家成员单位客户30个账户的开立及资金集中管理，归集资金108.15亿元，半年平均全口径资金集中度为58.68%。优化资金结算支付规则，单笔金额在5万元（含）以下的网银端支付实现付款不落地即时处理、共享端支付由“T+1”日付款优化为“T+0”日付款，解决员工费用报销及时性问题，确保各单位结算渠道畅通。通过上线代发工资及批量报销功能，不断拓展支付结算服务品种，提供便利化结算服务。全年共为各单位办理15.45万笔收支结算业务，交易金额近1122.66亿元，交易笔数较2020年提升35.85%。

【风险管理和内部控制】2021年，公司强化业务与风险培训，开展案防合规讲座10期，参加人员达500余人次。形成与业务发展相匹配的制度体系，共修订金融业务内控指引8篇，新编指引2篇，新建、修订制度55篇。倡导“规规相符、规执相符”的合规管理办法，新增《风险合规专项检查管理办法》，形成检查、问责、整改的闭环管理机制。完成“内控合规管理建设年”专项工作。推进审计监督，共完成审计项目7个，内控自评暨全面风险管理评价项目1个，其他检查项目7个，相关审计问题均落实整改并建立长效机制。

【人力资源管理】2021年，公司通过商调、签约等方式配齐配强金融人才队伍，人员规模达40人（含金融市场业务海外人才1名）。实施大飞机金才培养计划，遴选“大飞机领军金才”和“大飞机青年金才”。推行经理层成员任期制契约化管理，建立健全高级管理人员绩效薪酬激励约束机制。优化绩效考核指标，加强正向激励，完善绩效考核体系。组织全员开展异常行为排查，及时防范化解廉洁从业风险和金融业务风险。

【信息化建设】2021年，公司实现核心业务系统买方信贷及融资租赁、投融资性账户活期额度控制、银团贷款、附件管理、同业拆借、保函等功能模块上线。上线同城数据灾备系统，确保核心业务系统持续、稳定、可靠运行。全年受理解决业务系统运维总量共计164项，对机房环境整改并进行单点故障隐患排查，完成39项系统健康检查，排除风险隐患4项。通过公安部信息系统安全三级等级保护备案，落实重大活动网络安全保障工作。获得集团信息安全评分100分。

【企业文化建设】2021年，坚持党建引领推动公司安全高质量发展，推进党建与业务深度融合。开展“补短板强弱项”行动，提高服务主业能力，提升合同审核能力，完善信息科技需求管理和问题管理机制。聚焦“专注飞机金融，助力商业成功”，命名党员攻关队，设立党员示范岗。弘扬大飞机创业精神，强化“合规、严格、谨慎”的企业作风，着力培育廉洁金融文化，营造风清气正的干事创业环境。持续加强文化环境建设，抓好视觉识别系统（VI）整改升级到位，激发文化向心力、提升团队凝聚力。

上海城投集团财务有限公司

【集团概况】上海城投（集团）有限公司（以下简称“集团”）前身是成立于1992年的上海市城市建设投资开发总公司，于2014年改制为有限责任公司，是一家专业从事城市基础设施投资、建设、运营管理的国有特大型企业集团。集团聚焦路桥、水务、环境、置业四大业务板块，传承“创新、专业、诚信、负责”的发展理念，秉承“让城市生活更美好”的愿景，坚定不移推进“集团化、市场化、国际化、专业化”改革，着力打造成为“卓越的基础设施和公共服务整体解决方案提供商”。截至2021年末，集团共有成员单位254家，其中上市公司2家。

【经营概况】2021年，上海城投集团财务有限公司（以下简称“公司”）新增贷款投放量达到40亿元，涵盖集团四大业务板块，有力支持了集团业务发展需求和降低了集团的对外融资支出。全年实现营业收入9676万元，同比增长 75.54%，税后利润 2075 万元，同比增长 107.41%。成本收入比同比下降 9.47%，平均净资产收益率同比上升 1.07%。

【服务实体】“建设自贸区临港新片区、服务长三角生态绿色发展示范区、服务保障进口博览会”是上海交给城投的三项重大任务，公司集中资金和人力资源重点支持集团战略任务，提供方便高效的结算服务和贷款融资，在支持实体经济的同时实现自身的业务发展。

【信贷业务】公司信贷业务已覆盖集团四大业务板块，截至 2021 年末，共向 10 家成员单位授信 49.62 亿元，当年新发放贷款 40.02 亿元，年末贷款余额 28.28 亿元。从年末贷款行业投向来看，“水的生产和供应业”占比为 46.32%，“环境和公共设施管理业”占比为 53.68%。

【资金业务】根据市场的变化及对未来市场走势的评估，2021 年公司及时调整存放策略，抓住年初资金利率较高的机会，通过季度协议锁定较高收益。通过加强头寸预报自动化水平、账户限额等方式提高可用资金的精细化管理，在保证资金安全的情况下提高收益率。全年资金收益率同比增加 7 个基点，流动性比例日均保持在 60% 以上。

【资金集中】2021 年成功接入 9 家银行银企直连系统，进一步提升了资金实时监控覆盖面。加强资金归集情况分析，制定资金归集方案，在集团协助下促进集团内部资金结算通过归集账户进行，资金归集水平稳步提高。2021 年资金结算达 12.35 万笔、金额 3214.1 亿元。

【业务创新】为打造具有“城投特色”的信贷业务，公司根据集团项目投资经营的特性，修订了《固定资产贷款业务管理办法》和《保障性住房贷款业务管理办法》，增加了基础设施经营性贷款的内容和长租房的贷款用途，并已应用于相关授信业务。

【风险管理和内部控制】2021 年公司以“合规优先、流动性优先、稳健经营”为工作总基调，以制度建设为抓手，开展了 3 轮制度修订与增补。将重点领域风险管理、内部控制、日常合规管理及法务管理相融合，构建财务公司全面风险管控体系。风险管理和内部控制工作取得一定成效，所有贷款还本付息正常，确保了城投财务公司各类业务的平稳运营。

【人力资源管理】2021 年公司员工 26 名，平均年龄 40 岁，其中，硕士研究生学历及具有中级及以上职称占比均为 65.4%，从事金融或财务工作 5 年及以上占比为 73.1%。为加强人才梯队建设，公司积极利用外部引进和内部培养双渠道，对现有人力资源结构进行了改善，通过人员的换岗和轮岗达到合理有效配置。2021 年公司加大员工培训力度，以多种形式组织开展包括专业实操、法律法规政策、金融经济以及案防安全生产等内外训活动，进一步提升公司金融管理和服务能级，为打造一支高素质人员队伍奠定基础。

【信息化建设】公司核心系统在信用评级模块、资金计划、报表、贷后管理、风险管理模块方面实现了重要优化，实现了结算以及余额明细直连查询；完成了 EAST 4.0 报送系统改造，1104 报表、大集中自动化取数改造，建成利率报备 LPR 报送系统，并成为全国首家报送成功的金融机构；征信二代、反洗钱报送系统进入试运行阶段；建成档案管理系统，并实现 OA 审批流程的自动归档。在网络安全方面，制定了等保安全体系，通过了核心业务系统和资金管控系统等保测评，使网络防护更加牢固。

【企业文化建设】通过讲党史、唱红歌、红色经典诵读、红色地标打卡、党史知识竞赛、“岗位建功担使命、献礼百年展风采”党建主题活动、党员集体政治生日、祭扫瞻仰革命英烈等生动鲜活的形式回眸党史，引导党员学史明理、学史增信、学史崇德、学史力行。通过典型案例警示教育、参观廉政教育基地、推送廉洁提醒短信、合规廉洁文化格言和书画作品征集等活动，强化全员合规意识、廉洁从业意识。组织开展迎新春趣味运动会、迎端午包粽子、做香囊、观花博职工疗养休养、手机摄影沙龙、音乐心理疗愈、蛋糕烘焙体验等活动，营造和谐、温馨、向上的公司文化。

上海电气集团财务有限责任公司

【集团概况】 上海电气集团股份有限公司（以下简称“集团”）是世界级的综合性高端装备制造企业，聚焦智慧能源、智能制造、智能基础设施三大业务领域，为客户提供工业级的绿色智能系统解决方案。2021 年，集团坚持高质量发展为第一要务，聚焦主责主业为第一根本，各项工作稳步有序推进。

【经营概况】 2021 年，上海电气集团财务有限责任公司（以下简称“公司”）积极应对国内外复杂多变的经济形势，以监管政策导向为指引，切实运用好各类金融工具和金融手段，持续提升服务集团主业的能力，向“做专、做精、做特、做优”的目标稳步前行。

【资金集中】 2021 年，公司加强司库能力建设，切实提升资金集中管理效能。一是通过跟踪大额资金动向、上浮存款利率、积极介入新设企业金融服务等工作，促进资金集中度和资金使用效率的不断提升；二是持续配合集团资金管控系统的建设，参与集团系统整体方案及全部模块的咨询论证工作，促进公司进一步发挥司库管理职能，并向管理规划型司库的目标迈进；三是建立了市场化的存贷款定价模型，实现了利率的动态管理。

【信贷业务】 2021 年，公司切实强化信贷资源保障，助力集团产业实现转型发展。一是不断优化信贷投放结构，为重要客户“一户一策”提供定制化金融服务方案；二是切实优化集团绿色项目的服务和对接机制，持续扩大对集团清洁能源和环保产业的融资支持，提升绿色信贷的投放力度；三是加强前中台部门之间的联动，集中优势资源服务集团重点项目和企业，并有效管控产业发展中的信贷风险。

【服务实体】 2021 年，公司坚持创新引领、科技赋能，优化金融服务举措，着力提升客户服务的质量和效率。一是深入推进 RPA 机器人三期项目建设，实现 8 个机器人员工 7×24 小时工作，辅助公司和客户进行报送、报账、对账、监控和预警等高频高强度工作，初步建立了 RPA 机器人卓越运营中心；二是实现了统一收付平台二维码智能扫码缴费功能正式上线，主要应用于成员企业面向个人缴费的业务场景（如住宿费、餐饮费、乘车费等）；三是开展金融产品营销活动，扩大品牌影响力，举办了以“财务公司双十一，守正创新稳中进”为主题的第三届“双十一”金融产品促销活动，承办了第四届上海电气外汇业务研讨会；四是紧跟集团产业需求，搭建了大宗商品研究框架，为集团内有较多大宗商品原材料采购的企业提供价格趋势研究支持。

【外汇业务】 公司充分发挥外汇业务专业性优势，成为集团外汇业务统一办理的“入口”，外汇业务整体服务方案的“出口”以及深化外汇管理政策对外咨询的“窗口”。2021 年，公司研究形成了集团外汇风险管理、流动性管理综合服务方案，为重点敞口企业提供有针对性的分类服务方案，并跟踪集团重大项目做好汇率风险咨询服务。

【业务创新】 公司不断深化风险管理专业评价能力建设，加快搭建集中化、自动化、流程化的智能风控模型体系，当好集团抵御产业风险的“防火墙”。一是在原有光伏业主信用评估模型的基础上，将该项模型应用范围拓展至所有行业，并对超过 400 家业主单位进行了评估，帮助集团企业提升项目预判和管控风险的能力；二是自主开发企业授信额度模型和企业财务健康度模型，实现对集团近百家企业最高融资额度和财务健康度的评估和动态跟踪，有效辅助集团对所属企业的融资规模进行分析测算；三是完善内评模型大数据应用，有效对接集团征信应用系统，实现外部数据和内部数据、外部模型和内部模型的有机结合、综合运用。

【投资业务】 2021 年，公司在投资领域一手抓风险防控，一手抓收益增长，继续加强对货币政策、财政政策的研究，预判利率走势，把投资研究工作做深做细，把投后管理工作做实做透。

【风险管理和内部控制】 2021 年，公司一是加强信贷风险防范，严防信用风险发生，从多层次刻画客户风险视图，做好成员企业的“全面体检”和“精准识别”，切实强化信用风险评估能力；二是顺应强监管金融态势，加大金融报送平台建设力度，不断强化数据报送工作，通过推进人民银行金融统计数据系统项目、利率报备系统、银保监 EAST 2.0 项目、二代征信查询系统的上线落地，打造金融数据集聚枢纽和领先的数据信息分析平台；三是提升稽核工作广度，持续做好公司各项内控评价和专项稽核工作，夯实稽核制度基础建设，牢筑合规经营屏障。

【信息化建设】 2021 年，公司以核心系统的安全和稳定为抓手，切实加强信息安全保障，优化改造基础架构平台，确保公司各项信息系统安全可控。一方面，公司引入主页防篡改系统和第三方联保机制，有效加强信息安全的保障力度。另一方面，公司完成核心系统基础架构优化改造项目，全面提升核心网银系统基础架构本、异地硬件平台的性能，持续提高核心系统稳定性和可靠性。

【人力资源管理】 一方面，公司聚焦于绩效管理水平提升，有效搭建多元化、多维度的绩效考核体系，并首次将“创新发展”纳入考核维度，激励各部门进行金融创新，实现员工与公司战略目标的同频共振。另一方面，公司开展了第三届创新创效项目成果评选活动，激发公司员工的创新热情，形成“以创新促转型，以创效促发展”的良好氛围，推动各团队创新意识与创新能力的巧妙碰撞。

S

上海复星高科技集团财务有限公司

【集团概况】 上海复星高科技（集团）有限公司（以下简称“集团”）深耕健康、快乐、富足、智造四大板块，为全球家庭客户提供高品质的产品和服务，经过 30 年发展，已成为一家创新驱动的全球家庭消费产业集团。

面临新冠肺炎疫情的巨大冲击，集团积极开展疫苗研发合作，通过数字化、线上化、家庭化等方式扭转不利局面，目前已见成效，从中国向全球不断恢复活力。

【经营概况】 截至 2021 年末，上海复星高科技集团财务有限公司（以下简称“公司”）资产总额 111.77 亿元，负债总额 91.92 亿元，所有者权益 19.85 亿元，全年实现营业收入 2.76 亿元，税后净利润 1.13 亿元。公司在维系并增进与集团和集团核心企业的长期合作关系的同时，积极拓展新的存贷款及消费信贷客户，与集团各行业板块开展多维度合作。

【服务实体】 2021 年，公司为集团旗下智能制造产业、消费产业、医疗服务产业等核心产业均给予不同程度的信贷支持，帮助推动实体产业发展，通过多维度的合作，促进产业在后疫情时期持续保持发展动力。

【信贷业务】 2021 年，通过帮助实体产业公司复工复产，助力企业发展，通过新增授信、授信增额、贷款降费降利、调整还款计划等稳经营、促发展的相关措施，为成员单位良好的运营和发展保驾护航。全年公司向成员企业授信总额合计 216.96 亿元，年末贷款余额 77.13

亿元。

【产业链金融】公司积极响应国家号召，根据养老服务业发展导向和经营特点，开发针对养老服务业的特色信贷产品。公司消费信贷业务也于2021年完成了累计放款达千万元的里程碑式目标。截至目前，所有贷款客户均按月还本付息，贷后情况良好，未出现逾期或其他不良情况。

【资金业务】2021年，公司通过业务部门每日提前报送次日用款情况，预留公司经营所需头寸，在流动性总体平稳可控的情况下，确保信贷、投资等业务有序开展。同时，通过分析资产及负债端的期限结构，在流动性及资金充裕的情况下，将可用资金按照可配置的期限进行活期、定期配置。

【投资业务】2021年，公司根据资金和流动性情况，开展了货币基金、债券交易等投资业务。利用货币基金交易灵活且收益高于存款的优势，将货币基金作为流动性管理的重要补充工具，提高资金收益。开展债券业务，抓住市场交易机会，一级市场认购和二级市场交易相结合，投资高评级债券，取得了稳定的票息收益。全年投资业务累计交易金额15.6亿元，实现收益4888.7万元。

【票据业务】2021年，随着公司电票业务量再创新高，一方面公司在手续费和保证金上降低客户的财务成本；另一方面公司积极联系票据保贴银行，在贴现额度、成本及流程上尽可能为客户提供便捷高效的服务，丰富了客户的融资手段。为提高成员公司资金利用效率，公司优化了部分实体产业成员公司电票保证金比例，同时调整了授信结构，促进成员公司资金使用效率最大化，支持产业发展。年内累计完成承兑商业汇票同比增幅达147%。

【外汇业务】截至2021年12月31日，公司跨境资金结算额折合人民币26.12亿元。跨境资金集中稳健运营，为提升集团境内外盈余资金归集度，提高集团内部资金运用效率，实现资金收益最大化，并最终实现集团资金的全球统一管理，提供了有力的支撑。

【资金集中】2021年，公司致力深耕集团产业，通过产业板块联动效应，促进业务发展，全年新增客户42家，在客户开拓方面取得显著成绩。2021年公司不断拓展客户服务范围，统筹协调集团和产业公司存款工作，维持日均存款的整体稳定。2021年全口径资金归集率较上年末提高了1.45个百分点。

【风险管理和内部控制】2021年，公司定期开展案防、行为规范等自查工作；响应监管部门要求，积极开展“内控合规管理建设年”、防范非法集资宣传等活动；根据内外环境变化及时开展各项风险自查；梳理完善董事会及公司内部授权体系。公司年内已开展包括电票、信贷、数据质量、内控合规、操作风险等多项风险评估和内部自查工作，并根据监管的外部事件提示风险点进行对照分析，制定防控措施，完善内控机制。公司不存在监管部门检查发现风险问题和监管指标不达标的情况。

【人力资源管理】2021年，人力资源积极支持公司业务发展，完善并落实公司防控防疫机制，积极配合银行和监管机构防疫要求，保障公司生产经营正常有序开展。在团队建设方面，人员稳定性良好，人员数量同比上年略增5%。公司对组织架构层级的规划进一步完善，扩充公司高管团队，为企业长期发展打下良好基础。各部门人员配置得到优化，提拔一批优秀骨干充实中层管理队伍，人员梯队合理。

【信息化建设】2021年，公司坚持“小核心、大外围”作为系统建设的总体框架，打造与公司部门运营职责相匹配的资金管理中心、结算核算中心、财务管理中心、监管数据中心、监控运营中心。全年成功落地人民银行金数、EAST 2.0、利率报备、1104报表、反洗钱等监管报送系统，以及投资业务管理系统也成功投产试运行。全年在监管报送和数据治理上取得重要科技成果。企业数字化继续向纵深拓展，为企业信息化运行持续保驾护航。

【企业文化建设】2021年，公司加强文化建设，开展基层员工慰问家访，充分听取员工意见，推进公司内部民主文化建设。重视党建工作，将党建内容修订进入公司章程，组织公司党员及员工开展政治理论学习、爱国主义学习，提高员工政治素质，增强向心力、凝聚力。公司始终坚持企业的整体核心价值——“修身、齐家、立业、助天下”，谋求个人、团队、公司、社会、环境的综合全面可持续发展。

上海华谊集团财务有限责任公司

【集团概况】上海华谊（集团）公司（以下简称“集团”）成立于1996年10月，是上海市国资委下属的国有独资企业。集团以“打造具有国际竞争力和影响力的化工企业集团，成为社会需要、受人尊重的公司”为愿景，现已形成能源化工、先进材料、绿色轮胎、精细化工、化工服务五大核心业务。2021年，集团克服新冠肺炎疫情影响，抓住行业发展契机，全面落实安全生产、数字赋能、卓越运营、创新发展、深化改革五大任务，主要经济指标再创历史新高，迈上发展新台阶，实现了“十四五”开门红。

【公司概况】2021年，上海华谊集团财务有限责任公司（以下简称“公司”）坚守资金安全的初心和高效运营的使命，围绕集团的发展战略和产业布局，聚焦满足集团成员企业的需求，优化金融资源配置，扩大产融协同效应，较好完成了各项年度目标。公司实现营业收入4.98亿元、利润总额1.61亿元，年度吸收存款和发放贷款日均数分别达到147.79亿元和91.93亿元。

【服务实体】2021年，公司统筹兼顾集团和成员单位信贷投放比例、短期贷款和中长期贷款投放结构、流动资金贷款与项目贷款投放品种等，优结构、调期限、增品种，多措并举优化信贷资源配置。通过深度融入项目建设，嵌入式前期介入，协助集团企业牵头银团，大力发挥项目前期贷款的作用，用低成本利率融资帮助各项目银团前用款，保障项目顺利实施。

【信贷业务】公司强化金融服务能效，结合企业的实际资金需求，助力集团企业降低财务成本，继续扩大信贷投放规模。2021年，公司累计发放贷款280笔，总计人民币137.07亿元。随着集团重点项目建设推进，信贷结构发生较大变化，截至2021年末，项目贷款45.65亿元，占比为46.48%。

【产业链金融】公司根据业务实际情况，制作产业链业务宣传卡片“谊秒贴”，宣传产业链业务，并与多家成员公司沟通，深度挖掘其潜在需求，商定业务流程。此外，通过与银行开展产业链业务探讨，拓宽产业链业务平台和途径。

【票据业务】公司结合集团“票据大户”的特点，持续推进电票贴现业务，落实合作银行对公司票据业务的同业授信额度，进一步盘活票据资源。截至2021年末，累计实现票据贴现41笔、金额24.92亿元。同时，票据质押池有效运转，盘活票据资产，降低集团外部票据保证金余额，提高资金使用效益。

【资金和投资业务】2021年，公司持续关注宏观经济政策和货币市场动态走势，在保证流动性和安全性的前提下兼顾收益率，通过实时对比合作机构的资金松紧程度，灵活配置闲置资金，提升流动性管理能力。公司对投资业务保持谨慎态度，审时度势，结合实际情况和风险偏好，通过模拟交易盘的建立，提升投资能力。

【资金集中】公司始终抓住“提高资金集中度”主线不动摇，不断完善资金归集体系和管理流程，对成员企业的资金量进行动态分析跟踪。2021年，新增开户18户，管理口径资金集中度月度保持在90%以上，全口径资金集中度

S

月度保持在65%以上。

【业务创新】2021年7月，公司根据成员企业的结汇需求，通过中国外汇交易中心和合作银行总行完成平盘，并按照外汇局要求准确报送相关报表，成功落地了第一笔即期结售汇业务，实现了公司外汇业务新的突破，为集团提供全面金融服务的能力得到了进一步提升。

【风险管理和内部控制】公司认真贯彻落实监管要求，坚定树立底线思维和风险意识，切实增强防范化解风险的责任感和使命感，促进公司各项业务行稳致远。通过全面回顾制度体系，内化监管合规要求。研究与商业银行在业务和风控方面合作的深度和广度，促进金融业务健康稳健发展。分析研判金融和实体经济领域的“爆雷”事件，发挥金融专业优势，改被动防范为提前管控，实行风险前置，助力集团金融风险防控。

【人力资源管理】公司以人才平台支撑和信息化建设平台为抓手，内建团队、外接系统、融入集团，努力营造“平台培养人、岗位锻炼人、事业造就人、文化凝聚人”的氛围。通过外部输血，积极引入金融领域高端人才，同时做好自身造血，研究探索员工流动机制，打通内部轮岗和集团成员企业双向交流通道，激活人才价值，厚植发展沃土。

【信息化建设】公司对接监管政策，“基于数据治理的信息系统”项目已完成12个模块上线工作，确保报送数据的一致性、完整性、及时性、准确性。立足银行业金融属性，推动RPA建设，提升运管效率，已完成公司5个业务部门11个场景流程。协助集团实施“资金集中管理系统升级改造项目”，实现资金精益化管理、风险管理等功能，助力集团高质量发展。

【企业文化建设】2021年，公司认真贯彻落实上级党组织党史学习教育任务安排，迅速形成学党史、知党史、铭党史的浓厚氛围，以党建引领群团，结合公司金融属性，扎实开展红色寻访“陈云纪念馆”活动、“听党话、跟党走，奋进新征程”网上知识竞赛等一系列活动。

上海浦东发展集团财务有限责任公司

【集团概况】上海浦东发展（集团）有限公司（以下简称“集团”）是1996年经上海市政府批准设立、1997年11月14日注册成立的国有独资有限责任公司，注册资本39.9亿元。2021年，集团总资产1849.49亿元，实现营业收入232.13亿元，利润总额20.23亿元。

2021年，在浦东新区区委、区政府的领导下，集团聚焦引领区建设，积极参与“金色中环发展带”建设，落实“5+5”专项行动，深入开展党史学习教育，着力推进“3+2”业务体系转型升级，全力做好重大工程建设、重点区域开发、民生保障服务、管理提质增效等各项工作，以优异的成绩庆祝中国共产党成立100周年。

【经营概况】2021年，上海浦东发展集团财务有限责任公司（以下简称“公司”）实现营业收入4.88亿元，净利润2.33亿元，净资产收益率达8.92%。全年累计为成员企业放款66.66亿元，其中为集团本部放款56.7亿元。牵头担任14个银团的财务顾问，2021年协助集团成员企业浦房集团和环保公司新签约银团5个，金额109.22亿元。

2021年，公司通过协助集团开通转融通业务增加低风险收益，有效盘活集团存量资产；完成上市公司资金归集至财务公司的可行性分析报告并提供可操作建议。在直接融资方面，年内协助集团、浦房集团和浦东建设完成各类债券（公司债、企业债、超短融）发行和转售8单、金额186.6亿元，累计节约直接融资成本约 1018.19 万元。

【服务实体】公司及时跟进国家政策，调研多家券商、基金机构，出具了适合集团房产板块的“三道红线”指标优化建议方案，帮助集团成员单位有效降低指标压力；继续开展碳交易业务模式研究，为集团环保板块未来业务转型提供借鉴和思路；通过金融顾问方式，以更优惠的贷款利率和融资条件推进民生工程“城中村”改造项目银团组建工作；通过协助集团和成员企业完成公司债发行，实现同类企业同期发行利率最低；对集团临时性大额闲置资金开展委托投资单一资产管理计划，投资收益率为 3.24%，有效为集团降本提质增效。

【信贷业务】截至 2021 年 12 月 31 日，累计发放各类贷款 66.66 亿元，日均贷款规模 75.67 亿元。其中，协助集团推进上海市重点民生保障和区域开发、建设项目，2021 年累计发放贷款 11.75 亿元；向集团环保产业提供 1.43 亿元的资金支持，积极开展绿色信贷业务。

【资金业务】2021 年，公司通过科学统筹，合理配置，在保障集团及成员企业流动性的前提下，适当开展了存放同业、同业存单投资和买入返售、卖出回购等同业业务，实现资金运用的安全合规、计划有序及灵活高效。

【投资业务】公司秉持稳健审慎原则，在满足流动性需求的前提下，开展货币基金、债券型基金投资，并利用基金产品参与科创板和创业板打新，同时抓住债市波段性机会提高资金收益，2021 年实现投资收益 8642 万元。

【资金集中】公司协助集团对已开立银行账户进行梳理并开展账户清理工作，除必须保留的账户外，其他予以注销，做到严控账户数量、强化账户管理；同时，协助集团建立了资金归集的考核机制，以资金归集率为考核指标，对各成员单位起到了激励和约束的作用，全面提高了集团资金使用规模和效率。2021 年集团成员单位日均存款规模 173.3 亿元，年平均资金归集率为 95.8%。

【业务创新】公司受托为集团开展转融通证券出借业务，盘活存量金融资产，2021 年累计出借股票市值 15.83 亿元，实现无风险利息收入 436.21 万元。

【风险管理和内部控制】公司建立非银同业评级授信体系，开展年度法人客户评级和授信、信贷投向指引及银行资金存放限额管理，结合公司业务系统刚性额度控制及开展压力测试等完善公司全面授信管理体系，强化公司风险防控措施；深入开展“内控合规管理建设年”活动，紧跟监管合规要求，做好合规政策解读培训，完善顶层设计，全面梳理并优化公司内控制度体系建设，形成合规管理长效机制；精细化风险管理措施，搭建关键事件应急预案体系，保障突发事件应对处置的各个环节有章可循；通过内审人员联合专业人员协同开展业务检查的方式，深入推进专项检查并严格关注整改工作的落实。

【人力资源管理】强化人才培养驱动力。2021 年择优对 3 名骨干人员进行提任。本着“多岗锻炼、拓宽视野、规避风险”的原则，对 4 名中层干部和 2 名业务骨干进行内部轮岗，同时，选派 4 名员工到集团进行交流，助推业务质量和风险防控的全面提升。在薪酬激励方面建立管理、专业、岗位三线立体的发展机制，进一步为促进人才发展提供适配性更高的平台。

【信息化建设】一是完成新业务系统各模块的测试验收工作，如期实现新业务系统年内整体验收通过的目标；二是紧跟信息安全监管要求、积极提升信息安全工作标准，主动聘请第三方安全服务机构先后两次对关键信息系统进行漏洞扫描和渗透测试，对发现的问题及时整改，并形成长效机制；三是全力配合监管部门落实各项数据治理工作，2021 年先后立项和完成了 EAST 报送系统，人民银行金融基础数据报送系统和人民银行利率报备系统等项目，确保各项监管数据及时准确上报；四是积极落实集团信息化建设规划，协助集团完成资金集中管理平台财企直连功能，并为促进该管理平台自动化而开展 RPA（机器人流程自动化）的先行先试工作。

S

【企业文化建设】2021年，有序推进并组织开展各类党史学习教育活动56次，积极引导党员干部学党史、悟思想、办实事、开新局；同时，以庆祝建党百年活动为抓手，结合清廉金融文化建设、党建品牌和文明单位创建，深入开展精神文明建设。

着力推进“学习型企业、专家型员工、知识型团队”企业文化建设，创新驱动企业发展，发动全体员工共同搭建知识管理平台，积极推进公司内训金融试题库的建立，开办宏观经济培训班，构建全方位的金融知识管理体系，总结工作收获，沉淀行业经验，促进成果传承和知识共享，帮助员工提升金融资源整合能力，强化倍增服务意识，为公司逐渐成为集团资金集中、资源调配、战略统筹、管控落地的连接载体做好人才储备。

上海汽车集团财务有限责任公司

【集团概况】上海汽车集团股份有限公司（以下简称“集团”）是目前国内产销规模最大的汽车集团，主要分为整车、零部件、移动出行和服务、金融、国际经营五个业务板块。目前，集团整车产销规模、新能源汽车销量、整车出口海外销量均排名全国第一，公司业务体系的综合实力领跑国内汽车行业。

【公司概况】上海汽车集团财务有限责任公司（以下简称“公司”）成立于1994年5月。2021年末，公司注册资本为人民币153.80亿元（含1000万美元），公司股东上海汽车集团股份有限公司和上海汽车工业销售有限公司分别持股98.99%和1.00%。

2021年，公司克服疫情多发散发、汽车产业结构性波动以及恶性市场竞争等多方面不利因素，取得了公司净利润、汽车金融零售放款量、集团内企业存款创历史新高的优异成绩。公司2021年实现合并归母净利润56.62亿元，同比继续保持10%以上的正增长；合并营业收入206.39亿元；年末合并资产总额达3525.93亿元。公司实行董事会领导下的总经理负责制，设1个党群部门和22个行政部门。

【汽车金融】2021年，汽车金融市场竞争空前残酷。公司一方面通过差异化、精细化的信贷政策和商务政策全力应对；另一方面开启行业先锋计划和数字化转型战略，以金融科技提升公司不可复制的核心竞争力。2021年公司发放整车零售贷款96.4万单，超过了汽车行业景气顶峰的2018年，再创历史新高；年末汽车金融融资余额（含管理资产）1306.60亿元；业务已覆盖全国311个地级市3360家经销商。

公司自建“好车e贷”一站式金融服务平台，通过数字化重构服务流程和全生命周期价值经营，不断提升综合服务能力。年末平台累计注册用户超650万户，当年注册用户数同比增长21%。

面对散发疫情，公司继续坚持执行减负特殊优惠政策，帮助经销商缓解资金压力；实行分层管理，在风险可控的情况下减轻经销负担；不断推出创新产品，与集团金融板块协同，帮助经销商降本增利。在不断巩固经销商渠道的同时，最大程度助力集团整车销售。

公司持续创新完善“整车+金融”线上直销模式，协助集团内飞凡汽车（原R品牌）、大众ID系列车型、智己汽车、上汽奥迪等新能源汽车品牌实现线上整车直销。基于2C新业务形态，全新打造OFS系统，已应用于上汽奥迪线上直销业务。此外，公司不断探索人工智能和大数据技术在业务场景中的尝试，“天眼”反欺诈体系、“灵犀”一体化数据平台等项目已完成上线。

【公司金融】2021年，公司顶住汽车产业

S

链波动和银行竞争压力，继续以个性化、特色化的金融服务保障集团和产业链重点项目的资金储备，全年集团内企业日均存款和存款峰值双双创出历史新高。

2021年，公司再次牵头组建260亿元集团创新型母子银团，助力集团新四化建设；为延锋公司首次组建20亿元并购银团，协助其产业整合。公司继续发挥票据业务优势，保障整车厂及核心零部件企业运营，降低运营成本；“好票e贴”平台已覆盖至四级供应商的贴现，有力支持了集团供应链体系的发展。此外，公司还探索为集团内企业提供智能应收账款管理方案和资金共享中心方案，助力企业突破管理屏障。

公司根据数字化转型的要求，开发上线了新一代公司金融核心业务系统（ECFS），其具有模块化设计、中台式思维、信息统一化管理、全线上作业等特点，大幅提升了业务效能。

【投融资】2021年，市场处于超低利率状态，国债、货币基金以及债券基金等产品收益率持续低位徘徊。公司不断完善融券打新模式，引入大宗交易，增厚投资收益水平。同时，精准把握市场趋势，调整持仓品种，确保收益稳定实现。

为了支持上汽新能源汽车销售，以绿色金融推动绿色发展，2021年公司发行了全国首单绿色车贷ABS，发行规模9.10亿元，入池基础资产全部是公司发放的新能源汽车抵押贷款，融资成本不仅低于AAA级债券，且利差为车贷ABS市场10年来最低水平。

2021年，公司投资的合资企业——上汽通用汽车金融有限责任公司业务继续稳步发展，完成零售合同111.82万笔；年末汽车金融信贷资产余额1575亿元。

【风险管理】2021年，公司在汽车金融业务方面实施精准防控，分层管理，在保持业务竞争力的同时，也确保了风控的有效性，不良率继续保持优秀水平。公司结合银保监会“内控合规管理建设年”要求，开展全面合规排查。公司继续强化信息科技风险管理，建立立体化信息安全管理制度体系，进行关键业务系统和平台的安全等级保护测试，完成网络、邮件及终端数据防泄露产品（DLP）部署，保障公司数据资产的私密性。

【社会责任】2021年，公司继续从用户、员工、社会三方面着手，积极践行企业公民的社会责任。对用户，依靠金融科技优化服务质量和效率，提升客户满意度；对受疫情影响的特定客户给予多方面的政策扶持，携手共进。对员工，开展“办公无忧、生活管家、尚财食”系列文化建设提升员工满意度；通过建党100周年主题活动、奋斗者联盟等形式营造企业正能量。对社会，积极响应党和国家“碳达峰”“碳中和”的号召，通过新能源车贷款促进绿色消费；公司持续援建24年的井冈山畔田希望小学作为希望小学20年的典型，被中央电视台国际频道《走遍中国》栏目专题报道。

上海上实集团财务有限公司

【集团概况】上海上实（集团）有限公司（以下简称“上海上实”）成立于1996年，是上海实业（集团）有限公司（以下简称“集团”）的境内平台。上海上实集团财务有限公司（以下简称“公司”）隶属于上海上实。集团于1981年由上海市政府在香港注册设立，现由上海市国资委全资控股，拥有上实控股、上海医药、上实环境、上实发展、上实城开5家境内外上市公司，业务涉及医药医疗、基建环保、房地产、消费品、金融服务和投资等领域，并加快向绿色环保、大健康产业转型，是上海在境外规模最大、实力最强的综合性企业集团和香港最具地方代表性的中资企业之一。

【经营概况】公司坚持稳中求进工作总基调，紧跟集团战略布局，加大信贷投放，全力支持实体经济发展，强化内控合规管理，推动信息化系统建设，扎实有序推进各项工作。2021 年，实现营业收入 1.09 亿元，实现净利润 0.63 亿元。

【信贷业务】公司紧跟集团战略发展方向，加大对医药大健康和清洁能源业务的信贷投放，2021 年累计发放贷款 35 亿元，日均贷款规模增长 11%。公司发挥金融服务实体经济作用，通过低息抗疫抗灾贷款，助力成员单位纾难解困，向医药行业成员单位发放抗疫贷款 4.42 亿元，向河南灾区成员单位发放抗灾贷款 1 亿元。

【资金业务】2021 年，公司持续加强同业合作，在确保流动性风险可控的前提下，合理分配资源，适度增加同业交易对手，通过同业拆出、银行间债券质押式回购等业务，努力提升资金收益。不断加强流动性风险管理，通过流动性压力测试、监管指标动态监控等措施严控风险。

【投资业务】2021 年，公司严格遴选固定收益类投资产品，深入穿透底层资产，审慎开展投资业务。根据监管要求，扩大了货币基金等高流动性品种的投资规模，积极调整投资业务布局，盘活存量资产，进一步优化了公司投资策略。

【资金集中】2021 年，公司坚持以“服务质量提升促资金集中”，多措并举开展资金归集工作。成功实现与成员单位的“财企直连”，将企业财务系统与财务公司结算系统无缝快速连接，大幅提升支付效率。上线了询证函信息集成、异常付款指令监测等系统功能，提升了结算工作的信息化水平。

【风险管理和内部控制】2021 年，公司不断强化管理制度化、制度流程化、流程信息化的内控理念，深化内控合规管理长效机制建设。一是持续健全内控制度，进一步细化信贷、投资、同业等主要经营业务的操作规程，提高制度可操作性。二是提升合规信息化管理水平，开发上线监管指标动态监测、反洗钱可疑交易监控和洗钱风险等级评估系统。三是组织开展系列专题合规培训，全年开展 21 期培训，全员主动合规意识不断增强。

【人力资源管理】2021 年，公司根据业务发展，优化了职能部门设置，充实了人员配备，全面梳理和更新部门及岗位职责。修订薪酬、绩效考核、问责等方面的制度，进一步优化和提升人力资源管理。做好人力资源信息系统上线工作，实现新旧系统平稳过渡，提升人力资源管理信息化水平。整合内外部培训资源，全年组织培训 53 次，提升员工能力素质。

【信息化建设】2021 年，公司稳步推进核心系统服务器更新，保证核心系统运行不断不乱。做好网络安全防护工作，通过等保三级复评，开展预防网络攻击等业务连续性演练。进一步完善核心业务系统功能，完成票据承兑模块和询证函信息集成等系统优化，提升系统运行效率和客户体验。

【企业文化建设】2021 年，公司持续完善党的领导，进一步细化和完善“三重一大”制度和事项清单，落实党组织前置研究讨论程序。扎实推进党史学习教育，推出“月月学党史，人人讲党课”特色活动，切实提升学习教育的实效。积极推进党建品牌创建，初步形成“聚沙成塔”和“1 + 3 + 2”党建品牌体系，通过品牌创建推动党建工作创新与业务发展、员工培养相融合，形成“党员带头、全员参与”的共创共建模式，进一步增强了公司的凝聚力和向心力。

上海外高桥集团财务有限公司

【集团概况】上海外高桥集团（以下简称“集团”）成立于1992年12月，母公司上海外高桥资产管理有限公司由上海浦东投资控股（集团）有限公司100%出资，注册资本13.01亿元，实际控制人为上海市浦东新区国有资产监督管理委员会。集团设立至今主要负责上海市外高桥保税区、外高桥保税物流园区、森兰·外高桥及周边区域共约28平方公里的区域开发和运营，承担了区域开发、招商引资、功能培育和产业引领的任务。截至2021年末，资产规模为697.40亿元。

S

【经营概况】上海外高桥集团财务有限公司（以下简称“公司”）紧紧围绕集团“创新自由贸易园区运营商和全产业链集成服务供应商”定位，不断夯实基础业务，加强风险防控能力，拓展创新业务，提升服务水平，已逐步建立能够全面覆盖及服务所有成员企业的金融服务新格局。2021年公司资产总额75.24亿元，实现主营业务收入20983万元（含投资收益），净利润4609.34万元。资本充足率、不良贷款率等重要经营资产质量指标符合监管机构的监管要求。

【服务实体】2021年，公司让利于集团成员单位，为成员单位参与第四届进博会开立海关税款保函（共计6笔，金额合计1.88亿元）时提供优惠费率，有效降低其财务成本。一方面，公司海关税款保函的开立费用仅为外部银行的三分之一；另一方面，公司开立的财务公司海关税款保函能够根据成员单位实际使用天数按日计费，让利于企业。

【信贷业务】2021年，公司累计发放各类贷款38.60亿元，开立各类非融资性保函23.38亿元，签发票据0.06亿元。2021年，公司与成员单位积极配合，保函开立前进行保函业务背景调查，保函开立后定期开展实地检查，切实提升了海关保函业务的风险控制能力。

【投资业务】公司投资业务范围为固定收益类有价证券投资。在兼顾安全性、流动性、收益性的前提下，合理合规配置投资资产，以提高公司投资收益。在选择具体投资产品时，综合考虑投资产品规模、底层资产情况、收益率情况、风险特征、流动性特征等因素，合理分散投资，有效降低投资风险。2021年，公司主要投资类别为货币市场基金，日均投资规模3.03亿元。货币市场基金风险较低，流动性较强，收益免征所得税和增值税，在满足流动性管理需要的同时兼顾收益。

【票据业务】公司根据成员单位用票需求，与成员单位一同走访上游供应商企业，介绍财务公司承兑汇票的性质及使用方法，积极推动财务公司承兑汇票在成员单位日常经营中的使用。2021年公司累计承兑电子银行承兑汇票2笔、金额609.78万元，期末余额为304.89万元；成员单位通过财务公司电票系统累计签发商业承兑汇票16笔、金额8087.79万元，期末余额为3422.12万元。

【外汇业务】2021年，公司共计为成员单位办理结售汇业务达2051.51万美元。公司时刻以服务成员单位为宗旨，为办理结售汇业务的成员单位提供上门收单、送单服务，并给予最优的价格帮助成员单位有效降低购付汇成本，摆脱了成员单位结售汇业务只能靠银行办理的模式，公司即可集中办理，有效降低了成员单位的管理成本和财务成本。截至2021年末，公司已在银行间外汇交易市场与4家商业银行完成了交易对手授信及准入工作，2022年将进一步扩大交易对手范围，提高集团整体外汇资金运营效率，并增强汇率风险管理能力。

【资金集中】2021 年，公司对资金池归集银行进行了有效整合，通过对集团内成员单位的全面调研，制定适应各成员单位的资金池归并整合方案，进一步加强资金集中管理。此外，通过不断深化网银资金计划功能的应用，并结合预算将资金计划工作细化到年、月、周、日全覆盖，并通过加强与成员单位的信息沟通，提升资金计划的准确性和管理能级。

【风险管理和内部控制】2021 年，公司完善公司治理结构、部门归并整合以及规范业务操作等事项，新增制度 5 项，修订制度 55 项，归并制度 16 项，修订后的制度能够更有效地管理合规风险。在风险管理、内控培训方面，公司多次组织员工参加人民银行、中国财务公司协会组织的在线培训，并组织全体员工参加反洗钱、案防及合规专题培训，通过案例讨论等方式，启发员工对于风险管理、内控的主动思考能力，提高对操作风险点的防控意识，进一步提高员工风险管理意识。

【人力资源管理】2021 年，公司始终注重建设一支高素质金融人才专业队伍，一方面加强人才梯队管理，积极开展青年菁英后备人才的培养工作，拓宽职业发展通道，增强业务管理创新能力；另一方面强化队伍素质建设，提升全员行为管理意识，建立健全员工行为管理排查及防范机制，优化重要岗位关键人员强制休假及轮岗管理。

【信息化建设】2021 年，公司结合监管合规及集团重点工作要求，完成了重要信息系统的等保备案工作，建立健全信息安全长效管理机制。持续加强网络安全建设，基于信息安全及风险评估，有针对性地开展安全整改和加固。通过加强对多家银行银企直连系统的巡检，切实保障生产系统稳定运行；通过使用加密、定期强制修改密码、验证数字证书等手段加强公司网银系统安全管理，保障成员单位资金安全和结算畅通。

【企业文化建设】2021 年，公司进一步发挥党建引领作用助推企业文化建设。公司党支部组织了庆祝建党 100 周年系列活动，党团联合组成党史宣讲团队，开展“百年党史”主题宣讲活动；以公司发展史为主线拍摄微视频《乘势》；通过集中学习、红色寻访、电影党课等方式，打出“读原著”“观影片”“看展览”沉浸式学习“组合拳”。持续推进精神文明建设，赴社区开展“防范非法集资、电信诈骗”公益宣讲；践行为民服务宗旨，连续两年向结对帮扶村开展帮扶慰问。维护职工权益，开展“金点子”合理化建议征集活动。弘扬疫情防控正能量，选派职工参加浦东机场“东大门”防疫志愿工作。帮助职工提升岗位知识技能，开展年度“金融业务知识技能测试”，营造浓厚的学习氛围。

上海文化广播影视集团财务有限公司

【集团概况】2021 年，上海文化广播影视集团有限公司（以下简称“集团”）围绕“建党百年”重点，进一步深化媒体融合向纵深发展，坚持稳中求进、优化经营、提质增效，努力做好经营创收，群策群力为“十四五”开好局、铺好路。系统性、体系化推进集团全媒体战略的同时，优化产业布局，推进体制机制改革，努力完成生产经营目标。在常态化疫情防控的大背景下，集团绝大多数经营主体经营成果优于 2020 年，呈现“稳中加固”“稳中向好”的态势。

【经营概况】2021 年，上海文化广播影视集团财务有限公司（以下简称“公司”）积极推进“五个一”工作规划，在业务上，资产端和负债端同步增长、同业业务和中间业务发展良好。上半年完成金融投资部新设工作，在经营指标上全面完成下达的全年各项指标。

【服务实体】公司通过服务实体经济一子落，带动财务公司对内谈让利、对外要效益的全盘活。通过自身金融机构的职能支持，满足集团及成员单位的金融需求，2021 年为集团及成员企业发放短期流动资金贷款 20.16 亿元，全部用于企业的日常经营周转，贷款 99.5% 流向集团主业——文娱领域。

【信贷业务】公司为集团及成员企业累计发放贷款 20.16 亿元，贷款余额 20.14 亿元，开具非融资保函 0.41 亿元。在维护好存量客户关系的同时，积极拜访成员单位，推进新客户合作，为好有文化、演艺集团、SMT、东方娱乐、歌舞团等提供融资方案，信贷业务客户数量翻番。助力科影厂项目融资合作，以金融手段保障农民工工资权益，年底前确定以银团方式参与东方明珠智媒城项目融资方案。

【资金业务】2021 年，公司通过加强与集团的协同及与成员单位的沟通，完善资金计划管理，合理压降资金备付，抓住窗口期，提高同业定期配置比例，以提高资金收益。2021 年共计存放同业定期 21 笔，累计金额 41.5 亿元，较 2020 年增加 25.5 亿元。

【资金集中】2021 年，公司积极参与集团信息化平台建设，协助集团统一规范成员单位支付流程，引导集团非上市板块成员单位各结算账户及资金逐步接入财务公司平台。截至年末，公司共计吸收成员单位存款 55.03 亿元，较年初增长 14.74%；全年吸收存款日均规模 42.43 亿元，同比增长 18.40%。2021 年末公司全口径资金集中度为 44%。

【业务创新】2021 年上半年公司获批拆借业务资质，首笔拆借业务成功落地，公司主动负债能力进一步加强。下半年公司顺利申请并开通全国银行间同业拆借中心线上同业业务功能，实现交易流程、存放协议、业务单据统一化。

【风险管理和内部控制】2021 年，公司继续狠抓制度及内控合规建设。公司全年新增和修订制度 32 项，完成了内控手册 2.0 的编制工作。积极研究风险策略，统筹搭建风险管理上层建筑，建立风险偏好体系，涵盖流动性、信用、市场、操作、风险抵补能力等方面。

【人力资源管理】严格落实金融机构人员管理要求。通过细化岗位职责、设立部门风险合规员、风险警示与教育、公示从业人员承诺等举措划定员工行为的红线与底线。加强干部及人才队伍建设。开展首次人才盘点、首次职称聘任工作。推行“活水计划”，引进金融企业人才挂职交流、员工公司内部岗位交流；建立与集团企业财务条线人员的培训交流机制，持续打造金财课堂、财资加油站内训品牌；引进 OKR 管理工具用于跨部门项目团队管理，提升项目负责人的团队协作、沟通、管理能力。

【信息化建设】继续完善核心业务系统功能，完成贷后管理、反洗钱指标和审计提出的整改开发。完成金融基础数据报送、EAST 报送和利率报备监测分析系统的开发，完成二代企业征信报送系统的开发和联调，待人民银行批准后上线。加强信息科技风险控制管理，按计划开展年度应急演练，切实保障重要时期的网络安全，按计划完成等保要求的系统加固和完善工作，完成核心系统的数据脱敏。

【企业文化建设】开展特色党建工作，通过持续共建，培育“文化金融携手同行”特色党建品牌。以金融为底色，打造具有合规文化和清廉文化的团队。围绕“内控驻于心，合规贵于行”的主题，不断推进内控合规文化建设，积极引导每一位员工成为合规文化建设的践行者、参与者和执行者。公司上下积极构建“清廉文化”，引导员工树立良好的职业道德风尚和爱岗敬业精神。

申能集团财务有限公司

【集团概况】申能（集团）有限公司（以下简称“集团”）创建于1987年，是上海市国资委出资监管的国有独资企业，注册资本100亿元。秉持“锐意开拓、稳健运作”的经营理念，逐步发展成为一家涉足电力、燃气、金融、线缆、能源服务与贸易等领域的综合性能源企业集团。截至2021年末，集团总资产2164亿元，当年实现营业收入约560亿元。

【经营概况】2021年，申能集团财务有限公司（以下简称“公司”）实现净利润3.68亿元，总资产292.52亿元，净资产32亿元，年度吸收存款和发放贷款日均数分别达到259.26亿元和164.63亿元。公司积极响应“双碳”战略，率先实现上海地区金融机构首单自愿减排“碳中和”，签署“零碳中国”战略合作协议；联合发起成立中国—阿联酋碳金融智库，致力于打造成为“双碳时代能源金融的价值创造者”。

【服务实体】公司积极发挥贷款市场报价利率（LPR）作用，在精细化核算成本和风险水平的基础上，实行差异化利率定价，支持小微企业降低成本，为成员企业节约融资成本近6000万元。面对2021年下半年电煤供应紧张、煤价持续走高、火电厂现金流持续趋紧的紧张态势，公司积极支持火电项目，建立快速响应机制，开辟绿色办贷通道，优先安排贷款审批投放，为集团系统内火电企业和燃煤采购公司累计新增授信额度近20亿元，放款超18亿元，为系统内火电企业及燃煤采购公司冬季保供保驾护航。

【信贷业务】积极挖掘及跟进客户需求，为集团可再生能源及战略新兴产业板块新增授信约200亿元，支持集团重点板块项目建设。截至2021年末，可再生能源项目新增信贷投放近30亿元。积极探索人民银行碳减排支持工具、支持煤炭清洁高效利用专项再贷款等专项支持工具，努力开拓外部低成本资金来源，同时将人民银行政策性资金直接用于集团系统内绿色能源项目，支持集团能源产业发展。

【产业链金融】2021年，公司实现产业链放款超过30亿元，拓展外部上下游客户近100户。公司与核心企业共建、共管、共享产业链客户群，借助大量的历史贸易数据，分析产业链客户的交易规律、行为习惯和融资需求等，有针对性地设计产业链金融服务方案。通过产业链金融服务，支持燃气板块供应商融资，缓解小微企业流动性压力，盘活应收账款，降低交易成本，增强小微实体企业活力，以金融力量助力实体经济发展。

【资金业务】2021年，公司新增开展了同业拆出业务8亿元，在保证流动性的同时提高了公司整体资金收益。公司积极与人民银行沟通，扩大再贴现业务规模，有效获得政策性资金近30亿元，全部用于支持集团系统小微企业和绿色项目。

【投资业务】2021年，公司主要投资于货币基金、新股、一级市场可转债等低风险产品。通过加强投资研究和市场跟踪，控制权益仓位，分散投资，使总体组合资产安全低波动的同时有适度弹性，有效提升了现金管理效率，提高了资金收益。截至2021年末，公司投资总收益1.32亿元。

【票据业务】公司2021年电子商业汇票累计出票量35.29亿元，贴现业务量34.37亿元。依照人民银行要求完成票据信息披露平台注册、启动工作；根据上海票交所要求，正式启动纸电票据系统融合第三阶段工作，将电子商业汇票系统（ECDS）中贴现前业务全部并入上海票交所新一代票据系统，实现了联调测试环境接入，并开展第一轮自主案例测试。

【外汇业务】2021 年，公司代客购汇交易累计金额超 10 亿美元，全部为经常项目下购汇，为集团节约汇兑成本超 1500 万元。公司坚持实行零敞口头寸的管理原则，谨慎筛选交易对手，引入 Comstar 系统完善外汇风险管理，较好地规避了外汇业务风险。

【资金集中】2021 年，公司继续落实集团资金管理要求，做好资金统筹管理，2021 年末公司吸收存款余额 245.24 亿元，同比增长 4%，公司资金集中度为 81.02%。

【业务创新】为积极应对集团跨境业务需求，公司专门组建跨境综合金融服务小组，2021 年完成跨境资金集中运营管理的系统建设，并配合集团完成首笔对外放款业务。下半年，公司着手设立碳中和战略发展研究筹备组，探索如何更好地服务于集团的低碳能源转型，在创新低碳技术、低碳模式与业态等方面进行学习、消化、吸收。筹备组完成《从能源产业集团角度看如何应对碳中和战略目标》报告，在集团内外形成良好反响。

【风险管理和内部控制】2021 年，公司坚持合规发展的理念，开展业务类制度梳理专项工作，进一步完善公司业务标准化管理流程。同时，推进数据平台及监管数据仓建设，在核心系统中实现对客户及交易对手的反洗钱监控名单自动筛查，进一步提升信息系统在风险控制过程中的支撑作用。2021 年有序开展专项审计和飞行检查，强化审计建议的落实与整改实效，加大了检查力度和审计覆盖面。

【人力资源管理】公司积极推进碳中和战略发展研究，招聘专业人才成立“碳中和”战略发展研究团队，立足集团深入开展调查研究及项目考察，为集团“碳中和”战略发展积极布局。通过举办学习沙龙，公司在开展投资、风险管理等核心业务培训的同时，积极开展关于新能源、综合能源服务、氢能、环境等战略新兴板块专题研讨，进一步提升对“双碳”目标的认识。

【信息化建设】积极推进数据报送系统研发，完成各项监管数据的报送；持续拓展 RPA 项目实施应用场景，在数据采集、收发文以及 IT 运维上进一步拓展应用场景。在信息安全方面，切实保障重要时期网络安全，首次引入第三方安全服务，强化网络安全专业能力；首次采用等保金融行业标准进行三级等保测评，完成内外网数据安全交换、爱数备份系统、WiFi 安全身份认证等各类安全项目的实施。

【企业文化建设】2021 年，结合庆祝建党 100 周年活动主题，公司党总支携手成员单位共同开展特色党建联建活动，重走习近平总书记视察路线，深入学习先进党建工作理念和工作思路，开展主题党日活动，重温入党誓词，坚定初心、牢记使命。持续深入开展党史学习教育，通过微信公众号、墙报和公司《申财有道》杂志等渠道，对公司党风廉政建设、党校专家讲授专题党课、学习习近平总书记重要讲话精神等内容进行宣传。

S

深圳华强集团财务有限公司

【集团概况】深圳华强集团有限公司（以下简称“集团”）创建于 1979 年，是一家以高科技产业为主导的多元化投资控股集团，产业涵盖文化科技、电子信息、产城融合、新能源、物联网和产业金融等领域，拥有 100 多家全资及控股企业，多家国家级高新技术企业及国家级技术开发中心，集团及下属企业连续多年位列“中国电子信息 100 强”“全国文化企业 30

强”。

【经营概况】2021 年，深圳华强集团财务有限公司（以下简称“公司”）主要开展贷款、贴现、存放同业等资金管理业务，暂无不良资产，流动性资金较为充裕，信用风险和流动性风险整体较小，资本充足性良好，抵御风险的能力较强。截至 2021 年 12 月 31 日，公司资产总额 430196.78 万元，负债总额 298146.75 万元，实现营业收入 13319.54 万元，利润总额 8240.98 万元。

【服务实体】2021 年，公司深入企业调研，积极通过增加信贷投放、票据贴现、跨境资金池等多种方式支持集团主业发展。公司积极与各大合作银行沟通协商，为电子信息板块提供稳定充足的银行授信支持，解决了电子信息高端服务业板块业务发展的需求；针对受疫情冲击较大的文产科技产业板块，公司加大对其信贷投放力度，保障其资金流动性合理充裕。在全集团的共同努力下，两大主业板块稳定发展，平稳度过了受疫情冲击的 2021 年。

【信贷业务】2021 年，公司不断优化贷款结构，加大对受疫情影响的产业板块的资金支持力度，努力解决成员企业日常运营、项目建设等资金需求，为集团主业的稳健发展提供坚实有力的金融支持。截至 2021 年末，贷款规模比年初增加 4.93 亿元，增幅为 22.81%。

【资金业务】公司合理安排调整资金计划，实时追踪头寸变化，最大限度地减少活期资金沉淀。利用金融机构优势，加强与各同业机构的交流对接，争取拆入低利率资金，阶段性补充流动性，根据市场利率变化，及时与合作机构协商提高同业存放的利率。

【投资业务】公司 2021 年适度开展了安全性较高、流动性较好的低风险的货币基金投资业务，兼顾了资金的流动性和安全性要求。

【票据业务】2021 年，公司结合企业的实际情况，确定由企业提供载明交易信息的电子交易流水，无须提供纸质的贸易合同、发票等资料，大幅减少企业票据贴现业务的审批资料，提升业务开展效率。2021 年，公司累计开展票据贴现业务 10340.53 万元。

【资金集中】2021 年，公司针对定期存款产品、七天通知存款产品等适度提高存款利率，增强企业归集意愿；提高公司资金结算服务效率，吸引成员企业在公司办理资金结算业务，通过结算带动资金归集沉淀。通过多渠道提高资金集中度，截至 2021 年末，公司全口径资金集中度达到 42.68%，较 2020 年增加了 3.87 个百分点，可归集口径资金集中度达到 67.66%，较 2020 年增加了 9.69 个百分点。

【风险管理和内部控制】2021 年，公司通过完善内部规章制度、强化业务审核、开展各类风险排查、推进合规文化建设、严格落实非现场监管要求等各项举措，风险管理的有效性持续提升。

【人力资源管理】公司做好重要岗位轮换工作，加强内外部培训，提升员工专业素养和综合能力。

【信息化建设】公司定期开展系统优化升级工作。开展机房设备巡视维护、核心业务系统及征信系统和票据交易系统升级优化等工作，为各项业务顺利开展提供信息环境支持。推进九恒星监管数舱及统一监管报送平台建设工作，包含银监检查分析系统（EAST）数据采集接口、利率报备数据采集系统等。同时，完成了超融合平台产品的采购及硬件部署搭建，为统一监管报送平台及后续系统的扩展提供了硬件平台基础。

【企业文化建设】公司努力开创“以党建为统领、党工团联动”的局面，组织党员和群众观看电影《长津湖》，组织开展中秋节“香薰蜡牌 DIY”活动，每月举办员工生日分享会，加强团队建设，促进员工交流。

S

深圳能源财务有限公司

【集团概况】深圳能源集团股份有限公司（以下简称“集团”）成立于1991年6月，1993年9月在深圳证券交易所上市，是全国电力行业第一家在深圳上市的大型股份制企业，也是深圳市第一家上市的公用事业股份公司。集团产业包括电力、环保、燃气三大板块。“十三五”期间，公司聚焦清洁能源和城市环境治理两个战略定位，加快向具有竞争力的国际化综合能源企业转型，经过不断努力，取得了资产翻番、装机规模翻番、利润创历史新高的优异成绩，实现了再造一个“深圳能源”的宏伟目标。

【经营概况】2021年，深圳能源财务有限公司（以下简称“公司”）持续优化“收支两条线”，强化集团内资金集中管理，以实现优化系统内资源配置、提高资金效益、降低财务费用、保障资金安全的目的；同时借力金融科技、开展金融创新，致力于为集团绿色转型发展提供更加稳健、高效的金融服务。

【人力资源管理】完善组织架构提供人才保障，有效建设“三大中心”，实现管理创新。2021年6月，公司组织架构调整方案获集团正式批复，会计中心、支付结算中心、审计中心的建设工作驶入“快车道”。随后公司开启了4轮招聘，累计为集团“三大中心”启动运转提供11名财金专才。其中，集团外招聘6人，占比为54.5%，有效补充了集团的财金人才团队。公司还配合集团对“三大中心”的管理架构、运营制度和职能分工进行了顶层设计，确保“三大中心”建设符合集团战略转型的根本需要。

【服务实体】多方位探索降成本。在资金归集方面，截至2021年末，公司日均吸收存款规模为153.72亿元，较上年增加27.03亿元，增幅为21.34%。公司通过存贷款利率定价配套等管理措施有效提高资金归集度，2021年公司资金归集度（除集团外）为91.65%，较上年提高128个基点，符合监管要求。

【票据业务】在票据结算方面，公司已在集团内部全面推行票据结算，鼓励成员企业在采购结算中增加票据结算，减少现金支出，有效降低集团整体资金成本约4127.64万元；在再贴现业务方面，公司“绿票通”再贴现累计开展金额为13.88亿元，实际融入金额13.77亿元，融资成本年化利率为2%，比1年期LPR利率降低185个基点，按集团年化融资成本4.1%计，为集团节约财务融资成本1142.31万元。

【投资业务】公司基于利率优先原则，灵活通过同业活期产品、活期利率实点议价等措施提高活期资金收益，截至2021年末，公司同业活期平均年化利率为2.14%，比2021年Shibor平均利率提高18个基点，活期业务累加利息收入7478.74万元；在定期业务方面，公司在保障流动性比例指标和集团成员企业经常性支付的同时，考虑配置三个月以内的短期同业定期存款，最大限度提升积淀的头寸稳定余额的资金使用效率。截至2021年末，公司同业定期累计开展4笔，平均年化利率为2.71%，比上年同期定期存款平均利率提高21个基点，定存业务累加利息收入546.52万元；在优化资产配置方面，为满足监管部门要求及优化公司投资结构，公司共开展3次红土基金申购业务，累计分红收益164.38万元，持有期间收益率为2.45%。此外，公司还适时出售所持有的南纺股份、菲达环保、＊ST百花、浪潮软件4家公司股票，以支持实体经济。

【资金信贷业务】提供关键保障，凸显政治

站位。一是迅捷调拨，稳“保供电”资金链安全。2021 年 10 月，国内多地出现电力紧缺现象，“保供电、保燃料、保民生”已成为特殊时期能源企业的第一要务。公司为集团燃料贸易采购、煤电气电企业生产运营提供 47 亿元授信额度的流动性支持。二是垫付“过桥”资金，助项目投产、运营。2021 年，公司实时跟进集团项目建设动态，主动与人民银行、银保监局、地方金融监管局等监管机构保持密切沟通，积极申请贷款投放规模，并利用搭桥贷款为重点项目保驾护航。截至 2021 年 12 月末，公司累计为多个重点项目的按时开工提供关键资金支持，合计资金规模为 25.82 亿元。三是金融让利，促企业减亏、扭亏。公司坚持从集团整体利益出发，持续为成员企业提供极低成本的融资支持。截至 2021 年 12 月末，公司存量贷款加权平均利率水平约为 3.70%，对比最新一期 LPR（1 年期为 3.8%，5 年期以上为 4.65%），公司贷款共为成员企业降低财务成本约 5300 万元。此外，公司还向个别困难企业发放贷款余额 4.07 亿元，向水电平台发放贷款余额 18.69 亿元。按照公司给予相关困难企业的低成本贷款利率，年均可为上述困难企业让利约 2200 万元。

【业务创新】2021 年 8 月，深圳市地方金融监督管理局会同中国人民银行深圳市中心支行、深圳银保监局共同评选出 11 家深圳首批绿色金融机构，公司作为唯一一家企业集团财务公司入选；2021 年 9 月，公司作为唯一一家企业集团财务公司，受邀参加中国人民银行深圳市中心支行牵头的绿色金融发展战略合作框架协议签约仪式；深圳市福田区政府一年三度授予公司“金融业——可持续金融专营机构支持”等荣誉。多家大型银行和中广核财务公司等行业领军企业上门学习公司“绿票通”业务开展经验。广州银保监局在广州地区推介公司经验，公司在中国财务公司内部刊物分享有关工作成效。

【风险管理和内部控制】充分运用外部监管增强风险防控能力，按 2021 年监管要求，公司努力克服报送范围扩大和报送要求高的实际困难，与监管部门就监管标准、指标变动及风险提示情况保持联动，充分运用外部监控信息持续监测分析，做到风险早期预测和监管关口前移。规范编报各项评级材料。公司结合内部讲习、合规竞答等活动，以 OA、微信、线上讲习、知识竞赛等多种方式向全体员工宣贯合规知识，营造了关注制度学习、重视制度落实的良好氛围，有效引导员工自觉知法守纪、规范操作，大大提升了制度的执行效果。认真贯彻落实《银行业金融机构案防工作办法》，切实落实《员工合规手册》《员工合规责任承诺书》各项合规要求，建立有效机制防范违法违规行为，确保公司合规稳健运行。制定月度制度修编计划，有针对性地从内部稽核、内外部审计、内部控制有效性自查、监管机构督查等角度督促业务部门进行全面业务制度优化完善，以推进公司制度体系完善。

首都机场集团财务有限公司

【集团概况】2021 年，首都机场集团有限公司（以下简称“集团”）生产经营平稳有序，全年旅客吞吐量、货邮吞吐量和运输架次分别达到 1.4 亿人次、226.5 万吨和 121.5 万架次，同比分别增长 9.7%、12.7% 和 8.9%，分别恢复至 2019 年度的 63.5%、84.8% 和 79.3%。营业收入 197 亿元，同比增长 5%；亏损 86 亿元，同比减亏 9 亿元。集团未发生严重事故征候。集团干线机场平均放行正常率达 90.59%，高于行业均值 0.55 个百分点；干线机场 ACI 平均旅客满意度高达4.96，同比提升0.017。

【经营概况】截至2021年末，首都机场集团财务有限公司（以下简称“公司”）吸收存款规模为121.75亿元，自营贷款余额35.38亿元。公司资产总规模达到167.28亿元，所有者权益为17.28亿元，实现营业总收入3.87亿元。公司资本充足率为20.32%，流动性比例为106.13%，存贷比为29.06%，不良贷款及不良资产率均为零，符合监管要求。

【服务实体】2021年，公司扎实推进金融服务实体经济，持续完善存贷款利率定价制度与机制，保持存贷款利率优势；继续免收结算和函证业务手续费用，降低成员单位经营负担；制定《业务办理指南》，为成员单位日常业务办理提供清晰指引；完善客户满意度调查问卷内容，创新性地以电子问卷方式开展年度客户满意度调查工作，提升客户服务体验。明确“资产配置以信贷为主、信贷资产以中长期为主”的基本策略。截至2021年末，为集团成员机场建设提供77.14亿元贷款额度支持。

【信贷业务】服务“四型机场”建设，保障大兴国际机场建成投运，支持成员单位经营发展，2021年末自营贷款余额达到35.38亿元。努力扩大信贷业务服务范围，给予集团内8家成员单位授信额度134.55亿元。

【资金业务】建立同业客户准入机制，增加合作银行，开展同业存单可行性研究工作。优化资金配置结构，增加业务交易频度，持续开展银行间及交易所资金市场业务。

【投资业务】优化基金产品组合投资结构，把握波段性交易时机，择机开展货币市场基金投资业务。

【资金集中】2021年末，公司吸收存款规模为121.75亿元，累计日均规模为130.53亿元，受疫情影响较2020年同期有所下降。为了稳定吸存规模，公司加强制度宣贯及客户沟通，精细化开展资金沉淀统计与分析，优化成员单位支出户限额管理，深挖客户资金归集潜力，累计归集沉淀资金约7.58亿元；持续完善存款利率定价制度与机制，并相应调整存款产品利率，保持存款利率优势，多措并举促进资金集中。

【风险管理和内部控制】设立职工董事并通过银保监局审批；设立证券投资委员会，提高对投资业务的决策能力；2021年共修订制度20项，新增制度6项，现行有效制度及手册175项。印发了《全面风险建设纲要》，对未来风险控制工作进行规划；制定《财务公司风险偏好陈述书》；开展反洗钱宣传、培训等活动以及反洗钱测试，平均成绩为96.9分；组织开展信息科技风险自查。

对接监管机构开展专项排查，根据自查结果形成多项报告并报送监管部门。结合公司实际经营情况，为进一步完善公司内控合规管理体系，印发了《法务合规体系三年提升计划》。

【人力资源管理】公司重视人力资源建设，修订重要人事制度。通过优化制度、完善激励机制、改进招聘工作等一系列持续性的制度体系建设，公司在选人用人、引进人才、考核评价等方面更加规范、严谨。

【信息化建设】2021年公司落地科技创新项目的研究成果，结合信息科技现状，编制《信息科技发展规划》。该规划紧紧围绕公司战略目标，以平台化系统建设为重点，提升对业务发展的支撑能力，同时提升网络安全管理水平。2021年10月公司核心业务系统二期项目顺利上线，完善和优化了部分业务功能，提高了业务自动化处理程度。开展多维度工作，提高信息科技风险防控能力和信息安全管理能力。

【企业文化建设】落实“红色研读”强理论学习、“红色精神”强实干担当、“红心服务”强群众满意的工作思路，组织集体学习教育18次，各类专题活动15个，参与人员达694人次，配发《论中国共产党历史》等指定图书139册，以“为群众办实事”效果检验学习成效，两批“我为群众办实事”任务清单共计8个事项全部完成，达到学党史、悟思想、办实事、开新局的目的。以《党委履行全面从严治党主体责任清单》为依据，固化重点领域和重点工作流程，量化工作标准，紧跟任务抓落实，

S

充分发挥党委“把方向、管大局、促落实”作用。抓实《党支部履行全面从严治党责任暨标准化规范化建设清单》，注重日常监督指导，重要工作、重要时点下发《党的建设工作提示单》，抓点促面、点面齐进，夯实支部建设，增强政治功能和组织力。

首钢集团财务有限公司

【集团概况】始建于1919年的首钢集团有限公司（以下简称“集团”）是我国钢铁工业的缩影、改革开放的一面旗帜，参与和见证了中国钢铁工业从无到有、从小到大、从大到强的历史跨越。集团坚持“创新驱动发展、打造产业优势”理念，围绕“提升活力、提高竞争能力，实现高质量发展”这一核心任务，持续打造产品、质量、成本、服务、技术“五大优势”，汽车板、电工钢、镀锡板三大战略产品国内市场占有率保持前三位。目前，集团已发展成为跨行业、跨地区、跨所有制、跨国经营的综合性企业集团，全资、控股、参股企业600余家，总资产5000多亿元，职工近9万人。

【公司概况】2021年，首钢集团财务有限公司（以下简称“公司”）持续贯彻落实集团各项要求，夯实基础管理，全面对标提升，创新金融产品，提高效率效益，深化产融结合，助力主业做优做强。2021年实现利润总额6.35亿元，年末资产总额569.88亿元，归集资金451.62亿元，全口径资金归集率为70.7%。

公司新设金融市场部，实施同业业务专业管理；与集团高效协同，强化投资资金管控，投资支出由专户支付资金，首次实现投资资金流程化管理；创新票据交易模式，拓展新业务服务，代开信用证、即期结售汇等创新业务和产品首次成功落地；强化轮岗机制，开展大规模岗位轮换调整，为复合型人才培养提供坚强保障。

【风险管理】公司完成指标数据源梳理、自动取数功能开发和系统对接等工作，高效推进EAST标准化数据报送和利率监控报送，同时对资金流动性开展事前预测、事中监控、事后分析。研究风险管理政策与风险偏好，明确风险政策方向和风控工作思路，形成风险管理方案。

【内部控制】公司优化日常审计管理，由日常具体业务审计调整为项目专项审计，以“发现问题、查找原因、督促整改、规范执行、完善制度”为导向，2021年开展人民币结算业务、财务管理、全面风险管理、公司治理等9个专项审计，针对发现的问题，组织整改，通过修订制度、优化系统、完善业务流程、加强基础管理等措施，不断规范公司日常经营管理。

【资金监控】公司落实集团折旧资金应缴尽缴、缴存比例应达到100%的相关要求，与集团部门通力合作，搭建投资资金监控平台，完善投资数据分析，助力集团持续强化投资管控。

【结算业务】公司持续推动结算方式的优化，实现7×24小时服务、自动开关机结算服务落地；推进SWIFT AMH共享直连渠道建设，为境外资金归集、强化境外资金管理奠定了基础；公司全年结算资金总量同比增长24%，结算业务总量实现大幅增长。

【同业业务】公司建立同业授信分层分级管理体系，积极开展同业授信合作，主动授信人民银行公布的19家系统重要性银行，给予同业拆借授信16家；优化同业活期资金管理，按收益常态化调整各银行资金头寸；兼顾流动性安全和收益原则，积极调整同业资金期限结构，增高利差收益。

【外汇业务】公司加大外汇资金归集力度，可归集资金实现应归尽归；创新外汇业务，首

S

次开展代开信用证业务、即期结售汇业务，提升集团矿石贸易全链条外汇金融服务能力；有效发挥金融职能，形成集团内部外汇的交易方案，实现汇率风险内部对冲。

【服务实体】围绕集团钢铁和园区两大板块，加强产品创新，提升信贷资金投放精准度，大力支持实体制造业稳增长和服贸会首钢园区场馆建设；持续开展包括贴现、转贴、再贴现等票据交易业务，获北京地区绿色票据专项再贴现资金支持。

【信息化建设】统筹推进核心系统升级改造，梳理业务流程和业务需求，核对管理报表，优化系统软硬件及网络运行环境，开展监管和运营报表数据源梳理、数据清洗等工作，完成354项新增功能的开发改造，组织集成测试，开展线上操作培训答疑。

【企业文化建设】公司积极营造“走进首财、融入首财、奉献首财”的企业文化氛围；组织开展“我为群众办实事”活动，征集职工建议，逐条予以落实；组织开展“庆祝建党百年、展现首财活力”文体活动；组织员工家属参观首钢园活动，提高员工归属感。

顺丰控股集团财务有限公司

【集团概况】深圳顺丰泰森控股（集团）有限公司（以下简称“集团”）是国内领先的综合物流服务商、全球第四大快递公司，致力于成为独立第三方行业解决方案的数据科技服务公司，为客户提供涵盖多行业、多场景、智能化、一体化的智慧供应链解决方案。经过29年的发展，快速延伸至快运、冷运、同城、供应链等领域，搭建了完整的一体化综合物流服务体系，为客户提供贯穿采购、生产、流通、销售、售后的一体化供应链解决方案。

【经营概况】2021年顺丰控股集团财务有限公司（以下简称“公司”）实现营业收入2.81亿元、净利润1.58亿元，资产总额285.42亿元，存款余额267.50亿元，贷款余额93.58亿元。

【信贷业务】2021年，公司通过下调贷款利率，减免委托贷款手续费等方式，降低成员单位融资成本，共计为成员单位节省融资成本近5000万元。公司信贷产品包括自营贷款、银团贷款、买方信贷业务、贴现、保函、消费信贷等，为解决成员单位资金周转困难问题，提供多元化的融资渠道。

【产业链金融】2021年，公司加大小微企业金融扶持力度，积极拓展买方信贷业务客户，买方信贷业务累计发放金额1544.78万元，累计服务主体27家，较2020年增加10家，加大中小微企业及个体工商户纾困资金支持力度。

【投资业务】2021年，公司开展同业投资业务，包含同业存放及有价证券投资。积极与同业合作机构沟通、洽谈，提升同业活期结算账户利率水平，提升资金效益。同时基于集团各板块长中短期资金计划，建立每日资金预测和监控机制，确保集团营运资金充足。

【票据及担保业务】2021年，公司持续推进票据贴现业务，提高贴现业务投放力度，为成员单位提供低成本融资服务。票据贴现2.60亿元，再贴现业务量1.90亿元。运用人民银行再贴现工具手段，降低公司资金成本。2021年持续提高公司保函业务量，共开立87笔、金额1.70亿元，同比增长59.4%。

【外汇业务】公司建立成员单位外汇风险管理机制，具体分析外汇敞口及其影响，为成员单位提供约定结算币种、轧差结算、套期保值等外汇敞口管理方案并协助进行可行性研究及执行。履行汇率/利率风险监测职能，实时跟踪市场动态，提供金融市场资讯、预警报告，助力成员单位及时有效地应对市场风险。

【资金集中】 新增上线账户资金池合作银行，提高公司账户资金池覆盖率，实现全球资金高度集中管理、全网资金集中结算，使公司可归集口径资金集中度达96.19%。

【风险管理和内部控制】 2021年，公司完善风险管理机制，全面开展、推进“内控合规管理建设年”活动，提高合规管理水平，2021年，公司季均不良资产率为零，月均不良贷款率为零，与2020年持平，信用风险控制良好；贷款拨备率为2.5%，达到评级满分标准，风险抵御能力良好；季均资本充足率为15.75%，高于监管指标下限5.75个百分点，资本补充能力良好；月均流动性比例为60%以上，高于监管下限25%的要求，流动性状况保持良好。

【人力资源管理】 持续提升人才质量，搭建适配性人才梯队。侧重外部引入行业专业人才补充“中坚力量”，一对一帮扶制促进新人融入；基于“竞争、激励、淘汰”的用人理念，激励资源向高价值产出人才倾斜，14%的人才获得晋升；末位淘汰绩效不达标者；为业务发展提供坚实的人才保障。

【信息化建设】 2021年，公司完成新核心系统上线，通过建设差异化、融通化和智能化的系统平台，为用户提供数字化和智能化的业务解决方案。基于云计算、人工智能等前沿技术，建设智能化的EAST、利率报备系统等监管报送系统，为用户提供安全、合规的监管数据报送服务。

【企业文化建设】 2021年，公司打造“球队文化”氛围，所有成员为了“赢球”这个共同目标而努力。同时，通过定期研讨等方式践行顺丰核心价值观：诚信担当、成就员工、成就客户、创新包容、追求卓越；为了体现组织关怀和提升员工满意度，公司开展多场员工关怀类活动，有效加强了员工之间的沟通；积极开展专题党建活动，增强党员政治意识。

四川长虹集团财务有限公司

【集团概况】 四川长虹电子控股集团有限公司（以下简称“集团”）为有限责任公司（国有独资），由绵阳市国资委100%持股，其前身为国营长虹机器厂，目前重点发展综合家电、军工和IT服务三大核心产业。

【经营概况】 截至2021年12月末，四川长虹集团财务有限公司（以下简称“公司”）资产总额201.05亿元，较年初增加34.64亿元，增幅为20.82%。波动较大的项目：一是贴现票据大量到期，贴现余额（净值）较年初减少了12.42亿元，减幅为21.40%。二是投资业务余额较年初减少0.92亿元，减幅为26.15%，主要是上年购入面值为0.9亿元的长虹债券在3月已到期。三是存放同业较年初增加33.54亿元，增幅为131.80%，同时，其他资产较年初增加15.24亿元，主要是由于证监会临时政策支持，在2021年12月31日当天取消了四川长虹及子公司在财务公司的存款不高于贷款的限制，故吸收存款临时增加后资金临时存放于同业及购买7天国债逆回购。

【服务实体】 支持“一带一路”发展。公司通过利率优惠的流动资金贷款、低利率贴现、出具银行承兑汇票减免手续费等方式积极支持集团旗下进出口企业发展，促进集团制造业深入融入全球产业链。截至2021年11月末，公司支持在四川的重点企业“走出去”贷款余额为7.32亿元，较年初增加0.46亿元，加权年利率为3.74%。落实国家“稳企保就”政策，围绕集团产业上下游小微、民营企业继续开展稳企业、保就业工作。

【信贷业务】 公司在做好自身防疫的同时，积极提供金融服务，简化业务流程、加快业务审批、减费让利，帮助成员单位补充缺口，支持成员单位复工复产，缓解疫情的影响。2021年向成员单位发放贷款192.49亿元，开票93.67亿元，办理委贷44.41亿元。

【产业链金融】 围绕集团产业链，积极帮扶小微、民营企业发展。不断深入集团家电产业下游经销商客户推进买方信贷业务，发挥产业链金融优势，为集团主业发展保驾护航。全年累计办理买方信贷业务20.78亿元，服务小微、民营客户815户。同时，针对上游存量授信供应商有序开展延伸产业链业务，全年累计办理供应商贴现业务0.91亿元，一定程度上缓解了部分供应商资金周转问题。

【投资业务】 公司投资业务以货币基金、同业理财和债券等低风险产品为主，截至2021年12月末仅债券投资有余额，且均为国开债，风险相对较低。公司高度重视投资业务风险防范，对交易对手执行严格授信程序，持续关注交易对手情况以及产品收益等情况。2021年12月末，公司投资比例指标为6.66%，有价证券投资账面金额2.59亿元，比年初减少0.92亿元，减幅26.21%；目前暂未开展股权投资业务。

【票据业务】 截至2021年12月末，公司票据承兑业务余额不超过月末存放同业余额3倍、承兑保证金存款占所有存款比例不超过30%，满足监管指标管理要求。承兑业务范围主要为集团成员单位和产业链客户，其中产业链客户开票前需存入保证金，现行保证金比例为98%或100%，属低风险业务。截至年末，公司各项业务正常开展、按时兑付，未出现流动性风险。

【资金集中】 2021年，受四川证监局对四川长虹及其子公司存款低于贷款的常态化监管限制影响，月均集中度水平较低，2021年末时点资金集中度为58.67%，较上年末增长10.65%。

【风险管理和内部控制】 公司坚持“业务开展制度先行”原则，所有业务开展前须先建立制度；公司建立了覆盖评级授信、信贷业务、资金业务、结算业务、中间业务、财务管理、信息系统等主要业务和主要环节的制度体系。建立了专项检查和不定期检查排查的内部监督检查机制，能够对内部控制情况进行有效检查。总体来看，公司目前内部控制机制运行正常，能够有效开展各项内部控制活动。

【信息化建设】 公司本年度完成了办公电脑超级管理员权限统一上收、个人用户采用统一域控管理等工作，实现了员工个人无法私自对电脑配置变更、办公软件不能随意安装等管控。加入域控后可以统一下发安全策略配置，减少了人工配置工作量及误操作可能性，确保所有策略的统一应用和实现软件正版化的管理要求。

【企业文化建设】 2021年，公司各部门创新协助机制，跨部门成立6个课题研究小组，并按季度开展团队工作并汇报成果，每周公司晨会轮流安排1名员工分享，帮助员工锻炼敢上台、敢表达的能力。全年共计40人次参与团队汇报，40余人参加晨会分享，20位个人明星获得公司表扬；全年开展内外部培训40余次，培训人数500人次，共计培训1000小时以上，培训范围涉及宏观经济政策、金融讲堂、信息安全管理、行业经验交流、审计、合规文化建设等多个方面。

四川省宜宾五粮液集团财务有限公司

【集团概况】 四川省宜宾五粮液集团有限公司（以下简称“集团”）是一家以酒业为主、多元化发展的大型国有企业，目前已形成“1+5”产业布局，拥有各级子公司（含全资、控股，不含参股公司）171家。集团正立足新发展阶段，加快实现主业销售收入超千亿元、集团利税总额超千亿元的发展目标。

【经营概况】 2021年，四川省宜宾五粮液集团财务有限公司（以下简称“公司”）呈现良好发展态势。截至2021年12月31日，公司资产总额439.43亿元，总负债393.43亿元，所有者权益46.00亿元。公司各项存款余额385.90亿元，贷款余额210.14亿元。2021年，实现营业收入14.44亿元，实现拨备前利润4.52亿元。

【信贷业务】 2021年，公司通过信贷组织架构调整，分设业务部门，加大对集团成员单位的对接服务力度，加大对集团产业布局、重点企业客户的调研及信贷支持力度。截至2021年12月末，公司为成员单位贷款余额49.65亿元。

【产业链金融】 2021年，公司全年买方信贷业务累计新增贷款89.75亿元，电子银行承兑汇票44.91亿元。其中，产业链经销商贷款余额达到160.49亿元，共支持产业链经销商560户，覆盖29个省、自治区、直辖市，买方信贷业务成为带动产业链稳定发展的重要抓手。

【绿色金融】 公司践行绿色发展理念，积极顺应全球绿色能源发展潮流，主动融入和服务国家重大战略，实施银团贷款参与宜宾久胜绿色能源有限公司“五粮液酒糟生物质热电联产项目”，助力集团打造“零碳酒企”。

【资金业务】 2021年，公司合理运用同业拆借、质押式正回购、二级存单卖出等多种金融市场工具，保障集团流动性资金需求，积极拓展低成本资金来源渠道，全年共融入低成本资金3905.56亿元；新增10余家负债类资金业务交易对手，共融入稳定资金3830.95亿元，有力支持了公司融资业务的开展。

【票据业务】 2021年，公司在协助资金监控、辅助预算管理、筹融资管理、帮助集团提高票据资源利用效率等方面发挥了积极作用，公司全年票据贴现余额27.46亿元，比年初增加26.8亿元。

【风险管理和内部控制】 2021年，公司共审查贷款300余笔，提出审查建议和风险提示500余条。持续加大对重点行业、重点领域和重点企业的风险排查。启动信贷风险防控体系数字化建设。加快推进信贷风险防控体系向信息化、数字化、智能化方向发展。在内控体系建设上，完成对公司内控管理制度的审查梳理，对发现的问题逐一进行整改，落实“废改立”工作，全年共新增制度3个，修订制度45个，废除制度1个。

【人力资源管理】 公司持续完善选人用人机制，畅通员工晋升渠道，认真落实后备人才、主办员工、中层管理人员选聘制度，履行选任程序，健全后备人才库，坚持对确定的优秀人才进行定期考察、考核评定。

【信息化建设】 2021年，公司新一代核心业务系统、信贷系统、监管报送平台、数据仓库等成功上线运行，业务发展的信息科技支撑能力持续增强，数字化转型的基础进一步夯实。在信息科技强力支撑下，资金结算业务效率明显提升。

【企业文化建设】 公司通过中心组学习会、支委会、党员大会、专题党课等形式，深入学习习近平新时代中国特色社会主义思想，深入开展党史学习教育。通过学习，推进领导班子思想政治建设，不断提升领导班子党性修养。切实履行党风廉政建设主体责任，通过“廉洁家访”、开展“清廉金融文化建设活动月”活动、拍摄《做廉洁自律金融人》廉洁寄语短视频等方式，筑牢拒腐防变的思想防线。

松下电器（中国）财务有限公司

【集团概况】松下电器（中国）财务有限公司（以下简称“公司”）是由松下电器（中国）有限公司100%投资的法人机构，所属集团为松下电器产业株式会社（以下简称“集团”）。集团在华事业主要分为七大板块：生活家电本部、卓越运营、机电、互联、汽车电子系统、新能源及娱乐互动板块。围绕这七大板块，集团不断增强在中国的各类生产与销售，支持中国实体产业的发展。

【经营概况】公司始终坚持服务实体经济的理念，以集团利益最大化为目标，较好地完成了2021年的监管要求和经营计划。公司主要经营的业务包括一般存贷款和委托存贷款、集中代理收付汇和即期结售汇业务等。截至2021年末，公司被批准的集团成员单位为57家，资产总额128.95亿元，负债总额116.54亿元。2021年，实现营业总收入1.10亿元，利润总额0.95亿元。

【资金集中】2021年，公司继续与旗下各成员单位加强沟通，努力争取吸收成员单位的存款，2021年末资金集中度达到48.21%。

【信贷业务】公司信贷业务均为流动资金贷款，作为集团金融服务平台，公司满足了成员单位的短期融资需求。截至2021年末，贷款余额为8.96亿元，2021年累计发放贷款42.62亿元，为集团整体资金调整和成员单位融资提供了有力支持。

【外汇业务】公司已开展的外汇业务有外汇集中代理收付汇和即期结售汇业务等。2021年，共有29家集团成员单位办理了即期结售汇业务，同比增长20%。公司通过开展此项业务为成员单位节约了汇兑成本，为集团规避外汇风险提供了有力支持。

【风险管理和内部控制】在风险管理方面，董事及高级管理层对公司的风险管理工作起主导作用。风险管理委员会每季度召开一次会议，有效保证了公司各项风险管理政策的落实。在内部控制方面，公司不断完善内控制度，根据各项业务的不同特点修订了10项管理规定，夯实了岗位操作规程基础，通过日常的各项风险控制措施使风险最小化。

【人力资源管理】截至2021年末，公司从业人员共15人。其中约53%具有5年以上金融行业从业经验，约80%具有3年以上金融行业从业经验，团队综合素质稳步提升。公司建立了有效的激励约束机制，根据员工的能力及业绩进行考评；明确责任分工，根据内部问责规定进行责任认定与追究；加强人员行为管理，规范员工的基本行为，员工在日常工作中能够做到严格遵守制度规范和操作守则。公司坚持以监管法规为尺标，为共建合规文化氛围持续奋斗。

苏州创元集团财务有限公司

【集团概况】苏州创元投资发展（集团）有限公司（以下简称“集团”）隶属于苏州市国资委，是苏州市首批14家地标型企业之一，列入统计口径的全资及控参股企业共41家，是一家以装备制造业、金融业务投资、住宿和餐饮业为主业，实业经营与资本经营并举的大型投资控股集团。其中，集团制造业形成了汽车及零部件、环保设备与工程、输配电及控制设备三大产业高地；集团服务业形成了生产性服务业和主题文化酒店品牌两大板块。2021年营业收入112亿元，利润总额超7亿元，净利润5.90亿元；总资产205.39亿元、净资产87.90亿元，同比增长分别为23.96%、9.35%；资产负债率为57.20%，总体比较稳健。集团连续多年在市属国有企业考核中名列第一。

【经营概况】 2021年，苏州创元集团财务有限公司（以下简称“公司”）各项工作坚持党建强、发展强的基本理念，紧紧围绕服务实体经济和做优、做强、做大的战略目标，不断提升金融服务质量，合理布局信贷投放，盘活内部资源，全力支持实体企业发展。截至2021年12月末，累计实现营业收入7599.63万元，较上年同期增长1496.17万元，增幅为24.51%；实现利润总额3815.67万元，较上年同期增加1049.14万元，增幅为37.92%；净利润3001.1万元，较上年同期增加842.59万元，增幅为39.04%。

【资金集中】 为合理区分集团财务部和集团财务公司的功能定位，发挥财务部政策制定管控职能、财务公司资金管理等四个平台功能定位，做到两财角色定位清晰、分工明确，工作有机统一、相互配合，真正提升集团资金管理工作水平，公司根据行业内资金管理方面现行成熟的做法，并结合资金管控规章制度，形成《集团资金管理暂行办法》，已提交集团初审通过，待履行审批程序。推动集团对新收购两家企业试行资金结算集中度考核，资金归集理念有较好的转变。公司在原2家直连银行账户的基础上，新增1家直连银行账户，主攻成员单位异地资金归集。2021年12月31日，公司归集资金16.44亿元，可归集口径资金归集率达99.81%。

【信贷业务】 公司作为集团金融服务平台，建立了一套完整的贷款利率定价管理系统，全面执行以LPR作为贷款基准利率，推动降低实体经济融资成本，为集团制造业、服务业、环保业等不同成员单位制定差异化融资方案，提高了成员单位的融资效率。2021年公司最高贷款规模16.11亿元，较上年同期增加3.43亿元，增幅为27.05%。全年累计发放额达到16.68亿元，不仅满足了成员企业资金需求，而且使公司贷款达到历史最高水平。全年累计对29家成员单位提供授信30.03亿元，较上年同期增加7.15亿元，增幅为31.25%。

【票据业务】 在宁波银行等4家银行为公司提供同业授信5.5亿元的基础上，进一步加大公司票据的推广力度。2021年2月，为成员单位成功开具电票3756.76万元；开票当日，成员单位供应商即向当地银行办理了贴现。电票保贴业务的顺利完成，标志着财司票融资通道的顺利打通，拓展了企业上下游产业链的支付通道，补齐了公司外部融资的短板。全年累计签发电票70笔，金额共计7118万元，帮助企业开辟了融资渠道，几乎零成本的融资使企业融资成本大大降低，充分体现了财务公司的服务功能。

【资金业务】 公司积极寻求同业合作，不断拓展与银行的合作，与5家银行签订同业活期存款协议，利率最高为2.30%；与4家银行开展定期约期存款业务或签订结构性存款协议，已累计实现同业利息收入1127万元。持续扩大有价证券投资份额，及时关注货币市场基金收益，比对银行间基金平台优势，开通兴业银行等4个同业平台，有价证券投资最高4.2亿元，累计实现投资收益500万元。

【投资业务】 2021年8月，公司获得江苏银保监局批准，原“银行间市场投资类业务资质”变更为“固定收益类有价证券投资业务资格”，为扩大投资范围、增加投资收益提供可能；同时，原经营范围中的业务币种由“人民币业务”扩大到“本外币业务”。固定收益类有价证券投资业务资格的获批，为充分发挥财务公司资金管理职能、提升资金使用效率奠定了

S

基础。

【风险管理和内部控制】充分发挥国有金融企业“五会一层”（党支部委员会、股东会、董事会、监事会、工会委员会以及公司经营层）的作用，在公司治理层面加强风险管理和内部控制。积极参与集团经营管理，在资金、财务、金融等方面发挥财务公司的参谋作用，同时促进财务公司风险管理前移。日常经营业务发挥市场、风控和稽核“三道防线”的作用。对负债额度高、偿债能力弱的企业压缩信贷规模；对所在行业风险敞口较大的企业执行一事一议原则；对类金融企业交易对手和底层资产进行审查，发现有潜在风险的业务及时向企业发出风险提示，将风险管控前移。进一步加强了对授信企业的贷后管理，除常规贷后检查外，还剖析业务模式、查找风险点，执行业务穿透式检查，积极落实信贷企业风险管控要求；首次向集团及成员单位发布风险提示函，充分发挥公司金融风险防线的作用。

【人力资源管理】2021 年，公司通过定岗特选、紧缺人才招聘和储备干部招聘计划，引进、培养和造就优秀人才，开展人才梯队建设，培养公司核心竞争力。输送成员单位财务总监 1 人、集团本部财务管理人员 1 人。安排公司青年员工积极参加银保监局、中国财务公司协会、集团等组织的各类培训；开展员工大讲堂活动，4 名管理层人员、1 名普通员工走上讲台作专题培训。公司 24 名员工中有 14 人次分别获得集团、市、省、全国金融系统表彰。

【信息化建设】2021 年，公司进一步完善建信财司云核心系统，围绕核心系统开发生产经营工作模块。增设金融基础数据、现场检查分析 EAST 系统，提升数据自动化水平、提高数据质量；招标产生二代征信系统开发，11 月进场实施。

【企业文化建设】2021 年，公司围绕党史学习教育和建党 100 周年庆典，组织开展党史学习教育系列活动：开展“学党史、强服务、控风险、开新局”主题党日活动，组织员工前往沙家浜、蒋巷村等党性教育基地参观学习，参加“百年流金、融梦征程”苏州金融系统礼赞建党百年书画摄影展，观看爱国主义影片《长津湖》，参观党风廉政警示教育基地等。公司制定了“党支部前置研究重大事项规程”，为充分发挥基层党组织“把方向、管大局、促落实”作用提供制度和流程依据。

太钢集团财务有限公司

【集团概况】太钢集团财务有限公司（以下简称“公司”）于 2013 年 1 月成立，由太原钢铁（集团）有限公司（以下简称“集团”）和山西太钢不锈钢股份有限公司投资设立，双方持股比例分别为 51% 和 49%。集团是中国宝武钢铁集团有限公司的控股子公司和不锈钢产业一体化运营的平台公司。2021 年，集团实现营业收入 1162 亿元，利润 149 亿元。

【公司概况】2021 年，公司强化全面预算管理，优化资产配置，持续提高金融服务能力，支持集团高质量发展。2021 年实现营业收入 6.79 亿元，利润 3.44 亿元，资产收益率为 1.67%，资本充足率为 23.72%，各项监管指标符合监管部门要求。

【资金计划】精细资金计划与头寸管理，增强流动性管理及资产配置能力，在满足日常支付的前提下，大力开展信贷业务，稳健开展有价证券投资，合理运用流动性管理工具，追求资金管理价值最大化。

【资金集中】遵循应归尽归原则，截至 2021 年末，共有 72 家集团成员单位 206 个银行账户纳入资金归集，可归集口径归集率为95.26%。

【服务实体】 2021年，公司发挥金融服务功能，为集团及成员单位提供信贷支持；按照集团利益最大化原则，通过盘活票据、开展委托投资、给成员单位存贷款让利等方式为集团提供金融服务；组织开展“金融知识进万家”活动，通过《太钢日报》等媒介普及金融知识。

【信贷业务】 信贷规模创历史新高。让利与服务并举，供应链金融极致化深度化拓展，支持实体经济成效显著。2021年发放人民币贷款45.93亿元，办理委托贷款14.1亿元。

【票据业务】 加强集团票据资金集中管理，2021年票据池票据收支375.64亿元。大力开展票据业务，办理票据贴现80.12亿元；同时开展了票据转贴现和再贴现业务。2021年集团利用公司平台签发电子商业汇票138.15亿元，占集团全部签票量的85.83%，其中，银行承兑汇票63.43亿元，商业承兑汇票74.72亿元。

【产业链金融】 大力推进产业链金融服务，支持民营、小微企业发展，2021年向供应商提供融资支持92.88亿元，其中，发放产业链贷款26.62亿元，办理票据贴现66.26亿元。

【投资业务】 持续加强有价证券投资内控体系建设和业务风险管理，投资制度体系趋于完善。截至2021年末，有价证券投资余额26.55亿元。

【同业业务】 公司通过多种流动性管理工具的组合运用有效平滑资产负债，保障集团资金安全。2021年获得主动负债300.25亿元，其中，同业拆入（含回购）260.20亿元；创新性盘活成员票据资产21.31亿元。把握市场机会，开展票据及债券质押式（逆）回购84.51亿元，增厚资产收益。

【外汇业务】 2021年，办理代客结售汇5.33亿美元，占集团结售汇总量的36%，参与人民币即期交易5.33亿美元。

【风险管理和内部控制】 推进“风险管理夯实年”活动，明确各层级风险防控责任。修订风险管理手册（9大类、245个风险点）；新增或修订制度59项，开展9次稽核检查；召开81次业务审查委员会会议，审议通过234项议题；召开3次风险控制委员会会议，审议通过5项议题。召开季度案防分析会，开展员工行为排查及案件警示教育活动。开展内控合规评价、经营管理风险隐患排查、审计发现问题对照排查、行业评级、反洗钱、征信等年度自评工作。开展流动性压力测试、信息系统压力测试及消防应急演练。

【信息化建设】 2021年，完成了信息网络安全升级加固、电票线上清算、票据交易系统集成、投资管理系统、客户信息标准化、应付账款融资平台、银保监EAST报送系统、人民银行新一代利率报备系统、金融基础数据统计报表、财务共享系统接口和标财系统接口等项目上线及验收，科技支撑与保障能力得到较大提升。

【人力资源管理】 落地人力资源优化项目，构建“能力+业绩”导向的人才发展与激励约束机制，优化了组织架构、岗位设置、绩效考核及薪酬体系，建立了岗位等级体系，打造支撑专业化金融服务、金融风险预警和管控、智能化信息化服务等核心能力的职业发展通道。开展全员线下110学时、线上50学时的培训活动，不断促进全员业务素质提升。

【企业文化建设】 持续提升综合竞争能力和盈利能力，开展“我为企业‘对标找差创一流’献一计”活动。落实全面从严治党，加强党的自身建设，扎实开展党史学习教育活动，学习贯彻十九届六中全会精神、中央经济工作会议精神、习近平总书记对中国宝武的重要指示精神，开展党史知识答题活动以及“我为群众办实事”“红色故事大家讲”主题党日活动。

特变电工集团财务有限公司

【集团概况】特变电工股份有限公司（以下简称“集团”）是为全球能源事业提供绿色清洁解决方案的服务商，致力于“绿色发展、低碳发展”，是国家级高新技术企业集团和中国大型能源装备制造企业集团之一，由全球24个国家的2万余名员工组成。集团立足新疆培育了输变电高端制造、新能源、新材料“一高两新”国家三大战略性新兴产业，成功构建了特变电工、新疆众和、新特能源3家上市公司，成为我国输变电行业核心骨干企业，多晶硅新材料研制及大型铝电子出口基地，大型太阳能光伏、风电系统集成商，国内拥有18个制造业工业园，海外建有3个基地。集团综合实力列世界机械500强企业第228位、中国企业500强第353位、中国民营企业500强第150位，连续4年上榜ENR全球百强工程承包商。

【经营概况】特变电工集团财务有限公司（以下简称“公司”）积极发挥金融优势，助力集团抢抓国家“双碳”“双循环”重大战略机遇，截至2021年末，累计实现营业净收入1.48亿元，实现净利润0.78亿元；年末资产总额125.38亿元，同比增长146.49%；所有者权益12.15亿元，同比增长6.93%；吸收存款余额112.67亿元，同比增长189.10%；各项贷款余额40.18亿元，同比增长35.64%；不良资产为零，保持合规、稳健发展态势。

【信贷业务】公司秉承“立足集团、依托集团、服务集团”的经营理念，持续扩大服务的广度和深度，新增服务成员单位13家，服务领域覆盖集团四大产业，产品涉及存款、结算、流动资金贷款、项目贷款、贴现、承兑、保函等多个表内外业务；全年共向38家成员单位提供金融业务服务322笔，有效缓解了成员单位的资金压力；成功将特变电工京津冀智能科技有限公司等3家成员单位5.90亿元贷款纳入人民银行绿色贷款项目库，获得绿色项目贷款补助20万元。

【资金业务】公司与18家商业银行建立了合作关系，定期开展同业业务询价，及时锁定市场价格高点；按月统计成员单位刚兑支出，定期与成员单位沟通收支计划，匡算公司整体资金余缺状况；加强信贷投放计划调度，与业务部门保持有效联动，保障业务目标。

【票据业务】公司累计为成员单位办理票据承兑业务193笔、金额11.75亿元，直接节约保证金2.20亿元，增加了企业流动资金，支持成员单位业务高质量发展。

【资金集中】2021年，公司累计办理各类结算业务19.79万笔，累计结算金额4972亿元；为集团境内147家成员单位开立内部活期户155户；与成员单位外部银行账户建立直连关系413户；推动13家银行实现银企直连，强化账户资金集中管理，2021年末吸收各项存款112.68亿元，全口径资金归集度再创新高。

【业务创新】公司探索采用“项目前期贷款+项目贷款”模式，有效解决了项目公司融资难、融资贵的问题；成功开立首笔售电履约保函，保函业务品种基本覆盖成员单位所有业务，表外业务更加多元化；创新发放首笔碳排放权质押贷款，是行业内碳金融支持“双碳”战略的有益探索和创新实践。

【风险管理和内部控制】公司累计修订完善制度126项、修订授权流程52条，形成了一整套制度和授权体系，为合规经营打下坚实的基础；加强员工管理，开展员工自查103人次，覆盖率达100%，防范化解道德风险和操作风险；开展专项排查，组织案件风险排查、从业人员处罚情况排查、违规人员查实举报等。

【人力资源管理】2021年末，公司在岗员工26人，其中，中共党员18人，占比为69.23%；正式员工本科及以上人员占比达100%，其中，硕士5人，占比为20%；持有中级及以上职称资质17人，占比为65.38%；外部金融机构、财务公司同业引进人员13人，占比为50%；具有3年及以上金融、财务管理相关从业经历人员22人，占比达84.61%，人才团队建设初具成效，较好地保障了业务发展。

【信息化建设】深入实施金融科技战略，建成了公司虚拟化平台；打造智能结算平台，重点推动实现小额自动清算、自动归集、自动下拨、自动开关机、自动结算报表等智能结算功能开发和落地；构建监管数仓，实现16项风险指标实时监控，完成了1104报表、EAST、利率报备等非现场监管报表的自动化改造。

【企业文化建设】紧密围绕“学党史、悟思想、办实事、开新局”，推动党史学习教育常态化，定期组织各类党委专题会议，累计开展3次党支部会议、12次党史专题学习，组织党史学习专项汇报会及评比活动，与外部机构开展2次党学共建活动，年内培养发展2名正式党员、3名预备党员、1名入党积极分子。

天津渤海集团财务有限责任公司

【集团概况】天津渤海化工集团有限责任公司（以下简称“集团”）隶属于天津市国资委，集团注册资本78.46亿元，国有及国有控股企业141户。集团实施了天津碱厂、外环线以内企业搬迁改造，建成了临港渤海化工园和大港精细化工基地，并正在南港工业区建设“两化”搬迁改造项目，形成了临港、大港、南港“三地联动”和海洋化工、石油化工、碳一化工“三化结合”“港化一体”的发展格局，打造了氯碱化工、石油化工、煤化工、橡胶制品、精细化工和化工新材料等核心板块，新能源、新材料、新业态等不断发展壮大。

【公司概况】2021年，天津渤海集团财务有限责任公司（以下简称“公司”）积极应对金融市场形势的不断变化，牢牢把握风险合规底线，强化管理能力，加大金融创新和服务创新力度，为集团成员企业创新改革、提质增效提供了有力支持。截至2021年末，公司资产总额42.95亿元，负债总额28.81亿元，所有者权益合计14.14亿元，实现营业收入1.38亿元，实现净利润0.67亿元，资本充足率为40.14%，不良贷款率和不良贷款额持续保持为零。

【服务实体】在制造业企业信贷支持方面，截至2021年12月末，公司发放制造业企业贷款余额23.53亿元，占自营贷款余额的93.19%；中长期制造业贷款余额4.60亿元。在小微企业信贷支持方面，截至2021年12月末，公司为9户小型企业办理自营贷款，合计贷款余额3.11亿元，其中，短期流贷余额2.94亿元，中长期流贷余额0.17亿元；为1户小型企业办理银承贴现1000万元。在支持外贸企业方面，截至2021年末，公司为集团成员企业向天津海关出具6000万元关税保函。

【信贷业务】2021年，公司继续以低成本信贷资金支持成员企业稳定运营。截至2021年12月末，公司为22家企业核定综合授信额度50.70亿元，公司自营贷款24.65亿元，国内保函业务0.60亿元，委托贷款25.09亿元；自营贷款平均利率相比成员企业外部借款平均利率低144个基点。

【票据业务】2021年，公司承兑电票12.17亿元，电票承兑余额7.48亿元。为解决公司依赖代理银行系统签发承兑汇票的局面，公司于

2021 年 6 月 26 日完成了直连接入上海票交所电票系统工作，2021 年 6 月 28 日开出了第一张直连电票，全年开立直连票据 6.88 亿元。2021 年，公司继续推进票据池建设和运行，截至 2021 年末，已有 25 家成员企业开通了票据池功能，全年累计入池票据 20.32 亿元，换开票据 7.36 亿元，短期融资金额 14.25 亿元。

【业务创新】2021 年，公司根据核心企业采购需求，在原有关税保函的基础上推出了付款保函新业务品种，根据贸易背景为核心企业提供 0.1 亿元付款保函担保类信贷业务支持。同时，与邮储银行、交通银行形成金融支持合力，签约共计 3.7 亿元银团贷款。以上信贷产品的推出，积极促进了公司作为集团内部金融服务平台作用的发挥，使公司服务实体经济的方式迈上了一个新台阶。同时，公司作为集团内部金融服务平台，积极促进央行货币政策传导落地，于 2021 年 12 月成功办理 1000 万元银承再贴现业务。

【风险管理和内部控制】2021 年，公司立足自身金融服务职能，实施“风险管控质量工程”，立足实际将集团总体要求与监管部门关于非银机构内控、全面风险管理最大程度地实现有机结合，通过制定和实施一系列制度、程序和方法，对各类风险进行事前防范、事中控制、事后监督和纠正。建立了包含结算业务流程在内的整体业务流程 21 个，完成优化 27 个关键点；参照战略风险、财务风险、运营风险及法律风险，划分了 32 个风险分类框架，编制了特色风险数据库和《内控手册》。

【人力资源管理】2021 年，公司持续深化“三项制度”改革，积极推进员工职级与职务并行机制，制定基本制度和评级方案，结合绩效考核已完成首次职级评定；组织员工参加内外部培训 68 人次，形成了理论思想和业务知识两手硬、共重视的较为完备的具有公司特色的培训体系，形成人才管理、人才培养、人才激励相结合的管理体系。

【信息化建设】为提高信息化安全和优化功能建设，2021 年公司借助结算支付系统优化提升的契机，对现网财务生产系统和周边信息化终端进行改造升级，从架构和功能上优化更新，进一步提升平台处理能力和横向延展性，提高网络和数据安全性，同时为日常办公、远程访问等场景提供便利。整体架构既满足中长期业务发展需求，又具备灵活扩容功能、满足等保评测要求。同时，基于公司政策和数据安全考虑，公司以“本地资源池 + 本地云专线”相结合为总思路，将数据库等重要数据承载介质部署于线下，云上应用平台通过高速、高可靠云专线访问数据库，保证数据调用时效和安全，形成“云上应用 + 线下数据库”的混合云架构。

【企业文化建设】2021 年，公司继续加强党的全面领导，发挥党支部领导核心和政治核心作用，党建工作与经济工作同部署、同安排；紧贴实际，将党史学习教育与集团发展相结合、理论学习与实践调研相结合，共举办 19 次主题党日活动。通过开展党员先锋岗、党员志愿服务、承诺践诺等活动，引导广大党员立足本职岗位，争创一流业绩，将党史学习教育践行到实际工作中；加强党风廉政建设，强化监督和执纪问责，落实全面从严治党主体责任，以党建促行政管理和业务开展。

天津港财务有限公司

【集团概况】天津港（集团）有限公司（以下简称“集团”）主营业务为港口投资、装卸搬运、仓储分拨、客货运输服务等。2021 年，集团完成集装箱吞吐量 2026 万标箱，货物吞吐量4.58亿吨；实现全球首个“智慧零碳”码头的投产运营，以全新模式引领世界港口智能化升级和低碳发展；携手华为、中兴、浪潮等企业成立“智慧港口联合体”，吸引百余名博士参与研发，华为海港基地落户天津港。

【经营概况】天津港财务有限公司（以下简称“公司”）坚持以习近平总书记视察天津港重要指示精神和新年贺词重要要求为遵循，紧密围绕集团总体战略，聚焦“市场年”“改革年”“创新年”，着重在“稳主业、优服务、控风险、强管理”上下功夫，充分发挥“两个平台”作用及辅助管理职能。截至2021年末，公司资产规模118.24亿元，负债规模91.68亿元，所有者权益26.56亿元；实现收入3.80亿元，实现净利润2.34亿元；不良贷款率和不良资产率均为零。

【服务实体】公司积极落实集团“四千行动”，深入走访了解需求，全年累计走访成员单位80家，持续在拓市场、优服务、强功能上下功夫；一企一策设计方案，全力支持困难企业，有效化解债务风险；研究制定存贷款让利方案，有效支持集团实体经济发展。

【信贷业务】公司累计开展流动资金贷款、项目贷款、银团贷款等信贷业务100笔、金额43.74亿元；信贷规模62.34亿元，实现信贷业务和中间业务收入2.92亿元，均创近年来最好水平；积极助力集团“智慧、绿色”双目标，为“智慧零碳”码头提供金融服务和金融支持，办理了3.65亿元项目贷款。

【资金业务】公司进一步优化结算模式，在上收下拨基础上开展代理收付业务，共受理成员单位资金结算业务7.49万笔、金额3220.43亿元。同时，代理收付模式与集团财务共享中心协同联动，实现集团资金支付一体化、线上化操作，有效促进集团资金管理水平的提升。

【同业业务】公司在保证流动性的前提下，适时审慎开展同业业务。累计开展同业拆出业务31笔、拆入业务4笔、投资业务8笔、赎回投资5笔。实现同业业务收入8440万元，投资收益4754万元；积极拓展二级市场债券交易业务，以集团发行中期票据为契机，开立债券托管账户，完成债券交易清算，实现了集团公司债券一、二级联动。

【票据业务】公司开通了电子银行承兑汇票线上清算功能，搭建“上海票交所ECDS系统+线上清算功能+票据池服务”的综合性票据服务平台，实现开立票据、到期托收等票据全流程服务。截至2021年末，共有90余家成员单位与公司签订《电票服务协议》，40余家成员单位使用公司ECDS系统。开出票据343笔，累计金额1.26亿元。

【资金集中】公司持续推动资金归集工作，通过在银行开立政府专项债账户，归集5.36亿元政府专项债资金；在10家银企直连银行的基础上，新增中信银行和民生银行，确保账户应挂尽挂，资金应归尽归；设计上市公司贷款置换方案，完成成员单位3亿元贷款置换；与天津港发展完成新一轮《金融服务框架协议》的签署工作，保障了资金归集工作的有效衔接。2021年资金集中度达到66.92%，较上年提高了15.16个百分点，创历史新高。

【业务创新】公司分别作为牵头行、参加行与邮储银行及国开行合作为集团办理了2笔银团贷款业务，为集团及成员单位提供了多元化金融服务；在基础信贷业务的基础上创新开展代开国内信用证业务，为成员单位代开国内信用证合计金额1342.83万元，拓展了成员单位融资新模式；成功利用跨境资金池为成员单位提供流动资金2亿元，打通了境内外资金通道，实现了境内外资金联动。

【风险管理和内部控制】公司制定了《风险管理政策和风险偏好》，推进全面风险管理顶层设计；修订12项信贷业务制度，全部嵌入风险审查环节，完善了业务风险管控体系。编制《信贷业务审查要点手册》，促进公司信贷业务风险审查的标准化、规范化；开展了“内控合规管理建设年”活动，对78项内容进行自查，持续推动整改落实。

【人力资源管理】公司全面履行选人用人主体责任，完善干部人才队伍建设有关制度，进一步推进干部人才队伍建设工作制度化、规范化、科学化；加强中青年优秀人才队伍建设，建立中青年优秀人才库，初步构建了全方位、多维度的培养管理监督体系；巩固“三项制度”改革成果，按照“4+2”目标任务管理考核体系要求，完善公司绩效考核机制，将年度重点工作清单化、管理月度化、考核差异化；围绕超额完成效益、业务创新、管理提升设立特殊贡献奖，充分发挥绩效考核的激励作用，进一步激发内生动力。

【信息化建设】公司完成核心业务系统的全面升级，实现包括结算业务和客户服务在内的19项业务功能，在服务能力、数据分析、资金风险管控上均实现了新突破；利用多线程处理机制，大幅度提高系统处理效率，提升系统负载能力，满足公司大业务量情况下系统高速稳定运行。

【企业文化建设】高标准开展“国企党建质量工程”活动，打响“党建引领经营　金融服务发展”红色品牌，总结提炼“12345”党建系统工程，红色品牌入选集团“融入式”党建红色品牌案例；坚持“党建+金融”两条主线，充分发挥“四个平台”作用；深化党员攻坚活动，推动急难险重工作在党员攻坚中实现突破；与党员“攀高”计划协同，提升党员队伍战斗力；按照“一主多元”的工作思路，建立三级网格管理体系，在服务中心工作中提升党建品牌影响力，持续推动党建工作与业务工作深度融合。

天津能源集团财务有限公司

【集团概况】天津能源投资集团有限公司（以下简称“集团”）是天津市国资委出资的国有独资公司，注册资本100.85亿元。作为天津市能源项目投资建设与运行管理主体，集团以“四源”，即电源、气源、热源、新能源为主营业务，承担着保障天津市能源安全稳定供应和推动全市能源结构调整优化的重任。

【经营概况】天津能源集团财务有限公司（以下简称“公司”）始终秉持“服务集团、规范经营、稳健发展、创造价值”的经营方针，立足集团主业发展，服务集团成员单位，积极发挥“资金归集平台、资金结算平台、资金监控平台、金融服务平台”的作用。截至2021年末，公司资产总额68.54亿元，所有者权益11.82亿元，实现净利润5662.70万元。

【服务实体】公司以“服务实体经济”为宗旨，通过存款利率上浮、贷款利率下浮、结算免费、手续费免费等优惠措施，同时以利率为突破口，协助企业降低融资成本，全力支持集团实体经济发展，最大限度助力企业降本增效。公司开通绿色通道，业务办理实现“快速审批、优先放款”。公司坚决落实“双保”工作，在保供期（2021年10—12月）实现保供贷款发放约11亿元，切实保障保供企业资金需求。

【信贷业务】公司稳健推进信贷业务发展，合理安排放款进度。截至2021年末，公司贷款余额为23.29亿元，较年初增加4.15亿元。2021年共实现贷款发放17.97亿元，贷款回收13.81亿元。同时，公司以服务集团为宗旨，以低于市场水平的利率为成员单位提供信贷支持，2021年公司平均贷款利率为3.82%，较2020年平均贷款利率下降29个基点，降幅达7.06%。

【同业业务】公司积极拓展存放同业业务，及时关注市场利率动态行情，抓住利率较高点的时机，保证公司较高的收益。公司2021年2月获得天津银保监局关于公司申请开展固定收益类有价证券投资业务资格的批复，并完成银行间债券市场入市联网工作。

【资金业务】公司主要资金运作方式为办理

同业约期与定期存款，同时，通过竞争性谈判的方式争取最优惠利率。2021 年累计实现存放同业利息收入 8981.69 万元。2021 年，公司共办理结算业务 13830 笔、金额 370 亿元。公司加强对大额资金的审核力度，大额资金审核率达 100%，有效防范资金风险。

【资金集中】集团将资金归集率作为对下属企业年底考核的重要指标，截至 2021 年末，公司客户 47 家，2021 年全口径资金归集率为 60.05%。

【风险管理和内部控制】公司严格按照风险偏好开展全面风险管理工作；结合“风险管控质量工程”形成“三个一”工作成果；开展“内控合规管理建设年”活动，搭建公司诚信合规体系；各类监管报告、监管数据报送“零”差错；组织开展风险管理知识培训，提高全员风险意识；定期开展制度及系统流程执行情况、业务开展情况的检查，及时发现问题，对风险进行提示。公司通过开展专项审计和年度内部控制评价工作，对公司内部控制制度设计和执行的有效性进行独立、客观的审计评价。

【人力资源管理】公司深化人事“三项制度”改革成果，立足公司实际发展情况，全面优化各项制度，探索个性化绩效考核模式以及高适应性的薪酬管理模式，通过细化考核目标、标准化考核激励等措施，推动公司形成担当作为、干事创业的良好氛围。公司坚持为青年员工提升素质能力和干事创业搭台扩能，以人才培养推动公司在“十四五”期间的高质量发展。

【信息化建设】公司系统规划信息化建设，按照监管数据标准化要求，进一步优化核心业务系统，完成与财务系统对接，实现报送数据的抓取调用。此外，公司更换硬件设备，部署超融合一体机，提高系统运算速度和稳定性，降低业务中断风险。

【企业文化建设】公司重视员工人文关怀，订阅报纸期刊、专业图书，丰富阅览室，陶冶情操。开展早操、健步行、球类运动等活动，鼓励员工劳逸结合。工会设立母婴室，关怀女员工。通过召开民主座谈会、利用意见箱等方式，听取员工心声。组织业务培训，提高员工业务技能；通过参观“廉润初心”廉政教育基地、观看《长津湖》电影等团建活动，提高全员凝聚力、向心力，全力以赴为成员单位做好金融服务保障支撑。

公司党组织持续以习近平新时代中国特色社会主义思想为指引，深入贯彻党的十九大和十九届历次全会精神，增强“四个意识”，坚定“四个自信”，做到“两个维护”，巩固“不忘初心、牢记使命”主题教育成果，持续聚焦党员初心，狠抓使命担当；聚焦组织建设，狠抓组织力提升；聚焦基层党建，狠抓教育管理；聚焦意识形态，狠抓阵地管理；聚焦全面从严治党，狠抓正风肃纪，以优异的成绩迎接党的二十大胜利召开。

天津天保财务有限公司

【集团概况】天津保税区投资控股集团有限公司（以下简称“集团”）是天津港保税区管委会下属国有公司。作为滨海新区大型国有控股集团，集团坚持区域功能服务与企业经济效益相统一，致力于为区域提供安全、稳定、优质的基础设施建设、运营与服务，形成了涵盖区域开发建设、基础设施运营、物流及汽车展贸、金融与投资四大主业板块的多元化产业发展格局。集团将持续倾力打造“治理规范、主业突出、管控有力、业绩优良”的一流投资管理型公司。

【经营概况】2021 年，天津天保财务有限公司（以下简称“公司”）致力于资金管控，以资金为纽带，围绕资金管理和融资服务业务主线，发挥金融牌照优势，稳健推进各项业务，持续提升公司风险防控能力，较好地承担了集团内部“四个平台”功能。截至2021年末，公司资产总额69.59亿元，负债总额32.43亿元，所有者权益合计37.16亿元。全年实现营业收入2.58亿元，利润总额2.49亿元。

【服务实体】公司发挥金融机构专业优势，协助成员单位获得外部商业银行授信43.65亿元，提供担保5.73亿元，担保余额15.16亿元，特别是面对煤炭价格持续上涨，集团内涉及民生供暖行业的成员单位面临融资难题，公司对相关成员单位提供合理适度的信贷支持，为区域居民和企业温暖过冬提供金融保障。2021年累计为集团企业节省财务成本7969.06万元。

【信贷业务】面对集团内不同类型、不同行业的成员单位资金需求，公司与外部商业银行开展业务合作，积极通过银团贷款、融资担保等表内、表外信贷产品，为成员单位设计融资方案，支持区域经济发展，2021年累计为成员单位发放贷款34.16亿元，信贷业务余额50.56亿元。

【资金业务】2021年，公司通过合理配置贷款、债券、货币基金等各类资产，兼顾公司整体营业收入和流动性管理，定期分析归集资金情况，适时通过同业拆借、债券回购等方式补充公司流动性。

【投资业务】2021年，公司专注于高等级信用债、利率债、货币基金等低风险投资业务品种，开展同业拆借、债券回购等业务。一是加强与同业的沟通合作，从外部金融机构累计拆入资金规模64.50亿元；二是利用债券质押式回购业务提高交易活跃度，通过利用全国银行间同业拆借中心X-Repo系统，有力提高交易效率，降低回购资金成本，债券质押式回购业务累计发生金额491.50亿元。

【票据业务】2021年，公司为成员单位开展贸易类业务开立财务公司承兑汇票0.99亿元，有力支持了成员单位业务拓展。

【资金集中】2021年，公司结算业务共1.80万笔、金额3325亿元，日均归集资金30.54亿元，年末全口径资金集中度为35.98%，可归集口径资金集中度为66.79%。

【风险管理和内部控制】2021年，公司在确立风险偏好的基础上，制定了年度风险限额管理方案，提升全面风险管理的系统性；持续强化第一道防线风险合规意识，制定发布《关于规范公司信贷业务统一授信管理的通知》《关于进一步加强合规风险管理的通知》等系列文件，细化明确了相关合规风险、信贷风险的管理措施，压实第一道防线风险防控主体责任；建立了合规检查长效机制，并纳入绩效考核体系，通过“自查—检查—整改—提升”，增强了整体风险管理质效；完善统一授信管理体系，修订《统一授信管理办法》，制定了统一授信方案，实现了公司信用风险的统一管理；编制《天津天保财务有限公司内部控制手册》，规范日常内控工作行为。

【人力资源管理】2021年，为贯彻落实滨海新区国有企业改革两年行动方案和集团“三项制度”改革要求，公司完成全员竞聘上岗工作，择优选拔人才，加强专业化管理，全面提升管理水平。同时，公司完善绩效考核管理，有效确保风险管理、内控合规、内部审计等部门的绩效考评有利于其独立、全面地履行职能。

【信息化建设】2021年，公司一是根据精细化管理需要，完成数据分析驾驶舱试点项目建设；二是依托RPA技术进行科技创新，持续优化业务流程，将智能技术应用到发票核验工作场景中；三是根据网络安全等级保护测评方案，优化安全架构，更新网络安全拓扑，完成核心网络环境升级改造；四是落实监管要求，积极完成数据标准化接口、利率报备、新一代反洗钱等监管信息系统的建设工作；五是认真完成应急演练工作，验证网络升级改造效果，确保核心业务生产环境安全可靠。

【企业文化建设】2021年，公司党支部强

T

化理论武装，压实基层支部主体责任。一是开展党史学习教育系列活动，强化思想理论武装；二是开展主题党日活动，推动党的建设在支部落深、落实、落细；三是做好“我为群众办实事”工作，在对口共建社区开展防诈骗宣传及慰问残疾人活动，将学习教育所得向实际行动转化；四是协助区域履行疫情防控责任，彰显国企担当。

天津物产集团财务有限公司

【集团概况】天津物产集团有限公司（以下简称“集团”）经营领域涵盖大宗商品、现代物流等，其中大宗商品主要包括金属、能源资源、矿产、化工、汽车机电五大类别。集团注册资本金26.50亿元，所属企业258户，其中二级企业55户，三级及以下企业202户，上市公司1家。

【公司概况】2021年，天津物产集团财务有限公司（以下简称“公司”）总资产61.45亿元，营业收入0.21亿元。

【资金集中】公司加大资金归集、结算力度，把好集团资金出口关。截至2021年末，共办理正常结算业务笔数30312笔、金额285.88亿元。

【风险管理和内部控制】公司一是做好合规指标的监测和报送工作，按日监测公司各类风险性指标，无迟报、漏报、解锁情况。二是继续完善风险管理操作流程，积极探索适合现阶段的合规风险管理体系，使风控工作更加具体化和可执行化。三是持续开展内控合规建设工作，梳理问题清单，加强内控合规文化的宣传，增强员工红线意识，提高全员主动防范风险、合规操作的自觉性。

【信息化建设】公司全面完成IPv6改造工作。通过网络改造，为下一步云应用等奠定了基础。

【人力资源管理】公司一是以绩效考核为导向，体现多劳多得，激发员工的积极性。二是持续开展培训讲师队伍建设，开展月度全员培训及各类专项培训，提升全体员工的岗位业务技能。三是积极开展轮岗交流管理，为员工提供发展空间，创造发展机会，保证人尽其才、各尽其能。

【企业文化建设】公司一是从严抓好理论学习，筑牢思想根基。二是抓实党史学习教育活动，持续提高抓党建意识。三是聚焦作风建设，持续推进正风肃纪。不断加强廉洁教育，构筑“不想腐”的思想堤坝，畅通举报渠道，坚决防止“四风”问题反弹。

天津医药集团财务有限公司

【集团概况】天津市医药集团有限公司（以下简称“集团”）是一家以医药产业为主体，具有科研、生产、商业物流、商业零售等完整的产业链的大型综合性医药集团，集团拥有100多家企业，控股中新药业、天药股份两家上市公司和迈达科技一家新三板上市公司，与葛兰素史克、大冢、维克多等跨国知名制药公司合作组建合资企业10余家。集团主要经济指标位居中国医药行业前列，连续多年入选中国企业500强、中国医药工业百强。

2021年3月集团混合所有制改革全面完成，混改后集团迈入了规模化、国际化发展的快车道，将为我国医药健康产业发展作出更大的贡献。

【公司概况】 2021年，在集团领导下，天津医药集团财务有限公司（以下简称“公司”）持续推动党建工作和中心工作相融合，积极补短板、强弱项、谋发展，全面落实党史学习教育和迎庆建党百年各项工作，紧密结合集团混合所有制改革各项工作要求，顺利完成全年各项工作任务。

【信贷业务】 夯实常规信贷业务，突出应急资金支持。2021年公司重点解决企业临时性资金周转困难，切实发挥了公司的金融服务和资金支持作用。

【投资业务】 公司积极与监管部门沟通，加快审批进度，最终于2021年6月成功取得除股票投资以外类有价证券投资资格，力保在满足新业务资格的最后时点获得业务批复。获批该项新投资资格后，公司立即推动业务制度制定、授信范围调整、产品选型与准入等投资前准备工作，全力促成投资业务顺利落地。

【资金集中】 集团的资金主要集中在上市公司，2021年公司采取多项措施保持了整体资金的连续、稳定；同时，根据资金管理需求，持续推进直连银行的覆盖，新增5家合作银行，扩大了归集资金的范围。

【风险管理和内部控制】 在原有内控体系的基础上，公司系统地梳理了信用风险、操作风险、法律风险、流动性风险管理，逐步构建和完善了全面风险管理框架，为公司未来的风险管控和可持续发展提供了最坚实的保障。

【人力资源管理】 公司一是建立面向高级管理人员和关键岗位人员的绩效薪酬追索扣回机制，充分发挥绩效薪酬在公司经营管理中的导向作用；二是鼓励员工主动进行学历提升，全部达到本科及以上学历水平，开展民法典专项普法等专业培训，全面提升团队技能素质。

【信息化建设】 公司一是通过代理方式成功接入人民银行ACS综合前置子系统，成为辖区内首家上线该系统的财务公司，达到了预期的提高存款准备金业务的效率和质量的效果；二是集中推进监管数据标准化、利率报备监测分析系统、金融基础数据采集“三大监管系统数据报送”平台上线工作；三是开发并上线了自动支付结算功能，改变了传统人工处理指令的资金清算方式，有效提升了支付结算效率。

【企业文化建设】 公司通过组织开展党史学习教育活动，教育引导全体党员做到学史明理、学史增信、学史崇德、学史力行，以实际行动庆祝中国共产党成立100周年。

天瑞集团财务有限责任公司

【集团概况】 天瑞集团股份有限公司（以下简称“集团”）是一家集水泥、铸造、旅游、煤焦化、矿业、商贸物流、金融等产业于一体的大型企业集团，产业遍布河南、辽宁、山东、安徽和天津等地。集团是河南省重点支持的百户工业企业之一，2010年1月“天瑞”商标被国家工商总局商标评审委员会认定为中国驰名商标。集团列2021年中国企业500强第390位、2021中国民营企业500强第192位、2021中国制造业民营企业500强第106位、2021年河南省民营企业100强第5位。

【经营概况】 天瑞集团财务有限责任公司（以下简称“公司”）坚持“依托集团、服务集团”的宗旨，严格落实监管要求，强化公司治理和合规管理。截至2021年末，公司资产总额34.97亿元，负债总额23.72亿元，所有者权益

11.25 亿元，其中，吸收存款余额 14.19 亿元，各项贷款余额 27.40 亿元，累计向成员单位发放贷款 32.7 亿元，累计结算 15.94 万笔、金额 3678.89 亿元。

【票据业务】 截至 2021 年 12 月末，公司累计签发电子银行承兑汇票 1288 笔，票面金额总计 5.30 亿元；累计兑付到期银行承兑汇票 460 笔，总计 3.87 亿元。公司合规审慎开展票据业务，严格按照监管要求及公司内控制度审核票据贸易背景真实性及票据保证金资金来源并实行专户管理。将票据承兑业务纳入整体流动性风险管理框架，切实提高流动性风险的预警、防范和处置能力。

【风险管理和内部控制】 公司始终坚持“制度先行”的原则，持续做好内控体系建设。2021 年梳理各项内控制度，优化完善内控制度流程，根据相关法律法规，全年修订制度 6 项，新增制度 2 项，公司现行制度达 171 项，提高内控制度体系的规范性和科学性，提升了防范风险的能力。2021 年公司加强对监管政策的研读，聚焦案件防控、“内控合规管理建设年”活动要点，强化内控合规管理建设，提高公司整体风险防范及案件防控能力和水平。同时，公司坚持全面审计和重点业务相结合，对公司治理、内部控制、信贷管理、结算管理、信息系统和风险管理等进行了全面的审计监督检查工作，确保内部合规执行到位。结合公司的实际情况和监管导向，不断完善公司治理架构和风险管理体系建设，不断健全风险管理及内部控制机制，持续完善内控制度流程。加强合规管理，严格落实各项监管要求，强化合规检查监督和各类风险的事前防控。全面提升风险管理水平，确保业务开展的合规性，促使公司健康稳健运行。

通用技术集团财务有限责任公司

【集团概况】 中国通用技术（集团）控股有限责任公司（以下简称“集团”）是中央直接管理的国有重要骨干企业，成立于 1998 年，以先进制造与技术服务、医药医疗健康、贸易与工程服务为核心主业。2021 年，集团以深入开展党史学习教育为契机，以高质量发展为主题，推动集团“十四五”规划落地实施，核心主业发展呈现新气象，科技创新能力得到新提升，深化改革实现新突破，管理体系和管理能力建设迈出新步伐，剔除跨周期调节因素，全面完成“两利四率”经营目标。

【公司概况】 2021 年，通用技术集团财务有限责任公司（以下简称“公司”）全面落实集团战略部署，坚持“产融结合、服务主业”，着力强化资金管控、提升服务能力，年内推动存贷规模再创新高、业务品种和服务水平进一步提升，经营管理各项工作取得全面进展，各项核心指标持续稳定增长。

【信贷业务】 2021 年，公司按照集团战略部署，充分发挥“内部银行”优势，全力支持成员单位经营发展，在信贷规模、让利规模、服务广度、业务品种等方面均收获显著成效，为集团和成员单位降杠杆减负债作出切实贡献。2021 年，公司累计投放本外币贷款 208 亿元，日均贷款规模 215 亿元，同比增长 81%，信贷规模的快速增长为集团核心主业大发展提供了更充分的资金支持。

【资金与投资业务】 2021 年，公司持续统筹资金余缺、优化资金安排，在保证流动性的前提下有效提高资金收益水平。在同业业务方面，公司合理安排资金头寸，强化流动性管理，2021 年存放同业日均规模约 73 亿元。公司积极储备同业授信资源，并于 2021 年 3 月首次从其他央企财务公司拆入资金 2 亿元，进一步拓宽了公司融资来源，提升了公司主动负债和流动性管理能力。在投资业务方面，2021 年日均投资规模 13 亿元，实现投资收益 3561 万元。2021 年，公司在货币基金和债券基金的基础上，开创性地配置了“固收 +”产品，产品配置进一步多元化，有效提升了闲置资金收益水平。

【票据业务】公司积极推广票据业务，推动金融赋能实体产业。一是票据业务规模快速增长。2021 年，公司承兑业务客户数量由年初的 12 户增长至 22 户，开立承兑汇票数量由同期的 743 张跃升至 2837 张，开立承兑汇票金额 14.48 亿元，同比增长超过一倍。二是通过票据创新践行产融结合。在机床行业普遍利润薄、资金紧、经营亏损的环境中，为帮助机床企业解决银行授信难和供应商信心缺乏的问题，公司于 2021 年 6 月开发出国内首张“通用技术机床票”，通过银行加保，显著提升了机床票的流通性及接受度，帮助机床企业重塑商业信用、重建合作关系。“通用技术机床票”自发布以来，得到了包括西门子等供应商的一致认可，并得以迅速推广应用。

【外汇业务】2021 年，公司一是完成了即期结售汇无纸化升级，业务用时从 2 ~ 3 个工作日压缩至最短 15 分钟。二是业务规模创新高。2021 年结售汇交易额突破 10 亿美元大关，同比翻一番；结售汇交易笔数达 1148 笔，为同期交易量的 4.30 倍。三是主动争取试点政策和工具。2021 年，公司作为主办企业获批跨国公司本外币一体化资金池资质，推动集团成为全国首批 4 家试点央企之一；公司成为全国首批 6 家率先接入 CIPS 标准收发器并实现业务落地的财务公司，推动集团在跨境人民币支付清算方面驶入“高速公路”。

【资金集中】截至 2021 年末，公司吸收存款达 387 亿元，同比增长 31%；日均吸存规模突破 300 亿元，同比增长 54%；期末资金归集度达 81%，达成国务院国资委对于资金归集度 80% 的工作要求。

【风险管理和内部控制】2021 年，公司坚守合规底线，一是风险管控前移，根据外部环境变化和公司发展情况，适时完善风险管理政策、评估重大风险、划定风险指标限额，引导业务合规稳健开展。二是进一步捋顺信贷业务、同业业务等业务流程，优化分级授权体系，守好业务风险关，确保各项业务合规、高效、有序。三是持续加强内控体系建设，不断完善公司制度体系，修订公司内控管理手册及内控评价手册，提高内控手册的实用性和指导性。四是培育合规文化，运用合规培训、风险提示、合规简报等手段，实现合规要求入脑入心。

【人力资源管理】2021 年，公司一是扎实做好人才保障工作，在“党管人才、党管干部”原则下强化人才队伍建设，组织员工招聘录用并实现能进能出、能上能下，确保公开、公平、公正；健全“选育用留汰”人才管理机制，适时修订人力资源制度，提高公司在薪酬管理、招聘录用、培训等方面的管理水平。二是优化绩效薪酬体系，实施员工薪酬改革，引入了科学的岗位价值评估、宽带薪酬制度。三是构建学习型团队，完善培训机制、扩充培训资源、增加培训覆盖度，着力提升员工专业能力和综合素质水平，全年基层员工人均学时约 50 小时。

【品牌建设和社会责任】2021 年，公司通过深化宣传引导、积极主动发声、践行社会责任等方式，推动“通财”品牌“走出去”。2021 年在各类报刊和网站累计发稿 40 余篇，在北京市门头沟区斋堂中心小学举办了“通财图书馆”挂牌暨爱心捐赠仪式，向宁夏同心县捐赠抗旱救灾款 50 万元，完成内蒙古武川县、商都县 2 万元扶贫采购，在践行社会责任、为民办实事的同时，进一步传播并提升了公司品牌形象。

铜陵有色金属集团财务有限公司

【集团概况】铜陵有色金属集团（以下简称“集团”）是以有色金属（地质、采矿、选矿、铜铅锌冶炼、铜金银及合金深加工）、金融贸易两大产业为主业，集建筑安装、井巷施工、科研设计、房地产开发等相关产业于一体的多元化发展的国有大型企业集团。2021 年，集团在世界 500 强企业中排位较上年前进 49 位，列第 407 位。

【公司概况】2021 年，铜陵有色金属集团财务有限公司（以下简称“公司”）围绕集团下达的年度预算目标和重点工作要求，持续提升金融服务能力，助力集团高质量发展。2021 年 8 月 23 日，公司股东方铜陵有色金属集团控股有限公司、铜陵有色金属集团股份有限公司分别增资 21000 万元、9000 万元，增资后注册资本为 11 亿元。公司资产规模平稳增长，年末资产总额 94. 80 亿元，营业收入 2. 93 亿元，各项监管指标符合监管要求。

【服务实体】公司始终秉持“服务至上”的理念，积极发挥金融机构服务实体经济的作用。一是加强长三角一体化金融支持。通过提高信用贷款比例、降低融资利率等方式，加大对长三角企业的金融支持力度。全年，长三角客户加权融资利率为 3. 10%，低于总体融资成本 15 个基点，极大减轻了企业的融资负担。二是加大制造业中长期贷款投放，实现绿色信贷投放零的突破。年末，制造业中长期贷款 4400 万元，同比增长 15. 79%。2021 年 8 月，公司对集团某新型环保公司发放一笔 3 年期贷款，实现了绿色贷款零的突破。

【信贷服务】公司积极走访成员单位，主动摸排资金需求，全力满足客户个性化融资需求。全年，共为 16 家成员单位办理贷款 51 笔，总金额 27. 41 亿元（含 600 万美元贷款）；年末，公司信贷余额 65. 33 亿元，比年初新增 1 亿元。公司通过降低贷款利率、免保证金承兑票据等方式为成员企业节约成本 1000 余万元。

【资金集中】公司紧跟集团资金动态，谋求资金集中规模效率双提升。全年，办理结算业务量 2. 04 万笔，结算流量 1. 17 万亿元，同比分别增长 24. 08%、42. 24%。充分利用资金规模优势，多措并举助力集团降本增效。通过与各商业银行订立资金结算免费或打包支付协议，节约结算手续费 400 万元。

【票据业务】公司通过商业汇票承兑及贴现等方式，协助成员单位拓宽支付结算渠道。全年，共为 10 家客户开具电票 2679 笔，开票金额 22. 8 亿元；为 11 家成员单位办理电票贴现 6815 张，总金额 66. 37 亿元，同比增长 43. 29%。

【投资业务】在风险可控前提下，公司持续加强对宏观市场的研究，择优选择合作伙伴，努力提升交易性收益。2021 年，公司投资收益较上年同期增长 87%，创历史新高。

【外汇业务】公司密切联系主要成员单位，围绕客户需求，以优质的金融服务赢得成员单位的支持，业务集中度始终保持在较高水平。2021 年，代理成员单位结售汇金额超过 85 亿美元，同比增长 40%，续创历史新高。

【保险代理】2021 年，公司共为集团 43 家单位办理统一保险。通过招标，集团投保覆盖面扩大，保险费用下降，充分发挥金融平台协同提升集团整体效益的作用。

【风险管理和内控建设】公司贯彻落实“稳健经营，规范发展”的合规理念，持续加强风险管理和内控制度建设，全面落实监管要求。围绕“内控合规管理建设年”活动方案，加大合规风险管理排查力度；不断优化制度流程，全年共修订主要制度30余项。

【信息化建设】公司不断提升数据治理水平，积极推动金融科技发展。一是加强金融标准化建设。1104报表、人民银行大集中、人民银行金数报表进入上线测试阶段；EAST、利率报备系统正式运营。二是实现财务共享一体化。建设公司与集团财务共享接口，不断提升资金管理和账户管理水平。全年金融科技投入近400万元。

【企业文化建设】公司始终以高度的政治自觉、思想自觉和行动自觉，强化党建引领，促进工作融合。一是夯实党建基础，持续做好支部标准化、规范化建设，不断提升党建工作水平。二是全面开展党史学习教育。通过邀请专家授课、参观革命旧址等多种活动，稳步推进党史学习教育迅速升温、全面铺开、高效落实。三是扎实开展“我为群众办实事”主题实践活动。通过“走访成员单位破解经营难题”等专题活动，主动为成员单位解难题，积极履行金融服务实体经济发展的使命。

万向财务有限公司

【集团概况】万向集团（以下简称“集团”）创建于1969年，至今已发展成为涵盖汽车零部件、清洁能源、现代农业等多领域的跨国集团。集团是国务院120家试点企业集团和国务院120个双创示范基地唯一的汽车行业企业。创立50余年来，集团一直秉持创新、创业、创造，实现了四个“奋斗十年添个零”的发展。集团于1999年开始布局清洁能源产业，建立国际化清洁能源产业和技术平台。进入新时代，集团全面迈入创新驱动高质量发展的新阶段，投资2000亿元建设“万向创新聚能城”，逐步实现高端产业支撑、国际科创引领的可持续智慧化的城市发展新模式。

【公司概况】2021年，万向财务有限公司（以下简称“公司”）实现了经营目标的稳健增长，各项监管指标全部达标。2021年累计实现营业收入6.63亿元，利润总额6.49亿元，净利润5亿元。截至2021年末，公司资产规模230.05亿元。

【信贷业务】2021年，公司以支持集团“万向创新聚能城”建设及实体产业发展为重点，切实保障集团企业信贷需求。一是投放自营优惠贷款，积极推进金融惠企。全年优惠贷款（含贴现）让利2.87亿元。二是围绕国家“双碳”目标、集团新能源战略，公司加强绿色金融能力建设，重点满足绿色产业金融需求。2021年，公司在人民银行杭州中心支行的绿色信贷业绩评价中，位于全省财务公司前列。三是持续加强惠企力度，2021年公司存贷款利率差约为1.3%，已连续5年下降，全年给成员企业让利0.99亿元。

【资金业务】2021年，公司完成6家银行的同业授信工作，累计授信额37亿元，同时完成对20家金融机构的授信业务，持续巩固公司与工商银行、中国银行、交通银行等银行的拆借通道。在确保流动性的同时，盘活沉淀资金和票据资产，截至2021年末，实现同业业务收入3370.90万元，累计开展转贴现业务6.42亿元。

【票据业务】2021年，公司继续通过延伸产业链服务，为集团核心企业产业链小微企业办理贴现，有效释放票据的信用价值，切实推进集团产业链良性发展。所服务的46家产业链客户均为民营、小微企业，彰显了大企业担当，有助于实现多方互利共赢。截至2021年末，累计办理票据贴现11.63亿元；累计办理票据承兑30.79亿元，同比增长16.76%。

【外汇业务】2021年，公司及时跟踪了解疫情对企业国际业务的影响，及时传达惠企政策，做好国际结算服务与外汇资金集中运营管理业务服务。截至2021年末，完成集中收付汇业务金额约11.49亿美元，同比增长22.76%；开展结售汇业务金额约10.38亿美元，同比增长6.90%；开展跨境人民币集中收付业务金额约12.24亿元，同比增长2620.00%；经常项下结售汇业务量稳居浙江省内财务公司第一。

【资金集中】 2021年，公司日常外汇资金归集度达到95%以上，可归集资金集中度达95.53%，重点强化三方面管理：一是变更管理。根据企业动态第一时间发起账户信息变更流程，把好账户管理第一道风险关。二是精简管理。推进外部银行账户清理，开展全面的企业闲置账户摸排清理，使闲置账户最少化、收付风险最低化、资金集中最大化。三是专项检查。公司不定期派员检查第三方账户和专户的使用、管理，扎实做好每笔新开户申请的需求调研。

【信息化建设】 2021年，公司重点推进新一代网银系统建设工作。新系统全面覆盖各类业务，方便企业资金管理，实现存贷款、结算、票据等各类业务全流程线上办理。2021年，公司进一步深化数仓建设，数据平台开发处理报表共188张，提高统计分析效率，为经营决策和风险监测提供支持。完成了“银保监标准化数据报送系统”和“人民银行利率报备系统”等信息化项目建设工作。

【业务创新】 2021年，公司成为浙江省首家加入人民银行人民币跨境支付系统（CIPS）的财务公司，实现了跨境人民币支付业务全流程可视化管理，加速公司数字化转型。

【风险管理和内部控制】 2021年，公司以流动性风险管理为核心，以账户、资金、结算为纽带，不断巩固和强化公司业务三道防线。第一道防线落实于所有业务部门，通过规范业务流程，将业务办理资料标准化清单发送至企业，有效传达规范化要求。第二道防线落实于内控合规部。强化监督制约机制，坚持贷审分离原则，对业务合规性、风险性进行实质性审查、发表独立意见；推动流程梳理与再造，修订和制定50项制度；定期开展风险评估、压力测试，及时监测各项指标、提示风险。第三道防线落实于稽核部。通过开展9次专项稽核、23次专项检查和季度员工行为排查等专项治理工作，强化稽核审计力度。

【人力资源管理】 2021年，公司重点加速人才招聘、专业队伍建设和完善薪酬考核机制进程。年内完成全岗位流程梳理，优化员工薪酬与考核办法，形成正向激励作用，促进公司战略目标实现。截至2021年末，招收的新员工涵盖国际业务、合规、财务等业务和管理岗位，进一步充实了公司人才队伍。开展员工岗位轮换，提升人岗匹配度，提高工作效率和质量。结合专业队伍建设规划，开展内部、外部专题培训18次，培训覆盖率达100%。

五矿集团财务有限责任公司

【集团概况】 2021年，中国五矿集团有限公司（以下简称“集团”）深入贯彻落实习近平总书记重要讲话和重要指示批示精神，全面落实党中央、国务院决策部署，坚决落实习近平总书记考察调研国家雪车雪橇中心时的重要讲话精神，增强“四个意识”，坚定“四个自信”，做到“两个维护”，改革发展和党的建设取得新成效，疫情防控与生产经营做到“两手硬”，在建党百年大庆之年展现五矿担当、“十四五”开局之年实现高位起步。

【公司概况】 2021年，五矿集团财务有限责任公司（以下简称“公司”）突出“十四五”

规划战略引领作用，围绕“四个平台”功能定位，立足服务集团主营主业，秉承“业务至精，服务至诚”的精神，真抓实干力保经营效益稳中向好，实现“十四五”开门红。2021 年，营业收入 6.56 亿元，同比增长 8.13%，利润总额 4.37 亿元，净利润 3.28 亿元。

【服务实体】公司秉承“高效务实、立足岗位、优质服务”的使命，充分发挥资金结算平台功能，结算量同比增长 11.38%，结算笔数同比增长 22.19%，双双实现历史新高。

【信贷业务】2021 年，公司先后前往五省十城进行实地调研，客户覆盖面、信贷业务品种和规模取得新突破：2021 年，公司累计发放自营贷款 186.65 亿元，创历史新高；信贷客户覆盖了多家直管企业及其子企业。公司密切追踪 LPR 市场报价走势，主动下调所有存量自营贷款利率，以签署利率调整补充协议的方式，切实为客户提供金融服务便利。

【资金业务】公司稳健推进同业业务发展，同业授信规模累计 380 亿元，同比增长 3.83%。公司积极拓宽资产配置种类，开辟投融资渠道，在提升资金使用效率的同时保障集团资金链安全。

【投资业务】2021 年，公司随时关注国际国内宏观经济形势，苦练内功，开拓思路，不断提高投研能力和水平，在风险可控、合规操作的前提下，最大限度地增厚收益。

【票据业务】公司围绕“集团金融服务平台”这一功能定位，加大票据业务推广力度，业务规模持续扩大。

【外汇业务】2021 年，公司继续致力于为集团成员单位提供优质高效外汇业务服务，协助成员单位借入外债标志着跨境人民币通道业务取得新进展；完成首笔欧元结汇，实现非美元结汇零的突破。

【资金集中】公司发挥资金集中平台功能，稳妥扎实巩固资金集中优势。一是落实人民币存款利率定价改革方案，以定价促结算，以结算促集中；二是美元归集通道再拓展，成员单位美元资金归集通道基本覆盖；三是以票据集中促进资金集中，票据池直连取得新进展，实现票据集约化、专业化统一管理；四是资金系统功能持续优化，以信息技术为支撑全面提升资金归集便利性。

【业务创新】一是跨境结算开新局。公司积极响应人民币国际化战略，全国第一家完成人民币跨境支付系统应用程序接口（API）直连，大幅提高跨境结算效率。二是打通数字人民币归集渠道。2021 年 12 月 31 日，公司实现全国第一笔数字人民币母母钱包资金自动归集，全国首创数字人民币应用新场景，通过持续创新金融服务，为集团资金集中管控提供助力。

【风险管理和内部控制】公司全面梳理各项业务流程，强化重点业务风险管理，完善制度体系，突出“以风险为导向” “以流程为主线”，切实提高风险管控能力，风险管控体系建设取得阶段性成果，促进公司持续健康发展。公司全年无重大风险事件发生，无金融案件发生，风险管理第二道防线、内部审计第三道防线执行有效。

【人力资源管理】公司致力于构建符合战略发展要求的复合型一流金融人才队伍。一是强化绩效反馈提升，为全员制作了《年度绩效反馈分析报告》，主动牵引员工能力提升。二是上线“财司有才”数字化学习平台，丰富人才培养体系，探索“财务人员上讲堂”等系列精品内部课程。三是发布行为规范，传导企业价值理念，积极在打造敬业奉献的企业文化。四是做好人才引进，持续开展员工轮岗，在打造复合型人才队伍的同时，扎实开展人才队伍盘点，塑造人才发展新动力。

【信息化建设】公司以做强优势为根基持续提升信息化水平。一是夯实数据治理基础，构建监管报送体系，支持 1104、EAST 等 300 多张报表，累计 7000 多项指标数据的系统报送。二是强基固本抓实抓细，高分完成等保测评，高效落实国务院国资委网络安全在线监管平台实施，网络信息安全保障能力再提升。

【企业文化建设】公司扎实开展党史学习教

育，通过开展以一次党史学习知识竞赛、一次红色教育基地参观、一场红歌合唱比赛、一次“财司前辈讲党史”活动、一批精品党课、一个红色电影展播周和一次主题征文比赛为主要内容的党史学习教育“七个一”系列活动，引导广大党员干部职工学党史、悟思想、办实事、开新局。加强阵地建设，制作党建和党风廉政建设文化墙、宣传展板、易拉宝等，积极加强正面宣传，努力营造良好的舆论环境。关爱职工身心健康，通过常态化开展工间操活动为职工群众办实事，帮助员工缓解疲劳，强健体魄，进一步丰富职工文化生活。

物产中大集团财务有限公司

【集团概况】 物产中大集团股份有限公司（以下简称“集团”）是浙江省属特大型国有控股上市公司，集团现拥有各级成员单位超400家，员工逾2万人，办有1所企业大学，业务范围覆盖全球70多个国家和地区，自2011年起连续11年入选世界500强企业，2021年列第170位。截至2021年12月末，集团总资产1294.50亿元，实现营业收入5642.05亿元。

【公司概况】 2021年，物产中大集团财务有限公司（以下简称“公司”）紧扣“立足集团、服务集团”的中心点，不断延伸金融服务“广”度，挖掘资金集聚“深”度，在提升资金使用效率、保持资产质量稳定、服务集团成员单位、支持地方实体经济等方面均取得了良好成绩。2021年，公司实现营业收入3.77亿元，实现利润总额1.51亿元。截至2021年末，公司资产总额164.74亿元，负债150.37亿元。

【服务实体】 2021年，公司以产融结合为发展方向，借助数字化手段完善风控体系，提升金融服务能力，赋能集团主业发展，实现全集团层面的资金归集和降本增效。公司在巩固基础业务的同时，持续深化信贷业务、有价证券投资、同业拆借等金融业务，配合集团产业生态强化金融产品的设计与开发，深化与银行、产业链上下游财务公司的同业合作，在保函、票据等方面实现新的突破。

【信贷业务】 2021年，公司通过加大信贷投放力度，结合需求高峰组织优惠利率贷款，积极提升信贷服务对集团智慧供应链集成服务主业的支撑能力，2021年累计投放流动资金贷款549亿元，日均贷款规模超79亿元，为成员单位节约融资成本近2000万元。不断探索与同业合作的新模式，成功构建了基于财司电票的集团商业信用变现流转模式。积极发挥信贷调节功能，协同成员单位克服大宗商品价格波动风险，为高质量发展营造适宜的内部信贷环境。

【资金业务】 2021年，公司努力把握资金运营管理的“时度效”，合理控制整体备付资金，提升资金调度效率，开展隔夜资金调度615亿元，提升存放收益30个基点；择机开展同业运作拆入资金38.90亿元，在改善流动性的同时有效降低了融资成本；为成员单位提供免费资金结算2.12万亿元，同比增长37.53%。

【投资业务】 公司一是开拓产品模式，推动投资业务规模化运作。与财通资管开展定制型产品合作，与平安银行深度对接灵活开展“T+0”理财产品操作，丰富了超短期产品配置，提升了闲置资金的使用效率。二是深挖内部协同，积极拓展项目合作模式。助力集团永续债和物产融租ABS产品顺利发行，节约融资成本1300余万元。

【外汇业务】 2021年，公司完成跨境双向人民币资金池主办企业变更和跨境本外币资金池重新备案，“双池”并行拓宽了跨境资金集中运营通道，为成员单位境内外资金流动提供了更多的选择；进一步优化结售汇业务交易体系，新增外币对业务资质，结合“双池”跨境服务，全面提升公司国际业务服务能力，2021 年累计代客结售汇 4.16 亿美元，对外放款 1.06 亿美元。

【资金集中】2021 年，公司扎实推进财银直连工作，全面实现 20 家战略合作银行财企直连，并以间连方式与部分银行互联互通，搭建起“20＋N”的银行资金池和归集网络。设立专项工作小组强化账户挂接，全年新增账户挂接 1007 个。通过动态监测和穿透式管理，全面掌握成员单位账户信息和资金动态，资金集中管理卓有成效，月均资金集中度和账户集中比例分别较上年提升 4 个和 16 个百分点，存款规模创历史新高，达 149 亿元。

【业务创新】2021 年，公司成功构建了基于财司电票的集团商业信用变现流转模式，为成员单位向太钢集团下属企业采购钢材承兑电子商业汇票，通过与太钢财务公司建立同业票据转贴现渠道买回，形成票据流、资金流的闭环，有效控制了票据流转环节的风险，并为成员单位降低了票据融资成本。

【风险管理和内部控制】2021 年，公司坚持内部控制和风险管理的有机融合，持续构建“事前防范、事中控制、事后监督”闭环管理的内控体系，开展“内控体系优化”“内控数字化”专题活动。公司全年风险指标保持合理水平，案件和重大风险事件零发生，微课作品《内控建设知多少》获中国财务公司协会“智慧共享”微课大赛三等奖。

【人力资源管理】2021 年，公司持续开展“胜任力”系列活动，构建自主培养人才新格局，受到省级媒体“浙江在线”网站专题报道。开展微课大赛和季度考试，开展 9 期“流动智慧”同业交流会，推行“走出去，引进来”战略，形成“资源共享、优势互补”的新格局；开展“线上＋线下”培训，通过公司内刊做好知识宣传和选树先进，鼓励员工参加专业考试或考取职称证书。

【信息化建设】2021 年，公司牵头完成集团资金管理平台项目一期上线和浙江省国资委大额资金报送试点工作，受到省国资委高度好评；构建财务公司监管标准化数据报送系统，实现监管报送信息自动生成和自动报送；推进公司金融综合管理平台二期上线和功能完善，持续落实重要信息系统安全等保三级测评工作和正版软件管理。

【企业文化建设】2021 年，公司通过组织竞赛和专家授课等形式，推进党建与业务的深度融合。构建“合规高效、团结奋进、勇于奉献、争创一流”的企业文化，建立职工书屋、投入职工教育，通过公司内刊和微信公众号讲好公司故事，成立羽毛球、乒乓球、瑜伽俱乐部，每周开展活动，把员工的凝聚力、向心力和战斗力转化为公司高质量发展的强大动力。

物美商业财务有限责任公司

【集团概况】北京物美商业集团股份有限公司（以下简称“集团”）隶属于物美科技集团有限公司，是国内最早以连锁方式经营超市的专业集团公司之一。自 1994 年创建北京第一家综合超市以来，集团秉承“发展民族零售产业，提升大众生活品质”的经营理念，以振兴民族零售产业、服务基础民生为已任，经过 27 年的发展与积累，已从单一业态逐步发展为多元化业态，成为大型超市、生活超市、便利店、百货四位一体的零售集群。

【公司概况】2021 年，物美商业财务有限责任公司（以下简称“公司”）核心经营管理工作主要包括两个方面，一是围绕支持集团主业发展的工作重心，不断深挖资金管理和信贷服务潜能，加大资金管控力度和信贷投放规模；二是扎实开展公司治理和合规管理工作，运用体系化建设思路，标准化实施方案和流程化业务操作持续提升公司运维管理水平。截至2021年末，公司资产总额9.64亿元，负债总额4.40亿元，所有者权益合计5.24亿元。2021年实现营业收入0.22亿元，实现利润总额0.13亿元。

【服务实体】集团是中国北方地区拥有店铺数量最多的商业连锁企业，在零售领域为服务百姓民生、支持区域发展、促进实体经济作出了巨大贡献，围绕“京津冀协同发展”、“非首都功能疏解”、冬奥会等重点项目发挥了基础保障作用。公司通过为52家集团成员单位提供资金结算、基础信贷等金融服务，促进商品流通和中小型供应商健康成长，进一步服务于京津冀百姓的“菜篮子”和“米袋子”等民生工程，有效支持集团良性发展并发挥更大的社会价值。

【信贷业务】公司始终围绕支持集团主业发展的工作重心，积极发挥集团金融服务平台的功能。2021年，公司向北京物美便利超市有限公司、北京邻鲜连锁便利店有限公司等大型批发和零售业成员单位综合授信14亿元，并通过优惠利率降低成员单位资金成本，切实贯彻疫情期间的保供行动部署，保障民生商品供应。截至2021年末，发放流动资金贷款12亿元，贷款余额7.50亿元。

【资金业务】2021年末，共有52家成员单位开立财司账户，年内新增开户单位12家。累计完成结算业务16.65万笔、金额1121.71亿元，其中代理支付6.19万笔、金额138.34亿元。全年累计减免手续费42.42万元。

公司在流动性风险和市场风险可控的情况下，继续寻求在人民币同业拆借市场与其他金融机构开展资金合作的机会，深化同业市场合作。2021年，公司与3家银行同业机构建立同业授信合作关系，综合授信总额为9亿元，主要从事同业拆出和定期存款业务，2021年累计办理同业拆出业务20笔，累计拆出金额19.53亿元。

【资金集中】2021年，公司通过系统化的联动管理，实现定时归集、实时归集、零余额归集、固定金额归集等多种归集方式。积极发挥资金集中平台职能作用，合理设计资金归集路径，严格控制银行账户留存资金，最大限度地提高公司对集团资金的集中度。截至2021年末，公司面向集团及成员单位吸收存款4.39亿元，存放同业及央行2.13亿元，全口径资金集中度为76.61%。

【风险管理和内部控制】2021年，公司严格按照监管规定和风险管理要求开展风险识别、分析、计量、评估、监控和报告，采用适当的风险控制措施和有效的风险缓释方案，包括流动性风险压力测试、监管指标跟踪监测、资产五级分类认定等9项专项工作。

公司根据风险管理工作需要，优化公司内控管理体系，从制度上、程序上、操作上保证公司治理的合法合规和高效运行。2021年，公司结合监管政策要求，重点开展“内控合规管理建设年”工作，进一步完善公司治理结构和内控管理机制，提升全面风险管理体系和制度化建设水平。

【人力资源管理】2021年，公司一是通过社会招聘、集团人才交流等方式，提升公司在风险管理、信息管理等核心岗位的专业人员配备，提高团队专业化水平和业务能力；二是进一步贯彻关键岗位强休和轮岗机制，确保可以对关键岗位关键业务环节实施有效控制，消除操作风险隐患；三是组织开展了预防职务犯罪讲座、反洗钱实务、反电信诈骗、金融案件分析等宣教活动；四是组织修订员工行为规范制度，将清廉金融文化建设职能纳入公司规范性文件，强化对道德价值观的遵守，提升公司整体合规管理水平、人员素质与发展水平。

X

西部矿业集团财务有限公司

【集团概况】 西部矿业集团有限公司（以下简称“集团”）在全国11个省、自治区、直辖市拥有70余家分公司、子公司，业务范围涉及有色金属矿采选冶炼、盐湖化工、新型绿色建筑及地产开发、旅游资源开发、金融及信息技术等产业板块，产业多元，是青海省唯一一家进入中国企业500强的企业。

【经营概况】 截至2021年12月31日，西部矿业集团财务有限公司（以下简称“公司”）资产总额112.61亿元，负债合计77.85亿元，所有者权益34.76亿元，实现拨备前利润总额3010万元。被青海省政府评为“金融服务地方经济发展AA级机构”。

【服务实体】 2021年，公司主要通过存款利率上浮、贷款利率下浮、手续费减免、中间业务价格优惠等措施，全年累计让利优惠超2900万元；全年累计通过将活期存款调整为协定存款，为成员单位增加存款收益超4900万元。

【信贷业务】 2021年，公司全力保障集团重点单位、重点项目建设，尽力满足集团成员企业资金需求。重点支持了肃北钒科技石煤余热提钒二期项目、新疆瑞伦22号线技改工程项目、伊吾胡杨景区建设、青海铜业原材料采购等重点项目和重点企业。2021年累计发放贷款93.98亿元，累计收回贷款98.39亿元。

【资金业务】 公司在确保流动性的前提下，保障资金使用效益最大化，充分发挥预算管控的作用，根据成员单位资金计划，合理安排资金头寸，大力配合集团战略合作银行，持续提升议价能力，努力实现资金收益最大化。2021年公司存放同业活期款项平均收益率为2.18%，存放同业定期款项平均收益率为3.82%。

【投资业务】 公司积极调整投资业务结构。面对日益趋紧的监管态势和复杂多变的投资环境，多措并举强练“内功”，加强资金运营精细化管理，在风险可控的前提下，以标准化资产配置为原则，优化投资产品结构，投资于收益率相对较高的产品，同时积极协助参与集团、股份公司债券发行工作。全年累计投资金额35亿元，余额14.82亿元。

【票据业务】 公司通过票据业务运作，积极响应延期支付要求，为成员单位提供了便捷的融资渠道和低成本资金。一是承兑业务方面。全年累计签发承兑54.18亿元，承兑余额33.89亿元。二是贴现业务方面。全年累计办理贴现14.27亿元，贴现余额10.65亿元。三是再贴现业务方面。继续强化与人民银行的沟通力度，全年累计办理再贴现25.41亿元，再贴现日均余额11.12亿元。四是转贴现业务方面。全年累计办理转贴现（含财司票）1.48亿元。

【资金集中】 公司深度挖掘集团内部资金归集潜力，通过多品种存款产品搭配、增加直连银行、优化归集策略等措施，持续做到应归尽归，资金集中能力进一步提升。截至2021年末，管理成员单位72家，较年初新增4家，年末全口径资金归集率达63%。

【风险管理和内部控制】 2021年，公司将持续完善法人治理及风险管控贯穿全年工作，不断完善公司治理，严格落实各层级风险管控责任，强化风险管理措施。一是修订了《直属支部委员会议事规则》，同时完善了“三重一大”决策清单，把党的领导融入公司治理各个环节，做到研究“三重一大”事项与董事会依法行使决策职责的有机统一。二是执行常态化制度评审机制。2021年在原有146项制度的基础上，修订30余项，增加1项，废止2项，目前，公司各类制度145项，涵盖各项管理活动和业务条线，形成全面、完整、系统、规范的制度体系。三是扎实落实“内控合规管理建设年”活动，对百余项内容进行自查，对发现的8项问题进行了整改，有效提升了公司合规管理质量。四是根据集团授权，新增了集团资金管理和融资等总部辅助管理职能，及时调整与完善公司组织架构、制度流程、领导分工、部门职责等相关内容，确保各项工作有效衔接。五是切实增强内部监督职能。对2020年的公司治理、风险管理、合规内控、财务管理、业务经营、数据治理、信息科技管理、薪酬绩效、反洗钱、案件防控、声誉风险等重点内容进行了全面审计，共发现问题或隐患21项，提出审计意见21项，均得到整改落实。

【人力资源管理】公司分层级、分条线、分岗位制定不同的培训内容及学习计划并加以落实，持续提升全员履职能力及综合素质，确保人才队伍稳定、素质优良。全年累计培训821人次，履职能力考试合格率达100%。

【信息化建设】2021年，公司信息科技工作以数字化转型、司库体系搭建为目标，全力打通各系统间壁垒，保证资金业务安全、稳定、可靠、连续运行。按照监管机构及自身业务发展需求，先后完成了EAST数据报送平台、利率报备系统、金融基础数据采集系统上线工作；完成了账户监控系统优化及移动APP平台优化升级工作；完成了安全等级保护测评、风险评估、渗透性测试、IT外部审计等工作。

【企业文化建设】2021年，公司直属党支部在集团党委的领导下，坚持以党建促业务、以党建助发展的工作思路，深入学习贯彻习近平新时代中国特色社会主义思想和党的十九大精神，坚持不懈贯彻新发展理念，以党的政治建设为统领，以落实全面从严治党主体责任为主线，以规范党内政治生活为重点，以提高党员干部素质为根本，以党支部标准化规范化建设为抓手，全力夯实党建工作基础，创新党建工作方法，全面提升党建工作水平，聚焦年度工作要点，进一步压实责任、夯实根基、落实制度，不断推动全面从严治党向纵深发展。

西电集团财务有限责任公司

【集团概况】中国西电集团有限公司（以下简称“集团”）成立于1959年7月，是以我国“一五”期间156项重点建设工程的4个项目为基础形成的，集科研、开发、制造、贸易、金融于一体的大型企业集团，隶属于中国电气装备集团有限公司。历经一个甲子的拼搏与发展，集团成为我国最具规模、成套能力最强的中压、高压、超高压、特高压交直流输配电设备和其他电工产品的研发制造、实验检测和服务基地。

【经营概况】2021年，西电集团财务有限责任公司（以下简称“公司”）以金融创新为着力点，加强党的建设，把牢改革方向，发挥主业优势，业务发展实现多项突破。以“产融结合”全新发展布局，为公司转型发展打开了新局面，通过一系列举措助力实体经济、挖潜资金效益，实现利润总额2.59亿元，实现净利润1.95亿元。

【服务实体】疫情期间，公司坚决贯彻落实属地及监管要求，在确保公司“零疫情”的同时强化金融担当，优化完善业务授权机制，开辟绿色审批通道，通过多种方式畅通金融服务，充分发挥金融对实体经济的支撑作用。自2021年末西安实行封闭式管理到年终结算不到10天时间，公司结算本外币交易笔数累计近8000笔、金额近130亿元；贷款业务超过12亿元；票据业务交易笔数约180笔、金额近7亿元；融资租赁业务放款近2亿元，全力保障集团及成员企业年终资金结算安全及各项金融服务畅通。

【公司金融】2021 年，公司充分发挥金融服务职能，全力支持集团成员企业发展。一是向 42 家成员企业提供超过 210 亿元综合授信额度，较上年增加近 30 亿元。二是全年为集团成员企业办理结算业务约 12 万笔，结算交易金额超过 1100 亿元，首次突破千亿元大关。三是自营贷款、票据贴现、财司银承、代开保函等业务平均增速超过 20%，有效助力成员企业高速发展。四是一企一策，为集团企业降费减负，提质增效做贡献，全年累计为成员企业让利占公司利润总额的 10% 以上。五是发挥金融服务职能，协助集团对 57 家成员企业保险业务进行统一管理，使集团保险费率平均降低 15% 以上。

【产业链金融】2021 年，公司产品融资租赁业务实现新突破，金融支持产业发展能力进一步拓宽，年内多项新能源融资租赁项目落地，有力促进产业公司营销收入规模增长。一是为支持集团企业对新能源、综合能源等新领域、新业务的发展，提供综合授信 30 亿元，为集团新业务提供定制化金融服务和充足的金融信用支撑。二是打通新能源融资租赁业务模式，实施新能源风电项目融资租赁超过 2.60 亿元，待落地新能源项目融资租赁近 5 亿元，通过金融业务强有力支撑作用，拉动产业公司项目累计投资规模超过 10 亿元。三是加大绿色信贷支撑力度，为新能源新业务发展提供 LPR 优惠利率的信贷资金支持，2021 年累计提供贷款 2 亿元。

【票据业务】2021 年，公司一是创新使用金融工具，降低供应链融资成本，贴合企业需求，通过转贴现、再贴现等金融工具实现票据融资全流程管理，提高集团整体收益。二是发挥持牌金融机构的优势，拓宽低息资金来源，为金融支撑提供资金保障。拓展央行票据再贴现低息融资渠道，全年累计办理再贴现超过上年的 9 倍，扩大集团资金池，为新能源业务开展提供了资金保障。

【风险管理和内部控制】2021 年，公司一是深化投资、信贷等关键环节风险控制及健全内控制度，强化风险穿透和评估机制，健全完备的风险预警止损机制。二是强化信息科技业务连续性风险监测，强化审计整改跟踪监督机制，推进三层制度体系建设。三是强化各专业委员会议事的范围、频次和效果，更好地发挥专业委员会事前把关的职能作用，为公司决策提供有力支撑。

【人力资源管理】2021 年，公司一是深化金融创新奖励机制，完善创新奖励实施办法，年内评选奖励多项创新项目。二是深化“青年金融创新论坛”孵化机制，培养青年骨干能力提升。三是尝试激励试点“项目经理制”，通过全员竞聘方式公开选拔项目经理。四是首次开展优秀年轻干部和“青马学员”选拔工作，建立优秀年轻干部库。五是全面推行中层干部任期制和契约化管理，优化绩效考核及激励机制，完善薪酬激励及配套制度，常态化推进全员年终述职考评。

【信息化建设】2021 年，公司一是全面落实金融科技信息化升级战略，实现新一代核心业务信息系统上线运营，金融信息科技水平走在省内财务公司前列。二是构建公司数据治理统一监管报送管理平台，大力推进公司数据治理的完善。

【企业文化建设】2021 年，公司一是深化党史学习教育，结合集团主题实践活动，组织开展同业党建“结对子”红色基地研学、“三个思维”专题调研、党史知识竞赛、“庆祝建党 100 周年”主题党日、四期专题读书班、红歌视频拍摄等 10 余项活动。二是以党建为引领，大力开展技能比赛、红色观影、爬山比赛、青年志愿服务等群团活动，聚集员工之“心”，形成“党建带工建，党建带团建，党群齐发展”的良好局面。三是扎实开展“我为群众办实事”实践活动，先后解决三批次共 18 项职工群众急难愁盼的实际问题，广大干部职工的幸福感和归属感不断提升。

西门子财务服务有限责任公司

【集团概况】西门子股份公司（以下简称“集团”）是全球领先的技术企业，成立170余年来，始终以卓越的工程技术、不懈的创新追求、优良的品质、出众的可靠性及广泛的国际性在业界独树一帜。集团业务遍及全球，专注于服务楼宇和分布式能源系统的智能基础设施，以及针对过程工业和制造业的自动化和数字化等领域。集团致力于促进数字化世界和物理世界的融合，让广大客户乃至全社会受益。通过交通业务，集团帮助塑造全球客运和货运服务市场。集团是轨道和道路交通领域领先的智能交通解决方案供应商。凭借在上市公司西门子医疗的多数股权，集团成为医疗科技和数字化医疗服务领域全球领先的供应商。集团最早在中国开展经营活动可以追溯到1872年，当时西门子向中国出口了第一台指针式电报机，并在19世纪末交付了中国第一台蒸汽发电机以及第一辆有轨电车。1985年，集团与中国政府签署了合作备忘录，成为第一家与中国进行深入合作的外国企业。近150年来，集团始终以创新的技术、卓越的解决方案和产品坚持不懈地对中国的发展提供全面支持。

【经营概况】2021年，西门子财务服务有限责任公司（以下简称“公司”）实现了自身业务稳定增长，各项监管指标全部达标。截至2021年末，公司资产总额折合人民币约210亿元。

【信贷业务】根据集团内部规定，公司的贷款发放对象主要为集团控股的在华成员单位，且集团母公司提供支持。公司根据借款成员单位的财务状况、盈利能力、发展预期等对其进行授信评级，基于评级结果提供信用贷款或担保贷款。

【票据业务】公司目前仅向集团控股企业提供贴现业务且公司接受的均为全国性商业银行承兑的银行承兑汇票，并事先对票据要素和贸易背景的真实性进行严格审核，已经将风险降至可控范围。

【外汇业务】2021年，公司的外汇业务主要为吸收集团在华成员单位的外币存款、外汇资金集中运营管理业务、即期结售汇业务和即期外币对业务。

【资金集中】公司一直致力于减少集团成员在外部银行的存款，提高资金集中度，为集团的稳健发展提供最好的保证。

【风险管理和内部控制】公司建立健全各项规章制度，严格遵守内控制度，坚持稳健发展和合规经营的原则，实现健康经营。将风险管理作为日常工作的重要组成部分，着重关注信用风险、流动性风险、市场风险及资本充足率水平。同时认真执行监管机构的各项监管要求，保证公司的合规经营和稳健发展。

【人力资源管理】公司按照集团要求，通过西门子（中国）有限公司的人力资源共享服务部门实现公司的人力资源管理，包括人员招聘、培训管理、劳动用工制度、薪酬体系、绩效考评管理等，完善公司人力资源基础建设，实现目标管理与激励机制的有机结合。同时，根据外部监管要求，公司亦结合自身行业特点，安排或组织相关部门员工进行形式多样且有针对性的岗位培训，丰富员工的职业技能和综合素质，在促进个人职业发展的同时，提高了公司的经营效率。

【信息化建设】为进一步加强自身风险管理能力，规范业务流程，有效分离前、中、后台职责，公司于2015年3月决定从德国总部引进Murex系统并将其作为核心业务和风险管理系统。经过开发与测试，该系统已于2015年7月底正式上线使用。目前，公司主要使用该系统的交易模块、风险管理模块和授信管理模块等，可满足各类内外部交易管理、市场风险管理和信用风险管理等需求。其中，交易模块涵盖了公司现行所有内外部表内交易，包括存贷款、贴现、外部银行定期存款、银行间同业拆借、债券逆回购、同业存单、交易所逆回购以及外汇交易等。风险管理模块主要用于市场风险管理，包括在险价值（VaR）计量及其限额控制，损益监控及其限额控制等。授信管理模块主要用于信用风险管理，包括为内外部交易对手设置授信额度、实时风险敞口计量和授信额度使用率计算、超限预警等。同时，Murex系统与Finavigate系统实现了无缝对接，Murex用于金融交易录入、确认、本金和利息计算及交易查询，Finavigate用于完成结算、会计处理和基本财务报表等，最大限度地减少了人员操作风险和会计核算风险。2017年，德国总部决定对Murex系统实行全面升级。从2018年开始，Murex正式从版本2升级至版本3，更高版本的Murex实现了更方便快捷的金融交易管理及更全面有效的风险控制。

【企业文化建设】公司一直提倡和营造和谐团队，通过组织各类活动激发团队活力和提升凝聚力，包括户外旅游、健身锻炼、新春联欢等。同时，集团工会也定期组织面向员工的文体活动，如音乐会、艺术展、各类体育运动协会，内容丰富多彩，得到大家的积极响应和普遍欢迎。

西王集团财务有限公司

【集团概况】西王集团（以下简称“集团”）始建于1986年，历经35年发展成为一家以玉米深加工和特钢生产制造为主业的大型民营企业，控股3家上市公司、1家财务公司，拥有4家高新技术企业，3个国家级绿色工厂。集团是中国企业500强之一。集团列农业产业化头部企业第30位、中国农业企业500强第44位；西王特钢被认定为“山东省制造业高端品牌持续培育企业”；西王食品被认定为“中国粮油‘五优’示范企业”；西王糖业名列“全国淀粉糖加工十强企业”。集团聚焦玉米深加工和特钢两大主业，推进落实“做大粮油、做精特钢”两大战略，加快“国家粮油创新发展示范基地”“国家高端稀土特钢新材料保障基地”两大基地建设，努力为维护国家粮油安全、为破解国家“卡脖子”工程建标立范。

【经营概况】截至2021年12月末，西王集团财务有限公司（以下简称“公司”）资产总额62.01亿元，负债总额38.66亿元，净资产23.35亿元，累计实现营业收入0.18亿元，实现拨备后利润总额352万元。

【服务实体】公司始终牢记“依托集团、服务集团”的初心使命，强化责任担当，努力保障实体生产运营稳健。公司继续推行“无还本续贷”业务模式，使企业能够加速资金运转，将更多的资金投入实际生产；开展“履约保函”业务，保障集团下属企业的原材料及时供应，确保满负荷生产；调整付息方式，将利息支付周期由按月付息调整为按季付息，增强成员单位流动性。公司不断提升服务集团的广度和深度，凸显对实体经济发展的支撑作用。

【外汇业务】2021年4月15日，公司获批即期结售汇业务资质。获批开办即期结售汇业务后，公司可以直接参与外汇市场交易。

【风险管理和内部控制】公司强化合规检查、内部审计，增强底线意识。2021年公司完成12个合规检查项目，发现相关问题20个，比2020年减少了26个；共开展30个审计项目，发现问题21个，提出审计建议30个，作出审计风险提示7个；累计下发各类处罚通报3项，内容涉及制度执行不到位、基础管理不扎实、屡查屡犯等问题。公司逐步建立起自觉遵守规章制度、自觉执行内控要求、自觉抵制违规行为的合规文化。

【夯实根基】公司按照边执行、边完善的基本思路，2021年开展“规章制度学习季”活动。一方面做好修订后制度的学习掌握工作，确保员工对涉及重要环节的制度清楚掌握、理解深刻；另一方面对照执行实际认真总结日常工作中的新问题和新情况，及时与监管政策、管理制度对照检查，对于不符合实际的，持续修订、完善。提高制度的有效性和适用性，突出对制度的再梳理、再学习、再更新，筑牢制度防范屏障，夯实管理基础。

2021年，公司根据监管要求、公司业务实际及内部审计、合规检查整改意见，废止制度1项、修订制度51项、新增制度17项，让“制度管人、流程管事”深入人心，将制度优势转化为治理效能，不断推动公司高质效执行、高水平管理、高质量发展。

【信息化建设】公司稳步、有序推进新版EAST系统建设。对核心数据进行整理、校验、生成报文等一系列简化操作，实现对报文数据的自动化生成、校验、生成报文等功能，更快速、简单、准确地进行报送，使用数据校验功能对数据进行规则验证。通过新版EAST系统建设，努力提升信息科技对相关业务的保障能力。

【企业文化建设】公司结合党史教育学习活动，组织开展“重走长征路，熔铸西王心”及学习中国共产党领导下的百年金融发展史，邀请特钢、糖业两大主业技术专家进行生产工艺流程专项培训等系列活动。通过系列培训，大力宣贯“家”式文化理念，深入推进企业文化建设，将企业文化建设与党员教育、人文素质、专业技能、健身融为一体，不断增强干部职工实事求是、科学应变、主动求变的思想意识，坚定大家“不忘初心，永不言败，勇争一流，为国贡献”的西王心思想，促使大家咬定目标、勇往直前，充分发挥财务公司产融结合、以融助产的优势，助力集团稳健高质量高水平发展。

厦门海翼集团财务有限公司

【集团概况】厦门海翼集团有限公司（以下简称“集团”）是厦门市国资委出资设立的国有独资企业，主要经营板块包括高端制造业（含通用、专用设备制造及相关配套服务）、金融服务板块（含融资租赁、财务公司、小额贷款）、生产性服务业（含供应链运营、地产开发、制造业信息系统集成、物联网技术开发与服务等）、产业园区开发运营（含智能制造产业园区、航空工业产业园区等产业园区经营及相关配套服务）四大板块。集团总资产超200亿元，净资产超60亿元。

【经营概况】2021年，厦门海翼集团财务有限公司（以下简称“公司”）紧紧围绕“提升服务、变革管理”的年度战略，在集团资金管理、业务创新、优化服务、数字转型方面取得较好成效。截至2021年12月31日，公司资产总额39.62亿元，净资产10.91亿元，总负债28.71亿元，实现营业收入6270.58万元，利润总额5601.53万元，净利润4245.06万元。

【服务实体】公司根据成员单位的不同发展和需求，提供差异化信贷服务方案。配合集团智能产业园建设，办理业主支付保函；配合企业股权收购项目，推出并购贷款；配合企业需求，创新开展外部客户买方付息贴现。同时，对成员单位的结算费用、账户管理费用、询证费用均予以减免，2021年为成员单位节约结算手续费90.69万元。

厦门疫情期间，个别成员单位生产经营受较大影响，公司采取特事特办，快速审批，执行银行承兑汇票贴现利率1%的特殊定价，减少企业资金成本，顺利推动复工复产。

【信贷业务】公司坚持金融服务实体经济，发挥综合金融服务作用，为集团产业提供信贷支持。2021年累计发放贷款48.81亿元，贴现贷款6.83亿元，银行承兑汇票4.88亿元，保函1.96亿元，累计用信62.48亿元。截至2021年末，自营贷款余额10.62亿元，贴现贷款余额4.80亿元，承兑余额3.51亿元，保函余额3.18亿元。

【产品链金融】2021年，遵循风险可控、稳步推进的策略，公司为核心企业3家下游经销商审批授信额度，办理“翼票通”业务金额1500万元，该业务利用金融约束经销商行为，加速应收账款回笼，提升应收账款质量。

【资金业务】2021年，公司实现了银行间债券逆回购业务、同业存单卖出等业务破冰。公司同业拆借业务从以同业拆入为主转为以同业拆出为主，发生同业拆入业务20笔、金额37.50亿元，同业拆出业务57笔、金额76.50亿元。

【投资业务】2021年，公司运用有价证券投资资质，以信托、基金等传统投资业务为抓手，新辟银行间债券业务投资渠道，开展货币基金投资业务11笔、本金合计8.60亿元，信托计划投资业务12笔、本金合计11.20亿元，银行间债券投资业务15笔、券面金额合计7.50亿元，累计实现投资收益1664.81万元。

【票据业务】2021年，公司办理再贴现业务22笔、票面金额7.91亿元，年日均余额4.08亿元。实现了上海票交所转贴现买入业务破冰，进一步拓展交易对手范围。

【资金集中】2021年，以大额资金报送系统建设为契机，提升资金管控范围和精细化操作，将资金分析由账户余额分析转变为动态收支分析，提高资金风险管控；从账户开销、资金运作、资金计划、融资授信等角度综合考核企业的资金管理情况，资金集中度较上年有所提升。

【业务创新】一是并购贷款落地。公司发放厦门辖区内财务公司第一笔并购贷款，实现并购贷款零的突破，满足了企业资金需求，调整了公司生息资产结构。二是推出“翼”系列产品，服务效率大幅提升，客户反映良好，“翼秒付”实现了7×24小时自动落地支付，2021年完成支付超6万笔、金额超700亿元的结算业务，下班后自动处理占比达23.96%，最晚一笔业务至23：49。三是上线新一代网银。超级网银可“单位间授权”，实现在财务公司网银即可办理多家下属子公司直连银行支付结算、账务查询等，第一时间掌控各银行账户资金动态。

【风险管理和内部控制】2021年，一是完善公司治理，健全内控体系。对股东行为、董事会履职、绩效激励等机制进行自查，全面梳理和完善公司制度。二是搭建风控模型，有效量化风险指标。应用大数据和信息化平台量化风险评价体系，搭建买方信贷客户的信用评级模型，并以消费金融同业授信客户为样本，建立消金行业授信模型，合理核定授信，实现额度管控。三是创新风险监测手段，强化风险预警，搭建了流动性风险监测平台及股权信息登记系统，完善反洗钱评估工作。公司总体风险管理情况良好，全年未发生重大风险事故，未产生不良资产。

【人力资源管理】公司搭建具有财务公司特色的人才发展体系。一是推行机构改革，精简管理层级。新增信息科技部，适应公司信息化发展的需要。二是多措并举培养岗位多面手。通过全方位内部轮岗、AB岗全覆盖等方式，培养复合型人才队伍。三是优化绩效考核，加强激励问责。优化考核方案，完善绩效指标及合规问责制度，增加对岗位胜任力的考核，挖掘员工工作潜能。

【信息化建设】2021年，按照“小核心大应用”的系统建设思路，搭建了公司整体系统架构，推动了业务、风控、管理等方面的数字化。一是在基础建设方面，制定了三年信息基础建设规划，实施了机房改造、信息安全测评工作。二是在系统建设方面，上线了“新一代”信贷系统、投资系统，实现了全业务流程线上化；自主研发了流动性风险管理系统、反洗钱系统等，引入了大数据风控，增强了风险管理能力；新增财务核算平台，实现业务系统统一接入、自动传输。三是在自主开发方面，完成了EAST数据、人民银行利率报备、金融基础数据等监管报送系统，搭建了统一监管报送平台，提升了公司监管报表报送的效率和准确度，为公司节约了近百万元的系统采购费用。

【企业文化建设】2021年，公司一是创建特色党建品牌“金翼护航”，开展两次党建品牌活动。与厦门市银行业协会共同走进厦门大学，开展“清廉金融文化教育进校园”主题活动；在厦门地铁将军祠站开展“普及金融知识，践行服务为民”志愿服务活动，践行国企担当。二是增强企业文化宣导，加强新闻宣传，在厦门市银行业协会和中国财务公司协会网站上发布多篇文章，提升了公司影响力。

厦门翔业集团财务有限公司

【集团概况】厦门翔业集团有限公司（以下简称“集团”）是一家跨地域、多元化发展的大型国有企业集团，集团立足于发展以客货流服务为主导的关联产业，形成元翔、佰翔、万翔和兆翔四大品牌，着力打造机场（码头）、酒店、供应链与物流三个主导产业和置业、食品、快线、建筑智能、传媒五个配套产业。2021年，累计实现营业收入178.48亿元，实现利润7.8亿元，非航空性收入占比达93.44%；年末合并总资产419.04亿元，资产负债率进一步下降，整体经营业绩位居全国机场集团前列。

【经营概况】2021年，厦门翔业集团财务有限公司（以下简称“公司”）遵循“产融联动、价值创造、数字赋能、稳健发展”的总体工作思路，推动公司各项工作高质量发展。截至2021年末，公司资产总额为97.09亿元，所有者权益15.45亿元。实现营业净收入17324万元，净利润11918万元，净资产收益率为8.02%，资产收益率为1.34%。公司资本充足率为30.65%，平均流动性比例达65.8%，日均存款57.67亿元，日均贷款24.03亿元，无不良资产和不良贷款，整体经营安全稳健。

【服务实体】2021年，公司继续大力推进减费让利，新发放的自营贷款加权平均利率为3.8972%，较银行贷款利率优惠41个基点，为成员单位节约利息支出和业务手续费等合计1409.3万元。同时，公司持续扩大无还本续贷业务的惠及面，进一步深化信贷服务便利化。累计为6户中小成员单位办理无还本续贷业务3240万元，切实提高了成员单位的金融服务获得感。

【信贷业务】2021年，公司以抓重点客户和重点产品为工作重心，从整体方案设计和产品综合运用入手，通过产品切换、调整还款安排等，实现了信贷规模稳中有增。截至2021年末，公司各项贷款余额24.11亿元，同比增长2.3%。

【资金业务】2021年，公司根据内部资金和同业市场情况动态调整同业业务操作策略，较好地提升了同业业务收益。累计办理同业业务金额215.16亿元，累计办理同业拆借金额60.34亿元，实现有价证券投资收益3495.99万元。同时，公司于2021年11月开展债券直接投资业务，进一步拓宽了公司的投资渠道，提升了公司资金使用效率。

【票据业务】2021年，公司重点针对代理接入上海票交所系统存在的票据在后续的贴现等流转过程中障碍较多的问题，实施了通过城银清算公司直连上海票交所的改造。同时，公司通过加强与同业机构的合作，引导上游供应商在同业授信银行贴现财务公司票据 1089.45 万元。公司还提升内部跨条线协同的效率，全力做好再贴业务的备票工作，新增备票 4.76 亿元，办理再贴现业务 7.25 亿元，进一步打开了为成员单位让利的空间，提升了服务实体经济的质效。

【资金集中】2021 年，公司着力提升银行账户归集速度，加强账户集中与结算集中，进一步提高资金集中度。截至 2021 年末，公司账户集中度为 70.73%，全口径资金集中度达 95.71%，可归集口径达 99.99%。

【业务创新】2021 年，公司首次在信贷业务方面开展机构间合作。与地方政府性融资担保公司开展应急转贷资金合作，为成员单位引入 15 个工作日内无成本的转贷资金 5500 万元，为成员单位节约转贷资金成本 11.3 万元。同时，公司积极推进同业业务转型，分别于 2021 年 7 月和 10 月新落地转贴现业务和国债逆回购业务，提高了公司流动性管理能力和信贷规模管理水平。

【风险管理和内部控制】2021 年，为进一步健全完善公司全面风险管理机制，公司持续加强制度的制定、修订及完善，不断提高事前、事中和事后的风险把握和控制能力。同时，公司通过组织开展“内控合规管理建设年”活动，有效提升了公司依法合规经营和风险管理的水平。截至 2021 年末，公司未发生重大风险事件，无不良贷款和不良资产，整体风险可控。

【人力资源管理】2021 年，公司制定下发《绩效薪酬延期支付及追索扣回管理办法》，进一步强化风险管控措施，完善公司治理体系。同时，优化年度绩效考核评价体系，组织公司全员开展 360 度绩效互评，全面、客观地评价员工的年度绩效，并以此作为公司年度薪资调整的依据，作为员工晋职、降职或调岗的重要考察因素，提升绩效考核的激励作用。

【信息化建设】2021 年，公司不断加强数字赋能，有序推进公司信息化建设。一是通过城银清算公司以直接参与者身份接入上海票交所，首次实现与上海票交所系统直连，提高财务公司票据市场接受度和流通性。二是上线银团贷款系统、有价证券投资第三期功能、微信报价平台等业务系统，响应公司业务创新发展要求。三是开发完成 EAST 报表系统和利率报备系统，保障公司数据报送的准确性与时效性。四是完成公司官网建设，进一步丰富对外宣传渠道，降低客户获取公司信息的门槛，提升公司形象。

【企业文化建设】2021 年，公司党支部建立与经营层的定期联席沟通机制，促进党建与公司治理进一步有机融合；通过集中学习研讨、现场参观学习、参加各类主题活动等多种形式，扎实推进党史学习教育；坚持以案促教，通过观看影片、召开廉洁警示教育会议、参观廉政漫画展等形式，提升案件反思和警示教育质效。同时，公司通过开展户外团建活动、插花主题活动、员工趣味运动会、健康讲座等“健康工作，幸福生活”系列活动，加强工会组织建设，丰富服务内涵，进一步增强公司的凝聚力。

新奥财务有限责任公司

【集团概况】新奥（中国）燃气投资有限公司（以下简称“集团”）为香港上市公司新奥能源控股有限公司（以下简称“新奥能源”）在中国境内的投资、融资平台，负责中国境内的城市燃气项目投资，代新奥能源履行中国境内企业出资人角色，行使地区总部职能，统筹对成员企业融资、运营、财务、结算、物资采购等进行赋能管理。

【经营概况】2021 年，新奥财务有限责任公司（以下简称“公司”）围绕“保障安全合规、提升资金效率、开展生态金融服务、提升数智能力”四项核心工作，不断寻求向差异化、特色化、专业化发展转变，支撑集团构建新发展格局。截至 2021 年末，公司总资产 113.46 亿元，实现营业收入 3.66 亿元，实现净利润 1.62 亿元，无不良资产，较好地完成了董事会确立的各项经营目标。

【服务实体】公司通过“央行票据再贴现 + 同业资金拆入 + 投资理财”的产品组合，为集团获取低成本资金，为疫情下小微企业提供低息信贷资金支持，同时优化公司整体现金流。截至 2021 年末，公司服务成员单位 759 家；通过用好人民银行普惠性再贴现资金，合理确定小微企业贴现利率，极大地支持了小微企业的发展。

【资金业务】截至 2021 年末，公司完成结算 56 万余笔，境内结算金额 6928.43 亿元、境外结算金额 499.64 亿元，做到了资金操作零风险，资金风险事件零发生。实现流贷全流程线上化和授信流程标准化，深入研究理财产品，提高资金收益。

【投资业务】公司通过提高同业存款资金收益，实现备付资金的保值增值，截至 2021 年 12 月 31 日，实现同业存款利息收入 1668.98 万元；推进有价证券投资，强化同业业务风险识别和预警，实现投资利息收入 4517 万元，投资收益率为 3.29%；公司对同业业务授信操作实行清单化管理，制定同业投资准入、投后监测风控流程和标准，建立券商公司承担信用风险的限额模型，为各类业务的办理提供更为明确的参照依据，确保投资业务运行风险可控。

【票据业务】2021 年，公司利用贴现票据进行再贴现，降低资金成本，让利成员企业。从事前、事中、事后建立和完善商票风险控制流程，切实履行不相容岗位和职责分离，确保风险可控，根据综合授信管理和企业需求，确定商票贴现额度，实行限额管理，有效控制风险。

【风险管理和内部控制】2021 年，公司以迎检为契机，加强与监管部门的沟通交流，以迎检促提升；举一反三，持续完善长效机制，提高公司治理水平，夯实合规经营根基。开展合规控制要点梳理工作，形成制度落实要点清单；持续开展全员风险学习和警示，对经典案例、新发布的政策文件等进行解读。公司运用数字化技术创新风险分析工具，运用数字化手段自动批量获取数据、系统输出判断结果，在提升业务决策效率的同时，降低手工操作面临的诸多不确定性。

【人力资源管理】2021 年，公司继续加强匹配业务转型的生态组织建设。丰富人才标签体系，完成良知标签、修炼标签上线，实现在 iCome 中的相关数据呈现，为生态组织建设提供更加全面、准确的标签支撑。

【信息化建设】公司升级全新的授信算法逻辑，形成多场景的评级授信数智模型，完善需求挖潜、融资额度核定、市场化定价功能等，完成 67 项评级指标、41 项预警指标的配置，实现授信评级精准度和授信限额合理性的双提升。持续积累 509 家外部客户征信、财务、高管等数据，设定挖潜指标 11 项，实现流贷、固贷、资金归集等需求挖潜、客户信用的精准评估，以及实质风险和合规风险的线上预警等，提升了数智风控能力和综合金融服务水平。

【企业文化建设】2021 年，公司基于外部环境的变化，认真倾听员工心声和诉求，改进员工关怀，持续提升员工的幸福感、归属感和获得感。在响应国家疫情防控要求、保障员工人身安全的基础上，组织开展了多样化的活动，持续改善工作氛围，赋能员工转化工作压力。

新凤祥财务有限公司

【集团概况】新凤祥控股集团有限责任公司（以下简称“集团”）旗下拥有两大核心产业：一是以阳谷祥光铜业为核心的生态工业产业，集团建成我国第一个采用“双闪”技术的铜冶炼企业，开创出具有自主知识产权的“祥光旋浮智能铜冶炼工艺”，由买技术转向卖技术，推动世界有色金属冶炼技术跃升到一个新的台阶；二是以凤祥集团为主导的绿色农业产业，建立了集饲料、种鸡、肉鸡、宰杀、熟食于一体的全产业链条。经过近年来的迅猛发展，一举成为中国畜禽行业食品安全的典范。凤祥集团核心公司凤祥股份于2020年7月16日在香港联交所挂牌上市，这也是中国内地第一家在港股上市的全产业链鸡肉食品公司。

【公司概况】新凤祥财务有限公司（以下简称“公司”）注册资本30亿元（含1000万美元），新凤祥控股集团有限责任公司持股52.5%，阳谷祥光铜业有限公司持股47.5%。公司始终秉承“依法合规，审慎经营”的理念，强化风险管理与合规运营，坚守金融机构属性，拓展经营服务空间，为25家成员单位提供金融服务。截至2021年末，公司资产总额135.41亿元，其中各项贷款91.51亿元；负债总额102.30亿元，其中各项存款68.98亿元；所有者权益33.11亿元。全年实现营业收入1.45亿元，利润总额6683.74万元，净利润5012.80万元。

【信贷业务】2021年，公司信贷业务持续优化。完善续贷政策，根据成员单位需求提供流动资金贷款、电票承兑、转贴现、委托贷款等业务支持。2021年，公司累计为成员单位办理人民币流动资金贷款134.02亿元、美元贷款1.35亿美元。采取多种措施支持集团及成员单位降低整体财务成本，积极推行LPR利率改革，上线核心系统保证金定额计息模块，加大让利成员单位力度，贷款、贴现综合利率与上年同期比整体下降约96个基点。

【资金归集】公司多渠道提高资金归集率。加强银企直连和财企接口建设，扩大财务公司银企直连覆盖范围，有167个账户开通了银企直连，实现自动归集功能，确保运转顺畅。2021年完成资金归集2766笔、金额1163.94亿元，可归集口径日均资金归集率达96.40%。

【票据业务】2021年，公司加大电票推广力度，累计为成员单位办理电票承兑、贴现等业务1347笔、金额54.01亿元。利用成员单位办理的贴现票据，争取人民银行再贴现资金支持，将普惠金融政策传导至实体，降低了集团的融资成本。

【业务拓展】一是持续推进即期结售汇业务开展。2021年，公司在支持集团“稳外贸、稳出口”中累计为成员单位办理结售汇金额8851.29万美元，为成员单位节约120.7万元人民币。二是助推成员单位发行企业债券。2021年，公司协助集团顺利在交易所市场累计发行公司债13.30亿元，各项到期债券本息均已按期兑付。三是拓展业务范围。2021年初，经海关总署批准，公司正式获批关税保函资质。在成员单位进口税收缴纳环节减少了资金占用，提高了通关便利。自开办该业务以来，累计开具关税保函2亿元。

【风险管理和内部控制】一是坚守合规底线，开展自查自纠。二是加强风险管理，从源头上控制风险。按照监管要求，组织员工参加合规知识测试，提高合规操作意识，坚守风险底线。三是严格内部审计，全面查摆整改问题。2021年已完成对5个部门48类/次具体业务或管理环节的检查，并跟踪整改落实情况，保障公司合规展业。

【企业文化建设】目前，公司党支部有正式党员 19 人、预备党员 1 人，党员比例占员工总数的 43%。2021 年组织全体党员参观了临沂红色革命教育基地以及浙商银行济南分行举办的“庆祝中国共产党建党 100 周年暨清廉金融文化建设”书画作品山东巡展活动。

新疆金风科技集团财务有限公司

【集团概况】新疆金风科技股份有限公司（以下简称“集团”）是全球清洁能源和节能环保领域的领跑企业，致力于推动能源变革，让人人可负担、可靠、可持续的能源惠及全球，构建“可持续　更美好”的未来。成立 24 年来，始终不忘初心，践行“为人类奉献碧水蓝天，给未来留下更多资源”的企业使命。深度聚焦风电、能源互联网、环保三大领域，将可再生能源的利用效率提至新高度。多次被评为“气候领袖企业”　“亚洲地区最受尊敬公司”“最佳投资者关系公司”，并荣登全球最具创新能力企业 50 强、全球最环保企业 200 强、全球新能源企业 500 强、新财富最佳上市公司、《财富》中国 500 强等多个榜单。集团将可再生能源与数字化技术融合，构建面向新型电力系统的零碳解决方案，在源、网、储、荷各能源环节进行优化和再造，创新能源资产管理模式，以更加智慧的能源互联网全面助力“碳中和”。集团实现全球风电累计装机容量超 81GW，在运维服务量超 48GW，逾 43000 台运行风电机组遍布世界，在全球的风电机组每年帮助人类社会节约 5052 万吨标准煤，减少 16582 万吨二氧化碳排放，再造森林 9061 万立方米。

【经营概况】新疆金风科技集团财务有限公司（以下简称“公司”）于 2018 年 9 月 19 日正式成立。截至 2021 年末，公司资产总额 104.41 亿元，负债总额 72.06 亿元，所有者权益 32.35 亿元，净利润 1.09 亿元。各项指标符合监管要求。

【信贷业务】2021 年，公司流动资金贷款放款 39 笔，放款金额共计 25.34 亿元；固定资产贷款放款 60 笔，放款金额共计 1.35 亿元；项目运营期贷款放款 3 笔，放款金额共计 0.56 亿元；贴现业务 16 笔，放款金额共计 17.18 亿元。公司全年累计放款 44.42 亿元，年末贷款余额 73.49 亿元。有效保障集团内部资金调剂余缺，提高资金效能。

【票据业务】2021 年，公司全年开立承兑汇票 37.01 亿元，年末余额为 29.27 亿元，为集团成员单位贸易结算提供有力支持；全年累计办理买断式转贴现 7.92 亿元，卖断式转贴现 2.59 亿元，年末买断式转贴现余额为 6.28 亿元。

【保函业务】2021 年，公司办理保函共计 184 笔，业务发生额 34.69 亿元，年末余额为 30.71 亿元。

【资金集中】2021 年，公司吸收存款 65.85 亿元，占负债总额的 91.37%；集中办理结算业务 24.11 万笔，交易金额 6570.93 亿元。

【业务创新】2021 年，公司开展 1 笔银团贷款业务，开具 3 笔贷款意向函，用于支持风电与光伏项目。

【风险管理和内部控制】2021 年，公司一是明确前台、中台、后台职责，建设合规企业文化，强调合规从高管做起，明确合规是底线、红线，形成业务发展与内部控制相平衡的管理理念。二是定期梳理完善内控制度，不断健全规章制度体系，2021 年有规章制度 147 余项，修订和新增规章制度 30 项以上。三是根据监管类指标和行业类指标，形成完整的风险指标管理体系。四是归口合规条线职能，提升公司行业评级，在人民银行机构评级中，公司评级较上年提升一个等级。五是按季度定期开展尽职检查，重点是前台等主要领域，提升各条线的风险管理意识。六是全面开展内部稽核，促进业务规范管理，并将稽核情况上报董事会，促进稽核问题的有效整改。七是公司定期开展合规培训及合规主题活动，推行主动合规理念，倡导审慎经营意识。

【人力资源管理】2021 年，公司制定人力资源总体规划，明确人力资源的引进、开发、使用、培养、考核、激励、退出等管理要求，实现人力资源合理配置，全面提升财务公司核心竞争力。同时，公司持续优化人力资源管理体系，通过人员管理机制、员工考勤机制、薪酬管理体系、绩效考核体系以及培训管理机制对人力资源规划、人员引进、开发、使用和退出进行指导和规范；通过建立合理的薪酬体系，对薪酬计算及发放和薪酬变更进行有效监控；确保绩效考核目标及考核指标切合企业的实际，有效反映员工的工作能力与态度，考核体系的运作能有效提高员工的工作效率与积极性；确保合理配置人力资源，调动全体员工的积极性，发挥员工的潜能和创造力，确保企业战略目标的实现。

【信息化建设】公司建立风险监控指标体系，完成一年三次应急演练，完成年度重点信息化建设项目 6 项，包括电票线上清算项目、EAST（检查分析系统项目）、RPA 开发应用项目、异地灾备中心项目、银行回单下载项目、核心系统优化项目。为了保障系统正常稳定运行，完成全年无间断每日机房环境和设备巡检，保证了核心业务系统无故障运行一整年。为实现通过数字化手段管理金融业务相关数据，发掘数据资产价值，建成公司业务运营管理一体化信息平台，推进信息化与金融业务融合发展，提升公司业务创新能力和管理决策能力。

【企业文化建设】公司秉承集团“为人类奉献碧水蓝天，给未来留下更多资源”的使命，积极培育公司的“以融促产、以产定融，服务主业”的企业文化，引导和规范员工行为，形成整体团队向心力，促进公司长远发展。公司内部积极进行企业文化理念的宣贯及培训，保障员工文化修养及内在素质得到全面提升。同时，通过外部渠道向社会公众宣扬公司文化精神，提高社会公众对企业的认知度。

新希望财务有限公司

【集团概况】新希望集团有限公司（以下简称“集团”）始创于 1982 年，是中国农业产业化国家级重点龙头企业。2021 年，集团首次入选世界 500 强企业，列第 390 位，且连续 19 年列中国企业 500 强前茅。集团党委荣获中共中央授予的“全国先进基层党组织”荣誉称号。集团董事长刘永好获得第十一届中华慈善奖“慈善楷模奖”。

【经营概况】2021 年，新希望财务有限公司（以下简称“公司”）始终坚持服务集团资金集中管理的基本定位，始终坚持服务集团实体产业的市场导向，始终坚持合规稳健经营的底线原则，持续发挥集团资金归集、资金结算、资金监控和金融服务四大平台功能价值。年末公司资产规模 209.40 亿元，全年实现营业收入 5.68 亿元，利润总额 2.0 亿元，净利润 1.56 亿元。

【服务实体】2021 年，公司坚持以客户为中心的服务理念，高效、优质地为集团实体产业提供金融服务，重点支持农牧食品和大消费产业板块发展，包括饲料、养猪、养鸡、养鸭、食品、冷链物流、休闲零食、调味品等产业。

全年服务成员单位超过1000家，向集团实体经济累计提供信贷服务超100亿元，全年结算笔数超过500万笔，结算资金流水超过4万亿元。

【信贷业务】2021年，公司积极围绕集团核心主业，开展各项信贷业务，以票据业务为纽带，深化服务“三农”、赋能小微、助力乡村振兴的产融结合理念，2021年向集团实体经济累计发放各项贷款超100亿元。

【产业链金融】2021年，公司进一步推动各项供应链金融业务高质量开展，大力发展特色产业链金融服务，获得行业高度认可。2021年3月，公司被评为2021中国供应链金融生态——优秀金融机构。

【资金业务】2021年，公司积极加强与金融同业的沟通合作，不断增强同业合作力度，有效提升了公司在金融市场的声誉度和影响度，大幅提升了资金效益；公司积极主动向各家银行询价，在控制存放风险的基础上，优化存放结构，提升存放收益率水平，存放同业收益率处于行业优良水平。

【投资业务】2021年，公司投资业务以安全性为前提，兼顾流动性和收益性，在发挥财务公司流动性管理工具的基础上，适当提高资金收益率水平。全年投资业务日均余额较2020年大幅增长，同时实现了较好的收益率。

【票据业务】2021年，公司以集团产业链上下游交易场景为原型，自主研发并成功上线“新e贴”票据业务系统，依托交易数据全整合、贸易背景全闭环、业务办理全线上、信息系统全串联，实现票据业务全生命周期在线办理，充分实现“客户少跑路，数据多跑路”，极大地提升了公司供应链金融服务能力和服务效率。

【资金集中】2021年，公司在资金集中方面主要采取了调整归集策略、增加归集频率、清理外部银行离线资金、拓展归集渠道、资金集中度数据分析五大措施；新增新网银行、成都银行、大连银行3条直连渠道。通过落实资金管理措施，成员单位在公司的存款大幅度增长，公司2021年12月31日资金集中度达到72.35%。

【业务创新】2021年，公司获得银行间外币货币市场会员资格，可通过中国外汇交易中心从事外币拆借、外币回购及外币同业存款交易，进一步丰富了公司资产负债和外币头寸管理的手段，提高了外币资金使用效率，增强了外币流动性管理，强化了公司金融服务能力。

【风险管理和内部控制】2021年，公司围绕全面风险管理体系，进一步夯实了流动性风险、信用风险、市场风险、操作风险和合规风险的管理基础，同时加大了洗钱风险防控力度；围绕“内控合规管理建设年”，对公司业务开展自查，修订制度11项、三会事项优化8项、流程改造5项、系统改造2项，达到了强化内控合规管理的目的。

【人力资源管理】2021年，公司积极拓宽人才招聘渠道，内部推荐与外部招聘相结合，共计引进7名优秀业务人员、6名实习生；加大内部人才开发力度，加强员工岗位知识、技能和素质培训，全年组织开展“青苗成长计划”“金融家分享会”“总裁讲堂”等活动12场；落实绩效考核的有效性，改善绩效考评办法，进一步提升员工工作的主动性。

【信息化建设】2021年，公司以科技驱动持续推进数字化转型工作，夯实基础设施，提升信息系统场景化能力，完成12个信息化项目，有效提升了财务公司服务成员单位和产业链客户以及与同业机构合作的效率、效益，提升了财务公司自身运营质效，实现了科技赋能业务场景化，向更高的智慧化卓越运营迈进。

【企业文化建设】2021年，公司深入贯彻“新文化”，学习“新十条”，组织开展“三八女神节”、“童梦环游记”六一活动以及端午节、中秋节等节庆活动，增强团队凝聚力；公司党支部开展“庆祝建党百年，立志建功集团”主题党日活动，从党的百年奋进历程中汲取智慧和力量，不忘初心、奋勇前进。

新兴际华集团财务有限公司

【集团概况】 新兴际华集团有限公司（以下简称“集团”）是集资产管理、资本运营和生产经营于一体的大型国有独资公司。主营业务包括黑色金属冶炼及加工、纺织服装、专用设备制造等业务板块，主要产品有球墨铸铁管、管件、钢格板、钢材、工程机械、特种和专用车辆改装、油料器材、纺织品、服装、染整、皮革皮鞋、橡胶制品、装具等。其中球墨铸管产销量居世界首位，拥有国内最大的钢格板和后勤军需品、职业装、职业鞋靴生产研发基地，最大的高端纺织品生产研发基地，同时也是军需品市场的主要采购、加工基地。集团目前拥有新兴铸管、际华集团和海南海药三家上市公司。

【经营情况】 新兴际华集团财务有限公司（以下简称“公司”）于2021年1月29日成立，公司全年稳步推进存款、贷款、结算等基础业务，高效完成运营平台搭建的任务，有效发挥辅助管控的职能。2021年末实现归集资金98.71亿元，可归集口径资金归集率达到90%；全年实现净利润686.42万元，完成年度预算的108.06%。公司积极发挥辅助管理和金融服务“双重属性”功能，加强集团整体资金融通，有效压降集团带息负债；有效发挥金融服务属性，切实提升服务水平。

【信贷业务】 2021年，公司克服疫情困难，加强对成员单位的调研走访，深入了解客户需求、一户一策落实服务方案，为成员单位提供全方位、一体化的优质金融服务，全年共发放贷款27.35亿元，其中针对中新联废钢业务模式量身定做对贷款资金的全封闭管理及对业务的全流程管控，在防范贷款风险的同时强化业务风险管控。公司同时做好集团委贷业务替换工作，通过减免委贷手续费有效降低集团财务费用，全年共发放委贷3.31亿元。

【资金业务】 2021年，公司在平台搭建和银行账户管理的基础上，全力做好资金归集工作，实时解决成员单位资金归集过程中的疑点、难点问题，为企业资金归集创造条件，解决企业归集后顾之忧。公司制定了金融服务定价管理办法，开发了资金集中度统计分析系统，通过资金集中率指标落实存贷款让利，引导企业提高资金归集的积极性，基本实现应归尽归。

【票据业务】 2021年，公司对集团票据规模、重点企业进行前置摸底，了解客户需求，2021年12月票据系统上线后即刻开展票据贴现及票据承兑业务，共完成票据贴现1.03亿元。

【风险管理和内部控制】 公司建立相互衔接、有效制衡、报告关系清晰的“一个基础、三道防线”的风险管理体系。公司构建以风险管理为导向的内部控制体系，通过内部控制机制的有效运行，保证公司风险有效识别与评估，从而实现风险总体可控。

公司设立了股东、董事会、监事会、高级管理层为主体的公司治理体系。董事会下设三个专业委员会。高级管理层下设授信审批委员会。建立了包括公司治理、内部控制、结算管理、信贷管理、风险管理、信息科技等12大类制度，符合公司发展需要，具有适应性和可操作性。

【人力资源管理】 2021年，公司坚持党管干部、党管人才原则和市场化选人用人机制相结合，强化重实干、重实绩、重担当的选人用人导向，通过优化组织机构、搭建人力资源制度体系、落实国企改革三年行动任务、完善干部选拔使用教育培养考核评价机制，抓实了人才队伍建设。公司通过开展年度综合绩效考核，对全体员工筹建期的工作进行多维度综合评价，严格按照组织流程，完成中层和一般管理人员聘任；从零开始，制定公司薪酬管理办法、岗位工资方案、员工定级定档操作细则、津补贴发放实施方案、考勤管理办法等一系列人事管理制度，确保人力资源各项工作有章可循。

【信息化建设】2021 年，公司以客户服务为中心、以风险管理为重点、以业务流程为导向，在业务增长的推动下，创新金融产品和服务模式，夯实信息化建设基础，优化信息系统运营管理体系，健全信息科技风险管理架构、完善经营分析决策平台，打造自动化的金融服务平台。公司成立了信息技术部管理信息科技类事务，制定了公司信息系统发展规划及管理制度，上线了“财务公司企业网银系统”、GS、电子票据等系统，建立了设备性能良好的专用机房，开展信息安全技术和岗位技能培训，采用身份验证登录、用户名密码及 Ukey 的组合认证，EDR 安全防护系统等措施保护公司网络安全。

【企业文化建设】2021 年，公司文化建设以习近平新时代中国特色社会主义思想为指导，在集团党委的正确领导下，以政治建设为统领，从打基础、建体系入手，以融入公司治理、推进“三基建设”、加强文化融合等为抓手。加强企业宣传这项重要的软实力，认真贯彻全国宣传思想工作会议精神，围绕“传递企业声音，讲好企业故事，凝聚发展能量”的宣传任务，内强动力、外树形象，大力宣传诚信合规、高效服务的企业文化，做好新形势下的宣传思想、企业文化工作。

徐工集团财务有限公司

【集团概况】2021 年，徐工集团工程机械股份有限公司（以下简称“集团”）继续保持良好发展态势，主要经营指标创历史最高。全年集团实现营业收入 843.28 亿元，同比增长 14.01%；净利润 56.47 亿元，同比增长 50.75%。

【经营概况】2021 年末，徐工集团财务有限公司（以下简称“公司”）资产总额 306.99 亿元，增幅为 24.48%；负债总额 279.24 亿元，增幅为 26.68%。2021 年，公司累计发放各项贷款 203.73 亿元，同比基本持平；实现净利润 2.69 亿元，增幅为 51.35%；全年为集团创造价值 7.30 亿元。公司在创新发展的同时始终保持稳健的经营风格，坚持高质量发展理念，各项监管监测指标符合监管规定。

【信贷业务】2021 年，公司累计办理表内外各类信贷业务 328.21 亿元，其中，自营贷款 116.75 亿元，商业汇票贴现 86.98 亿元，商业汇票承兑 52.79 亿元，代开银承 59.42 亿元，保函 1.65 亿元，代开信用证 10.62 亿元。通过持续创新金融产品、扩大授信覆盖面、增强信贷投放精准性等方式，满足和引导成员单位的金融需要，有效促进了集团传统优势板块及战略新兴板块的全面发展。

【产业链金融】2021 年，公司累计办理产业链金融业务 1849 笔，发生额合计 106.67 亿元，业务余额突破 88.70 亿元。截至 2021 年末，产业链金融业务累计发生额突破 367 亿元，其中，累计为上游供应商企业提供各类融资 153.70 亿元，累计为下游经销商及终端客户提供各项融资 213.40 亿元。在全国 30 个省、自治区、直辖市为超过 600 家企业客户和近 400 位个体工商户提供了融资服务，促进了集团产业生态圈的高质量快速发展。

【资金业务】一是再贴现规模稳步扩大。2021 年公司累计办理再贴现 50.34 亿元，为服务主业持续输入大量低成本优质资金。二是拓展转贴现业务渠道。2021 年累计办理转贴现 14.03 亿元，为盘活存量票据补充流动资金提供了有力保障。

【投资业务】2021 年，公司在保证安全性、流动性的前提下，合规开展低风险产品的投资，以提高资金收益和头寸管理水平。公司筛选规模较大、风险较低的短期投资产品，持续关注市场风险、产品风险，严防操作风险，保障投资本金、投资收益安全到账。

【外汇业务】2021 年，公司紧跟集团国际化战略导向，一是聚焦海外销售金融支持体系搭建，牵头推动北美、欧洲区域融资租赁公司项目建设，推动金融“走出去”助力海外销售；二是不断提升“4 + 1”汇率风险管控运营模式功效，充分发挥跨境资金集中运营优势，引入境外低成本美元融资，一方面降低融资成本，另一方面对冲公司美元资产风险敞口，起到“降本 + 管控汇率风险”双重效果。

【资金集中】2021 年，公司持续加强资金归集管理工作，一是对各成员单位本外币银行账户资金确保应归尽归，不存在体外循环；二是对新增成员单位和外地成员单位及时实现资金归集；三是新增成员单位监控账户，并加强监管账户的每日监控，做好日常资金归集；四是通过全口径融资管理严格控制成员单位外部保证金规模。2021 年末，公司全口径资金归集率为 83.69%，为历史最高，月均全口径资金归集率首次超过 80%，资金归集水平进一步提升。

【业务创新】一是首笔银团贷款顺利落地，支持成员单位重大项目建设；二是创新推出备件贷业务，金融服务向后市场延伸；三是成功办理分送集报税款保函产品，提高成员单位进口货物清关效率；四是精心设计跨境“证汇通”组合服务方案，为涉外企业打通进口采购、付款服务全流程。

【风险管理和内部控制】一是推进贷前智能风控决策系统上线运行，接入市场监管、税务、司法、公安等外部大数据，实现对客户的深入调查和风险点精准提炼，为贷款“三查”提供有力支撑；二是通过排查征信报告、支付记录等，对员工行为开展全面、深入的排查，有效筑牢安全合规防线；三是结合《民法典》的施行，对 17 个业务合同进行全面梳理，防范法律风险；四是组织开展“双随机”测试、“一把手”讲合规、“老总大讲堂”“行长大讲堂”“合规之我见”大讨论等活动，营造“人人讲合规、事事显合规、处处重合规”的良好氛围。

【人力资源管理】一是形成了良好的校企联络体系，实现供需双侧深度对接、精准引才。二是名校优生引进有突破。聚焦公司发展需求，坚持统一招聘、自主招聘、专项招聘“多轮联动”，引进了重点财经院校毕业生。三是人才输出实现多层级。通过轮岗、综合实训等方式提升员工专业技能，通过后备干部选拔、专业通道评聘等形式培养人才，建立人才分类考核机制，完善专业人才、管理人才双通道模式。2021 年，公司向集团各单位共输出 13 名成熟型人才，发挥了集团的财务金融人才蓄水池作用。

【信息化建设】一是新一代核心系统的 35 个主体功能模块全部上线，相关业务全部线上化办理，数据仓库、管理驾驶舱等功能基本建成；二是为集团成功打造全球数字化供应链系统支付结算平台，为构建智能高效的诚信付款体系提供强大载体；三是 1104 报表、EAST、金融基础数据、利率报备等监管报表实现自动化统计，出数率接近 100%；四是二代征信报数系统正式落地；五是 RPA“数字员工”正式上岗，实现发票查验、银财对账等 8 个流程自动化运行；六是初步建立了“两地、三中心”的核心业务数据灾难备份体系，能够迅速找回发生灾难前丢失的业务数据。

【企业文化建设】2021 年，公司以党建为引领，结合集团“全员本质健康”的理念，加强企业文化建设。组织了“本质健康”系列健身比赛、廉政文化教育专题学习课堂、“绿色生态”植树活动、慈善公益捐助、英语演讲比赛和英语趣配音比赛、党史党课学习教育活动、红色观影活动、“庆祝建党百年华诞”之观看庆祝中国共产党成立 100 周年大会视频、过党员政治生日、红歌小合唱比赛、“重走长征路”每日打卡等活动。此外，公司加强防疫管理和宣传，多次开展防疫教育，严格执行上报机制。

兖矿集团财务有限公司

【集团概况】 山东能源集团（以下简称“集团”）是由原兖矿集团和原山东能源集团联合重组成立的山东省属大型能源集团，是全国唯一一家拥有境内外四地上市平台的大型能源企业，形成4家主板上市公司、1家科创板上市公司、4家“新三板”挂牌公司的多元化多层次资本市场上市新格局，产业主要分布在山东、内蒙古、新疆、陕西、贵州、甘肃、海南、上海以及澳大利亚、加拿大、泰国、拉美地区。2021年实现营业收入7520亿元，利润总额233亿元，年末资产总额7510亿元。集团列2021年世界500强企业第70位。

【经营概况】 2021年，兖矿集团财务有限公司（以下简称“公司”）注册资本由25亿元增至40亿元。截至2021年12月末，公司资本充足率为22.45%，流动比例为77.47%，担保比例为73.48%，不良资产率、不良贷款率均为零，各项指标符合监管要求。截至2021年12月末，公司资产总额436.02亿元，所有者权益57.02亿元，各项存款余额377.81亿元，各项贷款余额150.47亿元，经营指标均显著提升。

【信贷业务】 公司立足集团整体利益，充分发挥金融职能，坚持多措并举做好信贷投放工作，为成员单位提供包括流动资金贷款、银团贷款、票据贴现等多元化信贷融资产品，在加大信贷投放总量的同时，不断优化信贷结构，满足成员单位资金需求，2021年累计提供各项贷款174.32亿元，综合利率为3.63%。2021年末各项贷款余额150.50亿元，同比增加10.23亿元，实现利息收入5.14亿元。

【产业链金融】 公司作为集团内部金融服务平台，围绕核心主业企业，持续加大产业链金融服务力度，有效解决了供应链中小微企业融资难问题，2021年向供应链中小微企业提供低成本贴现资金8641.33万元，综合利率为3.2%，为集团稳定供应体系、培育战略供应商提供金融支持。

【资金业务】 公司以规模管理、流动性风险管理、利率管理、汇率管理为抓手，坚持“精细化管理、前瞻性管理、平衡性管理、协调性管理”四管齐下，通过流动性管理协同联动、合作银行报价竞争机制，有序优化配置资金，确保公司资金安全性、流动性、盈利性均衡，提升资金管理效率。2021年实现同业收益3.49亿元，同比增加1.59亿元，增幅为83.68%。

【投资业务】 公司严守风险底线，加强市场研判，稳健拓展固定收益类有价证券投资业务，在传统公募货币基金业务的基础上创新开展现券买卖、国债回购、国债逆回购等金融市场业务，丰富流动性管理手段，拓展投融资渠道，提升资金管理收益。2021年投资业务规模1.50亿元，实现投资收益148.45万元，同比增加112.91万元。

【票据业务】 公司构建票据集中管理平台，为集团票据集中统一管理提供系统支撑；深挖成员单位票据业务需求，高效提供信用开票、保证金开票、票据质押开票、委托银行代开等票据结算业务，票据信息化转型快速发展，最大限度地满足成员单位的票据支付需求。2021年票据业务实现增量突破，累计承兑票据74.72亿元，同比增幅为45.06%，减少保证金占用14.90亿元，节约财务费用3241.65万元。

【外汇业务】 公司加大本外币跨境双向资金池跨境资金归集力度，开展线上同业外币拆借、跨境资金管理咨询等业务，实现成员单位境外资金境内归集，改变成员单位资金分散管理带来的管理效率低下和流向控制脱节的状况。2021年日均归集成员单位美元1.49亿元，同比增加0.67亿元；港币余额2.09亿元，同比增加1.43亿元。

【资金集中】公司配合集团做好大数据二期上线，打通“成员单位—共享中心—银行”全流程线上结算通道，实现线上全流程自动化结算；通过RPA智能监控机器人实现对已挂接账户的资金流水、资金余额等情况的智能监控，提升资金监控管理水平；对内加大通利宝、定利宝等存款产品推介力度，对外打通境外资金归集通道，存款规模与外汇管理水平得到显著提升。2021年人民币日均存款余额239.98亿元，同比增加66.12亿元。截至2021年末，全口径资金集中度为72.05%。

【业务创新】首开“循贷宝”业务，金额1亿元，利用循环贷款即用即提、期限灵活、循环使用、利率优惠的特点，满足贸易企业不同阶段的资金需求；首开外币拆借业务，拆出利率为3.5%，较同期美元存款利率提高23倍，打通外汇市场交易通道；首开国债质押式回购、逆回购业务，国债实现正逆回购双向交易；首开现券买卖业务，提升资产配置能力，提高资金使用效益；首开财务咨询顾问业务，完成7.50亿港元兑换美元并进行跨境资金池归集，为集团外汇管理提供增值服务。

【风险管理和内部控制】公司按照行业规范四分类工作要求，制定七大类160个制度，形成80余万字的制度汇编，扎紧制度篱笆，打造最强风险管理基石；摸清风险底数，建立风险数据库，完善风险预警联动机制，超前封堵“源头性”风险，实时监控“交易型”风险，评估分析“数据性”风险，“事前、事中、事后”协同防控，“一个基础、三道防线”日趋巩固；夯实审计监督职责，强化自我约束机制，保持监督独立性，作出客观公正评价，确保各项业务合规开展。

【信息化建设】公司研发利率报备机器人，数据报送效率提高6倍，成为山东省首家利用RPA技术完成利率报备系统数据报送的金融机构；研发1104报表机器人，突破跨系统取数限制，监管月报实现自动取数，数据准确率达100%；研发稽核机器人，优化稽核业务流程，每月可替代人工作业100小时，截至2021年12月31日，公司自主研发上线6类20个机器人，累计每月可代替人工作业900小时，每年节省各类财务费用100万元，工作准确率达100%，降本增效显著；优化票据管理模式，打造能源集团票据集中管理平台，票据与资金实现实时联动，票据到期清算、账务生成等业务流程全部实现线上自动化处理，“一键登录、一键管理”，票据“信息孤岛”成为历史，自2021年12月3日上线至12月31日，清算票据业务2900笔、金额20亿元。

【企业文化建设】将党的建设写入公司章程，发挥党支部的战斗堡垒作用，以支持实体经济发展为目标方向，倡导“合规创造价值”理念，建设独具金融特色的企业文化；时刻把纪律规矩摆在首位，将高管“四个带头、八项承诺”“党员先锋岗”摆在案头，树牢“廉洁从业、遵纪守法、行为规范、道德高尚”的廉洁理念，增强反腐倡廉意识，培育良好的清廉文化。

阳泉煤业集团财务有限责任公司

【集团概况】华阳新材料科技集团有限公司（以下简称“集团”）勇担山西省委、省政府“在转型发展上率先蹚出一条新路”的历史使命，聚焦新材料产业，优化国有资本布局。建企70余年来，为保障国家能源供给和新中国工业基础体系建设作出了卓越贡献。创新是新材料之本，研发是新材料之根，集团拥有强大的研发创新优势，与国内外多所优质大学合作搭建各类研发创新平台，为集团持续发展提供了源源不断的新动力。集团将传承“同心做人、合力做事”核心理念，创建“核心竞争力、核心生产力、核心盈利模式”，构建集科研、产业、资本于一体的协同创新生态系统，建设华阳新能、华阳新材、华阳数字，率先在“双碳”战略上蹚新路，打造世界一流“火箭级”新材料产业集团。

【经营概况】2021 年，阳泉煤业集团财务有限责任公司（以下简称“公司”）在集团转型发展中始终坚持发扬“较真劲”精神，把握“严管理”的规律、提升“强执行”的效率，紧盯集团“转型蹚新路”新战略方向，聚焦新材料蓝海产业，通过提供稳定的金融环境，助力集团全方位推动高质量转型发展，圆满完成了各项工作任务。2021 年公司实现营业收入 7.5 亿元，利润总额 4.15 亿元，资产总额 233 亿元，资本利润率为 8%，无不良贷款，各项风险控制指标符合监管要求。

【信贷业务】2021 年，公司多措并举，一是降成本，保兑付，助力集团平稳发展，全年累计为集团节约财务费用 2.15 亿元。二是针对集团内客户制定优惠利率政策，切实减轻企业负担，2021 年公司整体信贷资产平均利率较上年末下降 64 个基点。三是利用人民银行中征应收账款融资服务平台提高贷前审查效率，降低业务操作成本，全年为企业提供 2.9 亿元融资支持，居阳泉市辖内各机构首位。

【投资业务】2021 年，公司投资业务以“稳”为主基调，一是在资管新规指导下，公司所投理财产品已全部净值化，底层资产均为安全系数较高的固定收益类金融工具，力求获得稳健回报，同时保证公司资金流动性。全年共办理 7 笔短期银行理财业务，在保证资金安全的前提下，实现收益率 2.9%。二是为提高监管评级，调整投资结构，增加低风险业务占比，办理 3 笔货币基金业务，实现收益率 2.5%。三是持有 2.4 亿元国有企业高等级信用债，实现收益率 4.6%。四是办理 1 笔银行间市场债券质押回购业务，作为逆回购方，以高等级信用债券为质押物，回购利率为 6.5%，实现自办理该业务以来的最高利率。

【票据业务】2021 年，公司全年累计签发电票 21.74 亿元，年末电票余额 19.63 亿元。一是合理降低绿色行业及新材料企业利率，为绿色建材气凝胶经销产业、铝镁合金新材料产业让利 130 万元。二是利用人民银行推出的“绿票通”政策，切实帮助绿色环保企业解决融资难、融资贵等问题，截至 2021 年 12 月末办理“绿票”2.6 亿元，居全市金融机构首位。三是发挥桥梁沟通协同作用，响应人民银行政策要求，盘活存量票据，利用再贴现政策盘活票据 7.55 亿元。

【资金集中】公司始终坚持“资金一盘棋”，发挥资金归集平台优势，实现资金集中管理效益共享。一是借助账户清查，拓宽资金归集的范围和深度，推动集团资金的跨账户、跨主体、跨地域集中，提高资金集中利用效率。全集团可控资金归集率达到 98% 以上。二是实行差异化利率管理，提升成员单位收益率。三是在月度预算的前提下，增加周预算资金管控，通过编制周预算及预算完成情况，划小预算控制的时间单元，强化资金统筹，确保集团资金接续和产业转型资金需求。

【风险管理和内部控制】公司坚持以合规管理为根本，夯实内控基础。一是“学制度、讲制度、用制度”，以讲促用不断增强内控合规意识。二是提高内部检查监督的深度和广度，实现常态化和全覆盖。全年开展日常稽核 92 项，专项检查 5 项。三是风险防控前置化，下发风险提示 13 次。四是协同监管工作，助力高质量发展。分析梳理监管评级定量、定性指标情况，制定评级指标任务分解表，提升定量指标，提质定性指标。

【信息化建设】2021 年，公司积极推进信息化项目建设工作，一是为支持公司各部门的协同工作，提高工作效率，实现无纸化办公，公司建设并上线流程管控系统，系统有效整合内部资源、优化业务流程，将线下业务流程全部转为线上处理，从而实现人员办理业务效率的提升，增强业务全流程的管控，有效降低业务开展成本，减少纸张浪费，实现业务流程云端审批，全面实现无纸化办公。二是为促进银保监会、人民银行监管数据统计标准化、现代化建设，提升监管数据报送质量。公司建设并上线EAST数据报送系统、金融基础数据统计系统，实现数据采集、数据校验、生成报送文件等一系列工作流程自动化。

【企业文化建设】公司持续不断做强、做实、做细党建工作，一是在抓好“三会一课”、夯实党建工作的基础上，将党史学习教育作为一项重大政治任务来抓。开展为期3个月的“学党史·转作风”工作写实日志活动，开展了两次民主生活会，增强了学党史、抓整改、正作风的政治自觉。二是注重党员培训，将“学习强国”“三晋先锋”作为党员干部重要的学习平台，普通员工也加入“学习强国”的行列内，营造了良好的学习氛围。三是开展了丰富多彩的主题党日活动，通过狮脑山党史专家集中宣讲、参观红色教育基地西柏坡、学党史“快问快答”、观看红色电影等活动，让党员切实感受到建党百年波澜壮阔、开天辟地的历史时刻。

一汽财务有限公司

【集团概况】中国第一汽车集团有限公司（以下简称“集团”）前身为第一汽车制造厂，产业布局覆盖东北、华北、华东、西南、华南，业务覆盖红旗、解放、奔腾、合资合作（大众、奥迪、丰田）、新兴业务、海外业务和生态业务七大板块。2021年，面对芯片严重短缺、新冠肺炎疫情反复、原材料能源价格上涨、错峰限电等严峻困难形势，集团外抢芯片与市场、内降成本与费用，实现营业收入和利润正增长，全年销售整车350万台。

【公司概况】2021年，一汽财务有限公司（以下简称“公司”）坚决贯彻习近平总书记视察集团重要讲话精神，紧密结合集团发展战略，积极发挥企业集团财务公司四大平台作用，实现“十四五”发展阶段良好开局。截至2021年末，公司资产总额1305.14亿元，累计实现利润总额36.39亿元，资金集中度为70.81%，不良贷款率为0.04%。公司秉持服务集团降本增效的原则，2021年累计让利集团成员单位6.97亿元。

【信贷业务】2021年，公司聚焦集团主业提供全方位融资支持，自营贷款及融资租赁全年投放164亿元，支持主业车辆促销18216台。其中，支持集团“新四化”战略，为集团新能源电池领域企业提供贷款支持2.6亿元，为集团自动驾驶研发领域企业提供贷款支持1500万元。

【产业链金融】公司服务集团产业链下游，为集团非大众、奥迪品牌乘用车、解放品牌商用车车辆销售提供支持，2021年，乘用车零售业务累计放款37.74亿元，促销乘用车台数4.70万台，经销商库存融资业务放款115.82亿元，服务乘用车品牌经销商178家。商用车零售业务累计放款228.43亿元，促销解放车辆9.36万台，经销商库存融资业务放款123.79亿元，服务解放车辆经销商242家。坚持商用车金融领航战略，初步孵化直客体系，实现“间客+准直客+直客”多模式共存的商用车金融业务架构。

【票据业务】2021年，公司累计办理电票承兑218亿元、贴现22.97亿元、转贴现15.64亿元。聚焦供应链票据周转，通过金融机构“直贴+转贴”模式丰富集团供应链金融业务场景，截至2021年末，公司与37家银行和12家财务公司达成票据保贴合作。聚焦产品服务创新，上线电票自动解付、智能挑票、线上承兑等产品，提升票据业务线上化、自动化程度，助力集团成员单位提升票据管理效率。

【外汇业务】2021 年，公司累计办理代客即期结售汇业务 176 笔，业务规模 7.88 亿元，“T+4”盯盘市场跑赢率高达 88%。持续开展跨境本外币资金池业务，其中跨境双向人民币资金池流量规模 19.35 亿元，跨境流通 6 次，最短跨境时效 0.5 小时。基于集团成员单位多币种信贷诉求，构建外币贷款综合产品体系，投放规模 3123.73 万美元，充分发挥本外币联动服务职能。

【资金集中】截至 2021 年末，公司存款余额 1097.64 亿元，同比增长 12.18%。存款战略客户一户一策营销，主抓提升服务水平，推出线上化金融产品等，稳定存量资金，日均存款同比增长 8%。开展参股单位存款专项营销攻坚战，2021 年新增成员单位客户 20 户，参股单位日均余额增长 5.27 亿元。升级集团资金池，新增资金管理计划分析，升级资金计划额度控制，资金汇划受理时间由 7×8 小时提升至 7×12 小时，显著提升集团资金归集效率。

【创新业务】公司响应海关总署关于“允许企业集团财务公司等非银行金融机构参与海关税收担保”的政策，2021 年 9 月 3 日，吉林省首笔财务公司海关汇总征税保函业务成功在公司落地，关税保函的使用大幅缩短集团成员单位通关时间，提高了通关效率。2021 年关税保函业务累计发生 8 亿元，为客户节省手续费 23 万元。

【风险管理和内部控制】2021 年，公司持续完善全面风险管理体系，开展大商用车闭环风控项目，依托“AI+大数据”技术，完善全流程闭环管控，提升风险识别能力；持续完善数据治理管理体系，夯实数据资源基础，深挖数据应用价值，并按照监管要求完成标准化监管数据的定期报送；建立商用车经销商库存融资综合授信模式，加强经销商集团与单一经销商的风险管控；培育操作风险及内控文化，加强操作风险检查力度及关键环节风险治理。

【信息化建设】在多元服务渠道搭建方面，公司完成乘用车 APP 3.0 版本迭代升级，运用 OCR、人脸识别、AI 技术实现商用车免担保在线办理。在金融服务智慧升级方面，完成资产保全系统建设，实现轻卡免担保业务保全全流程线上化管理；实现与工商银行、农业银行、建设银行全部合作渠道的自动扣划，提升系统运行效率。在强化数据能力建设方面，针对监管合规领域开展数据资产盘点、数据标准化和数据质量提升工作，盘点数据项 5368 个，定标数据资产 2918 项，全面覆盖监管报送领域源数据。

【企业文化建设】公司坚持党建领航，以内塑优秀文化、外塑品牌形象、关心关爱员工成长为重点推进企业文化建设。在内塑优秀文化方面，推进 OBCVT 项目，组织经理人员宣誓，打造“家文化”及“想干、实干、干成”团队文化。在外塑品牌形象方面，主动参与监管及行业协会工作，积极承担社会责任，组织开展消费扶贫、社会捐助、金融知识宣传等活动，有效提升公司品牌形象。在关心关爱员工成长方面，组织特色文体活动，惠员工后勤服务升级，提升员工满意度。

一重集团财务有限公司

【集团概况】中国一重集团有限公司（以下简称“集团”）前身为第一重型机器厂，始建于 1954 年，是我国“一五”期间苏联援建的 156 项重点工程之一。集团是中央管理的涉及国家安全和国民经济命脉的国有重要骨干企业之一，由国务院国资委代表国务院履行出资人职责。集团主要涉及钢铁、有色、电力、能源、汽车、矿山、石油、化工、交通运输等行业及为国防军工提供重大成套技术装备、高新技术产品和服务，并开展相关的国际贸易。集团旗下有装备制造、地企融合、“一带一路”、产业融合四大板块。总部位于黑龙江省齐齐哈尔市，建设有富拉尔基、大连、天津三个制造基地。

【经营概况】2021 年，一重集团财务有限公司（以下简称“公司”）准确把握集团高质量发展要求，坚持“依托集团服务成员单位，助力世界一流产业集团”经营方针，提出“114421”的总体发展思路，即“坚定一个方向，锚定一个目标，发挥四个作用，打牢四个基础，实现两个创新，建强一个支撑”。全年实现营业收入 5611 万元，利润总额 843 万元，2021 年末可归集口径资金集中度为 60.89%。

【服务实体】2021 年，公司实现代集团履行资金管理与筹融资职能创新，开展合作商业银行走访调研 26 次，实现 13 家合作银行全覆盖，为集团筹融资合作奠定基础；积极推动合作银行集团客户授信与用信模式改变，重点解决域外成员单位授信政策不统一、融资成本高、授信品种单一等问题；成功组织一重上电风电项目三轮融资谈判，确定 6 家意向合作银行，实现了期限长、利率低、免担保的效果。

【信贷业务】2021 年，公司积极发挥金融服务平台作用，坚持“一企一策”，为集团成员单位量身设计专项融资方案，核定年度授信总量 62.30 亿元，全年实现信贷累计投放 19.10 亿元，灵活匹配授信产品，为成员单位办理法人账户透支 17 笔，累计提供融资 8.35 亿元，并实现了流动资金贷款、法人账户透支、票据贴现、票据承兑等信贷产品落地。

【票据业务】2021 年 6 月 11 日，公司首笔商业承兑汇票签发成功落地；7 月 29 日，公司首笔商业承兑汇票买断式贴现业务落地；9 月 30 日，公司首笔商业承兑汇票回购式贴现落地；10 月 28 日，公司首笔转贴现业务落地；11 月 11 日，公司首笔再贴现业务落地；12 月 14 日，公司首笔银行承兑汇票业务落地。

【资金集中】完成中国银行、工商银行、农业银行、浦发银行、广发银行、兴业银行 6 家银行直连，畅通集团资金归集与结算通道。以政策保归集，制定下发集团加强资金集中管理的通知，完成资金归集顶层设计，并加大考核力度，推动成员单位资金归集度提升；以服务促归集，快速响应成员单位需求，优化业务办理流程，提高金融从业人员素质，持续提升客户满意度；以优惠引归集，制定优惠的存款利率政策，增加成员单位资金收益，给予成员单位优惠的贷款利率，降低成员单位财务费用。全面承接集团对公对私结算业务，结算覆盖率达到 84.31%。全年累计办理结算业务 6.40 万笔，结算总额 2022 亿元，其中，对私结算业务 3.80 万笔，结算金额 5.68 亿元；对公结算业务 2.60 万笔，结算金额 2016 亿元。

【业务创新】公司取得上海票交所会员资格后，第一时间开展票据质押式回购业务，增加收入来源，开拓新的利润增长点。2021 年办理 160 笔业务，实现收入 652 万元，日均余额 2.72 亿元。以上海票交所票据系统为依托，实现了票据承兑、贴现、转贴现、再贴现等全流程票据产品落地。

【风险管理和内部控制】公司形成风险管理部门与风险管理委员会的两级联动，切实防范经营风险。加强经营风险防线建设，完善业务部门初审调查、风险部门独立审查、审计部门稽核检查协同配合机制。明确授信审查委员会权责，严格落实审贷分离制度，法律审查覆盖率达到 100%。不良贷款率和不良资产率均为零。扎实推进制度体系建设，保证议事有规则、办事有规章、操作有流程。充分发挥审计稽核第三道防线作用，确保安全稳健运营，实现稽核全覆盖。

【人力资源管理】2021 年，公司制定了职业发展通道、绩效考核、薪酬管理三项人力资源基础制度，设计六级五档宽带薪酬体系。将年度重点工作纳入绩效考核，明晰责任，实现压力层层传导。畅通员工职业发展通道，实现职业通道、绩效考核与薪酬管理并重，不断提升整体绩效。推行全员持证上岗，积极组织培训，全年共开展培训12次，300人次参培。着力创造人才发展条件，办理人才落户3人，积极为5名员工申请获得地方政府人才补贴26.20万元。

【信息化建设】公司建立与集团信息中心、软件公司三方协同联动工作机制，确保核心业务系统稳定运行。克服2021年初疫情影响、护网行动等因素，仅用两个月时间取得上海票交所会员资格，开通票据交易终端；仅用四个半月时间上线电子商业汇票系统，创造了一重速度。积极落实人民银行和银保监会的监管报送新要求，组织完成利率报备系统和监管数据标准化报送系统的建设与运行。

【企业文化建设】公司落实集团党建工作总体思路，助力公司高质量发展，持续推动习近平总书记视察东北三省重要讲话及视察中国一重重要指示精神走深走实。组织编制“三重一大”事项管理办法、前置研究事项清单，从制度层面确保重大决策事项履行党总支前置研究程序，确保党总支发挥引领作用。充分发挥基层党组织的战斗堡垒作用和党员先锋模范作用，切实将党建工作与中心工作深度融合。推进党支部创新工作，申报了第一党支部金融服务创新课题、电票系统上线党员先锋队项目，其中电票系统上线党员先锋队项目提前四个月完成。

伊利财务有限公司

【集团概况】内蒙古伊利实业集团股份有限公司（以下简称“集团”）位居全球乳业五强，连续八年蝉联亚洲乳业第一位，也是中国规模最大、产品品类最全的乳制品企业。最优的产品品质、领先的综合服务能力和全面的可持续发展能力，让伊利一直深受全球顶级盛会、赛事以及各级政府和社会各界的信赖与认可。

【经营概况】伊利财务有限公司（以下简称“公司”）围绕“立足集团、服务集团，打造一流财务公司”的发展目标，充分发挥公司的金融特性，助力集团主业发展。截至2021年末，公司资产总额90.26亿元，负债总额76.40亿元，所有者权益13.86亿元；全年实现营业收入1.83亿元，利润总额1.31亿元，净利润0.98亿元。

【服务实体】公司以产品设计、成本节约、效率提升等为着力点，在带动集团整体产业链客户共同发展的同时，也有效地支持了实体经济的发展，带来了良好的社会效益。在结算服务方面，公司2021年共计为集团内的154家成员单位办理结算业务216.26万笔，较上年增长1.95%；业务处理能力稳步提升，单日结算业务办理量达0.59万笔。

【信贷业务】2021年，公司全年累计发放成员单位贷款99笔，累计金额36.64亿元。2021年9月，公司将集团牧业类公司纳入服务范围，在资金计划、账户管理、余额监测、融资管理等方面全方位提供金融服务与支持，不仅满足了牧业类公司各类融资需求，而且节约财务费用近1亿元。

【产业链金融】公司积极组织业务部门开展成员单位及上下游经销商、供应商业务需求的调研工作，推动产业链金融业务发展，2021年公司向三家集团经销商放款，放款金额累计95万元。

【票据业务】2021年，公司累计为成员单位办理票据贴现708张，累计金额62.48亿元，较上年同期增长101.87%。公司积极开展与人民银行的再贴现业务，全年累计办理再贴现业务56.53亿元。

【外汇业务】2021年，公司持续开展集中收付全集团境内外汇资金，向成员单位提供外汇业务“一站式”服务，全年累计办理即期结售汇业务1135笔，折合人民币约56.66亿元，在提高境外资金管理效率的基础上为集团节约换汇成本。2021年，公司全年累计办理20笔代理开证业务，累计办理折合人民币约5.81亿元，以高效服务支持了成员单位在进口机械设备与原材料方面的信用证业务需求。

【资金集中】2021年，在保证资金安全性、流动性的前提下，公司立足集团主业，从产品设计、金融服务等方面提升服务水平，增强成员单位对公司的信赖。2021年12月末，公司资金归集率为20.02%，其中由于2021年集团非公开发行股票120亿元，受证监会定增资金必须存放在外部商业银行强制要求剔除受限资金84.9亿元后，2021年末公司归集率约为42.95%。

【业务创新】2021年，公司通过为更多的成员单位开通法人账户透支功能，减少集团运营资金在不同账户中沉淀的时间差，实现了资金在日间的集中效用最大化，实现了在人力和业务办理效率双方面的减负增效。2021年，公司共为53家成员单位办理本业务，累计发生额1587.41亿元，较上年同期增长23.89%。

【风险管理和内部控制】2021年，公司风险合规部定期或专项对业务部门相关风险进行指标监测与预警，按季度拟定公司风险管理报告，按年度开展流动性及资本充足率压力测试工作。在“内控合规管理建设年”系列监管要求的指导下，公司积极开展内控建设。进行内控合规管理建设专题培训，深化合规文化的建设，将合规意识内化于全体公司人员；在业务办理过程及事后进行专项监督管理；对已识别出的潜在风险或关键业务进行自查自纠，确保业务符合合规要求，避免风险暴露；公司已基本建立系统的内部控制体系，通过不断融入风险管理理念，强化风险控制措施，内部控制的风险管理作用持续增强。

【人力资源管理】2021年，根据定位、职责分工等，公司各级管理层制定了相应的绩效考核指标，绩效考核指标包括合规类指标、风险管理类指标、经营效益类指标、业务发展类指标等，合规类指标、风险管理类指标比重较上年均有所提高。2021年，公司通过不断完善内控机制，预防各类风险；培养复合型人才，通过加强培训管理，确保员工培训达到预期目标。

【信息化建设】2021年，公司对运营系统在原有的平台及功能的基础上进行了全面升级替换。在业务方面，公司对各项业务办理流程进行线上部署，针对部分人员的操作权限根据授权情况进行调整，对操作风险管控节点进行优化。在监管报送方面，通过系统做好数据的收集和整合工作，提升数据的准确度。

【企业文化建设】公司于2021年12月16日正式成立了党支部，并选举了党支部委员（党支部书记由集团党委任命）；2021年12月17日首次召开了公司党支部大会进行集中学习，并把党史学习教育成果转化为实际行动。2021年公司持续组织开展了监管政策解读、“内控合规管理建设年”、反洗钱等培训工作，对监管要求进行宣贯和解读，提升公司合规文化建设水平，形成风险管理文化氛围。

有色矿业集团财务有限公司

【集团概况】中国有色矿业集团有限公司（以下简称“集团”）成立于1983年，是国务院国资委管理的大型中央企业，主营业务为有色金属矿产资源开发、建筑工程、相关贸易及服务三大板块，业务遍布80多个国家，涉及40多个有色金属品种。2021年，集团全年实现营业收入同比增长6.6%；利润总额和净利润分别同比增长118%和79.9%；营业收入利润率同比提升2.82个百分点。

【公司概况】截至2021年末，有色矿业集团财务有限公司（以下简称“公司”）资产总额109.64亿元，负债总额77.68亿元，全年实现营业收入3.2亿元，利润总额1.12亿元，其中，拨备前利润2.13亿元；资本充足率为40.40%，流动性比率为52.90%。

【服务实体】2021年，公司不断深化金融服务功能。一是为成员单位设计个性化存款方案并制定“一企一策”资金集中方案，与央行同期存款基准利率相比全年让利4536.78万元，节约成员单位手续费267.97万元。二是以LPR为基准进行市场化定价，折合为成员单位节约财务费用3100余万元。三是落实集团对重点扭亏治亏企业的工作安排，对多家企业进行定点调研并形成专项报告。

【信贷业务】2021年，公司结合境内资金运行特点，形成以循环额度贷款、票据贴现等流动性管理工具为核心，以财务公司保函、银行代理表外业务为补充的特色信贷产品体系，有效促进了贸易通关便利；累计投放自营贷款114.3亿元，较上年增加35.8亿元；办理银行承兑汇票贴现7.73亿元，较上年增加6.01亿元；出具非融资性担保金额2.66亿元，较上年增加1.29亿元；年末信贷余额71.05亿元，较年初增加8.93亿元。

【投资业务】公司梳理现有监管允许的范围内可操作的投资业务品种，通过与外部机构沟通，打通了多项外部投资业务渠道，并且实现业务实质性开展。2021年，公司与外部银行成功办理了首笔中期票据投资业务、首笔同业存单投资业务。

【票据业务】公司低成本、高效率地实现了票据集中托管和日常业务的平顺衔接，2021年末票据集中度达到99.42%，并利用管辖地央行再贴现和银行同业市场转贴现渠道优势，以各地市场最优惠利率，为集团内企业办理银行承兑汇票贴现7.73亿元。同时，拓展银行同业授信及业务合作模式，建立银行承兑汇票代理承兑业务渠道，完善票据服务方式，提升企业市场信用。

【外汇业务】在取得即期结售汇业务资质后，公司于2021年初拟定了《关于加强外汇结售汇业务管理工作的通知》并面向成员单位发布，实施结售汇业务集中，在此基础上，还通过产品手册宣传、赴成员单位实地调研介绍等方式，对内大力推广此项业务，全年结售汇金额达6.2亿美元。

【资金集中】一是加强与企业、同业、监管部门的沟通，协助上市公司测算货币资金及可归集资金，提升吸收存款限额，境内上市公司存款额度上升比率达到76%；二是从成员企业实际出发设计个性化存款方案，一事一议，为成员单位办理优惠定期存款；三是制定“一企一策”资金集中方案，争取专户资金在财务公司开户存放，2021年为成员单位开立专户存放专项资金累计3980万元，建立单位定期存款台账并跟踪到期情况。2021年末境内受限资金较年初下降50.49%，境内可归集资金集中度为93.72%，较年初提升1.57%，境内全口径资金集中度为81.54%，较年初提升15.41%，年末监管口径资金集中度为37.25%，较年初提升3.07%。

【业务创新】2021年在公司获批跨境资金集中运营业务资质后，内部完成了合作银行专户开立、业务制度制定、业务协议拟定等工作，赴多家成员单位进行实地业务培训和宣传。在上述工作的大力推动下，公司外债和境外放款业务均成功开展，累计折合人民币14.5亿元。这标志着集团通过跨境资金集中运营业务资质实现了境内外资金双向融通渠道的全部打通。

【风险管理和内部控制】公司以对标一流同业为目标，聘请专业咨询机构，构建集法律、合规、风险、内控、审计、纪检于一体的全面风险管理体系，优化完善内部控制制度177项，制作标准化操作流程图128幅、内部控制矩阵128个，完成《“十四五”全面风险管理体系建设规划》《制度汇编（3.0版）》《内部控制手册》《风险管理手册》和《内控评价手册》五项建设成果，实现了风险管理能力和内控管理能力双提升。

【人力资源管理】公司完成了经理层任期制和契约化改革，聘请专业咨询机构，开展市场化人力资源管理体系构建工作，按照职务（岗位）目标，系统梳理公司人力资源存在的可优化环节，以此为基础建立合理的工作绩效评价机制，制定符合“三项制度”改革要求的薪酬方案。

【信息化建设】2021 年，公司完成了对现有的计算、存储、网络软硬件资源的扩容和升级，将核心业务系统顺利切换到全新虚拟化集群后，同时部署电子回单系统、CIPS 跨境人民币系统、新增三家直连银行等一系列业务系统的生产及测试环境。在数据治理方面，EAST 系统、人民银行利率报备系统成功上线，系统自动化率得到提高，减少了人工干预。截至 2021 年，EAST 系统自动化率达 100%。

【企业文化建设】2021 年，公司以百年党史学习教育为契机，开展党史学习教育。先后与建设银行武汉省直支行党支部、中国地质大学（武汉）公管学院联合举办党建共建活动，全年累计开展各类党建活动 107 次。2021 年 7 月，公司党支部被评为 2020 年度中国有色集团先进基层党组织、集团直属党委先进党支部。

粤海集团财务有限公司

【集团概况】广东粤海控股集团有限公司（以下简称“集团”）于 2000 年 1 月登记设立，为广东省属国有全资的投资控股公司。集团是广东省在境外规模最大的国有综合性企业集团，是广东省属首家国有资本投资公司改革试点企业，也是全国国有企业“双百行动”综合改革试点企业。2021 年，集团资产总额达 2073 亿元，营业收入 385 亿元，员工总数 20000 余人，全资及控股子公司超过 280 家，涉及公用事业及基础设施、制造业、房地产、酒店、物业管理、零售批发、现代产业园、金融等行业，主要投向水务及水环境治理、城市综合体开发及相关服务、现代产业园区开发及产业投资、产业金融等领域。

【经营概况】2021 年，粤海集团财务有限公司（以下简称“公司”）本着“依托集团、服务集团”的理念，坚持合规运营，加强经营管理，加强风险控制，出色完成经营任务。资产总额 244.08 亿元，所有者权益 21.67 亿元，各项存款余额 221.77 亿元，各项贷款余额 45.61 亿元。实现营业收入 3.51 亿元，利润总额 1.05 亿元，净利润 0.76 亿元。

【服务实体】2021 年，公司聚焦集团主业板块，积极为集团承建的重大水利工程建设、城市综合体项目提供优质的金融服务，加大对中小微企业、绿色低碳企业、制造企业的金融支持和纾困力度，支持服务商贸企业复工复产，助力实体经济发展，为集团产业高质量发展提供强有力的金融支持。

【信贷业务】2021 年，公司信贷业务重视产品创新工作，打造多样化、适用化信贷产品，可提供流动资金贷款、固定资产贷款、并购贷款、委托贷款、保函、票据、融资顾问等一揽子金融服务，以及多种组合性的金融产品。发挥财务公司的集团金融“整合器”“加速器”“孵化器”作用，既有充分满足性，又有精准滴灌式，助力集团降低融资成本，压降集团对外负债率，优化资产负债结构，促进降本增效。

【票据业务】公司通过票据产品和服务，积极发挥票据支付与融资等功能作用，进一步助力集团成员单位盘活票据资产，降低集团财务费用，深化集团各业务板块与其上游供应商的合作关系，提升票据服务集团产融板块的适配性，充分发挥“以融促产、以产助融”的金融服务职能。具体包括票据承兑、票据贴现、转贴现、再贴现等一揽子产品，实现产品体系和服务方式的闭环，提高票据服务集团及成员单位的深度和广度，满足集团产业发展资金需求，为集团输出信用、发挥供应链链主作用提供有力的金融支持。

【资金集中】公司推动集团实行资金“强归集”资金管理要求，丰富资金结算平台功能，努力做到“应归尽归”。同时，建立资金归集月度分析机制，加强资金归集的财务总监责任考核。2021年9月，公司与集团旗下上市公司粤海投资签署《金融服务合作协议》，双方在存贷款、结算、票据、顾问服务等领域开展全面合作，其中存款关联交易额度达到28亿元，实现了与上市公司合作的较大突破，大幅提升了公司的资金集中度。2021年末，公司吸收存款时点余额221.77亿元，同比增长78%，其中上市公司存款余额达到26.71亿元；资金集中度为64.82%，同比提高23个百分点；存款单位163家，同比增长94%。以上数据均创历史最好水平。

【资金业务】2021年，同业市场利率持续下行，公司在确保资金流动性、满足监管指标的前提下，积极开拓市场，新增稳健的交易对手和市场化的产品渠道，科学进行资金分层，合理配置头寸，形成差异化的产品组合，有效提升了资金使用效率。此外，公司还积极储备同业授信，提升主动负债能力，增强公司流动性管理的内在需求。

【投资业务】2021年，公司开展低风险、高流动性的货币市场基金投资业务。公司对基金管理人及其产品择优准入，实行严格的名单制管理，通过产品限额分散投资风险，同时根据货币政策、货币市场利率走势及持有产品的收益率变化相机调整资金配置方案，利用免税政策实现资金增值，并熟练掌握了运用投资业务进行流动性管理的机制和手段。

【风险管理和内部控制】公司按照建设全面风险管理体系的严格标准，不断完善公司治理结构、制度流程体系、风险限额政策和风险专项考核机制。全年新增内控制度8项，修订制度26项。组织开展合规风险排查，落实监管评级整改工作，建立监管数据报送平台，先后开展核心系统优化、票据业务系统、监管数据报送平台建设，实现票据系统与上海票据交易所对接上线运行，监管报送数据基本通过系统抓取、校验。2021年，公司经营稳健，不良资产率、不良贷款率均为零，全年未发生案件和信用风险事件，各类指标符合监管要求，风险总体可控。

【信息化建设】2021年，公司信息科技建设工作以“安全、效率、服务、互联互通”为原则，分步搭建金融基础数据系统功能模块、票据业务系统功能模块（一期ECDS）、核心业务系统与集团财务共享平台数据对接，并上线运行，为公司新业务模式、监管报送标准化、数据互联互通共享起到支撑作用。

云南建投集团财务有限公司

【集团概况】云南省建设投资控股集团有限公司（以下简称“集团”）是云南省建筑施工行业龙头企业，于2016年4月21日由原云南建工集团、十四冶建设集团和西南交建集团整合重组成立。2020年6月29日，集团按照云南省委、省政府深化国有企业改革决策部署，坚决贯彻落实好省委、省政府整合重组的决策部署，加快各项工作的有效衔接，顺利完成省水投公司的整合重组。集团是云南省建设领域及相关产业的国有资本投资运营和建设主体。集团

2021 年实现营业收入 1667 亿元，完成投资额 957 亿元，合同额 2656 亿元，实现利润 44 亿元。

【经营概况】云南建投集团财务有限公司（以下简称“公司”）始终以“立足集团、服务集团、合规经营、创新发展”为宗旨，发挥金融优势，助力集团发展。2021 年，公司主动作为，强化融资渠道建设，扩大金融机构合作，优化信贷业务结构，提升流动性管理和风险管控，充分发挥金融平台作用，全年同业融入短期资金 120 亿元；投放信贷资金 74 亿元，全力支持集团生产经营；拓展表外业务，加速资金周转，全年承兑票据 38 亿元，保函担保 18 亿元；服务集团二级、三级成员单位 322 家，完成资金结算量 6676.66 亿元，票据业务量 65.00 亿元；营业收入 4.35 亿元，利润总额 3.2 亿元。

【服务实体】公司为各成员单位开立账户 421 个，其中一般结算户 390 个，保证金户 26 个，专用账户 5 个。积极探索以商业承兑汇票为载体，更好服务集团产业链的业务模式，全年实现“代理出具商业承兑汇票 + 贴现 + 转/再贴现”和“代理出具商业承兑汇票 + 外部银行保贴”落地，公司吃透再贴现政策，支持涉农、小微、国家级开发区企业，实现精准滴灌。

【信贷业务】2021 年，公司不断调整优化信贷结构，确保公司经营稳健，全年未发生逾期、延期支付等风险事件。随着公司综合经营实力不断增强，市场认可度不断提升，公司承兑票据和保函业务全年发生额均创历史新高。2021 年，全年实现各类贷款投放 45.85 亿元，各类票据贴现 28.01 亿元，票据承兑全年累计发生 38.31 亿元。非融资类保函全年新增担保 18.56 亿元，转贴现业务累计发生 5.70 亿元。

【资金业务】2021 年，公司一是敏锐把握市场信息，预判价格趋势，提前与金融机构商定结算性存款沽期利率，锁定收益，最大化提高资金运作效益；二是着力拓展同业授信，加强同业合作，与 15 家金融机构建立同业授信关系，品种覆盖同业拆借、票据保贴、转贴现、质押回购等业务；三是优化同业业务结构，积极开展负债端资金业务，多渠道融入资金。

【投资业务】公司优化投资组合，实现沉淀资金的保值增值；充分利用银行间市场、上清所、中债登等交易资源，积极提高债券市场参与度，推动区域性债券市场流通；充分发挥公司金融平台优势，通过债券借贷、质押式回购、转让债券等业务，盘活存量证券，提高资产流动性，增加交易机会。

【票据业务】公司票据承兑发生额创历史新高，票据流通性不断提升，持票人持票意愿不断增强，公司持续深化同业合作关系，拓展合作金融机构。2021 年累计开出银行承兑汇票 1046 张、金额 38.28 亿元，商业承兑汇票 464 张、金额 33.07 亿元，各类票据贴现累计 28.01 亿元，再贴现 28.21 亿元，转贴现业务 5.70 亿元。

【资金集中】公司不断强化资金集中管理工作。一是积极与银行沟通协调，做好成员单位银企直连工作，不断夯实资金集中配套服务，截至 2021 年末，共建立银企直连账户 318 个。二是严格落实执行集团资金集中考核制度及方案，分析成员单位资金集中度，每半个月统计集团资金集中度，将资金集中度纳入集团对各成员单位的经营考核，有力督促成员单位主动开展资金归集。三是深入调研走访，不断提升服务质量，一对一服务，做到“顾全面、盯关键、抓重点、解难点”，按照分组落实成员单位资金情况，做到应归尽归。2021 年共办理结算业务 36.67 万笔，资金结算量 6676.66 亿元。

【业务创新】2021 年，公司不断深化同业合作关系，成功实现电子商业承兑汇票转贴现转出业务落地，提高信贷资产流动性，拓宽主动负债渠道、丰富公司资金来源的新突破，2021 年实现转贴现转出 5 亿元。在此基础上，为更好服务集团产业链上游中小微、民营企业，公司充分发挥财务公司“比企业更懂银行，比银行更懂企业”的优势，不断拓展与外部银行的合作边界，优势互补，成功实现“代理开具电子商业承兑汇票 + 保贴”业务落地，该业务一方面有效解决了小微企业的应收账款问题，另一方面公司实际参与商票后期如贴现、质押融资等的谈判和议价，有效打通票据变现渠道，有力控制融资成本。全年业务累计发生额超过3亿元。

【风险管理和内部控制】2021年，公司紧密围绕“内控合规管理建设年”主题，一是构建“流动性管理+指标监测预警+应急处置”三级流动性风险管理架构，完善规章制度管理体系，建立“采购—合同—报销”一体化管理体系，强化风险管理和内控体系建设。二是建立利率风险压力测试模型，提升市场风险管理能力。三是全面梳理部门岗位职责和业务流程，提升标准化管理水平。四是坚持制度建设、合规审查和风险专项排查不放松，全面加强重点领域风险防控。实现全年监管指标“零违规”，业务“零违约”，资产“零损失”，人员“零案件”的管理目标。

【人力资源管理】公司严格落实党管人才的要求，严把选人用人关，努力打造政治过硬、专业精通、敢于担当、开拓创新的高素质金融人才队伍。一是推进人才队伍建设，新培养年轻干部4名，择优招录硕士研究生1名。二是抓好金融业务培训，有针对性地开展业务难点、重点培训，培养业务骨干，全年组织培训24次，员工培训覆盖率达100%。三是优化绩效考核。把绩效考核作为落实经营责任、加强管理、提高效率的重要手段，把党建、党风廉政建设、意识形态、保密工作纳入考核指标。四是鼓励职工报考、申报职称和职（执）业资格证书。本年有1人取得高级会计职称证书，1人取得国家法律职业资格证书，5名职工通过中级经济师考试。公司具有中高级职称人员占员工总人数的51%，注册会计师5人，具有国家法律职业资格证书1人。

【信息化建设】2021年，公司以系统升级改造及保障网络安全为重点，全面开展信息化工作。一是监管数仓平台如期投产，并按照银保监会规范要求，及时完成EAST报表系统报送。二是完成核心业务系统供应商选型、业务需求调研、业务蓝图规划，系统升级更新迭代平稳推进。三是对数据中心基础环境、软硬件设施进行评估，对发现的风险点逐一整改、优化。四是开展供配电系统、恒温系统及数据还原、重要设备等机房环境及网络安全等应急场景演练，提升系统安全防护能力。

【企业文化建设】公司认真落实全面从严治党主体责任，持续加强党的领导融入公司治理，完成“党建入章”，扎实推进年度党建、党风廉政建设、意识形态等目标责任的落实，加强疫情常态化精准防控。全方位、多角度、立体化开展党史学习教育活动，扎实推进“我为群众办实事”，持续推进“智慧党建”，认真落实“双培养”制度。统筹推进党建与公司经营工作深度融合，筑牢风险防线，以党建促发展。组织开展迎新抚仙湖徒步活动、公司成立五周年职工文艺表演活动、第四届职工运动会、2021年“送温暖”基金筹集，编印完成公司《客户服务手册》《大事记》等，推进公司文化建设。

云南昆钢集团财务有限公司

【集团概况】昆明钢铁控股有限公司（以下简称“集团”）始建于1939年，前身是中国电力制钢厂和云南钢铁厂。2021年2月1日，云南省政府与中国宝武钢铁集团有限公司（以下简称“中国宝武”）签署合作协议和委托管理协议，集团纳入中国宝武管理体系。2021年，集团产铁644万吨，产钢714万吨、产材709万吨、产水泥1755万吨、产焦炭184万吨。集团荣登云南产品品牌价值榜榜首。

【公司概况】2021 年，云南昆钢集团财务有限公司（以下简称“公司”）立足自身功能定位，拓展服务职能，提升创效水平，实现利润总额 1.02 亿元，年末资产规模 67.18 亿元，净资产 11.83 亿元，无不良资产和不良贷款，各项监管指标符合监管要求。

【服务实体】2021 年，公司以资金的安全性、流动性和效益性为核心，落实资金辅助管理职能，全方位融入集团月度预算管理和债务融资安排，精准安排信贷投放计划和资金支付，合理调整资产负债及期限结构，有效保障集团资金安全；继续减费让利于成员单位，下浮贷款、贴现利率，根据存款贡献度制定差异化存款利率，引导成员单位留存存款；适度增加主动负债规模，日均引入低成本同业资金 14.21 亿元，参照集团综合融资成本和银行收费标准，累计节约成本费用 1.45 亿元。

【信贷业务】公司围绕集团战略部署，按照“有扶有控、有保有压”的原则配置集团资源，将资金投放于集团重点发展领域、新兴产业、具有竞争力的优质企业，2021 年累计投放信贷资金 93.30 亿元，日均投放信贷资金 50.87 亿元，较上年增长 15.19%。

【资金集中】2021 年，公司按照“应上尽上、应归尽归”的原则，新增 43 个直连银行账户，为集团 85% 的成员单位提供资金集中结算服务，结算货币 17 万笔、金额 3785.67 亿元；结算票据 10 万笔、金额 1109.27 亿元，年末全口径资金集中度为 50.74%，较上年末增长 11 个百分点。

【资金业务】公司利用外部市场融资平台功能增厚资金池，提升流动性管理能力。2021 年，获取人民银行再贴现资金 20 亿元，同比增加 4.82 亿元；开出承兑汇票 6.33 亿元，运用自身授信协助成员单位实现融资 3.63 亿元，拆入同业资金 6 亿元，向同业转贴票据 3.76 亿元，盘活存量债券 5.85 亿元，在日均存款与上年基本持平的情况下，日均贷款同比增加 6.71 亿元，有力支持集团及成员单位发展。

【风险管理和内部控制】公司结合“内控合规管理建设年”相关工作，加大合规风险培训力度，提升员工合规意识，培育合规文化；强化内控合规管理建设，梳理、修编管理制度和操作流程，进一步建立健全内控制度体系；提高合同审查质效，以合同管理为切入点加强对业务的合规管理；每日监测流动性指标，合理预测流动性指标变化情况，定期开展信用风险、市场风险、操作风险的监测、分析和报告，2021 年末监管指标均在监管标准范围内。

【信息化建设】2021 年，中国宝武标财系统覆盖至集团，公司配合集团做好标财系统资金接口风险的事前、事中、事后风险控制，力促标财系统嵌入公司“预算管理”和“审批流”风控模式，协同集团开启财务管理新纪元；按时间节点完成 EAST 系统、IMAS 系统的搭建与数据报送。

【人力资源管理】2021 年，公司接入中国宝武人力资源系统，满足人事管理、薪酬福利、人工成本（财务）等人力资源常规业务需求；加大对年轻员工的选、育、管、用力度，配齐中层管理人员；为员工提供内部培训 44 次、外部培训 28 次，选派 2 人至宝武财务公司学习交流。

【企业文化建设】2021 年，公司坚持以党建为引领，党建带工建、团建，营造和谐健康、团结进取的工作氛围，增强员工的向心力和凝聚力。集团分管领导、支部书记结合公司中心工作，带头讲党课，画好党建工作与经营工作相融合的“同心圆”；与合作银行开展红色教育，创建“共建、共赢、共享”的友好合作氛围；组织开展家风教育座谈、案件警示教育、员工行为排查，强化全员廉洁自律教育；持续开展系列党群活动，如“咏经典、诵党恩”经典诵读、“三八节”冷餐会、户外徒步、观影、生日慰问、健康体检、困难职工帮扶等，奋力打造政治生态风清气正、工作氛围温馨和谐、精神生活丰富饱满的企业文化。

云南云天化集团财务有限公司

【集团概况】云天化集团有限责任公司（以下简称“集团”）是以肥料及现代农业、精细化工及新材料、玻璃纤维及复合材料为三大主业的国有综合性产业集团。集团旗下拥有一家主板上市公司云南云天化集团股份有限公司（以下简称“股份公司”）。2021 年，集团全年实现营业收入 978 亿元，利润总额约 50 亿元。

【经营概况】云南云天化集团财务有限公司（以下简称“公司”）2021 年以深化国企改革三年行动为契机，聚焦修内功，启动了 19 项改革任务，以“目标导向、过程控制、分级负责”为运营机制，圆满完成年度各项经济指标。公司实现利润总额 8536.38 万元。资金安全零事故，无重大风险隐患，无潜在不良损失。

【服务实体】公司积极响应防疫、涉农、小微企业等金融政策，通过多样化金融服务，开展一系列重大专项工作服务集团实体经济，向集团产业转型升级领域如石油化工、玻纤及复合材料、现代农业（粮食）、肥料、全球供应链平台建设等产业新增投放资金超过 10 亿元。

【信贷业务】公司坚持“一个服从、两个服务”的经营宗旨，贯彻“规范经营、稳健发展”的经营方针，坚持“安全性、流动性、效益性”的经营原则，通过各类贷款、票据贴现、票据承兑、债券投资、融资担保、票据池融资、引入发债资金、财务顾问等多种方式，为成员单位日均提供资金超过 60 亿元。

【资金业务】公司加强与金融同业协调，拓宽融资渠道，积极助力集团主业发展，配合集团成功发行云南省属企业第一只乡村振兴债；持续降低集团外部融资成本，实现日均融入外部资金超过 35 亿元。

【票据业务】公司通过集团票据池盘活了集团票据资产，提高了集团票据使用效率，实现票据池融资日均超过 45 亿元。

【资金集中】公司在做好资金分布分析工作的基础上，积极与成员单位协商，合理确定资金限额，在资金集中方面做精做细，最大可能归集资金，实现日均资金集中度超过 48%。

【风险管理和内部控制】公司修订了《内控管理办法》《内控手册》，结合《公司授权管理办法》，将业务流程及分级授权固化到信息系统中，实现了管理制度化、制度流程化、流程信息化。

【人力资源管理】公司以价值创造为导向，建立“岗位定基础，能力有体现，绩效占主导”的薪酬分配机制，通过实施组织管理、经营管理及人力资源管理等 11 项改革任务，进一步提高了组织管理效率，提升了经营管理能力，提高了人力资源管理水平。

【信息化建设】公司完成标准化监管数据（EAST）系统部署上线，顺利完成两次数据报送，实现部分数据的自动抽取。配合推进股份公司业财一体化项目财务共享与资金集中管控建设系统的后续开发与维护工作，并于 2021 年 7 月完成所有计划内单位的上线。

【企业文化建设】公司党支部扎实开展党史学习教育活动，落实好“第一议题”制度，落实新时代党的建设总要求，按照“两个一以贯之”的要求，推动公司各部门主动适应新形势、推进全面从严治党及党风廉政建设工作，切实加强组织领导、强化督导检查，狠抓责任落实，使公司的竞争力、创新力、控制力、影响力和抗风险能力不断增强。

Z

招商局集团财务有限公司

【集团概况】招商局集团有限公司（以下简称“集团”）是中央直接管理的国有重要骨干企业，是世界500强企业之一。2021年，集团营业收入9362亿元，同比增幅为15.1%，利润总额2121亿元，同比增幅为21.1%，净利润1692亿元，同比增幅为23.4%。截至2021年末，集团资产总额11.68万亿元，净利润与资产规模蝉联央企第一位。

【经营概况】2021年，招商局集团财务有限公司（以下简称“公司”）在继续做好疫情防控的同时，加快推进总分公司一体化建设，坚决守住不发生系统性风险底线，为支持集团加快建设世界一流企业作出了积极贡献。公司累计实现营业收入17.8亿元，利润总额7.3亿元，期末资产规模为663.3亿元。

【服务实体】2021年，公司优先支持集团实体主业，投向实体企业的贷款占比达99%；涉及房地产、港口、物流、航运、装备制造等集团核心业务、成长业务的二级公司贷款余额占比为84%。

【信贷业务】2021年，公司贷款余额414.55亿元，日均贷款389.05亿元。以低息贷款支持成员单位创新发展，共涉及高端制造业、智慧港口与智能码头、成员单位供应链平台等6个创新项目。以银团贷款引导外部金融资源以更合适的贷款定价、更便捷的担保方式支持集团项目建设，新增银团贷款4项。

【产业链金融】2021年，公司完成成员单位产品买方信贷业务制度建设、产品方案设计等工作，实地走访多家成员单位进行产品推介，并与部分成员单位及其下游客户达成合作意向。同时，公司积极通过票据业务加大对成员单位采购付款的服务力度。

【资金业务】2021年，公司积极拓展同业合作渠道，与多家银行合作，根据公司资金特点定制资金管理产品。扩大同业授信额度，在21家金融机构取得510亿元同业授信。充分利用同业资源积极开展线上资金交易业务，开展了公司首笔外币拆借业务、外币回购业务和债券借贷业务，银行间市场交易量再创新高，在确保流动性充足的同时进一步提升了资金使用效率。

【投资业务】2021年，公司继续坚持优先支持成员单位融资、保障公司流动性合理充裕的业务思路，投资业务以货币基金和成员单位发行的债券为主，共计开展17.7亿元投资业务，其中参与7家成员单位20期债券发行，在进一步提升公司整体收益的同时有效支持了成员单位的债券发行。

【票据业务】2021年，公司大力拓展“招财票”产业链布局，累计承兑汇票31.37亿元，同比增长20.49%；余额24.83亿元，同比增长35.39%。票据贴现0.59亿元，转贴现约3亿元，再贴现约2亿元；与商业银行联合为成员单位采购支付提供“招财票”买方付息贴现服务7.78亿元，相比同期限贷款，共计约节省财务费用488万元。

【外汇业务】2021年，公司为成员单位提供优惠的结售汇价格，为成员单位节省费用约527万元；新增农业银行为跨境外汇资金池合作银行，根据业务需求不断扩大跨境外汇资金池服务范围，新增4家入池单位；推进跨境人民币资金池变更备案获批；部署接入人民银行CIPS标准收发器；为多家单位办理跨境资金调剂等业务并提供外汇业务咨询服务。

【资金集中】2021年，公司提供免费人民币结算服务和优惠外汇结算服务，提升客户黏性，促进资金沉淀。持续推进“一司一策”资金归集举措，差异化制定存款基准线，开展吸存挖潜工作。以更广泛、更多元、更灵活的信贷服务，深化成员单位合作关系，带动存款归集，助力提升资金集中管理。

【业务创新】2021 年，公司首次开展代开信用证业务，为成员单位办理代开信用证业务 250 笔，代开规模折合人民币 6.34 亿元；开展首笔外币委托贷款业务，有效帮助成员单位调剂外币余缺。开展首笔票据质押回购业务，转贴现和再贴现业务常态化，形成了票据承兑、贴现、回购、转贴现、再贴现全链条畅通，有效提升了“招财票”的市场流通性。

【风险管理和内部控制】2021 年，公司构建总分一体化风险管控体系，确保总分公司风控管理策略的一致性。通过开展季度常规稽核、企业负责人及公司员工履职待遇和业务支出专项内审、年度内部控制评价，共发现问题或提供管理提升建议 74 项，通过加强审计问题跟踪整改，不断完善公司内部控制体系，保障公司稳健合规运营。

【人力资源管理】2021 年，公司着力完善人力资源各项管理制度，优化干部选拔任用体系，健全人才职业发展、引进、选拔、培养、使用、评价、流动、激励等工作机制，加大人才交流力度、强化干部教育培训、从严加强干部管理，积极推进经理层成员任期制和契约化管理等工作。

【信息化建设】公司信息系统在 2021 年进行功能优化 170 余项，并启动资金系统 2.0 项目建设。推进完成资金应用上云，数据入湖，在结算、信贷、风险、财务等领域深化 RPA 应用。在网络安全方面强化网络安全治理，开展应急演练，将网络安全专项演练工作落在实处。

【企业文化建设】2021 年，公司党委以党史学习教育为主线，以全国国有企业党的建设工作会 5 周年“回头看”为重点，以迎接集团党委常规巡视和反馈意见整改为抓手，坚持党要管党、全面从严治党，认真落实全面从严治党主体责任，以高质量党建引领和保障公司高质量发展。

浙江海港集团财务有限公司

【集团概况】浙江海港集团财务有限公司（以下简称“公司”）所属集团为浙江省海港投资运营集团有限公司、宁波舟山港集团有限公司（以下简称“集团”）。集团是浙江省属港口运营集团，实行“两块牌子、一套机构”运作，是全省海洋港口资源开发建设投融资的主平台。2021 年，集团主要经营的港口之一的宁波舟山港完成货物吞吐量 12.24 亿吨，同比增长 4.4%，连续 13 年位居全球第一；完成集装箱吞吐量 3107.9 万标准箱，同比增长 8.2%，成功跻身全球港口集装箱 3000 万标准箱“梯队”，继续位居全球第三。

【经营概况】公司 2021 年实现收入（含投资收益及公允价值变动损益）5.65 亿元，同比减少 0.08 亿元；实现利润 3.7014 亿元，同比增加 0.018 亿元。资产规模 191.64 亿元。各项监管指标良好，资本充足率为 17.06%，流动性比例为 41.75%，不良贷款率为零，均优于监管要求。

【服务实体】公司对港航主业、绿色低碳、科技创新、小微企业以及集团重大战略项目等提供了资金、利率支持，以“金融之水”灌溉“实业之田”。例如，发放“浙港服务浙企”金融服务产品专项贷款、助力集团拓展浙北腹地、优惠贷款利率服务内河战略布局等，服务范围得到拓展。进一步摒弃“等靠要”思想，公司主动出击加强走访，挖掘了部分成员单位的潜在需求。

截至2021年末，共为58家成员单位提供信贷服务，其中小微企业28家；服务能力和质效全面提升。2021年日均信贷规模105亿元，同比增加1.77亿元，年末信贷规模创历史新高，达109亿元。对成员单位降本节支和扭亏工作的支持力度继续加大，贷款平均利率下降15个基点，为部分特殊成员单位提供优惠贷款，全年优惠额超1亿元。

【资金业务】公司全年新增银行、基金等交易对手16家，实现交易金额59亿元，增量收益达1213万元；推动质押式报价回购业务，收益率较同类银行间债券回购平均增加40个基点；成功认购公司债，实现债券品种和投资平台双拓展；活期存款市场化更进一步，两家头寸银行收益率提升11个基点，实现增量收益108万元，同时探索打破现有活期存款限制，将富余活期存款拓展至其他合作的金融机构，较现有收益率增加7个基点。同业与投资全年实现收益2.13亿元，交易量上“千亿元”台阶，达到1072亿元，创历史新高。

【外汇业务】2021年，公司积极推进即期结售汇资质申报工作。建立制度、搭建系统、培养团队、调研业务、沟通申报“不停步”，最终顺利获得了国家外汇管理局的资质批复。

【资金集中】一直以来，公司着力推进资金集中管理工作，在集团的高度重视和支持下，不断加强资金归集，做到“应归尽归”。截至2021年末，非全口径资金集中度为83.72%。

【业务创新】为强化履职服务，公司主动配合集团做好保险业务集中管理，2021年初成立了保险工作专班，统筹推进保险业务系统开发、保险代理资质延续、保险制度修订以及保险整合方案制定等工作。统保的实现能有效提升集团对外保费议价能力，实现理赔服务升级，降低各家单位分散投保可能存在的廉洁风险。

【风险管理和内部控制】公司原管理部职能经重新调整后改为风控部门，将法务、案防、内控、合规等职能整合起来，从点到面强化“大中台”风险管控，做到结算、投资、信贷业务审查全覆盖。

【信息化建设】2021年，公司外汇系统、省属企业大额资金交易数据上报系统、财务共享中心接口平台等各类系统积极推进，满足内外管控需求。同时，自主开发报表系统，成为省内首家自主研发监管报送系统的财务公司，致力于减少业务人员手工报送工作量，提升数据报送质量。截至2021年末，公司已完成1104报表、利率报备、EAST数据等共计171张报表的开发。1104报表的月报自动取数率已达98.28%，季报自动取数率已达93.97%；人民银行统计系统季报自动取数率已达97.56%，月报和日周旬报自动取数率已达100%；人民银行利率报备系统和EAST数据报表自动生成率达100%。

【企业文化建设】2021年加大对公司大事、要事、喜事的宣传力度，2021年2月推出公司微信公众号“浙港E金”，通过宣传强化营销策略，及时向外界传递来自公司的好声音、正能量，不断提升知名度；结合集团“强港”文化，深入挖掘特色工作，着力打造公司企业文化，提炼出兼具海港元素和金融特色的公司文化品牌，并使之成为全体员工的行为导向。

浙江省交通投资集团财务有限责任公司

【集团概况】浙江省交通投资集团有限公司（以下简称“集团”）于2001年成立，历经原浙江省铁路集团、浙江省商业集团两次改革重组，统筹承担全省高速公路、铁路、重要的跨区域轨道交通和综合交通枢纽等交通基础设施的投融资、建设、运营及管理职责，并积极参与市县主导的综合交通基础设施项目。2021 年，集团实现营业收入 2914.51 亿元、利润总额 103.75 亿元，资产总额 7533.55 亿元、净资产 2440.93 亿元。2021 年，集团首次入选世界 500 强企业，列第 433 位，列 2021 年中国企业 500 强第 120 位。

【经营概况】浙江省交通投资集团财务有限责任公司（以下简称“公司”）围绕“服务好集团、发展好自己”的宗旨，以“保障资金供应、降低资金成本，防范资金风险、提高资金效益”为自身使命，承担好责任，发挥好功能，发展好企业。2021 年实现营业收入 19.50 亿元、利润总额 9.98 亿元、净利润 7.78 亿元。年末公司资产总额 541.11 亿元、净资产 75.13 亿元，吸收存款余额 460.52 亿元，自营贷款余额 410.23 亿元。

【服务实体】公司搭建集团产业链金融运营平台，大力推进集团业务流、资金流和信息流相互打通，实现集团信息系统与金融基础设施的互联互通，全面推广票据、信用凭证等信用工具在供应链体系中运用，充分发挥表外信用工具的低成本融资优势，引导集团产业良性发展。

【信贷业务】2021 年，公司累计投放信贷规模 1140.78 亿元，日均贷款规模 390.31 亿元；其中 88% 投向交通基础设施建设核心主业，充分发挥了信贷保障重大交通项目的作用。为成员单位发放首笔采矿权抵押贷款；大力提升公司参与集团建设项目银团贷款规模，积极发挥内部信贷对集团产业的支撑作用。

【产业链金融】2021 年，公司通过加强客户走访频率等深入了解业务模式，紧扣产业链业务需求进行业务拓展。累计完成“一头在外”票据贴现业务规模达 13.62 亿元，较 2020 年增长 169.70%。协同完成集团首笔电子凭证开立 5000 万元，创省内国企电子凭证业务第一单。

【资金业务】在同业市场资金利率维持低位的背景下，公司积极拓展同业业务，在增加银行业金融机构授信规模的同时拓展非银机构交易对手。通过提前询价、战略合作等方式，锁定较高的活期同业利率。同时，通过搭建同业拆借信息系统，强化同业拆借业务效率，进一步拓展同业业务范围和规模。

【投资业务】面对 2021 年持续震荡且不断分化的金融市场，公司加强投资形势研判，积极应对、主动调整。实现有价证券投资收益 2.56 亿元，较 2020 年同期增加 1.12 亿元，投资能力显著增强。同时，公司在保障稳定收益的基础上，抓住市场机会，克服新股申购收益显著下降的不利局面，低点布局高速公路股票，参与股票定增及指数增强收益凭证业务，权益收益再创新高，收益率达到 26.53%。

【票据业务】2021 年，公司建立业务协同机制，加大与成员单位的沟通力度，积极鼓励和引导使用电票支付结算，同时优化电票开票审批，提升业务办理速度，累计开立承兑汇票 137 笔、金额 62.73 亿元，较 2020 年同期增长 257.04%。按一年期 LPR 计算，增加票据部分可节约 1.06 亿元财务费用。

【资金集中】公司全力推进统一结算平台进一步优化升级，对账户管理、结算管理、资金计划管理和资金计划考核功能进行升级改造，资金计划的编制质量和效率有效提升。截至 2021 年 12 月末，公司可归集口径资金集中度达 98.25%。结算业务 72.17 万笔、金额 16160.57 亿元，同比分别增长 16.01%、14.12%。公司荣获 2021 年中国财资奖中的“卓越司库奖”，再度彰显公司司库管理能力。

【业务创新】为降低集团综合融资成本，增强综合投融资能力，公司积极运用存量项目融资再安排创新融资工具。完成 12 条经营性高速公路 414 亿元的融资再安排工作，预计累计可节约财务成本 6.35 亿元。同时，公司还完成了 10 亿元乡村振兴债券发行。

【风险管理和内部控制】2021 年，公司搭建了全面覆盖、条块清晰、职责明确、风控得当的规章制度体系。未发生风险事件、不良贷款和其他不良资产。通过落实“一把手”负责制，有效强化审计工作组织领导，并修订审计管理办法等规范审计程序，加强内部审计质量控制。

【人力资源管理】公司通过组建利率模型建模工作室、开办“十四五”论文活动等激发员工学习研究的积极性，促进人员团队专业能力和综合素养持续提升。2021年，公司论文及研究成果获得中国财务公司协会首届微课大赛二等奖和创意创新奖、中国公路学会和中国互联网金融协会优秀论文奖，金融研究能力显著提升。

【信息化建设】公司按照建一个系统就成一个系统要求开展信息系统建设，2021年完成结售汇系统联调测试，实现了集团统一结算平台功能优化升级，并成功上线EAST监管报送系统和大额资金信息报送系统，满足监管考核和业务发展需求。

【企业文化建设】公司认真做好党史学习教育和建党100周年纪念活动。党建引领数字财司案例入选集团企业党建品牌案例20强。为强化综合金融服务能力，公司创建“对集团贴心、让客户暖心、让股东安心、让监管放心、对员工关心”的“五心”服务文化理念，将其融入党建建设，实行党委书记带头领办、党员骨干冲锋在前，多措并举的“党建+业务”模式，并获得第四届中国金融年度品牌案例大赛“企业文化年度案例奖”。

浙江省能源集团财务有限责任公司

【集团概况】浙江省能源集团有限公司（以下简称“集团”）成立于2001年，总部位于杭州，主要从事电源建设、电力热力生产、石油煤炭天然气开发贸易流通、能源服务和能源金融等业务，是浙江省委、省政府能源产业发展的主抓手、能源合作的主平台、能源供应的主渠道、能源安全保障的主力军和环境保护的主战场。截至2021年末，集团合并资产总额2920.5亿元，控股管理发电装机容量3835万千瓦，其中可再生能源装机容量522.8万千瓦，占比为13.6%，2021年实现营业收入1356.9亿元、利润总额38亿元，“十四五”开局良好。

【经营概况】2021年，浙江省能源集团财务有限责任公司（以下简称“公司”）坚持“立足集团，服务集团”，为集团做好浙江能源保供和绿色低碳转型提供有力的金融服务保障。2021年末，公司资产总额336.51亿元，全年实现营业收入8.45亿元、利润总额6.18亿元。完成增资扩股，注册资本由9.7074亿元增至28.2096亿元，年末资本充足率同比上升5.69个百分点至19.60%。

【资金集中】2021年，公司深入推进成员单位银行账户“应挂尽挂”、资金“应归尽归”，试行账户“零余额”管理，迭代“收支两条线”。2021年末，成员单位在公司开立的结算账户数442个，较上年末增加25个；公司直连银行下挂账户1000余个，新增约300个，年末吸收存款285.74亿元，全口径资金归集率为83.02%。

【信贷业务】2021年，公司紧跟集团“大能源”战略布局，为主业发展提供全方位、高质量、多品种信贷服务。公司2021年向成员单位发放自营贷款187亿元，年末存量自营贷款207.31亿元，比年初新增42.35亿元。出台《公司自营贷款利率定价试运行方案》，成立流动资金贷款利率定价管理委员会，明确贷款利率定价方法、定价流程及审批权限，进一步规范公司贷款利率管理。

【服务实体】2021年，公司协助集团统筹融资，协助成员单位提取银行贷款238.63亿元，其中，固定资产贷款132.51亿元，流贷、并购贷等短期贷款106.12亿元。通过加强“总对总”融资，为集团节约利息支出约合5727万元。发挥专业优势，协助集团累计发行各类债券14笔、金额190亿元，发行利率均处于同期同类型企业中较低水平。积极参与集团财务共享服务中心建设，加强财资协同，新增上线单位80家，累计上线单位355家，使用人数超过2.8万人，集团财务规范化、标准化和专业化程度持续提高。

【投资业务】2021年，公司坚持投研一体，培育独立研究能力，加强投资策略与产品研究，把固定收益类投资作为提升资金收益率的有效补充手段，坚持“安全第一、收益第二”的原则精选投资组合，提升研究转化效率，实现投资收益3141万元，年化收益率为5.89%。

【资金业务】2021年，公司加强富余资金运作，提高资金收益水平，全年累计开展同业协议存款业务12笔，日均存量规模17.61亿元；累计购买同业存单1笔，日均存量规模1.27亿元；累计开展银行间市场债券质押式逆回购业务28笔，日均存量规模3.15亿元，资金业务（不含准备金）综合收益率为2.65%，实现资金流动性、安全性和收益性的有效统一。

【票据业务】公司为成员单位开展承兑、贴现等票据业务，降低成员单位综合融资成本。2021年，公司累计开展电子商业汇票承兑业务94笔，累计金额12.77亿元，累计开展电子商业汇票贴现业务12笔，累计金额8.71亿元，其中，“一头在外”票据贴现（延伸产业链金融）6笔，累计金额4.70亿元。

【业务创新】2021年，公司突出金融专业优势，协助集团利用创新型融资工具拓宽融资渠道，降低融资成本。在直接融资方面，公司协助集团成功发行首单“碳中和”债10亿元、首单能源保供用途超短融债券10亿元、首单蓝色债券5亿元。在间接融资方面，协助成员单位取得首笔碳配额质押贷款1亿元、首笔可再生能源补贴确权贷款1300万元等政策性贷款。

【风险管理和内部控制】公司以“内控合规管理建设年”为抓手，多措并举筑牢风险防线。2021年，公司召开股东会4次，议案11项；董事会7次，议案29项；监事会3次，议案6项；党总支会议47次，议案176项；总经办会议40次，议案91项。深入开展制度“立、改、废”工作，累计修订144项、新增13项、废止37项。加强稽核审计，开展内部专项稽核审计17次。2021年未发生违法违规案件，风险防控效果良好。

【人力资源管理】2021年，公司深入实施“人才强企”战略，为高质量发展提供人才队伍保障和智力支撑。公司不断完善“内训为主、外训为辅”的培训体系，加强员工教育培训，投入培训费用70.23万元；选拔中层正职1人次，中层副职8人次。安排跨部门岗位交流24人次。截至2021年末，公司在编员工153人，平均年龄30岁，本科及以上学历占比为100%，研究生占比为43%，中高级职称占比为38%。

【信息化建设】2021年，公司同步推进多项信息化项目，加快数字化转型步伐。完成银保监会监管数据标准化系统（EAST）开发上线；完成人民银行利率报备监测分析系统（IMAS）开发上线；完成大额资金监控系统开发上线，满足浙江省国资委监管要求；完成“浙能财务金融业务”移动审批APP开发上线，提高业务审批效率；完成价税分离及自动开票系统功能开发上线，满足成员单位通过系统自助开票需求；优化线上存款办理功能，成员单位实现在线办理各类存款，提高了工作效率。

【企业文化建设】2021年，公司一以贯之抓党建，高质量开展党史学习教育活动，通过“微党课”竞讲、“第一议题”制度、“公司十五周年庆”等系列活动，推动党建与经营发展“双促双升”。积极履行国企社会责任，为共同富裕助力。公司向浙江省慈善联合总会捐款200万元，助力杭州亚运会、亚残运会体育公益事业；向四川省凉山州木里县捐款60万元，助力巩固西部脱贫成果；向浙江省常山县捐款100万元，巩固浙江“消薄”成果，助力打造共同富裕示范区。

Z

振华集团财务有限责任公司

【集团概况】中国振华电子集团有限公司（以下简称“集团”）是由始建于20世纪60年代中期国家“三线”建设的军工电子基地——083基地不断发展而来的。集团是55家首批国家试点大型企业集团之一，拥有国家级技术中心、博士后工作站和国家863成果转化基地。50多年来，集团为国家重点工程和国防建设作出了重要贡献：参加了集成电路、“331工程”等大会战，先后为“东方红一号” “两弹一星”、探月工程、东风系列等绝大多数重点工程提供保障，填补了7项国内技术空白，创造了8项国家第一。

集团在形成了电子元器件、电子材料、整机及系统、现代服务业四大业务板块的基础上，聚焦优势资源，着力打造电子元器件、集成电路、新能源新材料三大核心业务板块。2021年，集团实现营业收入122.02亿元、利润21.58亿元，总资产219亿元。

【公司概况】2021年，振华集团财务有限责任公司（以下简称“公司”）坚持“依托集团，服务集团，稳健经营，持续发展”的经营理念，认真贯彻执行国家金融方针政策，规范运作，依法经营，全体员工齐心协力，扎实推进各项经营管理工作，基本完成了各项经营目标。

2021年，公司实现营业收入4567.04万元，较上年减少425.13万元，降幅为8.52%；实现利润总额2455.62万元，较上年增加348.02万元，增幅为16.51%；全年实现所得税649.10万元，较上年增加111.92万元，增幅为20.83%；实现增值税和税金及附加215万元，较上年增加26万元，增幅为13.76%。

【信贷业务】2021年，累计发放贷款62笔、金额8.72亿元，贷款余额7.87亿元；累计办理承兑汇票贴现470笔、金额14.79亿元，其中办理银行承兑贴现234笔、金额11.79亿元，电子商业承兑汇票贴现236笔、金额3亿元，贴现余额4.91亿元；办理委托贷款业务27笔、金额4.23亿元，委托贷款余额7.23亿元。期末各项贷款余额20.01亿元（含委托贷款），比上年减少5.65亿元，降幅为22%。

【票据业务】2021年，集团成员企业在公司质押银行承兑汇票16笔、金额952.19万元；公司为成员企业票据池质押及保证金担保开具银行承兑汇票6笔、金额888.64万元；2021年累计发生再贴现业务8.18亿元。

【资金集中】截至2021年末，公司吸收存款余额13.54亿元，较上年减少了0.67亿元，降幅4.7%；全口径资金集中度为38.62%。2021年，公司累计办理结算49854笔，累计结算金额410亿元。

【风险管理和内部控制】2021年，公司董事会下设的风险管理委员会召开会议7次，对公司治理、内部控制、风险管理等工作进行了安排部署。同时，公司成立了风险防控工作领导小组，明确风险防控工作目标，细化责任分工。公司明确案防管理“一岗双责”，将案防任务分解到岗到人，形成“一把手负总责、全员参与”的案防责任体系。2021年，总经理分别与员工签订案防安保责任书17份，明确落实案件防控、安全保卫主体责任，切实防范“贪污、挪用、诈骗、盗窃、赌博、涉毒”等案件以及重大违规违纪事件的发生，防范治安、灾害等安全责任事故的发生，确保公司安全经营无案件，促进公司稳健发展。

根据新的监管和内控要求，对内控制度进行了全面清理，进一步修订和完善内控制度，增强和提升风险管控能力。2021年修订制度4

个，并经法审出具法律意见书，进一步完善公司内控体系，确保公司合规经营。

【人力资源管理】2021 年，公司加强员工培训，涉及基础业务、税务政策、税收新规、法律合规、内控制度、风险管理、反洗钱工作、人事管理等内容。同时，鼓励员工参加学历、职称、资格等学习考试。2021 年培训人员 506 人次，合计 4672 学时。

正泰集团财务有限公司

【集团概况】正泰集团（以下简称“集团”）始创于 1984 年，是全球知名的智慧能源解决方案提供商。集团以“一云两网”为发展战略，积极布局智能电气、绿色能源、工控与自动化、智能家居以及孵化器“4 + 1”产业板块，形成了集“发电、储电、输电、变电、配电、售电、用电”于一体的全产业链优势，业务遍及 140 多个国家和地区，全球员工超过 3 万名，连续 20 年上榜中国企业 500 强。

【经营概况】2021 年，正泰集团财务有限公司（以下简称“公司”）始终坚持“立足集团、服务集团”战略定位，以“集团利益最大化”为原则，以资金集中管理为主线，充分发挥专业优势，实现经营规模稳步增长，金融服务能力和风险防控水平持续提升，圆满完成了全年各项目标任务，各项主要经营指标实现超 20% 的增长。

【服务实体】2021 年，公司继续推行“联系人制度”，快速响应成员单位科学合理的融资需求；发挥金融服务平台优势，为成员单位解决经营性资金需求；通过降低贷款利率、减免手续费，助力成员单位降低财务成本；成功代理集团发行 6 期超短期融资券，发行利率逐期创历史新低，其中第二期作为浙江省首笔高成长债成功亮相。

【信贷业务】2021 年，公司共向 19 家成员单位发放贷款 79 笔，累计发放贷款金额同比增长 23.70%，年末贷款余额同比增长 25.20%。贷款投放覆盖集团主要产业，并积极支持新能源板块发展。2021 年公司向新能源相关产业的 5 家成员单位累计发放绿色贷款 14.32 亿元，同比增长 63.28%，年末绿色贷款余额同比增长 14.68%。

【资金业务】2021 年，公司严格实施资金预算控制和计划管理，高效配置资金头寸。日常流动性管理以月度资金计划为基础，每日及时与各成员单位沟通大额资金的收付，并加强与金融机构的联系，持续做好稳授信、续授信的相关工作，为同业各项业务的叙做打好基础，不断通过提升同业利率等途径，争取同业收益最大化。

【投资业务】2021 年，公司开展首笔固定收益有价证券投资业务，进一步优化公司资产配置和收入结构，丰富金融产品体系，提高资金使用效率，拓展公司利润增长点，实现了固定收益类投资业务零的突破。

【票据业务】2021 年，公司推进集团票据集中管理，“由点到面”逐步向全集团推广上线票据池功能，加强票据信息、业务流程全面管控，提高集团票据管理效率；加紧与同业沟通，开办首笔票据再贴现业务和转贴现业务，拓宽公司业务范围；持续开展票据业务，全年为成员单位开立电票 210 笔。

【外汇业务】2021 年，公司获批即期结售汇业务资质，成为中国外汇交易中心会员；专线接入 CIPS 标准收发器（企业版），办理了首笔人民币跨境支付业务，进一步提升了公司外汇业务服务能力。

【资金集中】公司继续深化集团资金管理要求，做好资金统筹管理，及时关注新设立的成员单位信息，做好登记备案，实时掌握成员单位资金分布情况，做到应归尽归。截至2021年12月末，实现成员单位资金归集493家。

【业务创新】2021年，公司业务品种持续丰富，2021年4月成功开展首笔质押式回购再贴现业务；5月完成第一笔票据转贴现业务；6月获批开展固定收益类有价证券投资业务；7月获批即期结售汇业务资质；8月成功接入CIPS标准收发器（企业版）；9月收到准入全国银行间债券市场的备案通知书，实现了首笔人民币跨境支付业务的成功落地；11月开展首笔固定收益有价证券投资业务。

【风险管理和内部控制】公司进一步完善和修订风险管理相关制度，切实防范风险，强化控制力度，以防控操作风险和业务合规为目的，开展内部控制检查工作；提高公司流动性风险管理，加大警示教育、理想信念等教育力度，加强合规文化建设；强化审计监督，重点在公司治理、内部控制、绩效考评等方面开展审计，把内部审计作为改进管理的“法宝”。

【人力资源管理】2021年，公司多渠道引进专业人才，不断推进人才梯队建设、优化人才结构；持续开展“财司微讲堂”，鼓励部门负责人及管理骨干上讲台、进讲堂，发挥“传帮带”作用，全年共开展培训62期，合计749人次、230课时。

【信息化建设】2021年，公司根据信息建设规划，成功试点上线应用集团票据管理模块，实现集团成员单位票据开票、背书、贴现、托收等业务的全流程线上操作与凭证自动创建；启动并完成人民银行利率监测数据和银保监EAST数据的报送，初步实现公司依照监管机构对核心业务系统各类业务数据的清洗与归类，数据质量良好，为后续监管数据报送及财务公司经营数据分析打下了良好的基础。

【企业文化建设】2021年，公司党支部深入学习贯彻十九届六中全会和习近平总书记系列重要讲话精神，持续推进党建工作做深做实，以开展百年党史学习教育为契机，强化政治引领，创新载体形式，开展“党员政治生日”“行走的党课”“党史故事我来讲”等党建品牌活动。联合公司工会，加强组织建设，深化民主管理，落实职工关怀，提高会员综合素质，积极参与企业文化建设，组织开展“‘瑜’悦心身，‘珈’油满分”职工瑜伽健身活动等。

郑州宇通集团财务有限公司

【集团概况】郑州宇通集团有限公司（以下简称“集团”）是以客车、卡车、工程机械、专用车和环卫为主业的企业集团，总部位于河南省郑州市。集团累计销售新能源客车及卡车超过16万辆，是全球规模最大的新能源商用车企业。2021年集团实现营业收入445亿元。

【公司概况】2021年，郑州宇通集团财务有限公司（以下简称“公司”）在集团的大力支持下，通过加强资金集中管理，提升资金使用效率，实现健康稳健发展。2021年末，公司资产规模52.15亿元，贷款余额38.63亿元，全年实现营业收入1.31亿元，净利润0.87亿元，净资产收益率为6.82%。各项监管指标符合监管要求，整体风险水平低，资产质量优良。

【服务实体】2021年，公司通过降低贷款中间环节成本、推广商业承兑汇票、保函等举措，切实降低实体企业财务成本，提高对集团主业的支持力度。2021年，公司通过循环贷款形式为成员单位办理贷款24.51亿元，有效提高了成员单位的资金使用效率。同时，公司加大保函推广力度，累计为成员单位开具质量保函、履约保函等共计31笔、金额1.99亿元，为成员企业减少了大量资金占用。

【信贷业务】公司建立了成员单位定期走访机制，与集团各成员单位保持常态化沟通，深入了解并充分满足各单位信贷业务需求，促进集团主业健康发展。2021 年，公司累计发放自营贷款 37 笔、金额 38.95 亿元。

【产业链金融】为支持集团成员单位发展，协助其优化付款方式、降低采购成本，并盘活上游供应商的应收账款，公司积极为上游中小微供应商办理延伸产业链金融业务，以较低的成本满足其资金需求，有效支持了实体经济发展。2021 年，公司累计为 130 家客户办理延伸产业链金融业务 1098 笔、金额 9.77 亿元，中小微企业占比达 99%。

【资金业务】2021 年，公司采取多项措施，确保集团整体资金安全。一是继续优化资产配置，优先满足集团成员单位的资金需求；二是进一步强化头寸精细化管理，建立并完善资金日计划编制、监督及评价机制，建立日跟踪循环监控流程，保持合理的资金头寸；三是推动资金共享项目，搭建集团统一的资金管理平台，实现账户、资金的统一集中管理，实现资金可视化。2021 年承接 149 家成员单位付款结算业务，资金集中管理水平持续提升。

【投资业务】2021 年，公司结合市场情况从严调整产品准入标准，完善投后管理机制，开展存量产品风险评估，强化全流程风险管理。公司加大与金融机构的合作力度，不断丰富完善投资产品种类，2021 年累计新增流动性产品准入超过 10 只，并结合公司头寸择优配置。在保证充足流动性并兼顾资金安全的前提下，合理配置闲置资金，优化投资组合，提高了公司整体资金收益。

【票据业务】公司积极为成员单位及其供应商办理票据贴现业务，并给予优惠贴现利率，降低成员单位产业链交易成本。2021 年，公司累计为成员单位办理贴现 18 笔、金额 1.90 亿元，累计为成员单位供应商办理贴现 1043 笔、金额 8.24 亿元。

【资金集中】2021 年，公司持续提升成员企业服务能力，提供定制化头寸管理、资金服务，同时增加集团资金账户银企直连功能，提高服务效率。2021 年公司月均资金集中度达到 53%。

【业务创新】2021 年，公司办理代理开立信用证业务 1 笔、金额 25.58 万欧元，同时向中国海关申请取得了开立关税保函资质。

【风险管理和内部控制】2021 年，公司强化风险管理制度落地和风险问题整改与效果验证，形成符合财务公司特点的风险管理模式，公司风险管理能力明显提升。2021 年公司不良贷款率、不良资产率持续保持为零。同时，公司继续深化内控合规管理。一是以“合规、高效、规范”为标准，继续修订完善内部制度，2021 年修订制度 70 项；二是持续开展各种形式的内控合规检查和整改，如内部控制评价、低级问题自查、“举一反三”专项整改等；三是加大内控审计稽核力度，并依据公司奖惩制度严肃问责兑现，2021 年累计开展内控审计项目 20 项，发现问题 70 项，问题整改率达 100%。

【人力资源管理】2021 年，公司以支持战略落地为目标，通过月度绩效考核的方式保证各项工作举措有效实施，并鼓励员工参加金融相关专业考试和专业培训、外部交流、案例分析、集团易学堂学习等，提高员工专业能力，同时完善资金管理架构，扩充队伍力量，为公司全方位服务集团成员单位提供充足的人力资源保障。

【信息化建设】2021 年，公司通过自主掌握系统运维能力及与软件商紧密合作，不断优化信贷系统和电票系统功能，进一步提升数字科技对业务的支持力度。同时，结合银保监会及人民银行的要求，加大数据治理力度，提升数据标准化水平，基于公司数据仓库系统实现了银保监会 EAST 报送和人民银行利率报备报表的系统出具，并为公司经营管理决策提供数据基础。

Z

中车财务有限公司

【集团概况】 中国中车集团有限公司（以下简称“集团”）是世界轨道交通装备龙头企业，拥有全球最大的电力机车、高速动车组、大功率内燃机车、铁路客车、铁路货车、城轨地铁车辆研发制造基地。集团历史悠久，最早的企业成立于1881年。“十四五”开局之年，集团在高质量发展、改革三年行动、科技自立自强、产业创新布局、打造国家名片、学党史悟思想各领域实现提质跃升，完成稳增长的使命责任。集团荣获《财富》杂志2021年最受赞赏中国公司评选榜首，品牌价值达1260亿元。

【经营概况】 2021年，中车财务有限公司（以下简称“公司”）稳定提升资金归集和信贷两项基础业务的价值内涵，充分发挥专业化金融服务和集团化金融管理的功能，不断提升资金的使用效率及效益。全年实现营业收入8.31亿元、净利润3.01亿元。截至2021年末，公司资产总额471.29亿元，较年初增加109.23亿元，增幅为30.17%。各项监管指标全面达标。

【服务实体】 2021年，公司有效保障疫情防控、金融服务双推进、双促进，全面保障集团总部和广大成员企业各项资金支付需求。灵活运用交易商协会、交易所、商业银行、政策银行等不同融资场所和主体的特点，协助集团总部做好融资匹配。2021年，公司供应链金融业务全面铺开，为集团上下游供应商提供金融服务和新的融资渠道，在资金上有效支持了集团产业链、供应链建设，巩固集团现代企业产业链链长地位。

【信贷业务】 2021年，公司加大对成员企业和产业链客户的信贷投放力度，坚持最大程度让利成员企业，信贷日均规模235.96亿元，同比增加46.26亿元，收益率水平同比降低37个基点；办理保函101笔、金额9.47亿元；为成员企业办理委托贷款业务38笔、金额26.81亿元。

【产业链金融】 2021年，公司积极拓展延伸产业链金融业务，为产业链上游中小企业提供便利融资。进一步完善了“容易贴”“容易保”等金融产品，加大业务宣传和推广力度，为更多的中车供应商提供资金支持和金融服务。全年新增供应商客户215户，新增放款金额31.85亿元，在支持成员企业原材料采购的同时，降低了供应商客户融资成本，有效助力产业链上下游企业协同发展。

【资金业务】 2021年，公司辅助集团资金管理的职能得到充分发挥，实现资金配置安全性、流动性、效益性“三性”平衡，备付率降低，配置率提升。2021年1—12月，平均流动性为55.11%。全年扣除拆入资金的净备付率为5.13%，同比降幅为18.96%，通过压缩备付增利326.68万元。

【投资业务】 2021年，公司制定年度投资方案，合理获得投资运作收益。货币市场基金日均规模22.78亿元，同业存单日均规模10.14亿元，累计获得投资收益2849万元。积极开拓逆回购、银行定制理财、总部安全性资金配置品种等新投资渠道，获得收益9922万元，实现了现金管理价值的最大化。

【票据业务】 2021年，公司办理票据承兑4450笔、金额66亿元，办理票据贴现2705笔、金额110.08亿元，票据业务集中效益明显。积极开展与银行的同业合作，办理票据转贴现业务26.18亿元，同比增加21.18亿元，为集团节约财务费用支出2291万元。办理再贴现业务45.17亿元，同比增加19.60亿元，再贴现成为公司稳定的低成本融资渠道。组织完成53家成员企业商票信息披露平台批量注册工作；为22

家成员企业开通票据账户主动管理服务。

【外汇业务】2021 年，公司开展外汇管理服务，探索建立集团外汇风险标准化管理体系，制定《中国中车外汇风险管理办法》。推广跨境资金集中运营，上线人民币跨境支付系统，建设跨境资金池账户体系银企直连，畅通国际结算渠道，为成员企业跨境收付提供便利，助力降低集团跨国资金运营成本。年末跨境资金池业务规模 10 亿元，同比增加 3.83 亿元，增幅为 62%。主动满足各企业外汇业务需求，以优于银行的汇率办理企业结售汇和一站式购付汇服务。

【资金集中】2021 年，通过加强差异化利率政策运用、推动工会系统资金归集、实施客户经理管理模式，吸引成员企业资金在公司持续存放。积极推动上市公司归集管理，全年人民币日均吸收存款规模约 241.95 亿元，较上年同期增加 39.76 亿元，增幅为 19.66%。全年支付结算金额 3.48 万亿元，同比增长 13.72%，并组织召开集团大额资金风险交流会，大额资金监控功能进一步扩展。

【风险管理和内部控制】公司持续构建风险管理框架，全面落实集团风险管控年度重点工作安排，将重点风险排查项目贯穿于全年的业务操作。深化审计监督体系，建立上下贯通、全面覆盖、流程清晰、规范有序、监督有力的工作机制，强化整改跟踪审计和审计结果运用。开展“内控合规管理建设年”活动和内控体系有效性自查自纠工作，全年持续实现“双零”目标（不良资产、不良贷款均为零）。

【人力资源管理】公司全面落实制度改革和党管干部、党管人才要求，营建人才选拔培养机制。组织开展中层后备干部选拔，搭建中层后备库，干部管理体制进一步健全。完善薪酬分配机制，建立员工岗薪档级调整机制，完善季度绩效考核具体指标和工作流程，实现日常与年度绩效考核相结合。制定年度员工培训计划，开展员工大讲堂活动，激发员工学习业务、钻研业务的热情。

【信息化建设】2021 年，公司增加金融科技投入，建立信息化项目外部专家评审机制，完善相关信息化项目立项、预算和采购制度，开展了主营业务系统、统一监管报送平台、财企直连、上海票交所直连平台、总部资金平台建设。积极抽调人力物力参与中车财务共享中心建设，全面推进共享中心咨询项目和实施项目落地实施，涵盖前期组织机构搭建、流程梳理和自营业务评审、系统选型优化、规则设定等内容，搭建专业财务管理平台。

【企业文化建设】2021 年，公司开展了企业文化核心理念升级工作，通过提案征集、专题研讨，形成了与公司战略发展定位相匹配、与中长期发展规划相适应的企业文化理念。加快宣传文化和党建可视化阵地建设，荣誉形象充分扎实，文化阵地圆满落成，工作生活和谐兼顾。全年开展劳动竞赛和群众性经济技术创新活动，开展员工合理化建议提案征集活动。2021 年，公司上缴帮扶资金 35.77 万元。

中储粮集团财务有限公司

【集团概况】中国储备粮管理集团有限公司（以下简称“集团”）是经国务院批准组建的涉及国家安全和国民经济命脉的国有大型重要骨干企业，为国务院国资委 100% 控股。集团受国务院委托，具体负责中央储备粮棉油的经营管理，同时接受国家委托执行粮油购销调存等调控任务，在国家宏观调控和监督管理下，自主经营、自负盈亏。

【经营概况】中储粮集团财务有限公司（以下简称“公司”）注册资本 35 亿元。截至 2021

年12月31日，公司资产总额405.10亿元，所有者权益39.24亿元，2021年度利润总额5.63亿元。

【服务实体】公司固定资产贷款授信用于集团内成员单位建仓资金需求，现已有集团内12家成员单位共18个建仓项目建设申请固定资产贷款，建成后预计增加粮食仓容量158万吨、油罐仓容量41万吨，为落实中央农村工作会议提出的提升粮食收储调控能力要求提供了金融支持；流动资金贷款授信用于集团成员单位生产加工和粮食轮换采购中的日常资金周转，为保护种粮农民利益、维护粮食市场稳定、保障国家粮食安全贡献力量。

【信贷业务】2021年，公司立足集团、服务集团，统筹安全与发展，强化服务意识，锤炼服务本领，规范信贷经营，优化贷款流程，不断提升金融服务能力。累计为48家成员单位完成评级授信，授信规模达到92.82亿元，全年累计投放信贷资金51.31亿元，贷款余额29.69亿元。通过主动降低贷款利率，降低成员单位融资成本，助力企业高质量发展。

【资金业务】公司通过建立预测模型，利用历史上的三年数据合理预测成员单位未来半年内的资金需求，按照“日+周+月”的方式备付资金头寸，精益化管理资金。积极与合作金融机构开展大额定制业务，在满足流动性需求的前提下，做好同业存放的期限结构配置，全年同业利息收入6.36亿元，取得了较好的资金运作收益，助力集团主责主业发展。

【业务创新】公司积极对接国家乡村振兴战略，开展数字人民币对农支付结算，开创了具有中储粮特色的数字人民币对农支付结算新体系。公司联合商业银行在湖南长沙落地试点，顺利实现对农支付结算近300笔，金额突破1200万元。在数字人民币支付结算应用领域和应用主体上进行了积极有益的探索：发挥数字的驱动优势，实现支付结算数字化管理，有效降低管理成本；借助数字人民币“支付即结算”属性，实现“粮入库、钱到手”，切实增强农民的获得感；运用数字人民币的可追溯特性，打通对农支付结算“最后一公里”，有效防范“打白条”风险；做到对收购资金的闭环管理，切实保障了售粮农民的根本利益。

【风险管理和内部控制】开业以来，公司积极推进各项内部制度规定的增补和完善工作，实现制度管理工作的合规化、流程化、信息化；公司编制了集业务说明、流程目录、岗位表单、控制矩阵于一体的内控管理手册，进一步完善内控管理工作；公司为着力加强员工专业能力与风险意识建设，针对公司人员构成多元化的特点，特别是大部分员工缺少财务公司工作经验这一实际情况，建立“学干结合”和“请进来、走出去”的培训机制，不断提高员工专业素质和风控意识，开展了财务公司业务、金融机构公司治理框架、资本充足率解读、反洗钱和反恐怖融资、民法典、税法、行业案件学习等各项合规培训共计20余次，内控合规管理成为公司开业首年内部培训最多的专题。

【人力资源管理】作为一支新队伍，公司高度重视团队建设，通过抓班子带队伍、抓培训提能力、树导向正风气，中储粮金融铁军队伍已初步形成。公司党委班子成员坚持把党的政治建设摆在首位，自觉从百年党史中学出信念信心、动力定力、锐气底气、干劲闯劲。坚持市场化改革方向，通过开展岗位价值评估，进一步优化“三定”方案，构建了基于岗位价值的“以岗定薪”薪酬体系、基于工作业绩的“按绩取酬”考核体系，树立为想干事者搭平台、为能干事者筑舞台、为干成事者立奖台的导向，不断把党史学习教育激发出来的热情转化为干事创业的成效。

【信息化建设】公司2021年上线核心业务系统，根据业务需求不断完善系统功能，保障业务的连续、稳定开展，按照各监管系统的取数规则对系统进行更新改造，满足监管数据报送要求。接入金融城域网和监管信息网，接入ACS综合前置子系统、EAST监管报送系统、利率报备系统等。进行网络安全风险排查，通过漏洞扫描和渗透测试查找风险点，及时堵塞安全漏洞，做好重保工作。制定信息化战略规划和技术标准，以业务发展需要和公司管理要求为指引，使用前沿科技赋能，推进企业信息化、智能化、数字化发展。通过将内部控制管理制度嵌入信息系统，实现了内控流程和风险管控的信息化，对关键风险事项和重点控制环节实现了有效控制。

中船财务有限责任公司

【集团概况】中国船舶集团有限公司（以下简称“集团”）是海军武器装备科研、设计、生产、试验、保障的主体力量，承担以航母、核潜艇为代表的我国海军全部主战装备科研生产任务，也是我国船舶工业发展的国家队、主力军，培育了超大型智能原油轮、液化天然气运输船、超大型集装箱船等集研发、制造、配套为一体的世界级海洋装备先进产业集群。2021 年，集团平稳高效完成总部迁驻上海，三大造船指标位居世界第一，实现利润总额同比增长 24.5%，净利润同比增长 27.7%，经济效益创历史最好水平，获得中央企业负责人经营业绩考核、党建责任制考核、董事会考核三个 A 级。

【经营概况】2021 年，中船财务有限责任公司（以下简称“公司”）坚持以习近平新时代中国特色社会主义思想为指导，全面落实新时代党的建设总要求，聚焦集团发展战略，深化重组整合，强化改革创新，突出强军首责，公司服务主业、价值创造、风险防控、精益管理等持续提升，经营业绩实现持续增长，各项工作迈上一个新台阶。2021 年 12 月末，公司资产总额 2125 亿元，同比增长 4%，日均吸收存款 1415 亿元，同比增长 10%，各项指标符合监管要求。

【服务实体】公司加大服务主业、让利成员单位力度，全年服务集团让利实体经济同比增长 49%。服务集团降本增效，积极协助成员单位置换外部高成本融资，全年为集团整体节省财务费用 6.8 亿元。公司充分发挥金融服务平台作用，全年结算金额同比增长 17%，日均贷款规模同比增长 11%，结售汇业务规模同比增长 73%。

【资金管理】完善集团资金监控平台建设，建立起集团资金收支规模、结构、流向的监测、分析和报告机制，实现对集团大额、可疑资金的风险监测，实现对成员单位外部交易对手风险信息的及时有效提示，有效保障集团资金安全。2021 年，公司持续加强资金精细化管理，加快线上交易节奏，推进资金管理从配置向“配置 + 交易”转型，拓展、用活资金融通工具，在确保流动性、安全性的前提下不断提高资金收益。

【产业链金融】公司进一步做大产业链金融业务规模，提升对船舶产业链的服务能力。2021 年，公司“一头在外”贴现规模是 2020 年的 3.5 倍，服务集团外部供应商客户 83 家，为供应商客户及集团产业链降低成本发挥了重要作用。2021 年，公司成功获得上海票据交易所供应链票据平台接入资质，实现供应链票据平台上线运行，为集团打造安全稳定的产业链体系、发挥船舶工业现代产业链链长作用提供了有力保障。

【信贷业务】公司大力发展绿色金融，加大对绿色经济的信贷支持，2021 年末绿色信贷余额同比增长 48%。出台《信贷支持集团重点项目发展实施细则》，推出“保条贷”“科研贷”“双创贷”专项贷款，全面支持集团重点产业发展，2021 年通过发放特色专项贷款为企业节约财务费用 0.7 亿元。

【外汇业务】公司努力为成员单位争取到最优惠的结售汇报价，持续提高报价竞争力，

Z

2021年公司结售汇业务规模同比增长73%，为成员单位降低交易成本同比增长82%。帮助成员单位通过远期结售汇等金融衍生工具锁定汇率，2021年开展远期结汇同比增长58%，协助集团圆满实现汇率风险敞口锁定比例在80%以上的年度目标，有效对冲汇率大幅波动对生产经营的不利影响。

【业务创新】落地首单分离式保函代开业务，落地首笔融资租赁创新项目，拓展创新掉期理财通和融资通等外汇组合产品，实现商票和财司票据转贴现业务零的突破。

【风险合规】公司持续推动法治建设与合规经营管理的深入融合，设立法治建设委员会，研究制定《法治建设提升方案》。形成定期向公司党委及董事会专题汇报法治工作的机制，深入开展普法及合规宣传工作。强化法律风险防范机制，将法律审核做严做实，实现制度、经济合同、重大决策100%经法律审核。建设矩阵式风险管理模式，制定《部门合规员实施方案》，进一步构建和巩固公司多层级风险防控体系。

【公司治理】加强党的领导和完善公司治理相统一，规范“三会一层”建设，制定公司章程、董事会议事规则、董事会授权管理规定、董事会秘书工作规则、“三重一大”决策制度等规章制度，建立起以章程为“纲”、以党建为“核”、以董事会为“要”的治理机制，形成公司“1+2+N”的董事会制度体系，划清了董事会、党委、经理层的职责边界，明确了各自的议事程序，实现重组整合后公司治理体系的融合统一。

【信息化建设】公司完善“两地三中心”建设，实现信息系统从传统灾备恢复模式向双中心并行模式的转型。开展核心业务系统、协同办公系统、财务核算系统、35个接口等的整合融合。深化金融科技应用，推进数据治理，构建企业级数据标准，加速公司数字化转型发展。

【企业文化建设】加强党组织建设，选举产生新一届“两委”，进一步完善“双向进入、交叉任职”领导体制，充分发挥党委对重大问题的领导和把关作用，确保前置程序有效落实。夯实基层基础，提升基层党建规范化、标准化水平。建立容错纠错机制，制定出台《关于贯彻落实“三个区分开来”建立容错纠错机制的实施办法》，在公司范围内营造想作为、敢作为、能作为的良好氛围。

中广核财务有限责任公司

【集团概况】中国广核集团（以下简称“集团”）起步于大亚湾核电站建设，经过40余年的发展，业务已逐步拓展为“6+1”产业体系，覆盖核能、核燃料、新能源、非动力核技术应用、数字化、科技型环保和产业金融，拥有2个内地上市平台及3个香港上市平台。2021年，集团直属管理公司25家，资产总额8621亿元，员工4.3万人。集团主要经营业绩持续保持在中央企业前列。在中央企业负责人经营业绩考核中，已连续8年获得国务院国资委A级评价。

【经营情况】2021年是“十四五”开局之年，中广核财务有限责任公司（以下简称“公司”）按照国务院国资委关于央企公司“双重属性”职能要求，立足集团司库定位，妥善应对复杂形势，在支持集团主责主业发展，优化资金管控体系，降低财务费用成本，防范资金安全风险，提升金融服务能力等方面主动作为，扎实工作，资金管理能力再上新台阶，助力集团高质量发展迈出新步伐。2021年公司实现净利润5.05亿元。截至2021年末，集团直连账户监控率达91.92%，公司资产总额455.57亿元（不含委托资产），负债总额408.60亿元，净资产总额46.97亿元。

【服务实体】 2021年，公司实现资金保障达1467亿元，资金保障率也持续实现了100%的目标，有力保障了包括苍南核电、湖山项目以及兴安盟二期风电等新能源项目在内的境内外重大工程项目的有序建设和运营。

【信贷业务】 通过发挥司库统筹优势，开展专业化信贷融资工作，集团平均债务融资成本率近年来实现连续下降，2021年再次刷新集团历史纪录，项目经济性得到显著提升。其中，苍南核电融资项目创下境内核电项目历史最低利率水平，湖山项目债务重组项目实现融资利率大幅降低，兴安盟二期风电融资项目创下同期同类项目最优融资利率。

【产业链金融】 2021年，公司以客户需求为导向，以市场化要求为标准，以差异化服务为手段，进一步加大产业链业务推广力度，有效发挥了公司的金融服务功能，解决了供应商短期资金周转困难，充分促进产融结合，较好地支持了国家金融政策和相关产业政策的实施。

【资金业务】 在资金安全管控方面，公司持续完善集团资金管理体系，强化账户资金监控，实行“一户一策”策略，有效防范资金风险。在结算服务方面，公司坚持服务导向，创新“一点对接”客户服务模式，2021年安全高效开展结算约70万笔、金额2.5万亿元，为成员单位节约结算手续费约2000万元，同时实现人因结算零事故。

【投资业务】 公司投资业务整体收益良好，投资组合经受市场波动考验，2021年保持盈利状态且回撤风险可控，在较好满足收益目标要求的同时，兼顾公司流动性需求。

【票据业务】 2021年，除了开展票据基础业务，公司结合自身情况积极研究探索新业务模式、新技术应用、新产品服务，针对票据签发、支付、贴现、转贴现、再贴现等业务场景提供创新服务。

【外汇业务】 在衍生品业务方面，公司建立集团金融衍生品业务标准化业务流程，全面加强交易操作风险和信用风险管理，不断夯实集团外汇风险管理体系建设。在利率风险管理方面，公司针对利率风险的特点进行历史加息周期交易回溯分析和量化评估，为集团外币利率风险管理提供策略指引。在外汇风险管控方面，公司升级外汇风险敞口监测模型，提高集团外汇风险监测的准确性和科学性，2021年集团外汇敞口产生的汇兑损益占利润总额的比例不超过3%。

【资金集中】 2021年，公司不断优化资金集中管控体系，集团直连账户监控率再创新高，达91.92%；年末集团全口径集中度达90.75%。

【业务创新】 公司建立新跨境资金渠道，成功获批外汇局最新本外币一体化资金池业务资质，具备超百亿元规模的便利化跨境资金流入、流出能力。

【风险管理和内部控制】 公司连续第六年获得中国银保监会最高监管评级（1B），成为本年度深圳地区唯一获得一类评级的财务公司，表明公司在内部控制、风险管理等方面得到监管机构的高度认可。

【人力资源管理】 公司按照集团统一部署落实国企改革三年行动，持续夯实人力资源管理基础，大力推行经理层成员任期制和契约化管理，实施更加多样、更加符合市场规律和企业实际的激励方式。

【信息化建设】 为了更好地满足监管和信息化需要，公司开展信息化顶层设计，高效完成EAST监管系统等重点项目的建设和投产，并创新应用RPA等前沿技术，部署“智能财务机器人”，有效提高信息化管理效能，助力集团金融服务业务加快实现数字化转型。

【企业文化建设】 公司根据最新发展战略定位与目标，结合公司企业文化的现状和提升需要，制定企业文化建设专项总体策划方案，为中长期公司企业文化建设相关工作的开展提供总体指引。

中国大唐集团财务有限公司

【集团概况】中国大唐集团有限公司（以下简称“集团”）成立于2002年12月29日，是中央直接管理的国有特大型能源企业，注册资本370亿元。主要业务覆盖电力、煤炭、金融、海外、煤化工、能源服务六大板块。所属企业包括5家上市公司、43家区域公司和专业公司，员工总数9.5万人。

【经营概况】2021年，中国大唐集团财务有限公司（以下简称“公司”）始终坚持“依靠集团、服务集团、创造价值、防控风险”的经营发展理念，团结和带领广大干部职工以史鉴今、砥砺前行，各项重点工作扎实有序推进，生产经营指标稳中向好，以“二次创业”助推业务、管理取得新时效，全面开启公司高质量发展新征程。2021年实现营业总收入14.70亿元，利润总额11.09亿元，净利润8.62亿元，年末资产总额485.27亿元，净资产89.81亿元，净资产收益率为9.87%。

【服务实体】2021年，公司深入落实集团“绿色低碳”经营发展理念，深挖新能源项目融资需求，努力提高非化石能源客户占比，投向清洁能源发电企业的“绿色贷款”存量达120亿元，约占贷款总量的45%。充分发挥信贷业务对稳健经营的“压舱石”作用，全力保障重点项目资金支持。以集团综合效益最大化为原则，稳步实施利率、费率优惠，2021年贷款加权平均利率较上年同期降低16个基点。通过主动降低贷款利率、委托贷款按同业最低费率收取、免收结算业务手续费等各项措施，累计为系统企业节约财务费用约4200万元。积极推广结算业务营业时间外支付功能使用，提升无人值守时成员单位用款操作的自主性，满足成员单位对支付业务灵活性、及时性的需求。丰富资金进出通道，拓展代理收款业务。2021年累计完成结算资金量2.97万亿元，结算笔数56.13万笔。服务全集团33个共享中心、近千家成员单位，密切监控银行转付业务运行，为共享中心提供银企直连便利，累计完成对私支付191.2万笔、金额70.7亿元；对公转付1636笔、金额11.1亿元。

【信贷业务】公司紧盯“能源保供”融资需求，制定资金保障专项方案，精准调整信贷投放“加减法”策略，2021年四季度累计向重点火电企业提供63亿元“能源保供”专项支持，有效缓解“能源保供”资金压力。2021年全年发放贷款834.27亿元，日均贷款307.40亿元，存贷比为98.85%。

【资金业务】公司持续加强同业沟通合作，不断提高资金运用效率和效益。2021年新增同业授信99亿元，开展逆回购业务日均10.52亿元，新增货币基金8亿元。

【投资业务】公司加强市场调研和同业交流，在风险资产规模不断下降的同时，资产整体收益水平大幅提升。2021年，除股票外，有价证券投资日均规模12.52亿元，年末投资余额9.74亿元，全年投资收益率为9.77%，大幅高于市场平均收益水平。

【票据业务】公司积极服务成员单位，2021年办理票据承兑10.32亿元，贴现25.97亿元，转贴现8.54亿元，正逆回购85.08亿元，再贴现6.67亿元，签发商票17.60亿元，票据业务总规模达到154.18亿元。

【外汇业务】公司落实各项外汇管理政策，支持集团国际贸易开展。密切关注市场，为成员单位提供最优惠的价格，保障成员单位利益。

【资金集中】2021年日均存款329.41亿元，全口径资金集中度为83.28%，可归集资金集中度保持在99%以上。

【业务创新】2021 年，公司开展发债财务顾问业务，与 11 家成员单位签署协议，提供发债财务顾问服务 60 次，融资总额 631 亿元。

【风险管理和内部控制】公司持续加强公司治理，强化内控、风险、合规管理。实现制度清单式动态管理，2021 年共修订制度 25 项，新建制度 13 项，废止制度 28 项，截至 2021 年末，审批公司现行制度合计 201 项，全部上传法务系统；强化日常指标监测，加强风险防控。全年召开贷审会 16 次，审批项目 80 个，累计授信金额 268.64 亿元。组织首次仲裁模拟庭审活动，实现 EAST 数据系统首次报送。累计开展 6 次专项审计，以审计项目为抓手，强化审计问题整改，建立健全长效机制，为公司稳健经营、持续发展发挥了重要作用。

【人力资源管理】公司贯彻落实国企改革三年行动要求，完成领导班子岗位协议书、年度责任书、任期责任书签署。持续加强公司干部管理制度体系建设，逐步建立科学完备、管用有效的干部管理制度体系。全面重视教育培训和人才开发工作，修订教育培训管理制度，细化考核奖励规定，强化培训考核方式，制定深度融合公司年度工作的培训计划与主题，鼓励职工以多种形式参加学习培训，促进公司业务高质量开展。2021 年开展内外部培训 51 次，培训总人数 618 人，职工队伍素质和业务能力持续提高。

【信息化建设】全面实施数字化智慧化转型项目，建设完成 RPA 自动化报送及巡检平台，深化推进自主可控云计算管理平台，圆满上线 EAST 金融基础数据上报系统，首创以“数字安全”为主线的“十四五”网络安全规划，降本提质增效，高效推进完成信息化建设项目 18 个。

【企业文化建设】2021 年，公司实施“两年强基、三年提升”计划，夯实党建工作基础，打造“旗帜领航、金融登高”党建品牌。围绕庆祝中国共产党成立 100 周年，深入开展党史学习教育活动，并结合行业特点，开展红色金融史、红色监察史学习，累计编制 11 期公司党史学习教育简报。积极探索丰富学习教育形式，组织职工参观中国抗日战争纪念馆、卢沟桥等红色教育基地，带动党员干部传承红色基因，赓续红色血脉。创建微信公众号，积极推进媒体融合，立足金融领域讲好大唐故事、传播大唐品牌。截至 2021 年末，公司各类媒体发布原创新闻 172 篇，同比增长 173.74%，48 篇宣传稿件在中国财务公司协会网站、《中国电力报》等外部媒体刊发，创历史新高。充分发挥职工智慧和创新创效主体作用，“基于流程机器人（RPA）技术的电力企业数字化财务管理”被评为国务院国资委管理标杆项目，两名同志分获中国大唐集团有限公司职工技术创新工作室“优秀负责人”和“金牌职工”称号，2021 年累计获得全国电力企业管理创新论文大赛一等奖等各级各类集体和个人荣誉 18 项，继续保持“纳税信用 A 级”评价和“首都文明单位”荣誉称号。

中国电建集团财务有限责任公司

【集团概况】中国电力建设集团有限公司（以下简称“集团”）于 2011 年成立，是国务院国资委直接管理的中央企业，业务遍及全球 130 多个国家和地区。2021 年，集团列世界 500 强企业第 107 位、中国企业 500 强第 33 位、ENR 全球工程设计公司 150 强第 1 位、ENR 全球承包商 250 强第 5 位。

【经营概况】中国电建集团财务有限责任公司（以下简称“公司”）上下坚持“立足集团，服务集团”的初心使命，深入贯彻落实集团的

Z

决策部署，资产总额465亿元，实现营业收入14.95亿元，利润总额6.38亿元。在实现收入与利润同比增长的同时持续对成员企业大力度让利，全年累计为集团创造综合贡献超11亿元。全年不良贷款率和不良资产率持续保持为零。

【服务实体】2021年，公司着力提升服务实体经济质效，加大信贷投放力度，积极推动以财务公司内部借款置换外部借款，助力集团“降减防”目标实现。推出“灵活贷”解决客户临时性资金需求；助力“双碳”目标，推出“绿色贷”助力集团新能源、绿色建材投资业务开展；以装备制造企业金融服务方案为蓝本，推出“装备贷”支持装备制造企业升级优化。

【信贷业务】2021年末公司自营贷款余额330.18亿元，全年日均贷款规模达到347亿元，同比均实现增长，日均贷款规模达到历史最高水平。为强化金融平台作用发挥，公司以小规模银团贷款撬动大量低利率融资资金，助力集团重大项目融资落地。2021年，公司积极开展信用鉴证业务，全年办理保函1500余笔、金额124.63亿元；年末未到期保函余额176.81亿元，同比大幅度增加，其中外部保函比例显著提高，公司保函认可度和市场知名度持续增强。

【资金业务】公司持续推进“周计划、日安排”的资金头寸管理模式，资金使用效率显著提升。在日均结算支付金额大幅提升的情况下，备付资金额度同比降低16%。积极开展同业资金运作，紧抓价格窗口期，争取到阶段性高息调价近30次，同业高息额度最高达120亿元，充分提升资金运用效益。通过拓宽同业拆借范围有效弥补资金低点，降低集团可归集资金不均衡产生的流动性风险，2021年从同业市场拆入总金额593亿元。

【投资业务】2021年，公司开展固定收益类有价证券投资，申购货币市场基金，实时跟踪投资产品价格走势，加强投资存续期管理，严控投资风险。

【票据业务】2021年，公司累计办理承兑汇票3786张，金额52.07亿元，同比增长6.11%。公司重视票据业务风险管理，严格审查汇票贸易背景真实性，密切关注出票人的资信水平和财务情况，谨防票据违规开立、违规贴现等风险事件，切实防范票据业务兑付风险。

【外汇业务】2021年，公司在打通境外外币放款通道的基础上，不断提升境内外资金联动服务水平。一是首次通过集团跨境资金集中运营管理业务外债通道，成功为成员企业办理了外债业务，打通美元、人民币从境外到境内的两条通道。二是正式获得跨境双向人民币资金池结算业务资格，启动跨境人民币资金池建设工作，充分发挥集团跨境资金集中运营业务主办企业功能。

【资金集中】2021年，公司不断完善、拓展资金集中体系建设，大力开展内部账户和银企直连业务，广泛铺设资金结算及归集通道，年末有效机构开户率达到84.86%，内部账户数量同比增长27.59%，银企直连账户总数同比增长42.63%。为深化集团资金结算主平台职能，公司积极向成员企业推介财企直连业务，精心设计升级新核心业务系统功能，多措并举吸引成员企业通过财务公司办理支付结算业务，全年累计开展结算业务和金额分别是上年的1.34倍和1.2倍。公司持续抓好存款管理，关注存款最低值提升，全年本外币日均存款额同比增幅为8.76%，吸收存款最低值均值同比提升12.51%，可供统筹运作的日均归集资金规模、质量持续改善。

【业务创新】2021年6月，公司取得即期结售汇资质，9月下旬成功为成员企业办理首笔即期结售汇业务，在集团外汇资金运营管理方面取得突破，并在两个月内突破6000万美元业务量，满足了多家成员企业年末人民币急迫需求，以同业议价优势为成员企业节省换汇成本。

【风险管理和内部控制】公司强化全面风险管理，重点监测和评估分析公司合规、信用、市场和信息技术风险，年内发布风险管理报告两次。完善流动性压力测试，加强风险防范和抵御能力，进一步健全模型和方法。以监管评级为抓手，以风险问题为导向，坚持以达标升级活动促基础建设和合规管理。

【人力资源管理】公司完成年度招聘工作。通过高标准严要求筛选考核，补充金融、结算、信贷等专业人才 8 人，职工队伍逐步向高学历、年轻化、专业化方向转变。公司培训围绕“强内控、促合规、防风险”年度培训主题，开展了 6 项专题培训，参训近 300 人次。公司不断完善以业绩为导向的绩效考核体系，持续加大绩效考核分配权重，逐步建立了薪酬分配、绩效考核、专项激励“三位一体”的综合激励体系。

【企业文化建设】公司秉承“责任、创新、诚信、共赢”价值观，坚持企业文化建设与经营管理有机结合，打造良好的企业文化与品牌形象。一是以党的政治建设为统领，深入学习贯彻习近平新时代中国特色社会主义思想，不断增强公司全员政治判断力、政治领悟力、政治执行力，将学习成果转化为推动公司高质量发展的实际行动。二是牢牢把握庆祝建党 100 周年、党史学习教育活动主线，组织党员赴革命圣地井冈山、香山双清别墅、中国共产党历史展览馆实地参观，引导党员感悟中国精神，传承红色基因；组织职工开展庆祝建党 100 周年文艺汇演、摄影展等活动。三是保障职工权益，加强对职工的关心关爱，建立公司“职工活动室”“职工之家”，搭建“职工书屋”，成立女职工委员会。

中国电力财务有限公司

【集团概况】2021 年，国家电网有限公司（以下简称“集团”）以习近平新时代中国特色社会主义思想为指导，坚决落实党中央、国务院决策部署，有力应对灾害频发、供电紧张等风险挑战，全面打赢抢险救灾、电力保供等重大战役，奋力开创建设具有中国特色国际领先的能源互联网企业新局面，全年售电量 5.17 万亿千瓦时，同比增长 13.0%；营业收入 2.95 万亿元，同比增长 10.6%。世界 500 强企业排名升至第二位，连续 17 年获得国务院国资委业绩考核 A 级，连续 9 年获得三大国际评级机构国家主权级信用评级，连续 6 年获得中国 500 最具价值品牌第一名，连续 4 年位居全球公用事业品牌 50 强榜首。

【经营概况】2021 年，中国电力财务有限公司（以下简称“公司”）深入贯彻集团“一体四翼”发展布局，明确“三位一体、绿色发展、全面创优”的发展思路，优服务、强管理，提质效、创效益，防风险、保安全，主要经营指标再创历史新高，全年结算资金 1376 万笔，同比增长 2.99%，结算零差错；存款日均规模 3125 亿元，贷款日均规模 2345 亿元，同比分别增长 12.84%、7.45%；实现利润 67.88 亿元，同口径同比增长 15%，客户服务满意率达 100%。

【服务实体】2021 年，公司始终把服务实体经济作为金融工作的出发点和落脚点，全力支撑集团“1233”新型资金管理体系建设。制定绿色信贷指引，鼓励信贷投放向服务“双碳”目标倾斜，2021 年累计提供信贷支持 801.37 亿元。落实国务院《保障农民工工资支付条例》，推广对私批量支付建设成果，累计代发农民工工资 10.89 亿元。服务集团光伏扶贫工程，定制开发了分布式光伏电费批量支付功能，在江苏电力成功试点。攻克 4 项业务瓶颈，开发 8 个直连接口，建成国内首家数字人民币银企直连应用通道。探索构建结算业务在线稽核体系，全面推广第一批 3 项稽核功能，切实防范结算风险。

【信贷业务】2021 年，公司围绕集团特高

Z

压、智能电网建设等需求，优化内部资金配置，发放融资批复贷款1512亿元，同比增长24.65%。在疫情防控及保供电等关键时期，迅速建立专项贷款绿色通道，精准对接客户需求，加快信贷投放速度，向重点地区和重点领域倾斜，其中向湖北电力发放贷款65亿元、向河南电力发放贷款26亿元。

【产业链金融】2021年，实现产业链金融业务规模94.65亿元，借助“票融通”“商票通”两项票据创新产品，持续为产业链生态健康发展注入新动力。紧密贴合成员单位融资需要及电力产业链场景，积极争取政策支持，依托“买方付息+再贴现业务”模式，为23家产业链客户引入27亿元低成本资金，最低利率仅为2.35%。

【资金精益管理】2021年，公司建立“三维六控”全面资产负债比例管理体系，通过比例指标事前管控、按日监测，滚动配置，严守监管红线，进一步优化资产负债结构，提升资产负债管理精益化水平。积极参与构建集团融资模型，嵌入公司月末合理备付资金规模、流动性比例等管控目标，形成国家电网公司现金流预算、外部融资与公司资产负债配置一体化协同运行机制。获批银行间市场质押式回购匿名点击业务资质，备付保障能力进一步提升。

【投资业务】2021年，公司坚持“讲政治、学政策、盯市场、守规矩、防风险”投资策略，积极开展市场研判，成功把握方向和拐点，主动调整产品结构和持仓比例，避险为赢，全年实现投资收益5.37亿元，继续保持零违约的投资纪录。

【票据业务】2021年，公司持续开展票据管理平台功能优化和服务提升，加快推进新电票系统接入上海票交所新系统建设项目，支撑公司票据业务发展和国家电网公司票据管理新要求，累计办理承兑业务431.39亿元，贴现业务94.68亿元，再贴现37.98亿元，其中小微、民营企业再贴现2.77亿元，彰显了央企财务公司的社会责任感。

【外汇业务】2021年，公司主办完成中电装备公司对国网国际工程公司5年期3.33亿美元境外放款业务。完成中电装备巴基斯坦公司及国网通航公司入池外管通道，扩大了公司跨境资金通道的服务范围和跨境业务的影响力。

【风险管理和内部控制】2021年，公司深入开展“合规管理深化年”行动，树立“合规立身”价值导向。开展资金安全检查，实现经营机构、业务条线全覆盖。强化招标采购制度建设和事前监督，优化完善招标采购流程。建立完善一体化审计管理体制，健全审计质量和成果运用体系，实现审计发现问题当年“清零见底”。推进数字化审计建设，成为集团系统内首家完成数字化审计平台部署的直属单位。完成EAST系统建设应用，统筹开展1104系统建设，不断提升非现场监管报送工作自动化水平。

【人力资源管理】2021年，公司围绕“四优五过硬”目标，着力推动干部职员跨机构、跨部门交流。深化党史学习教育，完成5期领导人员年度轮训。制定专家人才评选方案，选拔和评审专家人才的发展道路愈发明朗。推动经理层成员任期制和契约化管理，年度业绩考核引导业务创新创效，全员绩效考核强化正向激励。稳妥推进退休人员社会化管理，实现新退休人员应交尽交。贯彻中组部精神和集团部署，开展五年一次的人事档案专审，率先完成人事档案数字化。

【信息化建设】2021年，深化金融科技“311”工程，打造出财务公司行业“流批一体，湖仓同池”大数据平台，实现数据一个池，在统计报表、专题分析、运营监控、监管报送、数据共享等方面取得明显成效。上线应用数据管理系统，开展数据管理评价，建立常态化数据治理机制。创新构建覆盖公司各层级的一体化运营监测体系，打造企业级数字名片。公司新核心系统技术荣获国家专利认证，实现新突破。

【企业文化和队伍建设】2021年，公司守牢意识形态主阵地，构建线上线下宣传矩阵，在人民网、新华网、《经济参考报》等主流媒体发表稿件300余篇。充分发挥群团组织桥梁纽带作用，开展“不忘初心 紧跟党走”五四主题活动、志愿者活动，举办基层团支部书记公推直选、“五四”评选表彰，激励团员青年拼搏进取、砥砺奋进。深入开展“学专业、讲专业、懂专业”主题活动，举办职工文化讲堂，编制规章制度应知应会手册，组织全员学习、随机调考，真正做到学进去、讲出来、干精彩。创新“赛马”机制，成功举办公文写作和专业演讲大赛、数字化运监中心讲解员比赛，为青年人才搭建展示舞台、成长平台。在财务公司行业首届“智慧共享”微课大赛中取得了优异成绩，荣获一等奖以及最佳制作奖、最佳创意奖、人气奖等多个奖项。

2021 年，公司坚持把开展党史学习教育作为贯穿全年的头等大事，上下联动、一体推进，及时跟进学习习近平总书记“七一”重要讲话、党的十九届六中全会精神，举办“红色历程”情景党课、“我读党史”文化讲堂、党史知识竞赛系列活动，实现基层学习教育全覆盖。扎实开展“我为群众办实事”实践活动，推出惠民生、办实事、送温暖等各类举措 113 项，切实回应广大干部员工“急难愁盼”问题。

中国电信集团财务有限公司

【集团概况】中国电信集团有限公司（以下简称“集团”）是按照国家电信体制改革方案组建的特大型国有通信企业，为国务院国资委直接管理的中央企业。公司顺应信息通信业智能化发展趋势，着力推进网络智能化、业务生态化、运营智慧化，实施网络、业务、运营、管理四大智能化重构，致力于做领先的综合智能信息服务运营商。

【经营概况】2021 年，中国电信集团财务有限公司（以下简称“公司”）全面贯彻落实集团“云改数转”战略部署，坚持党建统领，强化巡视整改落实，坚守“立足集团、服务集团”初心使命，坚持“集团价值最大化、金融服务差异化”经营理念。截至 2021 年末，公司资产总额 445.83 亿元，同比增长 19.7%；发放贷款余额 278.43 亿元，同比增长 12.9%；吸收存款余额 390.00 亿元，同比增长 32.9%；2021 年，实现营业收入 9.72 亿元，同比增长 80.8%；拨备前利润总额（剔除政府补助）2.51 亿元，同比增长 8.0%。

【服务实体】公司坚持本源、专注主业，遵循“依托集团、服务实体、稳健运营、创新发展”的经营方针，深入成员企业沟通调研，优化业务办理流程，着力提升服务实体质效。2021 年累计代理成员企业免费办理结算业务 1007 万笔，结算金额 3.84 万亿元，节约结算手续费 5000 万元。信贷资金投放紧密契合国家产业政策、关注科技型企业和小微企业资金需求，全年累计发放贷款 278.43 亿元。

【信贷业务】2021 年，持续推进“两深入、两服务”工作，深入成员单位了解需求，鼓励员工开拓创新，提升服务能力和效率，丰富信贷业务品种，简化审批流程，存贷款定价充分让利成员单位，打造“A 类专项贷款产品”，全年发放专项资金 1.69 亿元；着力推广应用财务公司保函，提高保函办理时效；积极主动开展票据业务，上线线上清算功能，成员单位通过财务公司累计签发票据超过 100 亿元。截至 2021 年末，公司人民币贷款余额为 278.43 亿元，全部为正常类贷款。

【资金业务】2021 年末，公司存放央行款项 14.25 亿元，存放同业款项 157.52 亿元。公司按照监管规定，合规经营同业业务，对同业交易对手进行授信及与商业银行总部签订同业定期协议。主要合作银行为工商银行、建设银行、浦发银行等国有银行、股份制银行，交易对手信用风险可控。2021 年，公司获得同业拆借资质，分别与合作银行开展了同业拆借业务和商票转贴现业务，进一步提高财务公司同业融资的基础业务能力以及完善公司的流动性管理手段。

【资金集中】公司不断提升结算运营能力，充分发挥集团“资金归集平台”的作用，强化资金归集，2021 年公司进一步推进资金集中，截至 2021 年末，吸收成员单位存款 394.46 亿元。

【风险管理和内部控制】2021 年，公司持续加强全面风险管理体系和内控体系建设，开展“内控执行年”专项工作。一是梳理重构核心业务流程，组织公司各职能部门选择 1 ~ 2 项应用频繁的业务或管理流程进行优化、细化，确保重要流程控制有力、执行到位。二是围绕“管理制度化、制度流程化、流程信息化”目标，继续通过集中修订和实时修订相结合的方式维护内控制度体系。三是坚持审计全覆盖，筑牢监督网格，开展风险管理、授权管理、反洗钱等专项审计，强化风险管理及内部控制工作闭环。

【人力资源管理】2021 年，为增强对集团主业的支撑，邀请司库建设领域专家举办了“司库建设专题讲座及业务交流会”，邀请集团财务部及在京成员单位财务条线同事共同学习交流。同时，为了多样化员工培训内容，提高员工培训的积极性，利用北京市培训补贴政策，开展了“以训兴业”培训，切实增强培训针对性、实效性，加强新职业人才培养。根据发展战略和岗位需求，2021 年共引进 4 名新员工，为公司注入新鲜血液。同时，完成北京市工作居住证需求申报，以吸纳和保留公司优秀人才，解决公司人才的后顾之忧，提高企业在人才市场上的综合竞争力。

【信息化建设】2021 年，公司进一步加强信息化建设，工作重点着眼于优化完善系统功能及保障系统的安全稳定运行，提升业务连续性水平。对现有信息系统进行了 100 余项优化和改进；建立统一监管报送平台，实现 1104 报表、金融基础化数据、利率报备、大集中等监管报表报送自动化，提升报送效率；进行灾备中心建设，组织公司全员进行灾备切换演练；聘请第三方机构进行等保测评，成功通过三级等保测评。本年度以保持系统安全稳定运营为主要目标，切实提高系统安全性和业务连续性，降低安全风险，较好地支持了公司业务高效、稳健运行。

【企业文化建设】2021 年，公司党支部坚持以习近平新时代中国特色社会主义思想为指导，深入学习贯彻党的十九大及十九届历次全会和中央经济工作会议精神，跟踪学习习近平总书记重要讲话、指示批示精神，扎实开展党史学习教育和庆祝建党 100 周年活动，认真学习贯彻习近平总书记“七一”重要讲话精神，引导和教育广大党员干部学史明理、学史增信、学史崇德、学史力行，学党史、悟思想、办实事、开新局。在公司党支部的领导下，全体党员积极应对新冠肺炎疫情带来的挑战，统筹疫情防控和复工复产，持续开展“两深入、两服务”工作，保证了全年经营任务的完成，以高质量党建推动企业高质量发展。

中国电子财务有限责任公司

【集团概况】中国电子财务有限责任公司（以下简称“公司”）隶属于中国电子信息产业集团有限公司（以下简称“集团”）。集团成立于 1989 年 5 月，是中央直接管理的国有重要骨干企业，是以网络安全和信息化为主业的中央企业，是兼具计算机 CPU 和操作系统关键核心技术的中国企业。秉承“建设网络强国、链接幸福世界”的企业使命和发展理念，集团成功突破高端通用芯片、操作系统等关键核心技术，构建了兼容移动生态、与国际主流架构比肩的安全先进绿色的“PKS”自主计算体系和最具活力与朝气的应用生态与产业共同体，正加快打造国家网信产业核心力量和组织平台。截至2021年末，集团资产总额3886.92亿元，实现营业收入2710.14亿元，利润总额54.81亿元。

【公司概况】2021年，公司着力深化资金集中，提升金融服务水平，围绕集团“打造国家网信产业核心力量和组织平台”的战略定位，奋力推进公司业务创新和管理提升，推动公司各项工作再上新台阶。截至2021年末，公司资产总额589.07亿元，所有者权益35.43亿元；实现营业总收入10.79亿元，与上年基本持平；利润总额5.09亿元，同比增长8.99%；金融服务日均规模405.86亿元，同比增长25.16%；对集团收益贡献13.14亿元；全口径资金集中度为74.06%。

【服务实体】公司积极发挥集团内金融机构的作用，授信覆盖各二级企业、各业务板块及新收购、新设立的重点企业、重点项目。加大对网络安全产业链企业的授信支持力度、支持高新电子企业发展、紧跟集成电路大项目。2021年，贷款利率一直保持低位并略有下行，有力支持实体经济，为集团成员企业降成本、降负债，实现经营目标发挥作用。根据小微企业提出的需求及企业的实际经营情况，实施差异化的授信方案，提供结算、贷款、贴现、保函等金融业务，极大地满足了集团小微企业的金融需求，有力支持了集团小微企业的发展。

【信贷业务】2021年，公司按照“聚资源、调结构、控风险、稳规模”的整体思路，聚焦集团核心产业调整信贷结构，优化资源配置。持续打造“优、快、活、深”的金融服务体系，支撑集团主业发展和战略落地。2021年完成140家企业综合授信工作，日均信贷规模194亿元，同比增加54亿元，其中网络安全、高新电子、集成电路三个重点板块企业同比增加53.7亿元。

【资金业务】2021年，公司加强同业合作，增加银行授信品种和额度，与银行及财务公司同业机构深入对接，在满足流动性需求的前提下，沉淀资金安排灵活多样，兼顾资金的安全性、流动性和收益性。

【外汇业务】公司充分运用跨境资金池渠道为成员企业提供本外币国际结算服务，跨境业务规模大幅增长，满足集团企业跨境资金运营需求；完成对集团内涉外企业入池的应备尽备工作，跨境资金池备案企业累计达105家；着力优化结售汇业务模式，提升外汇业务服务能力，逐步建立了科学有效的结售汇定价和报价机制。2021年，公司完成结售汇规模24.84亿元，同比增长11.19%，为企业增加收益495.67万元。

【资金集中】2021年，公司通过加深与企业合作，开展联动归集账户开通竞赛活动，建立资金自动归集模式，增加联动、归集账户。深化“优快活深”服务，通过服务和业务带动结算量。根据企业不同情况，逐企施策设计方案，提前布局谋划，与企业开展全面合作，稳定存款规模。2021年日均存款规模292.31亿元，同比增加17.66亿元，全口径资金集中度为74.06%。

【风险管理和内部控制】2021年，公司通过不断完善内控制度建设，规范业务操作流程，有效防范风险，共修订制度流程39项。完成内控手册和合规手册的编写工作，为避免公司业务出现合规风险提供保障。进一步加强合规经营管控，强化责任层层落实。完成客户信用风险评级体系建立工作，为客户准入退出、授信审批、产品定价、贷中及贷后管理建立标准和依据，有效防范信用风险。全面系统地开展行为规范和业务流程培训，培养从业人员诚实守信的职业操守，增加遵章守纪和合规操作意识。

【信息化建设】推进数字化转型是公司“十四五”规划中确定的战略任务，公司与中电金信共同探索基于PKS体系的新一代核心业务系统。此外，公司承担的集团司库建设项目取得阶段性成果，按照“数字 CEC”整体部署，基于集团资金管理体系，研究明确司库平台的整体架构、内容模块和功能设置，同步考虑融入移动和应用上云，分步建设集团司库平台，逐步实现集团资金管理的统一化、标准化、流程化、数字化、共享化和智能化。

【企业文化建设】2021 年，公司党委聚焦政治建设，以党委会“第一议题”和中心组“首要议题”等形式建立常态化学习机制。持续巩固扩大全国国企党建会精神贯彻落实成果，修订《公司党委前置研究讨论重大经营管理事项清单》，践行“支部建在连上”工作方法，推动基层党建与经营管理有机融合。开展党史学习教育活动，举办庆祝建党 100 周年系列活动。不断提升党建工作价值，引领和推动公司高质量发展。

中国电子科技财务有限公司

【集团概况】中国电子科技集团有限公司（以下简称“集团”）是中央直接管理的军工企业集团之一，是国内覆盖电子信息全部领域的大型科技集团。2021 年利润同比增长 34%，核心业务收入同比增长 13.8%，连续 17 年保持中央企业经营业绩考核 A 级，是一直保持此业绩的 8 家央企之一，出色履行了“军工电子主力军、网信事业国家队、国家战略科技力量”的使命责任。

【经营概况】中国电子科技财务有限公司（以下简称“公司”）实现了“十四五”开门红，为集团建设世界一流企业作出了新贡献。一是党的建设进一步加强；二是突出服务强军兴军、科技创新，保障规模再创新高，保障能力迈上新台阶，业绩实现历史性突破；三是司库体系建设迈出新步伐，着重防范集团资金风险，延伸和拓展集团资金管理职能，在更高水平、更广范围进一步统筹金融资源和风险；四是金融数字化转型取得新突破，集团金融数据价值进一步凸显；五是自身实现了稳步发展，资产首破千亿元、权益蝉联百亿元，收入同比增长 18%；利润同比增长 8%，高质量发展实现了新跨越。

【信贷业务】公司充分发挥集团金融服务保障主力军作用，全年授信、贷款、结算各项业务指标创历史新高。截至 2021 年末，综合授信同比增长 35%。日均贷款 320 亿元，同比增加 37 亿元。结算金额 3.92 万亿元、结算笔数 162.65 万笔，分别同比增长 75%、19%。主动继续执行金融信贷政策，全年让利超过 1 亿元。

【服务实体】公司精准支持集团重大战略。为了更好服务集团履行强军兴军使命责任，满足成员单位所有军品资金需求，全年累计提供 90 亿元资金，有力支撑一流军队建设。坚持把科技创新摆在核心位置，使信贷资源优先投向“卡脖子”关键核心技术，继续设立 50 亿元科技创新优惠贷款，已发放 25.68 亿元，支持核心装备、前沿领域技术攻关、自主产品等。紧扣产业基础高级化、产业链现代化攻坚任务，服务军民融合深度发展，累计提供 300 亿元支持集团抢抓数字化转型发展机遇。

【资金业务】公司深入总结集团资金规律，充分运用多种资金配置方式，灵活配置资金资源。根据集团资金特点，准确把握资金市场形势，提前布局，充分配置，获得了良好收益。全年同业收益同比增长 30%。

【投资业务】公司加强有价证券投资，以稳健盈利、保证收益为目标，确保了投资收益，全年投资收益同比增长 83%。此外，为服务集团资本运作，首次开展财务顾问服务，为海康集团债券融资项目提供专业支撑。

【票据业务】公司针对票据信用、兑付风险，全面加强了票据集中管理，贯彻落实国家关于产业链、供应链发展新要求，落地商业汇票管理办法，推进票据集中管理；上线上海票交所票据账户主动管理和信息披露功能。抓住上海票交所试点机遇，首批获得供应链票据资质，成为首批接入上海票交所供票平台的8家金融机构之一，全年规模超过30亿元，在全国同类金融机构中列第四位，票据风险防范多次获行业肯定。

【资金集中】公司推进了全级次单位的资金集中，实现集团内部资金供需对接，显著增强了内部资金融通力度。截至2021年末，集团存款余额974.55亿元，同比增加179.39亿元，资金归集度超过80%，为提质增效奠定了坚实的基础。

【风险管理和内部控制】公司始终把防控风险摆在突出位置，不断提高资金风险防控能力。一是全面管理银行账户，夯实资金监控的基础。二是加强资金支出风险预警，提升流动性管理水平，防控资金风险。三是加强筹资预算管理，防控成员单位整体债务风险。四是加强票据风险和金融机构关系管理。五是建立资金监控日报、月报机制，加强对重点单位的资金监控。

【人力资源管理】公司坚持人才引领发展战略地位，大力实施公司“2133”人才队伍工程建设和“111”高水平金融人才工程建设。突出政治标准，加大优秀年轻干部培养选拔力度，全年提拔和重用优秀年轻中层干部4名，持续跟踪培养集团和公司两级杰出青年。加大培训，实现内部培训全覆盖，进一步提升人才队伍素质。

【信息化建设】公司着眼于数字经济发展新趋势，把金融数字化转型作为实现金融高质量发展的重要驱动力之一，加快金融与科技融合，不断提高金融服务集团战略的能力和水平。将集团党组重点关注的资金系统与合同系统对接，设立了金融科技管理委员会，专项推进该项工作，上线了资金监控中心，实时将资金数据推送至集团经营大数据平台，2021年底前实现合同系统与资金系统互联互通，打通数据孤岛，释放数据价值。加强数据分析和决策支持。

【企业文化建设】公司围绕中心工作，大力宣贯电科文化理念，统筹推进企业文化建设“五大工程”落地深植，积极践行社会主义核心价值观，深耕厚植集团企业文化。组织开展“千里之行·万步有约”健步走等活动，持续营造和谐环境。

中国航发集团财务有限公司

【集团概况】中国航空发动机集团有限公司（以下简称“集团”）肩负着实施国家“两机”专项、加快实现航空发动机及燃气轮机自主研发和制造生产、建设航空强国的重大责任，下辖28家直属企事业单位，注册资本500亿元。2021年，集团实现营业收入620亿元，获评中央企业负责人经营业绩考核A级、中央企业董事会考核A级、中央企业党建责任制考核A级。集团坚持聚焦主业、强军首责，坚持自主创新、勇攀高峰，坚持以史为鉴、凝心铸魂，科研生产取得重要进展，科技自立自强加速推进，高质量发展基础更加坚实，党建引领保障作用有效彰显。

【经营情况】2021年，中国航发集团财务有限公司（以下简称“公司”）坚决贯彻党中央、国务院决策部署，扎实做好“六稳”“六保”工作，认真落实集团2021年工作会部署安排，紧扣“四个平台”功能定位，积极推进“1234”发展战略，聚焦服务集团主业，聚力战疫情、保目标、求创新、防风险、提质量、强党建，营业收入、净利润、全员劳动生产率实现“三连增”，实现“十四五”良好开局。2021 年末，公司资产总额 376.82 亿元，吸收成员企业存款余额 356.42 亿元，自营贷款余额 48.23 亿元，实现净利润 1.6 亿元，各项监管指标运行良好，未发生风险事件。

【服务实体】公司服务集团主业降本增效，执行存款利率上浮、贷款利率下浮、结算业务“零收费”的政策，全年为成员企业减费让利 0.96 亿元；主动开辟绿色金融服务通道，助力受疫情影响较大的成员企业打赢疫情防控阻击战。

【公司治理】公司深入贯彻落实党中央、国务院关于深入实施国企改革三年行动的重大决策部署，总体任务完成率达到 83.72%。全面完成经理层任期制和契约化管理工作，健全完善重大事项决策机制，进一步健全了各司其职、各负其责、协调运转、有效制衡的治理体系。

【结算业务】公司积极协助集团加强资金集中管理，大幅提高上市公司资金归集限额，吸收存款日均 202.23 亿元，2021 年末全口径资金集中度达到 95.16%，可归集口径资金集中度达到 99.09%。全力推进集团资金管理中心建设，实现 23 家成员企业财企直连上线应用。全年累计办理结算业务 22.3 万笔，同比增长 51.51%，结算总金额 9243 亿元，同比增长 53.16%，结算集中度达到 82.03%，持续保持结算业务零差错。

【信贷业务】公司全力支持航空发动机自主研制，精准做好集团内资金紧缺企业的融资服务，克服集团整体融资需求下降等因素影响，推出“贷款 + 票据”一揽子融资服务，全年累计发放自营贷款 52.13 亿元，协助集团压降带息负债规模和成本，打造原创技术“策源地”。

【票据业务】公司全力拓展票据业务，实现成员单位、票据品种、生命周期“全覆盖”，各项票据业务实现快速增长，2021 年末票据集中度超过 70%。积极融入集团 AEOS 供应链管理体系建设，构建涵盖财务公司、成员企业、产业链客户、同业金融机构的产业链融资生态圈。“票据通”业务全面提速发力，有效帮助集团外部供应商解决融资难、融资贵问题，助力集团当好现代产业链链长。

【资金业务】公司持续关注宏观经济形势，跟踪研判金融市场走势，精细化管理资金头寸，加强流动性风险管理，加强资金成本和收益的有效核算，提升同业资金定价能力和收益水平，有效实现沉淀资金的保值增值。成功取得全国银行间同业拆借中心会员资格，有效丰富流动性管理手段。

【投资业务】公司坚持稳健审慎合规的投资理念，成功获批固定收益类有价证券投资业务资质，加入全国银行间债券市场，积极开展策略与产品研究，完善相关业务制度流程，稳妥开展质押式回购、货币市场基金、高等级信用债等低风险投资业务。

【风险管理和内部控制】公司坚持风险管理融入业务，持续开展风险评估与重大风险分类监测，做到审计稽核“全覆盖”，扎实做好审计整改“后半篇文章”，“三道风险防线”效能充分发挥。深入贯彻国务院国资委法治央企建设要求，扎实开展章程评估，持续推动“外规内化”，依法治企水平不断提升。结合岗位职责和金融行业特色，编制覆盖公司各个岗位的负面行为清单，丰富了合规管理手段。全年做到各类报表报送“零差错、零延误”。

【人力资源管理】2021 年，公司采取内部挖掘和外部引入相结合的方式，加强人才队伍建设，引进中层管理人才 1 名、业务人员 4 名。着力推进“勤于学习、敏于求知”的学习型组织建设，全年累计组织各类培训 485 人次，努力建设一支“懂产业、精专业”的高素质金融人才队伍。

【信息化建设】公司扎实推进基础支撑工程，深入实施数据治理，成功实现 EAST 监管报表全线自动化报送，实现数据资产统一管理。投资业务系统建设顺利推进，二代征信系统实现上线应用，网上金融服务系统更加优化和完善。扎实推进安全防护工程，实施 IPv6 网络改造，核心业务系统顺利通过信息安全等级保护三级测评，数据异地容灾备份系统建成投入使用，“两地三中心”数据安全布局基本建成。

【企业文化建设】公司坚持国家利益至上，邀请成员单位专家现场讲座，培养员工队伍对航空发动机事业的热爱和忠诚。深入开展“质量提升年”活动，培养“严慎细实、精益求精”的工作作风。联合集团总部相关部门开展“铸心共建”活动，组队参加集团总部趣味运动会，凝聚铸心奋进力量。深入贯彻新时代党的建设总要求，突出以高质量党建引领高质量发展，扎实开展党史学习教育活动，党支部建设全面加强，公司党支部被评为集团总部党委2021年度“先进基层党组织”。坚持扎实深入“学党史”，全年组织党史集中学习12次、党史专题党课16人次，在集团总部党委党史知识竞赛中获得三等奖。坚持入脑入心“悟思想”，深入开展“学创新理论、解发展难题”活动，让“原理原味”变成干事创业的动力源泉。坚持善作善成“办实事”，深入开展调研走访，服务主业更加精准。坚持真抓实干“开新局”，倡导“三比三不比”，广泛开展同业对标调研，公司运行质量持续提升。

中国航空集团财务有限责任公司

【集团概况】中国航空集团有限公司（以下简称“集团”）于2002年10月11日正式成立，是以中国国际航空股份有限公司为主体的大型国有航空运输集团，注册资本155亿元。作为以航空运输业为主、相关服务业为辅，集生产经营和资本运营于一体的企业集团，其经营业务涵盖航空客货运及销售、地面服务、飞机维修、航空物流、机场管理、航空旅游、金融服务、建设开发、传媒广告等相关产业。

【经营概况】中国航空集团财务有限责任公司（以下简称“公司”）坚持开源节流并举、增加外部效益贡献，金融服务质效大幅提升。2021年末公司资产总额同比增长68%，资金使用效率提升10个百分点，存贷款及结算业务规模同比均实现两位数增长，内化集团债务规模、服务成员单位优惠金额的增幅超过30%。公司纳税信用评级获得A级。

【服务实体】2021年，公司坚持防疫和经营两手抓，克服自身困难，立足功能定位，助力集团资金集中管理，提高资金使用效率。公司增加沟通频率及时获取成员单位资金变化情况，尤其针对关键时点，提前制定资金解决预案，以确保备付资金充足。在信贷业务方面，以“高质量发展”为原则，持续加强业务合规管理，不断夯实贷款发放质量，充分发挥内源资金配置作用。针对疫情带来的不利影响，公司积极跟进企业的生产变化及融资需求，进一步加大对航空主业公司的贷款发放力度，助力企业生产经营；公司积极开展保函业务，通过为企业提供快捷高效的服务和优惠费率，为企业经营需求提供保障支持。

【信贷业务】在贷款业务方面，公司继续发挥金融服务职能，加强主业信贷支持，优化办理流程，2021年发放贷款75.8亿元，发放量同比增长25.7%；在价格方面，公司积极响应监管部门合理让利和集团降成本的管控要求，进一步降低企业的融资成本。公司持续发挥金融平台作用，加强内部资源整合，发放办理集团内委托贷款24.40亿元，协助企业有效降低融资成本。

【资金业务】2021年，在散点性疫情频发的不利因素影响下，航空客运主业经营再次面临冲击，带动公司资金管理再次面临考验。公司利用金融牌照优势快速响应筹措资金，保持金融市场融资渠道畅通；以深耕细作的方式，努力挖掘存款新增长点，提高资金沉淀的稳定性、优化存款结构。2021 年存款规模同比增幅达 10%，年末存款余额同比增幅近 80%。

【投资业务】公司延续低风险稳健的投资策略，投资标的以固定收益类资产为主。通过控制信用债投资比例、提高利率债投资比例，优化投资结构，严控信用风险。投资收益来源以获取票息为主，在风险可控的基础上，谨慎参与市场波段机会。

【资金集中】为强化资金集中管理，集团进一步明确对集团各投资控股企业资金归集的相关要求，建立上报统计机制、考核机制。公司配合集团资金集中管理要求，结合各企业实际情况实施有针对性的吸存方案，存款规模稳中有升，2021 年末集团全口径资金集中度保持在 80% 以上。

【风险管理和内部控制】2021 年，公司始终坚持稳健合规经营，持续完善公司全面风险管理政策，推动公司法治建设，强化合同审批，完善内部控制业务流程，梳理各类业务流程，新建制度 7 项，修订制度 39 项。为全力做好新冠肺炎疫情常态化防控工作，及时保障公司业务的连续性和关键信息系统稳定运行，组织编制了公司《疫情防控业务保障应急预案》，按照应急预案，组织实施了应急演练，完成应急演练报告。检验了公司在应急情况发生时的危机处置能力及经营业务的保障能力。

【人力资源管理】2021 年，公司深入贯彻国企改革三年行动方案及“三项制度”改革有关要求，一是研究制定了《干部任期制和契约化管理办法》、完成了企业经理层成员岗位聘任协议书和经营业绩考核责任书的制定与签订；二是全面深化“三项制度”改革，确实落实用工改革主体责任，建立以劳动合同管理为关键，以岗位管理为基础的市场化用工制度，制定和修订各项管理制度。同时，公司依托集团内部平台、财务公司培训平台等，采取线上线下相结合的方式，组织各级领导干部及员工开展教育培训，积极落实培训工作，提高培训工作质量。

【信息化建设】公司新核心系统承载着公司主要业务，自 2021 年 1 月 1 日起正式进入单轨运行阶段。一是加强系统监控，通过自动化运维工具以及人工巡检等手段，发现问题及时处置，分析问题根源进行修复；二是根据业务开展过程中客户的实际需求及业务变化，及时优化和完善系统功能；三是加强重要时期节点保障，针对重要时期节点，安排相关人员重点保障。新核心系统上线后，各项业务的处理能力和处理效率大幅提升，并将风险管控嵌入各业务流程，逐步推进内控合规信息化。

【企业文化建设】2021 年，公司党组织由党支部调整为党总支，成立了新一届党总支委员会。为使公司的精神理念深入人心，形成自觉的价值取向和行动准则，开展了全员工作交流分享、入党流程培训、为员工办实事、榜样党员在我身边、廉洁教育、积极入党青年座谈会等活动，强力渗透、全面普及企业精神，努力把企业文化建设不断推向新的层次。

中国航油集团财务有限公司

【集团概况】中国航空油料集团有限公司（以下简称“集团”）是国务院国资委管理的中央企业，是国内最大的集航空油品采购、运输、储存、检测、销售、加注于一体的航空运输服务保障企业，主营业务分为航油、油品贸易、物流和国际业务四大板块，构建了遍布全国的航油、成品油销售网络和完备的油品物流配送体系。2021 年，集团坚决贯彻落实党中央、国务院决策部署，积极作为、主动担当，坚守使命、奋勇拼搏，全年完成商品销量 5852 万吨，同比增长14%；实现销售收入2239亿元，同比增长48%；年末资产总额730亿元。2020年、2021年连续两年获得党建和规范董事会建设考核A级。

【公司概况】2021年，中国航油集团财务有限公司（以下简称“公司”）实现营业收入（含投资收益）1.55亿元，实现利润总额7923万元，净利润5931万元，经营发展水平稳步提升。

【服务实体】公司积极探索LPR定价机制，紧跟市场步伐，自营贷款加权平均利率大幅下降，由2020年的4.61%降至2021年的4.18%，下降43个基点。加强对集团及成员单位日常经营及重点项目建设的支持力度，持续降低集团整体运营成本。

【信贷业务】2021年，公司将资金优先用于满足成员单位疫情防控及生产经营需要。公司与集团及成员单位保持积极有效的沟通，主动了解集团及成员单位资金情况及重点项目建设进度，提前研判用款需求，结合公司资金情况，合理安排放款节奏，贷款规模稳步提升。2021年末，信贷资金余额29.69亿元（含融资租赁），日均投放余额为27.92亿元，同比增长16.72%，创公司信贷资金投放历史新高。累计发放委贷及展期2.44亿元，为成员单位节约委贷手续费用约2.06万元。免费高效出具贷款意向书、贷款承诺函12.19亿元，为成员单位节约财务费用27.05万元。

【产业链金融】公司自成功获批延伸产业链金融业务资质后，积极开展新业务研究及新业务宣讲，主动加强与成员单位的沟通，了解并挖掘成员单位业务需求。依据公司信息系统情况，申请并完成通过城银清算集中接入票据交易系统。后续，公司将结合成员单位需求及公司资金情况，适时开展延伸产业链金融业务。

【资金业务】2021年，公司结算金额7.5万亿元，为全集团节省结算业务手续费987.58万元，较上年增加237.24万元。同时，公司持续加强与同业沟通，协商提升存放同业活期利率，精细化头寸管理，择机择优开立同业定期存款，日终精准安排头寸调拨，每日日终将资金存放于活期利率最高的同业银行。2021年全年人民币存放同业利息收入2870.17万元。

【投资业务】2021年，公司选择高流动性短久期投资品种，择优申购货币基金产品，确保资金紧张时能够灵活申赎。2021年累计实现投资收益131.65万元，平均加权收益率为2.62%，较市场平均收益率高42个基点，较上年的2.57%高5个基点，产品收益行业排名前三。

【外汇业务】公司于2021年申请增加境外放款资质，并及时与有业务需求的成员企业沟通，与跨境业务主办行及相关成员企业面对面探讨业务方案，力争满足跨境资金服务需求。公司2021年开立平安银行和中国银行跨境人民币国内主账户。在结售汇业务方面，公司代理成员单位售汇为公司增收1.04万元。

【资金集中】2021年，公司对集团及其分子公司合并口径合作银行账户进行整理并对其中具备授权条件的所有外部合作银行账户100%授权，确保账户可视、可监控。2021年国内可归集口径月均资金集中度为93.14%。

【风险管理和内部控制】2021年，公司以“规范管控机制、实现一体化联控”为指导思想，将公司治理、内部控制、风险管控、合规管理、法治央企建设、违规追责六大管理模块整合纳入全面风险管理体系统筹规划，六位一体、整体控制以实现控制风险最优效果。公司风险管控“三道防线”联防联控、协同发力，通过“风险管控魔方”实现对九大类26项风控场景的全覆盖，逐步构筑起“不敢违规、不能违规、不想违规”的有效机制，确保公司各项业务稳健合规开展。

【人力资源管理】公司党委高度重视选人用人工作，公司党委完成了2名中层干部的调整及提拔考核工作并组织实施了一批一般管理人员职级调整，共有5名一般员工实现了职级晋升，近三年党委管理的干部中年轻干部占比为77%。

【信息化建设】2021年，公司信息科技工作取得新进展。完成了以超融合基础架构为核心的信息系统设备改造项目。顺利完成了投资业务系统优化项目的开发测试和上线并完成了最终验收，完成了核心业务系统贷款市场报价利率 LPR 优化改造（二期）项目的开发测试上线和最终验收，完成了人民银行利率报备监测项目的开发上线及上报，完成了包括国资国企网络信息安全在线监管平台项目在内的各项信息化项目。

【企业文化建设】2021 年，公司全面开展党史学习教育活动，深入落实国企党建会五周年“回头看”工作。一是加强政治建设。公司党委已组织召开 22 期党委中心组学习，组织主题研讨 10 次，两支部组织主题党日活动 12 次，组织为期 2 天的读书班，开展了习近平总书记在庆祝建党 100 周年大会上重要讲话精神的学习、参观民航博物馆、红色剧本杀等活动。二是打造金融铁军品牌。公司以“金算盘”班组为示范，建设更多的活力团队。三是推进制度建设。2021 年规章制度修订计划均已完成。

中国华电集团财务有限公司

【集团概况】中国华电集团有限公司（以下简称“集团”）是 2002 年末国家电力体制改革组建的国有独资发电企业，属于国务院国资委监管的特大型中央企业，主营业务为电力生产、热力生产和供应，与电力相关的煤炭等一次能源开发以及相关专业技术服务。2021 年集团深入学习贯彻习近平总书记系列重要讲话和重要指示批示精神，坚决贯彻党中央、国务院决策部署，特别是以坚定的政治担当做好能源保供，深入开展党史学习教育活动，服务构建新发展格局，蝉联中国 500 最具价值品牌榜，以 968.35 亿元的品牌价值列第 58 位，较 2020 年跃升 18 位。

【经营概况】中国华电集团财务有限公司（以下简称“公司”）坚持服务集团、服务主业，主动适应经济发展新常态，充分发挥金融优势和平台作用。截至 2021 年末，公司管理资产规模 1150.98 亿元，实现利润总额 11.52 亿元。

【服务实体】围绕“双碳”战略，积极发展绿色金融，从信贷布局着手，优化授信策略，调整贷款结构，优先支持风电、太阳能发电等可再生能源项目，助力集团“碳达峰”行动方案和“5318”战略目标落实。积极落实能源保供决策部署，加大对保供企业的信贷支持力度，快速响应成员单位应急增产融资需求，助力发挥好能源供应“稳定器”和“压舱石”作用。

【信贷业务】公司持续巩固传统信贷业务优势，结合成员单位经营情况变化和公司存款规模波动状况，不断优化信贷投放节奏和力度，保持贷款规模高位稳定，将规模优势转化成效益优势，为顺利完成公司提质增效目标打下坚实基础。

【产业链金融】公司完善多元化营销手段，设计制作产品手册，以产业链客户为突破点不断扩大华电电票规模。创新融资服务模式，在表内规模受限的情况下以表外业务为切入点，通过电费收益权质押叠加财务公司担保的方式，成功引入低成本资金，实现公司产业链金融业务的重大突破，在助力集团降本增效的同时开创了融融协作新模式。

【资金业务】公司发挥金融牌照优势和同业渠道优势，灵活引入市场资金，全力保障公司整体流动性安全。积极拓展资金运作渠道，丰富产品投向，把握有利时机开展高利率定期约期存款操作，发挥货币基金流动性管理工具作用，在满足监管要求的前提下进一步提高资金运作效益。

【投资业务】 公司落实年度投资计划，强化市场分析调研力度，提高主动投资管理能力，在同行业中处于领先地位。

【票据业务】 公司协助集团开展票据资产集中管理，助力搭建可视化票据池，细化管理模式，完善考核规则，实现票据资源“看得见、管得住、用得好”的总体目标。

【外汇业务】 公司积极推进即期结售汇业务常态化、规模化，助力集团优化外汇资金使用，降低交易成本，提高外汇资金风险管控能力，提升服务专业化、精细化水平。

【资金集中】 公司按照“应归尽归”的要求，时刻紧盯网外资金，重点跟踪上市公司资金归集及存款限额问题，不断加大归集力度，2021 年末全口径资金归集率、账户入网率、集中结算率均在 90% 以上，创历史新高。

【业务创新】 公司充分发挥产融结合平台优势，连接成员单位与外部金融机构，以组建银团贷款、联合贷款等多种方式撬动更多外部资源，进一步拓宽融资渠道，满足成员单位的多元化融资需求。

【风险管理和内部控制】 公司建立以“三个体系、五大机制、八类风险管理”为核心的全面风险管理体系。结合公司金融属性和实际经营，建立新周期“风险清单”。聚焦关键领域，完善内部控制，巩固提升“三横三纵”制度体系建设成果运用。强化法律审核“三个100%”要求，提高审查质量，推进合同规范化管理。持续完善内部审计制度，将监管思路嵌入审计活动，推进重点业务审计全覆盖，筑牢风险管理“第三道防线”。

【人力资源管理】 公司聚焦干部的任职特点，制定《激励干部新时代新担当新作为指导意见》《优秀年轻干部培养锻炼方案》，优化干部成长路径。加大中层干部交流力度，大力发现培养选拔优秀年轻干部，有序推进各部门间干部交流、党务干部与业务干部双向交流。

【信息化建设】 公司现金管理系统、信贷系统顺利上线，“小核心、大外围”信息化架构基本完成。公司核心业务系统全面迭代升级，形成一站式服务平台。研究开发新一代债务融资信息系统，提高集团融资管理的数字化、智能化水平。完成票据系统及票据网银改造，开展财务共享中心配套建设，推进利率报备报送、二代征信报送，公司信息化建设取得重大进展。

【企业文化建设】 公司扎实开展党史学习教育活动和庆祝中国共产党成立 100 周年系列活动，开展“中央企业党建创新拓展年”活动，贯彻落实党中央、集团党委关于加强和改进思想政治工作的相关要求，建立符合公司特点的思想政治工作机制。修订公司《企业文化建设管理办法》，持续深入学习宣贯《华电文化纲要》，进一步完善“金帆”文化，将文化的“软实力”转化成为推动公司高质量发展的“硬动力”。

中国华能财务有限责任公司

【集团概况】 中国华能集团有限公司（以下简称“集团”）是经国务院批准成立的中央骨干企业。集团逐步形成了“电为核心、多能协同、创新引领、金融支持、全球布局，加快建设‘三色三强三优’世界一流现代化清洁能源企业”的发展战略。2021 年，集团推动“六个新领先”战略任务取得显著成效，完成发电量（国内）7744 亿千瓦时，同比增长 9.4%；营业收入同比增长 22%，两大指标均创历史最好水平。

【经营概况】 2021 年，中国华能财务有限责任公司（以下简称“公司”）深化协同服务，

Z

勇于开拓创新，在盈利能力、经营规模、风险管控、党的建设等方面取得新的成果，实现年度利润12.45亿元，结算量、日均存款、日均贷款、资金集中度等业务指标均达到历史最好水平，连续七年荣获集团绩效考核A级，连续六年荣获集团“先进企业”荣誉称号，连续两年荣获集团党建考核A级。

【服务实体】公司深入开展“协同服务年”活动，为实体企业提供更高性价比的信贷服务。加大信贷投放力度，2021年累计发放贷款941.62亿元，实现日均贷款367.19亿元，同比增加15.14亿元。积极响应集团能源保供要求，通过加大燃料采购产业链融资规模、直接设立煤电保供专项贷款等方式，提供保供专项资金近20亿元解决企业“燃煤之急”。优化信贷资源配置，持续加大向清洁能源、科技企业信贷倾斜力度，年末清洁能源贷款余额占比超过30%。实施信贷优惠价格，两次全面下调信贷利率，给予清洁能源、科技创新和控亏减亏企业定向价格优惠，2021年贷款综合利率为3.58%，同比下降39.95个基点。积极配合集团完成集团企业权益性融资信贷资产转让，协同集团降低整体资产负债率。

【资金业务】公司制定流动性管理工作方案和流动性比例应急预案，提升资金波动掌控能力，确保流动性比例达标。强化金融同业合作，夯实投融资渠道，合理配置短期资产，提高资金使用效率与效益。2021年开展外源性融资242亿元，资金投用318亿元，投用收益3343万元。

【投资业务】在确保资产安全的前提下，适时调整投资结构，稳定投资收益水平。通过大宗交易方式及时开展股票减持，有效盘活存量证券，提升投资回报。2021年累计开展债券、基金等投资172.52亿元，同比增长47.58%；实现投资收益（含浮盈/亏）3.63亿元，同比增长11.78%。

【业务创新】公司票据池建设加快推进，完成票据信息管理系统上线，实现票据信息集中的“可视化”；强化与兴业银行合作，完成了“华能—兴业—票E融”产品功能的直连；完成首单票据质押换开业务，为进一步扩大企业票据运营服务奠定了基础。截至2021年末，采集集团企业票据信息4480张、金额71.25亿元，集团企业票据集中度持续稳定在90%以上。产业链金融稳步拓展，2021年新推出“一头在外”应收账款保理业务，在开启公司信贷业务发展新模式的同时，为公司提供了有力的效益支撑。2021年，应收账款保理业务累计开展157笔、金额17.53亿元，实现利息收入1449万元。

【外汇业务】公司有效拓宽境内外成员企业双向投融资途径，实现跨境资金池借入外债、境外放款、跨境直贷以及跨境双向人民币资金池借入外债四个业务零的突破，累计办理外债业务24笔、金额128.81亿元；境外放款业务4笔、金额2.84亿元。

【资金集中】2021年，公司重点完成监控账户年检、产权口径账户梳理以及配合集团企业工会账户开立等工作，顺利实现上市公司关联交易存款上限调整，进一步强化“日监测、月汇报”信息沟通机制。公司资金结算准确、及时、高效，实现零差错；资金集中“五个百分百”指标均达到良好水平，考核口径日均资金集中度为87.91%，高于考核指标2.91个百分点；日均存款420.56亿元，同比增加52.97亿元。配合集团司库建设，如期建成资金监控展示系统，实现了集团资金数据可视化。

【风险管理和内部控制】公司以全面风险管理为核心，搭建权责清晰的合规内控组织架构，内控测评、内控评价和各项审计均未发现实质性缺陷和重大问题。完成了涵盖EAST系统、利率报备系统和金融基础数据统计系统的“一体多翼”风险监控平台建设，公司各项监管指标全部达标。严格落实年度制度建设计划，完成56项制度的“立、改、废、释”。坚持法治建设协同推进，荣获集团“七五”普法先进集体称号。

【人力资源管理】公司加强干部队伍建设，2021年公司“80后”中层干部占比提升

16.1%。制定公司《培养选拔优秀年轻干部实施细则》，建立优秀年轻干部人才库。加大培训力度，开展内部培训7次，共270余人次参训。

【信息化建设】公司紧密围绕业务拓展需要和行业监管要求，创新打造风险监控、票据池等系统板块，增强信息系统对经营业务的支持能力。持续优化核心系统和数据分析平台，提高业务处理效率，深化数据价值挖掘。圆满完成集团“HA2021”专项行动，切实提升了预警响应、分析研判、应急处置和恢复重建能力。

【企业文化建设】公司以庆祝中国共产党成立100周年为主线，扎实开展党史学习教育活动，制定并完成22项党史学习教育和16项“我为群众办实事”重点任务。将“党建+”模式贯穿经营服务全过程，广泛开展“开局十四五、实现新领先”主题实践、党员突击队、党员示范岗、结对共建、“融”文化建设等创新创效活动。切实履行管党治党责任，强化政治监督，做实日常监督，开展了“风清气正谱廉韵”清廉教育活动。

中国化工财务有限公司

【集团概况】中国化工集团有限公司（以下简称“集团”）为国有独资公司，营业范围包括危险化学品生产，化工原料、化工产品、化学矿、化肥、农药经营（化学危险物品除外）、塑料、轮胎、橡胶制品、膜设备、化工装备的生产与销售，机械产品、电子产品、仪器仪表、建材、纺织品、轻工产品、林产品、林化产品的生产与销售，化工装备、化学清洗、防腐、石油化工、水处理技术的研究、开发、设计和施工，技术咨询、信息服务、设备租赁等。

【公司概况】2021年，中国化工财务有限公司（以下简称“公司”）全年实现营业收入（金融口径）1.34亿元，利润总额0.88亿元，日均存款91.1亿元，日均贷款72.18亿元。为成员企业节约财务费用0.76亿元。各项监管指标符合监管要求。

【服务实体】2021年，公司通过加强企业走访，深入服务实体企业，尤其是对于重点企业资金归集难的问题进行专项分析，通过各项手段解决企业实际问题。全年帮助企业多措释放外部银行保证金0.54亿元；减少留底余额1.44亿元，降低留底余额账户64户；开发落地票据池业务，为企业解决票据使用困难的问题。

【让利企业】公司坚持集团利益最大化，持续让利成员企业。对集中度高、存款规模大且稳定的客户，执行最高存款利率。紧盯市场利率，定期调整贷款利率水平。减免委贷手续费，降低企业融资成本。

【信贷业务】公司2021年保持较高自营贷款规模。全年共完成授信报告59份，同比增长78.8%；自营贷款放款126笔，其中人民币自营放款125笔、金额231.39亿元，美元自营放款1笔、金额3800万美元。银团贷款1笔、金额0.6亿元。人民币委托贷款放款48笔、金额24.92亿元，美元委托贷款放款1笔、金额3290万美元。2021年自营及委托贷款均实现外币的业务突破。

【资金业务】公司搭建流动性监控模型，对流动性比例按周、日进行预估和监控，提前预警启动应急措施，优化贷款期限结构，提高流动性资产规模，确保流动性指标合规；关注资金市场，择机配置流动性强、收益率高的约期存款及同利丰活期存款产品，季末配置国债逆回购，提高资金收益；建立质押式回购制度，实现质押式融资业务的突破，增加了融资方式和渠道；完善外币拆借制度，取得银行间外币货币市场会员资格，可通过市场进行外币拆借业务。

【资金集中】公司努力提高上市公司限额，多举措释放企业保证金、排查未开户企业促其开户扩大归集范围、减少留底余额增加归集资金、加强账户监控，开发新产品做好客户服务，提高客户满意度，从而提高客户主动进行资金归集的积极性。

【海外资金管理】公司为了提升境外企业资金归集，持续与监控率较低的海外企业进行沟通，将企业新增大额账户和定存加入监控范围。集团海外现金（除受有关国家上市公司法规限制的企业外）全年监控率平均达92%。积极利用现金池开展相关业务，为现金池内企业提供了短期融资、临时补充流动性的渠道，同时为临时资金盈余的成员企业提供更为优惠的存款价格。根据成员企业的实际业务需求，完成第四批集团跨境资金集中运营业务的外汇局新增备案筹备工作，截至2021年末备案企业有境内成员企业35家、境外成员企业21家。通过跨境通道，全年完成借入外债等值人民币约138亿元，完成境外放款等值人民币约27亿元。

【风险管理和内部控制】公司加强全面风险管理，保障经营安全无事故。采取加强资金计划管理、稳定吸收存款、争取同业拆借额度等多种措施严防流动性风险。通过公司、部门、专项三个层面三轮风险摸底排查，加强关键风险指标监测，进一步完善授权管理、优化公司制度体系，持续推进内控体系建设。扎实开展“内控合规管理建设年”活动，强化法律合规管理，并抓好内部审计，提升内控管理。

【信息化建设】公司核心业务系统稳定运行，其他外围系统逐步丰富和完善。随着监管加强，陆续上线金融基础数据统计系统、利率报备系统、EAST系统。加强信息化支持，自建数据平台，提供多途径、多维度数据统计功能。

【企业文化建设】公司设计开辟党史学习教育宣传阵地，制作“中国化工财务有限公司党史学习教育专栏”，以建党百年历史、共产党人初心使命和建党百年的伟大成就、习近平总书记对金融领域的重要指示批示为主要内容，紧跟党史学习教育进程，将全体党员干部和积极分子的党史学习融入日常、抓在经常。组织全体员工开展“歌声礼赞建党百年”红色经典歌曲比赛，为建党100周年送上真挚的祝福。公司围绕党史学习教育，集中开展形式丰富的理论学习，举办系列党史知识答题活动，运用红色资源，组织员工赴山东枣庄开展“追寻红色足迹　汲取奋斗力量”党史学习教育实践活动。利用化工博物馆“百年化工　红色记忆——庆祝中国共产党成立100周年特展”，学习红色司史。聚焦实际问题，为群众办实事。组织心肺复苏急救专业培训，面向成员企业开展金融政策宣讲。

中国黄金集团财务有限公司

【集团概况】中国黄金集团有限公司（以下简称“集团”）是中国黄金行业唯一一家中央企业，是中国黄金协会会长单位、世界黄金协会中国首家董事会成员单位，集团拥有完整的上下游产业链，业务范围还涉及辐照加工、产业金融服务、文化传媒等多个领域。2021年，集团坚持以习近平新时代中国特色社会主义思想为指导，立足新发展阶段，贯彻新发展理念，融入新发展格局，圆满完成考核任务，成绩显著。

【经营概况】2021年，中国黄金集团财务有限公司（以下简称“公司”）始终坚持“加强集团资金集中管理，提升集团资金使用效率，立足集团主业，服务集团成员企业”的战略定位。2021 年在资金集中方面创造了公司成立以来的最高水平，跻身行业前列。2021 年公司资产总额 177 亿元，负债总额 168 亿元，全年实现收入 3.5 亿元，利润 1.3 亿元。

【服务实体】公司聚焦服务集团主业，全面提升服务质量，充分发挥优化金融资源配置作用，切实减轻成员企业负担，实现集团内部资金良性循环。为成员企业减费让利。坚持“获利于外、让利于内”，减少企业在外部银行的财务费用支出，全年合计为成员企业减费让利近 1.1 亿元。提升成员企业的融资能力。通过有序调剂集中的资金，为成员单位提供方便快捷且低于市场利率的内部贷款支持，在减少外部贷款规模的同时降低了整体财务费用。2021 年累计为成员发放贷款达 69 亿元。服务集团内部借款管理。重点解决资金内部往来的交易方式、支付方式和借款方式中存在的突出问题。拓展集团项目筹融资渠道。牵头集团重点项目银团贷款，提升议价能力，以较低的融资成本筹措资金，支持集团重点项目建设融资。

【信贷业务】公司发挥资金集中优势，服务集团资金集中管理，将信贷规模用足，最大限度地做好资金配置，提高资金使用效率。2021 年累计发放贷款 69 亿元，在市场利率下行的环境下，保持了基本稳定，贷款利息收入较上年增长约 8%。

【资金业务】公司注重提升金融服务水平，发挥“内部银行”作用。建立集团统一资金结算平台，为集团成员提供安全、高效、优质的对外结算和内部清算服务。为成员企业提供 5 × 8 小时高效、便捷、零费用的结算服务。累计结算业务量 25 万笔、金额 6767 亿元。日均处理业务 1000 笔，单日业务量最高达 5000 笔。在交通银行、建设银行分别开通了代理收款业务。

【投资业务】公司按照集团稳健经营、防控风险，风控优先的原则，在风险可控的前提下，进一步丰富资金运作手段，助推公司实现收入、利润等核心指标的多元化增长。

【票据业务】公司表外业务稳步增长。积极发挥金融桥梁作用，更好地服务成员单位多元化融资需求。全年累计开具电子银行承兑汇票 107 张、金额 1.13 亿元。

【外汇业务】2021 年 12 月 13 日，公司开展首笔跨境人民币结算业务，及时满足了企业还贷款的资金需求。为集团内部开展跨境资金调剂和运用提供了新的渠道，降低了集团整体财务成本。

【资金集中】公司持续推进归集战略部署，提高资金集中管理水平。2021 年，在集团的大力支持下，资金集中水平实现大幅提升，资金集中规模创历史最高水平，分别同比增长 113% 和 37%。资金集中水平跻身央企同行业第一梯队。

【风险管理和内部控制】公司坚守风险内控“三道防线”。坚持抓早抓小，持续构建风险防控长效机制。不断完善风险预警和防控体系，持续加强风险研判，确保“管得住”。紧扣集团和监管部门政策脉搏，开展内控体系有效性自查自纠和“内控合规管理建设年”活动。重新审视内控合规管理情况，持续提升内控管理水平，内控合规建设久久为功。2021 年公司资金集中度和资金集中规模创历史新高，公司风险管控转向侧重于资本充足性管理，提前对资本充足情况进行评估研判，形成《中国黄金集团财务有限公司资本充足率评估情况的报告》。

【人力资源管理】2021 年，公司以“三项制度”改革为契机，持续推动员工思想解放、作风转变，激励领导干部担当作为，与员工共享改革发展成果，激发干事创业活力。大力推行员工公开招聘。2021 年 7 月组织社会招聘，经过严格筛选审查，最终录用 3 名具有良好资质的新员工，人才队伍补充了新鲜血液。通过优化内部人才结构，充分调动和激发干部队伍的积极性、主动性和创造性，12 月开展中层管理岗位公开竞聘，最终产生 7 名部门经理。选拔高学历、年轻化的优秀人才充实干部队伍。

【信息化建设】2021 年，公司实行“业务主导、技术支撑”建设模式，推进信息化应用与业务工作深度融合。促进管理、业务的双重落地，夯实信息科技支撑，构建业务数字化

"筑底工程"。账户监管系统上线运行，通过完善账户属性，规范开户审批流程，建立银企直连体系，提供在线实时查询银行账户余额、账户交易、资金一键归集的银行账户通服务。带息负债管理系统上线运行，系统覆盖银行授信、银行借款、委托贷款、内部借款、担保贷款等业务登记管理功能。资金计划管理系统已于2021年6月上线，为资金精细化管理提供系统支撑。

中国建材集团财务有限公司

【集团概况】中国建材集团有限公司（以下简称"集团"）2021年资产总额6482亿元，实现利润总额398亿元，同比增长30%，营业收入4153亿元，同比增长5%，超额完成国务院国资委下达的经营目标，创造了历史最好业绩；疫情防控坚决有力，实现"两手硬、两手赢"的新局面；"三精"管理稳扎稳打，发展质量不断提升；改革试点不断深化，活力动能持续激发；创新转型同向发力，新旧动能加速转换；党的建设持续加强，政治优势不断发挥。集团集科研、制造、流通于一体，是全球最大的综合性建材产业集团和世界领先的综合服务商，列世界500强企业第177位，为全球建材企业榜首。

【经营概况】中国建材集团财务有限公司（以下简称"公司"）通过内促金融创新、外拓金融资源，最大化提升资金的使用效率和效益，持续夯实金融服务实体经济成效。日均存款同比增长31%，日均贷款同比增长47%；降低集团带息负债逾百亿元，降低集团整体财务费用2.5亿元，各经营指标达到监管要求。

【服务实体】公司积极发挥"小秤砣砸大盘""四最"等经营理念，为成员单位定制服务方案，提供精准服务。2021年累计发放贷款246亿元，同比增长68%，为成员单位提供了有力的支持和保障。立足建材行业供应链链长地位，精准对接供应链实体企业，提供优质高效的供应链服务。

【信贷业务】公司积极发挥内部资金融通作用，借助金融科技，降低集团整体负债规模，为成员单位提供自营贷款、委托贷款、银团贷款、外币贷款、开立保函、办理银行承兑汇票及贴现、应收账款保理和外币结售汇等多元化服务，通过给予优惠贷款利率为成员单位优化负债结构，降低融资成本，节约财务费用。

【资金业务】公司采取增加合作银行及日末资金归集的方法，最大限度地提高短期资金收益；建立每日资金头寸统计结果共享报告机制；通过开展债券及同业存单买卖、同业拆借、债券质押正逆回购等业务，在保障公司流动性位于合理区间的同时，增加短期资金的收益。

【投资业务】公司打通债券投资渠道，跟踪市场行情，深入调研，参与成员单位企业债券发行及投资。2021年参与成员单位绿色债券购买，为助力成员单位绿色产业发展打下坚实的基础；与银行开展票据质押回购业务。

【票据业务】公司实现票据全生命周期的直通式处理，不断提高自身票据业务处理效率、优化清算结算流程，票据业务发生额同比增长92%，进一步助力集团产融结合。

【外汇业务】公司为成员单位提供即期结售汇服务，2021年即期结售汇交易金额较上年同比增长165%；凭借场内结售汇的时效性及价格优势，为成员单位及时锁定结售汇汇率，助力成员单位节约财务费用。

【资金集中】公司通过"免手续费、免建设费、免升级费、免运维费"的方式，为成员单位免费搭建结算中心，提高资金收益率和使用效率，沉淀各级次企业日常结算资金，通过与成员单位开展关于资金集中方面的多维度合作和服务系统对接来扩大资金池规模，提高集团资金使用效率和效益。

【业务创新】公司分三期搭建“票据池管理平台”，通过打通重点成员单位与主要合作银行票据直连通道，实现票据业务集中办理、全部票据信息可视、票据全生命周期线上管理，并可与成员单位ERP系统对接，促进成员单位业财一体化，助力集团司库体系建设；为成员单位办理首笔代开国际信用证业务；办理首笔并购银团贷款业务；为集团内成员单位之间办理价格明显优于外部保理公司的首笔保理业务，帮助成员单位节约财务费用，降低应收账款规模。

【风险管理和内部控制】公司建立较为完善的法人治理结构和制度体系，扎实推进公司制度“废改立”工作。目前公司规章制度146项、业务流程95项，覆盖现有业务活动和日常管理活动。开展投资项目评价、薪酬绩效管理、信息化项目预算执行、资金管控、资金头寸管理的专项审计及检查，构建协同配合、全方位覆盖的“大监督”工作格局，形成配合联动、齐抓共管的部门贯通协作机制，为公司业务健康开展保驾护航，助力公司高质量发展。

【人力资源管理】公司深化人才选用机制改革，畅通专业人才发展通道。加大内部竞聘和公开招聘力度。为加强人才培养和梯队建设，进一步拓宽员工职业发展通道，探索制定专业发展通道与管理通道并行的多通道管理模式，为专业人才提供上升空间。优化关键人才激励机制，完善绩效考核体系。坚持短期和长期相结合的考核体系，建立经营业绩指标层层分解机制，向绩效贡献大、岗位价值高的关键人才倾斜，使员工收入与其为公司创造的价值、业绩和岗位责任紧密结合，激发员工干事创业的内生动力。

【信息化建设】公司持续开展系统平台优化改造工作，使系统不仅支持对各类业务的自动化处理、全过程管控、全口径数据归口整合，形成包含各类金融资源数据的动态查询体系，而且支持全面打通业务流、资金流和信息流，实现业务协同，实现金融科技与生产经营的深度融合；集团融资管控系统二期项目成功上线，实现集团及下级单位银行账户在融资系统中的全量管理；票据池系统成功上线，通过打通与各银行的票据池通道实现集团和成员单位票据的信息可视、集中操作、集中管理；定期开展业务系统专项自查、应急演练和评估，有效地保证了业务连续性和系统信息安全。

【企业文化建设】紧密结合公司经营业务开展党建活动，在“两学一做”、主题党日活动中加强党建与业务融合；围绕重点工作成立党员突击队，有力发挥支部战斗堡垒作用。坚持以服务员工为宗旨，强化群众凝聚力，组织“健跑百年路、奋斗新征程”门头沟站健身跑活动，开展“融服务”系列讲堂、“传承五四精神，‘炼’上健康生活”等主题活动，团结带领职工群众在推动公司高质量发展中发挥积极作用。

中国南航集团财务有限公司

【集团概况】中国南方航空集团公司（以下简称“集团”）成立于2002年10月，是中央管理的三大骨干航空集团之一。集团主营航空运输业务，兼营飞机发动机维修、进出口贸易、金融理财、传媒广告、地产等相关产业。集团主业公司中国南方航空股份有限公司（以下简称“股份公司”）在上海、香港和纽约三地上市，现有20家分公司、23个境内营业部、54个境外营业部。集团是中国运输飞机最多、航线网络最发达、年客运量最大的航空公司，机队规模和旅客运输量均居亚洲第一、世界第三。

【经营概况】2021 年，中国南航集团财务有限公司（以下简称“公司”）持续提升资金集中管理水平，拓展金融服务深度，强化服务集团主业职能。实现营业收入 4.66 亿元，同比增长 40%，利润总额 1.30 亿元，同比下降 15.52%，日均吸收存款 117.95 亿元，同比增长 33.9%，不良资产率为零。

【服务实体】聚焦主责主业，保障资金需求。2021 年累计向集团成员企业发放贷款 492 亿元（含委贷），同比增长 71%，日均贷款 60 亿元，同比增长 76%。持续向成员企业让利，助力成员企业降本增效，平均贷款利率同比下降 13.4%，为成员企业节省财务费用 0.81 亿元。丰富金融服务手段，新获批买方信贷、外币对业务资格，并成功开展了首笔业务；新增沈阳、乌鲁木齐海关保函业务资格，为沈阳、新疆贸易公司提供通关便利。

【产业链金融】2021 年，公司获批买方信贷业务资格，成功为集团产业链客户发放首笔贷款。向成员企业供应商提供买方付息的“一头在外”票据贴现业务，票据贴现 0.13 亿元，承兑电子商业汇票 6.42 亿元，有效缩短了成员企业供应商结算周期，助力南航生态圈建设。

【投资业务】2021 年，公司以固定收益投资为主，证券投资日均余额 15.54 亿元，实现投资收益 5527.46 万元，投资收益率为 3.56%。

【外汇业务】提升南航外币结算服务能力，上线中国银行外币直连支付功能，实现中国银行外币支付全流程线上处理。加强外汇收支管理，实现对股份公司境内外汇资金的统一计划、统一调度、统一备付。

【资金集中】2021 年，公司新归集 43 个账户，累计归集资金 72.34 亿元，集团日均资金集中度达 94.78%（国务院国资委口径），同比提高 0.68 个百分点。协助集团推进境外账户直连管理项目，股份公司 110 个境外账户，除 14 个拟销户和 25 个不具备直连条件外，剩余 71 个境外账户全部实现直连可视功能，助力集团进一步提升境外账户数字化管理能力。

【结算业务】2021 年，公司累计处理结算业务 119 万笔，同比增长 75%；结算金额合计 1.69 万亿元（不含调拨），同比增长 55%。拓展南航人民币跨境结算通道，成功接入人民银行人民币跨境支付系统，成为广东省首批上线人民币跨境支付系统标准收发器的三家试点企业之一。

【业务创新】公司拓展跨境资金池功能，制定跨境融资和境外放款业务方案，与境外 5 家合作银行建立境外融资报价常态化机制，协助集团开展首笔 9000 万元人民币跨境放款，为集团整体节约财务费用约 30 万元，案例被人民银行和国务院国资委收录于《重点领域重点企业人民币跨境使用工作简报》。

【风险管理和内部控制】强化公司治理，构建了“4 +2 +4”治理体系。修订公司章程和“三会一层”议事规则，建立董事会向高管层授权管理制度、高管层内部授权管理制度，制定股东会、董事会、总经理办公会决策事项和党组织前置研究事项清单，为各治理主体规范履职创造良好的条件。推进内控制度分层体系建设，按照“管理使用办法、实施使用细则、操作使用流程”的原则，对主要业务和管理领域内控制度进行分层，内控有效性持续提升。全年各项风险指标符合监管要求，行业监管评级保持先进水平。

【人力资源管理】公司深入推进干部人事改革，修订干部人事管理、绩效考核、任职资格等六项人力资源管理制度，完成经营层任期制和契约化管理，并贯穿至二级机构。对部分中层干部实施“起立坐下”公开选聘，开展专业序列高级经理、经理述职考核。强化季度绩效考核结果与绩效分配的关联度，淡化了职级在绩效分配中的权重，实现收入“能增能减”。

【信息化建设】2021 年，公司上线运行 EAST 信息采集报送系统、利率报备监测分析系统，实现了监管数据自动化取数，提高了报送数据的准确性。协助集团完成司库系统二期建设，重点强化了资金计划管控、境外账户管控、数据分析、资金风险预警功能，并全面实现了移动办公处理。

【企业文化建设】公司深入开展党史学习教育活动，以“培训、竞赛、共建”三项活动为抓手，围绕学习“四史”，开展“我为群众办实事”实践活动，重点解决6个民生项目，受到客户和员工的好评。发挥群团组织桥梁纽带作用，开展压力缓解培训、慰问隔离人员、女职工权益保护等关心关爱活动，不断丰富群团活动内容，增强公司发展凝聚力、向心力。

中国能源建设集团财务有限公司

【集团概况】中国能源建设集团有限公司（以下简称“集团”）成立于2011年9月，是经国务院批准、由国务院国资委直接管理的能源建设集团。集团肩负着“世界能源、中国能建”的使命，全面实施“1466”发展战略，是为中国乃至全球能源电力、基础设施等行业提供整体解决方案、全产业链服务的综合性特大型集团公司。集团列2021年世界500强企业第301位，列全球承包商250强第21位。

【经营概况】中国能源建设集团财务有限公司（以下简称“公司”）充分发挥“双重属性”，立足“四个平台”功能定位，积极应对市场利率下行等不利因素，主要经营指标再创历史新高。日均人民币存款余额317.97亿元，同比增长1.85%；日均贷款余额234.33亿元，同比增长25.13%；实现利润总额4.99亿元，净利润3.9亿元，分别同比增长13.67%、13.37%。

【服务实体】公司始终坚持“集团整体利益最大化”原则，主动担起金融抗疫责任，创新推出“抗疫贷”新品种，在年度信贷计划中专项安排30亿元的低成本（2.95%）资金，用于支持集团海外企业抗击疫情和复工复产，全年累计投放“抗疫贷”14.15亿元，帮助企业节约财务费用1900余万元。积极践行“减费让利”政策，保持贷款低利率和中间业务低手续费，全年共减费让利约2.36亿元，其中自营贷款降息让利约1.97亿元，保函减费让利约0.21亿元，委托贷款减费让利约0.18亿元。大力开展绿色金融，为集团绿色产业、绿色项目提供绿色信贷、保函、委贷等综合性金融服务，公司绿色信贷余额7.55亿元。

【信贷业务】2021年，公司充分发挥内源性融资作用，优化信贷业务办理流程，建立月度贷款投放预算机制，合理均衡安排信贷资源，调增中长期贷款占比，贷款年末余额和平均余额得到双提升，全年累计发放自营贷款402.41亿元、委托贷款187.45亿元。保函助推发展功能凸显，对外大力推广保函业务、协调业主使用财务公司保函，对内建立标准化保函格式、提高保函业务响应速度，全年累计办理保函658笔、金额154.63亿元，为成员企业减少在建工程的保证金占用。

【资金业务】公司积极克服疫情影响，抢抓资金市场机遇，灵活配置同业存款、货币基金等兼具收益性、安全性和流动性的产品，把握机会签订了2.75%高利率的同业存放协议。公司不断拓宽融资渠道，截至2021年12月末，公司已获得各金融机构总计198亿元的综合授信额度，为整体业务经营和资金链安全稳健运转提供了有效保障。

【投资业务】公司充分发挥“投研一体”功能，审慎开展投资业务，加强投资业务研究，稳步提升投资业务收益。一是丰富资产配置品种，首次参与成员企业公司债投标并成功中标，提高了资金收益、助力集团成员企业外部融资。二是加强金融投资领域分析研究，开展二级债基、发行金融债券、利率走势对公司影响等相关研究，为公司投资业务发展提供智力支持。三是面向广大客户推出了三期公司“金融大讲堂”系列讲座，为集团及成员企业提供前沿金融资讯和专业解读。

【资金集中】2021 年，公司深挖资金集中潜力，推动资金集中水平再上新台阶。一是始终贯彻财企共赢理念，稳步实施资金集中措施，公司资金集中度依旧保持在较高水平，国务院国资委剔除受限口径资金集中度稳中有升。二是强化资金安全管控，加强成员企业受限资金分析，同时将集团供应商黑名单纳入支付预警，有效保障资金流转安全性。三是开拓支付结算新通道，延长结算服务时间，建立结算业务标准化工作手册，以优质的支付结算服务带动更多的存量资金归集。四是组织开展全员开户竞赛活动，新增账户 76 个，新增存款 9.06 亿元。

【业务创新】2021 年，公司一是成功上线电子商业汇票系统，面向集团成员企业举办了电票系统应用推介会，大力开展电票系统推广、电票需求调研和电票业务营销，全年累计承兑电子商业汇票 4358 万元。二是正式获批跨国公司跨境资金集中运营管理业务资格，顺利重启境内外汇资金归集，截至 2021 年末共归集境内外汇资金 3.75 亿美元。三是主动承担辅助集团管理货币类金融衍生业务的职责，全年累计为 4 家公司提供咨询及询价服务。

【风险管理和内部控制】2021 年，公司强化内控，坚守底线，牢固构建依法合规经营体系。一是坚持依法治企，持续抓好普法宣传教育，组织开展合同标准化建设，建立健全案件风险防控长效机制，全年三项法律审核率继续保持 100%，继续保持无重大风险事件发生的良好态势。二是深入推进制度规范化建设，组织开展制度“废改立”专项工作，全年修订制度 109 项、新增制度 35 项、废止制度 8 项，制度流程的合规性、可操作性和指导性不断提高。三是健全内部控制体系，组织开展了“内控合规管理建设年”、突发事件应急演练等活动，加强重点领域、关键环节、重要岗位的审计监督，推动公司内控合规管理水平进一步提升。

【人力资源管理】2021 年，公司一是加速推动“三项制度”改革，精心设计了“纵向发展畅通”“横向发展互通”的多通道员工职业发展体系。二是加大人才引进力度，根据岗位员工缺口以社招和校招相结合的方式引入 9 名硕士研究生，促使公司人才队伍结构再上新台阶。三是加大员工培训教育力度，建成了以“启航计划”“基石计划”“领航计划”为核心和“线上 + 线下”相结合的全员培训教育体系。

【信息化建设】2021 年，公司以金融科技为导向，以集团数字化转型思路为引领，加码提速信息化建设。一是滚动编制《2021—2023 年信息化发展规划》，为公司加快数字化转型提供了战略指引。二是深入开展内外部系统需求调研，提前启动公司新一代业务信息系统建设升级，同时顺利上线了金融基础数据报送系统、EAST 系统、利率报备等专项系统。

【企业文化建设】公司扎实开展党建基础工作，修订完善党建工作制度体系。全面系统开展党史学习教育活动，累计为成员企业、职工群众办实事 5 件，累计投入资金 51 万余元。组织开展公司“第三届党风廉政建设宣传教育月”和“清风进万家”主题活动，积极发挥“大监督”和“四位一体”监督体系的作用。

中国平煤神马集团财务有限责任公司

【集团概况】中国平煤神马能源化工集团有限责任公司（以下简称“集团”）是由原平煤集团和神马集团两家中国 500 强企业重组而成。集团坚持走高质量转型发展道路，构建了以煤焦、尼龙化工、新能源新材料为核心产业，多元支撑、协同发展的产业新体系，打通了煤基尼龙、炭素和光伏三条全国能源化工行业独具特色的产业链条。集团是我国品质最优的主焦煤生产基地和亚洲最大的尼龙化工产品生产基地。工业丝、帘子布、糖精钠产能居世界第一，尼龙66盐、工程塑料产能居亚洲第一，主焦煤、焦炭、硅烷气、超高功率石墨电极、高效单晶硅电池片产能居全国第一。产品远销40多个国家和地区，与40多家世界500强企业及跨国集团建立了战略合作关系。旗下拥有平煤股份、神马股份和易成新能3家上市公司和7家新三板挂牌企业。

【经营概况】 2021年，中国平煤神马集团财务有限责任公司（以下简称“公司”）认真实施合规管理，积极稳健开展业务，努力开创新局面。截至2021年末，公司资产总额106.96亿元，其中贷款余额82.52亿元；负债总额74.56亿元，其中吸收存款74.26亿元；所有者权益32.4亿元。全年营业收入2.77亿元，利润1.55亿元，较好地完成了集团下达的指标，各项监管指标持续优于监管要求。

【信贷业务】 截至2021年末，表内外各项信贷业务合计106.73亿元，较年初增加16.38亿元，增幅为18.13%。减费让利效果明显，坚持以低于市场利率10~20个基点开展业务。本年度累计投放贷款平均利率为3.68%，较上年同期下降1.66个百分点。2021年末贷款平均利率为3.73%，较年初降低1.3个百分点。全年为成员单位减费让利1.02亿元。资产池新业务自2020年9月上线以来，效果显著。2021年共办理3.65亿元，较好地解决了成员单位临时性资金周转问题，显著提升公司金融服务质量，提升信贷服务能力。

【资金集中】 公司认真执行集团《货币资金集中管理办法》和《货币资金集中管理实施细则》，督促成员单位资金集中纳入经营的考核检查，加大资金全口径归集，截至2021年12月末开户单位351家，较年初增加25家。同时，加强与集团成员单位的沟通交流，加强与合作银行的协调配合，促使合作银行对成员单位账户及时进行授权，确保能授尽授，全年共办理80多个直连银行账户的授权手续。大力推进统一支付结算，建立统一支付平台，拓展代收代付支付模式，2021年1月上线了对私批量支付报销业务，6月开通中信银行对私批量支付通道，全年对私批量发放工资、报销近251万人次，金额约102亿元，全年累计办理结算65.55万笔，结算金额20714.38亿元，结算零差错。

【风险管理和内部控制】 公司自觉践行全面风险管理理念，推动风险管理机制建设，一是健全内控制度，公司根据自身经营发展实际，对公司内控制度进行了全面梳理修订：修订制度51项，新增制度5项。二是强化流程管理和行为控制，坚持每季度对上季信贷业务进行一次回头看式的地毯式排查，从每笔业务的申请、评级、三查、尽职、审批、发放、收回等环节审查业务资料的真实性、办理流程的规范性和业务风险的可控性。2021年以来共排查流动资金贷款87笔、贴现122笔、表外承兑18笔。三是依法合规经营，稳健开展业务。定期编发《监管处罚信息》，以案促学，使员工始终牢记法规无处不在，追责警钟长鸣，提升员工合规意识和风险管控能力。四是持续检查整改，根据内部风险点和关键环节，2021年初制定了《合规检查计划》和《内部审计计划》，全年共立项24个内控检查和12项专项审计，做到业务检查和内部审计全覆盖。

【信息科技】 2021年，公司持续加强IT基础设施建设，成功上线数据库容灾备份系统和运维管理系统，保障公司数据安全性，对公司信息化设备、软件、线路等进行实时监控，发现故障及时报警，提高主动运维能力，提升信息系统服务连续性；继续完善信息系统，上线银保监局EAST监管报送系统、人民银行新一代利率报备报送系统，提高监管报送数据的准确度、及时性；制定公司信息安全配置基线，明确各类系统的基本技术要求，为公司信息系统日常维护和安全管理指明了方向；持续提升服务集团能力，优化资金系统与人力资源系统接

Z

口，完善集团财资管理功能，配合财务共享项目推进资金系统改造升级，为集团高质量建设共享运营中心、支持集团高质量转型发展作出贡献。

【人才队伍建设】突出思想引领，着力人才培养，为公司发展增添活力，在育新人、兴文化中推动全员政治业务工作守正创新。其中，获得集团劳动模范称号1人次，改革先锋3人次，党组织先进工作者1人次，机关先进党员2人次，集团篮球比赛获奖1人次，机关廉政作品获奖4人次，机关优秀百年征文奖2人次，爱心义务献血12人次。公司员工紧密团结，干事创业劲头十足，党员干部的先锋模范作用更加明显，队伍建设成效显著，公司的服务质量持续更优。

【企业文化建设】发挥政治引领作用，将党建工作与业务工作深度融合，为公司财务健康发展提供了坚强保障，发展党员1名，吸收入党积极分子1名，党员占比达到65.78%，党支部战斗力和凝聚力增强。结合实际扎实开展党史学习教育活动，参观革命圣地2次，营造“学”提精气神、“悟”促开新局的教育氛围。全年向机关党建、智慧党建、中国财务公司协会等平台累计投稿46篇，展示39篇，展示率达到84.78%。公司获得优秀党支部称号，被评为AA级质量先进单位，荣获中国财务公司协会“智慧共享”微课大赛优秀组织奖。党建引领下各项工作成效显著，公司在集团成员单位中独树一帜，名片更加亮丽。

中国石化财务有限责任公司

【集团概况】中国石油化工集团有限公司（以下简称“集团”）的前身是成立于1983年7月的中国石油化工总公司。1998年7月，在原中国石油化工总公司的基础上重组成立中国石油化工集团公司，2018年8月，经公司制改制为中国石油化工集团有限公司。集团是特大型石油石化企业集团，注册资本3265亿元，总部设在北京。集团是中国最大的成品油和石化产品供应商、第二大油气生产商，是世界第一大炼油公司、第二大化工公司，加油站总数位居世界第二，列2020年世界500强企业第2位。

【公司概况】2021年，中国石化财务有限责任公司（以下简称“公司”）紧紧抓住庆百年、学党史这条主线，全面落实习近平总书记视察胜利油田重要指示精神这一重大政治任务，圆满完成全年各项目标任务。公司全年实现营业收入51.77亿元，实现利润总额27.23亿元，年末资产总额2495.44亿元，所有者权益309.55亿元。

【服务实体】2021年，公司跟进炼油化工、天然气、石油储备、化销仓储物流等重点项目，提供高效、优惠的资金支持；紧跟集团“三新”战略发展方向，服务地热、光伏、风能、氢能、油氢合作站等新能源项目建设，助力集团“绿色债券”首次发行。通过免费结算、票据服务、结售汇、存贷款利率优惠、保函和高效办理资金归集等方式，为集团主业协同创效超过20亿元。

【资金集中管理】2021年，公司累计完成资金结算3024万笔、金额51.5万亿元，提供票据服务11万张、金额1242亿元，电商支付在线结算量71万笔、金额4968亿元，保持“录入零差错、收付零损失、服务零投诉”。

【资金业务】2021年，公司全年日均吸存规模1267.82亿元；降低集团融资成本，加权融资成本低于市场同类机构。构建同业资产一体化运作机制，动态优化资产结构，收益率对标货基产品。获全国银行间本币市场年度影响力奖，为首家获得该奖项的财务公司。

【信贷业务】2021年，公司传统信贷业务增量创效，日均贷款规模826.91亿元，日均票据贴现规模125.43亿元，办理票据承兑446.24亿元，办理保函业务94.81亿元，帮助企业降本减费6000余万元；全面调降委贷手续费率，累计办理委贷1000亿元，直接为企业让利9700多万元。

【外汇业务】2021年，公司坚持汇价优惠，累计办理结售汇业务818亿美元，为成员企业节约购汇成本超8亿元。建立市场回顾和预测机制，降低购汇成本。全年以市场最低价购汇天数占比达63%，隔夜交易判断正确天数占比达82%。

【投资业务】2021年，公司创新应用“固收+权益”动态组合保险投资总策略，构建“一体化”FOF资产管理模式，推动证券投资业务向“主动型资产管理机构”转型升级。固收FOF收益率跑赢银行专业理财，权益FOF收益率位于全市场公募权益基金业绩排名前列。

【产业链金融】2021年，公司围绕服务主业当好产业链链长，两级班子带头走访产业链客户260多家、500余次，运用大数据挖掘潜在客户需求，稳妥开展产业链保理、贴现、买方信贷业务，探索商票回购贴现业务，累计开展产业链金融业务276亿元。

【业务创新】2021年，公司获批人民币与外汇衍生产品业务资质及石化集团跨境资金集中运营主办企业资质，推出产业链商业票据回购式贴现，全国范围内首创开展海关税款总担保保函业务，成功办理财务公司行业首笔“京绿通”再贴现业务和线上同业存款等业务。

【企业管理】2021年，公司38项深化改革重点工作和37项对标一流提升措施基本完成。配齐健全公司董事会和监事会，修订公司章程和董事会议事规则。

【风险管控】2021年，公司召开资产负债、贷款审查、投资决策等各专业委员会40余次，开展重大经营风险管控体系诊断自查和整改提升，建立风险监测报告机制。加强重点领域风险防控，健全完善统一综合授信管理体系，全年无新增不良资产。抓好制度“立、改、废”，开展“内控合规管理建设年”活动。

【信息化建设】2021年，公司建设新一代信贷客服系统、新一代票据业务平台，升级网上金融服务平台功能，开发统一权限管理平台，征信二代数据报送系统和反洗钱系统上线试运行，不断推动公司数字化转型发展。疫情期间通过多种方式积极保障远程办公需求，确保业务连续运转和系统安稳运行。

【人力资源管理】2021年，公司推进实施两级经理层任期制和契约化管理，修订员工绩效考核办法及薪酬分配制度。选优配强15名中基层干部，4名技术骨干走上专家岗位，81名中基层干部赴大别山干部学院参加党史学习教育读书班，14名总部青年员工跨部室交流学习，11人完成“师带徒”培养。

【企业文化建设】2021年，公司对内有效提振工作激情，对外讲好财司故事。职工代表28项提案全部落实，“青年讲堂”等活动有声有色，2个集体和11名员工被授予公司“五四红旗团组织”和“青年岗位能手”称号。公司坚持把党史学习教育贯穿全年，统筹推进学习研讨、培训宣讲、专题调研、“我为群众办实事”实践活动等各项工作。召开第二次党代会，严格落实“第一议题”制度，党委理论中心组集中学习45次，完成对4家分公司的政治巡察。开展党建共建活动29次，深化党风廉政建设和反腐败工作，一体推进“三不”机制建设，开展安全和风险防控领域形式主义官僚主义问题专项整治，制定实施加强“一把手”和领导班子监督58项日常监督要点，广泛开展案件警示教育。

Z

中国铁建财务有限公司

【集团概况】中国铁道建筑集团有限公司（以下简称“集团”）的前身是中国人民解放军铁道兵，集团注册资本 135.8 亿元，是全球最具实力、规模的特大型综合建设集团之一，列 2021 年世界 500 强企业第 42 位、全球承包商 250 强第 3 位、中国企业 500 强第 12 位。业务涵盖工程承包、规划设计咨询、投资运营、房地产开发、工业制造、物资物流、绿色环保、产业金融及其他新兴产业。

【经营概况】中国铁建财务有限公司（以下简称“公司”）资产总额 1105.22 亿元，所有者权益 128.50 亿元，实现营业收入 35.90 亿元，实现净利润 10.70 亿元；吸收存款时点余额 966.50 亿元，吸收存款日均余额 1002.58 亿元；信贷投放余额 759.70 亿元，日均余额 741.41 亿元；累计办理结算业务 1414.18 万笔、金额 12.17 万亿元。

【信贷业务】公司陆续推出“周转贷”“春风贷”“金秋贷”“绿色贷”“绿票通”“普惠通”“降债宝”等专项产品。为成员单位生产经营保驾护航；初步构建绿色金融服务体系，助力成员单位降杠杆减负债。

【产业链金融】公司持续深耕产业链金融市场，“铁建电票”品牌知名度和认可度不断加强。推出产业链票据贴现产品“普惠通”，以优惠的贴现利率精准扶持小微、民营、绿色、高新、涉农供应商。全年累计办理产业链金融票据贴现 1267 笔、金额 18.70 亿元，办理“普惠通”产品 171 笔、金额 2.12 亿元。

【资金业务】2021 年，公司规范成员单位头寸报备机制，及时准确预测收支情况。结合信贷投放预估的情况，根据市场形势和实际资金状况灵活开展货币基金申赎、国债及信用债买卖、国债回购、大额存单买卖等业务。2021 年公司未发生任何资金流动性风险事件，全年实现资金存放同业收入 9.29 亿元。

【投资业务】公司投资范围覆盖国债、中票、公司债、PPN、货币基金等产品，全年有价证券投资日均规模 60 亿元，创造综合投资收益 2.12 亿元。助力成员单位成功发行债券规模合计 103.9 亿元，累计投资成员单位债券 26 亿元，为成员单位节省发债融资成本累计 2480 万元。

【票据业务】公司持续构建“铁建电票”品牌影响力。全年累计办理票据承兑 1.31 万笔、金额 147.96 亿元，累计办理票据贴现 1291 笔、金额 21.49 亿元。通过票据账户主动管理、票据信息披露、全系统票据业务信息推送等工作的推广，有效辅助集团票据信息的一体化、动态化集中管理，进一步发挥票据账户管理、到期流动性管理、全口径业务风险管理的作用。

【外汇业务】公司是跨境资金集中运营管理主办企业和跨境双向人民币资金池主办企业，可为成员单位提供经常项目集中收付汇、境内外外汇资金集中、外债和对外放款额度集中、代客即期结售汇等服务。2021 年公司累计办理各类外汇业务 128 笔、金额 1.74 亿美元。2021 年公司积极响应人民币国际化战略部署，正式上线 CIPS 标准收发器（企业版），进一步优化业务流程、提升跨境人民币支付效率；公司首笔跨境资金池外债业务成功落地，实现境内外资金互联互通。公司积极开展外汇业务推介和咨询服务，利用 SWIFT 系统平台，为成员单位提供全球账户可视化集中管理服务。

【资金集中】多措并举保吸存促集中。以加大开户量和结算量为抓手，通过实施柜台结算、建立异地资金池、代替商业银行为业主进行资金监管等方式使银行现金池结算业务向财务公司转移，多维度开展资金归集能力分析，依托精准施策、稳存保增、多池联动、专项资金等多渠道措施提升资金归集能力。打造现场营销拜访、线上云端推介、远程智能服务“三位一体”的精准营销拜访体系。

【业务创新】一是服务创新。实现济南轨道交通四号线、太原轨道交通一号线、泸丘广福高速、贵金高速等一批重点项目建设资金、安全保证金纳入公司监管；开通400客户服务热线，充分发挥即时服务咨询职能。二是产品创新。设计形成买方信贷业务架构，有效补充了公司综合金融服务体系；首笔买方信贷业务正式落地，公司成为建筑行业首家面向产业链上下游开展金融业务的财务公司。三是金融创新。公司主动创新交易策略方法，成功落地首笔同业存单业务；成功落地首笔债券卖出业务，银行间二级市场的债券买入及卖出双向交易渠道全部打通；积极“走出去”拓展金融机构资源，首次实现了银行间存量债券资产的全品种、全规模盘活。

【风险管理和内部控制】公司逐步健全“大风控”“大监督”体系建设，推动智能风控平台建设，全方位做好监管数据统计和数据治理工作；聘请律师常驻公司，牢固树立法律合规边界。

【人力资源管理】开展公司经理层成员任期制和契约化管理体系建设，制定相关清单和管理办法，签署相关协议；进一步推进后备干部队伍建设，储备培养优秀年轻干部。

【信息化建设】公司信息化建设围绕数字化、平台化、网络化、智能化建设目标，稳步开展应用系统迭代更新，持续提高系统建设质效与客户应用体验。完成银保监局EAST监管报送系统、人民银行利率报备系统和金融数据报送系统等系统投产上线；开展同城应用业务连续性应急灾备切换演练，常态化组织实施等保定级备案、测评与渗透测试；完成境内资金管理、香港财资中心核心业务系统推广应用和银行账户管理系统招投标工作；全力构建信息化专家库；修订完善信息科技相关制度；完成档案管理、投融资系统、科技研发管理平台和信息化工作量评估项目招标工作。

【企业文化建设】公司通过各种载体平台等大力深化“铁建金钥匙”特色文化建设，不断丰富拓展其文化内涵，提升企业文化软实力。2021年共举办“铁建金钥匙”文化讲堂7期；一系列创新产品和金融服务举措登上学习强国、《金融时报》等主流媒体；将党史学习教育、“我为群众办实事”等融入公司文化建设；培育厚植员工创新、担当精神，推动企业文化理念内化于心、外化于行、落地生根；修订宣传册、制作品牌业务宣传折页等，进一步丰富文化宣传载体。

中国铁路财务有限责任公司

【集团概况】中国国家铁路集团有限公司（以下简称“集团”）是经国务院批准、由中央管理的国有独资公司。集团注册资本17395亿元，由财政部代表国务院履行出资人职责。集团以铁路客货运输为主业，实行多元化经营。负责铁路运输统一调度指挥、铁路行业运输收入清算和收入进款管理、国家铁路新线投产运营的安全评估。集团坚持高质量发展，确保国有资产保值增值，推动国有资本做强做优做大。

【经营概况】中国铁路财务有限责任公司（以下简称“公司”）全面落实集团党组部署要求，聚焦打赢“两坚守两实现”攻坚战，汇聚资金、盘活存量、精准服务、提高效益、防控风险、建设队伍，圆满完成各项目标任务，实现“十四五”良好开局。截至2021年末，公司总资产980.14亿元，净资产133.17亿元，实现营业收入20.08亿元，利润总额9.22亿元。

【服务实体】公司规范开展各项结算业务，为成员单位提供方便、快捷、安全的结算服务。通过优化结算流程，不断提升结算效率，提高服务能力。推广结算客户端使用，满足成员单位线上线下双渠道结算办理，优化客户体验。减免成员单位结算费用，支持和帮助成员单位降低财务成本。公司让利于客户，实行存款利率上浮，2021年为客户创造收益2.23亿元，办理结算业务28.84万笔，结算资金流量84587亿元。

【信贷业务】公司积极做好信贷服务，全力支持实体经济，信贷规模不断增长。2021年新增发放贷款159.5亿元，贷款余额275.83亿元，信贷服务覆盖面不断扩大。本着让利成员单位的原则，公司对集团和成员单位的贷款均实行最优惠利率，为集团和成员单位节约财务费用2.01亿元。

【资金业务】公司动态调整同业合作机构，与15家合作金融机构签署同业存款协议，并对10家合作银行和6家财务公司开展了评级授信。2021年存放同业存款日均余额479.26亿元，取得利息收入10.15亿元；同业拆出日均余额8.29亿元，取得利息收入0.21亿元。

【投资业务】公司稳步拓展固定收益类有价证券投资规模，2021年12月，公司作为承销团成员承销集团发行的5年期铁路建设债券20亿元，同时完成2021年第十一期铁路建设债券投资，金额20亿元，利率为3.11%，提升了资金使用效益。

【票据业务】公司依法规范开展票据业务，不断完善票据服务功能。2021年，通过电票平台收票22.38亿元，开立商业承兑汇票70.9亿元。2021年公司开立银行承兑汇票67.64亿元，以低于银行的优惠贴现利率办理电子银行承兑汇票贴现业务2亿元，票据承兑及贴现业务为集团和成员单位节约财务费用0.95亿元。按照人民银行要求完成信息披露平台注册，并协调督促所有使用平台的成员单位按规定披露商业承兑汇票信息。

【资金集中】公司持续推进资金归集工作。依托集团账户和资金管理有关政策，结合账户年检，全面梳理现有账户情况，对未按要求归集账户的单位，逐户协调沟通，做好相关制度办法的解释说明工作，提供归集方案。加强账户日常管理，加大对资金归集业务的宣传，挖掘成员单位在公司开户和归集潜力，持续扩展公司资金集中规模。截至2021年末，公司资金集中度为39.58%，吸收成员单位存款844.3亿元。

【风险管理和内部控制】公司董事会明确了风险偏好、风险目标、风险限额和风险缓释措施，前台、中台、后台“三道防线”严格落实风险管理策略，没有发生风险事件。公司将监管部门要求的16项监管指标全部纳入实时监管体系，各项监管指标均符合监管要求，截至2021年末，资本充足率为39.72%，流动性比例为84.10%，无不良贷款。公司共对131项信贷业务进行了风险审查，制定和修订内控制度15项，组织全公司开展制度建设工作，对公司签订的81份合同进行了合规性审查，按照监管部门要求开展反洗钱和案防等工作。完成了监管数据标准化（EAST）的编报，以及1104报表月报、季报和年报的编报工作，在满足监管要求的同时为公司高级管理层提供了及时准确的决策信息。

【人力资源管理】公司持续加强人才队伍建设，加大优秀人才培养。2021年，公司组织完成正高级专业技术资格申报和副高级会计师资格评审、“百千万人才”工程人才申报和考核。组织多场业务交流，鼓励职工参加本币交易员等职业资格考试，开展会计人员继续教育，提升职工业务素质。积极推进董事高管资格核准工作，按要求进行高管分工，满足了工作需要和监管要求。

【信息化建设】公司建设并应用财务公司财企服务平台，支持成员单位信息系统通过财企服务平台调用财务公司银企直连功能，有效提升成员单位付款效率，降低支付环节人力投入，提升公司服务能力。2021 年，公司较好地完成了 EAST、IMAS 监管报送模块的建设，实现了监管数据的自动化采集、加工和上报。

【企业文化建设】2021 年，公司深入贯彻习近平总书记对铁路工作的重要指示批示精神，扎实开展党史学习教育活动，推进“我为群众办实事”实践活动，开展“四史”教育和“建设命运共同体、奋力作出新贡献”主题宣讲活动。组织开展庆祝建党 100 周年系列活动，举办党史知识竞赛，组织参加红色经典诵读演出活动，充分利用红色教育基地开展参观研学。

中国一拖集团财务有限责任公司

【集团概况】中国一拖集团有限公司（以下简称“集团”）经过 60 余年的发展，形成以农业机械制造为核心，同时经营动力机械、零部件等多元产品的大型装备制造企业集团。农业机械业务具有国内最完整的拖拉机产品系列，拥有国际先进、国内领先、具有自主知识产权的产品技术，具有每年为全球用户提供 10 万台以上 25～400 马力拖拉机的生产能力。新中国第一台拖拉机、第一辆军用越野载重汽车在这里诞生。建厂以来，企业累计向社会提供 363 万台拖拉机和 311 万台动力机械，为国家的“三农”建设作出积极贡献。

【经营概况】2021 年，中国一拖集团财务有限责任公司（以下简称“公司”）秉承“依托集团，服务成员，合规经营，稳健发展”的经营宗旨，积极为集团及成员单位提供优质金融服务，支持集团成员的生产经营、技术改造及产品销售，为促进集团的生产建设、降低成员单位财务费用发挥了银行不可替代的积极作用。2021 年末，公司资产总额 52.53 亿元，同比增长 0.59%；负债总额 43.79 亿元，同比减少 0.11%；所有者权益 8.74 亿元，同比增长 4.42%；全年实现利润总额 6170.25 万元，同比增长 28.85%。各项监管指标符合监管规定。

【信贷业务】信贷业务促进了集团生产经营及产品销售，票据承兑业务丰富了集团成员单位的对外支付手段，提高了集团整体资金保障能力。2021 年，公司累计办理票据承兑 42.45 亿元，同比增长 24.24%（其中，办理电票承兑 29.70 亿元，农机电票买方信贷 12.75 亿元）；年末票据余额 18.78 亿元，同比减少 1.10%；累计发放贷款 21.02 亿元，同比增长 10.88%；年末贷款余额 17.41 亿元，同比减少 13.99%，不良贷款率为零；累计办理票据贴现 17212.76 万元，同比增长 93.36%；年末贴现余额 4291.65 万元，同比减少 3.43%，集团及成员单位贴现业务集中度为 100%。

【产业链金融】2021 年，国家提出以智能制造为主攻方向、重点支持智能制造等新兴产业发展。公司通过手机 APP 全程无纸化系统上线运行，全力推进产业链金融业务开展，有效促进了集团农机产品销售。全年累计提供各类融资 2.92 亿元，同比增长 48.75%；拉动销售收入 5.36 亿元，同比增长 53.83%；销售各类农机及专用汽车产品 3340 台，同比增长 29.21%。公司融资租赁、买方信贷及农机电票业务的稳步开展，促进了集团下游产业的良性发展。

【资金集中】公司坚持资金集中管理基本功能定位，不断加强资金结算平台、资金管理平台和资金监控平台建设，实现账户统一管理、资金集中管理，提升了集团资金使用效率。2021 年，公司为成员单位累计办理结算金额 1502.78 亿元，同比增长 16.75%；办理结算笔数 15.38 万笔，同比增长 21.56%；平均资金集中度为 89.04%，与上年基本持平，在全国财务公司系统中继续保持较高水平。

【同业业务】公司利用自身金融机构优势与外部金融机构广泛合作，通过资金集中管理，优化资源配置，发挥规模效益，实现集团利益最大化。2021 年，公司同业业务收入累计 7259.28 万元，同比增长 39.82%。其中，交易所回购 220.86 亿元，实现利息收入 2337.27 万元，同比减少 15.46%；约期存款和定期存款业务 54 亿元，实现利息收入 4905.19 万元，同比增长 107.56%。金融同业业务作为传统业务的重要补充，在提高资金使用效率的同时为股东单位创造了良好的投资回报。

【风险管理和内部控制】公司始终坚持把内控机制寓于经营管理活动，健全股东会、董事会、监事会合理分权制衡的公司经营管理机制，实行董事会领导下的总经理负责制，形成了由董事会及董事会下设风险管理委员会、内部控制委员会、内部审计委员会、信息科技委员会、稽核部和公司经营层下设风险控制部、各部门以及各风险类专职岗位组成的完整风险控制体系架构。2021 年，公司遵循“主动合规、制度先行”的原则，将内部控制措施嵌入各项规章制度和每个岗位操作环节，开展了风险排查和梳理，确定风险事项 87 项，其中，重要风险 3 项，一般风险 84 项，并针对重要风险制定了解决方案，定期监督重要风险，形成了有效识别风险、主动避免违规的内控机制。

【人力资源管理】公司业务开展和风险控制需要一支高素质人才队伍作支撑，2021 年，公司按照金融行业的特点设计并实施有效的人才培养计划，银行业从业资格持证率保持在 90% 左右；组织从业人员参加专业培训，全年组织业务、法律、内控、反洗钱、信息化等内外部培训 33 次，参加员工 535 人次；根据各部门职能、岗位职责层层分解重点工作和经营指标，在内部形成“多劳多得，多得光荣”的工作氛围，激励全体员工创先争优。

【信息化建设】2021 年，公司对关键信息基础设施、重要信息系统、网络设施、重点网站、重要数据等安全保护有效性，数据中心基础环境可靠性，网络安全应急协调保障机制、应急预案及应急工作流程有效性等加强审计监督，制定应急演练计划，并按期进行所有系统及网络的应急演练，解决演练中遇到的各类问题，不断完善信息科技制度建设，逐步强化信息科技系统运行过程中的抗风险能力。2021 年 5 月正式上线了产品金融业务系统，实现客户和审批全程无纸化办公，同时取得人民银行个人征信查询的授权，提升了风险管理和经销商、用户的办理体验。

【企业文化建设】2021 年，公司积极参加各项社会活动及公益活动，通过日常宣传教育，增强员工作为一拖人的荣誉感和社会责任感，并以实际行动来回报一拖、回报社会。号召全体员工加入爱心帮扶活动，再次向“国机爱心基金”注入捐款 4089 元，通过爱心捐助活动的不断开展，将爱心传递下去，关心更多需要帮助的人。

中国移动通信集团财务有限公司

【集团概况】中国移动通信集团有限公司（以下简称“集团”）是按照国家电信体制改革的总体部署，于 2000 年组建成立的中央企业。集团主要经营移动语音、数据、宽带、IP 电话和多媒体业务，并具有计算机互联网国际联网单位经营权和国际出入口经营权，目前是全球网络规模最大、客户数量最多、品牌价值领先、市值排名前列的电信运营企业。集团连续 21 年入选世界 500 强企业，2021 年列第 56 位；连续 17 年获得中央企业经营业绩考核 A 级。

【经营概况】中国移动通信集团财务有限公司（以下简称“公司”），立足“金融服务者、资金管理者、价值贡献者”和“五大平台”定位，圆满完成各项工作任务目标，有效支撑集团数智化转型和高质量发展。截至2021年末，公司资产总额1813.38亿元，所有者权益264.81亿元，实现利润总额17.64亿元。公司严格把控风险，资本充足率、流动性比率等各项监控指标符合监管要求，不良资产率及案件发生率均为零。

【贷款业务】公司持续加强贷款服务力度，协助集团加强贷款精细化管理，有效满足成员单位资金需求，促进集团整体资金效率提升，全年累计发放贷款452亿元；面向5G科技创新成员单位推出专项贷款产品“5G贷”，将金融资源向国家重点支持领域倾斜，全年发放贷款30亿元。

【产业链金融】公司充分发挥资源优势和风控专业能力，推出“移财”系列产业链金融产品，为产业链合作伙伴提供一揽子综合金融解决方案，持续锻造“场景化”服务能力，定制化打造金融服务主业应用场景，全年通过“一头在外”应收账款保理和“一头在外”票据贴现业务向50余家产业链合作伙伴提供融资115亿元，服务超过20个产业链金融应用场景。

【票据业务】公司进一步扩大票据业务覆盖范围和业务规模，全年共开立票据约191亿元；加强对全集团票据的集中统一管理，积极做好票据信息披露和票据账户主动管理工作，防范票据市场风险，全年未发生票据逾期事件。

【业务创新】公司积极响应国家政策，在信息通信行业率先接入CIPS支付系统，持续优化跨境人民币结算流程，进一步提升国际结算能力，全年累计开展跨境结算36亿元；依托集团电子签章、CMCA数字证书等技术能力，创新推出“移财函”电子保函产品，成功为成员单位开具行业内首张电子保函，实现保函业务全流程在线办理。

【资金集中】公司不断优化收支结算体系，推广使用多层级账户，实现已上线集中化资金系统的成员单位通过财务公司100%对外统一支付。协助集团加强账户管理，全面取消地市公司实体支出账户。年末资金集中体系成员单位125家，全年结算业务量93000亿元。

【资金业务】公司充分发挥专业化运营优势，持续提升流动性管理能力，在严格防范风险和保证充足流动性的前提下，合规、适时开展货币市场资金交易及同业存单投资。

【投资业务】公司在严控投资风险的前提下，持续丰富金融产品、提升资金运作效益，优选市场头部基金公司创新债券基金产品，底层主要投资于利率债和大型商业银行金融债，在流动性高、风险可控的前提下实现较高投资收益；投资集团参股金融机构资本补充债券，支撑集团参股企业发展，提升债券投资收益水平。

【风险管理和内部控制】公司坚守审慎稳健的风险偏好策略，不断夯实全面风险管理体系，优化调整评级授信体系，严格确定交易对手名单及限额，完善产业链金融业务风险管控机制，严格落实资金运作“选投管退”全生命周期管理，强化底层资产风险穿透监控，守住资金资产安全底线；组织开展“内控合规管理建设年”活动，优化完善制度及内控流程，不断加强合规文化建设；设置公司总法律顾问，进一步完善法治建设组织体系，提升公司依法治企能力，保障依法合规经营。

【信息化建设】公司全面贯彻集团数智化转型要求，引入智慧中台电子签章、“磐匠”流程智能化平台（IPA）、万能审批、统一通知等能力，实现中台能力在公司结算、贷款、人力、监管报送等多个业务领域的场景化应用，为业务赋能提智、减负增效。其中，在结算业务中开发上线IPA流程11个，实现跨系统业务流程自动提交，极大地提升了结算准确率和结算效率。

【人力资源管理】公司开展干部集中轮岗，完善综合考评机制，强化年轻干部培养锻炼；完善人才选育模式，选拔专家3名，首次开展内部竞聘，创新校园招聘引才方式；优化人才考核激励，建立“一人一表”绩效考核机制，发挥专项激励作用，持续强化薪酬分配的业绩导向；强化队伍能力建设，全年举办重点领域培训 45 项，组织参加各类培训 2504 人次。

【企业文化建设】公司结合党史学习教育和庆祝建党 100 周年相关部署安排，不断丰富企业文化内涵，增强公司凝聚力。深化“先锋文化”，选树先进典型，持续开展有温度、有特色、有影响的公司论坛；推进“服务文化”，强化与服务对象双向交流，面向成员单位提供“一企一策”落地辅导、资金管理报告、首问负责服务，升级服务感知；做实“关怀文化”，针对性开展 EAP 小型团辅，组织开展幸福“1 + 1”活动、留京青年过年慰问等关心关爱活动，提升全员归属感和幸福感。

中国重汽财务有限公司

【集团概况】中国重型汽车集团有限公司（以下简称“集团”）是我国目前最大的重型汽车生产基地，是我国重卡行业驱动形式和功率覆盖最全的重卡企业，拥有黄河、汕德卡、豪沃等全系列商用汽车品牌。2021 年销售重卡 30.03 万辆，同比增长 1.70%，整车出口 5.41 万辆，连续 17 年位居行业出口首位。资产总额 1259.98 亿元，实现营业收入 1010.73 亿元，实现利润总额 59.07 亿元。

【公司概况】2021 年，中国重汽财务有限公司（以下简称“公司”）以服务集团主业为目标，以提升金融服务质效为主线，不断加强风险管控，深化产融结合，强化科技赋能，稳健开展各项业务，公司资产质量和运营效益保持较好水平。截至 2021 年末，公司资产总额 440.36 亿元，实现收入 17.17 亿元，同比增长 17.93%；实现利润总额 7.40 亿元，同比增长 27.37%，经营效益稳中有升。

【信贷业务】2021 年，公司充分发挥“内部银行”职能，积极满足集团整车制造、发动机、新能源汽车和装备先进、技术领先的制造企业信贷资金需求，产融结合效果显著。2021 年，累计发放贷款 255.61 亿元，截至 2021 年 12 月末，成员单位在公司贷款 207.11 亿元，占其贷款总量的 80.59%，集团融资主渠道和金融中枢职能凸显。

【产业链金融】2021 年，公司加大对上游供应端的支持，确保集团生产经营。2021 年，办理供应商保理业务 13.01 亿元，截至 2021 年 12 月末，保理业务余额 10.68 亿元，存量客户 61 家，其中中小微企业 56 家，占比达 92%，有效缓解了中小微企业融资难、融资贵问题；全力推广最高额保证合同业务，简化手续，提高放款审批效率。

【资金业务】2021 年，公司根据安全性、流动性、效益性的资金管理要求，加强与金融机构的沟通与交流，拓展业务市场，丰富业务品种，强化内控管理。实现资金业务收入 6.92 亿元，同比增长 10.38%，实现资金业务零风险的目标；完成收益凭证和国债逆回购等新业务的落地，优化了产品结构。

【票据业务】2021 年，公司办理经销端票据业务 243.70 亿元，集团销售回款占比为 24%，促进车辆销售 15.50 万台，提升了集团销售回款效率。签发银行承兑汇票 4.21 万张、金额 340 亿元；贴现票据 0.93 万张、金额 79.75 亿元，充分发挥票据作为结算工具的便利性。

【外汇业务】2021 年，公司积极开展本外币资金池业务，创新外币对业务，不断优化集团内部支付结算功能。2021 年首次同时通过本外币两个资金池向成员单位发放跨境人民币贷款9亿元，有效提高了集团内成员单位境内外资金调剂的便利性。跨境双向人民币资金池净流入（出）额度由原来的44.32亿元和8.86亿元均调整为59.08亿元，更好地满足了成员单位跨境人民币的业务需求。

【资金集中】2021年，公司利用银财直连将资金纳入公司统一归集平台，提升资金归集效率。2021年末，全口径资金集中度为50.89%。累计完成人民币结算3725.27万笔，结算金额16428.24亿元，同比增长14.89%；美元结算9654笔，结算金额35.58亿美元，同比增长41.19%，通过内部结算平台，提升集团资金周转效率，实施对账户资金的动态监控，有效预警和控制资金风险。

【业务创新】2021年，公司成为银行间外币对市场会员，是山东省辖内和济南市首家获得外币对市场会员资质的财务公司。同时，为集团成员单位量身定制了跨境流动性管理、海外财资集中管理及外汇敞口风险管理的综合性解决方案，且在短时间内落地实施并实现常态化。

【风险管理和内部控制】2021年，公司不断夯实合规管理基础，开展了“内控合规管理建设年”活动。一是加强制度梳理优化，建立制度管理标准，落实标准化制度管理；二是风险管理的“二、三道防线”协同合作，在公司范围内开展合规检查；三是建立积分管理标准，培养员工合规行为习惯；四是开展合规培训、合规征文等文化活动，营造合规文化氛围。强化内部审计监督及整改，完成审计项目28项，不断加强审计的全面监督和严肃整改。

【信息化建设】2021年，公司在保证信息科技安全平稳运行的基础上，重点在核心业务系统优化提升、应用系统发展与机房管理等方面开展工作，不断促进信息科技对业务发展的支持水平，增强科技风险防控能力。完成核心业务30项系统优化提升，开展核心业务系统网络安全等级保护测评，完成统一监管报送系统建设，实施同城数据灾备、超融合私有云项目，提升数据安全和资源保障能力。

【人力资源与企业文化建设】2021年，公司不断促进员工队伍年轻化、专业化发展，员工平均年龄31岁，本科及以上学历占比达97%；公司共有齐鲁金融之星2人，济南市会计领军人才2人。为开展企业文化建设，对内组织“新春诗词大会”“大峰山主题党日活动”等十余场特色活动；对外树立先进典型，宣传金融文化品牌，增强员工集体荣誉感。2021年，公司获得山东省“青年文明号”荣誉称号，2人被人民银行济南分行评为“数据质量工作优秀个人”，1人被人民银行济南分行评为“金融统计工作先进个人”；公司积极参与银保监局研究课题，其中《以财务公司为载体，打造互联互通、高度集成的产业链金融服务平台》研究课题获银保监系统省内三等奖。

中海石油财务有限责任公司

【集团概况】中国海洋石油集团有限公司（以下简称“集团”）是国务院国资委直属的特大型国有企业，是中国最大的海上油气生产商。集团成立于1982年，总部设在北京。经过30多年的改革与发展，集团已经发展成为主业突出、产业链完整、业务遍及40多个国家和地区的国际能源公司。集团形成了油气勘探开发、专业技术服务、炼化与销售、天然气及发电、金融服务五大业务板块，可持续发展能力显著提升。集团列2021年世界500强企业第92位。

【公司概况】截至2021年末，中海石油财务有限责任公司（以下简称“公司”）资产总额1541亿元（不含委托贷款），全年累计实现拨备后利润总额14.9亿元。

【服务实体】截至2021年末，服务客户486家，账户达826个，客户遍布27个省（直辖市）。公司全年累计完成人民币结算业务超170万笔、金额9.48万亿元。

【信贷业务】公司以发挥金融资源集中优势、提高集团整体资金使用效益为出发点，深化产融结合路径，扎实开展信贷业务，全年累计为成员单位提供融资服务约2142亿元。依托集团绿色能源转型总体战略，公司不断增强以绿色信贷促进能源产业可持续发展的自觉性和主动性，通过加大绿色贷款投放、加快信贷结构调整，持续为集团绿色清洁能源发展创造更好的资金与金融环境，以激励生产企业提升绿色效益。公司全年投放绿色贷款149.25亿元，年末绿色贷款余额占比超过同期贷款余额的三分之一。

【资金业务】公司积极研究市场运行规律与银行资金需求变化，持续优化存款期限结构，提高同业资金配置水平。

【投资业务】公司将投资业务作为流动性管理工具，投资于具有合理公允价值和较高流动性的产品，密切关注资金利率走势，加强研判，对资产进行精细化管理。

【票据业务】公司大力开展优惠利率商业汇票贴现业务，围绕产业链的票据结算与融资功能得到显著增强。公司及时抓住央行以优惠再贴现利率专项支持小微、涉农、民营企业的政策机会，帮助成员企业争取央行小微、涉农企业金融专项优惠，办理公司成立以来首笔再贴现业务。

【外汇业务】公司应用信息技术提高外汇业务手工操作效率，完成跨境人民币业务功能模块在网银端、核心端的开发使用。

【资金集中】截至2021年末，公司按照银保监会全口径统计的资金集中度年平均值为61.35%，集中水平保持稳定，为发挥集团资金的聚集效益奠定了坚实的基础。

【业务创新】按照中国海油集团落实国家“双碳”计划、全力推进绿色清洁能源转型发展的战略部署，公司研究金融服务方案，主动营销，完成全国首例企业集团财务公司平台碳配额质押融资，以6万吨碳配额作为增信措施，向成员企业发放利率显著优于市场同期同类产品的绿色专项优惠贷款3亿元。在发挥绿色产融结合创新、帮助主业板块盘活碳资产、降低绿色发展成本、促进绿色发展效益综合优势的同时，实现绿色金融服务创新，为央企绿色产业发展乃至全国生态文明建设大局，创造了具有海油特色的先行模式。

【风险管理和内部控制】公司遵守各项法律法规，始终坚持严格的风险管控，不断完善公司治理结构，加强内控制度体系建设。基于卓有成效的风险管控，始终保持不良资产、不良贷款零纪录，并在国内同行中最先获得标准普尔、穆迪两大国际权威机构信用评级。目前公司标准普尔评级为A+（稳定）级，穆迪评级为A1（稳定）级，为国内商业性金融机构最高水准。

【人力资源管理】公司聚焦人才队伍建设，在体制机制、组织建设、考核激励等关键环节出实招，深化“三项制度”改革和干部人才队伍建设“3+1”工程，以培养提升“七种能力”为目标，分层分批加强干部员工思想政治、专业能力、综合素质等方面的持续性开发，增强公司内生发展动力和底气。

【信息化建设】公司全面提升网信安全管理工作，迈出数字化转型、智能化发展关键步伐。加快金融专业系统信息化建设进程，提升业务办理效率，进一步管控断点审批风险；贯彻数字化转型、智能化发展要求，着手开展数据治理一期工作，试点应用RPA流程自动化技术。

【企业文化建设】公司秉承“人本、服务、合规、稳健、创新”理念，不断加强培育以人为本的管理文化，构建人本型企业；培育融合多元的服务文化，构建服务型企业；培育开放诚信的合规文化，构建合规型企业；培育系统科学的风险文化，构建稳健型企业；培育开拓进取的创新文化，构建创新型企业等方面企业文化建设，并潜移默化地融于生产经营的各个方面，用共同的价值理念和温馨和谐的文化氛围把全体员工团结在一起，最大限度地激发和调动员工的学习积极性与创造性，鼓舞员工士气，提高员工素质，凝聚企业精神，提升企业竞争力。

中航工业集团财务有限责任公司

【集团概况】2021 年，中国航空工业集团有限公司（以下简称“集团”）系统推进“十四五”规划，提升先进装备保障能力，提高经济运行质量，改革攻坚创新创效，强化航空科技创新动能，打造现代化产业体系，新兴产业发展提速，数字化转型升级深化，夯实一体化管理基础，有力管控质量和风险，深化干部、人才和激励体系，推进全面从严治党，构建航空产业发展新格局。集团实现全年净利润 168.3 亿元，利润总额 219.9 亿元，EVA 103.5 亿元，超额完成既定目标，获得国务院国资委考核 A 级。

【经营概况】2021 年，中航工业集团财务有限责任公司（以下简称“公司”）紧紧围绕集团年度工作会精神，贯彻落实集团党组的各项决策部署，以推进航空工业特色司库管理体系建设为中心，以信息系统建设、制度体系建设、客户服务能力、金融产品创新、金融市场转型、风险合规管理为着力点，持续提升金融服务水平。公司全年实现营业收入 21.09 亿元，净利润 6.57 亿元，EVA 1.91 亿元，主要经济指标全面超额完成，实现“十四五”高质量开局。

【信贷业务】公司建设完成信贷业务系统，部署企业信用数据库，实现成员单位信用评级及内源融资统筹闭环管理。截至 2021 年末，贷款余额 710 亿元（含结算中心），日均贷款规模 524 亿元；全年实现利息收入 17.63 亿元，超额完成年度预算。以 LPR 为基础，为成员单位贷款让利 1.41 亿元。成功投放科技贷，为科技创新及成果转化提供全周期保障，助力集团加快关键核心技术攻关与科技创新。

【产业链金融】公司一是深入对接集团产业链供应链金融服务需求，保障“双链”稳定安全。持续开展存货采购专项贷款业务 18 亿元，累计 53 亿元，平均成本为 2.87%，让利 0.52 亿元，为成员单位采购储备关键航空元器件、关键材料等提供资金支持，以低成本、精准投入助力集团产品供应链的安全稳定。二是有效防范集团供应结算环节风险，为 523 家成员单位开通票据账户主动管理；实现关键环节票据清算量 313 亿元，同比增长 33%，线上清算量 182.6 亿元，实现零的突破，进一步提升航空产业链结算效率。

【票据业务】公司上线新一代票据业务系统，实现票据出票、承兑、贴现、清算全流程线上管理，与上海票交所全面直连，具备线上清算资格，出票效率大幅提升 50%；成功落地商票通服务，有效利用商业银行渠道，累计办理供应商贴现 1.12 亿元，涉及 30 家集团产业链供应商，助力集团提升航空供应链安全、经济与稳定。

【资金集中】2021 年末，公司本外币存款 2176.75 亿元（含结算中心对外存款 354.50 亿元），同比增长 58.70%；全口径资金集中率达 74.85%，可归集资金集中率达 95.80%；全口径账户联网率为 71.05%，可联网账户联网率为 99.53%。以央行存款基准利率上浮 30% 为基础，公司多支付优惠存款利息 2.76 亿元。一是开展资金集中常态化管理，开展人民币存款定价调整，制定差异化存款利率方案，最大限度地让利客户。二是常态化推进账户授权联网。

办理645个账户新增授权联网。研究扩大银行账户监控范围，推动非直连银行账户监控，实现账户资金监控无死角。三是高效开展结算服务。完成财企直连外网系统集中部署；上线智能客服，实现管理政策和业务流程自助问答服务，主动收集客户评价，进一步树立专业服务形象；推进电子函证业务，可通过网银实现财务公司询证函的在线申请。

【外汇业务】2021年，公司实现外汇业务净收益折合人民币1114.7万元。一是公司获批成为全国本外币一体化资金池首批5家试点单位之一。完成84家境内外成员单位备案入池，累计为中航国际、机载等所属10余家成员单位办理境外放款4.5亿美元。二是作为行业内首批试点的6家财务公司之一，上线人民币跨境支付系统（CIPS）标准收发器，通过财务公司“一点接入”，实现对境外账户的跨行管理；开通中国银行、工商银行全球账户授权联网，试点测通新加坡、中国澳门4个账户授权查询。三是成功获得海关税收担保业务全国通关资质，实现保函用于全国海关多项税款担保，极大提升成员单位通关效率。

【保险代理业务】公司保险服务航空主业的功能不断加强。集团统保各主要险种费率持续下降，全年节约保费约1327万元，航空类保险保费占比为73%；协助企业成功申请国家首台（套）保险补贴3269万元；完成航空产品责任险续保，保障9亿美元的新增交付航空产品；推广上市董监高责任保险，建立董监高人员执业风险防御机制，覆盖集团12家上市公司。

【投资和资金业务】2021年，公司累计实现收益19.82亿元，其中投资收益10.75亿元（含公允价值变动），同比增长120%；金融企业往来收入9.07亿元，同比增长69.12%。公司获取同业存单、债券、回购等新交易资质，顺利打通银行间市场。通过同业存单交易创造430亿元长期流动性，质押式回购、拆借创造1100亿元滚动流动性，建成流动性工具池。银行间市场的交易量从零增长至约3000亿元，成为市场活跃的交易主体。从集团债券融资成本管理视角出发，创新开展军工行业债券指数研究并完成发布准备。

【业务创新】公司成功开展订单融资、融资租赁、并购贷款以及保函及分离式保函等创新业务，研究买方信贷产品，储备融资需求80亿元，进一步丰富产品池，持续提升服务能力，满足企业多元化需求。

【风险管理和内部控制】公司配合年度评级与授信，严格贷前、贷中、贷后管理，不良贷款率为零；开发1104报表、EAST系统、流动性风险管理系统，实现风险监测预警；将评级、授信等风控手段融入核心系统，加强风险控制；开展多种形式的宣传培训，提升风险防范意识，培育合规文化；完善制度体系，确保重点领域、重大风险的管理合规、安全、高效；监管评级提升为2A级。

【人力资源管理】公司持续建强干部和人才队伍建设。修订《干部管理办法》，选拔任用3名干部，落实“墩苗计划”。制定经营业绩考核和薪酬管理制度办法，持续推动薪酬绩效制度落地实施，设立专项奖励经费，加大骨干核心人才激励力度。

【信息化建设】公司全面启动信息系统建设，为集团司库建设奠定重要基础。一是优化系统架构，建设完成安全、稳定、高效、便捷的新一代核心系统，完成与信贷、网银、电票、财务、保险代理系统、17家银行银财直连的对接。二是优化迭代网银系统，建设超级网银，通过“一点接入、多点对接”的方式，实现客户通过财务公司网银系统操作他行账户对外支付和查询等功能，大幅提升结算效率。三是部署金融市场交易系统，实现银行间金融市场产品管理，实时监测国内金融市场债券、汇率、利率等变化。四是启动数据信息管理，编制标准规范、数据同源、打通壁垒的数据管理方案，并在流动性综合管理中试点应用。五是上线新OA系统，搭建党建、办公、纪检、工会门户，梳理198项业务流程，实现移动办公；完成财务核算系统建设。

【企业文化建设】一是坚持政治统领，组织12次理论中心组学习，举办1期读书班，持续推进党委“第一议题”制度。二是组织开展庆祝建党100周年系列主题活动，深入开展党史和航空工业史学习教育。定期进行意识形态责任落实情况排查。三是全面提升基层党组织建设工作质量。落实“三会一课”制度，开展70余次主题教育活动；完成5个党支部换届选举。四是深化党风廉政建设，贯彻中央八项规定精神，严格落实履职待遇业务支出标准，落实集团修身正己八项纪律。召开党风廉政警示教育大会。五是推动与做好统战和群团工作。召开职工大会，推进党务、司务公开；连续7年赴贵州打哈小学开展公益活动，履行社会责任。

中核财务有限责任公司

【集团概况】2021年，中国核工业集团有限公司（以下简称“集团”）勇毅前行、成绩斐然，开启了加快建设核工业强国的新征程。集团深入贯彻落实习近平总书记重要指示批示精神和党中央决策部署，把握新发展阶段，完整、准确、全面贯彻新发展理念，加快构建新发展格局，制定实施“十四五”规划，深入推进“抓落实年”专项工作，推动核工业高质量发展。加强科研攻关，核科技创新体系能力明显提升；加快产业发展，产业经济保持稳定增长，全年营业收入同比增长9.6%，利润总额同比增长12.37%，净利润同比增长10.75%，连续16年获国务院国资委经营业绩考核A级；统筹两个循环，国内国际市场开拓打开新空间；全面深化改革，发展内生动力不断释放；推进管理创新，集团管控能力进一步增强；强化风险意识，安全质量环保全面受控；坚持党的领导，党的建设取得新成绩，实现了“十四五”良好开局。

【经营概况】2021年，中核财务有限责任公司（以下简称“公司”）主动作为、提质挖潜，坚守金融服务实体经济本源，积极深化金融服务职能，强化资金管理职能，满足集团产业链资金需求，积极推进改革任务，释放内生发展动力，营造创新发展环境。截至2021年末，公司资产规模958亿元，全年实现营业收入24.53亿元，拨备前利润18.18亿元，全员劳动生产率2640万元/人，圆满完成年度各项任务，各项合规性指标符合监管要求。

【服务实体】截至2021年末，公司自营贷款余额527.65亿元，其中，向核电、制造业、采矿业、建筑业、水电、光伏发电、风电等企业发放贷款合计483.03亿元，占总贷款金额的91.54%。公司先后向30余家小微企业开展授信，并对以民生保障为核心的企业提供期限灵活、价格优惠的贷款给予支持，贷款条件优厚，覆盖范围持续扩大，小微企业贷款综合成本得到压降。

【信贷业务】2021年，公司累计新发放自营贷款416.03亿元，自营贷款余额527.65亿元，日均贷款536.40亿元。为积极落实国家金融政策，以及集团重大任务、“双碳”工作要求，真正实现金融助力企业高质量发展，围绕绿色能源、科技创新、重大专项、扶贫攻坚、战疫支援、运营降本、高端制造、“双碳”配套等领域进行产品布局。

2021年，发放集团成员单位委托贷款283.85亿元，委托贷款余额达到603.94亿元。进一步为企业减负，降低融资成本，公司的委托贷款和担保业务手续费持续保持在低水平。

【资金业务】2021年，公司进一步精益资产负债管理，吸存资金计划日均偏离度从1.6%下降至0.18%，结算备付率从11%压降至9%以内，有效提升资金运作效率。进一步拓宽同业业务渠道和业务种类，根据市场整体走势及流动性管理需要，灵活调整优化同业资产结构，资金运营效率显著提升，全年实现同业收入3.88亿元，同业综合收益率超出7天Shibor均值15个基点以上。

【投资业务】2021年，公司开展各类投资业务操作195笔，召开投资决策管理委员会会议7次，审议各类重大投资事项12项。全年证券投资累计实现投资收益5.1亿元，日均投资规模约为62.8亿元，综合投资收益率为8.1%，远高于全市场可比债券基金4.97%的平均水平。

【外汇业务】2021年，公司办理国际结算业务214笔，金额折合7.20亿美元，完成新增27家资金池成员单位的备案工作；新增交通银行、中信银行作为跨境资金集中运营业务合作银行；新增境外放款额度至12.27亿美元；落实国家金融战略，完成CIPS标准收发器搭建及投产运用，实现了经常项目和资本项目跨境人民币业务的落地。为落实集团汇率风险管理职责，定期发布12期《外汇市场研究报告》等资讯，为培养成员单位外汇风险管理意识提供服务。

【资金集中】2021年，公司进一步强化集团账户资金管控要求，截至年末全口径资金集中度为72.37%，可归集口径资金集中度为97.87%。公司强化顶层设计，基于集团司库体系建设的整体要求，将资金集中度及账户可视率指标作为重点任务纳入各单位的MKJ考核。积极推进集团银行账户管理系统和资金主控室、分控室建设，实现资金管理“可视—可控—可动”，赋能集团资金安全管理，不断完善服务集团共享中心的“财企通”功能，并推出财商通、超级网银等新产品，丰富成员单位支付渠道。

【业务创新】2021年，公司深入践行“以客户为中心”的服务理念，积极探索尝试金融科技创新应用，推出“超级网银”资金结算创新产品，为客户提供专业、安全、便捷的全流程交易资金支付结算解决方案，让客户充分体验到创新渠道的便捷优势。“超级网银”产品可实现跨行实时转账、跨行账户管理、跨行资金归集等功能，同时通过介质与渠道集中有利于成员单位加强资金安全风险管控，方便集团内部单位资金集中管理。

【风险管理和内部控制】2021年，公司充分发挥各级风险管理组织职能，确保风险管理工作有效开展。严格执行风险管理流程，动态开展风险评估与监测，切实加强管控成效。公司加强风险数据治理，强化金融基础数据标准化管理，提高数据质量，规范金融基础数据应用。全面梳理制度适用性和可行性，积极推进制度“立、改、废”工作，全年共完成制度修订47项，为公司经营发展奠定坚实的制度基础；深入推进风险、内控、合规、法律“四合一”管理体系整合工作，进一步优化顶层设计，明确部门职能定位和资源配置重点，探索转型发展管理体系的新模式。

【人力资源管理】2021年，公司发布首个人才发展规划。布局“十四五”人才强企战略，坚持党管干部原则和市场化选人用人有机结合，立足行业人才和集团人才“一盘棋”理念，推动干部有效配置和合理流动，丰富干部阅历、增强干部本领。全面深化“三项制度”改革。实施任期制和契约化管理，打破干部队伍“盖层”瓶颈，健全干部“能下”机制；重构考核分配体系，旗帜鲜明地树立以业绩和贡献为导向的激励机制，修订薪酬福利相关制度，调控薪酬分配关系，合理拉开收入分配差距；完善岗位管理体系，加强竞争性选拔力度，以岗位公开竞聘、岗级晋升竞聘激发内部活力，让奋斗者有奔头，让优秀者脱颖而出。

【信息化建设】2021年，公司充分发挥“内部银行”职能，建设新生态圈，开拓新结算渠道，开展公司超级网银、财商通、财企通、银行账户管理系统、CIPS系统建设。推进监管报送EAST系统建设，编制“十四五”信息化发展规划，为数字化转型奠定坚实的基础；建设数据中心机房，调研基础设施运营模式，从网络高可用、高安全、高稳定性的要求出发大力推进“两地三中心”建设，提升基础设施和信息化服务保障能力。

【企业文化建设】2021年，公司坚持党的全面领导，坚定正确政治方向。贯彻落实集团党组决策部署和公司党委工作要求，推动公司落实改革三年行动、深化“三项制度”改革、履行资金管理职能、提升金融服务质效、有效防控金融风险等取得新成效、实现新突破。以党史学习教育为契机，持续激发奋进动力。全员真抓实干、攻坚克难的动力得到进一步激发，达到了“学党史、悟思想、办实事、开新局”的目的。发挥群团组织合力，释放党建创新活力。牵头行业首个党建课题研究，举办首次党建创新研讨会，交流互鉴经验，推广“中核财务”党建品牌。落实党建带团建，创新推出“核财代言人”工作机制，组建内训师团队，搭建“青年成长讲堂”，开展高质量发展合理化建议征集，激发全员主人翁意识。

中化工程集团财务有限公司

【集团概况】中国化学工程集团有限公司（以下简称“集团”）是国务院国资委直接监管的大型工程建设企业集团，是我国工业工程领域资质最为齐全、功能最为完备、业务链最为完整、知识技术密集的工程公司。2021年，集团紧紧围绕建筑工程、环境治理、实业、现代服务业四大板块开拓业务，扎实开展国企改革三年行动等专项工作，实现新签合同额累计超过3000亿元，在ENR发布的2021年度榜单中，集团列全球承包商250强第17位、国际承包商250强第19位，在全球油气相关行业工程建设公司排名中列第1位，创历史新高。集团首次荣获“全国五一劳动奖状”。

【经营概况】2021年，中化工程集团财务有限公司（以下简称“公司”）全年累计实现营业收入8.17亿元，同比增长15.98%，实现利润总额3亿元，同比增长10.68%，实现净利润2.25亿元，同比增长11.35%；截至2021年末，公司资产总额443亿元，同比增长16.02%，吸收存款423亿元，同比增长16.28%，信贷投放达到127亿元，同比增长47.64%，均创历史新高；资金集中度达到72.94%，首次获评“首都文明单位”荣誉称号，10余篇课题研究成果获多项行业奖项。

【服务实体】公司根据集团关于“大力发展实体经济，聚焦主业实业”的相关要求，紧跟集团己二腈等重点项目建设，不断深挖企业资金需求融资难等痛点，强化金融服务责任意识，研究制定可行性融资方案，持续围绕集团重点建设项目提供项目资金和金融资源支持。

【信贷业务】公司坚持“立足集团，服务集团”原则，持续加大信贷业务开展力度，全年各项信贷余额突破100亿元，日均余额92.12亿元，产业链业务发生额突破26亿元。

【产业链金融】公司积极贯彻党中央关于中央企业承担产业链、供应链链主职能，带动产业链、供应链共同发展的相关要求；围绕集团成员单位重点在建项目深入调研，积极开展产业链业务的推广工作。截至2021年末，产业链业务发生额累计达26.52亿元，涉及核心企业43家，产业链企业超过420家。

【资金业务】2021年，公司加强资产负债管理，定期召开资产配置会议。加强同业活期资金的精细化管理。主动应对疫情下的业务需求变化，积极拓展合作机构范围，同业授信业务合作机构由15家增至20家，打好深化业务合作的授信基础。2021年同业授信总额131.17亿元。

【投资业务】公司根据年度投资计划、策略标准及相关制度规定，依法合规开展有价证券投资业务，日均投资资产规模保持在12亿元以上，投资收益率得到一定幅度提升，全年投资业务相关监管指标均符合监管要求和公司内控要求。

【票据业务】2021 年，公司承兑汇票开票量大幅增加，公司票据在市场上的流通能力也显著提升。2021 年共为 27 家企业开立银行承兑汇票约 2700 张、金额 30.89 亿元，银行承兑汇票发生额较上年同期增长 54.30%。累计开展再贴现 1 笔、金额 3.03 亿元。

【外汇业务】公司利用跨境资金池双向通道为集团办理 8 笔境外放款业务，放款金额 1.28 亿美元；办理 3 笔外债业务，借入金额累计 460 万美元；成功开展即期结售汇业务，办理业务合计 27 笔，为集团节约财务费用近 400 万元。

【资金集中】2021 年，集团继续将成员单位资金集中度纳入预算考核指标；公司新增 7 家银企直连银行，设定专人督促企业与银行加快账户授权办理速度，截至 2021 年末，公司吸收存款 423.10 亿元，资金集中度达 72.94%，再创历史新高。

【业务创新】在信贷业务创新方面，2021 年公司针对集团内部往来债务情况进行深入调研，在现有应收账款保理业务的基础上探索新型业务模式用以解决内部债务清欠问题。在外汇业务创新方面，全年办理 5 笔集中收付业务。在同业业务创新方面，制定同业存单发行人准入名单，并于 2021 年 11 月 16 日完成首笔同业存单业务落地。

【风险管理和内部控制】公司始终坚持“大风险管理”理念，积极推动建立“风险、内控、法律、合规”四位一体工作机制，持续优化内控和风险管理体系建设，不断精细化基础风险管理工作，加强各类风险量化模型建设，优化内部定价管理及资本管理机制，完善法律顾问服务。

【人力资源管理】全年通过社会化招聘中层干部 1 人、员工 12 人。对所有拟聘人员实现查档全覆盖。同时，深化“三项制度”改革，推进经理层契约化与任期制管理，不断构建市场化用工机制；探索开展产融知识讲堂活动，多种形式加强员工培养力度。

【信息化建设】公司全年累计完成 8 个信息化建设项目的开发和实施。推动软通金融核心业务系统建设；完成 EAST 系统、利率报备系统、二代征信系统、ECDS 电票直连系统、MTS 直连系统、CIPS 结算系统六个重大系统的开发工作，新增 7 家银行银企直连接口上线。完善投资管理、风险管理、财务报表等模块开发。完成公司网络架构、核心网络设备的更新升级。

【企业文化建设】公司不断加强党的建设，完成支部换届调整。以党史学习教育为契机，先后开展庆祝建党 100 周年主题团建活动，前往北京香山革命纪念馆等地进行红色主题教育。完成公司工会、团组织人员调整，完善相关制度，组织员工集体生日会，积极参加集团组织的服务冬奥志愿者活动。

中化集团财务有限责任公司

【集团概况】中国中化集团有限公司（以下简称“集团”）为国务院国资委监管的国有重要骨干企业。集团设立能源、化工、农业、地产和金融五大事业部，对境内外 300 多家经营机构进行专业化运营，拥有全球员工约 6 万人。集团迄今为止 31 次入选世界 500 强企业，2021 年列第 151 位。

【公司概况】2021 年，中化集团财务有限责任公司（以下简称“公司”）圆满完成经营业绩目标，存贷及创新业务规模持续增长，全年实现利润总额 12.2 亿元。公司积极配合集团推进账户集中、资金集中、结算集中等相关事宜，稳步有序推进新核心系统建设。同时，不断强化金融服务能力，紧密围绕客户需求，加强产品创新与营销，聚焦服务核心主业、重点项目，为集团及产业客户提供多样化金融服务与支持。

【服务实体】在经营政策方面，公司将集团重点企业纳入战略客户管理；在运营机制方面，建立了以全面风险管理为主导的管理保障机制并配备专业人员；在业务拓展方面，不断创新业务模式、丰富产品类型、提供多元化资金支持。

【信贷业务】公司信贷业务紧密围绕客户需求，提供优质、便捷的自营贷款、委托贷款、电子票据等综合金融服务。信贷资产投放日均规模连续三年持续增长。2021 年，累计为近 1000 家内外部客户发放贷款 8000 余笔。

【产业链金融】“一头在外”产业链金融业务保持增长态势；覆盖集团各事业部产业链客户；深入挖掘成员单位上下游融资需求，落地首笔“买方信贷”业务，支持集团产业链核心企业向下游拓展；积极推动智慧供应链金融系统线上平台建设，简化线下操作，降低经营成本。

【资金业务】公司运用有效信息化手段进行流动性管理及资金计划管理，在同业业务方面，公司不断加强机构合作，积极参与货币市场业务，不断加强融资能力建设，做好协同保障工作。同时，公司注重机构与信用风险管理，对交易对手准入及授信管理进行审慎评估，确保资金安全。

【投资业务】公司加大对集团内外部标准化金融产品的研究，进一步扩大公募产品投资规模，形成以固定收益类产品为主的投资结构，投资范围包括公募基金、地方政府债、金融债、国债、公司债等。通过开展投资银行业务和探讨委托投资业务，进一步加强证券投资和金融服务的协同作用。

【票据业务】2021 年，公司一方面围绕集团核心企业开展票据业务推广，成员单位商业承兑汇票开立规模持续增长，“一头在外”票据贴现业务有效缓释成员企业流动性压力；另一方面严格按照中国人民银行发布的商业承兑汇票信息披露制度要求，敦促成员企业主动完成票据披露平台信息披露工作，积极助力票据市场信用体系建设。

【外汇业务】公司向集团及成员客户提供结售汇、跨境资金运营、外币存贷款、国际结算代理等服务。公司成功获批首批“跨国公司本外币一体化资金池”资格，并办理全国首笔试点业务。公司结售汇业务规模持续位于行业前列，积极拓展跨境集中收付业务，不断完善业务品种。

【资金集中】公司强化上市公司资金集中政策研究与归集力度，不断提升上市公司金融服务框架协议存款上限。承接集团资金辅助管理职能，将日均口径资金集中度纳入集团财务预算管理。承接集团司库一期建设，助力集团资金头寸和资金计划精细化管理。

【业务创新】公司积极开展“创新竞赛季”活动，鼓励全员创新、全面创新，涉及产业金融服务、融资服务、同业业务、外汇与跨境服务、管理能力提升等多个方面。同时，公司持续丰富产品种类，获批“跨国公司本外币一体化资金池”新试点资质，开展全国首笔业务，创新开展跨境资金池外汇衍生品业务，开展首笔买方信贷业务。

【风险管理和内部控制】公司坚守合规底线，稳健开展各项经营业务；研究风险量化模型，设计多维度分级授权方案，在风险可控的前提下协同业务创新；建立信贷业务标准合同库，持续提升法律专业保障；从治理构架、流程体系、监督管理、合规文化等多个方面，深度构建有效的合规内控机制。

【人力资源管理】制定并实施梯队人才专项培养计划，实施分层分类人才管理；丰富完善激励方式，组织开展重点项目即时奖励、丰富表彰形式；完成岗位体系对标重建，完善双通道建设，拓宽员工职业通道；完善管理流程，拓展内外部招聘渠道，精准吸引业务发展所需的优质人才。

【信息化建设】公司新一代核心业务系统于2021年11月26日试运行上线，信息安全达到等保2.0三级标准，新核心系统包括24个子系统，覆盖公司所有主营业务，促进了公司“线上化、智能化、数字化”的战略发展，是集团司库管理体系的重要组成部分，也是公司成立以来信息化发展过程中的一次重要跨越。

【企业文化建设】公司党委着力探索“1633融入式党建”新模式，不断加强与生产经营的融合促进，打造6个特色品牌基层党组织；多措并举开展“红色系列”活动，推动党史学习教育走深走实；扎实践行“我为群众办实事”，深化党组织“共建三角”，积极与监管、同业、客户开展联学联建活动；围绕“融·贯”计划创新文化活动，实现企业文化宣贯常态化、标杆化、实效化。

中集集团财务有限公司

【集团概况】中国国际海运集装箱（集团）股份有限公司（以下简称“集团”）1980年1月创立于深圳，1994年在深圳证券交易所上市，2012年12月在香港联交所上市，主要股东为深圳市资本运营集团、招商局集团等。集团是世界领先的物流装备和能源装备供应商，致力于在集装箱、道路运输车辆、能源化工及食品装备、海洋工程、物流服务、空港设备、金融服务等主要业务领域提供高品质与可信赖的装备与服务。作为一家为全球市场服务的多元化跨国产业集团，集团在亚洲、北美洲、欧洲、大洋洲等地区拥有300余家成员企业及3家上市公司，客户和销售网络分布在全球100多个国家和地区。

【经营概况】2021年，全球疫情时有反复，经济复苏之路崎岖不平，集团加快战略转型升级，充分发挥产业优势，取得了有史以来最好的经营业绩。中集集团财务有限公司（以下简称“公司”）稳中求进，践行集团“制造+服务+金融”发展战略，聚焦公司经营转型升级，在大幅让利成员企业的同时，取得了良好的经营成果，并在管理方面有了新的提升。公司全年实现营业收入超过3.20亿元，实现净利润0.98亿元，截至2021年末，公司总资产折合人民币约104.82亿元。

【资金集中】2021年，公司继续推行集团下属业务板块二级资金池业务，更好满足板块资金管理需求，提升板块资金使用效率和效益，助推板块资金管理迈入新阶段。同时，按照集团继续加强特殊时期的资金集中管理要求，不断优化各项资金集中基础工作，在独立上市板块增多的情况下，积极研究政策，加强协调，做好上市公司关联交易存款限额管理，不断提升资金集中运营管理水平。2021年全口径资金集中度约为43%。

【信贷业务】2021年，公司信贷投放受到监管政策、集团板块分拆上市以及集团资金管理政策等多方面影响，公司为多个业务板块和企业制定了专门的金融服务方案，优化信贷客户结构和产品结构，在满足客户融资需求的同时，强化与集团产业发展的协同和配合。公司全年新增信贷投放总量超过人民币68亿元。此外，公司买方信贷系统于2021年3月正式上线，信贷系统和新核心系统同步上线，为公司信贷服务能力和效率提升打下了良好的基础。

【产业链金融】2021年，公司深入挖掘成员企业及产业链企业融资需求，持续加强对集团产业板块信贷投放，有效为产业发展提供资金支持。同时，在国家“双碳”目标下支持集团在清洁能源行业发展，绿色金融投放超过2亿元；买方信贷投放约10亿元，达到历史新高。2021年12月，首笔与同业机构共同开展的买方信贷成功落地，实现了业务模式的创新与突破，有效助力集团产品的销售，提升集团产业综合竞争力。

【外汇业务】2021 年，受集团整体经营业绩大幅增长影响，截至 2021 年末，公司代客结售汇业务总额超过 34.50 亿美元，其中代客远期结售汇业务总额超过 31 亿美元，远超上年同期。公司创新外汇风险咨询服务方式，与集团财务管理部联合发布多篇外汇业务分析报告，获得成员企业的高度评价。

【投资业务】2021 年，公司新增货币市场基金投资业务，不仅拓展了收入渠道，而且提升了资产配置的灵活性。

【票据业务】2021 年，公司针对业务板块和成员单位不同特点和需求，借助新核心系统建设及全国票据系统升级契机，积极部署新一代票据管理系统建设；建立和拓展票据业务运作渠道，特别是代开票据渠道，受到了成员单位的普遍欢迎。同时，公司择机盘活应收票据等资产，协助集团实现资产负债的有效管理。

【业务创新】2021 年 5 月，作为全国首批试点企业之一，以公司为主办企业的本外币一体化跨境资金池业务成功落地，为集团和成员企业跨境资金调拨提供了便捷通道，进一步丰富了集团跨境资金池业务功能，集团内部跨境资金运作便利化程度得到大幅提升。

【风险管理和内部控制】2021 年，公司持续完善全面风险管理体系，风险管控和合规管理工作取得新成效。在业务风险把控方面，坚持审慎业务审查，信贷及金融市场业务资产质量良好。在落实监管要求方面，相关工作获得监管部门高度肯定，监管评级保持优良水平，征信管理工作获评优秀机构和个人，金融统计工作获得优异考评成绩。在提升管理规范化方面，全面梳理并优化相关管理制度，完成信贷业务格式合同修订及启用，为业务开展提供有效依据和保障。

【信息化建设】公司 2020 年末正式启动新核心系统建设，新核心系统建设是公司转型升级的关键基础设施，也是 2021 年的核心工作。2021 年，各个子项目均进入联调联试阶段。

【人力资源管理】2021 年，公司继续优化管理机制，加强团队建设。为提升人均产出效率，公司完善并实施了以岗位目标责任制为核心的员工业绩管理和评估体系，鼓励部门提升人力效率。为加强团队建设，公司结合员工晋级和人员招聘补充优化了员工梯队结构，为业务和重大项目的正常开展提供了有效保证。

【企业文化建设】2021 年 8 月，公司党支部经集团党委批准正式成立，并组织开展了党史学习教育等一系列党建活动，为进一步发挥党组织的先进性和战斗力打下了坚实的组织基础。

中建财务有限公司

【集团概况】2021 年，中国建筑集团有限公司（以下简称“集团”）坚决贯彻党中央、国务院重大决策部署，认真落实国务院国资委各项工作要求，以高质量发展为主题，推动改革发展和党的建设取得新成绩，实现“十四五”良好开局。第 16 次获得国务院国资委年度考核 A 级，列 2021 年世界 500 强企业第 13 位，稳居全球最大投资建设集团地位。连续 6 年稳居 ENR 全球承包商 250 强第 1 位，继续保持行业内全球最高信用评级。

【经营概况】截至 2021 年末，中建财务有限公司（以下简称“公司”）总资产 1073.99 亿元，负债总额 943.83 亿元，净资产 130.16 亿元。全年实现营业收入 29.08 亿元，利润总额

Z

11.01 亿元，净利润 8.26 亿元。吸收成员单位各项存款余额 920 亿元，日均存款余额 852 亿元，资金集中覆盖范围扩大至 932 家子企业。探索多种途径释放各类受限资金近 433 亿元。通过人民币资金池业务办理跨境资金调拨总额 33.2 亿元；通过跨境资金集中运营业务办理跨境资金调拨总额 1.12 亿美元。各项信贷资金余额 803 亿元，同比增长 16%。发挥票据业务作用，开展票据承兑业务 151 亿元，票据贴现业务 49 亿元，支持上游中小微企业发展。升级优化供应链服务平台，开展线上供应链业务金额 47.44 亿元。

【服务实体】2021 年，公司积极服务集团践行国家战略，累计为长三角区域与长江经济带、粤港澳大湾区、国家重大基础设施项目建设以及城市更新改造提供贷款 305 亿元，为中小微型企业提供贷款 25 亿元，为遭受疫情及自然灾害重大影响的企业提供贷款 31 亿元。

【信贷业务】2021 年末，公司向成员单位提供表内外融资余额超 1300 亿元。推行“一企一策”金融服务，创新服务手段，优化业务流程，免保证金、免手续费开立保函余额 396 亿元，同比增长 64%，涉及合约额 5010 亿元。

【投资业务】2021 年，公司新增债券投资 14.8 亿元，年末债券持仓余额 20.9 亿元。积极发挥财务顾问作用，促进成员单位近 200 亿元债券成功发行。累计开展货币市场基金投资 9 亿元，进一步丰富投资品种。

【资金结算】2021 年，公司积极构建集团统一结算支付体系，先后开发线上代理收款、小额支付不落地、网银智能助手等功能，全年资金结算总流量超 9 万亿元，结算笔数超 49 万笔，全力打造以财务公司为主、商业银行为辅的统一收支结算体系。

【业务创新】公司创新开展集中开立保函业务，落地首批房地产预售监管资金保函；开通“绿色金融通道”，落实国家“双碳”战略，将金融资源向绿色建筑、节能环保等绿色领域配置。推广电票账户主动管理服务，助力集团成员单位防范化解伪假票据风险。针对部分成员单位票据承兑业务金额小、笔数多、审查资料复杂的特点，推出集中开立票据服务。举办银企合作支持集团粤港澳大湾区业务交流会，签订区域战略合作协议，构建银企合作新模式。

【风险管理和内部控制】公司持续强化员工合规意识，优化风险管理工作机制。通过法律、业务、合规知识讲座，结合专家答疑、线上学习、展板宣传等多种方式，增强全员依法合规意识。利用信息技术提升流动性风险、信用风险、操作风险等多维度风险管理水平，优化业务评审工作体系，提高业务评审质量与效率，根据监管政策结合集团主业，继续优化公司制度规范。

【人力资源管理】2021 年，公司完善金融特色职级体系，加强人员职业生涯规划管理，明确结算、信贷、投资、风险等特色岗位的职责和任职资格条件，保持行政、财务、人力等综合岗位与集团任职标准的统一，形成人才管理双通道。强化培训教育，分级次、分批次组织干部参加 5 天封闭党史培训，举办能力素质提升“英才”、党性修养教育等网络专项培训班，组织干部参加集团及行业组织各种专业培训 20 批次。

【信息化建设】公司以数据治理促业财深度融合，建立监管数据报送平台，上线人民银行二代征信系统、EAST 报送系统、金融基础数据报送系统和利率报备系统；完善与集团一体化平台财企直连，夯实“资金结算平台”基础，完成外币业务改造、小额不落地及银行代收等业务功能开发；上线票据交易系统直连建设项目，实现票据全生命周期管理；圆满完成网络攻防演练和重保工作，完成等级保护测评工作。

【企业文化建设】发布公司企业文化理念，建强文化舆论阵地，公司微信公众号、官方网站编发稿件 131 篇。推动党的主题教育入脑入心，组织党委理论学习中心组、“三会一课”、党员干部专题培训等学习教育及活动 200 余次。建立财企、同业联学联建模式，到红色教育基地实地研学十余次，推出“学党史、悟思想”每日专栏 200 期，开展“学党史、祭英烈”“向党说句心里话”等各类党群活动，赓续红色血脉。开展“我为群众办实事”实践活动、“贯彻新发展理念大学习、大讨论、大落实”活动，支持集团和成员单位践行国家战略，组织“金融知识进项目”志愿服务活动，促进党建业务融合。

【纪检监督】融入业务监督，深入开展“六个专项行动”、国企改革三年行动、资金专项整治、“靠企吃企”等“1+N”联合监督；突出日常监督，督思想、督党建、督作风、督“少数”、督“餐饮”、督廉洁，实现近距离、全员化、具体化监督。

中交财务有限公司

【集团概况】中国交通建设集团有限公司（以下简称“集团”）是全球领先的特大型基础设施综合服务商，主要从事交通基础设施的投资建设运营、装备制造、房地产及城市综合开发等，为客户提供投资融资、咨询规划、设计建造、管理运营一揽子解决方案和一体化服务。2021年，集团在国务院国资委年度经营业绩考核中实现“16连A”，在世界500强企业中排名跃升至第61位。

【经营概况】2021年，中交财务有限公司（以下简称“公司”）坚持“依托集团、服务集团、业财融合、价值创造”的经营宗旨，坚持稳中求进工作总基调，扎实有序推进各项工作。截至2021年末，公司资产总额440.85亿元，实现营业收入11.90亿元，利润总额3.55亿元，净利润2.85亿元。

【服务实体】2021年，公司协助中交城投发行集团系统内首笔绿色中票，在以绿色金融推动绿色发展方面取得重大突破；公司协助中交一航局发行2021年第一期出表型资产支持票据，此笔业务有效降低了一航局“两金”及负债率。2021年，河南、山西等地先后遭遇极端特大暴雨汛情，公司在灾后第一时间迅速建立专项行动线上申请和快速审批通道，共为7家成员单位的22个河南地区受灾项目发放18亿元优惠贷款，为5家成员单位的18个山西地区受灾项目发放3亿元优惠贷款，贷款利率均为2.85%，较一年期LPR下降100个基点。

【信贷业务】公司聚焦集团重点项目、重要区域、重大市场，全年累计向集团及成员单位提供信贷支持合计730.06亿元。日均各项贷款214.46亿元，同比增长6.05%。

【资金业务】公司加强资金统筹管理，提升资金使用效率。树立“大资金池”管理理念，持续加强人民币资金全国统筹管理和银行账户管理精细化，通过细化资金计划、同业拆借等手段，保证公司流动性比例安全，努力提升资金使用效率。2021年公司人民币可用资金存贷比达到73.42%，同业账户平均资金率为2.37%。

【投资业务】发挥公司信用优势，积极投资成员单位发行的债券和其他固定收益类产品。2021年，公司投入自营资金3.5亿元，协助8家成员单位成功发行15笔债券，包括1笔资产支持票据、2笔一般中票和12笔超短融，有效降低了成员单位的融资成本。

【票据业务】2021年，公司持续完善票据业务制度，制定了《票据账户主动管理制度》。按照监管机构要求，完成上海票交所票据信息披露平台注册，坚持每日披露公司承兑票据信息。全年累计为成员单位办理承兑汇票36.64亿元，办理票据贴现2.18亿元。

【统保业务】做好大案特案的理赔服务工作既是保险集中管理的应有之义，又是公司作为统保平台服务实体的重要任务。2021年，公司密切关注各单位存量索赔案件的理赔进展，特别是对于索赔金额高于500万元的项目，均安排专人进行跟踪，在案件推进受阻时及时介入，提供资源支持和专业协助，尽最大努力帮助受损项目争取赔付。

【资金集中】公司坚持“以结算促集中、以流量带存量”，多措并举促进资金归集。积极走访客户推动账户开立，实现集团境内二级单位全覆盖。推动直连账户添加和云平台服务，新增直连账户164户。确保资金结算安全高效，单日峰值结算规模达6943笔，结算量363.10亿元。

【业务创新】公司落实集团国际化要求，强化境内外资金管控能力，持续完善核心系统建设，积极推进全业务上线工作，搭建跨境本外币双向资金池、SWIFT－AMH全球账户管理及CIPS人民币跨境支付系统。

【法治合规建设】公司加强“十四五”时期法治合规建设顶层部署，组织召开“2021年法治建设暨合规管理工作会”，有力配合第一责任人履行推进职责。严格落实四项法律审核全覆盖，修订信贷业务类和信息技术类制式合同，开展合同管理检查和专项培训。牵头开展“对标一流监管评级管理提升三年行动”，借助评级外力促进管理提升。不断创新普法形式，开展了富有金融特色的系列合规宣教活动，发布《法律合规专刊》12期，刊印了《宪法特刊》，举办了宪法征文比赛，营造了良好的合规氛围。

【风险管理和内部控制】公司持续完善全面风险管理体制机制，修订完善风险管理基础制度，做实做细日常风险监测，加强信贷业务和投资业务审批管理，定期评估流动性风险运行状况，加大违法违规行为问责力度。以“内控合规管理建设年”活动和“制度建设年”活动为抓手，深入开展内控合规管理自查整改和内部控制评价，加大规章制度合法合规性审查力度。

【人力资源管理】结合“制度建设年”“管理提升年”活动要求，公司梳理“立、改、废、留”制度，全年制定、修订组织人事制度25项。全面落实国企改革三年行动要求，健全市场化经营机制，对经理层成员实行任期制和契约化管理，建立了“责权明晰、奖惩分明、业绩突出、流动有序”的管理模式。为集团金融人才的培养交流奠定了基础。

【信息化建设】公司全面完成新一代核心业务系统替换及投资管理系统的上线工作，以系统规范流程，在简化操作的同时，注重对风险的防控。经过年底业务高峰的验证，系统运行稳定。按照监管机构要求，按时完成了EAST系统、利率报备系统的数据梳理报送工作。推动信息安全体系建设，通过动态监测、主动防御多措并举，保障全年重要时点的网络信息安全，实现网络安全零事故。

【企业文化建设】公司坚持以习近平新时代中国特色社会主义思想为指导，扎实开展党史学习教育。聚焦主要业务，成立“助力集团降杠杆减负债党员突击队”和“核心业务系统2.0上线部署项目青年突击队”，让党旗在生产经营第一线高高飘扬。开展第二届“客户服务标兵”表彰大会暨2021年职工自主创新成果发布会，动员广大职工立足岗位建功立业。

中节能财务有限公司

【集团概况】中国节能环保集团有限公司（以下简称“集团”）作为一家以节能减排、环境保护为主业的中央企业，成立至今，为推动我国节能环保事业的起步、发展和壮大作出了重要贡献。集团拥有下属企业700余家，上市公司7家，业务分布在国内各省市及境外约110个国家和地区，形成了“3＋3＋1”的产业格局，是我国节能环保领域规模大、专业全、业务覆盖面广、综合实力强的旗舰企业。

【经营概况】2021年，中节能财务有限公司（以下简称“公司”）落实国务院国资委、集团党委、公司董事会各项重要工作部署，深化集团资金集中管理，大力开展绿色金融创新，为集团“十四五”高质量发展提供战略支持。

【服务实体】2021年，公司持续保障集团各成员单位“十四五”绿色低碳主业发展，有效服务实体经济。最大限度地开展资金调剂，全年通过开展绿色银团和绿色贷款置换为集团引入外部绿色信贷资金超过100亿元，降低相关贷款成本超过20个基点，为集团节约财务费用约5亿元；通过最大化调整存、贷款利率及手续费减免，对集团各成员单位合理让利约4500万元。

【信贷业务】公司构建了综合信贷、保函、票据、金融服务四大类20余项绿色金融产品体系。截至2021年末，发放贷款余额161.6亿元，授信业务涵盖集团主要二级公司及重点三级公司的流贷、汇票、保函、担保、项目贷款等融资需求。牵头发起3.88亿元长江大保护绿色银团贷款，成功保障毕节市的“两园一链”固废处理综合整治示范项目顺利实施，融资成本较LPR基准利率降低55个基点。

【票据业务】公司于2021年启动票据交易直连系统（CPES）建设工作，并于年内顺利通过上海票交所验收后成功上线投产运行。

【资金集中】公司坚持“一企一策”设计金融服务方案，2021年“零差错”开展结算业务17.81万笔、金额3419.51亿元。截至2021年末，集团资金集中度达到70%，较公司成立之初时的21.3%已增长近50个百分点。

【业务创新】公司开展体制机制创新及绿色信贷政策改革，建立了绿色信贷产品方案、绿色产业评价模型及绿色评价信息化系统，支持“双碳”目标。截至2021年末，公司已通过绿色信贷评价系统为40余个集团重点项目落实低成本绿色贷款超过130亿元；服务集团湖州、毕节、咸宁等长江大保护示范项目落地超过50亿元。

【风险管理和内部控制】2021年，公司完成集团全球资金管理平台、跨境资金池建设。持续深化全面风险管理体系，强化制度建设、标准化建设，压实稽核内审体系建设，健全法治金融、法律合规管理和法治人才队伍建设。截至2021年末，公司未发生一起影响业务发展和公司信誉的不良风险事件，不良资产率为零，资产损失准备充足率达到100%，保持稳健合规经营良好局面。

【人力资源管理】公司党支部发挥政治引领作用，加强团青工作顶层设计，组织编制《党建带团建工作的实施意见》《“十四五”青年工作规划》，推进青年意识形态体系、成长关爱体系、融合创新体系、岗位建功体系、先锋文化体系五大体系建设。2021年，公司协助集团承办首届中国节能“青马工程”启动仪式暨五四表彰大会；组建绿色金融服务青年突击队；建立内训师机制，修订《教育培训管理办法》，完善配套保障激励政策；开展“我为青年办实事”工作，有效推动绿色金融人才队伍岗位建功、创新创效。

【信息化建设】公司建立核心业务平台、电票管理平台、统一监管报表平台三大平台。2021年完成上海票交所电票直连系统、银保监会EAST（现场检查分析）系统、人民银行利率报备监测分析系统上线；开发“微信银行”，通过新媒体服务渠道创新，打造智数化结算管理平台。

【企业文化建设】2021年，公司党支部深入学习贯彻习近平新时代中国特色社会主义思想和习近平总书记关于文化建设的重要论述，推进企业文化建设，形成以党的建设引领企业文化发展、以企业文化建设助推党组织建设的生动局面。

中开财务有限公司

【集团概况】中国南山开发（集团）股份有限公司（以下简称“集团”）成立于1982年，是我国第一家中外合资的股份制企业。集团以深圳赤湾为总部，旗下拥有上市平台南山控股，业务涉及综合物流、产城综合开发、金融服务、资产管理等领域，形成“2+1+1”（大物流、园区和房地产、资管及金融服务）产业平台，覆盖长三角、珠三角、环渤海、中部及成渝地区等30多个热点城市，是一家跨行业、跨地区经营的综合性大型企业集团。

【经营概况】中开财务有限公司（以下简称“公司”）以“立足集团产业发展，服务集团成员单位”为经营宗旨，一直致力于为成员单位提供高品质的金融服务，在坚持依法合规、防范风险的前提下，实现业务全面、平稳增长。截至2021年12月31日，公司资产总额125.71亿元，存款余额115.72亿元，贷款余额41.69亿元，实现净利润0.99亿元，各项风险指标符合监管要求，不良资产率和不良贷款率均为零。

【服务实体】2021年，公司通过减免跨行转账、开立银行承兑汇票手续费、免收保函保证金等多种渠道让利实体经济，降低集团及成员单位融资成本共计1133.70万元。公司提出发展新思路，搭建金融服务平台，为地产板块推荐市场化融资渠道，引荐平安信托、东方资产等机构进行企业调研及融资谈判，在集团发行债券及资产证券化过程中，引荐银行、公募基金、保险等资金渠道，多角度多维度为集团和成员单位提供金融服务，服务实体经济。

【信贷业务】2021年，公司加大对集团重点业务板块的信贷支持力度，对新业态、新公司积极调研深挖客户需求，主动上门为成员单位制定多元化、多样化的贷款产品，提升信贷服务质量。截至2021年12月31日，公司日均贷款规模37.97亿元，较2020年同期增长12.84%，累计贷款发放额34.58亿元，较2020年同期增长1.33%，授信额度合计84.4亿元，较2020年同期增长366.67%。

【投资业务】在严监管、低利率、产品良莠不齐等情况下，2021年公司投资业务主要聚焦于流动性较强、安全性较高兼顾收益性的公募货币基金，在保证资金安全的前提下最大程度上确保投资收益。2021年，公司开展货币基金交易30笔，交易规模6.95亿元，日均余额3.7亿元，实现投资收益927万元。同时，公司开展债券基金产品研究，将纯债型公募债券基金产品纳入公司准入投资产品名单。

【票据业务】为更全面地开展票据贴现业务，公司针对“准入行限制”问题，于2021年增加广州农商银行与华夏银行2家同业准入银行，同业准入银行由23家增加到25家。截至2021年12月31日，累计开立银行承兑汇票489笔、金额1.67亿元，贴现88笔、金额1.14亿元。

【资金集中】截至2021年12月31日，公司本外币存款余额115.71亿元，全口径资金集中度为58.29%，可归集口径资金集中度为80.41%，资金归集工作取得较好成果，为近三年来最好成绩。

【业务创新】2021年，公司针对成员单位投资战略的转变，及时开发出并购贷产品，并成功向宝湾控股有限公司发放并购贷款1.50亿元。探索新融资渠道，成功落地首笔再贴现业务，截至2021年12月31日，公司累计获得人民银行再贴现6857万元，加权平均再贴现成本为2.0%，助力成员单位降低融资成本。通过与外部银行同业机构合作，为地产板块就拍地保证金以及预售资金监管账户等资金需求办理

“背靠背”担保类业务。

【风险管理和内部控制】2021 年，公司严格落实“审贷分离、分级审批”制度，认真审查业务风险点。完成对结算部及综合管理部的专项审计，并结合“内控合规管理建设年”活动要求，开展内控合规管理专题培训，深入自查，对自查发现的问题建立整改台账，落实整改部门、整改措施及整改时限。根据最新的监管政策，梳理制度，查漏补缺，2021 年共新增制度 4 项，修订制度等 24 项，废止制度 1 项。

【信息化建设】2021 年，公司积极推动业务电子化、智能化和数字化发展，上线 EAST 报送系统、金融基础数据报送系统、新一代利率报备监测分析系统、监管报表三期、招商银行 CBS 跨银行资金平台共 5 个监管系统。上述监管系统均按照监管要求，在上报截止日前完成信息系统建设及监管报送工作。此外，集团要求上线档案管理系统、安全管理系统、产权数据采集系统。在二代征信系统建设工作中，公司表现突出，作为深圳唯一一家财务公司入选中国人民银行二代征信采集切换头部机构名单。

【人力资源管理】2021 年，公司制定绩效考核制度，激励员工不断改善工作方法和工作品质，建立公平的竞争机制，培养员工工作的计划性和责任心，及时查找工作中的不足并加以调整改善。创新建立员工谈心谈话长效沟通机制，确保沟通渠道畅通，沟通重点内容主要包括深度挖掘员工需求，及时了解员工思想动态等方面，就谈心谈话内容整理建议清单，梳理可实施改进方案报公司管理层，以便管理层有效落实，进一步提升公司管理能力。

【企业文化建设】公司努力营造内部和谐氛围，不断加强公司企业文化建设。运用多种形式举办团建、联学联建及组织参与集团合唱比赛等活动，增强凝聚力，提高员工归属感和认同感。持续将“中开金融”作为企业宣传的载体和员工的展示平台，新增“金融课堂”栏目，成为企业文化宣传的一件利器。

中联重科集团财务有限公司

【集团概况】中联重科股份有限公司（以下简称“集团”）创立于 1992 年，主要从事工程机械、农业机械等高新技术装备的研发制造，主导产品涵盖 11 大类别、70 个产品系列、近 600 个品种，是业内首家“A+H”股上市公司，注册资本 86.67 亿元，总资产 1220 亿元，列全球工程机械企业第五位。

集团是行业标准的制定者、全球行业技术的制高点。拥有 8 大国家级科研创新平台，2 次荣获国家科技进步奖，3 次荣获国家专利金奖，累计申请专利 12278 件，其中发明专利 4777 件，专利综合实力位居工程机械行业第一。成功研制全球最长 101 米碳纤维臂架混凝土泵车、国内首台 3200 吨履带式起重机、全球最大 12000 吨米上回转塔机、全球最大 2000 吨级全地面起重机等一大批世界标志性产品。集团是国内领先的全过程农业机械制造商，产品涵盖北方旱田作业机械、南方水田作业机械、经济作物机械、收获后处理机械四大系列，并通过智能农机与数字农业相结合，打造智慧无人农场。

集团先后攻克了一批机、电、液关键技术和智能化、无人化、新能源化、新材料等前沿技术，研制了镂空臂架轻量化智能泵车、新能源汽车起重机、5G 远程操作挖掘机、无人驾驶联合收获机等 9 款全球首创产品；推出了 8 大系列、34 款新能源产品；400 余款智能化 4.0 产品，加速推动单机智能向人机协同、机群协同、智慧工地转变；并以中联智慧产业城为核心，同步建设 14 个全球领先的灯塔工厂，通过数字化赋能，带动智能制造的全面升级。

【经营概况】中联重科集团财务有限公司（以下简称“公司”）始终围绕“依托集团、服务集团、稳健经营”的理念，坚持“完善制度强基础，严控风险求发展”的经营方针，一方面全面接管原集团资金管理中心职能，认真做好集团资金代理管理工作；另一方面积极开展各项自营业务，开户结算，归集资金，吸收存款，发放贷款，办理票据，存放同业等工作均取得较大进展，为集团及成员单位筹集、融通资金，支持其不断改善负债结构，降低负债成本，较好地履行产融结合、服务实体经济的企业责任。截至 2021 年末，公司资产总额 1201484.43 万元，负债总额 989412.40 万元，所有者权益 212072.03 万元，全年累计实现利润总额 7428.72 万元，净利润 6396.92 万元。

【信贷业务】2021 年，公司累计发放贷款 1107650 万元，实现贷款业务收入 6893.46 万元，贷款业务平均收益率为 3.84%。为成员单位累计办理贴现放款 131632.65 万元，实现贴现业务利息收入 2727.93 万元，贴现业务平均收益率为 3.50%。开办成员单位买方信贷业务，2021 年累计发放 2.55 亿元，实现收入 436.22 万元，买方信贷业务平均收益率为 5.10%。

【资金业务】2021 年，公司日均同业存款（含美元）121210.44 万元，资金平均收益率为 2.14%，实现利息收入 2585 万元。2021 年同业拆借业务累计拆入资金 295.50 亿元。

【票据业务】2021 年，9 家成员单位开具财务公司承兑汇票，全年累计开立财务公司票据 367194.28 万元，其中年末未解付票据余额 159845.78 万元；取得手续费收入 183.59 万元，为集团节省开票保证金占用约 842 万元。

【风险管理和内部控制】董事会是全面风险管理的最高决策机构，承担全面风险管理的最终责任。董事会下设风险管理委员会，承担董事会授权下对各种风险进行管理的职能，定期向董事会汇报风险管理营运情况，并与各委员会建立了沟通机制；监事会承担全面风险管理的监督责任，监督检查董事会和高级管理层在风险管理方面履职尽责情况并督促整改；高级管理层负责承担全面风险管理的实施责任，执行董事会的决议。风险管理部负责全面风险管理机构，牵头履行全面风险的日常管理，牵头协调公司各部门对所负责的业务风险进行识别、计量、监控、评估和报告，保障风险管理战略的实现。

公司按照“内控优先，制度先行”的经营原则，建立了较为科学、完善的内控制度更新机制。每年初即开始进行年度制度梳理工作，对确需完善的制度进行拾遗补阙和系统整理。截至 2021 年 12 月 31 日，公司制度更新到 122 项，其中，修订 20 项，新增 7 项。

【人力资源管理】2021 年，公司合理配置人力资源，为公司业务拓展提供人力支持。完善和健全符合金融属性、体现风险管理和内控体系要求的公司激励约束机制和员工绩效考评体系；同时，制定年度培训计划，着力提升员工综合素质。人力资源管理工作符合内控管理要求，并能有效支撑公司业务开展。

【信息化建设】2021 年，公司自研买方信贷业务系统、延伸产业链金融系统，实现业务流程全线上化、合同电子化，极大助力集团业务发展。同时，公司上线了监管报送系统，包含利率报送系统及 EAST 报送系统，提高监管数据报送的实时性和准确性。

【企业文化建设】公司重视以“依法合规、稳健经营”为理念的企业文化建设，将企业核心价值观、内部控制原则、风险控制、风险防范理念及措施等作为对员工的重点教育内容。建立微信公众号，并加强其运营推广，内容覆盖公司动态、产品宣传、金融知识、团队活动等方面，分享知识信息，交流心得，提高公司内外知名度。丰富员工业余生活，定期组织丰富多彩、形式多样的团队活动，培养团结协作、积极向上的团队精神。

中粮财务有限责任公司

【集团概况】中粮集团有限公司（以下简称“集团”）是立足中国的国际一流粮食企业，是全球布局、全产业链、拥有最大市场和发展潜力的农业及粮油食品企业，集贸易、加工、销售、研发于一体的投资控股公司。集团以奉献营养健康的食品和高品质的生活服务，建立行业领导地位，以客户、股东、员工价值最大化为使命，以顾全大局、求真务实、从严治企、厉行节约的文化核心为内涵，秉承敢于担当、敢于负责、敢于作为的改革精神。2021年全年营收超6000亿元，利润总额超200亿元。

【经营概况】中粮财务有限责任公司（以下简称“公司”）致力于提高集团整体资金使用效率，降低融资成本，同时为成员单位打造个性化资金管控体系，提供专业金融服务。截至2021年末，公司资产总额282.90亿元，负债总额239.14亿元，所有者权益43.76亿元，全年净利润1.63亿元。公司整体运行良好，各项监管指标符合监管要求。

【服务实体】2021年，公司为保供贷款到期的企业提供信贷资金支持，持续下调贷款利率，全年累计发放贷款455.18亿元。

【信贷业务】截至2021年末，公司各项贷款余额208.74亿元，较上年同期增长15.57%；日均贷款余额167.12亿元，较上年同期增长12.23%。通过丰富信贷服务品种，满足成员单位多元化的融资需求，置换各专业化公司外部融资，帮助集团降低整体资产负债率。

【产业链金融】推广财务公司“一头在外”贴现业务，办理“一头在外”贴现28笔、金额3015万元，有效降低集团企业现金支付压力。

【资金业务】截至2021年末，公司吸收成员单位存款余额237.6亿元，同比增长21%。日均存款余额221.5亿元。公司努力拓展人民币代理支付结算业务，提高成员单位结算效率，全年结算金额超4万亿元，日均结算量超7000笔。在支付准确性100%的前提下，累计为成员单位节省结算业务手续费1350.27万元。

【投资业务】截至2021年末，公司长期股权投资余额22438.94万元，全年投资收益0.27亿元。公司继续秉持安全稳健的投资理念，同时注重资金流动性管理需求，主要持仓信誉较好、规模较大、收益率较稳定的有价证券产品。

【票据业务】公司深入剖析客户融资结构，明确服务方向，持续推进电票承兑、电票贴现、“一头在外”等票据类业务。累计为成员单位开立电子银行承兑汇票149笔、金额0.74亿元，覆盖中粮生化、中粮糖业两家专业化公司；完成到期付款122笔、金额1.15亿元；累计完成票据贴现29笔、金额0.37亿元；“一头在外”贴现28笔、金额3015万元。

【外汇业务】公司以银行间市场的成本价格为成员单位提供结售汇服务，通过跨境资金池协助成员单位完成经常项下集中收付和外债与境外放款业务。2021年共办理成员单位即期结售汇827笔、金额6.09亿美元，累计为成员企业节省汇兑成本731万元；办理成员单位经常项目集中付汇654笔、金额6.83亿美元，其中包含跨境人民币结算12.21亿元，同比增长超40%，累计为成员企业节省跨境汇款手续费约70万元；办理资本项下跨境资金调拨6.52亿美元。2021年3月作为集团的主办企业，成为首批“本外币一体化资金池业务”试点单位，通过资金池完成全国首笔本、外币的跨境货物贸易结算业务。

【资金集中】公司持续完善资金管理子平台建设，提高资金管理子平台使用效率。截至

Z

2021年末，为11个专业化公司建立了18个资金管理子平台，853家成员单位纳入子平台管理。协助专业化公司及其上市公司强化内部资金管理，突破关联交易限制，先后完成提高成员单位上市公司资金归集上限、推动上市公司关联交易事项获得专业化公司董事会批准、与多家成员单位签订或续签财务服务协议等工作。截至2021年末，公司可归集资金集中度超过96%。

【风险管理和内部控制】2021年，公司根据实际情况对各项制度进行了全面修订，保证现有的公司内部控制制度详细、明确，具有可操作性。持续关注委托贷款的风险管控情况，严格执行各项业务程序，加强落实对开展委托贷款业务客户的贷前、贷中、贷后检查工作，加强对委托贷款信用风险、合规风险、操作风险的识别、计量和防控力度，合理控制委托贷款业务规模，防范各类金融风险。

【人力资源管理】进一步加强人事工作流程风险控制，提升薪酬核算环节的专业度和准确度，完善多岗复核的内控管理。2021年，公司建立并规范企业年金管理体系，根据员工实际需求，优化商业医疗保险方案，提高对重特大疾病的保障能力。不断提升管理团队人员的专业素养和管理能力，为员工提供个性化专业培训，培养后备骨干力量，努力建设人才队伍的新高地。

【信息化建设】2021年数据中台系统持续优化，依托数仓和国产化超融合产品，将业务系统全量数据纳入数据中台，实现数据统一输出，对金融基础数据系统、EAST报送系统、1104报表、征信（二代）系统、大集中等报送功能系统集成。对信贷业务系统进行升级改造，开通网上信贷业务，内嵌电子合同技术平台，实现信贷业务流程中合同及各类材料以加密电子文档形式进行传递，满足监管部门针对信贷业务的相关要求，提升信贷工作效率及相关文件合同安全性。

中旅集团财务有限公司

【集团概况】中国旅游集团有限公司（以下简称“集团”）是中央直接管理的国有重要骨干企业，也是总部在香港的三家中央企业之一。集团的前身是爱国银行家陈光甫先生于1928年设立的中国旅行社香港分社。经过90余年的发展，集团形成了由中旅旅行、中旅投资、中旅免税、中旅酒店、中旅金融、中旅资产、中旅邮轮七大业务单元组成的产业布局，网络遍布内地、港澳和海外近30个国家和地区。集团旗下汇聚了港中旅、国旅、中旅、中免等众多知名旅游品牌，是唯一一家以旅游为核心主业的央企，也是目前我国发展历史最长、产业链条较全、经营规模较大、品牌价值较高的旅游龙头企业。2021年，集团资产总额逾1800亿元，营业收入超800亿元。

【公司概况】中旅集团财务有限公司（以下简称“公司”）以“资金集中、资金结算、资金监控、金融服务”四个平台为功能定位，开展存款、贷款、资金结算等业务。公司建立了较为完善的“三会一层”公司治理架构和治理机制，严守合规经营理念，不断提升资金集中管理能力。2021年7月，公司由“港中旅财务有限公司”更名为“中旅集团财务有限公司”。截至2021年末，公司各项业务健康发展，资产总额167.50亿元，其中各项贷款余额63.08亿元；负债总额142.37亿元，其中，吸收存款余额141.78亿元；计提资产减值损失前利润总额1.03亿元，净利润0.41亿元；无逾期贷款、无不良贷款、无风险事件。

【服务实体】2021年，公司持续优化“深入一线，发掘需求”的市场推广策略。一方面，主动与各事业群沟通，积极开展上门服务，了解各事业群受疫情影响的生产经营现状和融资需求情况，确保在合规的前提下及时为相关成员单位提供贷款支持。另一方面，通过不断加强财务公司的信息系统建设，持续优化财务公司的资金结算服务能力，促进成员单位与财务公司在资金归集与结算方面的合作。

【信贷业务】公司持续提升金融服务能力，在维护现有贷款业务的基础上，积极拓展新贷款客户，全力支持集团重点项目。公司信贷业务主要客户群为中旅酒店事业群、中旅旅行事业群、中旅投资事业群及集团总部。此外，公司主动为受疫情影响较大的成员单位下调贷款利率。公司严格按照信贷管理相关要求执行，严格落实资金受托支付和贷款“三查”要求，贷款减值准备充足，信用风险可控。

【资金业务】公司持续加强资金计划管理，为集团及成员单位经营发展提供资金保障。2021年，公司全年未出现任何计划外资金缺口，所有成员单位的贷款需求和存款提用需求均能及时满足，公司流动性指标也一直处于健康水平，全年未触及监管红线。

【投资业务】公司严格按照监管要求开展投资业务，投资范围和全年各时点投资比例均符合监管要求。在保障流动性安全和严控业务风险的前提下，通过做精做细资金计划、合理配置资产期限等手段，利用间歇资金积极创造收益；公司建立同业投资交易对手白名单制度，在集团战略合作银行范围内开展同业存放，筛选流动性较好且安全风险较低的投资产品，严控市场风险。

【外汇业务】公司根据成员单位的外汇业务需求，提供跨境资金融通服务，2021年为集团及成员单位实际办理跨境人民币流出1.77亿元、流入2.61亿元。

【资金集中】公司通过数字化建设提升资金归集能力，与集团财务共享联动配合，大力推进成员单位开户、授权工作，完成对部分事业群资金自动归集的试点，加强资金集中结算。2021年末，已完成成员单位授权账户709个，可授权范围的银行账户授权率达到77%；年末全口径资金集中度为39.11%，可归集口径资金集中度为81.18%。2021年公司结算笔数和结算金额同比分别增长100%、15%。

【风险管理和内部控制】2021年，公司梳理并完善全面风险管理体系，明确风险管理策略、偏好和限额，明确计量、监测、分析和报告流程，建立按月监测风险指标机制，提升风险管理的及时性和有效性。有效开展反洗钱和反恐怖融资工作，加强内控合规管理专题培训，持续培育合规文化。制定和修订了董事监事履职评价管理、资本管理、贷款拨备减值计提、流动性风险管理、股东承诺管理及洗钱和恐怖融资风险自评估六项制度。年内开展了结算业务、合规管理、贷后管理、投资业务流程四个专项审计项目。

【人力资源管理】2021年集团“e+人”人力资源数字化项目一期顺利上线，项目打造央企特色和先进理念的新时代人力资源系统，实现所有功能模块全集团（不含海外）落地运用，有效支持了公司人力资源管理工作。公司内部通过分工调整、组织调整、人员调优，实现了前台、中台、后台有效分离，充实了内审、业务人员力量，满足了实际业务发展需要。

【信息化建设】2021年，公司一是启动结算业务系统性能提升项目，通过双机扩容技术实现系统的多节点运行，满足600万笔/年的结算业务需求，提升自动化水平。二是上线并对接人民银行金融基础数据报送系统、人民银行利率监测报备系统、银保监会监管数据标准化系统。三是通过核心业务系统三级等级保护测评并取得证明文件。

【企业文化建设】公司致力于构建“简单直接、诚信阳光、出于公心、尽职守责”的良好企业文化，积极打造学习型组织，不断提升员工专业能力和业务水平。

Z

中铝财务有限责任公司

【集团概况】中国铝业集团有限公司（以下简称“集团”）成立于2001年2月23日，2017年由中国铝业公司改制更名为现名，2018年被国务院国资委确定为国有资本投资公司试点企业。集团是中央直接管理的国有重要骨干企业，主要从事矿产资源开发、有色金属冶炼加工、相关贸易及工程技术服务等，是目前全球第一大氧化铝供应商、第一大电解铝供应商，铜业综合实力位居全国第一，铅锌综合实力列全球第四位、亚洲第一位。集团现有骨干企业68家，业务遍布全球20多个国家和地区，2008年以来连续入选世界500强企业。

【公司概况】2021年，中铝财务有限责任公司（以下简称“公司”）直面经济下行、利差收窄、监管从严、疫情冲击等诸多挑战，全面推动深化改革和转型攻坚，坚守产业金融定位，服务好集团主业主责，主动优化金融服务模式，牢牢守住风险底线，圆满完成了年度各项目标任务。2021年实现营业收入9.34亿元，利润总额3.8亿元。

【服务实体】公司深入践行绿色发展理念，累计完成绿色信贷投放20.7亿元，高效服务集团绿色转型发展。实施客户经理制，深度融入实体企业生产经营活动和投融资活动，主动“走出去”提供一揽子综合服务方案和一站式服务，全年累计走访530余次，有力满足成员企业金融业务需求。

【信贷业务】公司日均信贷资产188亿元，同比增长13%，创历史新高。以规模和市场化业务拓展补息差下降，实现营收6.91亿元，同比增长8.3%。提供精准贴身服务，加大减费让利力度，全年为企业压降外部贷款近62亿元，助力集团降本增效。

【资金业务】公司资金运营效益显著增强。日均融资规模保持稳定，融资成本处于同业较低水平，保障了流动性安全。丰富融资手段，创新运用X－repo融入资金，有效压降融资成本。2021年日均再贴现同比翻番，同业授信规模保持高位，本币市场交易总成交量近8000亿元，列财务公司行业第八名。

【投资业务】公司完善投研框架，做好市场研究，资产收益稳步提升。深挖个券价值，丰富债券投资品种，捕捉市场错误定价机会，一、二级市场操作增厚债券收益，资本利得再创新高。深度研究存单市场波动规律，实现收益率“高加低减”仓位动态调整，锁定了更多存单收益。

【票据业务】公司积极开展内部商票业务，2021年为成员企业开立商票221张、金额7亿元，有效缓解了成员企业内部交易的资金压力。全年办理票据承兑37.77亿元，票据贴现14.53亿元，全年再贴现规模15.08亿元，为成员企业提供了低成本融资渠道。

【外汇业务】公司丰富跨境外汇管理手段，完善跨境资金池管理体系，获批新增4家外汇合作银行、18家境内外成员企业加入公司跨境资金池，全力为集团160余家境内外企业提供跨境结算和融资服务。紧跟人民银行跨境人民币结算政策形势，申请完成人民币跨境支付系统（CIPS）注册，为集团跨境人民币支付结算需要搭建了更为高效便捷的支付渠道。深入挖掘集团大客户外汇需求，全年结售汇业务规模6.1亿美元，超过前4年总和，保障了集团海外业务支付结算需求。

【资金集中】公司资金集约服务能力不断提升，日均全口径资金集中度为43.1%；人民币、本外币存款和结算规模分别达228亿元、282亿元和2.8万亿元，均创历史新高。扩大资金归集平台容量，续签 4 家上市公司金融服务协议，关联交易存款限额提高至 240 亿元。成功直连上线“境内多银行代理直连”和“境外账户监控”两个系统，实现非直连银行的试点资金上收和归集，以及海外账户首次监控接通。

【业务创新】公司坚持创新驱动发展，落地首笔票款对付（DVP）模式再贴现业务，票据融资服务能力不断增强。开展首个代开保函业务。首次获批银行间市场外币同业存款业务资质。

【风险管理和内部控制】公司金融风险防控更为有效。优化评级授信机制，完善内控手册，健全风险合规体系。积极应对强监管形势，提升监管报送数据质量，监管意见整改全部完成。强化重大业务审查审批，建立买方信贷预审会机制。系统推进违规责任追究，深化审计整改落实，开展专项审计。

【人力资源管理】进一步激发公司人才活力。大力推进市场化选人用人，职业经理人改革落实到位，任期制和契约化签约全部完成；深化“三项制度”改革，持续优化考核激励和淘汰退出机制，激发了发展活力。坚持外部引才和内部培育并举，人才队伍结构进一步优化。加强干部队伍建设，广泛开展培训交流，人才素质能力持续提升。完成干部人事档案审核整理，人力资源精细化管理水平稳步提高。

【信息化建设】公司信息科技保障高效有力。2021 年完善核心系统 7 项功能，大幅提高了业务处理效率。验收上线 EAST、利率报备等四项报送系统，确保监管数据及时报送。

【企业文化建设】公司坚持党建工作引领，深入学习贯彻习近平总书记“七一”重要讲话和十九届六中全会精神，认真落实“第一议题”制度，扎实开展党史学习教育，推动党建经营双向融合，中铝财务党支部荣获集团“示范党组织”称号。开展“企业文化宣传月”系列活动，深化特色金融服务文化，以客户服务为导向，全面宣贯引导“两个深度”“三个转变”“四个到位”服务理念。

中煤财务有限责任公司

【集团概况】中国中煤能源集团有限公司（以下简称“集团”）是国务院国资委管理的国有重点骨干企业，肩负着保障国家能源安全的重要使命。集团是我国唯一的煤炭全产业链央企，主营业务包括煤炭生产贸易、煤化工、发电、煤矿建设、煤矿装备制造以及相关工程技术服务。2021 年资产规模达 4483 亿元，实现营业收入 3020 亿元，利润总额突破 256 亿元。

【经营概况】2021 年，中煤财务有限责任公司（以下简称“公司”）深入开展党史学习教育，全面加强人才队伍建设，以党建为引领，积极助力集团高质量发展，进一步巩固自身良好经营发展态势。截至 2021 年末，公司资产规模 756.81 亿元，全口径资金集中度达 83.64%；全年实现利润总额 11.00 亿元，管理创效 7.19 亿元。

【服务实体】公司全力支持能源保供，确保资金结算及时到位，通过增加贷款投放、设计循环额度贷款、提高贷款审批发放效率等方式，及时提供信贷支持，保障煤、电企业平稳运行。配合集团内部管理体制改革，向相关企业发放贷款 9 亿元，进一步理顺内部资金管理关系。积极支持绿色开采、清洁利用等绿色产业，以优惠利率新增绿色贷款 1.15 亿元；设立利率优惠的煤矿智能化建设专项贷款，服务煤矿智能化建设。加强市场监测，抓住有利时间窗口，协助集团以可比企业最低成本成功发行 30 亿元永续债、30 亿元长期限中期票据，维护集团良好市场形象。

【信贷业务】公司精准聚焦集团融资重要单

位、重点项目和重大事项，以需定供、因企施策，不断丰富信贷产品线。2021 年，信贷客户全面覆盖集团五大产业板块，日均贷款规模提高至 136 亿元。发挥同业合作优势，引领金融同业优化信贷资源配置，帮助成员单位实现低成本融资，例如，克服“永煤违约事件”影响，协调邮储银行、招商银行，为 2 家企业取得 3 笔共计 20.98 亿元授信额度的低成本银团贷款。

【资金业务】面对同业存款利率持续处于历史低位等不利形势，公司充分发挥精益管理和流动性管理优势，准确研判货币政策和资金市场走势，不断优化交易组合策略，在确保集团资金安全流转的基础上，实现存放同业综合利率比市场报价高 100 个基点以上，实现存量资金收益最大化。取得 15 家合作银行超 250 亿元的同业授信额度，累计拆入低成本资金 198 亿元，满足集团及公司自身经营发展需要。

【票据业务】公司积极打造票据承兑、贴现、转贴现、再贴现等票据全业务链优势。组织成员单位把握有利窗口，运用票据贴现—转贴现等交易路径，低成本盘活存量票据 21 亿元，增加集团经营现金流。积极运用再贴现工具，支持高新、小微企业低成本融资。打造“中煤财票”品牌，多家集团外持票人通过财票保贴渠道成功融通资金，扩大了集团在票据市场的影响力。

【资金集中】立足财务公司基本功能定位，巩固资金系统升级成效，及时办理具备条件的银行账户授权直连，畅通资金集中和监控渠道，做好资金归集工作，做到应集中尽集中、颗粒归仓。2021 年，资金集中度创开业以来新高，月均资金集中度超过 78%，年末全口径资金集中度达到 83.64%，为系统内资金融通提供了稳定的资金来源。

【风险管理和内部控制】坚守“依托集团、服务主业”的定位和“不做外部业务、不做风险性业务、不做违规业务”的原则，实现了风险可控、运营合规。积极落实健全公司治理有关工作，持续强化股东股权管理。做好内部规章制度的“立、改、废”工作，加固薄弱环节，持续更新完善内控制度体系。开展同业、信贷客户授信管理，加强业务风险审查，严格执行票据贴现承兑行白名单管理。加强合规管理，强化风险案例警示教育，突出审计重点，保障业务健康发展，及时准确报送各类监管数据 400 多万项，各项监管指标持续合规。

【人力资源管理】坚持“少人、轻资产、科技引领、高效运行”的管理理念，创新人才培养机制，建立以能力发展为核心的人才提升计划，做到人尽其才、才尽其用。建立完善的人才引进制度，通过市场化招聘严格选拔专业化高素质人才，强化人才梯队建设。坚持岗位育才，通过每日工作例会等形式，积极倡导深入学习集团业务及国家相关产业、金融政策，提升员工履职能力。

【信息化建设】公司贯彻落实银保监会监管数据标准化、数据治理等工作要求，强化信息科技创新，推进一体化数据仓库建设，运用大数据等新兴前沿科技赋能监管报送、风险管理、经营决策等业务场景，提升资金数据的决策支撑能力。完善信息科技制度体系，开展平台等级保护测评，获得北京市公安局等保二级系统备案证明，消除系统存在的风险隐患和安全漏洞，提升公司整体网络安全防护水平。

【企业文化建设】公司深入学习贯彻落实习近平新时代中国特色社会主义思想和党的十九大及十九届历次全会精神，坚持党建统领工作全局，专题专项活动与工作例会、工作日志等日常管理机制有机结合，及时跟进习近平总书记和党中央最新指示、最新要求，认真执行支部“三会一课”制度、组织生活会制度等，扎实开展党史学习教育活动，持续强化党风廉政建设，牢固树立“四个意识”，坚决做到“两个维护”，确保党中央大政方针和国务院国资委、银保监会、人民银行以及集团决策部署在各项工作中得到严格贯彻落实。

中铁财务有限责任公司

【集团概况】 中国铁路工程集团有限公司（以下简称“集团”）成立于1950年3月，是一家集基建建设、勘察设计与咨询服务、工程设备和零部件制造、房地产开发、铁路和公路投资及运营、矿产资源开发、物资贸易等业务于一体的多功能、特大型企业集团。2021年集团列中国企业500强第5位、世界500强企业第35位。

【经营概况】 中铁财务有限公司（以下简称“公司”）积极发挥资金集中基本职能，在资金结算、信贷、保函、票据等方面给予集团最大金融支持。截至2021年12月31日，公司资产总额900.23亿元，较上年增长5.93%，全年实现营业收入18.95亿元，较上年增长14.43%；利润总额10.17亿元，较上年增长15.19%；净利润7.85亿元，较上年增长15.86%。

【服务实体】 公司努力践行“加强集团资金集中管理和提高集团资金使用效率”，通过打造综合金融服务平台，构建“全周期、多元化”服务体系，为成员单位提供契合产业特征的专业化金融服务。围绕集团“区域经营+立体经营”要求，推进公司营销机构改革和客户服务体系建设。在深入了解成员单位经营状况和业务需求的基础上，点对点解决客户融资痛点难点，为客户提供一站式、全方位服务。

【信贷业务】 截至2021年，公司为42家成员企业办理综合授信1519亿元，自营信贷业务规模峰值达486.86亿元，较上年增长49.65%。开展自营信贷业务120笔、金额458.19亿元。首笔固定资产贷款业务落地，联合保理业务持续发力。2021年实现31.65亿元应收账款出表，较上年增长5.75%，自营信贷业务余额407.72亿元，不良贷款率为零，未发生信用风险事件。全年开展38笔委托贷款，年末余额79.36亿元，为成员单位间的资金融通提供平台服务。办理各类保函280笔、金额64.91亿元，其中外部保函144笔、金额40.98亿元，占保函金额的63.13%。

【产业链金融】 公司主动对接成员企业，为多家成员企业设计融资租赁方案；协调设备供应商与租赁企业的关系，推动项目有序进行。2021年融资租赁放款3笔、金额0.88亿元，余额1.69亿元。

【资金业务】 2021年，公司资金情况总体较好。一是为本年度资金管理提供指导，并统筹安排资金调度，不断加强资产配置，提高收益水平。二是完善流动性压力测试，采用定量和定性分析方法，综合考虑流动性风险影响因素，有针对性地完善管理措施。三是完善了中长期和短期管理相结合的流动性预测防控措施。

【投资业务】 2021年，公司有价证券投资业务严格按照投资配置方案中投资标的控制比例以及止盈止损原则执行，投资范围、预算、规模和品种控制在方案的范围内。适时分散投资、择时配置，做到投前沟通调研、投中审慎合规、投后定期管理。2021年货币市场基金投资收益8999万元，年化收益率为2.35%，税前收益率为3.13%。

【票据业务】 公司成立票据课题专家工作室，研究制定公司票据业务发展实施方案。通过推出票据承兑简化手续、免收保证金、零手续费、贴现利率优惠等多重便利政策进一步提升票据业务办理效率，降低成员单位融资成本。票据业务规模达到历史峰值，2021年办理票据承兑合同2177份，承兑汇票10504张、金额96.8亿元，同比增长211.76%；余额64.24亿元，同比增长222.29%；办理票据贴现256张、金额5.08亿元，同比增长604.93%；票据贴现余额2.06亿元，同比增长216.63%。

【外汇业务】公司为各成员单位提供多币种资金跨境融通服务，2021年发放境外贷款6笔、金额1.9亿美元，引入外债2笔、金额0.15亿美元。年内新增农业银行为合作银行，为成员单位提供多币种经常项目资金集中收付、经常项目资金轧差净额结算业务，进一步提升了公司外汇业务服务能力。积极与合作银行对接，完善资金池功能，搭建完成工银亚洲实体账户资金池和星展银行跨境资金池。

【资金集中】2021年，公司按照“开户促集中、结算促集中、创新促集中”的工作思路持续加大资金集中力度，年内累计新增客户3381户，同比增幅为28%；2021年末账面吸收存款776.26亿元，同比增幅为6.3%；全年日均吸收存款528.76亿元，同比增幅为19.7%；全年结算交易笔数652万笔，同比增幅为36%；全年结算交易金额9.79万亿元，同比增幅为22%。主要资金集中指标同比均大幅提升并创历史最好水平。

【业务创新】公司助力成员单位债券发行，充分发挥持牌金融机构的专业、资金、信息优势，进一步拓宽成员单位融资渠道。通过推广财务顾问业务，打通了投融资管理“投资、融资、建设、运营和退出”全链条中“最后一公里”的“退出”环节，实现投融资全链条管理，是集团基础设施投融资项目在资产盘活阶段的创新尝试。此外，公司也在积极研究公募REITs最新政策，跟踪市场发行案例，主动摸排主业存量资产运营现状，积极探索集团基础设施公募REITs可行性路径。

【风险管理和内部控制】2021年，公司坚持“全面性、制度性、融合性、独立性”原则，坚持问题导向，严格落实全面风险管理和内部控制要求，持续提升风险管理的能力和水平。法律合规系统上线运行，提升合规管理的刚性控制。开展新业务风险评估、合规咨询、审批权限完善、重点问题研究等工作，将风险管理嵌入公司生产经营管理各个环节。

【人力资源管理】公司建立健全人力资源制度体系，2021年完成10余项人力资源制度办法的制定和修订。通过举办培训班、重要岗位人员轮岗、引进人才等方式，不断增强能力建设，突出政治素质，优化干部管理，培育复合型人才，以高质量的人才队伍建设保障公司高质量发展。

【信息化建设】公司深入开展科技治理、系统建设和安全保障，积极推动公司主业发展。一是持续完善信息化管理体系，业务系统新增智能结算、支付优化等功能，项目贷等三类业务上线，业务线上化和支撑能力显著提升。二是开展数据治理，制定金融数据标准，建成数据仓库，自动生成监管报送数据。三是完成信息贯通工程，为股份公司和成员单位每日推送业务信息。

【企业文化建设】2021年，公司开展了“一支部一特色”“党建+业务”等特色党建工作，与多家单位开展“党建共建”“联学联建”活动。党建融入生产经营的做法受邀在央企财务公司党建创新研讨会上做经验交流。打造行稳、团结、向善、向上的企业文化和氛围，精心营造以诚待人、以情感人的企业风气。大力弘扬“开路先锋”文化，邀请股份公司党建部专家做专题讲授，促进入脑入心。

中信财务有限公司

【集团概况】中国中信集团有限公司（原中国国际信托投资公司）是在邓小平同志倡导下，由荣毅仁同志于1979年创办的。2002年中国国际信托投资公司进行体制改革，更名为中国中信集团公司，成为国家授权投资机构。2011 年集团整体改制为国有独资公司，更名为中国中信集团有限公司（以下简称“集团”），并发起设立了中国中信股份有限公司。2014 年 8 月，集团将中信股份 100% 股权注入香港上市公司中信泰富，实现了境外整体上市。集团按照“践行国家战略、助力民族复兴”的使命要求，深耕综合金融、先进智造、先进材料、新消费和新型城镇化五大业务板块，致力于成为践行国家战略的一面旗帜，国内领先、国际一流的科技型卓越企业集团。集团连续 13 年入选世界 500 强企业，2021 年列第 115 位。

【公司概况】中信财务有限公司（以下简称“公司”）是集团整体改制后成立的第一家一级子公司，于 2012 年 11 月 19 日经国家工商管理总局登记注册成立，目前注册资本 47.51 亿元，股东构成为中国中信有限公司和 11 家集团内部成员单位。公司设有股东会、董事会和监事会，董事会下设风险管理委员会、审计委员会和推进集团“五五三”战略委员会三个专业委员会。高级管理层下设推进集团“五五三”战略执行委员会、贷款审核委员会和投资审核委员会三个专业委员会。公司连续 9 年盈利，不良率持续为零。

【经营概况】2021 年，公司在资金集中和产融协同降杠杆、为集团“五五三”战略提供融资支持、确保集团司库政策境外落地等方面积极履行战略性平台责任，主要规模、效益和效率指标创下历史高度，全面实现“十四五”良好开局，呈现强劲发展势头。截至 2021 年末，公司总资产 679.79 亿元，存款余额 544.79 亿元，贷款余额 421.43 亿元，净资产余额 82.20 亿元，管理表外资产 140.18 亿元。2021 年实现营业收入 12.58 亿元、净利润 8.05 亿元，同比分别增长 69% 和 94%。全年计提拨备 1.58 亿元，年末贷款拨备余额 9.19 亿元，贷款拨备率为 2.18%。

【服务实体经济】2021 年，公司积极对接集团境内外实体经济板块，合理运用信贷资源，形成全品种覆盖、多币种支持、境内外联动的融资服务能力，践行“义重于利，与成员单位共创价值”的经营理念，贷款投向符合国家政策导向的优势企业、集团战略性新兴业务、基本面良好但受疫情影响遇到融资困难的集团实业子公司，支持集团持续推动实业转型升级，为集团所属中小企业提供纾困贷款和便利融资。

【信贷业务】2021 年，公司超额完成集团产融协同降杠杆专项任务 244 亿元，较既定任务增加 144 亿元。截至 2021 年末，公司贷款余额 421.46 亿元，占集团非金融子公司有息负债余额的 27.49%，成为集团实业板块最为重要的融资来源。

【资金业务】2021 年，公司持续深化与集团内部金融机构的融融合作，积极拓展同业存单、交易所质押式回购等资金运用途径。建立同业交易对手授信白名单制度，持续提升交易对手信用风险管理水平。

【投资业务】2021 年，公司严格贯彻监管导向要求，继续围绕固定收益类产品开展投资业务，全年投资收益率达 5.52%，超额完成投资收益目标。

【票据业务】2021 年，公司办理转贴现（含票据回购）业务 1860 亿元，同比增长 314%；全年办理承兑业务 27.74 亿元，同比增长 2%。

【外汇业务】2021 年，公司为成员单位提供即期结售汇、贸易融资、外币自营贷款等种类丰富的外汇业务，业务规模再创新高。其中即期结售汇总量达 37 亿美元，代理国际结算业务量约 44 亿美元。

【资金集中】2020 年第四季度，公司会同集团库务部研究推出集团深化资金集中管理改革 2.0 版方案，分 3 年将资金集中度提升至 80%。2021 年，公司以“招之能来、来之能战、战之能胜”的良好风貌和战斗力奋力推进深化资金集中管理 2.0 版改革任务。截至 2021 年末，日均资金集中规模达 476 亿元，可归集口径日均资金集中度达 81%，仅用 15 个月便完成“三步走”改革目标。考虑到中信银行合并报表因素，公司全口径资金集中度为 27.25%。

【业务创新】2021 年，公司保险代理业务取得新突破，推动成员单位统保业务落地。票据业务规模达1928亿元。首次办理出口押汇业务，有效满足成员单位贸易融资需求。持续完善网银和7×24小时结算功能，有效提升结算效率，服务质效获得普遍好评。

【风险管理和内部控制】2021年，公司加强贷后和投后项目管理，深入摸排潜在风险隐患。优化成员单位信用评级和限额管理体系，实现风险敞口精细化管理。制定《公司制度管理办法》，推进制度体系的精益化管理。公司将党的领导融入公司治理。规范股东会、董事会现场会议和临时会议管理。以管理层办公会议和支委会为重点，厘清党组织和各治理主体的职责边界、议事决策流程。监事会工作经验案例被集团评为优秀做法。

【人力资源管理】2021年，公司深入推进人力资源管理体系化建设。推行“导师制”结对子辅导计划，帮助新员工提升岗位胜任能力。试行“志愿申报”制度，有序实施干部轮岗交流。立足“双通道”改革探索干部人才发展新机制，制定《公司员工发展与干部人才管理制度》，设置“管理干部”和“专业技术”并行的“双通道”职位序列及相应的职级体系，构建科学合理的任职资格体系。系统性重构绩效管理机制，以“十四五”战略为导向全面深化绩效管理改革。沿用战略记分卡原理，一体化整合年度绩效考核与战略绩效考核。将中信核心价值观6个关键词进行细化提炼，形成公司干部员工36条行为标准，以此形成可量化的价值观考核方案。全面引进责任会计体系。将绩效管理改革成果全面运用于年度考核方案。坚定推行末位淘汰机制。

【信息化建设】2021年，公司补强金融科技团队。有序推进核心业务系统迭代优化。厘清公司知识管理现状与需求，对知识管理系统进行有益探索，完成知识管理系统调研、对比及选型，启动系统建设工作。以RPA“数字员工”项目为切入点，开展科技创新及应用。

【企业文化建设】2021年，公司组织开展责任文化群众性讨论，引导党员职工知责于心、担责于身、履责于行。正式启用“党建学习书屋暨职工之家”。公司工会、团支部先后组织迎司庆登山、羽毛球、瑜伽、健步走等多样化文体活动，与集团库务部联合组队参加集团五人制足球赛。配合左家庄街道负责区人大代表换届选举投票站工作。团支部开展社区垃圾分类等志愿服务活动，开展金融防诈骗宣讲。

2021年，公司党支部制定《中信财务党支部加强党的政治建设工作方案》，并督促各部门、党小组、青年小组对照落实，不断增强推进基层支部党的政治建设的自觉性和坚定性。扎实推进党史学习教育。联合集团库务部党支部等开展缅怀李大钊烈士丰功伟绩、瞻仰荣毅仁老董事长塑像、重温32字中信风格、赴焦裕禄事迹展览馆实地见学等活动，引导支部党员赓续红色血脉、传承红色基因。深入推进“我为群众办实事”实践活动，全面完成10项重点项目清单。公司2021年党建工作在集团直属机关党委所属22个支部考核中名列第一，被推荐为中央和国家机关“四强”党支部。

中兴通讯集团财务有限公司

【集团概况】中兴通讯股份有限公司（以下简称“集团”）成立于1985年，在香港和深圳两地上市，是全球领先的综合通信信息解决方案提供商，为全球多个国家和地区的客户提供创新的技术与产品解决方案。2021年，集团实现营业收入1145.2亿元，同比增长12.9%；归属于上市公司普通股股东的净利润68.1亿元，同比增长59.9%；基本每股收益1.47元；

经营活动产生的现金流量净额157.2亿元，同比增长53.7%。2021年，集团经营质量提升显著，营业收入、净利润、经营性现金流净额等核心财务指标均创历史新高；积极践行绿色发展理念，实现企业可持续发展。

【公司概况】中兴通讯集团财务有限公司（以下简称“公司”）始终坚守“依托集团、服务集团”的功能定位，认真贯彻落实各项监管政策法规，紧密围绕集团发展战略，充分发挥“四个平台”作用，提升经营管理与金融服务水平，全面完成年度经营指标和重点工作任务。截至2021年末，公司资产总额198.07亿元，所有者权益总额15.83亿元；2021年实现营业收入1.19亿元，各项监管指标符合监管要求。

【服务实体】2021年，公司为集团成员单位提供信贷融资支持、授信融资方案设计及融资管控等金融服务；加大对制造业贷款的投放、实施以LPR为基准的贷款利率定价，有效降低成员单位融资成本；合规有序开展“一头在外”贴现业务，增强了集团产业链的稳定性。

【信贷业务】2021年，公司继续将信贷资源向集团核心业务板块倾斜，助力集团实现高质量增长；积极探索创新业务场景、开拓新业务，为集团成员单位开立首笔关税保函、发放首笔绿色贷款等，丰富信贷业务品种，提升公司的金融服务专业化水平。

【产业链金融】2021年，公司积极开展产业链金融试点业务，办理票据贴现24.87亿元，充分降低了产业链上游供应商的融资成本，极大地支撑了中小企业和实体经济的发展。

【资金业务】2021年，公司加强对资金市场的监测和研究，积极把握交易时机，提高资金收益；加强与同业机构的交流合作，截至2021年末共获取70.5亿元同业授信额度，为公司资金业务的稳健开展提供资源保障；加大数字化投入，加强资金业务系统建设和同业业务系统优化，提高业务操作便利性和可靠性。

【票据业务】公司全面实现了票据业务的数字化管理和在线流转；持续优化票据业务流程，规范票据业务操作；密切关注市场票据产品的创新和发展，结合集团业务需求，积极与金融机构合作通过上海票据交易所供应链票据平台开展供应链票据业务试点，该业务的开展为集团后续票据等分流转积累了业务经验。

【资金集中】2021年，公司不断完善集团账户管理，加大账户资金归集力度；在银企直连方面，境内继续扩大银企直连范围，并积极探索超级网银、RPA等数字化工具的应用，通过SWIFT直连加大海外子公司银企直连力度，持续提升资金结算业务的数字化水平。

【业务创新】2021年，公司成功落地首单供应链票据、开立首笔海关关税保函、发放首笔绿色贷款等业务，运用多元化金融服务促进集团业务发展及降本增效。同时，公司持续推进业务流程数字化转型、打造数字化资金结算中心，充分发挥公司在集团资金管理中的金融价值。2021年，公司完成银企直连扩展、现金流量表一键出表、银企智能对账等系统的建设，为集团资金管理和现金流核算提供系统支撑和金融服务，提升集团资金运营效率和财务管理能力。

【风险管理和内部控制】公司查缺补漏、精简优化，切实堵塞制度和管理漏洞；优化风险管理委员会、贷款审查委员会评议机制，夯实风险决策作用，提高授信风险管控水平；通过流程优化、关键岗位管理、各业务领域专项审计、信息系统优化等举措，加强对风险的识别、评估、监测等；开展各领域的风险排查及合规自查，深入查找内控薄弱环节；强化自查自纠机制，对日常审计发现的主要问题和风险隐患积极排查，及时整改，做好问题整改的闭环管理；制定公司洗钱和恐怖融资风险自评估制度及模板；持续开展各项日常风险合规宣贯工作。

【人力资源管理】2021年，公司系统设计和落地7期职业力建设、492人次的赋能讲堂、全员岗位评聘、人员轮岗、颗粒度到月的PDCA绩效规范等全景管理动作，并通过价值创造者导向的激励分配方案公示，正向牵引人才发展，为人才梯队建设和复合型骨干人才培养夯实基础；通过全业务流程的工作场景梳理，刷新81

个标签岗位的应知应会操作指引，启动精品课程项目，沉淀组织能力；调整与业务发展相匹配的组织架构，推动标杆学习、同业互动的组织行为，开拓专业视野，构建集团内外部专业影响力。

【信息化建设】2021 年，公司积极开展银企电子回单直连数字化项目，实现境内机构 60% 的银行回单自动获取，工作量下降 23.5%；部署 RPA 工具在银企直连数字化工作中的应用。公司完成标准化监管数据采集系统（EAST）、金融基础数据报送系统和利率监测数据报送系统等的实施和上线，实现 80% ~ 90% 监管数据自动生成，保质保量完成 2021 年各类各批次数据的及时报送。

中冶集团财务有限公司

【集团概况】中国冶金科工集团有限公司（以下简称“集团”）是中国特大型企业集团，是全球最大最强的冶金建设承包商和冶金企业运营服务商，是国家确定的重点资源类企业之一，是国内产能最大的钢结构生产企业，是国务院国资委首批确定的以房地产开发为主业的 16 家中央企业之一。

【经营概况】中冶集团财务有限公司（以下简称“公司”）以“十四五”战略为引领，科学分解战略任务，制定年度预算目标，主要经营指标大幅超预期，再创历史新高，服务创效作用进一步提升。全年实现集团报表口径营业收入 7.80 亿元，实现利润总额 4.40 亿元。全年日均人民币存款 251 亿元；日均贷款规模 182 亿元；资金运营规模突破 400 亿元，结算量突破 1.30 万亿元，不良贷款率和不良资产率持续为零。

【服务实体】公司坚持服务集团的根本宗旨，持续做深做优金融服务。一是建立资金池联动机制，协助集团统筹内外部资源，降低存贷双高，节约财务成本；二是围绕集团“绿色智能化装配式项目”等重点发展方向，满足污水处理、垃圾焚烧、新能源等项目融资需求；三是为助力疫情防控、防汛救灾和精准复工复产，给予低息专项信贷支持；四是优化保函、票据审核工作机制，提升金融服务效率；五是持续推动集团票据集中管理，拓展保贴额度；六是推进票据线上清算功能验收上线，提高服务水平、保障交易安全性；七是鼓励子企业优先使用财务公司承兑汇票结算，用票企业及用票金额均呈增长态势。

【产业链金融】推动集团子公司运用供应链产品压降物资采购延付成本。一是加强供应链融资风险管控，完善制度，实施过程监管。二是加强平台准入管理，优化兑付资金清分模式，实现资金兑付全流程可控。三是推动子企业统筹运用各类金融产品和融资工具降成本，实现成员单位供应链 ABN 首期发行落地。

【投资业务】公司科学制定投资和同业策略，灵活运用产品组合提高公司备付资金收益水平和运营效率。在加强政策研究的同时密切关注市场变化，结合头寸管理，开展短期投资，提高同业存款收益以及同业间合作范围，为服务集团、业务拓展开辟渠道。

【外汇业务】公司加强外汇资金统筹，平衡归集、结汇与委贷业务进程，加强外汇资金集中，归集资金 2.4 亿美元，持续推进代客结售汇业务，全年结售汇业务量 7300 万美元。

【资金集中】公司强化资金集中管控，实现资金集中规模与集中度双提升。一是以“边界管理、分类管控”为原则，推进账户集中管理；二是定制开发上线月度自动对账等智能化功能，提升结算服务效率，强化“资金蓄水池”功能；三是全面推进账户授权，持续压降受限资金规模，提高资金归集效率和效益。

【管理创新】公司财务共享中心上线运行，强化“会计业务核算中心、资金收支结算中心、金融财务管控中心、管理决策服务中心”功能定位，实现业务财资税全面贯通，金融业务闭环管理，突出资金风险关键管控，管理运营效率有效提升。

【风险管理和内部控制】公司始终坚持“内控优先、稳健经营”策略。一是组织开展风险内控自查、内控审计，重点关注财务资金风险，促进公司持续提升管理水平；二是组织修订和新增内控制度，进一步完善公司治理及内控制度体系建设；三是加强业财一体的信息化体系建设，进一步完善风险管理监测预警平台建设。

【人力资源管理】公司持续完善组织机构、岗位配置管理工作，为经营发展及组织管理提供内生动力。持续优化绩效考核及薪酬分配机制，充分发挥薪酬分配的激励作用。持续推进年轻干部培养，建立“小老虎”人才培养机制，打造一支年轻化、专业化的金融人才队伍。

【信息化建设】公司启动核心系统安全优化升级、账务传输接口开发、账户审批功能优化、利率报备监测分析等系统建设，提升信息安全的整体防护能力，保障公司基础网络和业务信息系统的安全稳定运行，完善监管数据预警平台的建设，实现每日动态监测并强化了风险预警监测。

【企业文化建设】公司党总支对照国有企业党建重点任务，对全国国企党建工作会议精神落实情况进行再梳理、再总结；深化开展“党旗飘扬、党徽闪光”行动。学习贯彻习近平总书记在国家雪车雪橇中心考察调研时重要讲话精神，扎实推进党史学习教育，深入开展“我为群众办实事”实践活动。通过多种形式加强内外宣传，组织开展以“知敬畏、重操守、强作风”为主题的反腐倡廉宣传教育月活动，举办“清廉金融书画摄影展”等活动，引导干部职工树立“清廉、诚信、合规、稳健、务实、为民”的金融文化理念。

中油财务有限责任公司

【集团概况】2021 年，中国石油天然气集团有限公司（以下简称“集团”）坚决贯彻落实党中央、国务院决策部署，抓住国际油价回升、我国经济持续稳定恢复等有利时机，统筹推进生产经营、提质增效、改革创新、科技创新、安全环保、党的建设等工作，油气两大产业链平稳运行，发展质量效益大幅提升，经营业绩稳中向好。

【公司概况】2021 年，中油财务有限责任公司（以下简称“公司”）总收入 140. 20 亿元，表内外资产总额 6403 亿元，利润总额 74. 80 亿元，净利润 63 亿元。

【服务实体】公司始终坚持服务优先，继续执行各种费率优惠政策，全年帮助企业降本增效 13. 10 亿元。此外，充分利用境外税收优惠政策为集团减少各类税费支出 3. 80 亿元。

【信贷业务】公司开辟绿色信贷通道，加强市场营销抢客户；完成 12 家企业的短期负债置换信贷工作，落地产业链买方信贷业务，挖掘新客户 28 家；以适度降息稳定国家管网公司贷款规模，2021 年末管网企业贷款规模 587. 90 亿元；面对大客户陆续还款、外部银行激烈竞争的不利影响，2021 年信贷规模仍然实现增长 10. 90%。

【票据业务】公司坚守产业金融定位，持续推动票据业务服务集团主业、促进产融创效作用发挥，2021 年为 70 余家企业办理承兑 196 亿元，同比增长 81%；积极配合油气业务市场营销工作，与中石化、中化、中海油形成财票支付通路，获工商银行、邮储银行等商业银行交易准入，实现财票全生命周期支付、融资、交易闭环金融服务，财票业务以融融协同促产融创效能力进一步提升。

【资金管理】公司深入挖掘内外部市场机遇，重点在加强岗位协作、深化同业合作、开拓同业拆出运作、扩充融资渠道和规模等方面深耕发力，实现资金精细化管理和创效能力双提升。

【投资业务】公司强化市场研究，优化资产结构，2021 年资产收益率为 5.45%，净利润率为 4.03%，整体实现超额收益 3.05 亿元。为有效控制风险、充分挖掘潜在收益，在 170 个工作日参加 332 场路演交流，共计 955 人次。

【国际业务】公司创新采用短线交易与长线敞口管理相结合的方式，强化欧元日间控盘，实现交易盈利点差 83 个基点。抓住境内外利率市场差异，利用跨境资金池通道，实施公司境内外资金调剂 16 亿元人民币和 10.8 亿美元。为勘探开发等企业办理跨境贷款 9.1 亿美元，解客户跨境资金调剂燃眉之急。开拓同业合作，新增民生租赁等 4 家拆出交易对手，平均拆出规模同比增长近 4 倍，新增花旗银行等 5 家交易对手，共增拆入授信额度 11.75 亿美元，争取低成本资金，构建了流动性安全网。

【业务创新】规划公司产品体系建设，开发四个专项新产品；开通 400 统一服务电话和在线客服通信工具，为客户定制金融服务手册；建立市场研判工作机制，提升公司整体研判能力，助力公司提质增效。

【风险管理和内部控制】公司构建全面风险管理制度体系，坚守五条金融财务风险底线，聚焦提升监管评级，开展“内控合规管理建设年”专题活动，增补国别风险、声誉风险等风险合规管理制度，完成风险偏好陈述书，调整风险容忍度监测指标。持续推进公司法治建设，建立健全法律法规动态分析机制，优化制度体系，深化管理体系融合，加强重点法律事项论证，风险合规管理水平持续提升。

【人力资源管理】公司扎实推进“三项制度”改革和人才强企工作。围绕定规划、定组织、定职责、定岗位、定职级、定考核、定薪酬、定制度“八定”工作深入研究、抓好落实，制定完成“十四五”人力资源专项规划，并先后制定出台《推进人才强企工程实施意见》等多项制度文件；优化组织机构设置，完成 18 家业务受理处清理撤销；强化干部队伍建设，分批次补充配备干部；推进人才赋能工作，组织开展各类培训、干部员工轮岗交流等工作，持续锻造“三强”干部队伍。

【信息化建设】公司制定信息系统突发事件、运行维护等管理办法 12 项，制定加强网络安全工作方案，切实保障信息系统应用稳定安全。应用系统建设取得新突破，完成司库结算系统公司端国密算法改造，优化升级司库结算系统 170 项；上线产业链买方信贷、头寸资金调拨等新功能；实现外汇业务境内外 10 家银行直连，实现投资系统与中国外汇交易中心直连；授信系统实现四大类业务刚性管控，反洗钱系统实现境内外机构全覆盖。建设资金结算监控大屏，实现资金管理数据可视化分析；发布数据管理制度，完善公司级数据管理体系，建设优化监管报送平台，支撑 EAST 等三大监管数据及时报送。全年系统安全稳定运转零中断、风险零报告。

【企业文化建设】2021 年，公司以习近平新时代中国特色社会主义思想为指导，全面贯彻党的十九大、十九届历次全会和中央经济工作会议精神，扎实推进集团党组各项部署，以“推动发展、促进转变、构建和谐”为中心，统筹抓好疫情防控和经营管理各项工作，主要经营指标稳健向好。公司始终坚持将员工的思想建设和人文关怀纳入经营发展全局，建立选先树优激励机制，突出思想引领，营造爱国爱企和谐文化氛围、赓续红色血脉、传承石油精神和铁人精神，心系员工“急难愁盼”之事，常态化开展困难帮扶工作，践行“我为员工办实事”，开展丰富多彩的职工集体活动，促进员工身心交流，凝聚公司发展力量。

中远海运集团财务有限责任公司

【集团概况】中国远洋海运集团有限公司（以下简称“集团”）是中央直属特大型国有企业，具备航运、码头、物流、航运金融、修造船等完善的产业结构体系。截至2021年12月31日，集团经营船队综合运力11187万载重吨/1349艘，排名世界第一。其中，集装箱船队规模304万TEU/511艘，居世界前列；干散货船队运力4331万载重吨/421艘，油、气船队运力2937万载重吨/224艘，杂货特种船队495万载重吨/155艘。集团在全球的集装箱码头年吞吐能力为13326万TEU，船舶燃料销量超过2819万吨，均居世界第一位。

【经营概况】截至2021年12月31日，中远海运集团财务有限责任公司（以下简称“公司”）总资产1524.77亿元，总负债1436.80亿元，所有者权益87.97亿元。营业总收入22.93亿元，实现利润总额4.56亿元，净利润3.40亿元。公司2021年联合信用评级为AAA级，评级展望为“稳定”。

【服务实体】公司全力支持集团实体经济发展，不断丰富金融服务品种，为各成员单位提供高效高质金融服务，协助集团降杠杆，提高资金使用效率。2021年服务集团境内客户1227家，提供结算笔数614.88万笔，结算量折合人民币5.81万亿元，在存款定价方面给予成员企业优惠报价。

【信贷业务】截至2021年12月31日，公司贷款余额折合人民币494.76亿元，其中，人民币贷款占比为87%，中长期贷款占比为43%。公司平均信贷规模408.98亿元，平均利率为2.97%，较2020年同期降低0.33个百分点。公司积极探索低碳绿色金融服务，推出“双碳融”专项信贷产品，为成员单位提供34.56亿元专项信贷额度。

【资金业务】公司在确保流动性的前提下，合理安排资金业务结构，开展同业存单、交易所债券回购等业务，努力提高资金使用效率。2021年，公司存放同业日均规模256亿元，平均收益率为2.76%；同业存单日均规模74.13亿元，平均收益率为2.94%。

【投资业务】2021年，公司投资业务有序推进，投资品种主要是以货币基金为代表的短期流动性管理工具，组合流动性水平大幅提升、市场风险敞口收窄，季均低风险资产权重大于50%，投资收益9521万元，平均年化收益率为7.32%。

【票据业务】公司从服务范围和业务品种上加快票据推广，新增票据池及大票换小票等业务，以满足成员单位票据应用需求。2021年累计开票2301笔、金额37.78亿元；累计贴现172笔、金额6.23亿元。截至2021年12月31日，已有28家成员企业的票据加入票据池，托管票据金额2.9亿元。

【外汇业务】2021年，公司办理即期结售汇业务3592笔、金额165.14亿美元，远期结汇业务46笔、金额3.59亿美元。代开信用证业务123笔、金额6143万美元，释放成员企业在外保证金4.01亿元人民币。拓展外汇交易服务范围，新增外币对业务234.82万欧元。作为集团跨境资金集中运营业务主办企业，通过跨境通道借入外债45.55亿美元，境外放款55.17亿美元。

【资金集中】公司多措并举持续加强资金归集，重点推进资本金账户、合资公司的资金集中，以及境外成员单位的跨境资金归集。截至2021年12月31日，集团成员企业账户集中度为81.55%，全口径资金集中度为50.98%，可归集口径资金集中度为90.42%，同比增幅为2.83%。

【业务创新】公司利用业务资质、平台以及资本市场资源优势，以财务顾问身份参与成员单位公司债券和资产支持专项计划的发行。取得外币对即期交易业务资格，并实现首笔欧元/美元货币对即期交易落地。通过货币类金融衍生业务集中操作平台建设为集团内不同业态的成员单位提供风险管理和交易策略，降低交易成本。建立专职合规联络员机制，进一步强化公司合规管理体系。

【风险管理和内部控制】公司通过设立制度专岗，对规章制度体系进行全面梳理，进一步提升公司规章制度的科学性、适用性、有效性。强化专职合规联络员在监管指标日常监控、数据治理、合同管理等工作中的积极作用。制定五套监管报表填报指引，通过明确和固化数据管理的操作规则，确保监管报送质量的稳定性。把准审计工作的职能定位，围绕中心、服务大局，完善制度、改进方法，将“治已病、防未病”要求落到实处。

【人力资源管理】公司加快构建中国特色现代企业制度的新型经营责任制，建立经理层成员任期制和契约化管理体系，持续深化人事、劳动、分配“三项制度”改革，充分调动和激发干部队伍的积极性、主动性和创造性，着力营造担当作为、干事创业的良好环境。

【信息化建设】公司根据业务运营和发展需要，加大信息科技投入，加强信息系统建设和网络安全保障，为各项业务线上化、自动化提供平台和信息技术支持，为公司网络安全提供有效保障。重点完善核心业务系统功能，提高业务系统覆盖率，提升服务集团和成员企业能力；积极建设监管报送系统，支撑公司监管报送数据工作，满足人民银行、银保监等监管机构要求；稳步推进财企直连项目建设，打通财务核算和资金结算信息流，提高上线单位资金使用效率及管理水平。

【企业文化建设】公司围绕学习贯彻习近平新时代中国特色社会主义思想和党的十九届六中全会精神，大力弘扬集团“四个一”文化理念和优秀历史文化传统，切实加强对意识形态工作的领导，强化思想宣传、舆情监测和分析研判，维护意识形态安全，强化企业宣传，坚定抗疫信心，鼓舞员工士气，提升公司形象。

珠海格力集团财务有限责任公司

【集团概况】珠海格力电器股份有限公司（以下简称“集团”）产品覆盖家用消费品和工业装备两大领域，是一家多元化、科技型的全球性工业集团，产品远销160多个国家和地区，为全球超过4亿用户提供产品和服务。集团坚持创新驱动、质量为先，全面深化改革，加速数字化转型，立足家电行业，稳步拓展多元化新兴业务，践行绿色发展理念，在高质量发展道路上不断取得新的突破，入选2021年全球企业2000强、世界500强企业等。

【经营概况】2021年，珠海格力集团财务有限责任公司（以下简称“公司”）围绕集团发展战略，创新与拓宽金融服务渠道，充分发挥财务公司金融服务功能，实现全口径营业收入19.27亿元，利润总额5.40亿元，资产总额522.70亿元，资本充足率为30.80%，各项监管监测指标合规。

【服务实体】2021年，公司贯彻落实“六稳”“六保”工作要求，多举措保障基础金融服务，贷款利率较疫情前下调20～120个基点，累计为企业节约财务成本0.04亿元，受惠客户的中小企业占比达84.60%，持续减费让利服务实体，精准扶持产业链协同恢复，提升供应链韧性，强化风险管控，实现稳健经营目标。全年累计发放各项贷款88.22亿元，其中，向成员单位投放70.19亿元，向产业链企业投放18.03亿元。年末信贷规模101.14亿元，无不良贷款，信贷资产质量良好。

【信贷业务】2021年，公司响应国家政策，信贷投放重点加大对制造业的信贷支持，重点支持集团成员增强核心科技力量，围绕格力智能制造、新能源家电、智能家居、绿色制造的多元化发展战略，先后与赣州、洛阳、长沙基地新增签订的智能制造生产基地及生产线设备改造的项目贷款合作协议，全年累计实现制造业投放70.84亿元，占总投放的80.30%，投放占比较上年提升32.66个百分点；年末制造业中长期贷款余额30.11亿元，较上年同期增长14.88%，产业升级与金融服务的合力促进制造业高质量发展。

【产业链金融】2021年，公司依托集团，积极开展产业链下游买方信贷和上游延伸产业链金融服务，发挥普惠金融力量，践行社会责任，金融支持中小企业灾后疫后复工复产，通过延伸产业链金融产品加大对产业链上游企业的信贷支持，有效为企业纾困解难。全年累计投放18.03亿元，服务产业链上下游企业62家。截至2021年末，买方信贷余额10.52亿元，延伸产业链金融服务余额2.83亿元。

【资金业务】2021年，公司坚持运营资金安全性、流动性、盈利性的原则开展各项资金业务，逐步完善资金预算机制，及时调整资金计划安排。一方面，拓展融资渠道，通过银行间正回购和拆借业务、票据卖断业务、票据正回购业务等解决流动性短缺，保障各项业务顺利运行；另一方面，回归本源，发挥集团财务公司资金集约功能，服务实体经济，通过票据买断、同业存款、投资等业务提高资金效益。

【投资业务】2021年，公司继续坚持审慎稳健的原则开展投资业务，新增投资债券4笔、金额2.70亿元，均为银行间市场发行的一般中期票据。截至2021年末，公司持有债券规模7.70亿元，投资总规模7.70亿元，均为AAA级以上银行间市场债券。

【票据业务】截至2021年末，公司受理票据贴现、承兑及转贴现总额446.77亿元，全流程地集中管理和运营产业链票据资源，推进公司票据业务发展，全年累计为成员单位及产业链上企业办理票据融资13.06亿元，为下游企业开具财务公司电子承兑汇票总额32.55亿元，有力支持集团成员单位产品销售。同时，延伸票据业务链条，丰富融资途径，2021年转贴现业务发生额784.79亿元，正回购发生额300.49亿元。

【风险管理和内部控制】2021年，公司认真贯彻落实董事会各项工作要求，坚持依法合规经营理念，努力提高内控合规风险管理工作水平。一是深入贯彻落实银保监会开展银行业保险业“内控合规管理建设年”活动及“强监管年”工作要求，进一步完善制度体系、细化工作操作流程，切实提升风险防控能力；二是更加积极主动落实监管要求，努力推动问题的根源性整改和乱象的深层次治理，进一步完善案防工作动态优化机制，切实提升三道防线的独立性、协同性和有效性；三是进一步确立公司风险偏好，实现依法合规经营目标；四是切实加强党的领导和党的建设，确保重大决策部署落到实处，持续强化风险内控机制建设；五是加强内部审计工作，以风险为导向，全覆盖、多角度开展各项审计工作，针对审计发现的问题从制度建设、内控优化、风险识别、授权管理等多方面落实整改。

【人力资源管理】2021年，公司全力提升绩效考核工作质效，发挥绩效考核激励机制，组织实施新绩效考核管理办法，建立KPI指标词典、岗位KPI词典指标库；同时，加强员工培养研究，组织落实管理人员参与员工培训，对接采购第三方监管法规政策数据库服务，促进全员学习法规政策。

【信息化建设】2021年，公司将票据业务与资金业务相结合，自主搭建票据业务综合效益分析体系，强化票据交易业务中的收益风险和合规风险管控。系统全面覆盖公司票据交易业务需求，包含票据业务核算、交易模拟、综合分析、风险控制等功能，精细公司票据业务效益及风险管理，提高业务效益的分析效率及准确性，推动公司对票据交易业务进行主动型管理，创新票据交易业务的管理模式。

珠海华发集团财务有限公司

【集团概况】珠海华发集团有限公司（以下简称“集团”）组建于1980年，与珠海经济特区同龄，是珠海最大的综合型国有企业集团和全国知名的领先企业，自2016年起连续6年入选中国企业500强，2021年列第203位，并成功入选国务院国企改革“双百企业”。截至2021年12月31日，集团实现营业收入超1300亿元，同比增长27.58%；实现净利润超68亿元，同比增长23.54%；资产总额超5700亿元，同比增长18.78%。

【经营概况】2021年，珠海华发集团财务有限公司（以下简称“公司”）紧扣“国资国企高质量发展”的时代命题，始终保持战略定力，圆满完成经营指标，实现了公司业务的新发展、新突破。截至2021年12月31日，公司资产总额580.03亿元，负债总额519.94亿元，实现营业收入（不含投资收益）22.55亿元，实现利润总额11.79亿元。

【服务实体】2021年，公司充分发挥金融服务平台作用，重点在服务集团新增实体产业成员单位账户管理和资金调拨、解决中小微企业资金困难以及助力成员单位融资等方面发力。截至2021年12月31日，全年共新增成员单位开户176户，比上年增加结算业务39820笔，增加结算金额18138亿元。同时，公司加快业务推进，积极提供差异化特色服务，为新并购成员单位提供稳定的资金来源，帮助成员单位做大做强，助力集团实现实体投资板块战略目标。

【信贷业务】2021年，公司在深耕传统信贷业务的前提下，积极开展延伸产业链金融服务，将金融服务延伸至集团及成员单位的上下游企业，提升金融服务质效，激活集团产业链韧性活力。同时，为切实提高中小微企业融资效率，盘活企业应收账款，降低企业融资成本，助力企业复工复产，公司与人民银行珠海市中心支行沟通，积极推动开展再贴现业务。截至2021年12月31日，公司各项贷款余额384.41亿元。

【资金业务】2021年，公司进一步发挥牌照优势，运用业务经验，整合市场资源，在大力支持成员单位债券融资的同时，深入分析数据逻辑，挖掘数据价值，对成员单位直接融资提供有效的研究支持。截至2021年12月31日，公司存放央行及同业款项126.28亿元，吸收成员单位存款及同业存放款项517.87亿元，债券投资28.45亿元。

【业务创新】2021年，公司积极贯彻企业集团财务公司延伸产业链金融服务试点工作要求，于2021年3月末成功取得延伸产业链金融业务试点资格，并为多家小微企业办理融资业务，有效缓解中小微企业融资难、融资贵的困境。截至2021年12月31日，公司共办理产业链业务36笔、金额8.5亿元。公司以产业链业务为依托，共为16户小微企业客户办理业务25笔，小微企业客户数占客户总数的80%，总计金额1659.1万元。

【风险管理和内部控制】2021年，公司对基本管理制度、风险控制制度、财务会计管理制度、信息科技管理制度以及各项业务制度等八类共70项制度进行修订，并新增6项制度及废止1项制度。修订后的制度进一步明确公司各项业务的部门分工和岗位职责，规范业务办理的各项流程。为防范业务风险，公司建立“三道防线”。业务部门为公司内控合规管理的

"第一道防线"；风险管理部为公司内控合规管理的"第二道防线"，在第一道防线的基础上对风险进行集中管理；审计管理部为内控合规管理的"第三道防线"，与业务部门和风险管理部门保持独立。公司严格管理各项业务流程，在业务申请及授信审批阶段、贷中审查、贷后管理的各个流程全面压实风险管控，夯实全面风险管理基础。

【信息化建设】2021 年，公司以支撑各项业务发展为基础，深入细化运维管理，提升业务相应速度，做好信息安全保障，优化业务系统，打通系统间数据壁垒。同时，公司不断加强信息科技队伍的力量，积极探索新兴技术对业务推动、创新作用，更好地为成员单位开展业务，服务于集团。

【企业文化建设】2021 年，公司以"抓党建、带队伍、提业绩"为指引，坚持把党支部内嵌到公司治理结构之中，充分发挥党支部的领导核心和政治核心作用。2021 年，公司党支部完成换届选举，进一步完善"双线进入、交叉任职"的领导体制，确保公司党建工作与业务工作同部署、共推进，做到业务工作不偏离，党建和业务联动推进、良性互促。公司以党风廉政建设责任制为着力点，加强廉政教育、完善制度体系、强化监督检查，全面扎实推进公司反腐倡廉工作。

紫金矿业集团财务有限公司

【集团概况】紫金矿业集团股份有限公司（以下简称"集团"）是一家以金铜等金属矿产资源勘查和开发及工程技术应用研究为主的大型跨国矿业集团。集团先后在香港 H 股和上海 A 股整体上市，2021 年实现营业收入 2273 亿元，利润总额 248 亿元；2021 年实现归母净利润约 156 亿元，同比增长约 139.67%。集团列 2021 年全球上市公司 2000 强第 398 位，列其中上榜的全球黄金企业第 3 位，列全球金属矿业企业第 9 位，列 2021 年世界 500 强企业第 486 位，列中国企业 500 强第 67 位。

集团矿产金、铜、锌、银产量位居国内前三，在全国 14 个省、自治区和海外 12 个国家拥有重要矿业投资项目，包括国内的福建紫金山金铜矿、黑龙江多宝山铜矿、西藏驱龙铜矿等一批重点矿山，海外的哥伦比亚武里蒂卡金矿、刚果（金）卡莫阿铜矿、塞尔维亚佩吉铜金矿和紫金波尔铜矿等一批具有国际影响力的矿山，其中，卡莫阿铜矿铜金属资源储量高达 4369 万吨，是全球第四大铜矿。

【公司概况】2021 年，紫金矿业集团财务有限公司（以下简称"公司"）加强党建引领，凝心聚力"悟思想、开新局"，紧紧围绕集团"深化改革、跨越增长、持续发展"的工作总路线，提高站位、明确定位，以服务集团、降本增效和提升价值创造为目标，努力开拓创新，推进各项工作。截至 2021 年末，公司资产总额 119.37 亿元，实现总收入 3.65 亿元，利润总额 1.45 亿元；公司资本充足率为 16.73%，流动性为 56.49%，无不良资产，各项风险管控指标符合监管规定。

【信贷业务】公司合理统筹信贷资金投向，减费让利助力成员单位降本增效；积极参与重点项目银团贷款组建，新增银团贷款投放 12 亿元，有效改善公司信贷结构；积极响应国家"碳达峰、碳中和"的绿色理念；主动承接集团供应链平台建设，积极拓展"一头在外"产业链金融服务，不断深化对集团物流产业的服务。2021 年向成员单位累计发放贷款 126.56 亿元，年末贷款余额 70.55 亿元，比年初增长 17.66%，其中 84.47% 投向矿山和冶炼企业。

【票据业务】2021 年，公司办理票据业务

1335 笔、金额 27.4 亿元，年末票据池持有票据余额 7.11 亿元，票据业务量和融资服务能力不断提升，2021 年办理贴现业务 21.57 亿元，再贴现 6.79 亿元；充分发挥专业优势，协助集团开展票据集中管控，防范票据风险，累计集中管理电票 3448 笔、金额 28.30 亿元，识别风险票据 122 张、金额 3020 万元。

【国际业务】 2021 年，公司开办外汇衍生品业务，建立含即期结售汇、外汇存贷款、代开证、衍生品等外汇业务体系。累计开展外汇业务 10.36 亿美元，其中结售汇 5.32 亿美元、集中收付汇 3.24 亿美元、代开证 1.7 亿美元，对境外项目贷款余额 1.61 亿美元。协助集团统一保险服务持续发力，完善经纪服务内容，有效助力海内外项目保险业务降本增效，理赔效率大幅提升。

【资金集中】 公司第一时间掌握集团新设公司信息，主动联系开户和归集资金；加强对成员单位账户监控，常态化开展“三项”清理工作；日终自动归集成员单位资金，实现可归尽归。2021 年累计归集资金 2079 亿元，月均资金归集率（可归集资金归集率）为 90.68%，年末本外币吸收存款余额 91.44 亿元。

【风险管理和内部控制】 2021 年，结合公司日常检查发现的薄弱环节，确立“一月一主题”内控建设方案，按月开展“主题合规建设年”活动，强化员工合规红线意识，全面提升合规管控。同时组织各部门进行全面风险自查，组织员工开展案例分析，坚持开展每月轮训机制，2021 年开展内部检查 22 项，其中专项检查 19 项、常规检查 3 项；组织修订制度 61 项、新增制度 3 项，以修代学、以考促学，开展年度合规考试，强化全体员工对监管法规、制度规范的学习。

【人力资源管理】 2021 年，公司积极引进外部金融人才，优化人员结构，激励员工提高自身业务素质，营造积极有为的从业氛围。以薪酬晋升挂钩和津贴奖励等措施推动员工理论学习提升，年内 4 名员工考取商务英语中级资质、1 名员工通过注册会计师专业理论考试、2 名员工考取中级职称；鼓励员工到集团其他单位及部门任职交流，首次向集团推荐 6 名金融人才。

【信息化建设】 2021 年，公司加强信息科技委员会履职，结合实际业务板块信息化、自动化建设成效初显。完成结算部岗位机器人部署，大幅提升日常工作效率；完成数据仓建设，1104 报表、EAST 系统、利率报备系统、人民银行金融基础数据统计报表自动化程度显著提高，手工统计工作大幅压缩；着手外汇、同业、代理保险系统及信贷系统建设升级，开启数据治理新基建。

【企业文化建设】 公司加强党建引领，2021 年累计召开 12 次党政联席会议，以“建党百年纪念”为主题编印公司年刊《十二周年》，2021 年公司微信公众号推送各类报道 69 篇，关注人数增加近 400 人，累计阅读量 16000 人次，在集团和《中国财务公司》杂志发表新闻报道 19 篇、调研文章 2 篇，公司合规文化和外部宣传力度大幅提升。

2021 年 4 月 21 日，中国财务公司协会在北京召开第十届理事会第八次会议

2021 年 6 月 16—18 日，中国财务公司协会第十届监事会监事和监事单位代表一行在监事长张云亭的带领下，赴兰州地区的酒钢集团财务有限公司、金川集团财务有限公司、甘肃电投集团财务有限公司检查自律工作开展情况

2021 年 12 月 24 日，中国财务公司协会召开第十届会员大会第三次会议

2021 年 4 月 25—28 日，中国财务公司协会在北京召开“2021 年财务公司分行业系列交流会”。中国财务公司协会党委书记、常务副会长张水军出席钢铁有色金属交流会并讲话

2021 年 4 月 25—28 日，中国财务公司协会在北京召开“2021 年财务公司分行业系列交流会”。中国财务公司协会专职副会长李玉平出席交通运输交流会并讲话

2021 年 4 月 25—28 日，中国财务公司协会在北京召开“2021 年财务公司分行业系列交流会”。中国财务公司协会专职副会长陶东平出席能源电力交流会并讲话

2021 年 7 月 2 日，山东省菏泽市委书记张新文一行到山东东明石化集团财务有限公司检查指导，公司董事会、经营层领导汇报工作

2021 年 7 月 9 日，湖北银保监局刘学生局长一行到湖北宜化集团财务有限责任公司现场调研

2021 年 6 月 22 日，中国财务公司协会党委书记、常务副会长张永军一行应邀赴上海票据交易所开展调研，并与上海票据交易所党委书记、董事长宋汉光，党委委员、副总裁沈伟进行交流座谈

2021 年 7 月 27 日，中国财务公司协会党委书记、常务副会长张永军来到湖南参加湖南地区财务公司座谈会，调研行业发展现状

2021 年 6 月 30 日，中国财务公司协会专职副会长陶东平、副秘书长李清军一行莅临哈尔滨电气集团财务有限责任公司调研指导工作

2021年1月22日，山东招金集团财务有限公司邀请山东银保监局副局长赵东生一行赴招金集团开展调研

2021年11月26日，福建银保监局副局长汪祺臻一行到紫金矿业集团财务有限公司调研

2021年10月15日，国家开发银行国际信贷部总经理杨新亮一行到亨通财务有限公司考察交流，并参观亨通新一代绿色光棒智能制造车间

2021 年 7 月 12 日，青岛银保监局非银处处长徐建业一行赴青岛港财务有限责任公司交流指导

2021 年 11 月 18 日，中国人民银行乌鲁木齐中心支行调查统计处处长张波一行到新疆金风科技集团财务有限公司调研

2021 年 10 月 21 日，河南银保监局非银处副处长关颉一行到河南能源化工集团财务有限公司调研指导工作

服务实体

2021 年 3 月 3 日，湖北交投集团财务有限公司工作人员赴荆州投资公司开展港口项目现场调研

2021 年 5 月 18 日，国投财务有限公司工作人员前往湖州祥晖光伏项目开展上门服务和调研

2021 年 6 月 19 日，天津渤海集团财务有限责任公司工作人员参观调研“两化搬迁”项目现场

2021 年 7 月 9 日，日照港集团财务有限公司为岚山港务公司办理融资租赁，聚焦提升优质灵活信贷服务

2021 年 7 月 27 日，东方国际集团财务有限公司开展以“汇率走势分析暨外汇业务推介”为主题的财企交流会

2021 年 9 月，中铁财务有限责任公司担任财务顾问，助力中铁一局肇庆国道 321 二期 PPP 项目资产证券成功发行，为中国中铁及成员单位提供更专业、更多元化的金融服务

2021 年 10 月 28 日，广东省广晟财务有限公司董事长贺少兵一行赴晟都投资调研

2021 年 12 月 1—2 日，新兴际华集团财务有限公司总经理一行到新兴铸管邯郸地区企业调研

2021 年 12 月 9—10 日，广东省农垦集团财务有限公司总经理曾坚军一行到广东省湛江农垦集团有限公司、广东广垦糖业有限公司调研

2021 年，铜陵有色金属集团财务有限公司总经理蒋玉好一行赴安徽金磊矿业有限公司进行调研。在深入矿山和加工区施工现场查看，详细了解金磊矿业公司矿山建设与运营等情况，为其量身定做金融服务方案

2021 年，浙江海港集团财务有限公司工作人员走访成员单位

规范经营

2021年1月8日，山东重工集团财务有限公司召开2021年“风险合规管理年”活动启动大会，总结2020年“风险合规管理年”活动开展情况，表彰合规先进集体和个人，安排2021年“风险合规管理年”活动重点工作

2021年3月12日，南山集团财务有限公司召开第四届董事会第十一次会议

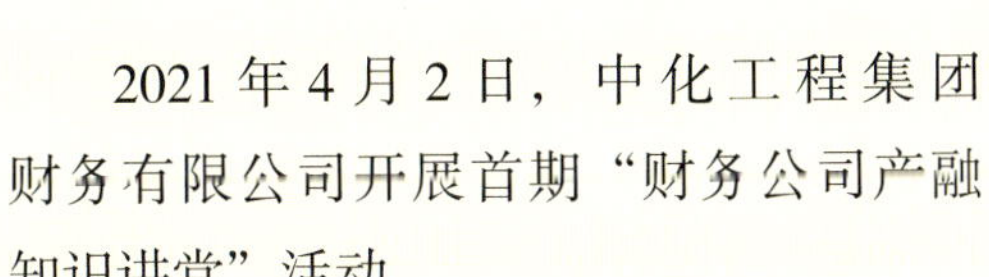

2021年4月2日，中化工程集团财务有限公司开展首期“财务公司产融知识讲堂”活动

2021年4月28日，中共中国石化财务有限责任公司第二次代表大会在北京召开

2021年5月13日，福建省能源集团财务有限公司工作人员赴紫金矿业集团财务有限公司学习调研

2021年6月21日，大同煤矿集团财务有限责任公司召开2020年度股东会暨第三届董事会第六次会议

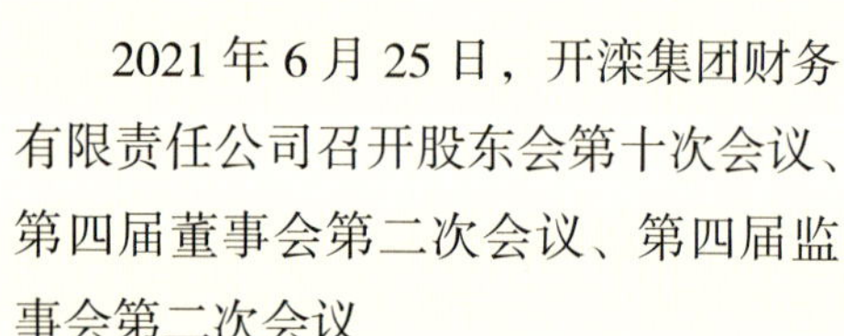

2021年6月25日，开滦集团财务有限责任公司召开股东会第十次会议、第四届董事会第二次会议、第四届监事会第二次会议

2021年6月25日，中远海运集团财务有限责任公司开展“数据治理业务讲坛”活动

2021年7月27日，中车财务有限公司承办的中车资金风险管理交流研讨会在北京召开

2021年7月，中国节能环保集团外部董事李文中到中节能财务有限公司调研，集团公司党委常委、总会计师朱庆锋，党委常委、副总经理杜乐陪同调研

2021年8月25日，航天科技集团公司总会计师方世力一行到航天科技财务有限责任公司展开调研，听取公司转型发展及风险管理相关工作汇报

2021年10月19日，广州港集团财务有限公司在港口中心会议室召开开业一周年工作总结会暨经营发展专题会议

2021 年 10 月 22 日，红豆集团财务有限公司配合中国人民银行南京分行及红豆集团有限公司召开西港特区跨境人民币业务发展座谈会及政策宣传活动

2021 年 11 月 4 日，北京首都旅游集团有限责任公司董事长宋宇到北京首都旅游集团财务有限公司调研指导工作

2021 年 12 月 1 日，重庆化医控股集团财务有限公司召开第三届董事会第十四次会议暨第二次股东会

2021 年 12 月 17 日，中国华能财务有限责任公司召开党员大会进行党委、纪委换届选举

创新合作

2021 年 3 月 19 日，中交财务有限公司与湖北交投集团财务有限公司签署战略合作协议

2021 年 4 月 8 日，中国电子财务有限责任公司董事、监事及股东代表参观调研中国电子信息产业集团下属上市公司中国长城科技集团股份有限公司

2021 年 4 月 15 日，伊利集团及伊利财务有限公司领导到访顺丰控股集团财务有限公司开展同业交流

2021 年 5 月 21 日，申能集团财务有限公司举办“零碳中国 · 绿色金融”名家论坛活动

2021 年 6 月 23 日，连云港港口集团财务有限公司成功促成连云港港口集团有限公司与浦银金融租赁股份有限公司签订战略合作框架协议

2021 年 7 月 8 日，国家电投集团财务有限公司与中国农业发展银行签订战略合作协议

2021 年 7 月 13 日，中国电建集团财务有限责任公司与中国建设银行战略客户部围绕践行“碳达峰、碳中和”目标签署党建共建与业务合作协议

2021 年 7 月 19 日，TCL 科技集团财务有限公司成功落地广东省首笔基于 CIPS 系统的跨境人民币支付结算业务

2021年7月27日，北京汽车集团财务有限公司在西安召开“千亿鑫起航”北汽金融2021年度经销商大会，与集团各兄弟单位和经销商伙伴进行业务成果分享，共谈业务经验

2021年9月4日，国家能源集团财务有限公司在中国国际服务贸易交易会上与中国工商银行签署《全球现金管理服务协议》

2021年9月27日，中建财务有限公司举办银企合作支持中建集团粤港澳大湾区业务交流会

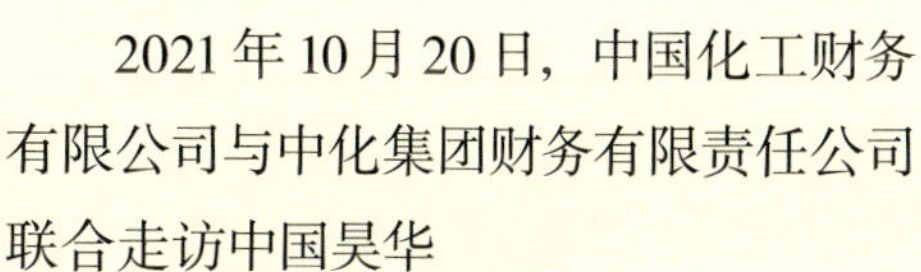
2021年10月20日，中国化工财务有限公司与中化集团财务有限责任公司联合走访中国昊华

2021年10月28日，联通集团财务有限公司举办央企财务公司司库论坛，部分在京央企财务公司参会

2021年11月3日，中国铁建财务有限公司董事长周仲华一行到中国土木工程集团有限公司拜访交流

2021年11月24日，物产中大集团财务有限公司与物产环能公司签署财企战略合作协议

2021年12月24日，中国南航集团财务有限公司发放首笔买方信贷业务贷款，这标志着公司买方信贷业务正式开闸。买方信贷业务的开展有利于促进南航集团成员单位产品的销售，为南航生态圈建设提供金融支持

2021 年 12 月 27 日，广州汽车集团财务有限公司正式开通企业征信查询

2021 年 12 月 30 日，中国航油集团财务有限公司与石油公司领导协调推进板块协同工作

2021 年 12 月，国机财务有限责任公司正式启用新一代信贷业务线上办理系统的网银截面图

2021 年 12 月，中国建材集团有限公司及中国建材集团财务有限公司赴国家电投集团调研全球司库管理体系建设

2021 年 6 月 10 日，青岛啤酒财务有限责任公司举办公司成立十周年庆典活动

2021 年 6 月 30 日，山东晨鸣集团财务有限公司举办七周年庆活动

2021 年 7 月 20 日，中兴通讯集团财务有限公司举办“十年同行 感恩有您”座谈会

2021 年 10 月 16 日，上海上实集团财务有限公司开展“同心同行　共创共赢”七周年庆团建活动

2021 年 10 月 27 日，江苏凤凰出版传媒集团财务有限公司举行公司成立五周年庆典

2021 年 12 月 10 日，上海复星高科技集团财务有限公司十周年庆典现场公司员工表演太极拳

2021 年 12 月 28 日，上海文化广播影视集团财务有限公司全体员工同庆公司成立五周年

2021 年 2 月 4 日，广东省交通集团财务有限公司组织党员到集团所属肇花高速大塘服务区开展志愿服务活动，协助开展健康码验证工作

2021 年 3 月 5 日，五矿集团财务有限责任公司开展“青春心向党　志愿正当时”学雷锋志愿服务活动，积极履行企业社会责任

2021 年 3 月 12 日，首钢集团财务有限公司组织开展植树活动

2021 年 3 月 12 日，陕西投资集团财务有限责任公司开展“共创绿色未来”植树造林志愿服务活动

2021 年 4 月 28 日，广西交通投资集团财务有限责任公司深入高速公路建设项目开展防范非法集资宣传公益活动

2021 年 5 月 14 日，兖矿集团财务有限公司开展打击经济犯罪宣传活动

2021 年 5 月 25 日，浙江省能源集团财务有限责任公司青年团员前往浙江省血液中心献血，助力抗击新冠肺炎疫情

2021 年 5 月 27 日，东风汽车财务有限公司联合中南财经政法大学开展“金融知识万里行”反洗钱主题宣传活动

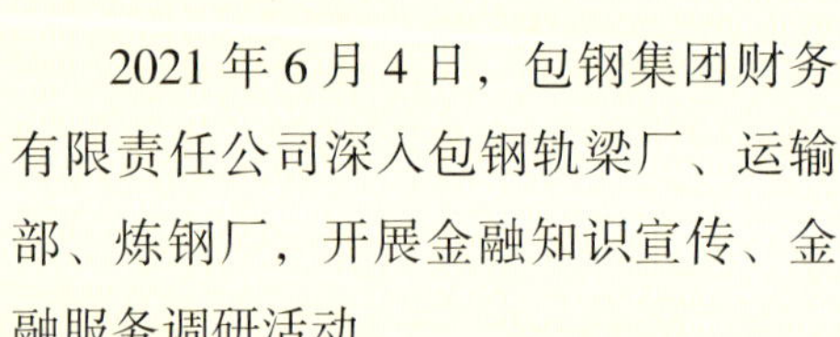

2021 年 6 月 4 日，包钢集团财务有限责任公司深入包钢轨梁厂、运输部、炼钢厂，开展金融知识宣传、金融服务调研活动

2021 年 6 月 7 日，江铃汽车集团财务有限公司积极践行“我为群众办实事”实践活动

2021 年 6 月 23 日，通用技术财务公司在北京市门头沟区斋堂中心小学举办“通财图书馆”挂牌暨爱心捐赠仪式

2021 年 6 月 24 日，光明食品集团财务有限公司开展防疫物资捐赠活动

2021 年 8 月 13 日，浙江省交通投资集团财务有限责任公司组织防暑物资采购，参与开展“夏日关爱降暑气，商会贴心暖人心”慰问活动

2021 年 9 月 14 日，中国移动通信集团财务有限公司深入社区开展“打击治理电信网络诈骗、跨境赌博集中宣传月”专题公益普法宣传活动

2021 年 9 月 15 日，河钢集团财务有限公司深入社区，开展“打击治理电信网络诈骗，我们在行动”主题活动

2021 年 9 月 23 日，供销集团财务有限公司开展“我为群众办实事”募捐活动

2021 年 9 月，厦门海翼集团财务有限公司发动党员职工投身到疫情防控的志愿服务中，与社区、医护人员及广大志愿者并肩作战，奋战在抗疫一线，以实际行动支援抗疫工作，诠释国企人的责任与担当

2021 年 10 月 25 日，潞安集团财务有限公司开展“网络安全为人民，网络安全靠人民”线下宣传活动

2021年10月29日，江苏交通控股集团财务有限公司在连云港市东山后村举行“城乡结对　文明共建”惠民渠开工仪式

2021年11月11日，海信集团财务有限公司开展“急救安全健康教育”宣教活动

2021年11月18日，四川长虹集团财务有限公司开展扶贫活动

2021年12月23日，一汽财务有限公司第二党支部与吉林省镇赉县大岗村党支部开展帮扶共建活动

2021 年 8 月 16 日，中国宝武脱贫攻坚总结表彰会暨 2020 年社会责任报告发布会举行，宝武集团财务有限责任公司“绿色金融守护城市钢厂”案例被评为 2020 年中国宝武社会责任优秀案例

2021 年 11 月 30 日，中开财务有限公司开展公司团建活动

2021 年 12 月 10 日，厦门翔业集团财务有限公司组织开展插花活动，丰富员工文化生活，激发工作活力和激情

2021 年 12 月 10 日，上海电气集团财务有限责任公司工会举办“2021 年趣味游艺会”活动

2021 年 12 月 13 日，国联财务有限责任公司参加江苏银行业保险业 EAST 系统应用劳动竞赛

2021 年 12 月 25 日，淮南矿业集团财务有限公司开展健康徒步走活动

2021 年 12 月 31 日，太钢集团财务有限公司举办迎新年活动

2021 年，特变电工集团财务有限公司获得集团公司举办的第 20 届“特变好声音歌唱大赛”三等奖

2021 年 3 月 25 日，有色矿业集团财务有限公司党支部与建设银行武汉省直支行党支部共赴武汉革命博物馆，联合举办“学党史悟思想、办实事开新局，以优异成绩迎接建党一百周年”专题联合党课（扩大）活动

2021 年 4 月 6 日，海亮集团财务有限责任公司员工参加集团举办的党史教育主题讲座活动

2021 年 4 月 8 日，陕西煤业化工集团财务有限公司参加陕西省银行业协会“庆建党 100 周年、喜迎十四运”春季登山比赛活动

2021 年 4 月 25 日，中冶集团财务有限公司员工参观北京档案馆

2021 年 4 月 28 日，上海华谊集团财务有限责任公司组织开展“学习伟人初心，感悟时代使命”建党 100 周年庆祝活动

2021 年 5 月 7 日，美的集团财务有限公司与工商银行佛山北滘支行举办党建共建联系点授牌仪式

2021 年 5 月 8 日，北京首农食品集团财务有限公司青年参加集团庆祝建党 100 周年文艺汇演

2021 年 5 月 12 日，首都机场集团财务有限公司组织党员参观香山革命纪念馆

2021 年 5 月 18 日，天津港财务有限公司党支部创新党史学习教育载体，与农业银行天津市分行国际金融部党支部、农业银行天津港保税区支行党委开展党建共建主题党日活动

2021 年 5 月 21 日，华联财务有限责任公司开展庆祝中国共产党建党 100 周年“颂歌献给党”活动

2021 年 5 月 21 日，西电集团财务有限责任公司党总支组织党员干部、群团代表赴革命圣地延安，开展“重走革命圣地　弘扬延安精神”党史学习教育活动

2021 年 5 月 18—21 日，兵工财务有限责任公司开展“党史百年井冈寻根　坚守初心使命　兵工 90 载官田溯源传承红色基因”主题党史学习教育活动

2021 年 5 月 22 日，中煤财务有限责任公司与工商银行在北京市档案馆开展支部共建活动

2021 年 5 月 22—23 日，航天科工财务有限责任公司党员赴延安开展党性教育培训活动

2021 年 5 月 25 日，贵州盘江集团财务有限公司与农业银行云岩支行在安顺市王若飞故居开展“学党史　促融合　银企共建共发展”活动

2021 年 6 月 1 日，中储粮集团财务有限公司联合集团财务部于西柏坡举办党史学习教育读书班

2021 年 6 月 4 日，商飞集团财务有限责任公司组织全体党员、入党积极分子到中国航天科技集团公司第八研究院与浦银金融租赁股份有限公司开展党建共建活动

2021 年 6 月 5 日，云南昆钢集团财务有限公司开展红色教育活动

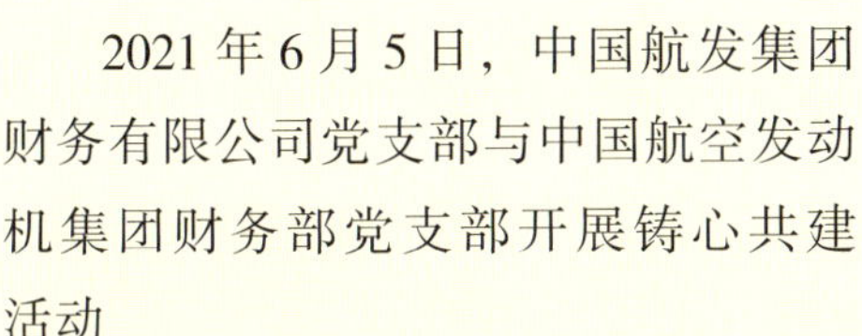

2021 年 6 月 5 日，中国航发集团财务有限公司党支部与中国航空发动机集团财务部党支部开展铸心共建活动

2021 年 6 月 18 日，内蒙古电力集团财务有限责任公司在集宁战役纪念馆开展主题党日活动

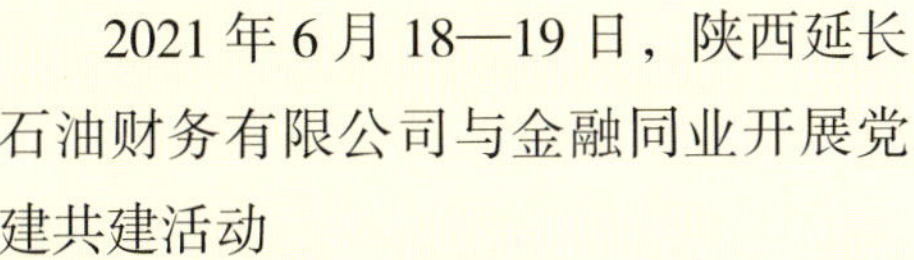

2021 年 6 月 18—19 日，陕西延长石油财务有限公司与金融同业开展党建共建活动

2021 年 6 月 20 日，江苏悦达集团财务有限公司与悦达集团三支部、江苏银行盐城城中支行党支部联合举办“学党史　忆初心　担使命”百年党史知识竞赛主题党建共建活动

2021 年 6 月 24 日，上海外高桥集团财务有限公司参观党史主题展

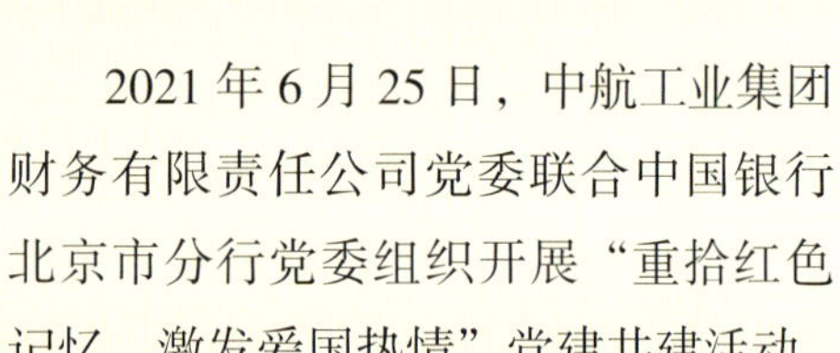
2021 年 6 月 25 日，中航工业集团财务有限责任公司党委联合中国银行北京市分行党委组织开展“重拾红色记忆　激发爱国热情”党建共建活动

2021 年 6 月 25 日，沙钢财务有限公司与国家外汇管理局张家港市支局、江苏国泰财务有限公司开展党建交流学习主题活动

2021 年 6 月 26 日，阳泉煤业集团财务有限责任公司开展“庆祝中国共产党成立 100 周年 · 学党史 · 记初心”纪念活动

2021 年 6 月 26 日，万向财务有限公司举办庆祝中国共产党成立 100 周年文艺晚会，传承红色基因，弘扬鲁冠球精神，共创万向辉煌

2021 年 6 月 26 日，振华集团财务有限责任公司举行庆祝建党 100 周年文艺演出

2021 年 6 月 29 日，海南农垦集团财务有限公司开展“重温入党誓词 歌颂党恩情”主题党日活动

2021 年 6 月，传化集团财务有限公司与江苏银行杭州分行开展建党百年主题活动，实现银企党建共建，助力经营发展

2021 年 6 月，国铁集团财务部与中国铁路财务有限责任公司党委赴北京局集团公司丰台机务段联合开展党日活动，参观机车展览室，聆听英雄机车故事

2021 年 6 月，国新集团财务有限责任公司开展党史学习教育专题活动，组织员工参观中华世纪坛时代楷模展

2021 年 7 月 1 日，国药集团财务有限公司举办庆祝建党百年党史教育读书会

2021 年 7 月 1 日，华泰集团财务有限公司举行庆祝建党 100 周年活动

2021 年 7 月 9 日，中国财务公司协会会长、南方电网财务有限公司董事长胡伏秋参观中共三大会址纪念馆

2021 年 7 月 9—10 日，山东省商业集团财务有限公司全员赴临沂红色教育基地开展沂蒙精神现场教育

2021 年 7 月 16 日，上海城投集团财务有限公司参观“百炼成钢，建党百年红色金融展”

2021 年 7 月 30 日，中国大唐集团财务有限公司员工赴中国共产党历史展览馆参观学习

2021 年 7 月，江苏省国信集团财务有限公司举行庆祝建党 100 周年主题党日活动

2021 年 9 月 26 日，中核财务有限责任公司在北京召开新时代央企财务公司党建创新研讨交流会

2021 年 10 月 18 日，中国能源建设集团财务有限公司党委通过视频方式举办“话家风、述家训、颂家规”演讲活动

2021 年 10 月 22 日，保利集团副总会计师邓长清、副总经理郭华带领保利财务有限公司党支部全体党员、发展对象、入党积极分子赴北大红楼开展党史学习教育主题党日活动

2021 年 11 月 16 日，新凤祥财务有限公司举行党支部主题党日活动，全体党员赴浙商银行济南分行参观“庆祝中国共产党建党 100 周年暨清廉金融文化建设”书画作品山东巡展活动

2021 年 11 月 19 日，江西铜业集团财务有限公司成立“买方信贷”党员突击队

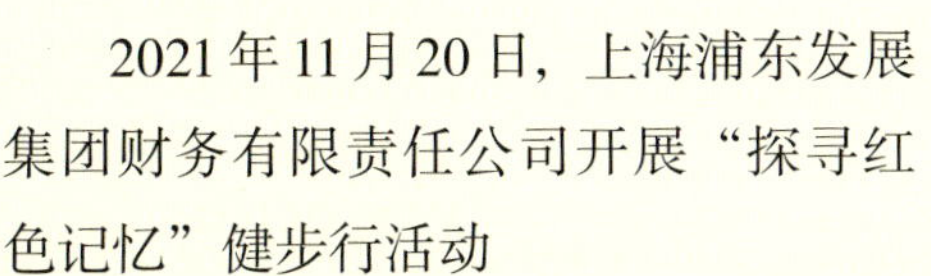
2021 年 11 月 20 日，上海浦东发展集团财务有限责任公司开展“探寻红色记忆”健步行活动

2021 年 12 月 15 日，北京金隅财务有限公司党支部召开支部换届选举党员大会

2021 年 12 月 23 日，重庆市能源投资集团财务有限公司组织党员到重庆歌乐山烈士陵园开展党史学习教育参观研学活动

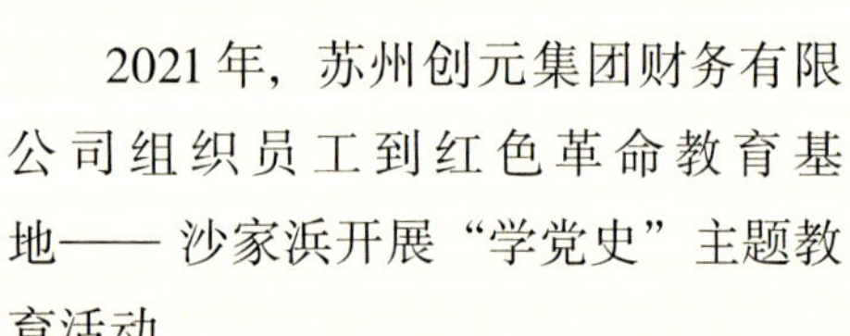

2021 年，苏州创元集团财务有限公司组织员工到红色革命教育基地——沙家浜开展“学党史”主题教育活动

2021 年，天津物产集团财务有限公司举行庆祝建党 100 周年活动

统计资料

经营状况综合统计

财务公司资产、负债、权益统计表

（2021 年）

单位：万元

机　　构	资产			负债		所有者权益	
	总额	其中：贷款	其中：投资	总额	其中：存款	总额	其中：资本金
TCL 科技集团财务有限公司	1770945	543762	2043	1576715	1414221	194230	150000
安徽省能源集团财务有限公司	585589	309040	60657	464917	458079	120672	100000
安徽省皖北煤电集团财务有限公司	674284	313895	92729	546184	542732	128101	100000
鞍钢集团财务有限责任公司	3748901	1882150	81025	3029103	3016054	719798	400000
百联集团财务有限责任公司	1846553	427654	98589	1717329	1691261	129224	80000
包钢集团财务有限责任公司	1210749	733840	0	1000933	955561	209816	160000
宝塔石化集团财务有限公司	732564	1358411	3322	1235574	3593	-503010	200000
宝武集团财务有限责任公司	4024307	2078667	292249	3584825	3403420	439482	260000
保利财务有限公司	9973164	2050416	334000	9511059	9484321	462106	200000
北大方正集团财务有限公司	529534	506592	0	311507	213056	218028	500000
北京金融街集团财务有限公司	584465	192325	3015	486480	485309	97985	80000
北京金隅财务有限公司	2578688	1467183	163148	2180955	2168414	397733	300000
北京控股集团财务有限公司	1851807	1021063	191495	1571582	1550315	280226	200898
北京汽车集团财务有限公司	4824158	2674360	277324	4186767	3746538	637391	500000
北京首都旅游集团财务有限公司	1482174	711510	159040	1230816	1209604	251359	200000
北京首农食品集团财务有限公司	2092801	1201146	10228	1857379	1849217	235423	200000
兵工财务有限责任公司	12457270	4774074	689368	11074804	10933481	1382466	634000
兵器装备集团财务有限责任公司	7822912	3620890	238126	6975150	5733097	847762	303300
渤海钢铁集团财务有限公司	202949	0	201292	292	6	202656	200000
诚通财务有限责任公司	2683829	491726	342063	2020690	1984585	663139	500000
重庆化医控股集团财务有限公司	294511	209592	0	167510	114057	127001	50000
重庆机电控股集团财务有限公司	385742	250420	102	292598	288121	93144	60000
重庆力帆财务有限公司	7157	0	0	123	7	7034	300000
重庆市能源投资集团财务有限公司	440251	392911	0	307140	299215	133111	100000
传化集团财务有限公司	472383	250005	0	416984	415032	55399	50000
创维集团财务有限公司	857358	449567	0	691222	551409	166136	122345
大唐电信集团财务有限公司	438792	210940	8569	311305	308301	127487	100000
大同煤矿集团财务有限责任公司	3322265	2510558	139638	2682681	2515803	639584	426460
东方电气集团财务有限公司	4298235	757274	229257	3954174	3857400	344061	209500
东方国际集团财务有限公司	1054990	227794	0	940339	936709	114650	100000
东方集团财务有限责任公司	957389	946267	0	643530	404659	313859	300000
东风汽车财务有限公司	13659397	9475820	1169327	11827392	10568772	1832005	900000
东航集团财务有限责任公司	3769831	1305152	104265	3507299	3490609	262532	200000
东旭集团财务有限公司	2990430	3027000	0	2517067	1092802	473363	500000
鄂尔多斯财务有限公司	949231	693302	0	709598	486102	239633	200000
福建七匹狼集团财务有限公司	232391	164866	10899	177673	154539	54718	50000

续表

机　　构	资产			负债		所有者权益	
	总额	其中:贷款	其中:投资	总额	其中:存款	总额	其中:资本金
福建省交运集团财务有限公司	314817	192152	0	259469	256836	55347	50000
福建省能源集团财务有限公司	1537321	650053	147146	1315013	1289152	222308	100000
甘肃电投集团财务有限公司	205875	30314	0	143752	137251	62123	50000
供销集团财务有限公司	549751	170900	0	493017	484444	56734	50000
光明食品集团财务有限公司	2785670	1432878	237875	2439856	2418722	345814	200000
广东能源集团财务有限公司	2479231	1720090	210695	2066097	2033044	413134	300000
广东省广晟财务有限公司	781378	523593	500	641463	637545	139915	109922
广东省交通集团财务有限公司	2400934	1055224	148876	2133224	2124226	267711	200000
广东省农垦集团财务有限公司	265193	152940	0	214126	212958	51067	50000
广东温氏集团财务有限公司	417717	140394	20	312132	311349	105585	100000
广西交通投资集团财务有限责任公司	2071614	1052712	161463	1647251	1342646	424363	250000
广州发展集团财务有限公司	740218	290045	79508	619405	613509	120813	100000
广州港集团财务有限公司	444215	225813	0	391708	389872	52507	50000
广州汽车集团财务有限公司	2658609	1149404	109247	2479341	2316479	179268	100000
贵州茅台集团财务有限公司	14811785	351300	17000	14005151	13859644	806634	250000
贵州盘江集团财务有限公司	255155	166093	0	197861	170106	57293	50000
国机财务有限责任公司	4553535	1652278	234955	4225030	4198174	328505	150000
国家电投集团财务有限公司	5987470	4361048	738246	4507594	4492896	1479877	750000
国家能源集团财务有限公司	14369095	10804847	1262482	12037988	11940365	2331108	1250000
国联财务有限责任公司	561772	380141	14256	484570	473305	77201	50000
国投财务有限公司	3993561	2403343	567566	3243960	3205115	749601	500000
国新集团财务有限责任公司	1164974	709566	60929	950327	946597	214648	200000
国药集团财务有限公司	4390664	880917	98310	4188762	4174549	201902	110000
哈尔滨电气集团财务有限责任公司	1627567	236898	30000	1400820	1384514	226746	150000
海尔集团财务有限责任公司	7073359	4593287	1069293	5383629	3037662	1689730	700000
海航集团财务有限公司	3071441	3045581	189267	3036118	1700296	35323	800000
海亮集团财务有限责任公司	1300041	1132128	0	1026808	897260	273233	150000
海马财务有限公司	244089	79688	41829	115434	110729	128655	95000
海南农垦集团财务有限公司	1003323	451659	23000	921900	915268	81423	50000
海信集团财务有限公司	2841894	1783865	179423	2430938	2184436	410956	130000
杭州锦江集团财务有限责任公司	232043	155000	0	96796	93995	135247	120000
航天科工财务有限责任公司	16880400	1117365	483949	16170904	16090478	709496	438489
航天科技财务有限责任公司	17422164	2668359	1049035	16082176	15974803	1339988	650000
河北港口集团财务有限公司	658412	332067	43451	483730	480301	174682	150000
河北建投集团财务有限公司	1282462	601473	71128	1040038	1032552	242425	200000
河钢集团财务有限公司	3125487	2754100	35671	2413606	2244352	711881	666000
河南能源化工集团财务有限公司	1337083	1147670	1073	860090	855834	476993	300000

续表

机　　构	资产			负债		所有者权益	
	总额	其中:贷款	其中:投资	总额	其中:存款	总额	其中:资本金
河南双汇集团财务有限公司	730504	374402	31465	624064	529415	106440	80000
亨通财务有限公司	679449	587215	0	534530	462968	144920	120000
红豆集团财务有限公司	388009	289001	41506	199215	151618	188794	133700
红星美凯龙家居集团财务有限责任公司	309884	238406	0	229624	227399	80260	60000
湖北交投集团财务有限公司	2550778	990257	2214	2338157	2294141	212621	150000
湖北宜化集团财务有限责任公司	344765	237816	0	280476	270376	64289	50000
湖南出版投资控股集团财务有限公司	1364228	30770	157071	1136140	1118241	228088	100000
湖南高速集团财务有限公司	1101019	119800	78000	989065	988451	111954	100000
湖南华菱钢铁集团财务有限公司	2031758	510022	235077	1683091	1433282	348667	260000
华联财务有限责任公司	1296209	1100495	49341	945146	738102	351063	250000
华泰集团财务有限公司	345529	212048	0	242672	238098	102857	100000
淮北矿业集团财务有限公司	1067384	535869	66528	852120	821660	215264	163300
淮南矿业集团财务有限公司	1676404	667237	228486	1379137	1364048	297267	200000
吉林森林工业集团财务有限责任公司	23647	0	0	4834	0	18813	50000
冀中能源集团财务有限责任公司	2351756	2245866	3121	1916848	1566264	434908	320000
江铃汽车集团财务有限公司	1249236	839237	24783	1109169	1034941	140067	80001
江苏凤凰出版传媒集团财务有限公司	640114	59900	104100	491288	490443	148826	100000
江苏国泰财务有限公司	586111	3000	0	429077	428230	157034	150000
江苏华西集团财务有限公司	187090	165900	0	100201	91819	86889	75000
江苏交通控股集团财务有限公司	1868491	880432	0	1602140	1514582	266352	200000
江苏省国信集团财务有限公司	2529068	1025969	1100	2322336	2307967	206732	150000
江苏悦达集团财务有限公司	418868	318196	0	304398	302033	114469	80000
江西省交通投资集团财务有限公司	1558875	662625	5000	1013106	1008723	545769	510000
江西铜业集团财务有限公司	3090485	1165895	239437	2715650	2643316	374835	260000
金川集团财务有限公司	1093735	855529	0	928474	919144	165261	100000
锦江国际集团财务有限责任公司	1262597	436844	25037	1102184	1094912	160412	100000
晋煤集团财务有限公司	1002123	526894	40120	825989	697738	176134	100000
京能集团财务有限公司	4031604	2066445	450595	3342772	3331348	688833	500000
酒钢集团财务有限公司	1196194	984643	46560	828617	790177	367577	300000
巨化集团财务有限责任公司	469000	351872	32296	342342	329975	126658	80000
开滦集团财务有限责任公司	1233118	1024261	68415	993599	860090	239519	200000
浪潮集团财务有限公司	1168662	544103	0	1062890	960876	105772	100000
连云港港口集团财务有限公司	349447	226823	0	229016	227132	120432	100000
联通集团财务有限公司	7967312	1446050	404376	7404767	7361181	562545	300000
潞安集团财务有限公司	2935666	904602	174961	2578796	2567431	356870	235000
马钢集团财务有限公司	2183102	863945	200955	1842525	1739091	340576	200000
美的集团财务有限公司	3205194	737143	84912	2557767	2207411	647427	350000

续表

机构	资产			负债		所有者权益	
	总额	其中:贷款	其中:投资	总额	其中:存款	总额	其中:资本金
南方电网财务有限公司	7520600	5272314	212914	6315531	6277593	1205069	700000
南山集团财务有限公司	1960201	1597449	71382	1736059	1579115	224141	80000
内蒙古电力集团财务有限责任公司	1354548	130125	0	1105139	1102860	249410	100000
内蒙古伊泰财务有限公司	1241965	657500	0	1097710	1093697	144255	100000
青岛港财务有限责任公司	1818275	935760	123910	1633572	1606949	184704	100000
青岛啤酒财务有限责任公司	2073735	58951	177819	1765418	1752001	308317	100000
青建集团财务有限责任公司	366723	286421	100	275256	192941	91467	80000
清华控股集团财务有限公司	583950	362495	0	287460	283905	296490	300000
日立（中国）财务有限公司	738436	228887	0	684581	678136	53854	30000
日照港集团财务有限公司	428898	280682	0	306746	303370	122152	100000
三房巷财务有限公司	161889	130000	0	108774	95590	53115	50000
三环集团财务有限公司	245973	212140	0	134020	104475	111954	100000
三峡财务有限责任公司	6964436	5304215	581984	5742075	5707965	1222361	500000
沙钢财务有限公司	1153504	392469	98285	948727	947263	204777	100000
山东晨鸣集团财务有限公司	902669	812803	0	359077	294482	543592	500000
山东东明石化集团财务有限公司	821415	312920	0	721284	719620	100131	100000
山东钢铁集团财务有限公司	1884070	1257569	224815	1490259	1422751	393811	300000
山东黄金集团财务有限公司	854064	593541	0	505187	493154	348876	300000
山东能源集团财务有限公司	3139183	1077400	1009	2676480	2654658	462702	300000
山东省商业集团财务有限公司	874448	634023	86688	636257	513499	238191	200000
山东招金集团财务有限公司	665884	398032	49005	502113	384226	163771	150000
山东重工集团财务有限公司	4268460	1810239	233000	3939941	3770149	328519	160000
山西焦煤集团财务有限责任公司	4363071	2018768	395015	3753404	3655850	609667	355000
陕西煤业化工集团财务有限公司	4232713	2559494	197527	3787145	3667445	445567	300000
陕西投资集团财务有限责任公司	912087	417130	10007	804217	802011	107871	100000
陕西延长石油财务有限公司	2407561	1170700	296306	1863360	1842852	544200	350000
商飞集团财务有限责任公司	1263028	87972	0	1084338	1081454	178690	160000
上海城投集团财务有限公司	697327	282824	0	594132	591440	103194	100000
上海电气集团财务有限责任公司	6911379	2479491	587618	6126916	6029055	784462	220000
上海复星高科技集团财务有限公司	1117761	771329	136397	919248	899517	198513	150000
上海华谊集团财务有限责任公司	1945775	982035	117629	1783859	1766625	161916	100000
上海浦东发展集团财务有限责任公司	2174116	723968	187820	1911047	1895951	263069	100000
上海汽车集团财务有限责任公司	21632522	9865991	2876223	17655101	15371207	3977420	1538000
上海上实集团财务有限公司	1044565	314083	96053	909987	901199	134579	100000
上海外高桥集团财务有限公司	752396	186531	2	693042	686869	59354	50000
上海文化广播影视集团财务有限公司	665408	201350	0	559258	550292	106150	100000
申能集团财务有限公司	2925231	1876114	240628	2605324	2452379	319907	200000

续表

机构	资产			负债		所有者权益	
	总额	其中:贷款	其中:投资	总额	其中:存款	总额	其中:资本金
深圳华强集团财务有限公司	430197	265676	100	298147	296138	132050	100000
深圳能源财务有限公司	1862040	1557937	13392	1617659	1510690	244381	150000
首都机场集团财务有限公司	1409996	353828	122011	1237518	1217493	172478	50000
首钢集团财务有限公司	5695183	3119086	0	4574800	4219376	1120383	1000000
顺丰控股集团财务有限公司	2854154	959785	0	2681462	2675031	172692	100000
四川省宜宾五粮液集团财务有限公司	4394318	2099215	288131	3934349	3753920	459969	308562
四川长虹集团财务有限公司	2010525	1220979	25871	1654267	1179048	356258	269394
松下电器（中国）财务有限公司	1289496	89613	0	1165389	1155698	124107	70000
苏州创元集团财务有限公司	235151	160363	4012	165418	163439	69733	60000
太钢集团财务有限公司	1430398	824972	265511	1077160	918748	353238	200000
特变电工集团财务有限公司	1253762	401750	0	1132218	1126718	121543	100000
天津渤海集团财务有限责任公司	429489	246510	1530	288100	272484	141389	100000
天津港财务有限公司	1182364	623366	120288	916818	913616	265546	115000
天津能源集团财务有限公司	685402	232944	0	567251	566192	118151	100000
天津天保财务有限公司	695908	505563	39595	324333	309675	371575	300000
天津物产集团财务有限公司	614507	513718	0	45167	0	569340	500000
天津医药集团财务有限公司	227007	117310	28289	169937	166512	57070	50000
天瑞集团财务有限责任公司	349736	274000	0	237178	137230	112559	100000
通用技术集团财务有限责任公司	4183507	2346788	96056	3917618	3868093	265888	229600
铜陵有色金属集团财务有限公司	947992	653336	92908	807140	705768	140852	110000
万向财务有限公司	2300545	2057902	0	1994969	1951131	305576	120000
五矿集团财务有限责任公司	2681474	996317	362864	2151638	2096291	529836	350000
物产中大集团财务有限公司	1647362	776758	49605	1503724	1484649	143638	100000
物美商业财务有限责任公司	96388	75000	0	44046	43920	52342	50000
西部矿业集团财务有限公司	1126117	641558	148243	778565	663341	347552	203339
西电集团财务有限责任公司	1004927	448731	77874	789226	767919	215701	150000
西王集团财务有限公司	620115	545237	0	386624	239038	233491	200000
厦门海翼集团财务有限公司	396167	154200	44583	287086	261278	109081	80000
厦门翔业集团财务有限公司	970857	241108	79059	816320	773508	154537	100000
新奥财务有限责任公司	1134573	879229	0	853305	793818	281268	200000
新凤祥财务有限公司	1354146	915129	139006	1023042	543010	331104	300000
新华联控股集团财务有限责任公司	579680	511745	0	270595	62644	309085	300000
新疆金风科技集团财务有限公司	1043963	734264	0	720297	656956	323666	300000
新希望财务有限公司	2093987	689074	119777	1905479	1353265	188508	103200
新兴际华集团财务有限公司	1088371	203703	0	987684	987131	100686	100000
徐工集团财务有限公司	3069947	1304432	521	2792409	2174474	277538	200000
兖矿集团财务有限公司	4360223	1504752	15048	3790036	3726997	570187	400000

续表

机　　构	资产			负债		所有者权益	
	总额	其中:贷款	其中:投资	总额	其中:存款	总额	其中:资本金
阳泉煤业集团财务有限责任公司	2237940	1913738	51794	1832789	1740652	405150	177948
一汽财务有限公司	13051358	3706323	993882	11309283	10695641	1742075	260000
一重集团财务有限公司	172986	74308	0	122328	121798	50658	50000
伊利财务有限公司	902574	43095	0	763954	741426	138619	100000
亿利集团财务有限公司	1570852	1544850	0	1066893	541716	503959	500000
有色矿业集团财务有限公司	1096413	710518	14949	776775	768643	319638	300000
粤海集团财务有限公司	2440838	456110	50168	2223676	2217725	217162	200000
云南建投集团财务有限公司	741178	430053	91694	533082	357455	208096	100000
云南昆钢集团财务有限公司	671752	525275	32000	553397	384036	118354	100000
云南云天化集团财务有限公司	649517	465400	68097	539901	361281	109617	100000
招商局集团财务有限公司	6633273	4095530	150106	5946887	5868268	686386	500000
浙江海港集团财务有限公司	1916507	1089944	123136	1689934	1683214	226573	150000
浙江省交通投资集团财务有限责任公司	5411130	4102349	427505	4659816	4604817	751314	523000
浙江省能源集团财务有限责任公司	3365110	2073145	80145	2871434	2857393	493676	282096
振华集团财务有限责任公司	159047	127860	0	135801	135437	23246	15000
正泰集团财务有限公司	660354	315001	1000	545915	544134	114439	100000
郑州宇通集团财务有限公司	521529	386293	9662	391690	369403	129839	100000
中车财务有限公司	4712871	2044873	0	4291577	4043739	421295	220000
中储粮集团财务有限公司	4050976	296893	0	3658601	3651486	392376	350000
中船财务有限责任公司	21257248	8091360	1400723	19393500	19115543	1863749	871900
中广核财务有限责任公司	4554913	2685852	302960	4086445	4058424	468468	300000
中国大唐集团财务有限公司	4852034	2715488	540432	3954587	3924664	897447	486987
中国电建集团财务有限责任公司	4651874	3301755	2001	4084962	4024875	566912	500000
中国电力财务有限公司	35125131	23680104	2021877	30703433	30154423	4421698	2800000
中国电信集团财务有限公司	4458333	2784343	0	3947283	3899981	511050	500000
中国电子财务有限责任公司	5890685	1986066	22519	5536355	5500211	354330	175094
中国电子科技财务有限公司	10842989	4196024	693430	9781694	9707153	1061295	580000
中国航发集团财务有限公司	3768165	525281	132079	3580762	3564182	187402	150000
中国航空集团财务有限责任公司	2239955	584000	135267	2055093	2046136	184863	112796
中国航油集团财务有限公司	1240185	296863	39329	1088956	1081026	151229	120000
中国华电集团财务有限公司	6551568	5017620	730880	5552660	5493977	998909	554112
中国华能财务有限责任公司	5201191	3732749	484628	4486801	4459648	714390	500000
中国化工财务有限公司	1423471	777928	10194	1280645	1271036	142826	84123
中国黄金集团财务有限公司	1772353	522561	50741	1648730	1644026	123624	100000
中国建材集团财务有限公司	1871216	1007297	72990	1723408	1716360	147808	120000
中国南航集团财务有限公司	1747319	706105	178447	1498728	1489937	248591	137773
中国能源建设集团财务有限公司	5100260	2465010	320405	4653372	4625853	446888	300000

续表

机构	资产			负债		所有者权益	
	总额	其中:贷款	其中:投资	总额	其中:存款	总额	其中:资本金
中国平煤神马集团财务有限责任公司	1069607	823883	1001	745647	714775	323960	300000
中国石化财务有限责任公司	17318591	9894971	2292746	14223066	12743828	3095525	1800000
中国铁建财务有限公司	11052198	7596976	523161	9767222	9663112	1284976	900000
中国铁路财务有限责任公司	9801440	2766841	400000	8469724	8443003	1331716	1000000
中国一拖集团财务有限责任公司	525293	211018	0	437891	297545	87401	50000
中国移动通信集团财务有限公司	18133798	3071584	1712474	15485731	15455585	2648067	1162778
中国重汽财务有限公司	4403615	2006038	110262	3810914	1257188	592702	305000
中海石油财务有限责任公司	15412250	4749094	669783	14158899	13972532	1253351	400000
中航工业集团财务有限责任公司	19471334	3568101	538803	18317106	18222038	1154228	395138
中核财务有限责任公司	9570485	5276541	785079	8394944	8351321	1175541	438582
中化工程集团财务有限公司	4432247	1271955	133356	4238715	4231039	193533	100000
中化集团财务有限责任公司	4069537	2474664	934532	2970964	2384744	1098573	600000
中集集团财务有限公司	1048216	407432	30226	875263	831675	172953	92000
中建财务有限公司	10739855	8012076	209000	9438298	9183652	1301557	1000000
中交财务有限公司	4408544	3002349	28000	3454769	3419743	953776	700000
中节能财务有限公司	2603456	1616971	227302	2235408	2205454	368048	300000
中开财务有限公司	1257085	416866	50126	1163758	1157178	93326	50000
中联重科集团财务有限公司	1201429	419206	117839	989492	938638	211937	150000
中粮财务有限责任公司	2828472	2087435	32620	2391294	2376160	437179	100000
中旅集团财务有限公司	1675044	630815	151030	1423667	1417785	251377	200000
中铝财务有限责任公司	4261031	2092217	369974	3700063	3425750	560968	400000
中煤财务有限责任公司	7568124	1110600	0	7099552	7075890	468573	300000
中铁财务有限责任公司	9001954	4075633	476818	7779474	7759789	1222480	900000
中信财务有限公司	6797739	4214254	578986	5975742	5433491	821997	475135
中兴通讯集团财务有限公司	1980708	179029	0	1822395	1796496	158313	100000
中冶集团财务有限公司	1953761	1500028	0	1589077	1580303	364684	180000
中油财务有限责任公司	53190419	21707278	4915105	45476532	36987265	7713887	1639527
中远海运集团财务有限责任公司	15247657	4963049	126830	14368002	14288521	879655	600000
忠旺集团财务有限公司	122882	3708545	0	3250799	630338	-3127917	500000
珠海格力集团财务有限责任公司	5227024	1008153	78798	4591199	4429962	635826	300000
珠海华发集团财务有限公司	5800272	3844098	284453	5199416	5068049	600856	200000
紫金矿业集团财务有限公司	1193694	705548	2266	1061191	1004112	132503	66860
总计	855836827	396875666	49153437	745458373	700590757	110378454	68830857

注：①此表资产不含委托项。

②投资包括债券、股票、长期股权及其他投资。

③此表为253家财务公司，不含西门子财务服务有限责任公司、中船重工财务有限责任公司、本钢集团财务有限公司。

财务公司收入、利润状况统计表

（2021年） 单位：万元

机　　构	利润总额	营业收入		
		总额	其中：利息收入	其中：中间业务收入
TCL科技集团财务有限公司	10986	29620	27970	1313
安徽省能源集团财务有限公司	8495	17150	13229	257
安徽省皖北煤电集团财务有限公司	10259	15586	12832	25
鞍钢集团财务有限责任公司	54412	111449	97099	352
百联集团财务有限责任公司	12518	47855	45546	416
包钢集团财务有限责任公司	14283	27601	26861	736
宝塔石化集团财务有限公司	－19308	20	20	0
宝武集团财务有限责任公司	43164	123588	113668	1329
保利财务有限公司	88349	197155	194116	141
北大方正集团财务有限公司	－349207	－1960	－1960	0
北京金融街集团财务有限公司	6229	20530	20511	0
北京金隅财务有限公司	42969	87348	83632	69
北京控股集团财务有限公司	25208	56982	52963	93
北京汽车集团财务有限公司	63066	159089	154030	993
北京首都旅游集团财务有限公司	14380	35802	31667	0
北京首农食品集团财务有限公司	20522	43038	42849	0
兵工财务有限责任公司	120061	273408	242458	6816
兵器装备集团财务有限责任公司	97606	206130	182966	2307
渤海钢铁集团财务有限公司	－781	1575	57	0
诚通财务有限责任公司	40106	68636	68433	157
重庆化医控股集团财务有限公司	5015	9668	9665	0
重庆机电控股集团财务有限公司	5609	10819	10679	54
重庆力帆财务有限公司	－299158	30	27	0
重庆市能源投资集团财务有限公司	127	20143	20139	1
传化集团财务有限公司	6126	12454	11290	142
创维集团财务有限公司	19195	26529	25716	350
大唐电信集团财务有限公司	5273	9818	9272	11
大同煤矿集团财务有限责任公司	49820	101261	97487	1574
东方电气集团财务有限公司	34755	121361	108634	221
东方国际集团财务有限公司	10360	21633	21176	36
东方集团财务有限责任公司	6667	31022	30929	89
东风汽车财务有限公司	344220	820700	803703	3507
东航集团财务有限责任公司	18753	58408	53328	1618
东旭集团财务有限公司	－42221	39502	39502	0
鄂尔多斯财务有限公司	18537	30255	30156	93
福建七匹狼集团财务有限公司	1598	8603	8226	13

续表

机　　构	利润总额	营业收入		
		总额	其中：利息收入	其中：中间业务收入
福建省交运集团财务有限公司	4173	9565	9546	7
福建省能源集团财务有限公司	20171	44063	38800	74
甘肃电投集团财务有限公司	6460	9058	8955	74
供销集团财务有限公司	4704	14504	14422	45
光明食品集团财务有限公司	30692	75101	68525	1
广东能源集团财务有限公司	45953	83549	74731	522
广东省广晟财务有限公司	7475	18713	18627	0
广东省交通集团财务有限公司	27852	74678	45393	39
广东省农垦集团财务有限公司	1041	5686	5683	3
广东温氏集团财务有限公司	3724	6066	6064	0
广西交通投资集团财务有限责任公司	56600	76549	66877	3562
广州发展集团财务有限公司	9060	19328	17401	6
广州港集团财务有限公司	6076	11032	11032	0
广州汽车集团财务有限公司	15779	77172	72331	21
贵州茅台集团财务有限公司	157138	327415	327412	0
贵州盘江集团财务有限公司	5277	7836	7836	0
国机财务有限责任公司	40083	87198	83078	1852
国家电投集团财务有限公司	145453	200813	176486	12019
国家能源集团财务有限公司	277435	403356	397817	4988
国联财务有限责任公司	10174	19990	19419	208
国投财务有限公司	49867	110442	92491	1236
国新集团财务有限责任公司	8028	38550	32383	8
国药集团财务有限公司	18743	89736	87568	92
哈尔滨电气集团财务有限责任公司	18277	43573	41498	114
海尔集团财务有限责任公司	198318	269772	246927	-18526
海航集团财务有限公司	-61929	3751	3776	0
海亮集团财务有限责任公司	29113	42585	42560	27
海马财务有限公司	4629	8834	7615	25
海南农垦集团财务有限公司	13732	28269	25613	73
海信集团财务有限公司	48562	99429	74859	1931
杭州锦江集团财务有限责任公司	5826	8311	8284	27
航天科工财务有限责任公司	131482	313324	308931	563
航天科技财务有限责任公司	232977	436934	383872	2367
河北港口集团财务有限公司	8747	16860	17687	29
河北建投集团财务有限公司	21709	38916	35922	165
河钢集团财务有限公司	84059	167368	159699	76
河南能源化工集团财务有限公司	29861	44447	44379	67

续表

机　　构	利润总额	营业收入		
		总额	其中：利息收入	其中：中间业务收入
河南双汇集团财务有限公司	14269	25853	25450	403
亨通财务有限公司	14930	28443	28096	284
红豆集团财务有限公司	15488	20118	19174	332
红星美凯龙家居集团财务有限责任公司	7641	9985	9972	13
湖北交投集团财务有限公司	24702	54142	51771	1239
湖北宜化集团财务有限责任公司	181	6589	6578	8
湖南出版投资控股集团财务有限公司	24826	43082	38564	0
湖南高速集团财务有限公司	3641	15137	13576	0
湖南华菱钢铁集团财务有限公司	16884	36187	34469	606
华联财务有限责任公司	11333	26401	26587	56
华泰集团财务有限公司	3356	9515	9592	0
淮北矿业集团财务有限公司	18919	28337	25966	0
淮南矿业集团财务有限公司	32134	52920	46584	436
吉林森林工业集团财务有限责任公司	-672	294	294	0
冀中能源集团财务有限责任公司	32754	106719	106194	358
江铃汽车集团财务有限公司	17218	74107	72343	15
江苏凤凰出版传媒集团财务有限公司	8579	18751	18742	8
江苏国泰财务有限公司	3610	5587	5525	63
江苏华西集团财务有限公司	3706	5562	5562	0
江苏交通控股集团财务有限公司	18183	39695	39576	0
江苏省国信集团财务有限公司	23414	54366	53548	54
江苏悦达集团财务有限公司	8476	14792	14745	47
江西省交通投资集团财务有限公司	17701	33004	32711	327
江西铜业集团财务有限公司	9185	28199	56570	535
金川集团财务有限公司	14121	27251	26719	3
锦江国际集团财务有限责任公司	9674	26367	25720	251
晋煤集团财务有限公司	29763	32856	31369	1615
京能集团财务有限公司	65575	102917	88422	2208
酒钢集团财务有限公司	25272	36068	32912	0
巨化集团财务有限责任公司	8064	14198	13341	11
开滦集团财务有限责任公司	15085	45352	45033	421
浪潮集团财务有限公司	6914	26817	26845	49
连云港港口集团财务有限公司	10416	12658	11191	1463
联通集团财务有限公司	89325	208140	201001	758
潞安集团财务有限公司	44612	76921	73168	2274
马钢集团财务有限公司	39098	66982	52089	376
美的集团财务有限公司	45737	60543	50691	3182

续表

机　　构	利润总额	营业收入		
		总额	其中：利息收入	其中：中间业务收入
南方电网财务有限公司	255936	320605	287179	21360
南山集团财务有限公司	33819	62245	61211	981
内蒙古电力集团财务有限责任公司	22171	29846	29845	0
内蒙古伊泰财务有限公司	31094	39951	39951	0
青岛港财务有限责任公司	38867	63117	55787	63
青岛啤酒财务有限责任公司	33093	55360	33301	124
青建集团财务有限责任公司	10982	15144	14901	243
清华控股集团财务有限公司	-100066	27298	26072	1166
日立（中国）财务有限公司	2427	14651	14468	259
日照港集团财务有限公司	16226	18882	18019	731
三房巷财务有限公司	1871	4026	4026	0
三环集团财务有限公司	5609	8980	8980	0
三峡财务有限责任公司	174511	238031	219620	6420
沙钢财务有限公司	14624	21387	15611	318
山东晨鸣集团财务有限公司	16564	23797	21874	258
山东东明石化集团财务有限公司	1169	7281	7263	18
山东钢铁集团财务有限公司	37437	67958	54751	920
山东黄金集团财务有限公司	10190	25951	25683	343
山东能源集团财务有限公司	37678	58004	57931	67
山东省商业集团财务有限公司	18154	27762	27610	152
山东招金集团财务有限公司	4591	18088	17667	37
山东重工集团财务有限公司	56516	140302	139530	232
山西焦煤集团财务有限责任公司	85623	128643	111318	3042
陕西煤业化工集团财务有限公司	65145	118023	100343	1057
陕西投资集团财务有限责任公司	9018	23291	23244	21
陕西延长石油财务有限公司	65398	83926	75933	667
商飞集团财务有限责任公司	6416	21321	20833	0
上海城投集团财务有限公司	2780	18046	18041	0
上海电气集团财务有限责任公司	80585	168594	147707	2224
上海复星高科技集团财务有限公司	14508	38459	36123	38
上海华谊集团财务有限责任公司	16135	49773	45439	1
上海浦东发展集团财务有限责任公司	29243	64132	57348	653
上海汽车集团财务有限责任公司	563334	1119565	886674	38658
上海上实集团财务有限公司	8020	21131	19433	71
上海外高桥集团财务有限公司	5895	21103	19991	153
上海文化广播影视集团财务有限公司	1149	14675	14623	51
申能集团财务有限公司	47652	101992	87552	1340

续表

机　　构	利润总额	营业收入		
		总额	其中：利息收入	其中：中间业务收入
深圳华强集团财务有限公司	8241	13320	13225	94
深圳能源财务有限公司	9099	53555	53427	96
首都机场集团财务有限公司	10903	40816	38673	5
首钢集团财务有限公司	63484	129226	126547	116
顺丰控股集团财务有限公司	21059	46169	45979	147
四川省宜宾五粮液集团财务有限公司	31433	144389	133618	235
四川长虹集团财务有限公司	18256	52823	51299	516
松下电器（中国）财务有限公司	9544	25793	24981	554
苏州创元集团财务有限公司	3816	7604	7058	29
太钢集团财务有限公司	34444	67947	60187	271
特变电工集团财务有限公司	10467	20798	20693	103
天津渤海集团财务有限责任公司	8897	13820	11107	2649
天津港财务有限公司	30160	42769	36133	956
天津能源集团财务有限公司	7508	15871	15868	0
天津天保财务有限公司	24882	32527	30048	0
天津物产集团财务有限公司	801	2085	1452	0
天津医药集团财务有限公司	3053	6934	6625	42
天瑞集团财务有限责任公司	3812	10505	10457	48
通用技术集团财务有限责任公司	6633	93929	90041	362
铜陵有色金属集团财务有限公司	16334	32430	27648	2944
万向财务有限公司	64866	67147	65945	325
五矿集团财务有限责任公司	42691	82770	64830	721
物产中大集团财务有限公司	15148	39777	37768	492
物美商业财务有限责任公司	1287	3176	3044	90
西部矿业集团财务有限公司	29673	45392	39741	256
西电集团财务有限责任公司	19081	29138	21391	1177
西王集团财务有限公司	352	8760	8746	97
厦门海翼集团财务有限公司	5602	11228	9335	148
厦门翔业集团财务有限公司	15488	24980	21187	44
新奥财务有限责任公司	21766	36570	36150	337
新凤祥财务有限公司	6684	39649	33637	9
新华联控股集团财务有限责任公司	-6530	67	67	0
新疆金风科技集团财务有限公司	13095	31059	29351	1709
新希望财务有限公司	20014	56756	54080	2
新兴际华集团财务有限公司	915	9603	9603	0
徐工集团财务有限公司	35457	69872	69883	1130
兖矿集团财务有限公司	44825	83859	83327	471

续表

机　　构	利润总额	营业收入		
		总额	其中：利息收入	其中：中间业务收入
阳泉煤业集团财务有限责任公司	41556	75048	70461	1968
一汽财务有限公司	363907	628672	528575	165
一重集团财务有限公司	843	5611	5611	0
伊利财务有限公司	13073	18343	17431	895
亿利集团财务有限公司	-40097	42548	42475	74
有色矿业集团财务有限公司	14714	32719	31988	13
粤海集团财务有限公司	10544	35124	34349	57
云南建投集团财务有限公司	37986	44630	41522	2336
云南昆钢集团财务有限公司	10213	15751	15715	34
云南云天化集团财务有限公司	8536	20213	19961	160
招商局集团财务有限公司	73038	183278	178154	333
浙江海港集团财务有限公司	37014	56524	54523	286
浙江省交通投资集团财务有限责任公司	99826	194995	173078	1192
浙江省能源集团财务有限责任公司	61779	115862	111315	1295
振华集团财务有限责任公司	2456	4567	4559	2
正泰集团财务有限公司	5528	14663	14657	6
郑州宇通集团财务有限公司	11193	19850	19653	40
中车财务有限公司	38268	88950	82877	228
中储粮集团财务有限公司	56306	71915	71915	0
中船财务有限责任公司	43858	231406	189896	16304
中广核财务有限责任公司	65582	109217	94922	754
中国大唐集团财务有限公司	110946	175293	144619	1918
中国电建集团财务有限责任公司	63752	149467	148379	1148
中国电力财务有限公司	678818	1277651	1218450	2516
中国电信集团财务有限公司	6932	97406	97190	8
中国电子财务有限责任公司	50853	108724	105271	2027
中国电子科技财务有限公司	169112	268306	233661	357
中国航发集团财务有限公司	21488	59010	58176	56
中国航空集团财务有限责任公司	6055	29461	29285	43
中国航油集团财务有限公司	7995	15550	15164	148
中国华电集团财务有限公司	115125	218283	172205	4776
中国华能财务有限责任公司	124545	196766	158065	2618
中国化工财务有限公司	8758	31548	31396	125
中国黄金集团财务有限公司	12981	34972	34928	45
中国建材集团财务有限公司	7842	42098	38632	68
中国南航集团财务有限公司	13120	47544	43927	211
中国能源建设集团财务有限公司	49909	115602	110139	456

续表

机　　构	利润总额	营业收入		
		总额	其中：利息收入	其中：中间业务收入
中国平煤神马集团财务有限责任公司	15457	38706	38564	140
中国石化财务有限责任公司	272290	611054	504398	50135
中国铁建财务有限公司	139713	364113	358579	732
中国铁路财务有限责任公司	92170	200827	200424	214
中国一拖集团财务有限责任公司	6171	16430	15601	298
中国移动通信集团财务有限公司	176403	398247	335390	224
中国重汽财务有限公司	74000	171215	152961	82
中海石油财务有限责任公司	148586	419098	396746	3337
中航工业集团财务有限责任公司	86578	318401	207244	3361
中核财务有限责任公司	173748	294621	262896	1366
中化工程集团财务有限公司	30057	85924	85208	788
中化集团财务有限责任公司	122312	183534	109858	9251
中集集团财务有限公司	13065	31584	28817	5511
中建财务有限公司	110110	294326	289437	4683
中交财务有限公司	35495	119022	102433	7931
中节能财务有限公司	34912	74990	67968	464
中开财务有限公司	12914	24973	23540	503
中联重科集团财务有限公司	7600	16495	12869	280
中粮财务有限责任公司	20989	72961	69177	916
中旅集团财务有限公司	4113	36061	31744	15
中铝财务有限责任公司	37998	111559	92248	1124
中煤财务有限责任公司	110363	169104	168814	290
中铁财务有限责任公司	102028	189524	179997	440
中信财务有限公司	99523	188018	178136	2906
中兴通讯集团财务有限公司	923	20926	19424	108
中冶集团财务有限公司	44390	80942	77677	49
中油财务有限责任公司	747524	1401764	1212029	57082
中远海运集团财务有限责任公司	45634	229279	219800	1944
忠旺集团财务有限公司	-3716055	128060	128039	19
珠海格力集团财务有限责任公司	54044	192749	192547	10
珠海华发集团财务有限公司	117855	225451	225157	222
紫金矿业集团财务有限公司	19445	36490	33241	1661
总计	6961738	24048901	21897187	348391

注：①此表营业收入包括利息收入、手续费及佣金收入、投资收益、公允价值变动收益、汇兑收益、资产处置收益及其他收入。

②利息收入包括存放中央银行利息收入、同业往来利息收入、贷款利息收入、投资利息收入和其他利息收入。

③此表为253家财务公司，不含西门子财务服务有限责任公司、中船重工财务有限责任公司、本钢集团财务有限公司。

财务公司地域分布状况统计表

（2021 年）

省　市	机构		资产总额		净资产		利润总额	
	数量（家）	比例（%）	金额（亿元）	比例（%）	金额（亿元）	比例（%）	金额（亿元）	比例（%）
北京市	74	28.91	48295.16	56.27	5941.08	53.50	568.62	79.62
天津市	7	2.73	403.76	0.47	172.57	1.55	7.45	1.04
河北省	7	2.73	1277.62	1.49	255.80	2.30	14.19	1.99
山西省	6	2.34	1529.15	1.78	254.06	2.29	28.58	4.00
内蒙古自治区	5	1.95	565.91	0.66	98.17	0.88	9.92	1.39
辽宁省	2	0.78	412.53	0.48	106.40	0.96	7.74	1.08
吉林省	2	0.78	1307.50	1.52	176.09	1.59	36.32	5.09
黑龙江省	3	1.17	275.79	0.32	59.13	0.53	2.58	0.36
上海市	22	8.59	9471.62	11.04	1074.10	9.67	101.00	14.14
江苏省	14	5.47	1282.89	1.49	211.68	1.91	17.27	2.42
浙江省	9	3.52	1585.80	1.85	239.92	2.16	29.63	4.15
安徽省	6	2.34	713.48	0.83	124.27	1.12	12.52	1.75
福建省	4	1.56	327.82	0.38	46.49	0.42	4.54	0.64
江西省	3	1.17	589.86	0.69	106.07	0.96	4.41	0.62
山东省	16	6.25	2805.16	3.27	486.20	4.38	36.85	5.16
河南省	6	2.34	453.38	0.53	123.72	1.11	8.08	1.13
湖北省	5	1.95	1789.73	2.09	254.05	2.29	38.94	5.45
湖南省	4	1.56	569.84	0.66	90.06	0.81	5.30	0.74
广东省	15	5.86	3789.97	4.42	507.92	4.57	62.52	8.75
广西壮族自治区	1	0.39	207.16	0.24	42.44	0.38	5.66	0.79
海南省	2	0.78	124.74	0.15	21.01	0.19	1.84	0.26
重庆市	4	1.56	112.77	0.13	36.03	0.32	-28.84	-4.04
四川省	4	1.56	1279.71	1.49	134.88	1.21	10.45	1.46
贵州省	3	1.17	1522.60	1.77	88.72	0.80	16.49	2.31
云南省	3	1.17	206.24	0.24	43.61	0.39	5.67	0.79
陕西省	4	1.56	855.73	1.00	131.33	1.18	15.86	2.22
甘肃省	3	1.17	249.58	0.29	59.50	0.54	4.59	0.64
青海省	1	0.39	112.61	0.13	34.76	0.31	2.97	0.42
宁夏回族自治区	1	0.39	73.26	0.09	-50.30	-0.45	-1.93	-0.27
新疆维吾尔自治区	2	0.78	229.77	0.27	44.52	0.40	2.36	0.33
深圳市	9	3.52	1651.97	1.92	185.97	1.67	15.42	2.16
青岛市	5	1.95	1417.40	1.65	268.52	2.42	32.98	4.62
厦门市	2	0.78	136.70	0.16	26.36	0.24	2.11	0.30
大连市	1	0.39	12.29	0.01	-312.79	-2.82	-371.61	-52.03
宁波市	1	0.39	191.65	0.22	22.66	0.20	3.70	0.52
总计	256		85831.15		11104.98		714.16	

财务公司行业分布状况统计表

（2021 年）

行　业	机构		资产		净资产		利润总额	
	数量（家）	比例（%）	金额（亿元）	比例（%）	金额（亿元）	比例（%）	金额（亿元）	比例（%）
电力	18	7.03	9516.41	11.09	1422.64	12.81	195.46	27.37
石油化工	18	7.03	10161.03	11.84	1449.32	13.05	141.26	19.78
电子电器	17	6.64	3991.19	4.65	600.18	5.40	46.96	6.58
煤炭	21	8.20	6041.47	7.04	913.85	8.23	99.80	13.97
建筑建材	13	5.08	5724.82	6.67	729.25	6.57	67.90	9.51
钢铁	14	5.47	2893.48	3.37	587.53	5.29	45.95	6.43
机械制造	20	7.81	3810.27	4.44	122.48	1.10	-361.95	-50.68
交通运输	25	9.77	7022.46	8.18	783.14	7.05	62.63	8.77
军工	10	3.91	11949.30	13.92	972.19	8.75	120.91	16.93
有色金属	16	6.25	2441.10	2.84	431.14	3.88	29.48	4.13
汽车	11	4.30	6479.10	7.55	977.70	8.80	152.78	21.39
酒店旅游	3	1.17	441.98	0.51	66.31	0.60	2.82	0.39
商贸	9	3.52	1553.57	1.81	210.86	1.90	8.82	1.24
投资控股	23	8.98	4950.70	5.77	661.48	5.96	15.55	2.18
民生消费	12	4.69	2622.93	3.06	329.54	2.97	29.24	4.09
农林牧渔	15	5.86	2089.30	2.43	320.93	2.89	16.53	2.31
其他	11	4.30	4142.02	4.83	526.46	4.74	40.01	5.60
总计	256		85831.15		11104.98		714.16	

附：2021 年财务公司行业分类表。

财务公司行业分类表

（2021 年）

行业	机构名称	
电力	中国华能财务有限责任公司	三峡财务有限责任公司
	中广核财务有限责任公司	中国电力财务有限公司
	中国华电集团财务有限公司	中国大唐集团财务有限公司
	南方电网财务有限公司	国家电投集团财务有限公司
	京能集团财务有限公司	浙江省能源集团财务有限责任公司
	广东能源集团财务有限公司	申能集团财务有限公司
	深圳能源财务有限公司	安徽省能源集团财务有限公司
	内蒙古电力集团财务有限责任公司	甘肃电投集团财务有限公司
	陕西投资集团财务有限责任公司	天津能源集团财务有限公司
石油化工	中国石化财务有限责任公司	天津渤海集团财务有限责任公司
	中油财务有限责任公司	中海石油财务有限责任公司
	中化集团财务有限责任公司	中国化工财务有限公司
	重庆化医控股集团财务有限公司	湖北宜化集团财务有限责任公司
	中国航油集团财务有限公司	上海华谊集团财务有限责任公司

续表

行业	机构名称	
石油化工	云南云天化集团财务有限公司	陕西延长石油财务有限公司
	巨化集团财务有限责任公司	三房巷财务有限公司
	宝塔石化集团财务有限公司	天津医药集团财务公司
	传化集团财务有限公司	山东东明石化集团财务有限公司
电子电器	振华集团财务有限责任公司	西门子财务服务有限责任公司
	中国电子财务有限责任公司	海尔集团财务有限责任公司
	珠海格力集团财务有限责任公司	TCL 科技集团财务有限公司
	松下电器（中国）财务有限公司	日立（中国）财务有限公司
	海信集团财务有限公司	美的集团财务有限公司
	中兴通讯集团财务有限公司	大唐电信集团财务有限公司
	四川长虹集团财务有限公司	创维集团财务有限公司
	亨通财务有限公司	东旭集团财务有限公司
	正泰集团财务有限公司	
煤炭	国家能源集团财务有限公司	潞安集团财务有限公司
	淮南矿业集团财务有限公司	河南能源化工集团财务有限公司
	冀中能源集团财务有限责任公司	山西焦煤集团财务有限责任公司
	阳泉煤业集团财务有限责任公司	晋煤集团财务有限公司
	兖矿集团财务有限公司	福建省能源集团财务有限公司
	开滦集团财务有限责任公司	陕西煤业化工集团财务有限公司
	大同煤矿集团财务有限责任公司	贵州盘江集团财务有限公司
	中国平煤神马集团财务有限责任公司	山东能源集团财务有限公司
	中煤财务有限责任公司	安徽省皖北煤电集团财务有限公司
	淮北矿业集团财务有限公司	重庆市能源投资集团财务有限公司
	内蒙古伊泰财务有限公司	
建筑建材	中国能源建设集团财务有限公司	中冶集团财务有限公司
	中建财务有限公司	中国铁建财务有限公司
	中化工程集团财务有限公司	中国建材集团财务有限公司
	中交财务有限公司	北京金隅财务有限公司
	中铁财务有限责任公司	天瑞集团财务有限责任公司
	中国电建集团财务有限责任公司	云南建投集团财务有限公司
	青建集团财务有限责任公司	
钢铁	宝武集团财务有限责任公司	鞍钢集团财务有限责任公司
	湖南华菱钢铁集团财务有限公司	沙钢财务有限公司
	酒钢集团财务有限公司	包钢集团财务有限责任公司
	马钢集团财务有限公司	山东钢铁集团财务有限公司
	河钢集团财务有限公司	太钢集团财务有限公司
	本钢集团财务有限公司	首钢集团财务有限公司
	云南昆钢集团财务有限公司	渤海钢铁集团财务有限公司
机械制造	西电集团财务有限责任公司	东方电气集团财务有限公司
	中国一拖集团财务有限责任公司	上海电气集团财务有限责任公司

续表

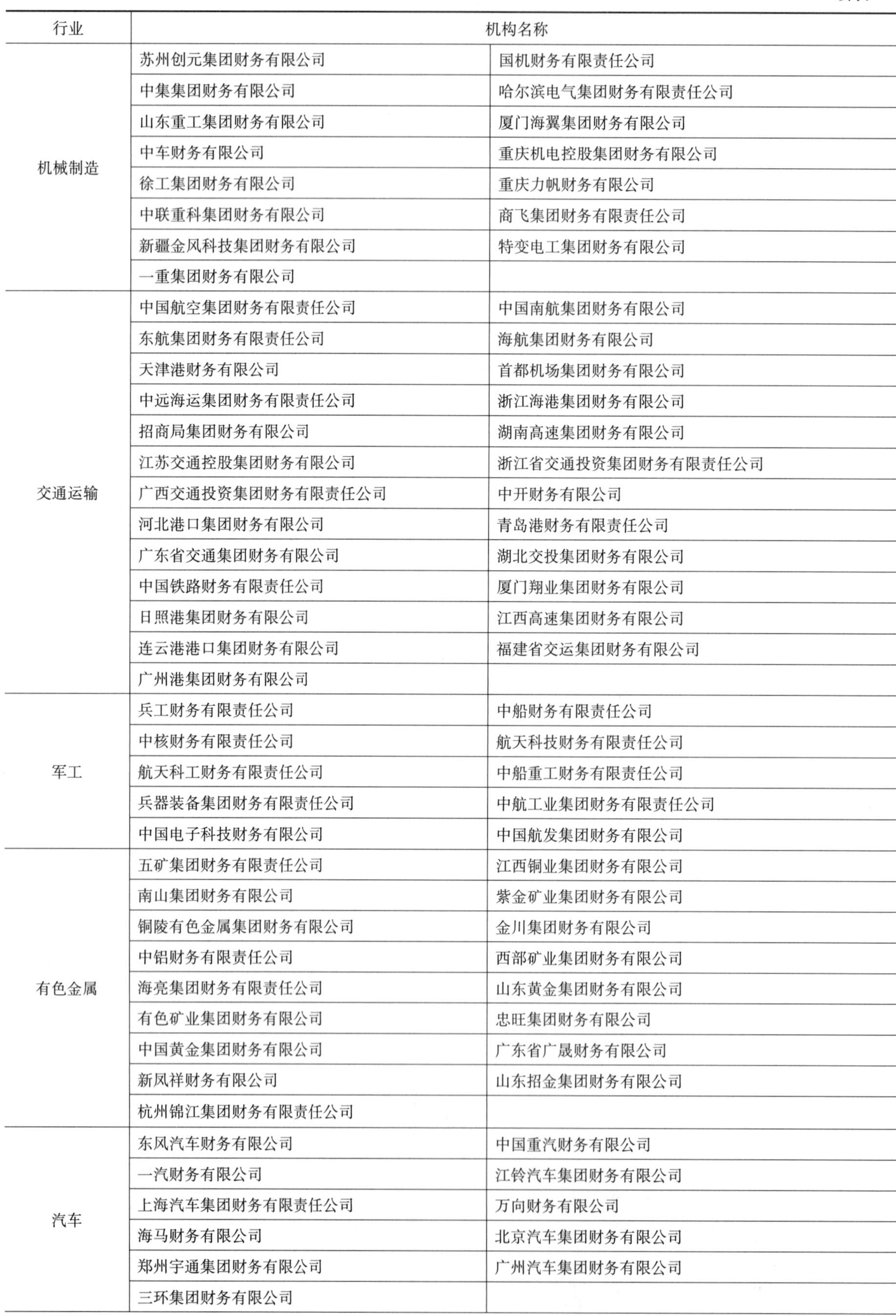

行业	机构名称	
机械制造	苏州创元集团财务有限公司	国机财务有限责任公司
	中集集团财务有限公司	哈尔滨电气集团财务有限责任公司
	山东重工集团财务有限公司	厦门海翼集团财务有限公司
	中车财务有限公司	重庆机电控股集团财务有限公司
	徐工集团财务有限公司	重庆力帆财务有限公司
	中联重科集团财务有限公司	商飞集团财务有限责任公司
	新疆金风科技集团财务有限公司	特变电工集团财务有限公司
	一重集团财务有限公司	
交通运输	中国航空集团财务有限责任公司	中国南航集团财务有限公司
	东航集团财务有限责任公司	海航集团财务有限公司
	天津港财务有限公司	首都机场集团财务有限公司
	中远海运集团财务有限责任公司	浙江海港集团财务有限公司
	招商局集团财务有限公司	湖南高速集团财务有限公司
	江苏交通控股集团财务有限公司	浙江省交通投资集团财务有限责任公司
	广西交通投资集团财务有限责任公司	中开财务有限公司
	河北港口集团财务有限公司	青岛港财务有限责任公司
	广东省交通集团财务有限公司	湖北交投集团财务有限公司
	中国铁路财务有限责任公司	厦门翔业集团财务有限公司
	日照港集团财务有限公司	江西高速集团财务有限公司
	连云港港口集团财务有限公司	福建省交运集团财务有限公司
	广州港集团财务有限公司	
军工	兵工财务有限责任公司	中船财务有限责任公司
	中核财务有限责任公司	航天科技财务有限责任公司
	航天科工财务有限责任公司	中船重工财务有限责任公司
	兵器装备集团财务有限责任公司	中航工业集团财务有限责任公司
	中国电子科技财务有限公司	中国航发集团财务有限公司
有色金属	五矿集团财务有限责任公司	江西铜业集团财务有限公司
	南山集团财务有限公司	紫金矿业集团财务有限公司
	铜陵有色金属集团财务有限公司	金川集团财务有限公司
	中铝财务有限责任公司	西部矿业集团财务有限公司
	海亮集团财务有限责任公司	山东黄金集团财务有限公司
	有色矿业集团财务有限公司	忠旺集团财务有限公司
	中国黄金集团财务有限公司	广东省广晟财务有限公司
	新凤祥财务有限公司	山东招金集团财务有限公司
	杭州锦江集团财务有限责任公司	
汽车	东风汽车财务有限公司	中国重汽财务有限公司
	一汽财务有限公司	江铃汽车集团财务有限公司
	上海汽车集团财务有限责任公司	万向财务有限公司
	海马财务有限公司	北京汽车集团财务有限公司
	郑州宇通集团财务有限公司	广州汽车集团财务有限公司
	三环集团财务有限公司	

续表

行业	机构名称	
酒店旅游	锦江国际集团财务有限责任公司	港中旅财务有限公司
	北京首都旅游集团财务有限公司	
商贸	华联财务有限责任公司	通用技术集团财务有限责任公司
	国药集团财务有限公司	山东省商业集团财务有限公司
	百联集团财务有限责任公司	江苏国泰财务有限公司
	天津物产集团财务有限公司	物美商业财务有限责任公司
	物产中大集团财务有限公司	
投资控股	上海浦东发展集团财务有限责任公司	保利财务有限公司
	国联财务有限责任公司	国投财务有限公司
	北大方正集团财务有限公司	江苏省国信集团财务有限公司
	上海复星高科技集团财务有限公司	诚通财务有限责任公司
	天津天保财务有限公司	中信财务有限公司
	河北建投集团财务有限公司	珠海华发集团财务有限公司
	北京控股集团财务有限公司	上海上实集团财务有限公司
	清华控股集团财务有限公司	北京金融街集团财务有限公司
	上海外高桥集团财务有限公司	粤海集团财务有限公司
	江苏悦达集团财务有限公司	广州发展集团财务有限公司
	国新集团财务有限责任公司	上海城投集团财务有限公司
	新兴际华集团财务有限公司	
民生消费	红豆集团财务有限公司	江苏华西集团财务有限公司
	青岛啤酒财务有限责任公司	贵州茅台集团财务有限公司
	鄂尔多斯财务有限公司	四川省宜宾五粮液集团财务有限公司
	山东晨鸣集团财务有限公司	福建七匹狼集团财务有限公司
	新华联控股集团财务有限责任公司	红星美凯龙家居集团财务有限责任公司
	东方国际集团财务有限公司	华泰集团财务有限公司
农林牧渔	东方集团财务有限责任公司	吉林森林工业集团财务有限责任公司
	中粮财务有限责任公司	新希望财务有限公司
	海南农垦集团财务有限公司	亿利集团财务有限公司
	伊利财务有限公司	供销集团财务有限公司
	光明食品集团财务有限公司	西王集团财务有限公司
	北京首农食品集团财务有限公司	河南双汇集团财务有限公司
	广东温氏集团财务有限公司	广东省农垦集团财务有限公司
	中储粮集团财务有限公司	
其他	新奥财务有限责任公司	中国移动通信集团财务有限公司
	深圳华强集团财务有限公司	湖南出版投资控股集团财务有限公司
	中节能财务有限公司	联通集团财务有限公司
	江苏凤凰出版传媒集团财务有限公司	顺丰控股集团财务有限公司
	上海文化广播影视集团财务有限公司	中国电信集团财务有限公司
	浪潮集团财务有限公司	

注：每个行业分类中，各财务公司依照其成立时间从左至右从上至下进行排序。

财务公司所有制分布状况统计表

（2021 年）

所有制	机构		资产		净资产		利润总额	
	数量（家）	比例（%）	金额（亿元）	比例（%）	金额（亿元）	比例（%）	金额（亿元）	比例（%）
中央国有企业	77	30.08	55081.77	64.17	6537.08	58.87	680.27	95.25
地方国有企业	127	49.61	24717.54	28.80	3842.57	34.60	374.28	52.41
集体民营企业	49	19.14	5619.22	6.55	674.83	6.08	-344.06	-48.18
外资企业	3	1.17	412.62	0.48	50.51	0.45	3.68	0.52
总计	256		85831.15		11104.98		714.16	

财务公司行业资产质量状况统计表

（2021 年）

项目	金额（万元）	占资产总额的比重（%）
不良资产总计	7595594	0.88
次级资产	1743280	0.20
可疑资产	5577968	0.65
损失资产	274347	0.03
不良贷款	5766906	0.67
次级贷款	1584641	0.18
可疑贷款	4079121	0.48
损失贷款	103144	0.01

注：此表统计 254 家财务公司，其中 217 家财务公司无不良贷款。

财务公司行业存款、贷款结构统计表

（2021 年）

项目	金额（万元）	占比（%）	项目	金额（万元）	占比（%）
各项贷款	392068670		各项存款	714624278	
1. 短期贷款	205285806	52.36	1. 活期存款	323545589	45.27
2. 中长期贷款	152039755	38.78	2. 定期存款	391078688	54.73
3. 贴现及买断式转贴现	22214137	5.67	各项存款	714624278	
4. 贸易融资	4479791	1.14	1. 集团母公司存款	138120628	19.33
5. 融资租赁	7407912	1.89	2. 上市公司存款	200429684	28.05
6. 各项垫款	634296	0.16	3. 其他成员企业存款	370634066	51.86
7. 其他贷款	6972	0.00	4. 其他	5439900	0.76
各项贷款	397263067				
1. 信用贷款	343432855	86.45			
2. 担保贷款	53830212	13.55			
各项贷款	397263067				
1. 集团母公司贷款	68449846	17.23			
2. 上市公司贷款	71023755	17.88			
3. 其他成员企业贷款	215721667	54.30			
4. 其他	42067800	10.59			

注：第一个各项贷款小于第二、第三各项贷款值原因是：第一个各项贷款为境内口径数据，第二、第三个各项贷款为合并口径数据。

从业人员统计

财务公司从业人员年龄、文化、职称结构统计表

（2021 年）　　　　单位：人

机构	人员合计	年龄结构				性别结构		文化结构				职称结构			
		30岁以下	30岁至40岁	40岁至50岁	50岁以上	男	女	博士	硕士	本科	专科及以下	高级	中级	初级	其他
TCL 科技集团财务有限公司	59	19	31	6	3	26	33	0	17	41	1	20	36	3	0
安徽省能源集团财务有限公司	36	12	16	3	5	18	18	0	17	17	2	4	14	3	15
安徽省皖北煤电集团财务有限公司	31	6	4	15	6	17	14	0	1	26	4	9	12	10	0
鞍钢集团财务有限责任公司	82	5	25	29	23	38	44	0	23	50	9	28	38	12	4
百联集团财务有限责任公司	37	9	16	9	3	13	24	0	11	23	3	2	3	6	26
包钢集团财务有限责任公司	44	13	17	13	1	15	29	0	10	31	3	8	17	2	17
宝武集团财务有限责任公司	104	7	40	40	17	63	41	0	46	54	4	19	45	9	31
保利财务有限公司	46	19	19	8	0	24	22	0	31	12	3	2	12	3	29
北大方正集团财务有限公司	50	9	37	4	0	20	30	0	28	21	1	0	4	2	44
北京金融街集团财务有限公司	27	6	15	5	1	8	19	0	14	13	0	1	9	1	16
北京金隅财务有限公司	34	6	19	6	3	15	19	0	14	20	0	5	11	1	17
北京控股集团财务有限公司	46	5	25	11	5	28	18	1	24	20	1	10	21	2	13
北京汽车集团财务有限公司	235	53	149	32	1	121	114	1	81	145	8	11	26	91	107
北京首都旅游集团财务有限公司	28	2	13	9	4	10	18	0	10	17	1	6	10	3	9
北京首农食品集团财务有限公司	49	18	24	6	1	12	37	0	21	28	0	4	21	0	24
兵工财务有限责任公司	104	14	39	34	17	50	54	0	47	50	7	19	32	14	39
兵器装备集团财务有限责任公司	60	9	29	13	9	27	33	3	51	6	0	18	9	5	28
诚通财务有限责任公司	46	12	21	6	7	29	17	1	27	16	2	6	11	2	27
重庆化医控股集团财务有限公司	29	4	14	8	3	17	12	0	6	17	6	3	8	13	5
重庆机电控股集团财务有限公司	30	6	17	5	2	13	17	0	5	25	0	4	19	0	7
重庆力帆财务有限公司	20	0	6	9	5	13	7	0	0	17	3	1	16	0	3
重庆市能源投资集团财务有限公司	34	4	17	8	5	12	22	0	5	28	1	12	13	8	1
传化集团财务有限公司	27	8	15	3	1	16	11	0	7	20	0	2	8	3	14
创维集团财务有限公司	36	16	16	3	1	13	23	0	4	27	5	2	4	6	24
大唐电信集团财务有限公司	27	7	15	3	2	10	17	1	14	10	2	3	10	0	14

续表

机构	人员合计	年龄结构				性别结构		文化结构				职称结构			
		30岁以下	30岁至40岁	40岁至50岁	50岁以上	男	女	博士	硕士	本科	专科及以下	高级	中级	初级	其他
大同煤矿集团财务有限责任公司	80	20	40	15	5	30	50	0	17	57	6	15	31	17	17
东方电气集团财务有限公司	52	13	24	10	5	26	26	0	31	20	1	10	25	3	14
东方国际集团财务有限公司	28	2	18	5	3	16	12	0	8	20	0	4	9	3	12
东方集团财务有限责任公司	30	7	13	8	2	16	14	0	3	24	3	0	8	5	17
东风汽车财务有限公司	469	204	216	37	12	335	134	0	106	355	8	16	70	34	349
东航集团财务有限责任公司	67	19	27	14	7	37	30	0	26	38	3	2	11	2	52
东旭集团财务有限公司	13	2	8	2	1	8	5	0	4	8	1	1	1	3	8
鄂尔多斯财务有限公司	28	4	15	7	2	11	17	0	1	18	9	0	7	1	20
福建七匹狼集团财务有限公司	25	8	11	5	1	12	13	1	3	18	3	1	3	4	17
福建省交运集团财务有限公司	25	6	13	4	2	17	8	0	6	19	0	2	14	1	8
福建省能源集团财务有限公司	38	9	15	11	3	17	21	0	15	20	3	5	20	3	10
甘肃电投集团财务有限公司	31	13	10	5	3	16	15	0	5	25	1	3	13	4	11
港中旅财务有限公司	27	3	18	5	1	11	16	0	8	19	0	1	6	2	18
供销集团财务有限公司	68	17	36	12	3	29	39	1	30	31	6	3	14	4	47
光明食品集团财务有限公司	50	11	21	13	5	23	27	0	21	27	2	1	17	2	30
广东能源集团财务有限公司	46	14	17	12	3	24	22	2	25	19	0	10	21	6	9
广东省广晟财务有限公司	36	11	16	7	2	14	22	0	17	19	0	2	9	3	22
广东省交通集团财务有限公司	32	3	12	11	6	18	14	2	14	15	1	12	14	2	4
广东省农垦集团财务有限公司	29	5	16	6	2	13	16	0	15	14	0	2	13	2	12
广东温氏集团财务有限公司	18	5	10	3	0	11	7	0	2	15	1	0	5	6	7
广西交通投资集团财务有限责任公司	31	5	15	8	3	16	15	1	6	22	2	5	15	1	10
广州发展集团财务有限公司	35	9	15	8	3	13	22	0	7	27	1	0	19	3	13
广州港集团财务有限公司	24	8	5	9	2	13	11	0	9	15	0	2	11	5	6
广州汽车集团财务有限公司	94	34	45	13	2	53	41	0	41	49	4	3	16	9	66
贵州茅台集团财务有限公司	35	3	24	6	2	19	16	0	11	24	0	2	22	0	11
贵州盘江集团财务有限公司	17	4	7	4	2	8	9	0	2	10	5	1	8	3	5
国机财务有限责任公司	60	15	31	7	7	24	36	0	20	34	6	12	22	1	25
国家电投集团财务有限公司	77	18	33	19	7	35	42	0	39	37	1	16	18	8	35
国家能源集团财务有限公司	104	15	45	32	12	44	60	3	74	23	4	25	36	2	41

续表

机构	人员合计	年龄结构				性别结构		文化结构				职称结构			
		30岁以下	30岁至40岁	40岁至50岁	50岁以上	男	女	博士	硕士	本科	专科及以下	高级	中级	初级	其他
国联财务有限责任公司	35	4	22	5	4	12	23	0	12	22	1	3	15	0	17
国投财务有限公司	67	14	40	11	2	40	27	1	47	19	0	19	28	2	18
国新集团财务有限责任公司	33	7	19	6	1	17	16	1	19	13	0	1	9	0	23
国药集团财务有限公司	38	12	15	9	2	12	26	0	12	25	1	5	12	3	18
哈尔滨电气集团财务有限责任公司	32	5	16	11	0	15	17	0	11	17	4	11	10	7	4
海尔集团财务有限责任公司	151	35	88	26	2	59	92	0	38	99	14	2	17	19	113
海亮集团财务有限责任公司	29	8	14	4	3	10	19	0	3	16	10	0	7	7	15
海马财务有限公司	72	18	40	8	6	34	38	0	3	60	9	1	5	5	61
海南农垦集团财务有限公司	31	12	11	4	4	14	17	0	7	24	0	3	7	6	15
海信集团财务有限公司	81	22	53	3	3	29	52	1	41	36	3	0	20	4	57
杭州锦江集团财务有限责任公司	15	3	7	3	2	5	10	0	3	12	0	1	5	1	8
航天科工财务有限责任公司	76	11	36	20	9	38	38	0	42	31	3	11	35	7	23
航天科技财务有限责任公司	92	10	40	30	12	39	53	2	71	18	1	22	29	3	38
河北港口集团财务有限公司	33	3	10	16	4	12	21	0	9	23	1	16	10	5	2
河北建投集团财务有限公司	31	2	18	9	2	18	13	0	22	8	1	8	15	2	6
河钢集团财务有限公司	34	8	15	6	5	17	17	0	9	24	1	9	6	4	15
河南能源化工集团财务有限公司	41	14	12	5	10	25	16	0	12	23	6	3	21	6	11
河南双汇集团财务有限公司	31	2	22	5	2	13	18	0	1	24	6	0	15	4	12
亨通财务有限公司	27	13	12	2	0	14	13	0	5	22	0	1	6	4	16
红豆集团财务有限公司	36	10	16	9	1	13	23	0	5	25	6	1	7	4	24
红星美凯龙家居集团财务有限责任公司	26	5	14	5	2	14	12	0	4	20	2	2	5	4	15
湖北交投集团财务有限公司	43	9	23	7	4	16	27	0	16	25	2	2	14	0	27
湖北宜化集团财务有限责任公司	20	3	8	5	4	11	9	0	1	15	4	4	9	3	4
湖南出版投资控股集团财务有限公司	29	6	12	8	3	12	17	0	9	19	1	4	11	3	11
湖南高速集团财务有限公司	30	7	13	9	1	13	17	0	10	20	0	4	12	6	8
湖南华菱钢铁集团财务有限公司	32	5	16	5	6	19	13	0	10	20	2	3	9	4	16
华联财务有限责任公司	29	7	11	5	6	12	17	0	3	22	4	2	5	5	17
华泰集团财务有限公司	25	3	11	10	1	16	9	0	0	25	0	0	2	0	23
淮北矿业集团财务有限公司	31	1	3	19	8	15	16	0	1	22	8	13	16	2	0

续表

机构	人员合计	年龄结构				性别结构		文化结构				职称结构			
		30岁以下	30岁至40岁	40岁至50岁	50岁以上	男	女	博士	硕士	本科	专科及以下	高级	中级	初级	其他
淮南矿业集团财务有限公司	45	3	21	12	9	24	21	0	11	22	12	3	37	3	2
吉林森林工业集团财务有限责任公司	51	6	30	12	3	20	31	0	9	38	4	9	13	13	16
冀中能源集团财务有限责任公司	42	4	13	19	6	15	27	0	6	27	9	9	12	6	15
江铃汽车集团财务有限公司	134	54	44	21	15	63	71	0	27	90	17	4	35	26	69
江苏凤凰出版传媒集团财务有限公司	26	7	13	5	1	12	14	0	16	9	1	6	11	1	8
江苏国泰财务有限公司	23	4	9	9	1	6	17	0	3	19	1	4	14	3	2
江苏华西集团财务有限公司	21	3	9	4	5	9	12	0	2	12	7	3	5	4	9
江苏交通控股集团财务有限公司	49	22	19	8	0	22	27	0	24	25	0	4	23	2	20
江苏省国信集团财务有限公司	41	7	20	10	4	18	23	0	15	23	3	10	14	5	12
江苏悦达集团财务有限公司	29	2	24	1	2	17	12	0	6	23	0	4	21	0	4
江西省交通投资集团财务有限公司	33	10	15	4	4	17	16	1	25	7	0	2	11	1	19
江西铜业集团财务有限公司	35	11	15	8	1	17	18	0	16	19	0	8	16	4	7
金川集团财务有限公司	28	6	13	8	1	13	15	0	5	23	0	1	8	2	17
锦江国际集团财务有限责任公司	31	7	12	9	3	17	14	0	3	24	4	1	2	28	0
晋煤集团财务有限公司	44	8	25	10	1	22	22	0	22	19	3	4	21	2	17
京能集团财务有限公司	58	16	30	10	2	30	28	0	30	28	0	17	21	0	20
酒钢集团财务有限公司	40	14	17	6	3	22	18	0	2	38	0	1	22	10	7
巨化集团财务有限责任公司	30	4	9	14	3	9	21	0	0	26	4	3	11	14	2
开滦集团财务有限责任公司	34	9	13	7	5	14	20	0	8	25	1	16	6	4	8
浪潮集团财务有限公司	28	14	12	2	0	9	19	0	12	16	0	2	7	5	14
连云港港口集团财务有限公司	24	4	15	4	1	13	11	0	3	20	1	2	12	7	3
联通集团财务有限公司	87	21	42	19	5	41	46	1	37	49	0	15	21	41	10
潞安集团财务有限公司	51	0	36	10	5	26	25	0	16	33	2	8	22	14	7
马钢集团财务有限公司	27	5	12	7	3	9	18	0	6	19	2	6	12	3	6
美的集团财务有限公司	64	24	32	8	0	25	39	0	26	38	0	0	11	6	47
南方电网财务有限公司	173	42	77	37	17	94	79	2	54	111	6	37	61	10	65
南山集团财务有限公司	39	16	18	2	3	19	20	0	4	32	3	3	16	13	7

续表

机构	人员合计	年龄结构				性别结构		文化结构				职称结构			
		30岁以下	30岁至40岁	40岁至50岁	50岁以上	男	女	博士	硕士	本科	专科及以下	高级	中级	初级	其他
内蒙古电力集团财务有限责任公司	49	14	21	11	3	19	30	0	34	15	0	9	26	6	8
内蒙古伊泰财务有限公司	20	5	12	3	0	9	11	0	1	19	0	2	5	3	10
青岛港财务有限责任公司	31	14	16	1	0	13	18	0	17	14	0	2	11	2	16
青岛啤酒财务有限责任公司	35	5	18	7	5	20	15	0	7	26	2	4	14	2	15
青建集团财务有限责任公司	23	3	17	1	2	10	13	0	7	15	1	3	6	3	11
清华控股集团财务有限公司	27	1	21	3	2	9	18	0	13	13	1	0	9	1	17
日立（中国）财务有限公司	13	0	7	4	2	5	8	0	3	8	2	0	4	0	9
日照港集团财务有限公司	31	8	13	5	5	16	15	0	7	24	0	9	16	5	1
三房巷财务有限公司	24	10	9	2	3	13	11	0	2	20	2	1	3	6	14
三环集团财务有限公司	20	4	11	4	1	11	9	0	1	17	2	2	4	2	12
三峡财务有限责任公司	128	28	41	42	17	74	54	2	49	69	8	36	48	8	36
沙钢财务有限公司	36	11	16	8	1	15	21	0	4	31	1	0	7	22	7
山东晨鸣集团财务有限公司	33	10	14	7	2	16	17	0	2	29	2	2	5	4	22
山东东明石化集团财务有限公司	24	7	13	2	2	14	10	0	8	11	5	6	8	2	8
山东钢铁集团财务有限公司	55	10	21	17	7	30	25	0	28	26	1	20	16	5	14
山东黄金集团财务有限公司	41	1	21	14	5	22	19	1	16	23	1	13	13	2	13
山东能源集团财务有限公司	38	7	20	7	4	16	22	0	15	21	2	11	18	0	9
山东省商业集团财务有限公司	48	8	25	13	2	23	25	0	15	32	1	7	12	1	28
山东招金集团财务有限公司	32	9	12	8	3	15	17	0	5	26	1	5	12	0	15
山东重工集团财务有限公司	60	12	38	6	4	31	29	0	17	42	1	6	16	13	25
山西焦煤集团财务有限责任公司	53	3	29	13	8	23	30	0	14	35	4	9	23	12	9
陕西煤业化工集团财务有限公司	86	35	40	9	2	24	62	1	31	53	1	7	28	19	32
陕西投资集团财务有限责任公司	43	19	13	5	6	15	28	0	13	26	4	1	12	12	18
陕西延长石油财务有限公司	54	9	26	12	7	25	29	0	37	17	0	9	16	0	29
商飞集团财务有限责任公司	40	2	22	12	4	17	23	2	27	11	0	10	12	4	14
上海城投集团财务有限公司	26	3	10	7	6	12	14	1	16	8	1	4	12	2	8
上海电气集团财务有限责任公司	65	8	45	10	2	35	30	0	27	37	1	2	9	2	52
上海复星高科技集团财务有限公司	71	24	38	9	0	27	44	0	29	41	1	0	13	5	53

续表

机构	人员合计	年龄结构				性别结构		文化结构				职称结构			
		30岁以下	30岁至40岁	40岁至50岁	50岁以上	男	女	博士	硕士	本科	专科及以下	高级	中级	初级	其他
上海华谊集团财务有限责任公司	31	4	18	8	1	12	19	1	9	19	2	2	14	0	15
上海浦东发展集团财务有限责任公司	56	16	24	12	4	25	31	1	20	32	3	0	21	4	31
上海汽车集团财务有限责任公司	638	218	352	64	4	461	177	0	165	455	18	5	71	15	547
上海上实集团财务有限公司	31	8	14	7	2	13	18	0	13	15	3	0	7	2	22
上海外高桥集团财务有限公司	28	8	14	4	2	12	16	0	6	20	2	1	12	2	13
上海文化广播影视集团财务有限公司	25	2	13	7	3	11	14	0	5	19	1	1	11	0	13
申能集团财务有限公司	44	8	23	7	6	23	21	1	22	20	1	1	21	2	20
深圳华强集团财务有限公司	23	7	10	4	2	8	15	0	4	17	2	0	3	2	18
深圳能源财务有限公司	89	38	25	21	5	39	50	0	25	56	8	4	22	14	49
首都机场集团财务有限公司	56	11	23	14	8	27	29	0	21	29	6	7	18	5	26
首钢集团财务有限公司	55	12	24	15	4	26	29	0	32	22	1	8	25	2	20
顺丰控股集团财务有限公司	48	20	23	5	0	10	38	0	12	34	2	23	20	5	0
四川省宜宾五粮液集团财务有限公司	45	11	19	11	4	21	24	0	10	32	3	1	19	3	22
四川长虹集团财务有限公司	40	14	20	4	2	17	23	0	1	37	2	2	5	10	23
松下电器（中国）财务有限公司	15	5	7	2	1	1	14	0	3	11	1	0	3	0	12
苏州创元集团财务有限公司	23	6	9	4	4	8	15	0	2	21	0	0	2	7	14
太钢集团财务有限公司	36	13	7	10	6	19	17	0	14	22	0	4	15	2	15
特变电工集团财务有限公司	26	8	11	5	2	16	10	0	5	20	1	2	9	1	14
天津渤海集团财务有限责任公司	32	8	14	3	7	15	17	0	6	23	3	3	11	18	0
天津港财务有限公司	50	7	22	13	8	21	29	0	25	19	6	4	30	10	6
天津能源集团财务有限公司	26	7	13	4	2	12	14	0	9	17	0	2	9	6	9
天津天保财务有限公司	24	2	13	7	2	7	17	0	8	16	0	1	7	5	11
天津物产集团财务有限公司	45	2	31	10	2	17	28	0	14	31	0	5	19	17	4
天津医药集团财务有限公司	23	2	16	5	0	10	13	0	10	13	0	4	10	1	8
天瑞集团财务有限责任公司	17	5	8	3	1	8	9	0	2	12	3	1	4	3	9
通用技术集团财务有限责任公司	61	15	30	12	4	31	30	1	32	25	3	6	19	4	32

续表

机构	人员合计	年龄结构				性别结构		文化结构				职称结构			
		30岁以下	30岁至40岁	40岁至50岁	50岁以上	男	女	博士	硕士	本科	专科及以下	高级	中级	初级	其他
铜陵有色金属集团财务有限公司	28	5	5	14	4	11	17	0	8	19	1	16	8	4	0
万向财务有限公司	58	20	21	17	0	25	33	0	10	41	7	0	18	9	31
五矿集团财务有限责任公司	66	21	21	17	7	28	38	0	41	18	7	3	26	9	28
物产中大集团财务有限公司	40	8	21	6	5	17	23	0	17	23	0	6	12	1	21
物美商业财务有限责任公司	22	8	8	4	2	9	13	0	2	17	3	0	2	2	18
西部矿业集团财务有限公司	47	12	23	10	2	21	26	0	11	32	4	1	17	6	23
西电集团财务有限责任公司	40	8	23	5	4	19	21	0	19	21	0	5	20	4	11
西王集团财务有限公司	31	14	16	0	1	16	15	0	5	26	0	2	5	4	20
厦门海翼集团财务有限公司	25	2	16	4	3	11	14	0	4	19	2	0	12	1	12
厦门翔业集团财务有限公司	27	5	17	4	1	16	11	0	15	12	0	2	4	1	20
新奥财务有限责任公司	61	13	36	9	3	33	28	0	16	39	6	0	23	0	38
新凤祥财务有限公司	46	11	23	8	4	22	24	0	10	30	6	0	11	9	26
新华联控股集团财务有限责任公司	17	3	10	3	1	5	12	0	3	14	0	1	5	1	10
新疆金风科技集团财务有限公司	29	11	13	3	2	14	15	0	14	15	0	1	3	9	16
新希望财务有限公司	37	10	21	6	0	19	18	0	12	22	3	0	10	5	22
新兴际华集团财务有限公司	28	11	13	3	1	14	14	0	19	9	0	4	7	3	14
徐工集团财务有限公司	55	26	24	4	1	28	27	0	17	37	1	2	11	5	37
兖矿集团财务有限公司	35	4	17	13	1	15	20	0	3	32	0	11	15	9	0
阳泉煤业集团财务有限责任公司	54	14	26	6	8	36	18	1	6	41	6	5	19	8	22
一汽财务有限公司	232	72	138	17	5	86	146	0	113	115	4	11	19	65	137
一重集团财务有限公司	32	8	12	9	3	15	17	0	4	26	2	7	10	5	10
伊利财务有限公司	52	25	23	3	1	24	28	0	7	43	2	0	6	19	27
有色矿业集团财务有限公司	32	4	18	5	5	19	13	1	15	16	0	2	18	0	12
粤海集团财务有限公司	33	10	16	4	3	15	18	0	12	19	2	2	5	3	23
云南建投集团财务有限公司	37	19	14	1	3	15	22	0	11	25	1	4	15	3	15
云南昆钢集团财务有限公司	26	5	8	11	2	7	19	0	1	19	6	2	12	10	2
云南云天化集团财务有限公司	28	4	9	11	4	15	13	0	7	21	0	4	6	4	14
招商局集团财务有限公司	89	11	49	22	7	40	49	2	42	43	2	5	25	17	42
浙江海港集团财务有限公司	42	20	13	5	4	16	26	0	18	24	0	5	17	10	10
浙江省交通投资集团财务有限责任公司	114	31	61	19	3	47	67	0	53	58	3	10	45	10	49

续表

机构	人员合计	年龄结构				性别结构		文化结构				职称结构			
		30岁以下	30岁至40岁	40岁至50岁	50岁以上	男	女	博士	硕士	本科	专科及以下	高级	中级	初级	其他
浙江省能源集团财务有限责任公司	153	95	41	16	1	69	84	0	61	91	1	9	48	15	81
振华集团财务有限责任公司	18	4	7	6	1	8	10	0	4	14	0	3	5	1	9
正泰集团财务有限公司	45	7	22	14	2	21	24	0	5	36	4	3	9	9	24
郑州宇通集团财务有限公司	33	7	22	3	1	20	13	1	5	26	1	3	8	19	3
中车财务有限公司	48	2	34	10	2	22	26	1	18	29	0	18	15	8	7
中储粮集团财务有限公司	37	11	15	8	3	20	17	1	24	12	0	9	13	4	11
中船财务有限责任公司	127	32	58	29	8	52	75	3	80	42	2	31	40	23	33
中广核财务有限责任公司	82	12	38	21	11	52	30	1	40	36	5	19	31	7	25
中国大唐集团财务有限公司	46	3	23	13	7	17	29	2	35	8	1	18	17	11	0
中国电建集团财务有限责任公司	62	7	34	14	7	34	28	1	31	30	0	24	22	0	16
中国电力财务有限公司	743	84	188	284	187	345	398	8	284	430	21	291	277	49	126
中国电信集团财务有限公司	40	6	23	7	4	22	18	1	19	20	0	7	7	3	23
中国电子财务有限责任公司	60	8	33	12	7	27	33	1	23	33	3	15	20	9	16
中国电子科技财务有限公司	66	29	28	4	5	33	33	1	51	14	0	5	20	7	34
中国航发集团财务有限公司	26	4	14	8	0	14	12	0	18	8	0	8	9	2	7
中国航空集团财务有限责任公司	59	11	22	16	10	23	36	0	16	35	8	7	26	5	21
中国航油集团财务有限公司	42	25	10	4	3	15	27	0	31	11	0	3	12	4	23
中国华电集团财务有限公司	68	7	38	14	9	33	35	0	35	33	0	13	23	1	31
中国华能财务有限责任公司	76	19	20	14	23	31	45	1	49	23	3	33	27	3	13
中国化工财务有限公司	40	7	12	18	3	13	27	1	19	19	1	9	10	6	15
中国黄金集团财务有限公司	35	7	18	6	4	13	22	0	17	18	0	8	7	4	16
中国建材集团财务有限公司	47	16	21	8	2	23	24	1	22	23	1	12	8	7	20
中国南航集团财务有限公司	64	9	17	33	5	32	32	1	21	28	14	2	24	4	34
中国能源建设集团财务有限公司	69	13	19	22	15	32	37	0	26	34	9	27	19	4	19
中国平煤神马集团财务有限责任公司	38	8	17	7	6	23	15	0	4	32	2	10	13	6	9
中国石化财务有限责任公司	363	49	166	95	53	150	213	2	133	210	18	121	140	43	59
中国铁建财务有限公司	82	15	49	15	3	42	40	1	41	40	0	27	27	21	7
中国铁路财务有限责任公司	75	12	29	26	8	30	45	1	27	46	1	49	21	4	1
中国一拖集团财务有限责任公司	36	10	12	13	1	11	25	0	4	26	6	1	19	2	14

续表

机构	人员合计	年龄结构				性别结构		文化结构				职称结构			
		30岁以下	30岁至40岁	40岁至50岁	50岁以上	男	女	博士	硕士	本科	专科及以下	高级	中级	初级	其他
中国移动通信集团财务有限公司	86	38	28	14	6	54	32	0	72	13	1	10	26	2	48
中国重汽财务有限公司	73	40	27	6	0	24	49	0	19	52	2	3	25	26	19
中海石油财务有限责任公司	128	34	48	36	10	54	74	2	59	65	2	11	55	9	53
中航工业集团财务有限责任公司	103	23	38	33	9	39	64	1	67	31	4	20	19	64	0
中核财务有限责任公司	78	16	32	21	9	35	43	1	53	23	1	27	32	6	13
中化工程集团财务有限公司	49	14	23	8	4	29	20	0	29	18	2	7	16	3	23
中化集团财务有限责任公司	90	21	44	22	3	38	52	1	40	43	6	6	34	3	47
中集集团财务有限公司	61	10	34	14	3	25	36	0	18	39	4	0	8	8	45
中建财务有限公司	60	17	22	15	6	34	26	1	37	21	1	18	18	7	17
中交财务有限公司	62	20	22	14	6	37	25	2	43	15	2	22	19	20	1
中节能财务有限公司	56	21	26	9	0	28	28	0	25	31	0	3	16	3	34
中开财务有限公司	27	11	10	3	3	14	13	0	10	16	1	1	7	3	16
中联重科集团财务有限公司	38	4	27	4	3	22	16	0	11	27	0	4	7	6	21
中粮财务有限责任公司	33	4	22	6	1	14	19	0	16	17	0	1	0	0	32
中铝财务有限责任公司	64	15	34	12	3	31	33	0	33	29	2	8	19	5	32
中煤财务有限责任公司	21	4	12	3	2	10	11	1	11	9	0	5	10	0	6
中铁财务有限责任公司	82	18	52	6	6	48	34	0	36	46	0	27	25	29	1
中信财务有限公司	58	24	22	8	4	28	30	4	36	15	3	11	17	4	26
中兴通讯集团财务有限公司	74	25	25	24	0	16	58	0	12	38	24	0	17	18	39
中冶集团财务有限公司	36	11	16	7	2	14	22	0	22	14	0	8	4	0	24
中油财务有限责任公司	183	35	55	58	35	77	106	9	87	75	12	58	85	27	13
中远海运集团财务有限责任公司	125	21	35	46	23	59	66	0	34	78	13	16	53	15	41
珠海格力集团财务有限责任公司	47	9	24	8	6	23	24	0	5	39	3	1	22	7	17
珠海华发集团财务有限公司	49	5	25	14	5	18	31	0	12	35	2	0	24	4	21
紫金矿业集团财务有限公司	25	3	16	4	2	16	9	0	3	21	1	0	16	3	6

注：此表为248家财务公司数据，不含西门子财务服务有限责任公司、海航集团财务有限公司、亿利集团财务有限公司、宝塔石化集团财务有限公司、忠旺集团财务有限公司、渤海钢铁集团财务有限公司、中船重工财务有限责任公司、本钢集团财务有限公司。

大事记

中国企业集团财务公司2021年行业大事记

1月

2021年1月13日，中铝财务有限责任公司收到中国银保监会云南监管局关于云南分公司开业的批复，标志着中铝财务有限责任公司与云南冶金集团财务有限公司整合重组工作圆满完成。

2021年1月29日，新兴际华集团财务有限公司成立。

3月

2021年3月15日，湘银保监复〔2021〕93号关于湖南高速集团财务有限公司变更股权及调整股权结构的批复同意湖南省高速公路集团有限公司受让湖南省财信信托有限责任公司持有的湖南高速集团财务有限公司15%股权。本次股权变更后，湖南省高速公路集团有限公司持有湖南高速集团财务有限公司75%股权，持股金额7.5亿元。

2021年3月31日，银保监会党委委员、副主席曹宇到中国财务公司协会调研，听取协会相关情况汇报，在肯定协会工作的同时，提出了下一步工作要求。

4月

2021年4月6—10日，中国财务公司协会联合厦门国家会计学院举办了2021年第一期财务公司审计业务专题培训班。中国财务公司协会副秘书长李清军、厦门国家会计学院副院长黄京菁出席开班仪式并致辞，来自全国100多家财务公司的115名审计业务负责人参加了培训。

2021年4月25—28日，中国财务公司协会在北京召开“2021年财务公司分行业系列交流会”。12个行业113家财务公司的代表参加了交流会，中国财务公司协会党委书记、常务副会长张永军，党委委员、专职副会长李玉平、陶东平分别出席了本次交流会并讲话，会议同时邀请了中国银保监会和北京银保监局相关处室负责同志莅临指导。

2021年4月26—30日，根据中国财务公司协会培训计划，中国财务公司协会联合厦门国家会计学院举办了年度第二期财务公司审计业务专题培训班。中国财务公司协会党委书记、常务副会长张永军和厦门国家会计学院副院长黄京菁教授出席开班仪式并致辞，来自财务公司审计业务条线的80名相关负责人员参加了本期培训。

2021年4月28日，为深入调研财务公司经营管理情况和会员单位诉求，中国财务公司协会在厦门组织召开福建省财务公司交流座谈会。中国财务公司协会党委书记、常务副会长张永军与福建省财务公司的高管人员参加了交流座谈。

2021年4月30日，北京市市场监督管理局向国家电投集团财务有限公司核发了注册资本金增至75亿元、企业类型变更为外商投资企业（港澳台投资）的新营业执照。

5月

2021年5月，珠海格力集团财务有限责任公司结合股东企业类型现状进行商事主体类型变更登记，变更后珠海格力集团财务有限责任公司商事主体类型由“有限责任公司（国有控股）”变更为“其他有限责任公司”，同步更换营业执照。

2021 年 5 月 21 日，申能集团财务有限公司举办“零碳中国 · 绿色金融”名家论坛活动，与中国投资协会能源投资专委会签署“零碳中国”战略合作协议，同年实现上海地区金融机构首单自愿减排“碳中和”，获得上海环境能源交易所颁发的“碳中和证书”，并在第四届中国国际进口博览会联合发起“中国—阿联酋碳金融智库”。

2021 年 5 月 26 日，徐工集团财务有限公司组织 18 家大型银行机构召开了徐工银企合作座谈会，全面推动徐工工程机械板块整体上市。

2021 年 5 月 27 日，为深入调研杭州地区财务公司经营发展情况和会员单位诉求，中国财务公司协会组织召开杭州地区财务公司座谈会。中国财务公司协会党委书记、常务副会长张永军与杭州地区 7 家财务公司的高管人员进行了座谈交流。

2021 年 5 月 27—28 日，中国财务公司协会在杭州召开“财务公司行业信息化交流会”。全国 185 家财务公司近 220 名代表参加了本次会议。中国财务公司协会党委书记、常务副会长张永军出席会议并讲话。

6 月

2021 年 6 月 16—18 日，中国财务公司协会第十届监事会监事和监事单位代表一行在监事长张云亭的带领下，赴兰州地区的酒钢集团财务有限公司、金川集团财务有限公司、甘肃电投集团财务有限公司检查自律工作开展情况，并参观了酒钢集团兰州榆中生产基地现代化高炉。在检查期间，监事会还前往中国银保监会定点帮扶地区——临洮县进行调研。

2021 年 6 月 22 日，中国财务公司协会党委书记、常务副会长张永军一行应邀赴上海票据交易所开展调研，并与上海票据交易所党委书记、董事长宋汉光，党委委员、副总裁沈伟进行了交流座谈。中国财务公司协会培训部、票交所综合部、会员部等相关人员参加。

2021 年 6 月 22 日，东明石化集团财务有限公司取得金融许可证，7 月 1 日正式挂牌营业。

2021 年 6 月 22—24 日，由中国财务公司协会与上海票据交易所联合主办、中票信息技术（上海）有限公司承办的“票据业务创新与服务实体经济财务公司专场培训班”在上海举办，中国财务公司协会党委书记、常务副会长张永军、上海票据交易所党委委员、副总裁沈伟共同出席开班仪式并致辞，122 家财务公司的 124 位学员参加了培训。

2021 年 6 月 30 日，冀中能源集团财务有限责任公司注册资本金由 20 亿元人民币变更为 32 亿元人民币，本次增资为原股东同比例增资。

7 月

2021 年 7 月，经河北银保监局核准，河钢集团财务有限公司注册资本由 60.6 亿元同比例增加至 66.6 亿元，7 月 6 日完成注资工作，7 月 15 日完成工商变更。

2021 年 7 月 14 日，中国银保监会批复同意海信集团财务有限公司变更股权，股权变更后，海信集团控股股份有限公司持有海信集团财务有限公司 73.08% 的股权，青岛海信空调有限公司持有海信集团财务有限公司 26.92% 的股权，海信集团财务有限公司所属集团变更为以海信集团控股股份有限公司为母公司的企业集团。7 月 21 日，海信集团财务有限公司完成股权变更的工商备案，并换领新的营业执照。

2021 年 7 月 22 日，港中旅财务有限公司按照中国旅游集团统一要求，并经北京银保监局批复同意，完成了财务公司名称的工商变更手续。变更后中文名称为：中旅集团财务有限公司。

2021 年 7 月 27 日，为深入调研湖南地区财务公司经营发展情况和会员单位诉求，中国财务公司协会组织召开了湖南地区财务公司座谈会。中国财务公司协会党委书记、常务副会长张永军与湖南地区4家财务公司的高管人员开展了座谈交流。

2021年7月27日，兵工财务有限责任公司变更股权及调整股权结构事项获北京银保监局京银保监复〔2021〕631号文件批复，并于2021年7月30日完成工商登记手续。

2021年7月27日，兖矿集团财务有限公司股东名称发生变更，原兖矿集团有限公司变更为山东能源集团有限公司。

2021年7月27—28日，根据《中国银保监会关于开展银行业保险业“内控合规管理建设年”活动的通知》精神，结合行业需求，中国财务公司协会在湖南长沙举办了财务公司内控合规管理专题培训班，中国财务公司协会党委书记、常务副会长张永军，以及中国银保监会非银行金融机构检查局和北京银保监局相关同志出席并参加了培训班开班仪式，来自130家财务公司的134位学员参加了本次培训。

2021年7月27日，由东方国际集团财务有限公司主办的以“汇率走势分析暨外汇业务推介”为主题的财企交流会在上海举行，旨在更好地服务成员企业，提高集团外汇管理能力，充分发挥四个平台作用，财企协同共谋发展。

2021年7月30日，中国大唐集团财务有限公司召开股东会第三十三次会议和第五届董事会第八次会议，同意陶云鹏担任董事并推举陶云鹏为公司董事长，2021年12月取得北京银保监局核准陶云鹏为中国大唐集团财务有限公司董事长任职资格的批复（京银保监复〔2021〕979号）。2021年11月23日，中国大唐集团财务有限公司召开第五届董事会第九次会议同意聘任曹军担任总经理。

8月

2021年8月，中国建材集团财务有限公司股权结构变更，注册资本变更为12亿元。变更后股东名称、出资金额和出资比例为：（1）中国建材集团有限公司，出资金额7亿元人民币，出资比例为58.33%；（2）中材水泥有限责任公司，出资金额5亿元人民币，出资比例为41.67%。

9月

中国电子信息产业集团有限公司拟对中国电子财务有限责任公司和振华集团财务有限责任公司进行合并重组。2021年9月重组工作开始启动，截至2021年末，两家财务公司签署吸收合并协议，并向北京银保监局提供未盖章版申请报告及附件资料，待监管部门审核。

2021年9月14日，中国财务公司协会以“提升服务实体经济能力，推动财务公司新发展格局”为主题在北京召开“北京地区财务公司交流会”。北京地区68家财务公司的94名代表参加了交流会，中国财务公司协会党委书记、常务副会长张永军出席会议并讲话，中国银保监会非银部有关领导和北京银保监局财务公司监管处相关同志出席了会议。本次会议由中车财务有限公司党委书记、董事长、中国财务公司协会副会长董绪章主持。

2021年9月18日，山东银保监局核准批复山东钢铁集团财务有限公司变更股权及调整股权结构，新股东为：山东钢铁集团有限公司、山东钢铁股份有限公司、山东金岭矿业股份有限公司。

2021年9月26日，中核财务有限责任公司在北京召开新时代央企财务公司党建创新研讨交流会。

10月

2021年10月19日，珠海华发集团财务有限公司收到《广东银保监局关于珠海华发集团财务有限公司变更股权及调整股权结构的批复》（粤银保监复〔2021〕471号），同意将珠海华发集团有限公司持有珠海华发集团财务有限公司10%股权协议转让至珠海华发投资控股集团有限公司，珠海华发集团财务有限公司于2021年12月完成工商变更等相关工作。

2021年10月28日，中交财务有限公司顺利完成增资的工商变更。增资后，中交财务有限公司注册资本由35亿元增至70亿元，股权结构保持不变。

11月

2021年11月2日，重庆化医控股集团财务有限公司新增股东重庆建峰化工股份有限公司，重庆建峰化工股份有限公司受让重庆市盐业（集团）有限公司持有的重庆化医控股集团财务有限公司10%的股权。

2021年11月12日，中国财务公司协会以“构建财务公司新发展格局，提升服务实体经济能力”为主题召开了北方地区财务公司经验交流会。北方地区42家财务公司参加了会议，本次会议由中国财务公司协会常务理事、一汽财务有限公司总经理李小欣主持，中国财务公司协会党委书记、常务副会长张永军出席会议并讲话。

2021年11月18日，中船财务有限责任公司吸收合并中船重工财务有限责任公司等有关事项获得中国银保监会批复。

2021年11月26日，中国财务公司协会以“构建财务公司新发展格局，提升服务实体经济能力”为主题分别组织召开了“华东地区财务公司经验交流会”和“华南地区财务公司经验交流会”。华东地区财务公司经验交流会由中国财务公司协会副会长，宝武集团财务有限责任公司党委副书记、副董事长王明东主持，华南地区财务公司经验交流会由美的集团财务有限公司总经理（代为履职）何国坤主持，中国财务公司协会党委书记、常务副会长张永军出席会议并讲话，中国财务公司协会党委委员、纪委书记陈晨和中国财务公司协会副秘书长李清军参加了会议。

2021年11月30日，日照港集团财务有限公司完成变更公司股东名称、备案公司章程、职工监事等工商登记内容。

12月

2021年12月2日，河南双汇集团财务有限公司获增加注册资本批复，注册资本变更为人民币12亿元。

2021年12月6日，兖矿集团财务有限公司股东名称发生变更，原兖州煤业股份有限公司变更为兖矿能源集团股份有限公司。

2021年12月8日，中国财务公司协会组织召开了中国财务公司协会通讯员工作会。会议由中国财务公司协会副秘书长李清军主持，中国财务公司协会党委委员、专职副会长陶东平出席会议并讲话。

2021年12月8日，兖矿集团财务有限公司注册资本由25亿元增至40亿元。

2021年12月10日，粤海集团财务有限公司注册资本金增加至人民币20亿元。

2021年12月21日，中国财务公司协会党委委员、专职副会长陶东平率队拜访国家能源集团财务有限公司。双方围绕“强化平台作用，深化产融结合，以高水平金融服务助力实体高质量发展”主题开展交流座谈。

2021年12月22日，中集集团财务有限公司股权变更事项获深圳银保监局批复，同意中国国际海运集装箱（集团）股份有限公司分别受让深圳中集天达空港设备有限公司、中集安瑞科（荆门）能源装备有限公司、中集世联达物流科技（集团）股份有限公司持有的中集集团财务有限公司10.54%、7.01%和7.01%股份。

2021年12月24日，中国财务公司协会组织召开第十届会员大会第三次会议，本次会议采用“线上+线下”的形式召开。中国银保监会非银部主任刘宏宇出席会议并讲话，非银部副主任聂俊以及相关处室同志参会。中国财务公司协会会长、副会长和全国232家财务公司的会员代表参会。

2021年12月24日，由股东集团公司单方以货币资金形式向中国华电集团财务有限公司增资 10 亿元，进一步提升了公司抗风险能力，对稳健经营，服务集团，保障集团资金池安全和提升效率有着重要作用。

2021 年 12 月 28—29 日，广东省广晟财务有限公司完成了混合所有制改革目标任务，引入广晟集团下属成员单位深圳市中金岭南有色金属股份有限公司和佛山市国星光电股份有限公司作为新投资者。

附　　录

文件与规章名录

一、国务院办公厅

《国务院关于加快建立健全绿色低碳循环发展经济体系的指导意见》

《2030 年前碳达峰行动方案 》

二、财政部

《关于支持“专精特新”中小企业高质量发展的通知》（财建〔2021〕2 号）

三、中国人民银行

《金融控股公司董事、监事、高级管理人员任职备案管理暂行规定》（中国人民银行令〔2021〕第 2 号）

《动产和权利担保统一登记办法》（中国人民银行令〔2021〕第 7 号）

《中国人民银行　国家外汇管理局关于调整企业跨境融资宏观审慎调节参数的通知》（银发〔2021〕5 号）

《银行跨境业务反洗钱和反恐怖融资工作指引（试行)》（银发〔2021〕16 号）

《中国人民银行关于深入开展中小微企业金融服务能力提升工程的通知》（银发〔2021〕176 号）

《非银行支付机构重大事项报告管理办法》（银发〔2021〕198 号）

四、中国银行保险监督管理委员会

《中国银保监会办公厅关于 2021 年进一步推动小微企业金融服务高质量发展的通知》（银保监办发〔2021〕49 号）

《银行保险机构许可证管理办法》（中国银行保险监督管理委员会令 2021 年第 3 号）

《银行保险机构董事监事履职评价办法（试行)》（中国银行保险监督管理委员会令 2021 年第 5 号）

《银行保险机构公司治理准则》（银保监发〔2021〕14 号）

《银行保险机构恢复和处置计划实施暂行办法》（银保监发〔2021〕16 号）

《关于印发深化“证照分离”改革进一步激发市场主体发展活力实施方案的通知》（银保监发〔2021〕25 号）

《商业银行监管评级办法》（银保监发〔2021〕39 号）

2021 年度财务公司行业受表彰情况

TCL 科技集团财务有限公司

2021 年 12 月 9 日，获得金融时报社颁发的“2021 中国金融机构金牌榜·金龙奖——年度最佳财务公司”奖项。

2022 年 1 月 13 日，在惠州市银行保险业先进集体评选中被评为 2021 年度银行业绿色金融先进集体。

2022 年 1 月 13 日，在惠州市银行保险业先进集体评选中被评为 2021 年度银行业科技金融创新先进集体。

安徽省能源集团财务有限公司

2021 年 12 月 15 日，获得金融时报社颁发的“2021 中国金融机构金牌榜·金龙奖——年度最佳资金管理财务公司”奖项。

2021 年，获得中国人民银行合肥中心支行金融统计工作三等奖。

2021 年，获得合肥市人民政府颁发的“非银金融机构优质服务奖”。

安徽省皖北煤电集团财务有限公司

2021 年，公司董事长获得皖北煤电集团公司“皖煤优秀管理人员”称号；公司稽核部获得皖北煤电集团公司“优秀师傅”称号；公司党支部获得皖北煤电集团公司“先进基层党组织”称号。

2021 年 9 月，获得中国人民银行征信中心“企业征信系统数据质量工作优秀个人”称号。

2021 年 9 月，获得宿州市银行业协会清廉金融文化建设网络直播宣讲活动三等奖。

鞍钢集团财务有限责任公司

2021 年 11 月 28 日，获得财资中国“最佳产业金融奖”。

2021 年，获得“人民币跨境支付清算先锋企业”称号。

宝武集团财务有限责任公司

2021 年 4 月，获得上海市人民政府“2019—2020 年度上海市文明单位”称号。

2021 年 12 月，获得上海市浦东新区政府颁发的“2020 年度浦东新区经济突出贡献奖”。

2021 年，获得“宝武青年先锋岗”称号、“中国宝武优秀岗位创新奖”。

北京控股集团财务有限公司

2021 年，获得“2020 年度征信系统数据质量工作优秀个人”和“2020 年度征信系统数据质量工作优秀机构”称号。

北京汽车集团财务有限公司

2021 年 1 月，获得首都精神文明建设委员会颁发的“首都文明单位”荣誉称号。

2021 年 4 月 1 日，“基于大数据技术的反欺诈风控体系的建设与实践”项目参与北京市总工会首都职工自主创新成果板块评选活动并获得三等奖。

2021 年 10 月 8 日，获得“2021 年度汽车金融行业最具竞争力奖”。

北京首农食品集团财务有限公司

2021 年，获得“2020 年度征信系统数据质量工作优秀机构”称号。

兵工财务有限责任公司

2021 年 8 月 20 日，获得北京市东城区委、区政府颁发的“东城区百强企业”称号。

2021 年 12 月 29 日，获得金融时报社颁发的“2021 中国金融机构金牌榜·金龙奖——年度最佳财务公司”称号。

2022 年 1 月 25 日，获得集团公司“2021 年度经济效益突出贡献特等奖”。

兵器装备集团财务有限责任公司

2021 年 1 月，获得首都精神文明建设委员会颁发的 2018—2020 年度“首都文明单位”称号。

2021 年，获得“先进基层党组织”，集团公司“信息工作先进集体”“五星党支部”“五四红旗团委”荣誉称号。

重庆化医控股集团财务有限公司

2021 年 2 月 2 日，获得重庆银保监局“2020 年度重庆银行业保险业监管统计工作优秀单位”称号。

2021 年 8 月 11 日，获评 2020 年度重庆市企业劳动保障守法诚信等级 A 级企业。

2021 年 12 月，被上海票据交易所评为“2020 年度优秀科技工作机构”。

重庆机电控股集团财务有限公司

2021 年 8 月 2 日，获得中国人民银行征信中心“2020 年度征信系统（企业业务）数据质量工作优秀机构”称号。

2021 年 12 月，获得中国人民银行重庆营管部“2021 年度金融统计分析工作”三等奖。

2021 年，公司党支部获得集团党委“先进党支部”荣誉称号。

大同煤矿集团财务有限责任公司

2021 年 4 月 6 日，获得全国煤炭行业共青团工作指导和推进委员会颁发的“全国煤炭行业五四红旗团支部”称号。

东方集团财务有限责任公司

2021 年 7 月，获得中国人民银行哈尔滨中心支行“黑龙江省金融机构征信系统数据质量工作优秀奖”。

2021 年 12 月，获得中国人民银行哈尔滨中心支行金融统计“先进集体”荣誉称号。

东风汽车财务有限公司

2021 年 3 月，获得中国汽车流通协会商用车专业委员会“2021 全国商用车金融企业 TOP50 第二名”；获得 2021 中国商用车金融产业峰会组委会“2020 十佳商用车金融服务机构”称号。

2021 年 5 月，和衷 2020 年第二期个人汽车贷款资产支持证券项目获得第七届中国资产证券化论坛信贷资产证券化“年度十佳交易奖”；获得第七届中国资产证券化论坛 2020 年度特殊贡献奖。

2021 年 7 月，在全球领先的消费者洞察和数据及分析机构 J. D. Power（君迪）发布的 2021 中国经销商汽车金融满意度研究 SM（DFS）中，公司在零售信贷领域获得满意度第一名。

福建省能源集团财务有限公司

2021 年 1 月 22 日，被福建省能源集团有限责任公司党委授予 2020 年度“四好领导班子”荣誉称号。

光明食品集团财务有限公司

2021 年 1 月，获得中国人民银行上海分行 2020 年度上海中资金融机构金融统计工作考核二等奖。

2021 年 5 月，获得上海市静安区人民政府 2019—2020 年度静安区文明单位称号。

2021 年 9 月，获得中国人民银行上海分行 2020 年度征信系统数据质量工作优秀机构奖、2020 年度征信系统数据质量工作优秀个人奖。

广东省广晟财务有限公司

2021 年，公司党支部被评为集团先进基层党组织。

2022 年 1 月 21 日，获得广晟集团 2021 年

“一级企业领导班子考核优秀单位”“党风廉政建设主体责任先进单位”“生产经营先进单位”的荣誉称号。

广东省农垦集团财务有限公司

2021 年 6 月 29 日，公司党支部获得广东省农垦集团党委颁发的“先进基层党组织”称号。

广西交通投资集团财务有限责任公司

2021 年，获得广西银行业协会颁发的社会责任工作服务八桂抗疫贡献奖、2021 年广西银行业清廉金融文化建设先进单位称号。

2021 年 6 月 17 日，获得广西壮族自治区国资委党委颁发的先进基层党组织称号。

2021 年 12 月 1 日，获得中国文化管理协会颁发的新时代企业党建实践创新优秀成果奖。

国家电投集团财务有限公司

2021 年 9 月 17 日，国家电投司库管理系统获得 2021 年 IDC 中国金融行业技术应用创新奖。

2021 年 9 月 28 日，获得北京市西城区 2020 年度重点企业经济社会发展综合贡献奖励。

2021 年 10 月 27 日，《央企集团全球司库管理数字化转型创新实践》获得全国电力企业管理创新论文大赛特等奖。

国家能源集团财务有限公司

2021 年 9 月，蝉联 2020 年度“A 级纳税人”称号。

2021 年 12 月，获得金融时报社颁发的“2021 中国金融机构金牌榜·金龙奖——年度最佳服务财务公司”奖项。

2022 年 1 月，获得国家能源集团 2021 年度奖励基金项目评审一等奖。

国联财务有限责任公司

2021 年 12 月 27 日，获得中国人民银行南京分行 2021 年度江苏省金融统计“五星级示范统计单位”称号。

国投财务有限公司

2021 年 5 月 21 日，获得甘肃省委、甘肃省人民政府颁发的“甘肃省脱贫攻坚先进集体”称号。

2021 年 8 月 20 日，获得北京市西城区税务局颁发的“纳税信用 A 级企业”称号。

国新集团财务有限责任公司

2021 年 7 月，公司总经理助理获得国务院国资委党委颁发的“中央企业优秀党务工作者”称号。

哈尔滨电气集团财务有限责任公司

2021 年 8 月 2 日，获得中国人民银行 2020 年度征信系统（企业业务）数据质量工作优秀机构。

海尔集团财务有限责任公司

2021 年 11 月，获得金融时报社颁发的“2021 中国金融机构金牌榜·金龙奖——年度最佳服务财务公司”奖项。

海信集团财务有限公司

2021 年 4 月，公司团支部获得共青团青岛市委颁发的“青岛市五四红旗团支部”称号。

2021 年 6 月，获得青岛金融团工委颁发的青岛市金融业庆祝中国共产党成立 100 周年朗诵大赛三等奖。

2021 年 12 月 27 日，获得中国金融出版社颁发的第四届（2021）中国金融年度品牌案例大赛“年度人气品牌案例奖”。

航天科工财务有限责任公司

2021 年 7 月，武汉分公司获得武汉市江汉区“百家企业跟党走”优秀企业称号。

2022 年 1 月，武汉分公司被湖北省政府评为 2021 年度全省信贷贡献积极金融机构。

2022 年 1 月，在中国航天科工集团有限公司开展的 2021 年度功勋荣誉表彰评选活动中，公司1名同志获得中国航天科工集团有限公司航天报国重大贡献奖。

航天科技财务有限责任公司

2021年，获得金融时报社颁发的“2021中国金融机构金牌榜·金龙奖——年度最佳资金管理财务公司”奖项。

2021年，获得“年度行业课题研究突出贡献单位”称号。

河钢集团财务有限公司

2021年6月，公司党支部获得河钢集团有限公司党委颁发的“十佳基层党组织”荣誉称号。

2022年1月，公司党支部获得河钢集团有限公司党委颁发的“创最佳的业绩做最好的自己”2021年度主题先锋赛活动“先锋党组织”荣誉称号。

红豆集团财务有限公司

2021年3月8日，获得中国人民银行无锡市中心支行“2020年金融统计工作先进个人”称号。

2021年12月30日，获得中国人民银行南京分行“2021年度江苏省金融统计四星级统计单位”称号。

红星美凯龙家居集团财务有限责任公司

2021年，获得中国人民银行上海分行2021年度上海中资金融机构金融统计工作二等奖。

淮南矿业集团财务有限公司

2021年3月，获得安徽国资委文明委颁发的“第六届省属企业文明单位”称号。

江铃汽车集团财务有限公司

2021年3月1日，获得中国商用车金融产业峰会组委员会“2020十佳商用车金融服务机构”称号。

2021年6月7日，获得江西省企业联合协会、江西省企业家协会、江西省工业和信息化厅、江西省企业联合会企业管理现代化委员会第二十二届江西省企业管理现代化创新成果三等奖。

江苏凤凰出版传媒集团财务有限公司

2021年，获得2020年度江苏省地方金融企业绩效评价优秀（AAA）评级。

江苏交通控股集团财务有限公司

2021年8月18日，公司金融服务部获得第20届“全国青年文明号”称号。

江苏省国信集团财务有限公司

2021年，获得全国妇联授予的“巾帼建功先进集体”荣誉称号。

2021年，被江苏省国资委授予“先进基层党组织”荣誉称号。

江苏悦达集团财务有限公司

2021年6月17日，公司党支部获得盐城市国资委“示范党支部”荣誉称号。

2021年6月21日，获得盐城市国资委颁发的“先进基层党组织”称号。

2021年12月31日，在2021年度江苏省金融统计“五星示范统计单位”创建活动中，公司被评为四星单位，在盐城市金融机构中排名第二。

2022年1月4日，获得盐城市政府颁发的“2021年度三星企业”称号。

江西铜业集团财务有限公司

2021年12月，获得中国人民银行南昌中心支行“2021年江西省金融机构金融统计工作优胜单位”称号。

2021年12月，获得江西省地方金融监督管理局金融机构支持地方经济发展考核奖励。

京能集团财务有限公司

2022年1月，获得2021年度集团系统突出贡献先进集体称号。

连云港港口集团财务有限公司

2021 年 6 月，公司党支部被评为全市国资系统“先进基层党组织”。

马钢集团财务有限公司

2021 年 1 月 4 日，获得安徽省马鞍山市精神文明建设指导委员会颁发的第十八届马鞍山市文明单位称号。

南方电网财务有限公司

2021 年 5 月，公司员工获得广州金融业协会广州金融行业 2021 年度春季读书交流会读书心得二等奖。

2021 年 7 月，“发挥财务公司司库融资管理作用发行粤港澳大湾区首单碳中和南网债券”入选广东金融学会“绿色金融创新优秀案例”。

2021 年 8 月，获得广州市地方金融监督管理局、广州金融业协会主办的广州市金融行业红色金融党史知识抢答赛第一名。

南山集团财务有限公司

2021 年 12 月 1 日，获得山东省财政厅颁发的山东省地方金融企业绩效评价优秀（AAA）评级。

内蒙古电力集团财务有限责任公司

2021 年 12 月，获得内蒙古自治区财政厅地方金融企业 2020 年度绩效评价 AAA 级。

青岛港财务有限责任公司

2021 年 11 月 26 日，获得青岛市财政局颁发的 2020 年度青岛市金融企业绩效评价优秀（AAA）评级。

2021 年 12 月 16 日，获得中国人民银行青岛市中心支行 2021 年度青岛市金融统计工作先进单位称号。

青岛啤酒财务有限责任公司

2021 年 12 月 16 日，获得中国人民银行青岛市中心支行 2021 年度“青岛市金融统计工作先进单位”三等奖。

日照港集团财务有限公司

2021 年 2 月，获得日照市石臼街道“经济发展贡献奖”。

2021 年 4 月，公司资金结算部获评交通运输行业“2020 年度优秀 QC 小组”。

三峡财务有限责任公司

2021 年 2 月，宜昌分公司获得宜昌市委、宜昌市人民政府颁发的全市经济高质量发展先进集体称号。

山东晨鸣集团财务有限公司

2021 年 12 月 27 日，获得中国人民银行济南分行营业管理部 2021 年度济南市金融统计先进集体称号。

山东钢铁集团财务有限公司

2021 年 5 月 6 日，获得全国钢铁行业共青团工作指导和推进委员会颁发的“全国钢铁行业五四红旗团支部”荣誉称号。

山东招金集团财务有限公司

2021 年 12 月 29 日，获得中国人民银行烟台市中心支行“烟台市 2021 年度金融统计先进单位”荣誉称号。

2021 年 12 月 31 日，被山东省反洗钱工作联席会议授予山东省第一届反洗钱知识网络答题竞赛先进集体一等奖。

山东重工集团财务有限公司

2021 年 11 月 17 日，通过“山东省青年文明号”荣誉称号复审，继续保持该荣誉称号。

2021 年 12 月 1 日，获得山东省财政厅颁发的金融企业绩效评价优秀（AAA）评级。

2021 年 12 月 15 日，获得金融时报社颁发的“2021 中国金融机构金牌榜 · 金龙奖——年度最佳风险管理财务公司”奖项。

陕西煤业化工集团财务有限公司

2021年3月18日，获得陕西银保监局颁发的2020年度陕西银行业保险业机构优秀调研课题成果鼓励奖。

2021年4月12日，获得陕西银行业协会颁发的“庆祝建党100周年”非银行类会员单位春季登山联谊活动优秀组织奖。

2021年6月2日，获得陕煤集团颁发的2020年度财务专项工作优秀管理组织奖。

陕西投资集团财务有限责任公司

2021年3月18日，获得陕西银保监局颁发的2020年度陕西银行业保险业机构优秀调研课题成果鼓励奖。

2021年9月18日，获得陕西投资集团有限公司颁发的“学习‘七一’讲话迈步新征程践行‘君子文化’奋进新时代”知识竞赛一等奖和优秀组织奖。

商飞集团财务有限责任公司

2021年1月7日，获得中国人民银行上海分行2020年度上海中资金融机构金融统计工作考核三等奖。

2021年2月19日，公司员工获得中国人民银行上海分行2020年度利率监测报备工作优秀个人称号。

上海城投集团财务有限公司

2022年1月7日，获得中国人民银行上海分行2021年度上海中资金融机构金融统计工作考核三等奖。

上海电气集团财务有限责任公司

2021年4月，获得上海市人民政府颁发的2019—2020年度上海市“文明单位”称号，这是公司连续第七届蝉联该荣誉。

上海华谊集团财务有限责任公司

2021年1月7日，获得中国人民银行上海分行2020年度上海中资法人金融机构金融统计工作考核一等奖。

2021年2月19日，获得中国人民银行上海分行2020年度利率监测报备工作优秀机构称号。

上海浦东发展集团财务有限责任公司

2021年4月，获得上海市人民政府颁发的“2019—2020年度上海市文明单位”称号。

2021年9月，获得中国人民银行上海分行“2020年度征信系统数据质量工作优秀机构”称号。

2021年12月，获得上海市浦东新区总工会颁发的“2021年浦东新区企事业单位职代会建制高级达标单位”称号。

上海上实集团财务有限公司

2021年2月，获得上海市2017—2019年度厂务公开民主管理工作先进单位称号。

上海外高桥集团财务有限公司

2022年1月7日，获得中国人民银行上海分行2021年度上海中资法人金融机构金融统计工作考核三等奖。

上海文化广播影视集团财务有限公司

2021年，获得中国人民银行上海分行2021年度上海中资法人金融机构金融统计工作考核一等奖。

申能集团财务有限公司

2021年2月28日，获得上海陆家嘴金融城理事会、陆家嘴金融城绿色金融发展中心颁发的“陆家嘴金融城绿色综合发展平台绿色企业认证”。

2021年4月，获得上海市政府颁发的“上海市文明单位”称号。

2021年9月29日，实现上海地区金融机构首单自愿减排“碳中和”，获得上海环境能源交易所颁发的“碳中和证书”。

2021 年，申能集团财务有限公司党总支被评为申能集团系统 2020—2021 年度先进基层党组织。

深圳华强集团财务有限公司

2021 年，公司员工获评中国人民银行征信数据质量与合规管理考核评比数据质量工作优秀个人。

深圳能源财务有限公司

2021 年 8 月 2 日，被深圳市地方金融监督管理局、中国人民银行深圳市中心支行、中国银行保险监督管理委员会深圳监管局评为深圳市绿色金融机构。

首钢集团财务有限公司

2021 年 6 月 7 日，获得中国人民银行营业管理部 2020 年调查统计考核 A 级评级。

四川长虹集团财务有限公司

2021 年，获得中国人民银行绵阳市中心支行办公室 2021 年市级银行业金融机构货币信贷工作考核结果一等奖。

2021 年，获得绵阳市金融工作领导小组 2021 年度金融支持实体经济专项工作先进单位称号。

太钢集团财务有限公司

2021 年 3 月，获得中国人民银行太原中心支行 2020 年度金融统计工作考核二等奖。

2021 年 12 月，获得中国金融出版社颁发的“第四届中国金融年度品牌案例大赛“年度人气品牌案例奖”和“中国金融年度品牌大奖”。

天津港财务有限公司

2021 年 11 月 12 日，获得天津市财政局颁发的“金融企业绩效评价结果优秀（AAA）”。

2021 年 12 月 16 日，获得天津港（集团）有限公司颁发的“2021 年度天津港集团公司工作创新奖”。

通用技术集团财务有限责任公司

2021 年 3 月，获得中国人民银行营业管理部 2020 年会计报表报送工作优秀单位称号。

厦门海翼集团财务有限公司

2021 年，获得厦门市思明区人民政府颁发的超 2000 万元纳税特大户称号。

新凤祥财务有限公司

2021 年 12 月 27 日，获得中国人民银行济南分行营业管理部办公室颁发的“2021 年度济南市金融统计工作先进集体”二等奖；公司员工被评为“2021 年度济南市金融统计工作先进个人”。

新希望财务有限公司

2021 年 3 月 30 日，获得“2021 中国供应链金融生态——优秀金融机构”奖项。

徐工集团财务有限公司

2021 年 11 月 17 日，被江苏省工业和信息化厅评为三星级上云企业。

2021 年 11 月 30 日，“全面应用徐工汉云系统的供应链金融服务新模式”获得工信部等部门主办的“第三届中国工业互联网大赛——产融合作专业赛”一等奖。

2021 年 12 月 31 日，被江苏省工业和信息化厅评定为省级中小企业公共服务示范平台。

兖矿集团财务有限公司

2021 年 12 月 24 日，获得中国人民银行济宁市中心支行“2021 年金融统计工作先进单位”三等奖。

阳泉煤业集团财务有限责任公司

2021 年 7 月 6 日，获得山西省国资委颁发的“先进基层党组织”称号。

2021 年 12 月，获得中国人民银行阳泉市中心支行“2020 年度金融机构调查统计工作地方法人组”表彰。

2021 年 12 月 29 日，获得中国人民银行阳泉市中心支行“中征应收款供应链融资推动示范单位”荣誉称号。

一汽财务有限公司

2021 年 3 月 30 日，公司商用车团队获得中国汽车流通协会举办的 2021 年全国商用车金融知识大赛团体赛亚军。

2021 年 12 月 28 日，《一汽财务有限公司线上清算助力票据业务开启新篇章》入选中国支付清算协会《票据市场创新案例汇编（2021）》。

一重集团财务有限公司

2021 年，获得中国供应链金融年会 2021 年第六届中国供应链金融行业标兵类“中国供应链金融优秀场景服务商”称号。

云南建投集团财务有限公司

2021 年 3 月 12 日，获得集团颁发的“法务先进工作单位”称号。

招商局集团财务有限公司

2021 年，公司特色金融服务团队获得中央企业团工委颁发的“2019—2020 年度中央企业青年文明号”称号。

浙江海港集团财务有限公司

2021 年 10 月 21 日，获得中国人民银行宁波市中心支行 2021 年宁波市银行业金融机构金融统计技能精英赛团队赛三等奖，一名员工获个人赛二等奖。

2021 年 12 月 27 日，公司一名员工获得中国人民银行宁波市中心支行金融机构经济金融形势分析工作先进个人称号。

浙江省交通投资集团财务有限责任公司

2021 年 11 月，获得 2021 年中国财资奖“卓越司库奖”。

2021 年 11 月，《交通类企业债务融资期限结构分析》获得中国公路学会“2021 中国交通投融资年会”征文大赛年度优秀论文奖。

2021 年 12 月，公司“五心服务争创一流”案例获得中国金融出版社颁发的第四届中国金融年度品牌案例大赛“企业文化年度案例奖”。

中车财务有限公司

2021 年，获得北京市丰台区“丰泽计划”高层次人才认定。

中船财务有限责任公司

2021 年 11 月 13 日，获得上海市人民政府颁发的 2020 年度上海市金融创新成果奖三等奖。

中广核财务有限责任公司

2021 年 6 月 4 日，获得中国人民银行征信系统接入机构信息安全与合规管理考核“A”等级评价。

2021 年 9 月 18 日，获得深圳绿色金融课题研究卓越贡献奖。

2021 年 12 月 1 日，获得中国内部审计协会 2021 年内部审计理论研讨二等奖。

中国大唐集团财务有限公司

2021 年，蝉联 2018—2020 年度首都文明单位称号。

2021 年，“基于流程机器人（RPA）技术的电力企业数字化财务”获得国务院国资委管理标杆项目称号。

2021 年，获得中国人民银行营业管理部 2020 年调查统计考核 A 级评价。

中国电建集团财务有限责任公司

2021 年 3 月 30 日，获得中国人民银行营业管理部 2020 年会计财务报表报送工作优秀单位称号。

2021 年 6 月 7 日，获得中国人民银行营业管理部“北京市金融机构调查统计工作考核A级单位”称号。

2021年9月24日，获得中国人民银行营业管理部“宏观经济金融调研优秀集体”称号。

中国电力财务有限公司

2021年，获得金融时报社颁发的“2021中国金融机构金牌榜·金龙奖——年度最佳财务公司”奖项。

中国电子财务有限责任公司

2022年1月13日，《大型央企基于降本控险的保险集中管理体系构建与实施》获得中国国防工业企业协会2021年度国防科技工业企业管理创新成果三等奖。

2021年3月30日，获得中国人民银行营业管理部2020年会计报表报送工作优秀单位称号。

中国航油集团财务有限公司

2021年3月10日，获得中国人民银行营业管理部2020年会计报表报送工作优秀单位称号。

2021年7月17日，获得2020年度中国人民银行征信考核A级。

2021年8月9日，获得中国人民银行“企业征信系统数据质量工作优秀机构”称号。

中国华电集团财务有限公司

2021年12月16日，获得金融时报社颁发的“2021中国金融机构金牌榜·金龙奖——年度最佳风险管理财务公司”奖项。

2021年，获得集团“先进企业”称号。

中国建材集团财务有限公司

2021年11月，被中国建筑材料企业管理协会评为“2021中国建材服务业100强”。

2021年12月，获得中国企业改革与发展研究会颁发的中国企业改革发展优秀成果一等奖。

2021年12月，获得中国建材集团有限公司颁发的2021年技术革新奖技术开发类一等奖。

中国南航集团财务有限公司

2021年5月，获得国家税务总局广州市税务局颁发的纳税信用A级纳税人称号。

2021年8月24日，南航资金监控中心在广州金融业协会举办的第五届广州金融服务之星评选活动中获得“最佳金融服务窗口”称号。

中国能源建设集团财务有限公司

2021年12月15日，获得金融时报社颁发的“2021中国金融机构金牌榜·金龙奖——年度最佳服务财务公司”奖项。

中国石化财务有限责任公司

2021年10月，获得中国人民银行营业管理部2021年上半年“宏观经济金融调研优秀集体”称号。

2021年11月，获得上海票据交易所全国首届票据知识竞赛“最佳组织奖”。

2021年12月，获得全国银行间市场交易中心颁发的2021年度银行间本币市场“年度市场影响力奖——活跃交易商”。

中国铁建财务有限公司

2021年10月，获得“2018—2020年度首都文明单位”称号，这是公司继获评“2015—2017年度首都文明单位”之后第二次获此殊荣。

中国移动通信集团财务有限公司

2021年2月，获得中国移动通信集团有限公司颁发的“优秀财务工作奖”二等奖。

2021年3月，获得中国人民银行营业管理部“2020年度会计财务报表报送工作优秀单位”称号。

2021年8月，获得中国移动通信集团有限公司颁发的“2020年度业绩优秀单位”称号。

中国重汽财务有限公司

2021 年 10 月 14 日，获得亚当·斯密亚洲奖 2021“一流银企合作关系”高度推荐奖。

2021 年 11 月 3 日，公司营业管理部获得“山东省青年文明号”称号。

中航工业集团财务有限责任公司

2021 年，获得集团 2021 年“党课开讲啦”精品微党课优秀奖。

2021 年 4 月 30 日，公司员工获得国务院国资委中央企业团工委“中央企业优秀共青团员”荣誉称号。

2021 年 12 月，贵阳分公司获得贵州省银保监局“2021 年度贵州银行业金融机构监管统计考核优秀奖”。

中化工程集团财务有限公司

2021 年 9 月 29 日，获得首都精神文明建设委员会颁发的“首都文明单位”称号。

2021 年 10 月 19 日，获得中国工业报社、中国国际科技促进会创新工作委员会联合颁发的第二届工业企业管理创新优秀成果二等奖。

中交财务有限公司

2021 年，获得金融时报社颁发的“2021 中国金融机构金牌榜·金龙奖——年度最佳服务财务公司”奖项。

中节能财务有限公司

2021 年 4 月，公司团支部获得中央企业团工委颁发的“中央企业五四红旗团支部”荣誉称号。

2021 年 9 月，“深入践行习近平生态文明思想着力打造绿色财务公司”案例入选国务院国资委《中央企业社会责任蓝皮书（2021）》。

2021 年 12 月，获得中国金融出版社颁发的第四届中国金融年度品牌案例大赛“企业文化年度案例奖”。

中铝财务有限责任公司

2021 年 1 月，获得中国外汇交易中心“2020 年度银行间本币市场交易 300 强”称号，并获得“最佳进步奖”。

2021 年 6 月，公司党支部获得中铝集团“示范党组织”称号。

中煤财务有限责任公司

2021 年 5 月，获得国家税务总局北京市税务局颁发的“纳税信用 A 级企业”称号。

中铁财务有限责任公司

2021 年 12 月，“财务公司客户营销在服务集团主业的价值创造”“企业集团财务公司票据集中管理探析”获得 2021 年建筑财税优秀论文一等奖，“财务公司承担集团外汇风险管理智能的架构设计”获得 2021 年建筑财税优秀论文二等奖。

中信财务有限公司

2021 年 1 月 29 日，公司党支部第二党小组获得中央和国家机关读书活动跟读先锋奖。

2021 年 5 月 31 日，获得中央和国家机关团工委“中央和国家机关五四红旗团支部”称号。

中油财务有限责任公司

2021 年 12 月 9 日，获得金融时报社颁发的“2021 中国金融机构金牌榜·金龙奖——年度最佳服务财务公司”称号。

2022 年 1 月 13 日，获得中国外汇交易中心“2021 年度银行间人民币外汇市场 100 强”称号。

中远海运集团财务有限责任公司

2021 年 4 月，获得上海市人民政府颁发的“2019—2020 年度上海市文明单位”荣誉称号。

珠海格力集团财务有限责任公司

2021 年 1 月 18 日，获得中国人民银行珠海市中心支行颁发的“2020 年度中征应收账款融资服务平台推广应用突出贡献单位”“2020年度征信系统数据质量管理突出贡献单位”“2020年度疫情防控期间征信权益保护优秀单位”“2020年度二代征信系统查询服务切换上线突出贡献单位”荣誉称号。

紫金矿业集团财务有限公司

2021年4月29日，获得福建省上杭县委、上杭县人民政府颁发的“2020年度服务实体经济最佳金融机构”称号。

2021 年度财务公司机构名录

序号	公司名称	通讯地址	高管人员	控股股东	控股比例	成立时间	批准文号
1	东风汽车财务有限公司	湖北省武汉市武汉经济技术开发区东风二路东合中心南区办公楼 H 栋 15 – 18 层	冯长军	东风汽车集团股份有限公司	100.00%	1987 年 5 月 7 日	银复〔1987〕162 号
2	中国重汽财务有限公司	山东省济南市高新区华奥路 777 号重汽科技大厦一、二层	万春玲	中国重汽（香港）有限公司	51.33%	1987 年 9 月 5 日	银复〔1987〕295 号
3	中国华能财务有限责任公司	北京市西城区复兴门南大街丙 2 号天银大厦 C 段西区 7 – 8 层	曹世光	中国华能集团有限公司	52.00%	1987 年 10 月 27 日	银复〔1987〕333 号
4	锦江国际集团财务有限责任公司	上海市黄浦区延安东路 100 号 3 楼	马名驹	上海锦江资本股份有限公司	85.50%	1987 年 11 月 14 日	银复〔1987〕354 号
5	一汽财务有限公司	吉林省长春市净月开发区生态大街 3688 号	全华强	中国第一汽车股份有限公司	51.57%	1988 年 3 月 2 日	银复〔1987〕397 号
6	西电集团财务有限责任公司	陕西省西安市高新区唐兴路 7 号 C 座 6 – 7 层	程刚	中国西电电气股份有限公司	86.80%	1988 年 2 月 12 日	银复〔1988〕47 号
7	中国石化财务有限责任公司	北京市朝阳区朝阳门北大街 22 号中国石化大厦	蒋永富	中国石油化工集团有限公司	51.00%	1988 年 7 月 8 日	银复〔1988〕265 号
8	东方电气集团财务有限公司	四川省成都市高新西区西芯大道 18 号中国东方电气集团有限公司 3 号楼 4 层	白勇	东方电气股份有限公司	95.00%	1988 年 8 月 24 日	银复〔1988〕291 号
9	宝武集团财务有限责任公司	上海市浦东新区世博大道 1859 号宝武大厦 9 楼	陈海涛	宝山钢铁股份有限责任公司	56.91%	1992 年 6 月 30 日	银复〔1992〕240 号
10	中国一拖集团财务有限责任公司	河南省洛阳市涧西区建设路 154 号	苏晔	第一拖拉机股份有限公司	94.60%	1992 年 12 月 28 日	银复〔1992〕299 号
11	五矿集团财务有限责任公司	北京市海淀区三里河路 5 号五矿集团办公楼 A 座北翼三层	张树强	中国五矿股份有限公司	92.50%	1992 年 12 月 29 日	银复〔1992〕591 号
12	江铃汽车集团财务有限公司	江西省南昌市苏圃路 111 号江铃财务大楼 10 楼	衷俊华	江铃汽车集团有限公司	88.13%	1993 年 10 月 27 日	银复〔1993〕251 号
13	中国航空集团财务有限责任公司	北京市朝阳区霄云路 36 号国航大厦 26 层	肖烽	中国国际航空股份有限公司	51.00%	1993 年 10 月 27 日	银复〔1993〕263 号

续表

序号	公司名称	通信地址	高管人员	控股股东	控股比例	成立时间	批准文号
14	天津渤海集团财务有限责任公司	天津市和平区大理道30号	卢志毅	天津渤海化工集团有限责任公司	39.34%	1994年1月27日	银复〔1994〕41号
15	中国南航集团财务有限公司	广东省广州市白云区齐心路68号中国南方航空大厦13A层	姚勇	中国南方航空集团有限公司	51.42%	1994年1月27日	银复〔1994〕52号
16	振华集团财务有限责任公司	贵州省贵阳市观山湖区中天会展城金融101大厦A座17楼	倪敏	中国振华电子集团有限公司	65.00%	1994年2月22日	银复〔1994〕69号
17	上海汽车集团财务有限责任公司	上海市康定路1199号	王晓秋	上海汽车集团股份有限公司	99.00%	1994年5月1日	沪银金管〔94〕5052号
18	东方集团财务有限责任公司	黑龙江省哈尔滨市南岗区花园街235号	姜建平	东方集团有限公司	55.43%	1994年3月23日	银复〔1994〕91号
19	东航集团财务有限责任公司	上海市闵行区吴中路686弄3号15楼	徐春	中国东方航空集团有限公司	53.75%	1995年12月6日	银复〔1995〕177号
20	中油财务有限责任公司	北京市东城区东直门北大街9号A座8－12层	刘德	中国石油天然气集团有限公司	40.00%	1995年11月14日	银监复〔1995〕389号
21	上海电气集团财务有限责任公司	上海市静安区江宁路212号8楼	秦怿	上海电气集团股份有限公司	74.63%	1995年12月12日	银复〔1995〕391号
22	中国能源建设集团财务有限公司	北京市朝阳区西大望路甲26号院1号楼8层	陈关中	中国能源建设股份有限公司	50.43%	1996年1月3日	银复〔1996〕5号
23	兵工财务有限责任公司	北京市东城区青年湖南街19号	邱江	中国兵器工业集团有限公司	46.47%	1997年5月13日	银复〔1997〕198号
24	西门子财务服务有限责任公司	北京市朝阳区望京中环南路7号17幢2层133、145室	Schmidt（约翰娜斯·施密特）	西门子（中国）有限公司	99.88%	1997年12月23日	银复〔1997〕313号
25	三峡财务有限责任公司	北京市海淀区玉渊潭南路1号B座3层	程志明	中国长江三峡集团有限公司	53.01%	1997年11月18日	银复〔1997〕437号
26	中广核财务有限责任公司	深圳市福田区深南大道2002号中广核大厦北楼22层	梁开卷	中国广核集团有限公司	66.66%	1997年7月22日	银复〔1997〕244号
27	中船财务有限责任公司	上海市浦东新区浦东大道1号船舶大厦6层	徐舍	中国船舶集团有限公司	91.00%	1997年7月8日	银复〔1997〕247号
28	中核财务有限责任公司	北京市海淀区玲珑路9号院琨御府东区十号楼7层至8层	梁荣	中国核工业集团有限公司	49.02%	1997年6月23日	银复〔1997〕249号
29	上海浦东发展集团财务有限责任公司	上海市浦东新区浦东南路256号34、35楼	陈新	上海浦东发展（集团）有限公司	56.80%	1998年2月23日	银复〔1998〕57号

续表

序号	公司名称	通信地址	高管人员	控股股东	控股比例	成立时间	批准文号
30	鞍钢集团财务有限责任公司	辽宁省鞍山市铁东区胜利南路31号甲	谢峰	鞍钢集团有限公司	70.00%	1998年3月17日	银复〔1998〕88号
31	中国电力财务有限公司	北京市东城区建国门内大街乙18号院1号楼	辛绪武	国家电网有限公司	51.00%	2000年1月12日	银复〔2000〕8号
32	国家能源集团财务有限公司	北京市西城区西直门外大街18号金贸大厦D座2层	刘春峰	国家能源投资集团有限责任公司	60.00%	2000年10月4日	银复〔2000〕210号
33	中国电子财务有限责任公司	北京市海淀区中关村东路66号世纪科贸大厦A座25层	郑波	中国电子信息产业集团有限公司	61.38%	1988年4月21日	银复〔1988〕106号
34	航天科技财务有限责任公司	北京市西城区平安里西大街31号航天金融大厦7层	史伟国	中国航天科技集团有限公司	30.20%	2001年3月12日	银复〔2001〕37号
35	航天科工财务有限责任公司	北京市海淀区紫竹院路116号嘉豪国际中心B座12层	王厚勇	中国航天科工集团有限公司	40.40%	2001年10月10日	银复〔2001〕38号
36	中海石油财务有限责任公司	北京市东城区朝阳门北大街25号中国海油大厦7楼	陈浩鸣	中国海洋石油集团有限公司	62.90%	2002年5月13日	银复〔2002〕132号
37	海尔集团财务有限责任公司	山东省青岛市崂山区海尔路178－2号裕龙国际中心1号楼	秦琰	青岛海尔电子有限公司	53.00%	2002年6月10日	银复〔2002〕157号
38	吉林森林工业集团财务有限责任公司	吉林省长春市延安大街1399号	张纪军	吉林森林工业集团	48.00%	2002年6月17日	银复〔2002〕166号
39	万向财务有限公司	浙江省杭州市上城区庆春路225号西湖时代广场7楼	刘弈琳	万向集团公司	66.08%	2002年8月8日	杭银发〔2002〕207号
40	中粮财务有限责任公司	北京市朝阳区朝阳门南大街8号中粮福临门大厦1905室	粟健	中粮集团有限公司	83.74%	2002年8月15日	银复〔2002〕224号
41	苏州创元集团财务有限公司	江苏省苏州市工业园区苏桐路37号创元大楼6层	周成明	苏州创元投资发展（集团）有限公司	80.00%	1993年10月27日	银金管字第93－0742号
42	珠海格力集团财务有限责任公司	广东省珠海市前山金鸡路901号	董明珠	珠海格力电器股份有限公司	94.16%	2003年2月19日	广州银复〔2003〕83号
43	国机财务有限责任公司	北京市海淀区丹棱街3号A座8层	刘祖晴	中国机械工业集团有限公司	20.40%	2003年7月25日	银监复〔2003〕23号

续表

序号	公司名称	通信地址	高管人员	控股股东	控股比例	成立时间	批准文号
44	中国华电集团财务有限公司	北京市西城区宣武门内大街2号中国华电大厦B座10层	李文峰	中国华电集团有限公司	41.09%	2004年1月8日	银监复〔2004〕7号
45	南方电网财务有限公司	广东省广州市天河区珠江新城华穗路6号17、18、19层	胡伏秋	中国南方电网有限责任公司	34.00%	2004年12月29日	粤银监复〔2004〕580号
46	中国大唐集团财务有限公司	北京市西城区菜市口大街1号院1号楼13、14层	陶云鹏	中国大唐集团有限公司	73.51%	2005年5月10日	银监复〔2005〕95号
47	国家电投集团财务有限公司	北京市西城区西直门外大街18号金贸大厦C1座21层	徐立红	国家电力投资集团有限公司	40.86%	2005年2月1日	银监复〔2005〕42号
48	华联财务有限责任公司	北京市西城区金融大街33号通泰大厦B座428室	马作群	北京华联集团投资控股有限公司	34.00%	1994年3月10日	银复〔1993〕440号
49	兵器装备集团财务有限责任公司	北京市海淀区车道沟十号院中国兵器装备集团大楼5层	崔云江	中国兵器装备集团有限公司	22.90%	2005年10月29日	银监复〔2005〕254号
50	京能集团财务有限公司	北京市朝阳区永安东里16号CBD国际大厦23层	刘嘉凯	北京能源集团有限责任公司	60.00%	2006年5月19日	辽银监复〔2006〕30号
51	浙江省能源集团财务有限责任公司	浙江省杭州市环城北路华浙广场一号楼9楼	施云峰	浙江省能源集团有限公司	68.49%	2006年8月25日	银监复〔2006〕250号
52	广东能源集团财务有限公司	广东省广州市天河区天河东路8号、10号11、13、14层	李晓晴	广东省能源集团有限公司	60.00%	2006年6月22日	粤银监复〔2006〕317号
53	TCL科技集团财务有限公司	广东省惠州市仲恺高新区惠风三路TCL科技大厦21楼	黎健	TCL科技集团股份有限公司	82.00%	2006年10月17日	银监复〔2006〕284号
54	湖南华菱钢铁集团财务有限公司	湖南省长沙市天心区湘府西路222号华菱园写字楼5、6层	肖骥	湖南华菱钢铁集团有限责任公司	30.00%	2006年11月10日	银监复〔2006〕316号
55	江西铜业集团财务有限公司	江西省南昌市红谷滩新区丰和中大道1100号国家开发银行江西省分行大厦五楼	余彤	江西铜业股份有限公司	98.33%	2006年12月18日	银监复〔2006〕388号
56	天津港财务有限公司	天津市滨海新区津港路99号701室	余加	天津港（集团）有限公司	52.00%	2006年11月27日	银监复〔2006〕390号

续表

序号	公司名称	通信地址	高管人员	控股股东	控股比例	成立时间	批准文号
57	松下电器（中国）财务有限公司	上海市虹口区吴淞路575号吉汇大厦9楼906室	田中卓志	松下电器（中国）有限公司	100.00%	2007年3月9日	银监函〔2007〕55号
58	中航工业集团财务有限责任公司	北京市朝阳区东三环中路乙10号艾维克大厦18层	董元	中国航空工业集团有限公司	66.54%	2007年5月14日	银监复〔2007〕143号
59	中冶集团财务有限公司	北京市朝阳区曙光西里28号中冶大厦	邹宏英	中国冶金科工股份有限公司	86.12%	2007年5月16日	银监复〔2007〕181号
60	申能集团财务有限公司	中国（上海）自由贸易试验区陆家嘴环路958号3楼	杜心红	申能（集团）有限公司	60.00%	2007年6月20日	银监复〔2007〕249号
61	潞安集团财务有限公司	山西省长治市潞州区府后西街388号颐龙湾综合楼E1东侧裙楼1－4层	张爱斌	山西潞安矿业（集团）有限责任公司	66.67%	2007年8月8日	银监复〔2007〕312号
62	淮南矿业集团财务有限公司	安徽省淮南市田家庵区洞山东路上东锦城商业街21栋18号	王小波	淮南矿业（集团）有限责任公司	91.50%	2007年9月5日	银监复〔2007〕353号
63	日立（中国）财务有限公司	上海市茂名南路205号瑞金大厦1908室	吉冈准人	日立（中国）有限公司	100.00%	2007年11月5日	银监函〔2007〕452号
64	保利财务有限公司	北京市东城区朝阳门北大街1号新保利大厦8C	傅俊元	中国保利集团有限公司	40.00%	2008年3月28日	银监复〔2007〕573号
65	深圳能源财务有限公司	广东省深圳市福田区深南中路2068号华能大厦东区32楼	徐同彪	深圳能源集团股份有限公司	70.00%	2007年8月9日	深银监复〔2007〕231号
66	中化集团财务有限责任公司	北京市复兴门内大街28号凯晨世贸中心中座306室	杨林	中国中化股份有限公司	72.00%	2008年5月28日	银监复〔2008〕204号
67	海信集团财务有限公司	山东省青岛市市南区东海西路17号	贾少谦	海信集团控股股份有限公司	73.08%	2008年6月1日	银监复〔2008〕207号
68	国联财务有限责任公司	江苏省无锡市滨湖区金融一街8号18楼	朱小明	无锡市国联发展（集团）有限公司	50.00%	2008年9月19日	银监复〔2008〕364号
69	首都机场集团财务有限公司	北京市顺义区首都机场四纬路9号B区三层66室	沈兰成	首都机场集团公司	90.00%	2008年9月27日	银监复〔2008〕388号
70	红豆集团财务有限公司	江苏省无锡市锡山区东港镇锡港东路2号	周海燕	红豆集团有限公司	45.70%	2008年11月10日	银监复〔2008〕460号
71	海马财务有限公司	海南省海口市金盘工业区金牛路2号	赵树华	海马汽车股份有限公司	47.37%	2008年11月11日	银监复〔2008〕461号

续表

序号	公司名称	通信地址	高管人员	控股股东	控股比例	成立时间	批准文号
72	南山集团财务有限公司	山东省龙口市南山工业园南山南路4号金融中心	隋政	南山集团有限公司	63.00%	2008年11月11日	银监复〔2008〕462号
73	国投财务有限公司	北京市西城区阜成门北大街2号楼18层	李旭荣	国家开发投资集团有限公司	35.60%	2008年12月26日	银监复〔2008〕557号
74	河南能源化工集团财务有限公司	河南省郑州市郑东新区CBD商务外环路6号国龙大厦17层	闫长宽	河南能源化工集团有限公司	63.70%	2009年12月5日	豫银监复〔2009〕500号
75	中国化工财务有限公司	北京市海淀区北四环西路62号	施洁	中国化工集团有限公司	49.41%	2009年7月2日	银监复〔2009〕207号
76	紫金矿业集团财务有限公司	福建省上杭县紫金大道1号14层	林红英	紫金矿业集团股份有限公司	95.00%	2009年9月14日	银监复〔2009〕343号
77	江苏华西集团财务有限公司	江苏省无锡市江阴市华西村民族路199号南苑宾馆2号别墅	包丽君	江苏华西集团有限公司	90.00%	2009年9月10日	银监复〔2009〕316号
78	冀中能源集团财务有限责任公司	河北省石家庄市新华区石清路9号航空大厦12层	陈立军	冀中能源集团有限责任公司	45.00%	1994年7月1日	银复〔1993〕245号
79	山西焦煤集团财务有限责任公司	山西省太原市万柏林区晋祠路一段8号中海国际	李晓东	山西焦煤集团有限责任公司	80.00%	2009年12月8日	银监复〔2009〕490号
80	阳泉煤业集团财务有限责任公司	山西省阳泉市北大西街29号	王玉明	华阳新材料科技集团有限公司	65.51%	2009年12月17日	银监复〔2009〕491号
81	晋煤集团财务有限公司	山西省晋城市城区北石店（晋煤集团大门旁）	郑绍祖	山西晋城无烟煤矿业集团有限责任公司	92.00%	2009年11月6日	银监复〔2009〕428号
82	中远海运集团财务有限责任公司	中国（上海）自由贸易试验区滨江大道5299号8层	孙晓斌	中国远洋海运集团有限公司	31.21%	2009年12月30日	银监复〔2009〕530号
83	中集集团财务有限公司	广东省深圳市南山区蛇口望海路1166号招商局广场11层	张力	中国国际海运集装箱（集团）股份有限公司	78.91%	2010年2月9日	银监复〔2010〕72号
84	沙钢财务有限公司	江苏省张家港市锦丰镇永新路西6号楼	沈彬	江苏沙钢集团有限公司	60.00%	2010年3月11日	银监复〔2010〕109号
85	美的集团财务有限公司	广东省佛山市顺德区北滘镇美的大道6号美的总部大楼B区6楼	钟铮	美的集团股份有限公司	95.00%	2010年6月18日	银监复〔2010〕273号
86	浙江海港集团财务有限公司	浙江省宁波市鄞州区宁东路269号环球航运广场26楼	倪坚	宁波舟山港股份有限公司	75.00%	2010年6月24日	银监复〔2010〕283号

续表

序号	公司名称	通信地址	高管人员	控股股东	控股比例	成立时间	批准文号
87	兖矿集团财务有限公司	山东省邹城市凫山南路329号	张宝才	兖矿能源集团股份有限公司	95.00%	2010年8月25日	银监准〔2010〕400号
88	哈尔滨电气集团财务有限责任公司	黑龙江省哈尔滨市香坊区三大动力路7号	许瑛	哈尔滨电气股份有限公司	55.00%	2010年9月2日	银监复〔2010〕419号
89	北大方正集团财务有限公司	北京市海淀区成府路298号方正大厦9层	孙敏	北大方正集团有限公司	50.00%	2010年9月6日	银监复〔2010〕427号
90	通用技术集团财务有限责任公司	北京市丰台区西三环中路90号通用技术大厦607室	王文兵	中国通用技术（集团）控股有限责任公司	95.00%	2010年9月30日	银监复〔2010〕439号
91	铜陵有色金属集团财务有限公司	安徽省铜陵市长江西路171号	汪农生	铜陵有色金属集团控股有限公司	70.00%	2010年11月8日	银监复〔2010〕478号
92	中建财务有限公司	北京市朝阳区安定路5号院3号楼30层	鄢良军	中国建筑股份有限公司	80.00%	2010年11月27日	银监复〔2010〕567号
93	江苏省国信集团财务有限公司	江苏省南京市玄武区长江路88号国信大厦24楼	周俊淑	江苏省国信集团	73.33%	2010年12月8日	银监复〔2010〕582号
94	重庆化医控股集团财务有限公司	重庆市两江新区高新园星光大道70号天王星A1座二楼	王平	重庆化医控股（集团）公司	53.00%	2010年12月29日	银监复〔2010〕589号
95	金川集团财务有限公司	甘肃省兰州市天水南路525号	杜志环	金川集团股份有限公司	92.30%	2010年12月22日	银监复〔2010〕617号
96	新希望财务有限公司	四川省成都市高新南区天府三街19号新希望国际大厦A座26层	吴俊峰	新希望集团有限公司	42.54%	2010年12月24日	银监复〔2010〕626号
97	酒钢集团财务有限公司	甘肃省兰州市城关区团结路中广宜景湾	杨金山	酒泉钢铁（集团）有限责任公司	63.00%	2011年1月28日	银监复〔2011〕31号
98	包钢集团财务有限责任公司	内蒙古自治区包头市白云路39号二层	孙国龙	包头钢铁（集团）有限责任公司	60.00%	2011年1月28日	银监复〔2011〕32号
99	新奥财务有限责任公司	河北省廊坊市经济技术开发区鸿润道25号	蒋承宏	新奥（中国）燃气投资有限公司	79.50%	2011年4月6日	银监复〔2011〕101号
100	招商局集团财务有限公司	北京市朝阳区安定路5号院10号楼B栋15层1501号	周松	招商局集团	51.00%	2011年4月19日	银监复〔2011〕118号
101	青岛啤酒财务有限责任公司	山东省青岛市东海西路35号4栋青啤大厦9楼	黄克兴	青岛啤酒股份有限公司	100.00%	2011年5月24日	银监复〔2011〕155号
102	上海复星高科技集团财务有限公司	上海市普陀区江宁路1158号1902室	张厚林	上海复星高科技（集团）有限公司	51.00%	2011年6月20日	银监复〔2011〕191号

续表

序号	公司名称	通信地址	高管人员	控股股东	控股比例	成立时间	批准文号
103	中铝财务有限责任公司	北京市西城区文兴街1号院1号楼中铝金融大厦	葛小雷	中国铝业集团有限公司	85.24%	2011年6月22日	银监复〔2011〕199号
104	中兴通讯集团财务有限公司	广东省深圳市南山区科技南路55号中兴通讯大厦A座2楼	李莹	中兴通讯股份有限公司	100.00%	2011年7月8日	银监复〔2011〕236号
105	福建省能源集团财务有限公司	福建省福州市鼓楼区五四路75号外贸大厦28楼	罗振文	福建省能源集团有限责任公司	90.00%	2011年8月1日	银监复〔2011〕295号
106	湖南高速集团财务有限公司	湖南省长沙市开福区三一大道500号金色比华利大厦25楼	张旻	湖南省高速公路集团有限公司	75.00%	2011年8月2日	银监复〔2011〕298号
107	马钢集团财务有限公司	安徽省马鞍山市雨山区九华西路8号	丁毅	马鞍山钢铁股份有限公司	91.00%	2011年9月30日	银监复〔2011〕406号
108	湖北宜化集团财务有限责任公司	湖北省宜昌市沿江大道52号	刘宏光	湖北宜化集团有限责任公司	80.00%	2011年9月30日	银监复〔2011〕407号
109	北京汽车集团财务有限公司	北京市丰台区汽车博物馆东路6号院4号楼G座17-19层	朱正华	北京汽车集团有限公司	56.00%	2011年11月9日	银监复〔2011〕461号
110	大唐电信集团财务有限公司	北京市海淀区学院路40号一区	肖波	中国信息通信科技集团有限公司	100.00%	2011年11月22日	银监复〔2011〕497号
111	开滦集团财务有限责任公司	河北省唐山市新华东道70号	董立满	开滦（集团）有限责任公司	51.00%	2011年12月12日	银监复〔2011〕541号
112	中国航油集团财务有限公司	北京市朝阳区安定路5号院3号楼21层	赵青春	中国航空油料集团有限公司	90.00%	2011年12月2日	银监复〔2011〕542号
113	海南农垦集团财务有限公司	海南省海口市滨海大道115号海垦国际金融中心26楼	邓文杰	海南省农垦投资控股集团有限公司	80.00%	2011年12月8日	银监复〔2011〕551号
114	西部矿业集团财务有限公司	青海省西宁市城西区文逸路4号3号楼	王永宁	西部矿业股份有限公司	60.00%	2011年12月8日	银监复〔2011〕552号
115	江苏交通控股集团财务有限公司	江苏省南京市建邺区江东中路399号紫金金融中心A2楼33层	杨水明	江苏交通控股有限公司	68.75%	2011年12月23日	银监复〔2011〕594号
116	中国移动通信集团财务有限公司	北京市西城区月坛南街1号院3号楼第19、20层	朱毅	中国移动通信有限公司	52.44%	2012年1月16日	银监复〔2012〕27号
117	山东钢铁集团财务有限公司	山东省济南市高新区舜华路2000号舜泰广场4号楼	王勇	山东钢铁集团有限公司	67.98%	2012年2月1日	银监复〔2012〕53号

续表

序号	公司名称	通信地址	高管人员	控股股东	控股比例	成立时间	批准文号
118	国药集团财务有限公司	北京市海淀区知春路20号中国医药大厦7层	杨珊华	中国医药集团有限公司	58.18%	2012年2月10日	银监复〔2012〕66号
119	郑州宇通集团财务有限公司	河南省郑州市管城回族区宇通路宇通大厦21层	曹建伟	郑州宇通集团有限公司	85.00%	2012年2月10日	银监复〔2012〕69号
120	中国铁建财务有限公司	北京市海淀区复兴路40号中国铁建大厦10层东	周仲华	中国铁建股份有限公司	94.00%	2012年3月21日	银监复〔2012〕137号
121	山东省商业集团财务有限公司	山东省济南市历下区经十路9777号鲁商国奥城2号楼三层308室	张志强	山东省商业集团有限公司	100.00%	2012年3月21日	银监复〔2012〕138号
122	深圳华强集团财务有限公司	广东省深圳市前海深港合作区南山街道桂湾五路128号基金小镇创投基金中心304、305、306室	赵骏	深圳华强集团有限公司	50.00%	2012年5月21日	银监复〔2012〕232号
123	诚通财务有限责任公司	北京市西城区复兴门内大街158号远洋大厦12层西侧1201室至1228室	陈勇	中国诚通控股集团有限公司	85.00%	2012年5月25日	银监复〔2012〕126号
124	山东重工集团财务有限公司	山东省济南市历下区燕子山西路40－1号	申传东	山东重工集团有限公司	40.00%	2012年6月5日	银监复〔2012〕269号
125	中旅集团财务有限公司	广东省深圳市福田区深南大道4011号中国旅游集团大厦19楼	马王军	中国旅游集团有限公司	60.00%	2012年6月20日	银监复〔2012〕312号
126	陕西煤业化工集团财务有限公司	陕西省西安市高新区锦业一路2号陕煤大楼4层	杨璇	陕西煤业化工集团有限责任公司	55.60%	2012年6月28日	银监复〔2012〕332号
127	上海华谊集团财务有限责任公司	上海市浦东新区浦东南路1271号华融大厦15楼	常达光	上海华谊集团股份有限公司	64.00%	2012年6月28日	银监复〔2012〕333号
128	河钢集团财务有限公司	河北省石家庄市体育南大街385号10层	赵晔	河钢集团有限公司	51.00%	2012年8月20日	冀银监复〔2012〕428号
129	安徽省能源集团财务有限公司	安徽省合肥市马鞍山路76号能源大厦7层	盛胜利	安徽省能源集团有限公司	51.00%	2012年8月28日	银监复〔2012〕450号
130	中化工程集团财务有限公司	北京市东城区东直门内大街2号13层	卢涛	中国化学工程股份有限公司	90.00%	2012年9月12日	银监复〔2012〕451号
131	天津天保财务有限公司	天津空港经济区西五道35号汇津广场4号楼801、802、803、804室	沈钢	天津保税区投资控股集团有限公司	100.00%	2012年9月21日	银监复〔2012〕540号
132	亿利集团财务有限公司	北京市朝阳区光华路15号院1号楼19层1903室	王文治	亿利资源集团有限公司	74.00%	2012年9月27日	银监复〔2012〕575号

续表

序号	公司名称	通信地址	高管人员	控股股东	控股比例	成立时间	批准文号
133	厦门海翼集团财务有限公司	福建省厦门市思明区厦禾路668号海翼大厦B座26楼	谷涛	厦门海翼集团有限公司	55.00%	2012年10月18日	银监复〔2012〕576号
134	中信财务有限公司	北京市朝阳区新源南路6号京城大厦B座2层	张云亭	中国中信有限公司	42.94%	2012年10月11日	银监复〔2012〕602号
135	浙江省交通投资集团财务有限责任公司	浙江省杭州市江干区五星路199号明珠国际商务中心	钱文海	浙江省交通投资集团有限公司	79.92%	2012年10月18日	银监复〔2012〕612号
136	中车财务有限公司	北京市丰台区芳城园一区15号楼附楼1－5层	董绪章	中国中车股份有限公司	91.36%	2012年11月29日	银监复〔2012〕708号
137	中国电子科技财务有限公司	北京市海淀区复兴路17号国海广场A座16层	董学思	中国电子科技集团有限公司	32.62%	2012年12月12日	银监复〔2012〕742号
138	重庆机电控股集团财务有限公司	重庆市两江新区黄山大道中段60号	王玉祥	重庆机电股份有限公司	70.00%	2013年1月9日	银监复〔2013〕19号
139	河北建投集团财务有限公司	河北省石家庄市裕华西路9号裕园广场A座	袁雁鸣	河北建设投资集团有限责任公司	60.00%	2013年1月9日	银监复〔2013〕20号
140	太钢集团财务有限公司	山西省太原市尖草坪区解放北路83号花园2号专家楼	张晓东	太原钢铁（集团）有限公司	51.00%	2013年1月18日	银监复〔2013〕44号
141	大同煤矿集团财务有限责任公司	山西省大同市云冈区平德路鹏程广场6－8号	王伟	晋能控股煤业集团有限公司	80.00%	2013年1月30日	银监复〔2013〕68号
142	贵州茅台集团财务有限公司	贵州省贵阳市观山湖区长岭南路茅台商务中心A座18楼	吴志军	贵州茅台酒股份有限公司	51.00%	2013年3月6日	银监复〔2013〕69号
143	海亮集团财务有限责任公司	浙江省杭州市滨江区滨盛路1508号海亮大厦25楼2517－2526室	穆绿燕	海亮集团有限公司	60.00%	2013年2月1日	银监复〔2013〕70号
144	中国建材集团财务有限公司	北京市海淀区复兴路17号国海广场2号楼B座9层	詹艳景	中国建材集团有限公司	58.33%	2013年4月18日	银监复〔2013〕189号
145	贵州盘江集团财务有限公司	贵州省贵阳市观山湖区林城西路95号	龙治安	贵州盘江投资控股（集团）有限公司	55.00%	2013年5月3日	银监复〔2013〕194号
146	北京首都旅游集团财务有限公司	北京市朝阳区广渠路38号9层	郭永昊	北京首都旅游集团有限责任公司	56.64%	2013年4月28日	银监复〔2013〕195号
147	广西交通投资集团财务有限责任公司	广西南宁市良庆区凯旋路5号交投大厦B座8层	赵就亮	广西交通投资集团有限公司	100.00%	2013年5月13日	银监复〔2013〕226号
148	徐工集团财务有限公司	江苏省徐州经济技术开发区驮蓝山路26号	吴江龙	徐工集团工程机械股份有限公司	100.00%	2013年6月4日	银监复〔2013〕258号

续表

序号	公司名称	通信地址	高管人员	控股股东	控股比例	成立时间	批准文号
149	百联集团财务有限责任公司	上海市黄浦区中山南路315号8楼	杨阿国	百联集团有限公司	75.00%	2013年5月28日	银监复〔2013〕259号
150	中交财务有限公司	北京市西城区德胜门外大街83号德胜国际中心B座16层	朱宏标	中国交通建设股份有限公司	95.00%	2013年7年1日	银监复〔2013〕301号
151	山东黄金集团财务有限公司	山东省济南市高新区舜华路2000号舜泰广场3号楼	吴晨	山东黄金集团有限公司	70.00%	2013年7月17日	银监复〔2013〕336号
152	中开财务有限公司	广东省深圳市南山区招商街道招商六路8号赤湾总部大厦29楼	张建国	中国南山开发（集团）股份有限公司	60.00%	2013年7月18日	银监复〔2013〕360号
153	中国平煤神马集团财务有限责任公司	河南省平顶山市矿工中路21号	陈文杰	中国平煤神马能源化工集团有限责任公司	51.00%	2013年7月11日	银监复〔2013〕344号
154	四川长虹集团财务有限公司	四川省绵阳市绵兴东路35号	胡嘉	四川长虹电子控股集团有限公司	35.04%	2013年8月23日	银监复〔2013〕423号
155	创维集团财务有限公司	广东省深圳市南山区高新南四道18号创维半导体设计中心东座21F	鄢红波	创维集团有限公司	81.74%	2013年8月30日	银监复〔2013〕446号
156	江苏国泰财务有限公司	江苏省苏州市张家港市人民中路国泰大厦29楼	谭秋斌	江苏国泰国际集团股份有限公司	80.00%	2013年9月3日	银监复〔2013〕457号
157	亨通财务有限公司	江苏省苏州市吴江区中山北路2288号	江桦	亨通集团有限公司	52.00%	2013年9月3日	银监复〔2013〕458号
158	珠海华发集团财务有限公司	广东省珠海市横琴金融产业服务基地18号楼A区	许继莉	珠海华发集团有限公司	30.00%	2013年9月4日	银监复〔2013〕459号
159	北京金隅财务有限公司	北京市东城区北三环东路36号1号楼B2101－2107房间	黄文阁	北京金隅集团股份有限公司	100.00%	2013年9月26日	银监复〔2013〕492号
160	云南云天化集团财务有限公司	云南省昆明市滇池路1417号2号楼3楼	卢应双	云天化集团有限责任公司	44.00%	2013年9月30日	银监复〔2013〕516号
161	北京控股集团财务有限公司	北京市朝阳区化工路59号院2号楼3层及5层	王立华	北京控股集团有限公司	35.14%	2013年10月23日	银监复〔2013〕546号
162	陕西延长石油财务有限公司	陕西省西安市高新区唐延路61号延长石油科研中心28、29层及裙楼5层23室	沙春枝	陕西延长石油（集团）有限责任公司	82.09%	2013年12月9日	陕银监复〔2013〕633号
163	山东能源集团财务有限公司	山东省济南市经十路10777号山东能源大厦10层	李士鹏	山东能源集团有限公司	66.67%	2013年12月24日	银监复〔2013〕664号

续表

序号	公司名称	通信地址	高管人员	控股股东	控股比例	成立时间	批准文号
164	鄂尔多斯财务有限公司	内蒙古自治区呼和浩特市金桥开发区世纪六路宇泰广场 A 座 9 层	王臻	内蒙古鄂尔多斯羊绒集团有限责任公司	55.00%	2014 年 1 月 3 日	银监复〔2014〕4 号
165	伊利财务有限公司	内蒙古呼和浩特市金山开发区金山大道 8 号伊利集团财务共享楼一楼	张占强	内蒙古伊利实业集团股份有限公司	100.00%	2014 年 1 月 3 日	银监复〔2014〕5 号
166	有色矿业集团财务有限公司	湖北省武汉市武昌区徐家棚街徐东大街 6 号汇通天地 A 塔栋/单元 14 层	谭耀宇	中国有色矿业集团有限公司	95.00%	2014 年 3 月 21 日	鄂银监复〔2014〕18 号
167	巨化集团财务有限责任公司	浙江省衢州市柯城区巨化中央大道 230 号巨化集团公司机关综合楼一、二楼	汪利民	巨化集团有限公司	54.00%	2014 年 2 月 12 日	浙银监复〔2014〕79 号
168	供销集团财务有限公司	北京市西城区宣武门外大街甲 1 号环球财讯中心 C 座 7 层	庄学能	中国供销集团有限公司	100.00%	2014 年 2 月 20 日	京银监复〔2014〕84 号
169	中铁财务有限责任公司	北京市海淀区复兴路 69 号中国中铁广场 C 座 5 层	王国明	中国中铁股份有限公司	95.00%	2014 年 2 月 27 日	京银监复〔2014〕98 号
170	中煤财务有限责任公司	北京市朝阳区黄寺大街 1 号中煤大厦 6 层	赵荣哲	中国中煤能源股份有限公司	91.00%	2014 年 3 月 5 日	京银监复〔2014〕103 号
171	安徽省皖北煤电集团财务有限公司	安徽省宿州市埇桥区西昌路 157 号	牛家安	安徽省皖北煤电集团有限公司	60.00%	2014 年 4 月 16 日	皖银监复〔2014〕67 号
172	淮北矿业集团财务有限公司	安徽省淮北市人民中路 276 号淮北矿业集团办公中心东座 12 层	殷召峰	淮北矿业控股股份有限公司	51.01%	2014 年 4 月 21 日	皖银监复〔2014〕68 号
173	湖南出版投资控股集团财务有限公司	湖南省长沙市开福区营盘东路 38 号 3 楼	王丽波	中南出版传媒集团股份有限公司	70.00%	2014 年 4 月 21 日	湘银监复〔2014〕102 号
174	四川省宜宾五粮液集团财务有限公司	四川省宜宾市翠屏区古塔路 28 号	罗伟	四川省宜宾五粮液集团	42.25%	2014 年 4 月 29 日	川银监复〔2014〕125 号
175	山东晨鸣集团财务有限公司	山东省济南市经十路 7000 号汉峪金谷 A7－2 号楼 15 层	李峰	山东晨鸣纸业集团股份有限公司	80.00%	2014 年 6 月 30 日	鲁银监准〔2014〕233 号
176	河北港口集团财务有限公司	河北省秦皇岛市海港区文化路 60 号 10－11 层	温建国	河北港口集团有限公司	60.00%	2014 年 7 月 1 日	冀银监复〔2014〕175 号

续表

序号	公司名称	通信地址	高管人员	控股股东	控股比例	成立时间	批准文号
177	中节能财务有限公司	北京市西城区平安里西大街26号楼新时代大厦5层、8层、16层	杜乐	中国节能环保集团有限公司	100.00%	2014年7月10日	银监复〔2014〕466号
178	青岛港财务有限责任公司	山东省青岛市市北区新疆路8号中联自由港湾A座42层	姜春凤	青岛港国际股份有限公司	70.00%	2014年7月17日	青银监复〔2014〕161号
179	上海上实集团财务有限公司	上海市黄浦区淮海中路98号30楼	徐波	上海上实（集团）有限公司	40.00%	2014年8月26日	沪银监复〔2014〕561号
180	重庆市能源投资集团财务有限公司	重庆市两江新区西湖支路2号精信中心写字楼B塔20层	刘德忠	重庆市能源投资集团有限公司	85.00%	2014年11月19日	渝银监复〔2014〕169号
181	广东省交通集团财务有限公司	广东省广州市天河区珠江东路32号利通广场43楼	陈砥砺	广东省交通集团有限公司	100.00%	2014年12月9日	粤银监复〔2014〕695号
182	光明食品集团财务有限公司	上海市静安区南京西路1539号静安嘉里中心办公楼二座33层	王伟	光明食品（集团）有限公司	51.00%	2014年12月29日	沪银监复〔2014〕876号
183	天津物产集团财务有限公司	天津市和平区营口道4号	张洪涛	天津物产集团有限公司	75.00%	2015年2月28日	津银监复〔2015〕83号
184	福建七匹狼集团财务有限公司	福建省泉州市晋江市青阳曾井小区崇德路中国银行大厦19层	蒋斌	福建七匹狼集团有限公司	65.00%	2015年3月26日	闽银监复〔2015〕83号
185	清华控股集团财务有限公司	北京市海淀区清华科技园科技大厦A座10层	张文娟	清华控股有限公司	100.00%	2015年4月9日	京银监复〔2015〕185号
186	中国黄金集团财务有限公司	北京市东城区安定门外大街9号一层	朱书红	中国黄金集团有限公司	51.00%	2015年5月12日	京银监复〔2015〕270号
187	三房巷财务有限公司	江苏省江阴市周庄镇三房巷路1号	卞方荣	三房巷集团有限公司	60.00%	2015年5月21日	苏银监复〔2015〕141号
188	物美商业财务有限责任公司	北京市海淀区西四环北路158号慧科大厦12层	许少川	北京物美商业集团股份有限公司	70.00%	2015年5月26日	京银监复〔2015〕277号
189	中联重科集团财务有限公司	湖南省长沙市岳麓区银盆南路361号中联科技园	詹纯新	中联重科股份有限公司	100.00%	2015年5月26日	湘银监复〔2015〕146号
190	广东省广晟财务有限公司	广东省广州市天河区珠江西路17号广晟国际大厦52楼	贺少兵	广东省广晟控股集团有限公司	90.97%	2015年6月10日	粤银监复〔2015〕270号
191	湖北交投集团财务有限公司	湖北省武汉市汉阳区四新大道6号湖北国展中心广场东塔7楼	谢继明	湖北省交通投资集团有限公司	92.00%	2015年6月24日	鄂银监复〔2015〕243号

续表

序号	公司名称	通信地址	高管人员	控股股东	控股比例	成立时间	批准文号
192	新凤祥财务有限公司	山东省济南市高新区汉峪金融商务中心 A3 区 5 号楼 3701 室	刘志光	新凤祥控股集团有限责任公司	52.50%	2015 年 6 月 24 日	鲁银监准〔2015〕235 号
193	山东招金集团财务有限公司	山东省烟台市芝罘区胜利路 139 号万达金融中心 A 座 22 楼	李宜三	招金矿业股份有限公司	51.00%	2015 年 6 月 29 日	鲁银监准〔2015〕247 号
194	北京金融街集团财务有限公司	北京市西城区真武庙路四条 8 号院 2 号楼、4 号楼、10 号楼 2 层 2 号楼商业 202	吴彬	北京金融街投资（集团）有限公司	100.00%	2015 年 6 月 30 日	京银监复〔2015〕406 号
195	首钢集团财务有限公司	北京市石景山区古城大街 36 号院 1 号楼	邹立宾	首钢集团有限公司	80.00%	2015 年 6 月 29 日	京银监复〔2015〕407 号
196	内蒙古伊泰财务有限公司	内蒙古鄂尔多斯市东胜区天骄北路万博广场 A 座	张立峰	内蒙古伊泰集团有限公司	60.00%	2015 年 7 月 1 日	内银监复〔2015〕88 号
197	内蒙古电力集团财务有限责任公司	内蒙古呼和浩特市锡林南路 218 号	王有德	内蒙古电力（集团）有限责任公司	100.00%	2015 年 7 月 1 日	内银监复〔2015〕89 号
198	上海外高桥集团财务有限公司	中国（上海）自由贸易试验区杨高北路 2001 号管理楼 1 层 B 部位及 2 层 B、C 部位	张舒娜	上海外高桥集团股份有限公司	70.00%	2015 年 7 月 15 日	沪银监复〔2015〕402 号
199	中国铁路财务有限责任公司	北京市海淀区北蜂窝路 5 号院 1－1 号楼	孙新军	中国国家铁路集团有限公司	95.00%	2015 年 7 月 10 日	银监复〔2015〕446 号
200	天瑞集团财务有限责任公司	河南省郑州市郑东新区商务外环路 20 号海联大厦	李凤娈	天瑞集团股份有限公司	46.25%	2015 年 7 月 14 日	豫银监复〔2015〕190 号
201	云南昆钢集团财务有限公司	云南省昆明市西山区环城南路 777 号昆钢大厦	王娟	昆明钢铁控股有限公司	80.00%	2015 年 10 月 28 日	云银监复〔2015〕321 号
202	粤海集团财务有限公司	广东省广州市天河区天河路 208 号粤海天河城大厦 35 楼	伍兴龙	广东粤海控股集团有限公司	71.00%	2015 年 11 月 18 日	粤银监复〔2015〕510 号
203	江苏悦达集团财务有限公司	江苏省盐城市城南新区世纪大道东路 2 号悦达集团总部大楼	郭如东	江苏悦达集团有限公司	51.00%	2015 年 12 月 15 日	苏银监复〔2015〕358 号
204	中国电建集团财务有限责任公司	北京市海淀区西直门外大街 168 号腾达大厦 8 层	陈波	中国电力建设股份有限公司	94.00%	2015 年 12 月 10 日	京银监复〔2015〕806 号
205	西王集团财务有限公司	山东省济南市历下区银丰财富广场 B 座 3 楼及 19 楼	裴建光	西王集团有限公司	82.50%	2015 年 12 月 15 日	鲁银监准〔2015〕555 号

续表

序号	公司名称	通信地址	高管人员	控股股东	控股比例	成立时间	批准文号
206	物产中大集团财务有限公司	浙江省杭州市下城区中大广场1号7楼	蔡才河	物产中大集团股份有限公司	60.00%	2015年12月18日	浙银监复〔2015〕648号
207	云南建投集团财务有限公司	云南省昆明经济技术开发区林溪路188号	李兆坤	云南省建设投资控股集团有限公司	100.00%	2015年12月28日	云银监复〔2015〕428号
208	甘肃电投集团财务有限公司	甘肃省兰州市城关区北滨河东路69号甘肃投资大厦25层	李燕	甘肃省电力投资集团有限责任公司	60.00%	2016年3月24日	甘银监复〔2016〕29号
209	北京首农食品集团财务有限公司	北京市西城区广安门内大街316号一号楼5层	张存亮	北京首农食品集团有限公司	100.00%	2016年5月10日	京银监复〔2016〕210号
210	日照港集团财务有限公司	山东省日照市东港区上海路东首日照港国际商贸中心E座14、15层	高振强	山东港口日照港集团有限公司	60.00%	2016年5月18日	鲁银监准〔2016〕169号
211	联通集团财务有限公司	北京市西城区金融大街21号中国联通大厦	秦伟	中国联合网络通信有限公司	91.00%	2016年6月13日	京银监复〔2016〕290号
212	河南双汇集团财务有限公司	河南省漯河市召陵区双汇路1号双汇大厦	刘松涛	河南双汇投资发展股份有限公司	100.00%	2016年6月13日	豫银监复〔2016〕128号
213	厦门翔业集团财务有限公司	福建省厦门市思明区仙岳路396号翔业大厦1302、1303、1307单元	郑进	厦门翔业集团有限公司	100.00%	2016年7月12日	厦银监复〔2016〕43号
214	新华联控股集团财务有限责任公司	北京市通州区台湖镇政府大街新华联集团总部大厦4层	张炎	新华联控股有限公司	100.00%	2016年8月15日	京银监复〔2016〕457号
215	广州发展集团财务有限公司	广东省广州市天河区临江大道3号2101房自编A	乔武康	广州发展集团股份有限公司	70.00%	2016年8月18日	粤银监复〔2016〕252号
216	江苏凤凰出版传媒集团财务有限公司	江苏省南京市湖南路1号	单翔	江苏凤凰出版传媒集团有限公司	51.00%	2016年8月22日	苏银监复〔2016〕202号
217	顺丰控股集团财务有限公司	广东省深圳市南山区科苑南路3176号彩讯科技大厦25楼	黄美智	深圳顺丰泰森控股（集团）有限公司	100.00%	2016年9月1日	深银监复〔2016〕193号
218	天津医药集团财务有限公司	天津市空港经济区西四道168号融和广场3－2－501/502	赵炜	天津市医药集团有限公司	50.00%	2016年9月14日	津银监复〔2016〕236号
219	青建集团财务有限责任公司	山东省青岛市崂山区香港东路195号上实中心5号楼中泰证券大厦4层	王从远	青建集团股份公司	100.00%	2016年10月20日	青银监复〔2016〕147号
220	上海文化广播影视集团财务有限公司	中国（上海）自由贸易试验区世纪大道1号东方明珠塔3号门1层	钟璟	上海文化广播影视集团有限公司	60.00%	2016年12月22日	沪银监复〔2016〕560号

续表

序号	公司名称	通信地址	高管人员	控股股东	控股比例	成立时间	批准文号
221	广州汽车集团财务有限公司	广东省广州市天河区广州大道中988号圣丰广场37楼	王丹	广州汽车集团股份有限公司	90.00%	2018年1月20日	粤银监复〔2017〕21号
222	东旭集团财务有限公司	河北省石家庄市长安区中山东路39号勒泰中心（A座）写字楼28层2814－2816单元	郭轩	东旭集团有限公司	60.00%	2017年1月20日	冀银监复〔2017〕10号
223	连云港港口集团财务有限公司	江苏省连云港市连云区中华西路18号港口大厦20楼	李春宏	江苏连云港港口股份有限公司	51.00%	2017年3月14日	苏银监复〔2017〕48号
224	陕西投资集团财务有限责任公司	陕西省西安市经济技术开发区凤城八路西北国金中心E栋12层	郑波	陕西投资集团有限公司	76.80%	2017年6月22日	陕银监复〔2017〕30号
225	三环集团财务有限公司	中国（湖北）自由贸易试验区武汉片区佳园路33号	宋斌	三环集团有限公司	100.00%	2017年6月28日	鄂银监复〔2017〕117号
226	红星美凯龙家居集团财务有限责任公司	上海市浦东新区沪南路2218号东楼1001－1015室	席世昌	红星美凯龙家居集团股份有限公司	95.00%	2017年8月1日	沪银监复〔2017〕338号
227	天津能源集团财务有限公司	天津市和平区重庆道70号	于丽珍	天津能源投资集团有限公司	82.00%	2017年9月6日	津银监复〔2017〕215号
228	杭州锦江集团财务有限责任公司	浙江省杭州市拱墅区湖墅南路111号锦江大厦12楼	张建阳	杭州锦江集团有限公司	60.00%	2017年12月8日	浙银监复〔2017〕392号
229	正泰集团财务有限公司	浙江省温州市鹿城区市府路525号同人恒玖大厦三楼305室	陈筱敏	正泰集团股份有限公司	51.00%	2017年12月13日	浙银监复〔2017〕396号
230	东方国际集团财务有限公司	上海市长宁区虹桥路1488号3号楼	王国铭	东方国际（集团）有限公司	51.00%	2017年12月12日	沪银监复〔2017〕575号
231	国新集团财务有限责任公司	北京市海淀区复兴路戊12号恩菲科技大厦B座一层西侧	房小兵	中国国新控股有限责任公司	100.00%	2018年5月8日	京银监复〔2018〕192号
232	商飞集团财务有限责任公司	中国（上海）自由贸易试验区世博大道1919号B座二层	吴永良	中国商用飞机有限责任公司	100.00%	2018年4月28日	沪银监复〔2018〕222号
233	新疆金风科技集团财务有限公司	新疆维吾尔自治区乌鲁木齐市上海路107号	高金山	新疆金风科技股份有限公司	80.00%	2018年9月19日	新银监复〔2018〕122号
234	特变电工集团财务有限公司	新疆维吾尔自治区昌吉市北京南路189号特变电工总部研发大楼4层	白云罡	特变电工股份有限公司	80.00%	2018年11月28日	新银监复〔2018〕169号